GLAMOUR OF "IN SITU"

原境之魅

欧美艺术博物馆陈列方式研究

刘鹏 著

THE STUDY
OF DISPLAY OF EUROPEAN
AND AMERICAN
ART MUSEUMS

同济大学出版社
TONGJI UNIVERSITY PRESS

缪斯之约书系

主编策划

邢泽民

编审
同济大学出版社人文艺术编辑部主任、中国美术家协会会员
曾主持《中国美术全集·寺观雕塑卷》编辑工作
《敦煌石窟艺术全集》整体编辑设计工作
《黄永玉画集》整体编辑设计工作
全国艺术科学“九五”规划重点图书《当代中国城市雕塑、建筑壁画》的整体编辑和设计工作
并获上海市优秀图书一等奖
《珍藏赏玩书系》获“第十届全国美术作品展览”优秀作品奖，作品被浙江美术馆馆藏
该作品同时获“第六届全国书籍装帧展”优秀作品奖
出版专著多种，发表论文十余篇

书系著者

刘鹏

现为江苏省美术馆副研究馆员
先后毕业于中国美术学院和北京大学
分获美术史学士、硕士和博士学位
主要研究方向为西方美术史、博物馆学、艺术展览史、中国近现代美术等
曾赴北美、欧洲考察数十家艺术博物馆
著有《缪斯之约：欧美艺术博物馆智识体验》
在《美术学报》《美术观察》《艺术百家》《美苑》《南京艺术学院学报》（美术与设计版）《美术》《艺术探索》《中国美术馆》《艺术博物馆》《艺术管理》等期刊发表论文三十余篇
参与翻译《洞悉艺术奥秘》《19世纪欧洲艺术史》

序一

记得2009年10月初，我应美国史密森艺术博物馆邀请，参加了该馆组织的国际学术研讨会“一种漫长而又纷繁的关系：美国艺术中的东西方交流”（A Long and Tumultuous Relationship: East-West Interchanges in American Art）并作了主题发言。邀请方除了邀我赴美与会外,还允我带上一名学生同行。当时在北大读博的刘鹏正在以美国艺术史为题准备其博士论文，自然就成了最为合适的人选。这是他第一次出国和旁听国际会议，同时，也由此开始了他的国际博物馆之旅。如今他供职于江苏省美术馆，研究博物馆、美术馆，自然是题中之义了。这十多年间，他的《缪斯之约：欧美艺术博物馆智识体验》与这本新著《原境之魅：欧美艺术博物馆陈列方式研究》均是他用心考察与研究博物馆、美术馆的不俗成果。

提到博物馆，我常常会想起英国桂冠诗人阿尔弗雷德·丁尼生（Alfred Tennyson），因为他的诗行就赫然镌刻在大英博物馆在千禧年完成的中央大厅的地面上，可惜少有人驻足细品。丁尼生的诗行是：“and let thy feet/millenniums hence/be set in midst of knowledge.”其出处是诗人写于1842年的《两种声音》一诗，大意是：“且让你驻足 / 在数千年以来的 / 知识之中。”其含义可谓隽永无比：博物馆是知识的宝藏之地，其范围与深度远在个人的积累之上。如果我们再去读诗人在此诗行前面写的两句话，那么，博物馆的意义就会变得更加显豁和迷人了：“领先于你的同行者，你的时代”——原来博物馆不仅仅是让人怀着敬意回望过去的文化创造胜景，而且，它也有可能赋予人们走向未来的全新力量，甚至可以走到时代的前列之中！

不过，这种作为知识与文化能量库的博物馆其实并非无懈可击，因为，其藏品或展品常常都是脱离了其原位或原境的。在大多数情况下，原位的变动往往不同程度地构成了对艺术品原意的破坏。以佛罗伦萨美术学院美术馆陈列的米开朗琪罗的《大卫》雕像为例，它原先是由圣百合大教堂委托的，后来，经艺术家本人以及羊毛行会的提议，最终置于佛罗伦萨韦基奥宫前的露天广场。1873年，出于保护原作的安全考虑，安放在广场上的《大卫》雕像被移入市中心的美术学院美术馆，从而改变了其原初的那种在政府机构前一目了然的含义：男性公民以健壮的身躯负有公民的义务，这是一种美德。或者，依照当地人更为切身的体会，《大卫》乃佛罗伦萨独立的象征。所幸的是，原址上现在还放了一件《大卫》雕像的复制品，发挥着对原作本意阐释的作用。问题是，美术学院美术馆中的《大卫》如今很容易在没有多少艺术史知识背景的观众眼中成为纯粹人体美的欣赏对象。不过，有趣的是，尽管如此，美术馆陈列《大卫》的这一位置如今也毕竟有了150年左右的历史，因而，当有人鉴于佛罗伦萨市中心的旅游接待能力已经达到了极限，提议将《大卫》雕像搬到城市边缘环路以外正在新建的音乐公园中时，舆论一片哗然。毕竟美术馆为《大卫》选定的是一个重要的展示位置，颇具19世纪的典型风格，人们也已经习惯了去那里观摩米开朗琪罗的杰作……

尽管挪移作品原位，常常有种种必要性的考虑，博物馆对原位的在意仍然是不可缺少的。马蒂斯的两幅大画《舞蹈》和《音乐》，它们原先是为俄国的收藏家谢尔盖·休金（Sergey Shchukin，1854—1936）在莫斯科的居所而画的，分别放在楼里的两处楼梯位置。在进入房子时，主人可以抬头先看见令人神清气爽的《舞蹈》，然后再走一段楼梯看到可以让人平静下来的《音乐》。知道这一委托背景的话，那么，圣彼得堡的艾尔米塔什博物馆中的《音乐》的陈列（即与其他绘画一样挂在墙上而已）就显得过于一般了。纽约的现代艺术博物馆的《舞蹈》则似乎有意引导观众将此画与楼梯空间联系在一起，可谓用心良苦。可是，这一陈列方式后来也被更改了，真有点可惜。倒是巴恩斯处理马蒂斯的《生命的快乐》这一与休金收藏过的组画有直接联系的作品时，是坚持将该作品置于楼梯位置上的，并直接展示给马蒂斯看，颇有知音舍我其谁的大家风范。

至于陈列，看似简单，实则不易。不妨听一听在纽约大都会艺术博物馆当过31年馆长的菲利普·德·蒙特贝洛（Phillipe de Montebello）曾经在一次访谈中的告诫："有些事情你很想做，但你却不能做。你希望能够把一件展品放在另一件旁边，但如果一件展品是一尊巨大的雕塑，而且即使与一件小型展品放在一起可以说明问题，也是显得很可笑的。我可以把它放在屏幕上或书中，就像你在安德烈·马尔罗（André Malraux）的著作（《想象的博物馆》，1947）中所看到的那样，两件东西在书上都只占据了几个平方厘米而已，你感觉不到你实际看到的东西真的是如此悬殊，可是，在现实中，你永远不可能把它们放在一起展示。"这番经验之谈提醒我们，上课或写书时尽可以将不同的作品放在一起讨论，可是，在博物馆里将大小悬殊的作品陈列在一起却是另一回事儿了，别有一番讲究。

著名艺术史学者与收藏家伯纳德·贝伦森（Bernard Berenson）在佛罗伦萨的居所伊塔蒂别墅如今成了哈佛大学的意大利文艺复兴研究中心，我曾有幸受中心主任之邀在那儿做过短期项目研究，因而，也有机会在其居所内不对外开放的角落里亲睹了贝伦森的东方艺术品精彩收藏与陈列。据说，贝伦森在世时常常会将客人带到该处欣赏。曾任英国国家美术馆馆长的肯尼斯·克拉克（Kenneth Clark）是贝伦森的挚友，两人曾书信往来不断。当克拉克到了佛罗伦萨作客伊塔蒂别墅时，他睡觉前有意悄悄地变动了一下贝伦森展示的艺术品的陈列位置，结果第二天一早起来却发现，一切都恢复原样了！毫无疑问，贝伦森对自己的收藏品的陈列曾用心研究过，因而，丝毫的变动都会被其觉察到。

同理，所有重要的博物馆都会对作品的陈列屡屡予以调整，而且似乎是一直在比较和调试中，其目的就是要获得或接近那种最可人意的展览效果。与此同时，博物馆中的一些细节也是颇有意味的。譬如，爱丁堡的苏格兰国家美术馆为了让法国画家普桑的重要作品《七种圣礼》系列画享有最佳的陈列效果，就有意为之地铺设了与画中的地板颇为相像的地板，连展厅内的板凳也是刻意模仿画中。这样一来，这一系列的画作就与该展厅一起，共同构成了某种意义上的"整体的艺术品"。伦敦的华莱士收藏馆展有洛可可大师弗拉戈纳尔的名作《秋千》(1767),其所在的墙面就刻意用了那种橄榄绿的织物，无论是色彩还是质感，都很呼应洛可可艺术品的温馨情调。至于《秋千》上方的镀金青铜挂钟、庞培橱柜、柜上的两个蜡烛台以及出自让-雅克·卡菲里（Jean-Jacques Caffieri，1725—1792）之手的雕塑《爱神丘比特赶走潘神》等，不仅处于同一时代，而且均属于洛可可的装饰风格，因而，为画作《秋千》的观赏营造了一种整体的独特氛围。在慕尼黑的古代美术馆里，丢勒的名作《四使徒》的对面竟是一幅丢勒的自画像，由此也让人产生连绵不断的思绪……在这里，艺术品已经不是单个地展示于某一空间中，而是可以与其他的艺术品组构起新的意义联系。

刘鹏的这本新著涉及欧美20多家不同的博物馆，既有大型的国立公共博物馆，也有私人收藏馆，但是，其各擅胜场的陈列方式以及公共教育项目等，不仅可以借鉴、启示国内的博物馆、美术馆的同行，而且，也可以在某种意义上，改写一般观众在制定自己的博物馆之旅攻略时的思路，最终由自己定夺到什么博物馆去看、怎么看、看什么等，以至于与博物馆的相遇会更多一种个性与提升的契机。大的博物馆固然包罗万象，容易找到自己喜爱的展品，而小的博物馆也自有独特的精彩之处。也许，爱上艺术博物馆，就是一种终身的浪漫！

是为序。

丁宁

2021年4月2日急就于北京蓝旗营寓所

北京大学教授，中国美术家协会理事，国际博物馆协会会员

序 二

不觉在英国已经生活了二十余载。近来因疫情之故，英国进入第二次全面封国。身为数家艺术博物馆的会员，我也陆续接到各大博物馆闭馆一个月的邮件通知。第一次封国闭馆持续了五个多月，其间收到刘鹏博士《原境之魅》书稿，刘君邀我作序，我可谓诚惶诚恐，迟迟未能动笔。与刘君虽只有一面之缘，从其文可知其人乃真学者，对于博物馆学有多年深入研究，而我近些年专心画事与教书，为他写序实有班门弄斧之嫌。然盛情难却，况有四年相关工作经历，故借刘君新著与读者分享我在英国博物馆工作时期的一些经历与感悟。

2005—2009 年间，我有幸在有三个多世纪历史、欧洲最古老的公立博物馆之一——牛津大学阿什莫林艺术与考古博物馆（The Ashmolean Museum of Art and Archeology，以下简称“阿什莫林博物馆”），以博士后研究员和策展人的身份从事工作，其间独立策划的第一个展览是“空白的秘密——二十世纪的中国画”（The Mystery of Empty Space: twentieth-century Chinese painting（2005.7.26 - 2005.10.16））。原本是计划做成一个欧洲风景绘画与中国山水画的对比展，但由于涉及跨部门工作和兼有时间原因，最终未能实现。“空白的秘密”结合道家与禅宗思想，以“无画处皆成妙境”为理念，以“空白”为主题，展示了阿什莫林博物馆自 20 世纪 50 年代以来收藏的诸如黄宾虹、齐白石、潘天寿、黄秋园等大师作品。此类展示在东西方博物馆都属首次。

当时不巧正逢博物馆中国部负责人休年假，只能由我独自担当策展人。举办一次展览就如同演奏一场交响乐，需要展览部、修复部、摄影部、媒体部、设计部、出版部、教育部、工坊、销售部以及志愿者等的协同合作。初次涉足这一领域的我尚未能深入领悟博物馆合作机制的重要性，犯了不少程序上的错误。好在大家都知道我是新手，比较宽容也愿意帮忙，最后所有部门都在展览开幕前完成了各自的工作。展览设在博物馆一层的“吴环与苏立文展厅”（The Khoan and Michael Sullivan Gallery），该厅于 2000 年建成，是英国首个专门为陈列中国画而设计的展厅，适合展出卷轴与手卷、册页等。一时间展览吸引了以《泰晤士报》等为代表的英国主流媒体以及牛津当地媒体的注意，其中多家作了长篇报道。

上司的缺席，让我全方位锻炼了自己的策展能力，第二次独立策展“1950—2006 阿什莫林收藏中国版画展”就相对顺利得多。在拟定收藏名单后，2006 年秋我回到中国，遍访大江南北数十位老中青版画艺术家，花费三个月时间收集了近 200 件有代表性的版画作品。由于博物馆扩建，受展厅空间限制，这次展览分为前后两部分，于 2007 年 10 月 16 日开始在博物馆的埃尔顿展厅（The Eldon Gallery）展出。展览旨在通过新中国版画半个多世纪以来在风格、题材、技法等方面的变化，展现政治因素以及西方艺术等对中国版画美学品位的影响。

为了提升展示效果，我发挥了自己作为艺术家的特长，动手制作了展厅及展品陈列的三维立体模型，从博物馆提供的色彩样本中选择了“中国白”为展墙背景色。在作品的陈列上，以主题和年代为顺序，同时注重展示的连续性和节奏感。展厅还安置了触屏装置，便于观众了解版画家生平等与展览相关的信息。该展览的陈列设计被博物馆展览部主任称为“未来展览的范本”。

展览开幕当天，举办了“中国当代版画”学术研讨会，当时在美国的中国艺术家徐冰以及大英博物馆、苏富比艺术学院、木版教育信托等机构的多位专家应邀前来参加研讨。配合展览还出版了由我编辑的图录，内附中国现代版画年表等，由此该图录成为海外研究中国当代版画的一本实用参考书并迅速售罄。由于身为策展人，此次我没有展示自己的版画作品，但在开幕式上，馆长宣布了一个让所有人惊讶的决定：博物馆将为我举办一次个人展览，并在两年之后兑现了他的诺言。

我在阿什莫林博物馆的另一份重要工作，是运用专门的软件，将博物馆中国画藏品上的款识、印章等读取记录下来，并用中英文撰写画家生卒年代、简历等，录入到网站上。这一工作看似枯燥乏味，却使我对博物馆中国画收藏有了较为全面深入的了解，同时更新和纠正了与藏品有关的一些错误信息，而藏品数字化对博物馆的发展是很关键的。如今，博物馆虽然不能对外开放，网上展览却有了突破性的发展，例如虚拟展厅的运用、随意放大缩小图片，给观者以身历其境的感受。你可以坐在家中，一面品茶，一面免费浏览全世界的博物馆。这不得不归功于技术革命的先进成果。

虽然当年我在东方部工作，但我一直是西方部的常客，乃至多年后我还可以回到那里享受博物馆工作人员一样的待遇，进入版画库房观看作品。正如本书所提到的，在英国乃至欧美的艺术博物馆，几乎毫无例外都会有一个“版画与素描室”（Prints and Drawings Room）。自丢勒以来，至今在欧美很难找出一位没有创作过版画的艺术大师。中国是版画大国，但是博物馆对于版画以及素描手稿等收藏的重视还远远不足。鲁迅之后，中国对外国版画的系统收藏几乎处于停滞状态。我个人近二十年来一直没有中断对西方版画的研究，只是经济实力所限，只能进行少量收藏。

我们这一代人，是在艺术博物馆完全或部分缺失的年代成长起来的。我从小学画，但我的童年乃至青少年时期，却几乎没有关于博物馆的记忆。只在读大学之后才有机会参观冷清得甚至近乎凋敝的博物馆。几年前有一次在阿什莫林博物馆版画与素描室看到一个中学生在临摹我少年时临摹过的作品，对我触动颇深：他面对的是拉斐尔的素描原作，而我当年只能临摹火柴盒大小的模糊印刷品。

在博物馆工作期间，深刻感受到他们的人性化管理。自20世纪60年代开始，西方博物馆普遍实施会员制，并出版《博物馆之友》杂志。会员被称为“馆友”（friends）——这个制度让支付费用的这一部分人通过参与博物馆的各项活动而成为博物馆的“家人”。发展部则专门负责接受捐赠等，因为每年都会有很多人把自己家藏的珍贵艺术品交与博物馆托管或者直接捐赠给博物馆，部分孤寡老人甚至会把藏品连带房产、存款等所有遗产捐赠给博物馆。同时，博物馆也视捐赠的重要程度，将捐赠者的名字镌刻在墙上，或通过馆刊致谢等方式，来答谢或纪念这些捐赠者。

在宗教式微的时代，人们更倾向于把自己的精神寄托和文化生活与博物馆联系到一起。很多人从小在博物馆的环境里熏陶长大，每个人人生的不同阶段都可能与博物馆发生关联，博物馆已经融入很多人的血液里，几乎就是一个城市的灵魂。牛津是一个只有十几万人口的城市，但公共博物馆就有12座，其中属于牛津大学的有4座。在牛津的日子里，平日与人相约见面，大都是在博物馆的咖啡厅。各博物馆也几乎都有亲民举措，如闭馆后出租大厅举办婚礼和私人晚宴等。在两侧伫立着洁白古希腊罗马雕像的宽敞红色展览大厅里举办婚礼，其气氛不亚于教堂的神圣与庄严，而且更多了艺术气息。所以艺术博物馆在很大程度上与人们的日常生活水乳交融。

从我20世纪90年代末离开中国到今天的二十余年间，中国的公立与私立博物馆发生了天翻地覆的变化。然而这种井喷式的“博物馆热”现象之后，却隐藏着方方面面的问题和欠缺，如管理和经营的行政化、藏品的相对单一、研究及修复等专业人才的匮乏等。在这种情况下，对具有悠久历史的欧美博物馆的考察、研究与反思就显得极为迫切与必要。

数年前收到刘君《缪斯之约：欧美艺术博物馆智识体验》一书，深深感受到刘君治学之严谨，思维之缜密。这本《原境之魅》书稿更加深了我的印象。作者善于对博物馆的产生和发展寻根溯源，从第一手资料入手，旁征博引，以文化史和艺术史的视角，去揭开西方博物馆的层层面纱，将其条分缕析地呈现给读者，其中不乏不为人知的有趣故事，且对于博物馆今后的发展也作了有深度的探讨。在这样一个喧嚣的年代，能够如此踏踏实实埋头学问，在前人很少涉足的领域勤奋耕耘，实属难得。

正如19世纪后期美国博物馆大师古德（George Brown Goode，1851—1896）所言，博物馆并非死气沉沉、积满灰尘的历史遗物收纳地和避难所，而是“活思想之育种场、而是启蒙民众之重要机关”，是流向未来的河。而刘君的书，就是这河中一叶打造精致的扁舟，载着读者畅游这24座欧美博物馆，让他们穿越时空，体悟博物馆设计者的匠心，吸吮异国艺术陈酿，并畅想中国艺术博物馆的未来。

牛津大学拉斯金美术学院（Ruskin School of Art）教授、

牛津大学格林·坦普尔顿学院（Green Templeton College）研究员

2020年11月8日于牛津西郊莲子居

序 三

波德莱尔的诗句“秩序与奢华，平静和愉悦”，很契合博物馆的场景与气质。从私人占有到社会公有，博物馆一直在完成其意义与形态的转换，这个过程贯穿了人类漫长的社会文化实践，其中包含着大量的政治、经济和群体价值观的进步与转型因素，是不同时期、不同文化融合与混杂的结果。这种博物馆的空间实践至今还在继续。

博物馆依赖艺术脉络，可以给人们在不同历史时空中候场和转场，牵引着我们汇入一个共同的历史走向，博物馆俨然成为我们行进路上的闪亮路标。当今，资源全球无障碍流动，信息唾手可得，手指和键盘基本统治了我们信息获取的入口与出口，博物馆的价值会被弱化吗？事实却正相反，汹涌而来的信息蓝海，常常使我们迷失。处在信息爆炸的时代，要形成自身的文化定力，就得穿越信息泛滥的千山万水，寻找我们出发的源头和路径；要确认我们生命往返的过程，我们就需要在可视可感的物质中，确认历史的时空节点。最合适的途径，就是无限贴近艺术真品，原真的信息带有丰富的细节暗示，我们才能回到我们出发的原点。从这个意义上看，博物馆就犹如一艘连接历史和现实的诺亚方舟，带着我们完成一次次时空穿越。

刘鹏先生的新著《原境之魅：欧美艺术博物馆陈列方式研究》(*Glamour of “in situ”: The Study of Display of European and American Art Museums*)，精选了欧美20多座著名的博物馆，以私人博物馆为主，通过以“馆藏形成、展览叙事及其与捐赠人意图之间的互动关系”为核心视角的考察与分析，为我们打开欧美博物馆丰富的建构历史。本书注重对陈列展示个案的考察，并结合博物馆学、艺术史、社会学等领域的研究方法，探讨欧美一些重要私人艺术博物馆的成功实践，对当下中国社会波澜壮阔的博物馆建设有着很强的针对性和借鉴意义。

收藏行为：书写艺术史

艺术是人类最为敏感和最为自由的表达方式。人类创造了众多的、碎片化的艺术品，这些命运多舛的艺术品会在历史时空中不断地移动，与谁相逢，被谁收藏，既是一种偶然，又是一种必然。因此，作品与人的关系方式，也构成了画家与画的命运的历史。本书中所选择的博物馆案例，基本证实了西方艺术收藏史，基本就是私人收藏史。

历史上的艺术收藏，是由“考古、发掘、流动、收藏”构成行为链条，决定“古典文物”的去向与归属。16世纪中后期，随着新兴阶层和市场的崛起，艺术以商品属性开始流通，这个时期开启的艺术收藏，又跟市民阶层的艺术趣味相关，并由此导向两个方向：一类是以自然物为主，比如，在一些私人宅邸或者在一些艺术作品中可以看见，“贝壳、珊瑚、化石、异域植物”，这些能够见证自然和人类创造力的物品，也成为彰显收藏者品位的标志物，而这些物还具备一定的使用功能；另一类就是绘画、雕塑以及各类工艺品，这类艺术品为手工创作，因此也就具备唯一性特征。第一类为“奇物”，第二类为“罕物”，但在万物世界中，都是凸显人的美学和文化附加值的“物”。

16世纪末到17世纪中叶，以君主、贵族、教会为主的封闭式艺术收藏模式，开始被市场解构，多元化与开放性的艺术市场形成。艺术成为可流通的商品的观念，获得社会普遍认同，最为典型的案例就是伦勃朗代表作《夜巡》遭遇的命运。买和卖首先是商业行为，契约是付出与回报的平衡，可测量可认定的因素，才是商业评价的标准依据，伦勃朗的悲剧就是商业规则的产物。

16世纪下半叶到17世纪末，也是欧洲学院大规模诞生的时期，学院诞生了学院现象，基于艺术研究的学术化和制度化建设，开始建构艺术的学术评价体系，虽然不够完善，但也形成了跟市场博弈的另一只手。特别是人文主义和社会传播的推动，艺术品从整体上开始进入君主、教士、学者和爱好者的视野和藏品之列，收藏家也因此获得独特的身份和显赫的地位。学院评价与收藏行为共同开始建构市场逻辑，艺术至尊地位也开始显现。

伴随着艺术品自由交易时代的来临，真正的“收藏热”才开始形成。跨地域、跨层次、跨文化、跨历史的大收藏运动，其高潮始于18世纪，终于20世纪中叶第二次世界大战结束。其间，形成了两次较大的收藏运动及两个热点区域。一个是18世纪至20世纪初，以巴黎为中心并覆盖全欧洲的收藏。这个时期的收藏以近代以来艺术转型和艺术创新实践的流派和作品为主。这个时期，伴随着艺术学术评价机制的形成，也完成了艺术市场的成熟建构，推动了19世纪到20世纪初的艺术创新大运动，并为20世纪艺术创新进一步拓展深度与广度创造了条件，另一个是从20世纪第二次世界大战开始，完成于20世纪的中叶，纽约接手巴黎成为西方艺术的中心。战争使得大量欧洲的优秀艺术家出走美国，他们带去的不仅是作品，更是艺术观念和创造方式。同时，北美资本开始大规模进入西方艺术市场，对艺术进行整体性收藏，作品成规模流向北美大地，这些收藏家们也通过收藏而获得不朽。每一个杰出的收藏家，都在书写一段艺术史。橘园美术馆与奥赛博物馆的印象派，古根海姆的当代艺术，斯泰因兄妹的马蒂斯，加德纳夫人充满艺术趣味的“拉斐尔展室”和“西班牙回廊”等，他们在收藏中不约而同都依据自身的美学品位和艺术感知，建立起一个个丰盈的艺术流派史、艺术家风格史、作品趣味史、艺术家成长史……这不但完整彰显了收藏家的艺术趣味和身份认定，也补足了一代代人对艺术新的认知，更是为西方艺术的系统梳理提供了一个个明显的路标。书中所有的案例，基本都是这两个收藏时期的重要成果。

每一次收藏行为发生，都是作品的时空移动，体现了画家、作品、收藏者共同的命运担当。我们需要特别提及的是，在杰出的人群中，女性收藏家不但贡献了敏锐的艺术感知，还是艺术市场的重要推手。

"时间胶囊"：浓缩艺术史

每一个收藏，都是在编织一个艺术史的"时间胶囊"。让记忆成为神圣，首先需要让事实成为神圣。人类经过了漫长的口头传承文明的时代，进入讲究证据的文字书写历史文明时期。每一个收藏家都是出于自身的观念和立场，并与市场规则同行，才能坚持完成这种艺术选择。物质证史依然是我们信赖的历史认定方式，所以考古和发掘被倚重。回溯历史，首先需要寻找证据。艺术收藏就是帮我们整理历史证据，是通过物的聚会，浓缩成一段段艺术史。

人际关系与艺术品位是收藏行为落地的两个基本起点，因为艺术感觉和艺术评价会被归类，"类"就是依据共同的艺术趣味，形成艺术收藏的路径。卡萨特与印象派，特别是与德加的缘分交集就是这种归类的结晶。玛丽·卡萨特（Mrry Cassatt），本身是画家，但在19世纪90年代至20世纪早期，她却是以一流的收藏顾问而闻名。"在19世纪70年代晚期至80年代早期，她不但关注而且也购买了一些作品。1879年她在给贝尔特·莫里索的信中，就提出要买莫奈的画。"1881年卡萨特亲自出手，给她哥哥亚历山大买了毕沙罗和莫奈的画各一张，并且还准备买一幅德加的作品。卡萨特有一个富有的女朋友大路易丝，她们在巴黎时，卡萨特成为大路易丝的艺术顾问，建议她购买了德加创作于1875年的《芭蕾舞演员》。此时大路易丝才20岁，她是用零花钱以及向两个姐姐借的100美元买的这幅画，她不但是第一位买德加画的美国人，也是把印象派作品播介到美国的重要人物。弗兰西丝·韦森霍夫尔的著作《哈夫梅耶夫妇，印象派来到美国》和《从16岁到60岁：收藏家回忆录》中曾述及，被卡萨特启蒙的大路易丝，嫁给了亨利·O·哈夫梅耶（Henry Osborne Havemeyer），他们夫妇在卡萨特指导和帮助下，一发而不可收，收藏了大量印象派的画作，并创建了美国最重要的印象派画作收藏机构。他们的藏品后来成为纽约大都会博物馆的重要基础收藏。

"位于荷兰东南部霍格费吕沃国家公园（The Hoge Veluwe National Park）的国立克罗勒-穆勒博物馆（The Kröller-Müller National Museum）的收藏家、博物馆创立者海伦妮极具偶然性和个人气质的收藏模式，建立的是与传统的博物馆完全不同的现代艺术史叙事模式。"海伦妮深受其导师布雷默影响。早年阅读过斯宾诺莎著作的海伦妮，运用斯宾诺莎基于对上帝和自然、肉体与灵魂等关系的论述，深入阐述凡·高作品的意义。凡·高穷其一生苦苦追寻宗教信仰的实践，也在很大程度上唤醒了海伦妮。为了穿越日常现实，海伦妮通过艺术品发现"上帝"（the Absolute）的存在，并用泛神论观念阐释艺术。阅读凡·高的书信在很大程度上使她相信通过凡·高的作品可以获得精神救赎，所以她执着于凡·高作品系列的收藏，并有意识地疏远17世纪"海牙画派"及主流收藏路线。海伦妮自少女时代开始，一直在追寻非教条主义的精神性的艺术转换，正是海伦妮对这种精神性艺术的偏好，反而成就了一个独特的精神性阐释意义上的艺术片段史。

被誉为当代艺术市场晴雨表的“巴塞尔艺术博览会”（Art Basel），是世界最重要的艺术博览会之一，“巴塞尔艺术周”已经成为世界顶级艺术盛会，是以专业性和高质量获得身份和地位的。这跟贝耶勒基金会博物馆（Foundation Beyeler），特别是其中一个重要的艺术推手贝耶勒有关。“贝耶勒集数十年时间，策划了250余个重要展览。‘迷人的蓝色’（Magic Blue，1993—1994）、‘谁惧怕红色’（Who is afraid of Red，1995）、‘我喜欢黄色’（I Love Yellow，1996），相关的展览图录往往脱销，供不应求。”贝耶勒还主持了塞尚、马蒂斯、培根、杜布菲、夏加尔、“野兽派”“立体主义”等艺术展；并创造了“米罗\考尔德”“利希滕斯坦/斯特拉”“阿尔普/米罗”等“对比展”系列。贝耶勒从艺术作品所处的历史语境出发，考察艺术的发展历程，力图呈现可以“呼吸”的作品与一个有活力的艺术空间的关系历史，凸显艺术的关联性和历史性特征，因此，他被誉为建构了一部简明的西方现代艺术史。

空间的恩宠：打开艺术史

博物馆的“观-展”价值，是由其背后的“收-藏”品质支撑的。历史上重要的收藏者几乎都有狂热的气质和执着的意志，否则无法坚持。收藏者的艺术趣味、艺术审美，决定了博物馆的艺术水准。因为只有“私人艺术博物馆原汁原味地保留了艺术品的历史和现场语境”，他们活生生的收藏行为，才能最大程度保留艺术原真性价值的可能。鲜活的现场感，才能建立我们观看和审视的路径依赖，我们才能在艺术丛林中，找到那条神秘的林中路。

艺术收藏沿着私人占有-公共分享的路径，走了数百年。私人收藏并占有艺术之“物”，显然不是最终目的，收藏只是实现价值的初始阶段。收藏带来的快感，对喜爱之物占有的欲望满足，很快会过去。如果把倾其所有得来之物束之高阁，藏之深闺，这个被占有之“物”不但失去了活力，还会折损其固有价值。因此，无论是出于炫耀和彰显的目的，还是出于情怀，将这些艺术物予以一定形式的公示，是必由之路。收藏占有是重新公开的前提，私人完成一定规模和系统收藏后，就会产生公开展示的冲动。因为作品展示既体现了收藏者的艺术品位和自信，也是收藏者个人及其家族最高、最体面的荣耀。

欧美私人艺术博物馆建构经过了三个重要的阶段。首先是以艺术沙龙和俱乐部实践开始。大约在18世纪中叶到20世纪初，欧美一些重要的艺术流派和艺术观念基本都诞生在顶级的艺术沙龙活动中，特别是前卫艺术作品，都是在这里展示并被艺术圈子认可后，走向市场的。就如本书中介绍的，1905—1914年间巴黎著名的“星期六沙龙”，就是一个集聚了世界文艺圈名流的顶级艺术沙龙俱乐部。被誉为巴黎艺术推手的斯泰因兄妹，在巴黎花园街27号（Rue de Fleurus，27）他们自己的公寓里做了一个“艺术中心”，成为先锋艺术的“秀场”和媒体发布会现场。这些成功的沙龙主人（特别是女主人）不但优雅有品位、有良好的艺术感觉，还要适当有些任性，才能破圈形成自身的艺术风格。27号的居所墙壁上曾挂满了1905—1907年间马蒂斯创作的重要画作，足以证明主人的艺术调性和艺术任性。

事实上，在第一次世界大战爆发之前，欧洲文学、艺术、音乐一直是融合发展的，特别是观念上的互动和影响极为深刻。巴黎花园街27号也是从一个文学“俱乐部”转型为艺术沙龙俱乐部的。19世纪末期到20世纪前半叶这段历史时期，涌现出大量的私人博物馆，广泛分布于欧洲和北美地区。1906年，人们只有去花园街27号，才能看到最好、最令人吃惊的现代艺术。下列提出的名单，足以证明其艺术地位之高。“罗伯特·德劳内（Robert Delaunay）、安德烈·德朗（André Derain）、胡安·格里斯（Juan Gris）、乔治·布拉克（Georges Braque）、菲利波·马里内蒂（Filippo Tommaso Marinetti）、利顿·斯特雷奇（Lytton Strachey）、伯特兰·阿瑟·威廉·罗素（Bertrand Arthur William Russell）、福特·马多克斯·福特（Ford Madox Ford）、克莱夫·贝尔（Clive Bell）、邓肯·格兰特（Duncan Grant）、罗杰·弗莱（Roger Fry）、乔治·摩尔（George Moore）、阿尔弗雷德·施蒂格利茨（Alfred Stieglitz）、萨尔瓦多·达利（Salvador Dali）、让·科克托（Jean Cocteau）、菲茨杰拉德、T. S. 艾略特（T. S. Eliot）、埃兹拉·庞德（Ezra Pound）及来自美国的艺术家们……其中纪尧姆·阿波利奈尔（Guillaume Apollinaire）等……”这里面哪一个不是顶级艺术家？据说，著名的文艺流派术语“迷惘的一代”（The Lost Generation），就是诞生在花园街27号的这个宅子里。

因为巴黎花园街27号实在是地位太高，艺术家都想在这儿露脸，所以屋内墙上，凡是能挂画的地方，都挤满了画作。当时主要是煤气灯照明，光源和辐射区域有限而且不平衡，高光与弱光完全失调，再加上画挂得高高低低，导致有些画作根本看不到，需要另外借助移动照明如火柴和油灯才能看清，而这又会带来火灾风险。据说这儿的名气至大，“斯特拉文斯基（Igor Fedorovitch Stravinsky）著名的《春之祭》（Rite of Spring）和瓦斯拉夫·尼金斯基（Vaslav Nijinsky）的舞蹈都在这里首演，并引起了骚乱”。尽管当时空间条件限制，艺术作品陈列是杂乱无章的，完全没有观展的空间安排，但花园街27号斯泰因兄妹的公寓曾是欧美私人现代美术馆的雏形实践地位确定无疑。

第二个重要阶段，就是进入居家博物馆时期。从家到“艺术之家”，是私人美术馆实践的重要阶段。这个时期相比沙龙，艺术更具系统，而且艺术风格路径更加清晰，因为直接对应具体的空间安排，开始产生了早期博物馆的闭环运作模式。把系统收藏的作品，有机地嵌入家的各个部位，就进一步凸显了收藏者的艺术趣味及其专业性水准。大部分私人艺术博物馆都有一个情怀：竭尽全力使得某个艺术片段，比如一个流派、一种艺术创造方式或一个艺术家的主要作品，尽量能在这里还原，在时间理想化追求中，争取活化一段艺术史。因为是家的升级版，艺术之家“除了设有专门的展室之外，住宅里的大厅、餐厅、图书室、起居室、卧室，甚至浴室也成了悬挂画作，摆放物件的场所。”其藏品与摆放方式，基本体现收藏者个人的艺术理解力，这不但可以从中掂量出藏家的水平和品质，也能反映藏家的性格。这个被称为藏家浓缩的“自我映像”（self-image），犹如瓦尔特·本杰明（Walter Benjamin）所言，这些博物馆的主人们，期待来访者们能跟主人一样，体验一种“深刻的陶醉”（a profound enchantment），并在空间建构的“魔幻光晕”中，获得内心的震颤和感动。

本书中例举的加德纳博物馆案例，就是最好的实践样本。由于“加德纳夫人艺术趣味的生成，陈列方式是在不断地强化整座博物馆弥漫的‘女性气质’”。加德纳博物馆的“经典—变位”（meta-canon），完全是博物馆创立者加德纳夫人以其自身的艺术趣味构建出的一个新的艺术家序列，“等级自由与主题自由”，期待创造一种独特的观赏方式。“参观者可以在一个多小时的时间内穿越2000多年的时光：从中庭的古希腊、古罗马时代的艺术猛冲到‘哥特展室’（the Gothic Room）和‘早期意大利展室’（the Early Italy Room），从‘十五世纪’（the quattrocento）逐渐过渡到‘拉斐尔展室’（the Raphael Room）所营造的文艺复兴时期的艺术氛围之中。然后是‘荷兰展室’（the Dutch Room），随后是法国‘小沙龙’中的‘洛可可时代’。此外还有一个‘西班牙回廊’（the Spanish Cloister）和‘中国凉廊’（the Chinese Loggia）。加德纳博物馆当中的藏品涉及范围较广，其历史时段跨越了自古希腊时代到印象派的各个时期。其中有画作290幅、素描作品160幅、雕刻280件、家具460件、纺织品250件、陶瓷240件以及其他琳琅满目的家饰精品，藏品总数约为2500件。”

显然，加德纳夫人并未按常态的历史脉络收藏。“博物馆的‘芬威宫’（Fenway Court）庭院带有浓郁的威尼斯味道。”不少藏品也收自威尼斯。博物馆内的“提香展室”（Titian Room）挂着提香名作《诱拐欧罗巴》，还有中世纪的哥特式挂毯，都来自水城。加德纳夫人完全不按博物馆常态出牌，而是沿着他们夫妇曾经在威尼斯行进的路线，对展品进行对应归类和展示。整座博物馆就弥漫着加德纳夫人浓浓的个人趣味和艺术情调。

私人艺术博物馆实践进入第三个阶段，也就进入成熟阶段。这个阶段基本以改建和重建博物馆空间为基本手段，不但与艺术藏品的艺术定位相匹配，而且更加追求系统化、专业化的空间布置和作品陈列。当“住宅博物馆”（house museum）和“个人艺术藏品博物馆”（personal art collection museum）已不能满足艺术品展陈需求，当博物馆的知识生产和知识输出需要相应的规模和能级时，创造更为专业和更加匹配艺术品形态的博物馆空间及展陈方式的建设，就成为博物馆空间实践的刚需。

本书中介绍的古根海姆美术馆，就是一个有说服力的案例。该馆的创始人佩姬·古根海姆（Peggy Guggenheim）承继父亲的艺术品经营业务，但她与父亲经营的“巴比松画派”分道扬镳，在她追逐自由的艺术经历中，她遇到了三个重要的贵人。首先是好友佩姬·瓦尔德曼（Peggy Waldman）发现她对现代主义的极大兴趣，建议她去开画廊；而文学家塞缪尔·贝克特（Samuel Beckett）一语道破艺术天机：你应该收藏在世艺术家的作品；随后她遇到了最合适的艺术顾问马塞尔·杜尚（Marcel Duchamp），杜尚教会她区别抽象艺术及超现实主义作品的方法，由此佩姬·古根海姆就以购藏这两类艺术品作为介入现代艺术的初始途径。"杜尚还帮助佩吉在她伦敦的画廊举办了抽象大师康定斯基的个人作品展，随后她就一发不可收地接连做了伊夫·坦吉（Yves Tanguy）、爱德华·伯拉（Edward Burra）、保罗·纳什（Paul Nash）、马克斯·厄恩斯特（Max Ernst）、雷尼·马格利特（René Magritte）等重要艺术家的个展，开启了现代艺术收藏的大幕。

今天，古根海姆在欧美有三个分馆，纽约和威尼斯都是原有建筑改造转型成为博物馆的，而西班牙毕尔巴鄂的古根海姆博物馆，是请了当代顶级建筑设计师扎哈设计的。古根海姆的"三城记"美术馆到底在呈现什么？人人都说佩姬·古根海姆有一个博物馆之梦，而这个梦被她还原出怎样的艺术图景？

抽象艺术奠基者瓦西里·康定斯基主张，经由现代艺术的"非客观性"（non-objective）倾向，观念才得以生长，现代艺术才能迈向美学和精神性高度。从某种意义上讲，现代艺术就是突破对外部自然界和世界的摹仿和描叙，回到自我和内心，因此，现代艺术就是主观的观念艺术。佩姬·古根海姆十分认同康定斯基的主张，她说，现代艺术的诞生，是"世界历史上从未出现过的一种显著的从物质到精神的推进，直到绘画艺术中出现了从客观性向非客观性的转变"的形成。她认为："20世纪的前几十年所产生的非具象艺术（The Nonobjective Art）是硬边的、几何性的，它与后来的"抽象表现主义"有着很大的差异性。"因此，她要创造一个与现代艺术精神和形式匹配的博物馆，并命名为"这个世纪的艺术"（Art of this Century）。

古根海姆博物馆首创了绘画作品不配外框的展陈方式。她在《一个艺术迷的自白》的自传中为此辩解："颠覆传统的方式展示这些收藏是创办博物馆的初衷。"硬边与几何形，是现代架上绘画的基本形态，当画中内容试图突破画框的限制时，边界必须被打开。现代艺术最为本质的创新就是画内画外成为整体，古根海姆就是要努力做到，意图和意涵无比统一在画的创作和展陈方式上。因此，我们可以看到，佩姬"关于设计展厅的随想"转为博物馆实践时，也就创造了一种新的展陈方式。她要为夏加尔、杜尚、康定斯基、米罗等艺术家的作品建设一个合适的家。有感受力的博物馆，不应让画框成为一个障碍，因为画框固化了画作，"画就变成无生命力和意义的无用之物……生硬而独断地造成了'想象-现实''图像-环境'的二元对立。"专断的、僵硬的框架必须要重新获得其建筑学意义上的、空间方面的意义及价值。所以，古根海姆的任务就是重建作品和建筑环境的新型关系。

约翰·保罗·盖蒂博物馆（The J. Paul Getty Museum）里的美学剧场实践，就更具有当代性。"1965年，盖蒂在《收藏的快乐》（*The Joys of Collecting*）这本小书中直言：'人们在艺术中寻找到的美，是人类一切努力中少得可怜的几种真实而又永恒的产物。'"因此，盖蒂在建设了第一个居家博物馆之后，为实现他建构美学空间的理性，再建了一个景观化的新馆。显然，博物馆不仅只是艺术品展陈的地方，更是一个传达美、分享美的空间。除了艺术展览，教育、研究、交流、传播都是当代博物馆的题中之意。当藏品与其所处的建筑物构成了一件“整体艺术品”时，博物馆就成为“艺术收藏家们的永恒纪念碑”。

鲍德里亚认为：“古物能回应人的意愿，包含见证、回忆、怀旧、逃避。作为终结与完美的存在物，它的时间便是‘完美’（parfait）完成‘真诚’（authentique）的存有”，其传统性与象征意义并存，“物”也就有了审美的当代性。

“对起源的怀念，对真确性的执迷”，艺术收藏就是传奇。正是这些收藏家们的狂热和执着，才有了今天灿如星辰般的、丰盈的博物馆体系，让我们在艺术时空中倍受恩宠。我始终相信，艺术能超越时空、超越信仰、超越语言、超越文化，能让分心的大众逐渐聚合，这既是期待，也是现实，是一种“新”的诞生。

是为序。

同济大学教授、博导
上海戏剧学院客座教授
上海交通大学城市文化传播中心首席专家
大连市文化顾问

目 录

导论

在索菲·戈登（Sophie Gordon）看来，安妮·伊戈内（Anne Higoonet）《私人博物馆：个人收藏、公众礼物》（*A Museum of One's Own: Private Collecting, Public Gift*）整本书所探讨的问题是：私人收藏家的艺术趣味如何在其个人化的艺术品陈列、布局中得以体现。稍微了解一点西方艺术收藏史就会晓得，最为狂热的一批收藏家在相对较短的时间内创造了一些极具个人色彩的艺术博物馆。这一类博物馆不仅仅保存了特定门类的艺术品，更为重要的是，它们往往保留了与创立者息息相关的独特参观体验。在一个艺术品自由交易的时代，这些艺术收藏家们借助这些方式获得不朽。

应该说，艺术品的自由交易时代终结于第二次世界大战结束。19世纪末期到20世纪前半叶这段历史时期，涌现出大量的私人博物馆，广泛分布于欧洲和北美地区。这些艺术博物馆的陈列严格按照创立者的遗愿保留至今，可以称之为类似于“时间胶囊”（time-capsule）的存在物。客观而论，这类艺术博物馆定位为“住宅博物馆”（house museum）更贴切。如何给这一类博物馆中的艺术类博物馆命名？戈登给出了“个人艺术藏品博物馆”（personal art collection museum）的提法，虽定位准确却稍嫌累赘。总体观之，这类机构一般具有两个特性：其一，藏品是创立者在短时间内聚集起来的；其二，藏品与其所处的建筑物构成了一件

威尼斯的弗拉里荣耀圣母堂（Church of Santa Maria Gloriosa dei Frari, Venice），中间为提香的《圣母升天》（*Assunta, Assumption of the Virgin Mary,* 1516—1518）。

“整体艺术品”，在某种意义上，也可以称之为“艺术收藏家们的纪念碑”。值得注意的是，它们大多创立于1890—1940年间。伦敦的华莱士藏品馆（The Wallace Collection）于1900年成立；波士顿的伊莎贝拉·加德纳博物馆（The Isabella Stewart Gardner Museum）在1903年开门迎客；纽约的弗里克藏品馆（The Frick Collection）在1919年开馆，1935年正式对公众开放。这个名单还可以继续延伸下去，如本书涉及的亨廷顿图书馆、艺术博物馆和植物园（The Huntington Library, Art Museum and Botanical Gardens）、国立克罗勒-穆勒博物馆（The Kröller-Müller National Museum）、弗利尔美术馆（The Freer Gallery of Art）等。

之所以将一些大型的公立博物馆（如俄罗斯的三座著名博物馆）纳入本书的考察范围，是因为其中不少机构与大收藏家的捐赠有着极为密切的关系。再以华盛顿特区的国立美术馆（The National Gallery of Art）为例，虽说是一座国家美术馆，但其藏品形成和陈列方式显然具备上述“住宅博物馆”的典型特质。早在1937年，该机构的创立者安德鲁·梅隆（Andrew Mellon, 1855—1937）在与国会达成的协议中强调：国家美术馆中的其他展品必须与他所捐赠的藏品一样具有极高的艺术品质。除此之外，他还选定有着“最后的罗马人”之誉的约翰·拉赛尔·波普（John Russell Pope, 1874—1937）设计美术馆的建筑。在陈列细节上，他坚持围绕中央圆形大厅的展室应该是一个类似于家一样的私密空间，让人宾至如归。克利夫兰艺术博物馆（The Cleveland Museum of Art）的数字化尝试数年前被看作是“激进”，但目前来看，数字化陈列似乎也成为未来艺术博物馆的一个重要内容。大英博物馆（The British Museum）开放190万件艺术品图像的做法更有力地证明了这个判断。

私人艺术博物馆所具有的一个重要特征就是：拥有这些藏品的艺术收藏家们都在竭尽全力使得艺术史的时间理想化。藏品成为藏家性格中的另一面。在今天依然存在的私人艺术博物馆及相关历史文献中，我们不难感受到更为浓缩的“自我映像”（self-image）。除了专门的展室之外，住宅里的大厅、餐厅、图书室、起居室、卧室，甚至浴室也成了悬挂画作、摆放物件的场所。正如瓦尔特·本杰明（Walter Benjamin）所提及的，这些博物馆的主人们，期待来访者们体验一种“深刻的陶醉”（a profound enchantment）。在这个过程之中，来访者们所获的震颤会在艺术品周遭投射出一个魔幻的光晕。显而易见，本书中所涉及的私人艺术博物馆具有类似的特征。

曾长期担任大都会艺术博物馆（The Metropolitan Museum of Art）馆长的菲利普·德·蒙泰贝洛（Philippe de Montebello）和英国艺术批评家马丁·盖福德（Martin Gayford）曾结伴遍访世界各地的著名艺术博物馆、美术馆，展开相关的对话与讨论，最后结集出版了《艺术的对话》（*Rendez-Vous with Art*）一书，涉及大量经典之作。他们特别提到，要观看提香的《圣母升天》（*Assunta, Assumption of the Virgin Mary*, 1516—1518）这幅画，只得前往其诞生地——威尼斯的弗拉里荣耀圣母堂（Church of Santa Maria Gloriosa dei Frari, Venice），也只有从高高的祭坛对面的位置才得以欣赏其全貌。但在长达百余年的时间里，这幅画在这个教堂是“缺席”的。19世纪初期的时候，出于担心其被送往卢浮宫，一些法国人把它转移到威尼斯学院美术馆（Gallerie dell' Accademia, Venice）。之后拿破仑战败，“维也纳会议”接踵而至，最终奥地利人占领了威尼斯，这幅画也流入维也纳。1866年，威尼斯被并入统一之后的意大利后，画作才得以归还，其展示地点依然是威尼斯学院美术馆。直到第二次世界大战结束之后，《圣母升天》才回到弗拉里荣耀圣母堂的主祭坛上。

无独有偶，假如我们在罗马圣王路易教堂（San Luigi dei Francesi）的康塔列里礼拜堂（Conterelli, Chapel of San Luigi dei Francesi）欣赏米开朗琪罗·卡拉瓦乔（Michelangelo Caravaggio, 1571—1610）1599—1600年间创作的圣马太生平（Saint Matthew）系列壁画，也会获得一种独特的感受。原因就在于这几幅画是教堂专门向艺术家订制的，自其诞生之日到今天未曾离开过！圣王路易教堂是罗马市中心的一座教堂，介于纳沃纳广场和万神殿之间。该教堂也是司铎级枢机领衔教堂。这座教堂的设计者是贾科莫·德拉·波尔塔（Giacomo della Porta），由多米尼克·丰塔纳（Domenico Fontana）兴建于1518—1589年。教堂的建造得到了凯瑟琳·德·梅迪奇（Catherine de' Medici）的资助和支持。应该说，它是法国在罗马的国家教堂，冠名以圣母、圣丹尼和法国国王路易九世。康塔列里礼拜堂的《圣马太的蒙召》（*The Calling of Saint Matthew*）、《圣马太与天使》（*St. Matthew and the Angel*）和《圣马太殉教》（*The Martyrdom of St. Matthew*）三幅画尺幅巨大，分别再现了圣马太生平中的三个重要事件。应该说，这是他第一次公开展示自己的作品。左边是《圣马太蒙召》，与之相对的是右边的《圣马太殉教》。为了表现极具戏剧化的画面效果，卡拉瓦乔曾经对射入礼拜堂的光线的变化进行了长期观察，颇费过一番心思。

问题在于，艺术史上的很多作品并非都是专门为博物馆创作的。很多艺术品因为种种原因成为博物馆的藏品，像上述提香的《圣母升天》这幅画的例子毕竟是少数。这就涉及艺术品脱离原初语境的研究课题。不少学者、诗人甚至艺术家批判将艺术品挪移“原位”的现象，比如法国考古学家、建筑理论家卡特勒梅尔·德·昆西（Quatremère de Quincy）在1796年7月发表的《致米兰达的信》（*Lettres à Miranda*）中声称：“把古代和文艺复兴时期的作品从其活生生的历史语境中挪移出来，就毁灭了作品的意义。”他的另一段言论把矛头直指博物馆：“博物馆的艺术、艺术品从原初确定的地方向某一博物馆的挪移，都意味着打断那种总是存在于

天才的创造与社会、艺术与风俗、艺术与宗教以及艺术与生活之间的联系。"歌德、保罗·瓦莱里、阿多诺、本杰明、海德格尔、汉斯·伽达默尔、鲁道夫·阿恩海姆等均表达过类似的看法。比方说，阿恩海姆曾写道："在博物馆或艺术画廊里，我们都体会过偶然令人沮丧的时刻。这种时候，周围那些竖立着和悬挂着的展品好像昨天晚上戏散后，遍地委弃的戏装，荒唐地处于沉默之中。"艺术史家弗朗西斯·哈斯克尔（Francis Haskell）在他所撰写的一篇重要论文——《博物馆及其敌人》（*Museums and Their Enemies*）里提道："……反对者认为，博物馆虽然宣称其为了贮藏、保护艺术而服务，实际上却破坏了艺术的真正目的。在博物馆内，那些用以感动虔诚信徒的画作可能与易于激起观者肉欲的画作并置一处。不仅如此，一旦这些画从卧室或教堂转移到博物馆内空旷而洁净的墙上，这些艺术品也丧失了其实际功能。"1861年，西奥菲尔·托雷（Théophile Thoré）抱怨道："只要艺术健全，创造力蒸蒸日上，那么博物馆就永远不会出现，博物馆不过是艺术的坟墓，是把曾经为活物的东西的残余乱埋一气的茔窟。"相形之下，毕加索的言论则更为偏激："各种博物馆只是一大堆谎言罢了……有一天我去看沙龙回顾展。我注意到了这一点：一幅好画挂在坏画之中就成了一幅坏画，而一幅坏画挂在好画之中却是为了变成一幅好画。"凡此种种，这里指涉的作品大多原初就不是专门为博物馆、美术馆创作的。

作为一个与博物馆学、艺术收藏史相关的专题研究，艺术作品的阐释及风格等问题并非是本书的主要关注点，那些私人艺术博物馆作为一个整体才是本书重点探究的内容，其核心是艺术藏品的陈列方式。原因就在于，不少私人艺术博物馆在很大程度上原汁原味地保留了艺术品的陈列语境。不少场馆从建造之初就充分考虑

罗马圣王路易教堂（San Luigi dei Francesi）的康塔列里礼拜堂（Conterelli, Chapel of San Luigi dei Francesi），上为米开朗琪罗·卡拉瓦乔（Michelangelo Caravaggio,1571—1610）在1599—1600年所绘制的圣马太生平（Saint Matthew）系列壁画。

到这一点，典型的例子如华盛顿特区的弗利尔美术馆里的“孔雀厅”（The Peacock Room）。当然，一些作品的整体陈列格局是收藏家终其一生经营的结果，虽然涉及的艺术品脱离原初语境，但产生了新的意义，即上文提及的“时间胶囊”，折射出创立者的“自我映像”。本书所尝试的是基于对二十余座欧美著名艺术博物馆（以私人艺术博物馆为主）的陈列展示个案的考察，在前人研究成果的基础上，结合博物馆学、艺术史、社会学等领域的研究方法，探讨欧洲以及美国一些重要私人艺术博物馆的馆藏形成、展览叙事及其与捐赠人意图之间的互动关系。这不仅有美术史层面上的研究价值，而且对国内的美术馆建设、研究、展览乃至相关的教育项目策划等均有一定的借鉴意义。

艺术史家巫鸿先生在其《“空间”的美术史》里提到了“总体艺术”（Gesamtkunstwerk）这个词——由德国音乐家威廉·理查德·瓦格纳（Wilhelm Richard Wagner, 1813—1883）在1849年提出的，也被译为“总体剧场”。简言之，就是在剧场里综合绘画、建筑、音乐、表演、布景、词语等各种形式呈现一种总体展示效果，观众可以通过汇集不同的知觉感受获得一个总体的艺术经验。从19世纪90年代到20世纪最初的10年间，“新艺术”（the Jugendstil, Young Style）的名词在德国奥地利建筑界风行，这个名称得自慕尼黑杂志《青年们》（*Die Jugend*）。它倡导一种“新艺术”（Art Nouveau）的设计手法，装饰母题以花为主，推崇阿拉伯式花饰，最终趋向于抽象和功能主义。值得强调的是，它特别提倡工作坊式生产模式，设计师与工厂合作以便得以批量化生产。还有一点，“新艺术”群体的艺术家们大多身兼多能，致力于创作出一种“总体艺术作品”。如果从上述瓦格纳的提法算起的话，这个理念蔓延了整个19世纪，“新艺术”的核心目标就是整合各种形式的艺术门类，创造一个能够与人类需要和谐一体的精致环境，当然这只是一个理想化的世界。

在巫鸿先生看来，“总体艺术”概念的提出，对于研究美术史资料至少具有几个相当重要的启示：其一，器物、图像、陈列和建筑等形式共同构造出一个“视觉和物质空间”；其二，构成这个空间的因素扩展到引起其他知觉感受的非视觉对象。如引起味觉、听觉和嗅觉感受或联想的食物、酒醴、香炉、乐器、舞妓、灯盏、插花等，巫鸿称其为“知觉空间”，其范围与上述“视觉和物质空间”重合，内涵却有所不同；其三，构成空间的因素进一步包括了主体的活动与感受，这种活动可以是真实的（如宗教建筑中的礼仪活动或私人庭院空间中的文人雅集），也可以是想象的（如灵魂在坟墓中的起居或神灵在天地间的游弋）。在这些真实或想象的行动和感受中，空间被理解为建构主体经验（也包括想象中的经验）的所在，因此可以被称为“经验空间”。值得注意的是，与现场实行的当代艺术项目不同，古代美术材料是历史的遗迹，一般并不容许我们在上述第二、第三层次上进行对“知觉空间”的重构。再进一步，“总体艺术”概念对于研究艺术类博物馆的陈列也大有助益，譬如本书涉及的一些私人艺术博物馆，其情形的确如此。相形之下，一些个案含有巫鸿先生所提及的“知觉空间”的味道，如伦敦的约翰·索恩爵士博物馆（Sir John Soane's Museum），当然这是比较少见的案例。

书中所涉及的不少艺术收藏家均有广泛的游历，而且大多参考了一些重要博物馆、收藏家的宅邸作为典范，甚至有些人本身就是建筑大师，这使得他们穷几十年之力来营造自己理想的陈列方式。在此种意义上，虽然许多搜罗来的艺术品脱离了“原境”，但经过专业的、经得起推敲的陈列而连同藏品所在建筑物一起成为经典之作并一直留存至当下，并将继续存在下去。这无疑转义为另外一种“原境”。需要言明的是，“藏品博物馆”在走向“公共性”之前大致会经历较为漫长的过渡时期，在这期间要慢慢适应诸如藏品目录、展线、开放时间、购藏、出借展品政策等公立博物馆所具有的属性。这种纠结于“私密”与“公共”两者之间的状态，似乎也散发出这一类艺术博物馆的独特魅力，本雅明所言的那种“魔幻的光晕”往往在这些仍具有私人宅邸性质的机构中真正寻觅到，这也许是未来的一种发展模式。

本书书名为《原境之魅——欧美艺术博物馆陈列方式研究》（*Glamour of "in situ": The Study of Display of European and American Art Museums*），其核心词无疑是“原境”（in situ）。“In situ”源自拉丁语，意指“在原位”，通常用于形容在某个场域中的实时操作或相关现象，这些活动一般在现场实时发生（不带有任何二次搬运或转移），与“移位”（ex situ）意义相反。在这里将“在原位”迻译为“原境”，更凸显了艺术品的陈列语境，侧重于呈现本书讲到的私人艺术博物馆创立者们的意图所在。

1796年，在听说法国没收了意大利的绘画和雕塑时，歌德当时担忧“人的恣意为之的力量……似乎压倒了自然的法则”。不久之后他变得乐观了，他相信：“一种新的或者‘理想的艺术体’有可能得以重建，即是‘想象的博物馆’（musée imaginaire），它们将四散于世的古代幸存的零零碎碎的实物聚于心并使其重获新生。”伽达默尔说：“对于一件艺术作品的真正意义的发现‘永不会停止’……因为真正的历史物品根本不是一件物品，而是一个在由艺术家所创造的人造物品与其阐释者之间的遭遇的投射。”

文明的交汇点：牛津大学阿什莫林考古与艺术博物馆陈列方式演变考

引言

罗兰·谢尔（Roland Schaer）认为，“博物馆”这个词是古希腊人留给我们的。在古典时代，它所指的是供奉缪斯们的神庙，希腊神话中的这九位女神是宙斯和记忆女神摩涅莫绪涅（Mnemosune）的女儿。她们分别是主管音乐与抒情诗的音乐之神欧忒耳珀（Euterpe）、主管爱情诗的埃拉托（Erato）、司英雄诗的卡莉欧碧（Calliope）、掌管历史的克莉奥（Clio）、司悲剧的墨尔波墨涅（Melpomene）、司颂歌的波莉海妮娅（Polyhymnia）、掌管舞蹈与合唱的特尔西科瑞（Tersichore）、司喜剧与田园诗的塔利娅（Thalia）及主管天文学的乌拉妮娅（Urania）。记忆的神圣化，反映了古希腊文明在公元前8世纪之前的状态，那是一个口头传承文明的时代。在这个文明之中，回忆如此关键，以至于只有借助于神灵相助，回忆的使命才能够完成。在一个没有文字的社会里，只有在神灵襄助下接触到历史档案的诗人才能受到神启，获得灵感。回忆的内容既不是个人记忆，也不是历史事件。诗人受到缪斯启迪，接触到了另一个世界，即是古希腊人称之为“迷思”（法语为mythe，拉丁化希腊文为muthos）的世界：终有一死的凡尘之人只了解发生的事、有所演变的事、会产生也会消亡的事物，但受神启示的诗人与他们不同，诗人带来的是另一个世界的知识，这个世界揭示了本源，超越了表象并永恒存在。

阿什莫林博物馆主入口

正如上文所示，没有一位缪斯主管我们今天所熟知的“造型艺术”，原因在于，在古希腊时代，绘画与雕刻还未被视为纯粹的艺术形式，仅仅被看作“技艺”。在艺术博物馆诞生的过程中，经历了多个历史阶段，譬如说“收藏热”（collectionnisme）、“学院的诞生”、作为研究载体的“奇物”被展出以及“艺术作品”的发明等。大致在15世纪末，欧洲当时出现了一场宽泛、形式多样的“收藏热”运动，这是一种随着人文主义的出现和传播而席卷欧洲的“狂热”。参与者不仅包括君主、教士，也包括学者和爱好者，许多人参与了这场运动。绘画和雕塑等艺术品逐渐进入这些收藏家的藏品之列，因为收藏家的显赫名声而获得前所未有的身份及地位。艺术品的入藏渠道主要有两种：首先是时人所称的“古典文物”。人们发掘、搜寻、收藏手稿、钱币、石刻、铭文等所有一切古希腊古罗马文明的物质遗存。从永恒之城罗马发掘出来的雕塑很快成为最显赫、最珍贵和最容易被觊觎的文物；第二个渠道是“奇物”（curiosite）或“罕物”（rarete），指的是16世纪中后期出现的收藏热，在一些私人宅邸中展示罕见、独特，能够见证自然和人类创造

阿什莫林博物馆陈列场景

力的物品，不仅包括了贝壳、珊瑚、化石、异域植物，还涉及画家、雕塑家、金银匠人以及其他手工艺人的作品。在这里值得一提的是，自16世纪末开始，绘画和雕塑在君主的收藏中占据了重要位置，登上了藏品登记的顶峰，这才是它们获得承认的征兆。16世纪下半叶到17世纪末，大批学院的创立改变了造型艺术的地位。

17世纪中叶发生了第三种转变。1683年，阿什莫林博物馆创立。在开幕之日，牛津大学副训导长说道："这是一种新型的图书馆，能够包含伟大的自然之书最令人瞩目的部分，能与博德利图书馆的手稿和印刷品收藏相匹敌。"从那之后，原本的"奇物"收藏重新焕发活力，不仅以有条理的展示方式展陈"奇物"，也呈现所有自然和艺术领域的物品，在图书馆的书本知识之外为研究提供了另一种同等重要的来源。从此，在知识生产中，"奇物"与文字同等重要。至此，"缪斯神庙"的概念发生了改变：意指一个用于研究的展览场所，一个为了学问和展示的存在。

300多年过去了，阿什莫林博物馆需要整修建筑并调整内部空间布局，以适应新时代的需要。2006—2009年间，在英国遗产彩票基金会（Heritage Lottery Fund）的支持下，阿什莫林博物馆由建筑师里克·马瑟（Rick Mather）和麦塔弗（Metaphor）展览设计公司设计扩建。改造工程总费用超过9800万美元，博物馆由原来的三层楼变为五层，面积是之前的两倍有余，并创建了新的展览空间、修复工作室及教育中心。在经历过大规模整修工程结束后，伊丽莎白女王于2009年12月2日宣布博物馆再次对外开放，她在演说中将阿什莫林博物馆称为"世界上最伟大的大学博物馆"。在一次采访中，阿什莫林博物馆现任馆长亚历山大·斯特吉斯（Alexander Sturgis）提及了上文的博物馆整修与重新开放。在被问到为什么那么多人会到牛津旅行时，首先他提到了这些人是奔着"哈利·波特体验"（"Harry Potter Experience"）、"爱丽丝仙境体验"（Alice in Wonderland Experience）以及"重访布赖德海德体验"（Brideshead Revisited Experience）电影、电视剧拍摄场地去的。而另一个不可忽视的相关事实是，每年到访牛津的旅游人数超过900万。对于自1683年创立以来就免费开放的阿什莫林博物馆而言，年度参观人次超过85万，因而将其称为"世界上最伟大的大学博物馆"一点都不为过。作为英国最古老的公立博物馆和世界上第一座大学博物馆，对其藏品陈列的探究具有典型意义。本文主要采取以点带面的策略，结合阿什莫林博物馆形成的历史和藏品的陈列，结合建筑师团队的设计理念，重点考察了该馆整修后的藏品陈列模式及相关问题。

阿什莫林博物馆陈列场景

阿什莫林博物馆陈列场景

一、"方舟"与阿什莫尔爵士

英国著名艺术史家、博物馆学研究者贾尔斯·阿德里安·沃特菲尔德（Giles Adrian Waterfield）认为，私人捐赠之所以在英国形成一个传统，是因为英国中央和地方政府对使用公共资金成立博物馆和支持艺术持保留意见。因此，到了18世纪，英国是少数几个没有皇家歌剧院的欧洲国家之一，部分原因在于政府相对拮据，直到20世纪依然如此，这跟法、德等国家的情况形成了鲜明对照。在法、德两个国家，在艺术方面的投入被视为政府的义务，同时也是展示国家荣耀的一种方式。1683年创立的阿什莫林博物馆是牛津大学的一部分，也是最早取得永久性机构地位的欧洲"珍奇屋"（caninets of curiosities）之一。总的来说，它的创立也离不开大量慷慨的捐赠。

阿什莫林博物馆的最初藏品来自老约翰·特拉德斯肯特（John Tradescant the Older, 1570—1638）及其儿子小约翰·特拉德斯肯特（John Tradescant the Younger, 1608—1662）。老约翰·特拉德斯肯特先后担任索尔兹伯里第一任伯爵（1st Earl of Salisbury）罗伯特·塞西尔（Robert Cecil, 1563—1612）以及白金汉公爵（Duke of Buckingham）的园艺师。他对园艺的热爱将他引向了尼德兰、巴黎、俄国和北非，新样本的获得在很大程度上激发了他对未知领域的渴望。早在1618年，老约翰·特拉德斯肯特就远赴俄国并寻找一些罕见的植物样本。白金汉公爵后来派他去美洲并指示其代理人爱德华·尼古拉斯（Edward Nicholas）："公爵很高兴让特拉德斯肯特跟来自各地的商人打交道，尤其是来自弗吉尼亚、百慕大、纽芬兰、几内亚、宾尼（Binney）、亚马孙和东印度群岛的商人们做交易，以购买各种珍稀野兽、家禽、鸟、贝壳和石头。"最终，老约翰·特拉德斯肯特在位于伦敦南部的兰贝斯（Lambeth）

阿什莫林博物馆陈列场景

创立了一个名为“特拉德斯肯特方舟”（Tradescants Ark）的“珍奇屋”，向所有的观众（不分阶层、性别、年龄）开放，每人收取6便士的入场费。里面陈列的藏品包括硬币、贝壳、动物标本以及武器和盔甲等，既有人工制品，也有来自大自然界的物件。在老约翰·特拉德斯肯特去世之后，小约翰继续扩大收藏范围，鼓励公众前来参观博物馆。

兰贝斯的“方舟”以传统的“珍奇屋”方式展示艺术品和自然标本，周围还有一座植物园。他们编辑了完备的藏品目录，其中的分类法部分为效仿他人，部分为原创，这也就开创了“图录”的概念，为看似杂乱无章的器物找到了一种秩序。1638年，一名德国旅行者格奥尔格·克里斯托夫·施蒂恩（Georg Christoph Stirn）作为一个有心人，较为详尽地记录了“方舟”的藏品内容：“首先，在院子里有两根鲸鱼肋骨，以及一艘精巧的树皮筏；随后，花园里有各种异域植物。在博物馆之内，我们在一棵树上看到一条蝾螈、一条变色龙、一只鹈鹕、一只白鹧鸪、一只生长在苏格兰的鹅，一只来自印度的鼯鼠、各类浅色鸟类，众多化石。还有仍连接着肉的人骨、葫芦、橄榄、一块木头、一颗猿头、一块奶酪、各种贝壳、美人鱼的手、玻璃里装着的天然蜂蜡做成的手、耶稣十字架上的一块小木头、法王亨利四世和路易十三的透视画、一个装有透视风景画的盒子、许多来自土耳其和其他国家的鞋和靴子、一只北极海鹦、一条蟾鱼、一个蛇骨做的帽箍……”一个活生生的“珍奇屋”呼之欲出。实际上，这个名称本身在文艺复兴时期所指涉的是一个收藏空间，其本意是“（满足）好奇心的房间”，类似的术语还有“藏室”（studio, studiolo）、“陈列柜”（guardaroba）、“游戏室”（casino）、“长廊”（galleria）、“藏宝阁”（gazophylacium）、“剧场”（theatro）等。在法国学者克里斯蒂娜·达韦纳（Christine Davenne）看来，“珍奇屋”至少肩负着两项功能：一方面，最为世界的舞台，将五花八门的藏品分门别类，清点造册，乃分内之事；另一方面，设置在权贵宅邸里的“珍奇屋”，顺理成章地成为各大家族世代相传的文化遗产，成为其后代子孙获得百科知识的不二之选。显而易见，这种“珍奇屋”是封闭的空间，几乎不对外开放。17世纪，“珍奇屋”这个词的法语指的是主卧外面的密室。有的则是将私密空间和开放性空间进行划分。譬如，17世纪中叶，位于意大利博洛尼亚（Bologna）的“阿尔德罗万迪藏室”（“Studio Aldrovandi”）由著名学者乌利

阿什莫林博物馆陈列场景

阿什莫林博物馆陈列场景

斯·阿尔德罗万迪（Ulisse Aldrovandi, 1522—1605）创立，里面的藏品数量曾经超过18000件之多！到17世纪中叶，这座博物馆的主管奥维迪奥·芒特班尼（Ovidio Montalbani）将阿尔德罗万迪代管的公共收藏划出为博物馆，将其私人藏品另立别名——“私人博物馆”/“我的博物馆”。此外，在阿尔德罗万迪在世之日，仅有少数人获得荣耀在其“友人之书”（book of friends）上签上自己的名字，这些“荣誉观众”（大多以显贵为主）人数不过区区1500人左右。再以上文提及的“藏室”为例，费德里克·达·蒙特费尔特罗（Federico da Montefeltro, 1422—1482）位于乌皮诺（Urbino）的“藏室”大部分空间供私人使用，伊莎贝拉·德斯特（Isabella d'Este, 1474—1539）在曼图亚（Mantua）的“藏室”位于宫殿深处，只有穿过她的书房才能到达。相形之下，阿什莫林博物馆的创立自开放之日起就摒弃了这种“私密性”，完全向公众开放。

1656年，小约翰·特拉德斯肯特与友人伊莱亚斯·阿什莫尔（Elias Ashmole, 1617—1692）合作编辑名为“Museum Tradescantianum”的展览目录。应该说，这是英国第一本博物馆藏品目录，此书出版后大受欢迎，1660年再版。在道格拉斯·里格比（Douglas Rigby）和伊丽莎白·里格比（Elizabeth Rigby）合著的《锁、人种和圆筒》（*Rigby, Douglas and Elizabeth, Lock, Stock and Barrel. Philadelphia,* 1944）里，摘录了这些藏品的分类。总的说来，艺术品在里面占据的比例微乎其微。

应该说，两人早在1650年就相识。阿什莫尔是一个具有多重身份的人，宫廷弄臣、传令官、英国皇家学会创始成员之一，同时也是一位古物学家、炼金术士和收藏家。他绝对具有资历为牛津大学博德利图书馆（The Bodleian Libraries）的钱币珍藏编目。阿什莫尔十分推崇老约翰·特拉德斯肯特父子创立的博物馆并积极为其筹措资金。小约翰·特拉德斯肯特最后将这座博物馆及其藏品托付给了阿什莫尔。英

阿什莫林博物馆陈列场景

国内战期间，阿什莫尔初次与牛津大学相关人员结识并在后来成为布拉森诺斯学院（Brasenose College）的一员。1675年，阿什莫尔开始跟牛津校方谈判，准备把藏品捐赠给牛津大学。首先，他敦促牛津大学承担义务，为这批藏品建造一个合适的储藏室。其次，阿什莫尔为这批藏品设计了富有远见的规划，将它们赋予教育的意义，使其成为牛津大学自然历史和化学教学中的一分子。最后，牛津大学专门为这批藏品配备了一个实验室。

1683年，阿什莫尔将他自己的钱币、珍本书以及手稿等重要藏品连同“特拉德斯肯特方舟”原有的珍藏捐赠给牛津大学。26个大箱子装在驳船上由伦敦运往牛津。这些物件最初陈列在离博德利图书馆不远的建筑中，即现在牛津大学所属的科学史博物馆（the Museum of the History of Science）所在地。这座建筑由当地著名的石匠托马斯·伍德（Thomas Wood）历时4年才完工，耗资4500英镑。

1683年5月21日，当时的约克郡公爵（Duke of Yorkshire，即后来的詹姆斯二世）出席了博物馆的开馆仪式。约克郡公爵夫妇和安妮公主殿下率先进馆，首任馆长——牛津大学的第一位化学教授罗伯特·普洛特（Robert Plot, 1640—1696）在大门口向他们致欢迎辞。随同公爵夫妇一起到来的还有多位小公爵和勋爵以及其他名流，有些人陪同公爵夫妇来到牛津，有些人则专程过来向公爵夫妇表达敬意，以示对王室的耿耿忠心。参加这一活动的还有校长、牛津主教、所有学科的博士以及两位学监。仪式结束后，他们开始参观主要展品，还十分高兴地出席了大学出资为他们举办的一个宴会。

需要提到的是，普洛特主持了博物馆第一层的陈列，阿什莫尔捐赠的藏品皆在这层展示。其他的楼层属于化学实验室和自然史学校（School of Natural History）的领地。安德鲁·克拉克（Andrew Clark）主编的《牛津历史学会》（*Oxford Historical Society*, Oxford: Clarendon Press, Vol. 3: 1682—1695, pp. 54–55, 1894.）出版于1894年，其中收录了《牛津古物研究者安东尼·伍德之生平与生活年代，1632—1695，由其自述，选自其日记及其他文章》一文。作者安东尼·伍德（Anthony Wood）是著名的古物收藏家和研究学者，毕生致力于搜集、出版与牛津及牛津大学的历史。伍德留下的与博物馆相关的文字无疑具有较高的参考价值。

伍德的日记中有一些直接与阿什莫林博物馆相关。换言之，他是这座博物馆创

阿什莫林博物馆陈列场景

约翰·赖利（John Riley），《伊莱亚斯·阿什莫尔》（*Elias Ashmole*），布面油画，124cm×101cm，阿什莫林博物馆藏。（中）

伊曼纽尔·德·克里茨（Emanuel de Critz）（传），《老约翰·特拉德斯肯特》（*John Trad-escant the Elder*），124cm×101cm，1655年，阿什莫林博物馆藏。（右）

伊曼纽尔·德·克里茨（Emanuel de Critz）（传），《小约翰·特拉德斯肯特》（*John Trad-escant the Younger*），79cm×62cm，1650年，阿什莫林博物馆藏。（左）

建的见证者。日记里明确提道："该馆于1679年4月14日奠基，1682/1683年3月20日建成。这座建筑被称为'旧阿什莫林博物馆'，该建筑曾被一度用于《牛津英语词典》的办公室。博学多才的罗伯特·普洛特博士在捐赠者的一再请求下，开始负责管理这座博物馆，他竭尽努力，细心地对捐赠物进行了分类、排序。到5月初，所有这些稀世珍宝都被放进了各自对应的陈列柜和展位，博物馆也装修完毕，但直到当月21日才正式对外开放。"

根据伍德的文字描述，该馆拥有10个房间，其中3间最大，各长56英尺（约17米）、宽25英尺（约7.6米），属于公用场所。最上面那间便是阿什莫林博物馆，里面有一个工作人员，负责向观众展示那些稀有之物。中间层的那一间是自然史学校，当时的化学教授是罗伯特·普洛特，他在开设化学课（课程会持续整整一个月）的学期里，每礼拜会上3次课，分别在星期一、星期三和星期五。他给学生介绍与化学实验相关的或者化学实验中使用的自然物体，尤其是这些物体的原产国或原产地、本质、特性、作用，以及通过什么标志和特点区分它们，如何区分人造和天然物体，如何区分物体的真假等。只要学识渊博、技术精湛的人小心操作，将它们混合在一起，运用那种神奇技术进行各种试验，就能制成治病的良药。最下面那一间是地下实验室，可以通过两个楼梯下去。这可能是世界上最漂亮、最实用的实验室，里面配备了实验所需的各种熔炉和材料。负责实验室的是大学里技术高超、勤奋努力的实验员克里斯托夫·怀特先生，他按照校长制定的规则，在教授的指导下进行那些与课程相关的实验，成效令人满意。

实验室旁有两个大房间。一间是化学图书室，里面已经摆放了一些化学方面的书籍。另一间是化学用品储藏室，他们会及时添置各种需要用到的物品。这座建筑的设计非常有特色，不仅能推动对实在哲学的研究，而且也能方便日常使用以及提高药品的品质。此外，博物馆附近还有一个漂亮的房间，准备用作"自然历史和哲学图书馆"。

值得一提的是，阿什莫尔所拟定的《章程、制度与条例》(*Statutes, Orders and Rules*)堪称专门为新的博物馆量身定做的管理、运营制度保障。这个文本涉及馆员任命、财务和藏品编目等诸多内容。特别值得一提的是，阿什莫尔在书中提到，需要组织一个由10个普通参观者组成的审查委员会，目的是对博物馆的藏品进行年度审查，并且负责核对目录中的藏品及其保存情况。现存的参观登记簿表明，该馆自开放以来欢迎所有来访者。

该馆的正式名称是“阿什莫林博物馆、自然史学校和化学实验室”(Musaeum Ashmolianum, Schola Naturlis Historiae, Officina Chimica)，李军先生在其《可视的艺术史：从博物馆到教堂》第二章末尾概括了阿什莫林博物馆两方面的显著特点。

首先，该馆的所有者不再是私人，而是牛津大学这个公立机构，这无疑决定了该馆的公共性质——无论是谁，只要购买了门票，就有权利入内参观。

其次，阿什莫林博物馆在接受特拉德斯肯特父子藏品捐赠之前，曾向牛津大学提出为之建造一座合适建筑物的先决条件。在1683年3月20日新建筑如期完工之时，新建筑的独立空间标志着阿什莫林博物馆与以往私人性质的博物馆彻底断绝关系。

当时牛津大学副校长如此定位新开放的这座博物馆：“这个博物馆是一个新的图书馆，可以容纳自然这本大书最引人入胜的成分，可与博德利图书馆收藏的手稿和印刷品相提并论。”正如伍德的上述记叙，阿什莫林博物馆在很大程度上是一座自然科学类博物馆，艺术品只是其中微乎其微的一个类别而已。诚如李军先生所言，它显然更多地继承了16世纪具有自然史性质的专业博物馆之传统；同样明显的是，它并非如卢浮宫博物馆那样的艺术类博物馆的直接前身。至于说馆藏向艺术方面的侧重与倾斜，则经历了一个较为漫长的历史过程。

展厅内部陈列

二、从考古学到艺术史

纵观阿什莫林博物馆的历史，正是因为一些关键人物的努力和重要艺术藏品的进入，才使得该馆越来越倾向于考古学与艺术史的并重。在这里有必要简要梳理该馆的收藏历史中的几个关键时间点。1718年，发掘于1693年萨默赛特府（Somerset）的“阿尔弗雷德宝石”（the Alfred Jewel）进入阿什莫林博物馆。1755—1772年间担任馆长的威廉·赫德斯福德（William Huddesford, 1732—1772）开始对藏品进行编目。

约翰·舒特·邓肯（John Shute Duncan, 1768—1844）、菲利普·伯里·邓肯（Philip Bury Duncan, 1772—1863）分别于1823年、1826年加入阿什莫林博物馆，将该馆带入迅速发展的历史时期。兄弟俩的主要贡献在于自然历史领域。他们的研究和相关收藏活动确立了位于帕克斯路（Parks Road）、1860年开馆的自然史博物馆的基础。原属阿什莫林博物馆的动物学、植物学藏品在这段时期均被划拨到新成立的自然史博物馆之中。原属阿什莫林博物馆的手稿藏品和钱币被转到博德利图书馆。在这里需要提到博物馆的建筑改造工程，新的阿什莫林博物馆位于博蒙特街（Beaumont Street），由查尔斯·罗伯特·科克雷尔（Charles Robert Cockerell, 1788—1863）设计，1845年落成。科克雷尔吸收了古希腊古典风格，采用爱奥尼亚柱式体系结构设计建造。

1886 年，阿什莫林博物馆里的人种学藏品转移到新成立的皮特·里弗斯博物馆（Pitt Rivers Museum），由此，阿什莫林博物馆面临一个重新定位的问题。1884 年，阿瑟·伊文思（Arthur Evans, 1851—1941）被任命为阿什莫林博物馆馆长，他的出现使得该馆的命运发生了戏剧性改变。在伊文思任职期间，藏品数量以每年 2000 余件的规模递增，主要集中于考古学领域，这与他的专业有着莫大的关系。实际上，早在 1828 年，尽管邓肯兄弟不太情愿，阿什莫林博物馆还是接受了来自考古学家理查德·霍尔爵士（Sir Richard Hoare, 1648—1719）的罕有其匹的盎格鲁 - 撒克逊（Anglo-Saxon）古物藏品，将这批藏品介绍给该馆的是英国考古学界的鼻祖——雷乌德·詹姆斯·道格拉斯（Reved James Douglas, 1753—1819），这批藏品也成为该馆考古学藏品的重要基石。

1894年，借助专攻文艺复兴时期实用艺术品研究的收藏家查尔斯·德鲁里·爱德华·福特纳姆（Charles Drury Edward Forthum, 1820—1899）10000英镑的慷慨资助，阿瑟·伊文思得以增建博物馆的附属建筑，其位置就在大学美术馆的北侧，以陈列考古藏品和福特纳姆捐赠的文艺复兴时期瓷器、铜器、指环以及其他丰富馆藏作品为主。直到1908年，两座建筑为才得以连接为一个整体。新的博物馆的藏品可简单归为两类：其一是艺术品，其二是古文物。前者可置于艺术馆（the Galleries of Fine Arts）之中，后者则陈列于“古文物馆”（Antiquarium）内。

1908年，阿瑟·伊文思辞去馆长职务后远赴希腊克诺索斯（Knossos）从事考

展厅楼梯

展厅内部陈列

古发掘。1922年，阿什莫林博物馆的古物部（The Department of Antiquities）创立。阿瑟·伊文思将其父亲——约翰·伊文思爵士（Sir John Evans, 1823—1908）的部分藏品捐赠给该馆。1911年获封爵士的阿瑟·伊文思一直密切关注阿什莫林博物馆的发展并提供各方面的便利。他在米诺斯王宫（The Palace of Minos, Crete）从事考古发掘所带来的结果，就是使得该馆拥有仅次于希腊的最全面的迈锡尼（Mycenaean）、基克拉迪群岛（Cycladic）的艺术品。约翰·迈尔斯爵士（Sir John Myres, 1869—1954）、弗林德斯·皮特里爵士（Sir Flinders Petrie, 1853—1942）、弗朗西斯·卢埃林·格里菲斯（Francis Llewellyn Griffith, 1862—1934）、大卫·乔治·荷加斯（David George Hogarth, 1862—1927）、爱德华·瑟洛·利兹（Edward Thurlow Leeds, 1877—1955）、伦纳德·伍利爵士（Sir Leonard Woolley, 1880—1960）、马克斯·马洛温（Sir Max Mallowan, 1904—1978）等考古学家的加入使得阿什莫林博物馆成为研究古代塞浦路斯、埃及、美索不达米亚、克里特、巴勒斯坦以及盎格鲁-撒克逊英格兰的中心机构。更进一步言之，1927年，约翰·伊文思爵士的史前考古藏品进入该馆的馆藏之列。在此之后，经过半个多世纪的有序购藏，更加奠定了阿什莫林博物馆英国考古学中心的地位。

也是在1922年，阿什莫林博物馆的“钱币展室”（the Coin Room）的创立被提上历史日程，但直到1970年才正式成立，整合了牛津大学所收藏的古钱币、纹章及圣牌等资源。

1961年，阿什莫林博物馆的“赫伯登纹章展室”（the Heberden Coin Room）创立，其中的藏品来自古典学者查尔斯·布勒·赫布登（Charles Buller Heberden, 1849—1921）的私人收藏。如今，“赫布登纹章展室”已经成为该馆五个重要部门之一，拥有的藏品总数超过30万，涉及古希腊、古罗马、凯尔特（Celtic）、拜占庭、中世纪以及中国的铸币，也包括代币、筹码、纸币及纪念章等类别。如

卡米耶·毕沙罗,《通往埃拉尼镇之路》(*The Approach to the Village of Éragny*),布面油画,55cm×63.5cm,1885年。(左)

威廉·荷加斯(William Hogarth),《狂怒的音乐家》(*The Enraged Musician*),布面油画,38cm×48cm,1741年。(中)

约翰·康斯泰勃(John Constable),《索尔兹伯里附近的水草地》(*Water Meadows near Salisbury*),布面油画,32cm×38cm,1820—1829年。(右)

今,阿什莫林博物馆由"赫伯登纹章展室"、"古物部"(Antiquities)、"西方艺术部"(the Western Art)、"东方艺术部"(the Eastern Art)和"模铸展厅"(Cast Gallery)五个专业部门组成。以下我们着重稍微回顾一下该馆"西方艺术部""东方艺术部"是如何建立起来的。

西方艺术部涵盖了不少精品。我们自然会想到该馆的那幅著名的画作——出自保罗·乌切罗(Paolo Uccello, 1397—1475)之手的《林中狩猎》(*The Hunt in the Forest*)。这幅画是政治家、外交家威廉·托马斯·福克斯-斯特兰韦斯(William Thomas Fox-Strangways, 1795—1865)1850年整体捐赠的40幅油画中的一幅。纵观该馆西方艺术的收藏历史,第一个收藏高峰出现在艺术史家肯尼斯·克拉克(Kenneth Clark, 1903—1983)担任馆长期间,像皮耶罗·迪·科西莫(Piero di Cosimo, 1462—1522)创作的《森林之火》(Forest Fire)这幅巨作得到国家艺术收藏基金(the National Art Collections Fund)的支持购入该馆。1934年,卡尔·西奥多·帕克爵士(Sir Karl Theodore Parker, 1895—1992)接替克拉克担任当时艺术部的主管一职(1945—1962年间成为该馆的馆长)。帕克爵士此前供职于大英博物馆(the British Museum)的版画和素描部(the Department of Prints and Drawing),其学术专长是"老大师"素描和版画的相关研究和鉴赏。应该说,他在任期间,为该馆构建起最好的素描、版画收藏。1842年,原为著名画家托马斯·劳伦斯爵士(Sir Thomas Lawrence, 1769—1830)私人藏品的不少素描精品被该馆购入,其中有出自米开朗琪罗、拉斐尔等人的非凡素描杰作。应该提及的是,劳伦斯爵士原本打算将自己的素描精品收藏售给大英博物馆,尽管该馆提供的买入价远远低于市场价。劳伦斯的中间人、画商塞缪尔·伍德伯恩(Samuel Woodburn)倾向于将这批藏品出售给牛津大学。埃尔登伯爵(Earl of Eldon)为这批藏品支付了4000英镑,确保阿什莫林博物馆得到了这批世界上最好的素描珍藏。1853年,埃尔斯米尔伯爵(Earl of Ellesmere)将原属于劳伦斯爵士旧藏的68幅出自安尼巴莱·卡拉奇(Annibale Carracci, 1560—1609)兄弟的素描作品。1855年,南安普顿(Southampton)收藏家钱伯斯·霍尔(Chambers Hall, 1786—1855)的一部分素描精品被购入。丢勒及其他德国、法国和荷兰的大师的北方文艺复兴的从博德利图书馆调拨而来。1861年，艺术批评家、画家约翰·罗斯金（John Ruskin, 1819—1900）将他的素描和水彩画收藏捐赠给阿什莫林博物馆，可圈可点的有出自约瑟夫·马洛德·威廉·透纳（Joseph Mallord William Turner, 1775—1851）之手的25幅素描。

此外，许多版画及素描源自收藏家弗朗西斯·杜丝（Francis Douce, 1757—1834）1834年的遗赠。其他著名的版画（和素描）藏品包括了诸如威廉·布莱克（William Blake, 1757—1827）、弗朗西斯科·戈雅（Francesco Goya, 1746—1828）、埃德加·德加（Edgar Degas, 1834—1917）、托马斯·庚斯博罗（Thomas Gainsborough, 1727—1788）、让·奥古斯特·多米尼克·安格尔（Jean Auguste Dominique Ingres, 1780—1867）、卢西恩·毕沙罗（Lucien Pissarro, 1863—1944）、丹蒂·加布里埃尔·罗塞蒂（Dante Gabriel Rossetti, 1828—1882）、彼得·保罗·鲁本斯（Peter Paul Rubens, 1577—1640）、提香（1485—1576）、透纳及让·安托万·华托（Jean-Antoine Watteau, 1684—1721）等人的作品。据学者何为民介绍，阿什莫林博物馆版画室为那些希望对版画（及素描或水彩）原作进行研究和欣赏的人员提供服务。尽管有诸多限制，例如不得使用钢笔或墨水等，但是艺术学子可使用铅笔直接临摹名作原作。重要的是这项服务向每个人甚至是有成人陪同的未成年人开放。目前，博物馆西方版画及素描（含水彩）收藏约为5万件，版画约占总数的一半。用现任版画室主管安哲丽·玛利亚·阿塞托（Angela Maria Aceto）的话说，“阿什莫林博物馆的素描及版画属于公众，所以对全体公众开放。阿什莫林博物馆版画室也许是英国唯一的每个人无需预订或出示身份证就可以走进来欣赏艺术作品的版画室。”当然，帕克爵士在任期间也十分重视西方绘画作品的捐赠和购藏，不妨试举数例为证：

首先，1936年，F.R. 韦尔登夫人（Mrs F. R. Weldon, Florence Weldon）将其“老大师”油画作品等精品捐赠给该馆。除此之外，同属于韦尔登私藏的卡米耶·毕沙罗（Camille Pissarro, 1830—1903）的名作《下雨天的杜伊勒里花园》（*The Tuileries Gardens, Rainy Weather*）以及英国印象派画家创作的画作也进入该馆馆藏之列。

其次，1939年，弗兰克·欣德利·史密斯（Frank Hindley Smith, 1863—1939）将涵盖塞尚及其追随者们的绘画精品，还有与“布鲁姆斯伯里团体”（the Bloomsbury Group）关系密切的画家群体所创作的作品（油画为主）整体捐赠给阿什莫林博物馆。

就“东方艺术部”来说，长期以来，阿什莫林的东方艺术藏品一直归入“艺术部”（the Department of Fine Arts）之下，部分原因在于该馆缺乏这个领域的相关研究人员。1948年，在帕克爵士的支持下，该馆在位于宽街（Broad Street）的印度学院（the India Institute）所在的位置建造东方艺术博物馆（Museum of Eastern Art）。1963年，“东方艺术部”得以正式创立。1956年，艾伦·巴洛爵士（Sir Alan Barlow, 1881—1968）的捐赠涉及了伊斯兰、印度次大陆、东南亚、中国、韩国、日

洛伦佐·里皮（Lorenzo Lippi），《天真的寓言》（*An Allegory of Innocence*），布面油画，74.5cm×59.6cm，1640年。（左）

提香（Titian），《爱的凯旋》（*The Triumph of Love*），木板油画，直径88.3cm，1543—1546年。（右）

本等地的艺术，其中的精品当属164件伊斯兰陶器。也是在这一年，赫伯特·英格拉姆爵士（Sir Herbert Ingram, 1875—1958）所捐赠的3000余件中国绿瓷陶坯、商周青铜器以及日本艺术品增强了东方艺术部的整体实力。

早在1947年，J. 弗朗西斯·马利特（J. Francis Mallett）向阿什莫林博物馆捐赠中世纪象牙制品、家具、钟表、中国明代瓷器等藏品，这批明代瓷器精品后归东方艺术部。1978年，艺术史家杰拉尔德·赖特林格（Gerald Reitlinger, 1900—1978）将自己收藏的中国、伊斯兰、日本瓷器捐赠给东方艺术部。1996年，著名的“雷耶斯藏品”（the Reyes Collection）入藏“东方艺术部”，以纪念乔斯·毛里西奥（Jose Mauricio）和安赫利塔·特立尼达·雷耶斯（Angelita Trinidad Reyes）。这130多件中国画作品的到来使得阿什莫林博物馆成为屈指可数的拥有极高品质的现代中国绘画藏品的艺术机构之一。

2013年，艺术史家、牛津大学教授迈克尔·苏立文（Michael Sullivan, 1917—2013）将他与夫人吴环女士珍藏的400余件中国绘画珍品捐赠给阿什莫林博物馆，专门陈列于该馆的“环和迈克尔·苏立文展厅”（the Khoan and Michael Sullivan Gallery）。应该提到的是，“环和迈克尔·苏立文展厅”是英国境内唯一的专门陈列中国绘画的专厅。总的说来，这个展厅的陈列方式在很大程度上保存了苏立文夫妇艺术收藏的原貌，体现了他们和中国画家的友情，而不是我们所习见的按照艺术史分期进行展示。

如今，东方艺术部的藏品总数超过3万件，涵盖陶器、瓷器、纺织品、雕塑、金属制品、绘画、版画以及其他装饰艺术品。主要馆藏涵盖了早期中国陶器、现当代中国画藏品、伊斯兰陶瓷收藏、伊斯兰和印度纺织品以及日本外销瓷器等。就中国艺术来说，东方艺术部的藏品主要集中在新石器时代到当下的玉器、瓷器收藏、现当代中国画和版画等。

就版画收藏来说，东方艺术部的版画藏品主要包括日本版画（1860件）、中国版画（378件）及印度版画（256件）等。大部分的中国版画是在2006—2007年间直接从艺术家手中收藏的作品。这些作品创作于自20世纪40年代至今，包括力群、彦涵等中国第一代版画创作家的作品以及徐冰等中青年版画家的代表作品。

三、陈列叙事

颇为巧合的是，德国学者、藏书家和旅行家扎哈里亚斯·康拉德·冯·乌芬巴赫（Zacharias Conrad von Uffenbach, 1683—1734）出生于阿什莫林博物馆开创的那一年。1710年，乌芬巴赫与其幼弟一道游历英伦三岛，分别在伦敦和牛津逗留数月之久。1710年5月，他们最先到访的是伦敦皇家学会（the Royal Society）的陈列室和实验室。直到8月才从伦敦赶赴牛津，主要考察对象是牛津大学的图书馆、博物馆和植物园等。8月18日，他们首先探访心仪已久的博德利图书馆。令他们颇为失望的是，馆方要求他们办理阅览证件，看珍贵古籍和稿本还需要支付8先令的费用。要查阅一些特别珍贵的古籍和手稿还需要在图书管理员面前宣誓，他们照做了，但最想看到的一本书却没有找到。乌芬巴赫在其日记中对博德利图书馆的做法恣意抨击，尤其不满图书馆向所有人开放。作为精英人士，他宁愿不被干扰地进行研究。在参观解剖剧场（Theatrum Anatomicum）后数日，乌芬巴赫终于来到阿什莫林博物馆。他以“普通民众”身份表达了自己的沮丧，并对收藏品能保存下来感到震惊：“由于人们急不可耐地以英国惯有的方式处理一切事情……甚至女性也可以花费六便士进入（阿什莫林博物馆）。他们东奔西跑，随意抓起展品而保管人却没有断然拒绝。”有感于这样的混乱场面不利于自己参观体验，他决定择日再来，两天以后，得遂其愿。仔细观摩之后，乌芬巴赫对该馆蝴蝶标本的品质颇为满意，但对钱币藏品的评价一般。在他的强烈要求之下，看门人才把六卷本的藏品目录搬出来。在仔细阅读之后，乌芬巴赫对目录仅用数行文字对藏品进行描述的做法不以为然，况且文字本身也存在一些问题和疏漏。

除此之外，乌芬巴赫还指责阿什莫林博物馆的几名主管在被要求确定他所指定观看的藏品所在位置时不知所终，在他看来，这简直是严重失职！他还在日记中专门提到，阿什莫林博物馆的馆长与其说是关心馆里的事务，毋宁说将心思花在小吃馆和啤酒馆上。如果主管们在里面多待些时日，陈列和展示将会变得更合理，会给公众提供更为愉悦的观看体验。

在乌芬巴赫访问阿什莫林博物馆的近300年之后，我们看到了整修后的新博物馆及新的陈列方式。里克·马瑟的设计团队重新设计的博物馆空间促使博物馆的研究团队以新的形式重新诠释馆藏陈列。在前任馆长克里斯托弗·布朗（Christopher Brown）的主持之下，秉承“跨越文化与时代”（Crossing Culture, Crossing Time）

的原则，旨在探究不同文化、不同历史时期之间的“链接点”。当年的“方舟”部分如今成为阿什莫林博物馆地下一层8个展厅中的核心部分，其标题为“阿什莫林方舟”（Ark to Ashmolean），周围分别以“探索往昔”（Exploring the Past）、“当代艺术”（Contemporary Art）、“保存”（Conservation）、“纺织物”（Textiles）、“读写”（Reading and Writing）、“钱币”（Money）等主题展开。正如一号展厅的主题“探索往昔”所暗示的，负一层的课题就是探寻阿什莫林博物馆往昔的历史。正如时任馆长的布朗所表明的，与其说今日的阿什莫林博物馆聚焦于文化间的差异性，毋宁说是文化之间的相互影响和联系。这在很大程度上背离了以往博物馆所习见的那种精确地按照地域和年代进行呈现的方式，尝试了一种全新的陈列方式和观看藏品的视角。在某种意义上，这种做法与当年阿什莫林博物馆创建者们最初的意图不谋而合。譬如说，特拉德斯肯特父子想让进入“方舟”的来访者在一天的时间内体验来自世界各地的文明成果；无独有偶，在阿瑟·伊文思出版于1891年的一本书里，其愿景就是确保牛津大学的古典学和历史等专业的学子对于艺术和考古学较为熟悉，阿什莫林博物馆当仁不让是一个提供直观体验的理想所在。

牛津大学阿什莫林博物馆
（那泽民手绘）

如何让观众在博物馆的建筑之内自主选择参观路线，能够真正享受观看展品的乐趣并获得教益，这是建筑设计团队不断考虑的问题。马瑟在接受BBC访谈（BBC Oxford Ashmolean series）时明确表达了他的设计理念，即：观众能够在不是很熟悉博物馆内部构造的情形下，不使用平面图或导航就能自如地观看艺术品。换言之，改造这座古老建筑物的最终目标就是为观众打开博物馆之心，充分利用博物馆建筑布局内部的狭长通道使得它容易被辨识。具体来说，阿什莫林博物馆的主入口位于前文提及的科克雷尔所设计的老建筑一端。马瑟的设计团队增建的部分位于老建筑的后侧，每层的展示面积约为3900平方米。老建筑的层高较高，而新建部分的展厅相对层高较低。上文提及的“跨越文化与时代”的展陈策略一共在六个楼层中展开。从地下一层到第四层，藏品由下往上进行陈列。以上述地下一层的陈列方式为例，8号展厅“阿什莫林方舟”是这一层的核心展区，其余主题展厅按照不同文明所处的地理方位展开：位于东面的是来自东方的文化，位于西面的展厅主要展示西方文明。总体而言，就该馆的楼层分布和建筑构造来说，中庭扮演着重要角色，为进入其中的观众提供定位、线路选择和必要的信息提示。中庭的存在强化了博物馆总体视觉上的协调性，使得整座博物馆成为增强观众运动的活跃的有机体。以中庭为中心而衍生出来的丰富的“跨越可见性”（cross-visibility）增强了观众与展品之间互动的可能性，提升了博物馆的活跃度。需要注意的是，科克雷尔当年所设计的两条主要的参观线路仍然发挥作用，它们在主入口处交汇。东边的一条主轴线贯通了入口、21号展厅、9号展厅、东面的中庭以及后面的12号展厅，而且这条轴线将观众指向了21、25、26、27等展厅；西边的一条主轴线也非常重要，将22、18、16等展厅和后端的两个中庭贯通为一个整体。位于东主轴心北端的中庭为通往各楼层

的观众提供了垂直方向的连接点。与之相邻的中庭则贯通了同一楼层的各个展厅。西主轴线北端的相对规模较小的中庭也为观众走向其他楼层提供了便利。所有四个中庭占据了博物馆总面积的7%，每个中庭的尺寸不同，无形中为游客提供了不同的参观路线。总之，当观众到达中庭或者沿着楼梯上上下下时，他们首先有机会获得关于展厅和楼层的全景式概观，这样无疑为他们接下来的体验活动提供了极大的便利。相关研究表明，博物馆中庭、展厅的布局为观者提供了一种类似于“环形”的参观线路，他们可以在博物馆内部自由选择探索的路径。简言之，选择沿着东部主轴线进行参观的观众遵循的是一种与中庭有关的建筑方面的效应；以西部主轴线为核心的参观线路则围绕展厅陈列内容展开，两种参观线路相得益彰。

曾经有50个参观者在一个周末接受测试，时间是在参观阿什莫林博物馆的头一个小时之内，从底层的主入口进入并尽量在同一层参观。这项测试表明，接受测试的参观者按照正常的步速观看作品，每个人平均在这一层的展厅中停留的时间约为24.6分钟。有意思的是，接受测试者在上述两个主轴线附近活跃度较高。那些距离中庭和主轴线较远的11、12、14、17、23、24等展厅只有零星的光顾者，这也从反面证明了主轴线和中庭在定位方面所起到的重要作用。在《空间即机器》（*Space is Machine, Cambridge University Press, 1996*）一书中，伦敦大学（University of London）建筑与城市形态学教授比尔·希利尔（Bill Hillier）界定了四种类型学意义上的空间结构：第一种类型的“连通值”（links）为“1”，多是闭塞的；第二种类型的“连通值”大于“1”，多依赖“链条”或“树形”结构；第三种类型的“连通值”大于“1”，多呈现“环形”（ring）结构；最后一种类型则至少依赖于两个“环形”，其“连通值”大于或等于“2”。显而易见，后两种类型是极具优势的。相关研究表明，阿什莫林博物馆有接近半数的展厅属于第三种类型，超过三分之一（34.5%）的展厅属于第四种类型。这就意味着：这些展厅均被嵌入到促进、提高探究性参观行为的循环性“环形”之中。四个中庭之中，除了左边主轴线最末端的那个小型中庭之外，其余三个均属于第四种类型。展厅和中庭的空间布局在博物馆老建筑的后半段构成了一个垂直立体的核心部分。由此，96%的空间至少拥有两个“环形”构造，形成了第四种类型的空间结构，使其具有视觉层面上的强

彼得·保罗·鲁本斯（Peter Paul Rubens），《圣母领报》（*The Annunciation*），木板油画，14.2cm×26.4cm，1620年。（左）

伊曼纽尔·德·克里茨（Emanuel de Critz）（传），《老约翰·特拉德斯肯特家族徽章》，木板油画。（中）

文森特·凡·高（Vincent van Gogh），《美人鱼旅馆》（*Restaurant de la Sirène, Asnières*），木板油画，52cm×64.4cm，1887年。（右）

大吸引力。

展厅陈列

阿什莫林博物馆中一共有三个展厅专门展示中国艺术，除了上述分布在底层的11号展厅的“中国绘画”（Chinese Paintings）展厅之外，还有同层10号展厅的“公元800年之前的中国”（China to AD 800）和二层38号展厅的“公元800之后的中国”（China from AD 800）专厅。“公元800年之前的中国”可大致划分为两个部分：展厅中的一半空间用于展示古代玉器、石器以及瓷器；另一半则试图从整体上展示中国古代书写体系的发展演变。“公元800之后的中国”展厅则由“商业和生产”“收藏和鉴赏”“宗教和哲学”“学者和艺术”四个区域构成。“商业和生产”这个环节的说明文字提到了在中国不同地区生产的瓷器如何被销往其他地区。在“学者和艺术”这个环节中，有不少文字说明书法和绘画之间的关系，这充分考虑到西方观众的文化背景问题。瓷器将前两个部分连接起来。后面两个部分展示的内容主要为雕塑和绘画。11号展厅的“中国绘画”展厅的主题是“中国艺术中的传说和故事”。值得一提的是，对于像《西游记》这样的主题，馆方所采取的策略则是用将不同媒介的绘画串联在一起。又如，与某一个中国传说相关的人物群像集中在展柜中陈列的做法，这无疑激发了观者的浓厚兴趣。

简·帕克（Jan Parker）和罗伊·巴兰坦（Roy Ballantyne）在《概念化观众体验——文献评述及多重模型建立思考》（*Conceptualizing the Visitor Experience: A Review of Literature and Development of a Multifaceted Model*）一文中将观众体验进行了系统的总结，划分为身体体验、感官体验、复元体验、反省体验、转化体验、娱乐体验、情感体验、社交体验、精神体验和认知体验十大类别。沉浸体验经常出现于上述几大类别中，也成为当下观众描述展览体验程度使用频率较高的术语。沉浸的概念源自米哈伊·奇克森特米哈伊（Mihaly Csikszentmihalyi）的研究。他发现当人们从事自己热爱的活动时，都会很专注、投入、时间感消失、不会受到其他事物干扰，并将这种完全沉浸于活动中，达到最满意的经验，称为“沉浸体验”。上述阿什莫林博物馆的中国绘画展厅无疑达到了沉浸体验之效果。

四、结语

在法国博物馆学家热尔曼·巴赞（Germain Bazin,1901—1990）看来，阿什莫林博物馆应该称得上是“欧洲最早的博物馆”。“牛津荣幸地拥有了第一座用于教学目的的公共博物馆。”假如说阿什莫尔来到今日，看到以他的名字命名的这座博物馆一定又惊又喜，尽管它与当年的规模已经大不相同。牛津大学坚持以“阿什莫林”命名，是因为它代表了一种新理念的诞生。光顾“方舟”的观众们注意到一点，遍览其中的藏品后仿佛进行了一场环球旅行。同样，在一本出版于1891年的出版物里，前文提及的馆长阿瑟·伊文思做出以下两方面的保证：首先，大学中的古典学、历史学科的学生应该真正熟稔艺术和考古；其次，作为大学一个分支机构的博物馆，应该提供这方面的资源和环境。因此，新的阿什莫林博物馆在此两方面均进行了继承和发扬。由此，让我们回归到阿什莫林博物馆的建馆原则：“跨越文化和时代的人类知识对整个社会而言是非常重要的”（ that knowledge of humanity across cultures and across times is important to society ）。

主要参考文献和相关网址：

Katherine Wodehouse, The Ashmolean Museum: Crossing Cultures, Crossing Time, Ashmolean Museum, 2014.

Christopher Brown, The Ashmolean Museum: Britain's First Museum, Ashmolean Museum, 2009.

Jon Whiteley, Catherine Whistler, Master Drawings, Ashmolean Museum, 2013.

MacGregor, Arthur、Sir John Evans 1823—1908 , Ashmolean Museum, 2008.

Weimin He , Building the New Ashmolean, Ashmolean Museum, 2010.

O. Impey and A. MacGregor, The Origins of Museums , Clarendon Press, Oxford , 1985.

A.McGregor（ ed. ）, Tradescant's Rarities , Oxford : Oxford University Press, 1983.

Athina Lazaridou, “Visibility and Permeability Relations in Three-Dimensional Cultural Environments: The Ashmolean Museum as a case study” , Proceedings of the 9th International Space Syntax Symposium , Edited by Y O Kim, H T Park and K W Seo, Seoul: Sejong University, 2013.

Athina Lazaridou, Sophia Psarra, “Experiencing three-dimensional museum environments: An investigation of the Ashmolean Museum and the Museum of Scotland” , Proceedings of the 10th International Space Syntax Symposium.

Lauren K. Puyear, “A Curious Collection of Visitors: Travels to Early Modern Cabinets of Curiosities and Museums in England, 1660—1800” , Dissertation of Master of Arts, University North Texas, 2014, pp.33-39.

Hillier, B., Space is Machine: A Configurational Theory of Architecture, Cambridge: Cambridge University Press, 1996.

London in 1710 : from the Travels of Zacharias Conrad von Uffenbach / translated and edited by W.H. Quarrell and Margaret Mare, London : Faber and Faber, 1934.

（美）休·吉诺韦斯（ Hugh H.Genoways ）、玛丽·安妮·安德列（ Mary Anne Andrei ）编，《博物馆起源：早期博物馆史和博物馆理念读本》，陈建明主编，路旦俊译，译林出版社2014年版。

（英）比尔 希利尔（Hillier, B）著，杨滔、张佶 、王晓京译，《空间是机器——建筑组构理论》，中国建筑工业出版社 2008 年版。

(英)詹姆斯·斯图尔顿(James Stourton)著,檀梓栋、申屠妍妍译,《伟大的欧洲小博物馆》,上海古籍出版社 2005 年版。

贾尔斯·阿德里安·沃特菲尔德(Giles Adrian Waterfield),《英国艺术收藏传统》,《艺术博物馆》杂志总第二期,2018 年。

刘诗秋,《对牛津大学阿什莫林博物馆展览诠释的分析》,《科学教育与博物馆》2015 年第 2 期。

王思怡,《沉浸在博物馆观众体验中的运用及认知效果探析》,《博物院》2018 年 04 期。

罗兰·谢尔(Roland Schaer),《西方美术馆的起源》,《艺术博物馆》杂志总第二期,2018 年。

李军,《可视的艺术史:从博物馆到教堂》,北京大学出版社 2016 年版,第二章。

(美)葆拉·芬德伦著,李慧君译,《博物馆:古典词源及文艺复兴时期谱系》,《国际博物馆》(中文版)2016 年 2 期。

https://www.alainelkanninterviews.com/alexander-sturgis/

http://www.mhs.ox.ac.uk/gatt/catalog.php?num=29

https://www.strangescience.net/aldrovandi.htm

“午夜巴黎”往事：格特鲁德·斯泰因与花园街27号的艺术史叙事

格特鲁德·斯泰因（Gertrude Stein）和艾丽斯·B.托克拉斯（Alice B. Toklas）访美。

引言

海明威写作于20世纪60年代的《流动的盛宴》（*A Moveable Feast*）是一本回忆录，主要涉及1921—1926年他旅居巴黎期间，与詹姆斯·乔伊斯（James Joyce）、弗朗西斯·斯科特·菲茨杰拉德（Francis Scott Key Fitzgerald）、格特鲁德·斯泰因（Gertrude Stein）等人的交往。譬如，该书第二章的标题就是“斯泰因小姐的教诲”，紧随其后的一章是“迷惘的一代”，此外还有“莎士比亚书店”“斯科特·菲茨杰拉德”“塞纳河畔的人们”“巴黎永远没有个完”等十多个章节，大都与巴黎文学艺术圈的诸多名流的趣闻轶事相关，虽然难免会带有海明威极具个人特色的判断和立场，但毕竟生动再现了那个时代文学与艺术方面的氛围。早在20世纪70年代，伍迪·艾伦（Woody Allen）戏拟了一个发生在20世纪20年代巴黎文艺圈的故事，完成了《二十年代回忆录》，被收录在《门萨的娼妓》里。但这毕竟只是一篇向海明威“致敬”的文字，2011年出炉的《午夜巴黎》（*Midnight in Paris*）这部片子着实让艾伦过足了瘾，他既是导演也是编剧，交互使用经典叙事和艺术电影叙

格特鲁德·斯泰因和艾丽斯·B.托克拉斯在花园街27号（27 Rue de Fleurus, Paris）公寓内，1922年。

事两种手法，可谓亦幻亦真，让希望转行成为“严肃作家”的男主吉尔（Gil）在午夜的巴黎街头遇到了菲茨杰拉德的妻子泽尔达·菲茨杰拉德（Zelda Fitzgerald），进而见到海明威、菲茨杰拉德、达利、毕加索、斯泰因小姐，甚至迷上了毕加索和莫迪利亚尼的情人阿德里安娜（Adriana）。这部片子获得第84届奥斯卡金像奖、第69届金球奖最佳音乐/喜剧片、第26届西班牙戈雅奖最佳原创剧本三项提名，可谓实至名归。

1905—1914年间，斯泰因兄妹位于花园街27号（Rue de Fleurus, 27）的“星期六沙龙”成为巴黎最为活跃的“艺术中心”之一，文艺圈的许多名流到场，现场氛围十分热烈，堪称国际性的艺术盛会，俄国人、波兰人、斯堪的纳维亚人、德国人、英国人、爱尔兰人、法国人、西班牙人和美国人纷至沓来。这个沙龙可谓是当时先锋艺术圈艺术家们的“秀场”和媒体发布会。在当时的巴黎，没有其他地方的艺术藏品能够让人如此兴奋，让人津津乐道。女士街58号（Rue de Madame, 58）莎拉·斯泰因（Sarah Stein）和迈克尔·斯泰因（Michael Stein）居所的墙壁上挂满了1905—1907年间马蒂斯创作的重要画作。迈克尔夫妇二人过着低调、循规蹈矩的中产阶级居家生活。女士街的沙龙早早收场之后，压轴大戏才在花园街27号徐徐展开，一直延续到凌晨。2020年3月，由著名插画师、设计师和作家玛伊拉·卡尔曼（Maira Kalman）绘制插图的新版《艾丽斯·B. 托克拉斯自传》（*The Autobiography of Alice B. Toklas*）面世了，距离这本书的初版（1933年）将近80年了，卡尔曼的插画追寻了斯泰因生活的轨迹，既有避难的临时居所，也有花园街27号的公寓，尽管里面的藏品流落到世界各地，当年的家具都更换了，但作为艺术沙龙发生地的位置永远不会改变。可以这样说，花园街27号斯泰因兄妹的公寓曾经一度充当巴黎这座城市的“现代美术馆”。本文所关注的重点是这座“美术馆”的陈列方式变化和相关问题，力图还原美术史意义上的“原境”。

一、巴黎！巴黎！

应该可以这样说，海明威在前文述及的《流动的盛宴》中写下了一段颇具意味的题献：“假如你有幸年轻时在巴黎生活过，那么你此后一生中不论去到

1934年的花园街27号公寓画室内景。

乔·戴维森（Jo Davidson）为格特鲁德·斯泰因塑像。

乔·戴维森为格特鲁德·斯泰因塑造的坐像，1922—1923年。

哪里她都与你同在，因为巴黎是一席流动的盛宴。”对照大卫·麦卡洛（David McCullough）的《伟大的旅程——美国人在巴黎》（*The Greater Journey: Americans in Paris*）则不难看出，美国人早在19世纪就开始了参与这场“流水席”，里面涉及的人物不乏医生、雕塑家、画家、小说家、物理学家、教育学家，塞缪尔·莫尔斯（Samuel Morse）、约翰·辛格·萨金特（John Singer Sargent）、玛丽·卡萨特（Mary Cassatt）、拉尔夫·瓦尔多·爱默生（Ralph Waldo Emerson）、亨利·沃兹沃思·朗费罗（Henry Wadsworth Longfellow）、詹姆斯·费尼莫尔·库珀（James Fenimore Cooper）、奥利弗·温德尔·霍姆斯（Oliver Wendell Holmes）等一干名流陆续登场。他们都是仰慕当时法国在科学和艺术上的先进和发达，不远万里，从美国乘船渡过大西洋而来巴黎学习深造的。其中值得一提的是，很多“镀金时代”（the Gilded Age）的美国艺术收藏家将巴黎视为购买艺术品的首选之地，许多欧洲艺术珍品也是在这个时期源源不断地流入新大陆。在《老大师，新世界：美国对欧洲绘画杰作的劫掠》（*Old Masters, New World: America's Raid on Europe's Great Pictures*）这部专著里，艺术史家辛西娅·索尔特曼（Cynthia Saltzman）干脆用“劫掠”这个词来描述美国人收藏这一类画作的热情。北美大陆所兴起的法国印象派绘画收藏之风，在很大程度上应归功于卡萨特、萨金特、威廉·莫里斯·蔡斯（William Morris Chase）等美国艺术家的推波助澜。大量的欧洲现代绘画涌入新大陆，以至于连欧洲人也会发出这样的慨叹：“整个的艺术收藏领域最终为富有进取心的美国人所占据了。”据刊载于《美国花名册》（*American Register*）上的一篇文章报道，南北战争之后，美国人在购买法国艺术品上的开支逐年攀升：1878年，消费总额为300万美元；1881年，这个数字迅速上升到1000万美元；1881年，美国人花在购买法国艺术品上的钱增至1500万美元。也就是说，在不到五年的时间之内，美国人在巴黎绘画市场上的购买力增长了五倍。这种购藏艺术品的热情一直持续下来。到了20世纪初，更多的美国人来到巴黎，所谓“迷惘的一代”（The Lost Generation）这个术语就是在巴黎诞生的，发生地就是花园街27号的宅子里。格特鲁德认为自己和海明威、菲茨杰拉德是“迷惘的一代”的“神圣三位一体”，她自己则排第一位。据传，海明威在离开花园街27号返回住所的路上思忖：“让她‘迷惘的一代’的想法和所有贸然给人扣上的标记都见鬼去吧！”

巴黎花园街 27 号门牌。

事实上，诚如前述，在“一战”爆发之前，与其说花园街27号是一个文学家“俱乐部”，毋宁说它是一个巴黎艺术圈的沙龙和“现代美术馆”。到1906年，任何人想要看到最好、最耸人听闻的现代艺术，到要前往花园街27号参观。墙上能用到的角落都被挤得满满当当，虽然使用煤气灯照明，但有些画作挂得太高导致观者根本看不到，有些又挂得太低，得点根火柴凑到画布前才能够看清楚。罗伯特·德劳内（Robert Delaunay）、安德烈·德朗（André Derain）、胡安·格里斯（Juan Gris）、乔治·勃拉克（Georges Braque）、菲利波·马里内蒂（Filippo Tommaso Marinetti）、利顿·斯特雷奇（Lytton Strachey）、伯特兰·阿瑟·威廉·罗素（Bertrand Arthur William Russell）、福特·马多克斯·福特（Ford Madox Ford）、克莱夫·贝尔（Clive Bell）、邓肯·格兰特（Duncan Grant）、罗杰·弗莱（Roger Fry）、乔治·摩尔（George Moore）、阿尔弗雷德·施蒂格利茨（Alfred Stieglitz）、萨尔瓦多·达利（Salvador Dali）、让·科克托（Jean Cocteau）、菲茨杰拉德、T.S.艾略特（T. S. Eliot）、埃兹拉·庞德（Ezra Pound）及来自美国的艺术家们……其中纪尧姆·阿波利奈尔（Guillaume Apollinaire）是重要的明星之一，某种意义上是各种“仪式”的主宰，可堪“祭酒”一职的称呼。他写了一篇简短的颂词给“斯泰因

亨利·马蒂斯为迈克尔·斯泰因绘制肖像，1916 年。

亨利·马蒂斯（Henri Matisse）、汉斯·普尔曼（Hans Purrmann）与迈克尔·斯泰因（Michael Stein）、莎拉·斯泰因（Sarah Stein）和艾伦·斯泰因（Allan Stein）一起在位于女士街58号（58 rue Madame, Pari）的宅邸中共享晚餐，1907—1908年。

兄弟”（他们的另一个昵称），一种对这对兄妹优雅的、古怪的致敬：他们光着脚穿着阿波罗的凉鞋，他们科学的眉毛向天堂高扬。斯泰因兄妹见证了伊戈尔·菲德洛维奇·斯特拉文斯基（Igor Fedorovitch Stravinky）那场著名的《春之祭》（*Rite of Spring*）演出。瓦斯拉夫·尼金斯基（Vaslav Nijinsky）的舞蹈在那里引起了骚乱。这种类似的桥段似乎在电影《藤田嗣治》（*FOUJITA*, 2015）中也出现过。巴黎作为“世界艺术中心”，真可谓当之无愧！

弗雷德里克·A. 斯威特（Frederick A. Sweet）认为，格特鲁德执掌的沙龙既不同于旧制度下如斯塔尔夫人、雷卡米耶夫人传统意义上的沙龙，也与阿尔曼·德卡亚韦夫人的沙龙迥异。总之，老派的沙龙除了是文化聚会的场所之外，也是进入巴黎社交界的入场券，是上流社会的专属。甚至可以这样说，格特鲁德的沙龙与同样是美国作家的伊迪丝·沃顿（Edith Wharton）创立于1906年的沙龙也在趣味上大相径庭——这个沙龙仿效法布格街老沙龙，在拉斯帕伊大道（Boulevard Raspail）的另一端，14年间，距离仅有一箭之地的两位沙龙女主人“老死不相往来”。1908年，美国画家卡萨特走进花园街27号后不久即厌恶地掉头而去，留下了这样的评语：“我这辈子从来没在一个地方见过这么多糟糕的画；见过这么多让人讨厌的人聚在一起；我想马上回家。”到了1910年，在格特鲁德的掌管之下，“星期六沙龙”呈现更多的是文学色彩。正如海明威所说的：“就像在最棒的博物馆里一间最好的房间，只不过这里有个大壁炉，温暖舒适。”格特鲁德营造出一种宾至如归的氛围。到了20世纪20年代，沙龙不再是周六聚会了，每天下午五点钟之后，格特鲁德都会“坐镇”沙龙，谁愿意什么时候来均可。在整个20、30年代，青年人虔诚地来到格特鲁德的“圣殿”朝拜，也就出现了《流动的盛宴》和《午夜巴黎》中的一幕。

二、“拓荒者利奥·斯泰因”

利奥·斯泰因（Leo Stein）和格特鲁德是巴黎左岸十分耀眼的一对。他们在大街上穿拖鞋的风格在当时的巴黎是十分罕有的。格特鲁德的拖鞋前端被描绘成

“贡多拉的头部”（“prow of a gondola”），这还不算，她还配以厚重的绒袜。针对于此，诗人阿波利奈尔戏称它为“酒神的凉鞋”（“bacchic sandals”），这已经算是从欣赏的层面进行描述了。当然，对这种不合理法的着装方式不以为然的大有人在。譬如说，巴黎和平咖啡馆（Café de la Paix）的经理，因为看到格特鲁德的鞋袜“不合礼法”而将其拒之门外。除此之外，斯泰因兄妹习惯于身穿灯芯绒长袍，这无疑给艺术史家伯纳德·贝伦森（Bernard Berenson）造成了深刻的印象。当兄妹二人造访贝伦森位于佛罗伦萨郊区的伊塔蒂别墅（Villa I Tatti）时，贝伦森如此评价道：“她的无缝长袍使她看起来就是活脱脱一个闪米特人（Semite），或者一尊来自迦勒底（Chaldees）乌尔（Ur）的雕像，我每天都在担心这尊雕像会突然倒塌。”在夏日，蒙贝伦森之慨允，斯泰因兄妹得以进入别墅里的贝伦森私人图书馆阅读，但他们一边抽雪茄，喝着柠檬饮料，一边翻着贝伦森苦苦觅来的手卷和珍本书，难免会留下污渍，这使得老学究痛心不已。1906年，马蒂斯与毕加索首次相遇，马蒂斯长女——时年12岁的玛格丽特·马蒂斯（Marguerite Matisse）用生动的笔触记录了她对斯泰因兄妹的观感：“在歌剧院大街上，人们都吃惊地盯着我们看，斯泰因一家实在是太扎眼了，尤其是她（格特鲁德），看起来如此高大，简直像个男人。她穿着厚厚的灯芯绒裙子，看起来很土气，而且他们都穿着那种带皮带的凉鞋，看起来像光着脚的拿撒勒人（Nazarenes）或邓肯（Duncan）家里的人。”由此可见，作为巴黎人的玛格丽特也很难容忍斯泰因兄妹的行头。

1905年，亨利·马蒂斯创作的《戴帽子的女子》（*Woman with a Hat*）首次展示在巴黎公众面前，这也是被称为“野兽派”（the Fauves）画家群体中最为臭名昭著的画作。值得注意的是，此作也是斯泰因兄妹收藏的第一幅画作，后来它被悬挂于花园街27号公寓的墙壁上。旧金山现代艺术博物馆（The San Francesco Museum Modern Art）的策展人珍妮特·毕晓普（Janet Bishop）负责了“斯泰因家族收藏展：马蒂斯、毕加索和巴黎先锋派”（The Steins Collect: Matisse, Picasso and Paris Avant-Garde）这个大型展览。在她看来，当时巴黎的艺术家均想观看花园街27号收藏的这幅马蒂斯画作。

当利奥第一次看到马蒂斯的这幅画时，他认为这是他所遇到的“对色彩的最龌龊的诽谤”。但在接下来五个星期的时间里，他反而与格特鲁德一道专门去“朝

巴黎花园街 27 号寓所画室内景。

拜”它，最终以500法郎的高价从艺术家手中购得此作，兄妹二人遂成为支持先锋艺术的收藏家。利奥算得上是斯泰因家族从事艺术收藏的“领头羊”，他属于早熟的那一类人，1892年进入哈佛大学修习心理学。同年，他在哈佛大学正式注册 。一年之后，格特鲁德作为特殊学生在拉德克利夫学院（Radcliffe College）注册。

格特鲁德出生于1874年2月3日，父亲是丹尼尔·斯泰因（Daniel Stein），母亲是阿梅莉亚·斯泰因（Amelia Stein），出生地是宾夕法尼亚州的阿勒格尼（Allegheny），这个城镇现已不存，成为匹兹堡市的一部分。在格特鲁德四岁的时候，丹尼尔携全家从维也纳搬迁到巴黎并在那里逗留了一年。次年返回美国，在巴尔的摩做短期停留之后定居加州奥克兰。丹尼尔在加州的股票交易、街区轨道和房地产等领域进行投资，这在某种程度上为斯泰因家族的四位成员在将来收藏艺术品积累了物质基础。在哈佛的姊妹学院（创立于1879年）那年招收的250名学员之中，来自美国西部的格特鲁德被认为粗糙、古怪、未开化。东部同学对她的肥胖、粗俗以及无休止的汗水评头论足，简言之，她简直就是一个“异类”。在拉德克利夫学院的校园里，格特鲁德常常戴一顶水手帽，因为精神饱满、信心十足、能言善辩而被推选为哲学辩论俱乐部的秘书。她在学校主修心理学、动物学和植物学等课程，指导老师中不乏威廉·詹姆斯（William James）、约西亚·罗伊斯（Josiah Royce）、雨果·缪斯特伯格（Hugo Münsterberg）、乔治·桑塔亚纳（George Santayana）、查尔斯·达文波特（Charles B. Davenport）等著名学者。1897年，格特鲁德转学到巴尔的摩的约翰·霍普金斯大学医学院（JHU Medicine），需要再在那里重新学习四年才能获得学位并毕业，她所面对的是解剖学、生理学、病理学、药理学、神经学等一系列新的领域。最终，尽管经过不少努力和尝试，格特鲁德并未获得她很在乎的医学学位。

1900年正值在巴黎举办世界博览会（The World Exposition），和拥有两面、可以同时看向过去和未来的罗马神贾纳斯（Janus）一样，此次世界博览会是一场继往开来的盛事。在开幕词中，法国总统埃米尔·卢贝（Emile Loubet）称这次展览是“卓越的”19世纪的总结，也是“对进步抱有的持续、充满活力的信念”的展示。44个国家及其殖民地参加了展览，展览面积覆盖塞纳河两畔的277英亩（约1.12平方千米）。为1889年博览会修建的埃菲尔铁塔被融入新的展览中，但是它的周围已经盖起新建筑，它也不再是唯一的旅游胜地。其他的科技奇观，比如说晚上由5700只白炽灯泡点亮的幻影式的电气宫以及移动的人行道，吸引了大量的公众注意力。就艺术来说，小皇宫（Petit Palais）和大皇宫（Grand Palais）里呈现的三场大型展览吸引了大批观众：小皇宫里举行的是从中世纪到1800年的法国艺术回顾展；大皇宫里举行的百年艺术展呈现了从1800年以来法国艺术家的作品；十年展则是1890—1900年的国际艺术展览。包括法国在内的28个国家参加了这个展览，内容涵盖绘画、雕塑、纸上作品和建筑图。格特鲁德追随利奥而来。时年28岁的利奥十分钟爱欧洲，

斯泰因家族部分成员在花园街27号庭院中的合影，从左至右分别是莱奥·斯泰因（Leo Stein）、艾伦·斯泰因（Allan Stein）、格特鲁德·斯泰因（Gertrude Stein）、特蕾莎·埃尔曼（Theresa Ehrman）、莎拉·斯泰因（Sarah Stein）和迈克尔·斯泰因（Michael Stein），1905年。（左）

斯泰因家族成员在意大利菲耶索莱（Fiesole），从左至右分别是：格特鲁德·斯泰因、无法辨识的女子、莱奥·斯泰因、迈克尔·斯泰因、莎拉·斯泰因、特蕾莎·埃尔曼和艾伦·斯泰因（Allan Stein），1904年，耶鲁大学拜内克善本和手稿图书馆（Beinecke Rare Book and Manuscript Library, Yale University）。（右）

先在佛罗伦萨居住，后来专门来到“艺术之都”巴黎学习、欣赏艺术。当年秋天，格特鲁德从美国来到巴黎并在此后的岁月中常居于此，成为“巴黎人”。

值得强调的是，身在欧洲的利奥决绝地与他早年修习的法律、历史、哲学、生物学分道扬镳了。在逗留佛罗伦萨期间，利奥与文首提及的著名艺术鉴赏家、艺术史家贝伦森结识成为好友，并决定成为一名艺术史家，但不久之后又改变了想法。正如詹姆斯·R. 梅隆（James R. Mellon）出版于1974年的《小圈子——格特鲁德·斯泰因及其同伴》（*Charmed Circle: Gertrude Stein and Company*）一书中所观察到的，利奥过着这样一种生活：在追求自我尊重的过程中不断对自己进行心理分析。1903年，在与大提琴家巴勃罗·卡萨尔斯（Pablo Casals）共进晚餐的当口，利奥竟突然立志做一名艺术家。也就在当晚，借着这份激情，利奥在下榻的酒店壁炉边点火、脱衣，借着酒兴描摹自己的裸体。借助旅居巴黎的雕塑家舅舅艾佛拉伊姆·凯泽（Ephraim Keyser）的帮助，他寻觅到了离卢森堡公园（The Luxembourg Garden）不远的花园街27号小楼。从此，一个聚焦于先锋派文学艺术的沙龙也随之诞生。

利奥和格特鲁德在巴黎的花销和“收藏经费”均来自大哥迈克尔经营有方所获得的收益。1891 年，生于 1865 年的迈克尔在父亲去世后正式接管家族事业，当时他担任奥姆尼布斯缆车公司（Omnibus Cable Company）主管助理一职，全权掌握家族的财政大权。旧金山的房产租金和父亲买下的有轨电车线路是兄妹五人的主要收入来源。年龄仅次于迈克尔的是西蒙（Simon）和伯莎（Bertha），他们与上述三兄妹关系一般，算是“背景人物”了。

利奥与格特鲁德在巴黎的多彩生活也吸引了迈克尔，以至于他在 1904 年辞去了旧金山市场街铁路站（The Market Street Railway）分部经理一职，与妻子莎拉和儿子艾伦（Allan）来到巴黎左岸，起先在距离花园街 27 号几个街区的寓所住了一年，后来搬到女士街58号。后来的事实证明，客居巴黎的斯泰因家族成员均是天生的收藏家，诚如前文所及，利奥是这个收藏家群体中当仁不让的“引路人”。他是那些大大小小的画廊和保守的“沙龙展”上的常客。实际上，他对这些暮气沉沉的“沙龙展”感到厌倦，直到1903年10月第一届“秋季沙龙”的举办才使得他精神为之一振。多少年过去了，已入暮年的利奥对此依然记忆犹新：“一幅幅画看过去，正如植物学家在新大陆发现新的物种一样。”利奥在佛罗伦萨逗留期间曾向贝伦森咨询艺术收藏事宜，贝氏向他推荐塞尚的作品。在巴黎由画商安布鲁瓦兹·沃拉尔（Ambroise Vollard）开设的画廊中，利奥细细打量着这里陈列的塞尚画作。在短短两个月的时间内，利奥花掉了3200美元来买画，其中就有塞尚绘制的《持扇的塞尚夫人》（*Madame Cézanne a Fan*），这幅画花掉了斯泰因兄妹8000法郎（折合1600美元）的巨款。沃拉尔这样评价，斯泰因兄妹是他的客户中唯一不是因为有钱，而是因为不顾贫穷的现状而收藏艺术品的人。这种说法不无道理，因为当时塞尚的作品价格已经超过出自中产阶级家庭的斯泰因兄妹的购买力，他们也逐渐将关注点集中在毕加索、马蒂斯等先锋派艺术家群体上。

1905年，利奥收藏了毕加索的大幅水粉画——《马戏团之家》（*The Acrobat Family*），后来一幅标题为《持花篮的女孩》（*Girl with a Basket of Flowers*）的毕加索作品也在同年进入花园街27号。平心而论，1905—1907年间，利奥可能是世界上20世纪艺术这个领域的最有眼力、最为精明的藏家和鉴赏家。这是纽约现代艺术博物馆首任馆长阿尔弗雷德·巴尔（Alfred Barr. Jr.）的评语，可谓十分允当。

三、花园街二十七号的“版图之争”及相关问题

2019年10月，由奥克塔维奥·卡林（Octavio Carlin）编剧并导演的《花园街27号》（*27 Rue de Fleurus*）上映。作为格特鲁德的忠实拥趸，卡林拍摄这部电影的动机在于以不同的方式讲述女主人公的故事。他选取的冲突点就是兄妹分道扬镳，利奥一定要带走塞尚的那幅《五个苹果》，那也是她想留下来的。这使得格特鲁德怒火中烧，一切都爆发出来了。这部影片的可贵之处就在于基于史实再现了那场冲突。片中也出现了《午夜巴黎》里的一干名流。1914年，也就是在格特鲁德的女伴艾丽斯·托克拉斯（Alice Toklas）搬入花园街27号4年之后，利奥迁出了公寓。利奥

欧内斯特·米勒·海明威（Ernest Miller Hemingway）1924年6月9日从西班牙马德里寄给格特鲁德·斯泰因和艾丽斯·托克拉斯（Alice Toklas）的明信片，耶鲁大学拜内克善本和手稿图书馆（Beinecke Rare Book and Manuscript Library, Yale University）。

欧内斯特·米勒·海明威1924年7月13日从西班牙马德里寄给格特鲁德·斯泰因和艾丽斯·托克拉斯的明信片，耶鲁大学拜内克善本和手稿图书馆。

对新的室内摆设不满、对格特鲁德的实验写作方式不满，也对格特鲁德对毕加索立体主义的公开支持不满，这是他所深恶痛绝的艺术风格。兄妹间冲突导致了这样的结局：格特鲁德获得了几乎所有的毕加索画作，利奥拿走了雷诺阿的作品。

格特鲁德、利奥、迈克尔三兄妹及迈克尔的妻子莎拉一起启动了现代艺术的市场，在毕加索、马蒂斯等艺术家的作品价格急速攀升之前，他们已经收集了200余件出自这些艺术家之手的艺术品。这批藏品中不仅涵盖了塞尚、格瑞兹（Gris）、雷诺阿、高更、劳特雷克等人的作品，还有20世纪最为值得宝爱的一批画作，譬如马蒂斯的《戴帽子的女人》《蓝色人体——比斯克拉的回忆》（*Blue Nude: Memory of Biskra*, 1907）、《绿眼睛女孩》（*Girl with Green Eyes*, 1908）；毕加索的《持扇子的女士》（*Lady with a Fan*, 1905）、《流浪艺人和孩子》（*Strolling Players and Child*, 1905）、《建筑师的桌子》（*The Architect's Table*）。值得注意的是，在这200余件作品里，马蒂斯和毕加索的作品有120件之多，超过了总数的一半。

毕加索的友人、三卷本《毕加索传》（*A life of Picasso*）的作者约翰·理查德森（John Richardson）如此看待马蒂斯和毕加索在花园街27号的"争斗"："当毕加索和马蒂斯之间开始形成竞争的态势之际，格特鲁德将全力以赴支持毕加索，不像两位兄长和嫂子那样。毕加索对其赞助不仅仅局限于感激，他还感到了某种对格特鲁德发自肺腑的尊敬。某种意义上，她仿佛变成了自我孕育的女神和民间传说中的森林之神，正如任何男神祇一样令人生畏、无所不知。"

1905 年冬天，毕加索表示要为格特鲁德绘制一幅肖像。于是，这件事成了他整个冬天的主题。格特鲁德表示为此做了 90 多次模特。写生开始于隆冬时节，体块硕大的格特鲁德坐在炉边的椅子上，摆出某种权威性的姿势。安格尔曾经为路易-弗朗索瓦·贝尔坦（Louis-François Bertin）绘制肖像，这位报纸大亨也摆出了类似的姿势，只不过与格特鲁德的姿势是相反的。如果毕加索的画要和斯泰因兄妹从"秋季沙龙"买回来的两幅重量级的画作悬挂在一起的话，他就必须创作出更具权威性的形象——能够和塞尚相匹敌，更要让马蒂斯的《戴帽子的女人》黯然失色。塞尚、马蒂斯的夫人均手持扇子，格特鲁德不需要这种过于女性化的配饰。毕加索给她贝尔坦先生的一双手，两手空空，紧握膝盖。

将要完成的那天下午，格特鲁德的两个哥哥和她的嫂子以及安德鲁·格林（Andrew Green）前来观看。他们都极为惊叹那件草稿之美；格林一再请求把这幅草稿留下来。但毕加索摇头说，不。它太差了……没有人想到为这幅画拍张照片以便留下它当时的样子，当然……除了毕加索和格特鲁德·斯泰因，再也没有人能够记住它当时看上去什么样子了。毕加索和格特鲁德每天进行的写生仿佛就是难以抚平的相互凝视，大概三个月之后，二人之间产生了某种强有力的满足感：一种深刻的心灵感觉，超越了友谊，也绝非是单纯的情爱，常常是亦非友善；这种方式将通过各种方式不断扩展，一直持续到 1935 年左右。当毕加索在画布上与格特鲁德搏

1910 年的年的花园街 27 号公寓画室内景。(左)

1907—1908 年冬季女士街 58 号公寓东墙的陈列方式。(右)

斗的时候，她似乎化身为斯芬克斯，她的形象仿佛掌控毕加索的未来之路之钥匙，而这位模特则在沉思自己作品的进程。

附带一提，1905 年的“秋季沙龙”上呈现了大型的安格尔回顾展，共有 68 件作品整体亮相，使得马蒂斯和毕加索都深深为之震撼：首先是安格尔素描的线条；其次是安格尔对油画形式语言的创造力，譬如，极少露面、几乎被人遗忘的《土耳其浴室》(*Le Bain Turc*）是一个典范。毕加索对安格尔的“回应”除了《格特鲁德·斯泰因肖像》之外，还有同时期创作的《拿扇子的女人》(*Woman with the Fan*)，充当此幅画模特的是一位名为朱丽叶（Juliette）身材瘦削的蒙马特女孩。安格尔著名的《马塞洛斯·厄里斯》(*Tu Marcellus Eris*）和现藏伦敦华莱士藏品馆（The Wallace Collection)、出自迭戈·罗德里格斯·德·席尔瓦 - 委拉斯开兹（Diego Rodríguez de Silva - Velázquez）之手的《拿扇子的女子》均是这幅画的灵感来源。后来此作也成为格特鲁德收藏的一部分。1929 年，当她决定卖掉这幅画以便为自己的著作集筹款时，还组织了一个半开玩笑的“家庭委员会”来批准这次出售。作为“家庭委员会”成员的毕加索告诉她,《拿扇子的女人》在她的墙上已经挂得太久了，可以处理掉了。

侥幸遗存下来的关于花园街27号的照片显示，1904年，《格特鲁德·斯泰因肖像》悬挂于马蒂斯的那幅《戴帽子的女人》的正上方，当时前者尚未装上外框。墙上有较容易辨识的杜米埃、高更、雷诺阿、莫里斯·德尼（Maurice Denis）、塞尚等人的作品，此外还可以看到日本版画、文艺复兴时期的画作等等。到了1906年，《戴帽子的女人》悬挂在画室中最为显眼的位置，距离格特鲁德的书桌距离很近，旁边是雷诺阿的《两个人体》（*Two Nudes*, 1897）、一尊来自中国的菩萨立像，再过去一点就是亨利·德·图卢兹-劳特累克（Henri de Toulouse-Lautrec）所作的《沙龙之内——卧榻》（*In the Salon: The Divan*），这幅画旁边是一幅塞尚创作的标题为《浴者》（*Bathers*, 1898—1900）的小幅油画。同样出自塞尚之手的那幅《持扇子的塞尚夫人》，就挂在马蒂斯《戴帽子的女人》的斜对面。值得一提的是，毕加索创作于1905年的那幅《牛奶瓶》（*The Milk Bottle*）挂在南墙第二排一个并不显眼的位置，旁边是一幅装框的日本版画，前面摆了两把椅子，很难与前述马蒂斯的那幅《戴帽子的女人》相提并论。1907年，画室的墙上有一幅马蒂斯的标题为《盘子和甜瓜》（*Dishes and Melon*）的静物画，居于东墙的正中间，右下的那幅《玛戈特》（*Margot*, 1906）的正上方悬挂着毕加索的《持花篮的女孩》（*Girl with a Basket of Flowers*, 1905）。对于画室的南墙来说，毕加索的作品明显多了起来，上面第一排有《牵马的男孩》（*Boy Leading a Horse*）、《打瞌睡的饮者》（*Dozing Drinker*, 1902）、《球上的青年杂技演员》（*Young Acrobat on a Ball*, 1905）；第二排有毕加索的《蜷缩的女人》（*Crouching Woman*, 1902）、《有刘海的女人》（*Woman with Bangs*）和《两个坐在酒吧里的女人》（*Two Women at a Bar*）等。1910年，从照片上看，《格特鲁德·斯泰因肖像》置于格特鲁德书桌右上方的墙壁之上，《有刘海的女人》《球上的青年杂技演员》《持花篮的女孩》《男子胸像》（*Bust of a Man*）《牛奶瓶》《有水果和玻璃杯的静物》（*Still Life with Fruit and Glass*）《玻璃杯和水果》（*Glasses and Fruit*, 1908），连同雷诺阿和塞尚等人的画作"有序"地布满了书桌周围的墙面，这显然是经过精心布置和考量的。

1913年，也就是利奥和格特鲁德"分家"的当口，《格特鲁德·斯泰因肖像》紧邻主人的书桌，位置稍微下移，就在格特鲁德坐在书桌后抬头即可看到的最佳位置。这幅画已经装上画框，被悬挂于壁炉的右上侧，下面是两幅无法辨识作者的素描作品。这幅画上面悬挂的依然是出自毕加索之手的画作，均可归入"蓝色时期"一类风格。一幅是《酒吧里的两位女子》（*Two Women at a Bar*），另外一幅标题为《戴兜帽的女子》（*Woman in a Hood*）。右侧则是《睡眠中的女子头像》（*Head of a Sleeping Woman*, 1907）、《小提琴》（*Violin*, 1912）、《小玻璃杯》（*The Small Glasses*, 1912）；左边则是一些出自雷诺阿、塞尚、马奈、杜米埃等人之手的小幅油画作品。

1914年6月至1915年春这段时间内，照片显示的是利奥离开花园街27号后的重新布置情况。先看北墙和东墙，自利奥在1914年4月离开之后，托克拉斯与格特鲁德对画室进行了重新布置，北墙和东墙上除了马蒂斯那幅《戴帽子的女人》（1915年2月份转手给迈克尔夫妇）之外，几乎全然成为毕加索的"领地"，画作数量多

1914年6月—1915年春季期间花园街27号公寓画室北墙及东墙的陈列方式。（左）

1938年，格特鲁德在克里斯蒂娜街（Rue Christine）公寓内。（右）

1938 年，格特鲁德在克里斯蒂娜街公寓内。（左）

霍斯特·P. 霍斯特（Horst P. Horst），格特鲁德在克里斯蒂娜街公寓内，1946年。（右）

达24幅，位于格特鲁德的书桌后面。其次是东墙和南墙。这里也布满了毕加索的画作。再次看画室的西墙和北墙，无一例外，几乎清一色是毕加索的作品。只有塞尚两个版本的《圣维克多山》（*Mont Saint Victoire*）、《橄榄林》（*Olive Grove*）、《林中小径》（*Footpath in the Woods*）、《浴者》（*Bathers*）和马奈的《舞会场景》（*Ball Scene*）等7幅画是例外。

需要提到的是，正如理查森提到的，在 1914 年之前，马蒂斯、毕加索最大的收藏地是莫斯科，这主要靠了两个富裕的商人家庭，伊万·莫洛佐夫（Ivan Morozov）和谢尔盖·伊万诺维奇·休金（Sergei Ivanovich Shchukin）。休金会在颜料变干之前就从德国画商丹尼尔 - 亨利·凯恩韦勒（Daniel-Henry Kahnweiler）的画廊买走画作并匆匆运送至莫斯科。1909 年之后，在莫斯科市中心的名为“特鲁别茨科伊宫”（the Trubetskoy Palace）的休金私宅中，公众均可以在每个星期日上午前来观看他的艺术珍藏。1918 年，苏维埃政府查抄“特鲁别茨科伊宫”及其藏品，其中就有 55 幅出自毕加索之手的画作。格特鲁德显然无法与两位俄国大藏家较劲。此外，毕加索的作品，价值飙升到早已超出了她的购买力。

由此，到了20世纪20年代初期，毕加索的作品“盘踞”了格特鲁德公寓的重要位置，在数量上也占据绝对优势地位。此时的《格特鲁德·斯泰因肖像》挂在格特鲁德书房座椅左后方的墙上，位于房间壁炉的左侧，俨然成了“毕加索阵营”里面的“首脑”。颇有意思的是，毕加索在这一段时期成为格特鲁德文学创作中的源泉，充任其作品中的重要角色。如1912年创作完成、1933年出版的《格特鲁德、马蒂斯和毕加索》（*Gertrude, Matisse, Picasso, G.M.P*）、1934年出版的《肖像与祈祷者》（*Portraits and Prayers*）、1930年的《迪克斯群像》（*Dix Portraits*）、1923年创作的长诗——《毕加索完成像》（*A Completed Portrait of Picasso*）。此外，那本《艾丽斯·B. 托克拉斯自传》（*The Autohiography of Alice B. Toklas*）里面也有毕加索不少篇幅。譬如说，格特鲁德在此书中发出如此感叹：“我一生只有三次见过天才，每次都在我心中激起了反响，他们就是格特鲁德·斯泰因、巴勃罗·毕加索和阿尔弗雷德·怀特海（Alfred Whitehead）。”由此可见她本人对毕加索的推重。相得益彰，当时在艺术圈声名鹊起的毕加索也在很大程度上使得这本书得以成功。

在1933年9月正式出版之前，该书的部分章节刊载在《大西洋月刊》（The Atlantic Monthly）、《哈珀集市》（*Harper's Bazaar*）等拥有大量受众群的刊物上，这在无形中让这本自传变得广为普罗大众所知，尽管他们未曾看到悬挂在花园街27号公寓里的这幅画。早在1917年，这幅画被英国批评家罗杰·弗莱（Roger Fry）刊登在大名鼎鼎的《伯灵顿杂志》（*The Burlington Magazine*），竟然与收藏于皮蒂宫（The Pallazzo Pitti）拉斐尔名作——《怀孕的女士》（*La Donna Gravida*）是"邻居"。弗莱的意图显而易见，现代艺术与往昔的艺术有着极深的渊源。换言之，《格特鲁德·斯泰因肖像》与《怀孕的女士》的关系远比与约翰·萨金特（John Sargent）的关系更为紧密。1922年，著名艺术家、摄影师曼·雷（Man Ray）造访花园街27号，拍摄了格特鲁德本人和这张肖像画的"合影"，可谓弥足珍贵。这也是为数不多的格特鲁德留长发的著名照片之一。1926年之后，格特鲁德开始一直留短发，一直到辞世。1934年10月，在阿尔弗雷德·巴尔（Alfred Barr）的一再请求之下，格特鲁德同意将这幅画出借给纽约现代艺术博物馆，在该馆创立五周年的特别展览上亮相。

刊载于1934年3月30日《美术评论》（*Gazette des Beaux-Arts*）上的花园街27号画室陈列直观地交代了格特鲁德和托克拉斯对画室东、南、西三面墙的布置。首先看东墙，毕加索的《坐着的人体》（*Seated Nude*）、《拿着吉他的女子》（*Woman with a Guitar*）、《山上的房屋》（*Houses on a Hill*）、《桌上的吉他》（*Guitar on a Table*）分别挂在那里；其次看南墙，画作分为两排陈列，塞尚的《持

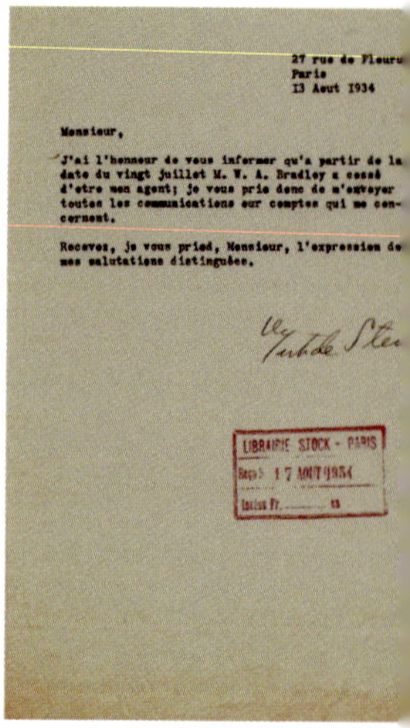
27 rue de Fleuru
Paris
13 Aout 1934

Monsieur,

J'ai l'honneur de vous informer qu'a partir de la date du vingt juillet M. W. A. Bradley a cessé d'etre mon agent; je vous prie donc de m'envoyer toutes les communications sur comptes qui me concernent.

Recevez, je vous pried, Monsieur, l'expression de mes salutations distinguées.

有格特鲁德·斯泰因签名的信件，1934年。

弗朗西斯·西里尔·罗斯爵士（Sir Francis Cyril Rose），《格特鲁德·斯泰因和艾丽斯·B. 托克拉斯》（*Gertrude Stein and Alice B. Toklas*），国家肖像美术馆（National Portrait Gallery, Smithsonian Institution），1939年。

艾丽斯·B.托克拉斯著的《艾丽斯·B.托克拉斯食谱》（*The Alice B. Toklas Cook Book*）内页，插图作者为弗朗西斯·罗斯爵士（Sir Francis Cyril Rose）。（左）

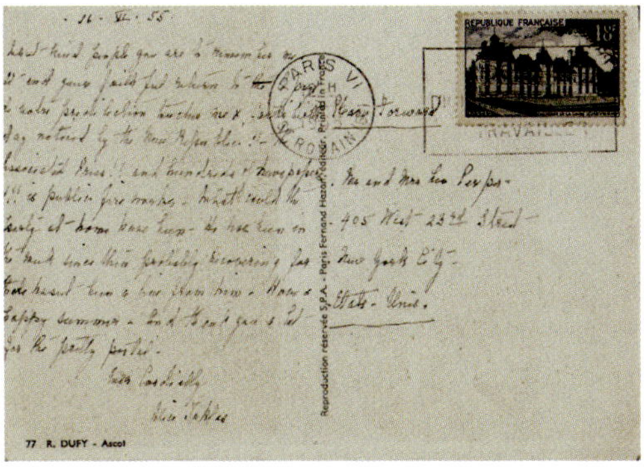

艾丽斯·B.托克拉斯签名的明信片，1955年6月26日。

扇子的塞尚夫人》和毕加索的《格特鲁德·斯泰因肖像》一左一右，占据了最重要的位置。前者左边悬挂的是毕加索创作的《双手交叉的人体》（*Nude with Jointed Hands*），《格特鲁德·斯泰因肖像》的右边则同样是毕加索绘制的《持花篮的女孩》；最后来看西墙，可以辨识的分别是毕加索的《拿烟斗的学生》（*Student with a Pipe*）、《水手头像》（*Head of a Sailor*）、《拿吉他的男子》（*Man with a Guitar*）。此外，壁炉前摆放的两把椅子的坐垫及靠背是由毕加索和托克拉斯共同设计的。上面的图案是典型的“立体主义”风格。在这里还需要提到格特鲁德出版于1938年的《论毕加索》（*Picasso*）这本小书，且不管格特鲁德晦涩、拖沓，甚至有点不着边际的叙事风格，需要强调的一点便是，毕加索的画作在花园街27号占据了“统治地位”。在这里且稍微品味一下她在此书后记中的表述：“一个西班牙人深谙这样一个道理：事物的直接呈现远比提供一个呈现过程更能震撼人心。他能懂得这个道理似乎很自然。西班牙人喜欢以全速登顶而后缓缓下山。她们注定要创作20世纪的画作，他们做到了，毕加索做到了。”

到了1938年，花园街27号寓所的房东要把公寓给自己的儿子，格特鲁德和托克拉斯只得搬离并迁往克里斯蒂娜街（Rue Christine）。英国摄影师西西利·比顿（Cicil Beaton）所拍摄的新寓所室内照片交代了毕加索所作的《格特鲁德·斯泰因肖像》的位置。它占据了中心位置，位于壁炉的正上方。1945年，也就是在格特鲁德辞世的前一年，詹姆斯·洛德（James Lord）曾造访格特鲁德和托克拉斯，对这幅肖像画的陈列环境有着颇为详尽的描述：“她的肖像画在所有的画作中显得鹤立鸡群……它在房间中的存在是持久而令人难忘的，因为它以独特的方式呈现出格特鲁德的形象，而格特鲁德本人又化身为这幅画，两者互为表里。人们难以忽视它的存在。正如她一样，这幅画有着无法抗拒和不可战胜的直接性，被高悬于壁炉之上，远远高出其他作品的位置，这在提醒着它们，你们是次等的艺术。这也似乎在提醒我们，我们仅仅是必将死去的人类，但作为伟大的艺术作品来讲，它会获得永生。”

1946年7月27日，格特鲁德因病辞世，早在7月23日她已经签署由美国律师查尔斯·D.摩根（Charles D. Morgan）拟就的遗嘱。在这份遗嘱当中，格特鲁德将遗产的剩余部分给予迈克尔的儿子艾伦·斯泰因。在艾伦于 1951 年辞世之后，艾伦的财产均分给他的三位子女。

托克拉斯和艾伦只能靠卖画的方式支付格特鲁德的医疗费用和财产税，除此之外，格特鲁德未出版的作品所需要的费用也要靠卖画来应付。为了说服耶鲁大学建立“斯泰因档案”(The Stein Archive)，托克拉斯把格特鲁德的书信连同马蒂斯创作于 1906 年的一幅素描、弗朗西斯·皮卡比亚（Francis Picabia）1933 年绘制的《格特鲁德·斯泰因肖像》(*The Portrait of Gertrude Stein*) 以及数件由其他艺术家创作的作品一道捐赠给耶鲁大学。

西西利·比顿（Cicil Beaton)，《格特鲁德·斯泰因》(*Gertrude Stein*)，1938年。

在艾伦辞世前，托克拉斯和他达成一致，确保格特鲁德的遗愿得以实现。但在 1951 年艾伦辞世之后，托克拉斯与艾伦的遗孀鲁比娜·斯泰因（Roubina Stein）的意见不一，甚至最终交恶。在某种程度上可以这样说，这也使得格特鲁德的遗愿未能完全实现。在托克拉斯看来，巴黎寓所中陈列的迅速升值的画作是实现格特鲁德遗愿的有力保障。当然，如有必要，托克拉斯会竭尽全力保持藏品的完整性和格特鲁德辞世之前的陈列方式，她十分清楚它们在格特鲁德所信奉的美学原则中扮演的角色。但对鲁比娜来说，与其说这些画具有极高的艺术史价值，毋宁说它们是她和子女们的“财源”，能确保他们的生活无虞。她担心托克拉斯会肆意“挥霍”格特鲁德的遗产，这导致两人关系恶化。

1946 年，格特鲁德的遗嘱检验程序在美国巴尔的摩市执行，由于托克拉斯和艾伦均不是该市常住居民，法律上二人只充当“执行人”(executor) 的角色。当时，律师埃德加·爱伦·坡（Edgar Allan Poe）为托克拉斯提供了一种安置方法，即每月从格特鲁德的遗产收入中获得 400 美元的生活补贴。但托克拉斯认为，在遵守格特鲁德遗嘱的总体原则之下，她有权出售其中的一些艺术品。譬如，在两次代理律师不知情的情形下，她出售了两幅毕加索的作品：1950—1951 年间，托克拉斯卖掉了毕加索的一幅素描，这是她于 1904 年直接从艺术家的画室中购得的；另外一幅交易的画作是毕加索的水粉画。

1951—1958年间，耶鲁大学出版社（Yale University Press）陆续为格特鲁德出版生前未出版的作品。为筹措出版经费，托克拉斯在1953年没有咨询代理律师的意见，将42幅毕加索的素描作品整体出售给画商亨利·凯恩韦勒（Henry Kahnweiler）。

格特鲁德在美国的投资回报甚微，1957 年时，托克拉斯应得的生活补贴也没有着落。最后在律师出面的前提下，托克拉斯将一幅毕加索创作的画作出售给一位意大利艺术收藏家才得以解燃眉之急。随后，托克拉斯将毕加索 1908 年创作的一件雕塑——《女人的面具》(*Mask of a Woman*)出售给凯恩韦勒，用于支付律师的代理费和自己的生活补贴。

自1961年以来，托克拉斯继续面临经济窘境，只能依赖出售毕加索的作品度日。当她痛下决心出售毕加索的一幅油画作品以获得稳固的经济保障时，斯泰因家族的人出面阻止了这项交易，鲁比娜坚持自己和艾伦的子女有权在交易中拥有知情权、决定权和享有交易应得的份额。当托克拉斯逗留意大利罗马期间，鲁比娜获得法院许可得以进入克里斯蒂娜街5号的宅邸，将里面陈设的艺术品进行清点并发现有些作品不在寓所之内，最后鲁比娜申请法院授权将毕加索和胡安·格里斯(Juan Gris)的作品扣押，理由是这些作品的保险金未能全额缴纳。再后来，这批精品被“打包”出售给由大收藏家大卫·洛克菲勒(David Rockefeller)组织的收藏家团体，里面的成员大多是纽约现代艺术博物馆的理事会成员。克里斯蒂娜5号宅邸内的其他艺术品也被封存。1961年6月，从意大利返回罗马的托克拉斯面对的是空荡荡的室内景象。后来公寓易主，经过多次失败的诉讼，托克拉斯最终不得不在1964年搬离此地。1967年3月7日，托克拉斯辞世，花园街27号的故事终于画上句号。

四、结语

2011年，加州湾区(The San Francesco Bay Area)迎来了“大事件”——格特鲁德·斯泰因的“回家”。一个就是前文提到的由旧金山现代艺术博物馆主办的“斯泰因家族收藏展：马蒂斯、毕加索和巴黎先锋派”，该展览由该机构的主管毕晓普、蓬皮杜现代艺术中心的塞西尔·德布雷(Cécile Debray)、大都会艺术博物馆(The Metropolitan Museum of Art)的雷贝卡·拉比诺(Rebecca Rabinow)及休斯顿艺术博物馆(Museum of Art, Houston)馆长加里·廷特鲁(Gary Tinterow)等多位专业人士联合策划。应该说，该展事借助斯泰因家族成员的艺术收藏活动呈现了20世纪初期的一场关于艺术趣味的变革。

另外一个是在旧金山当代犹太人博物馆(The San Francesco Contemporary Jewish Museum, SFCJM)进行的“观看格特鲁德·斯泰因——五个故事”(Seeing Gertrude Stein: Five Stories)。此外，根据格特鲁德·斯泰因所创作的《三幕剧中的四圣人》(*Four Saints of Three Acts*)的戏剧在叶巴·布埃纳艺术中心(The Yerba Buena Center for the Arts)上演，两本内容丰富的展览目录在某种程度上为读者提供了一种“原境”(“in situ”)。值得一提的是，由艺术史学者万达·M. 科恩(Wanda M. Corn)和特尔莎·特鲁·拉蒂姆(Tirza True Latimer)合作主编的《观看格特鲁德·斯泰因——五个故事》(*Seeing Gertrude Stein: Five Stories*)同名展览目录可视为一本独立的出版物，其重要性和文献价值不亚于展览本身。

“斯泰因家族收藏展：马蒂斯、毕加索和巴黎先锋派”以斯泰因兄妹的艺术收

《午夜巴黎》(*Midnight in Paris*)电影海报。

《午夜巴黎》剧照，左为凯瑟琳·多伊尔·贝茨(Kathleen Doyle Bates)饰演的格特鲁德·斯泰因。

藏活动为主线，回溯了那一段巴黎先锋派的历史。研究人员在展示的画作旁边精心布置了与之关系密切的旧照片、老地图等，斯泰因兄妹在不同时期居住的巴黎街区在地图上精确地标示出来。首先是花园街27号，次之则是莎拉与迈克尔位于女士街58号的寓所。其中最为引人注目的展厅是利奥与格特鲁德起居室的客厅。展览组织者将兄妹两人当年在花园街27号寓所的客厅进行了放大，重新复制了一个展厅来再现当时的艺术氛围。我们可以看到，在客厅里面既有雕塑也有绘画，观者可以想象展品当年的悬挂方式。被部分复原的迈克尔夫妇藏品原貌，在一定程度上折射出他们在艺术趣味上的实验性。毫无疑问，这对夫妇是马蒂斯最为强有力的支持者。和艺术史家贝伦森一样，莎拉非常钟爱马蒂斯的艺术。从这次展览来看，莎拉成为无名英雄，在这个意义上讲，她借此机会获得了"重新发现"。在马蒂斯看来，她是"整个斯泰因家族最具有智性魅力的人物"。她富有表现力地谈论马蒂斯的艺术，并在1908年与迈克尔一起对马蒂斯创办的艺术学校提供了一定的资助。值得一提的是，本次展览首次展出了莎拉在马蒂斯学院(The Académie Matisse)的听课笔记。当然，迈克尔和莎拉居住过的塔尔街(the Rue de Tour)、勒·柯布西耶操刀设计的位于巴黎市郊的斯泰因-德·蒙泽尔别墅(the Villa Stein-de-Monzier)、加州帕罗·奥多(Palo Alto, California)以及格特鲁德、托克拉斯合住的克里斯蒂娜路、两人在法国南部的乡村住所也被一一列出。

从展览的结构来讲，"观看格特鲁德·斯泰因——五个故事"这个展览被划分为五个章节：

(一)"描述格特鲁德"(Picturing Gertrude)，其子标题有"家庭"(Family)、"成年"(Coming of Age)、"波西米亚式斯泰因"(Bohemian Stein)、"主妇斯泰因"(Matron Stein)、"至高无上的斯泰因"(Imperial Stein)；(二)"居家的斯泰因"(Domestic Stein)，这个部分主要聚焦于家庭、服饰、室内装饰等；(三)

“友情的艺术”（Art of Friendship），这个部分全面呈现了格特鲁德与艺术家、文学家们之间的交游；（四）“名流斯泰因”（Celebrity Stein），主要围绕1934年应邀赴美国作巡回演讲这个事件；（五）“遗产”（Legacies）。

该展览展现了格特鲁德生命后期的一些重要事件，为我们了解这位作家如何获得世界声誉提供了清晰的框架。“居家的斯泰因”“友情的艺术”“遗产”等环节算是对“斯泰因家族收藏展：马蒂斯、毕加索和巴黎先锋派”的有益补充。

正如艺术史家艾米丽·布朗（Emily Braun）在展览图录的文章里提及的：“主人们扮演着他们刚刚确立起来的、作为文化名流的新角色，开始是来自费城阿勒格尼（Allegheny）的中产阶级，他们像墙上悬挂的现代主义作品一样富有创造力。对人们的臧否漠然置之。这使得斯泰因兄妹成为一块磁石……”艺术史家安妮·伊戈内（Anne Higoonet）在其《私人博物馆：个人收藏、公众礼物》（*A Museum of One's Own: Private Collecting, Public Gift,* Periscope Publishing Ltd,2009）中反复强调的一个问题便是，艺术收藏家们致力于使得艺术史的时间“理想化”，在某种意义上，藏品称为艺术收藏家个性中的“第二自我”（alter ego）。在今天仍然存在的私人艺术博物馆以及相关文献中，我们不难认识这类收藏家们的“自我形象”（self-image）。作为一个女性艺术史家，伊戈内敏感地注意到一个有趣的现象，那些闻名于世的私人艺术博物馆的主要创立者或参与者大多是女性，波士顿的伊莎贝拉·斯图尔特·加德纳博物馆（Isabella Stewart Gardner Museum）、加州圣马力诺的亨廷顿图书馆、艺术博物馆和植物园（The Huntington Library, Art Museum and Botanical Gardens）、伦敦的华莱士藏品馆（The Wallace Collection）、华盛顿特区的邓巴顿橡树园（Tthe Dumbarton Oaks）、纽约的弗里克藏品馆（The Frick Collection）、荷兰奥特洛（Otterlo）的国立克罗勒-穆勒博物馆（The Rijksmuseum Kröller-Müller, the Kröller-Müller National Museum）、巴黎的雅克玛尔-安德烈博物馆（Musée Jacquemart-André）、利物浦的列芙女士美术馆（Lady Lever Art Gallery）、马德里的所罗拉博物馆（The Sorolla Museum）、慕尼黑的冷巴赫之家市立美术馆（The Städtische Galerie im Lenbachhaus）以及佛罗伦萨的伊塔蒂别墅（Villa I Tatti）等等，创立者都是女性。1946年，格特鲁德将毕加索创作的《格特鲁德·斯泰因肖像》（The Portrait of Gertrude Stein）这幅画捐赠给大都会艺术博物馆（The Metropolitan Museum of Art），这也是第一幅进入该馆馆藏的毕加索作品。诚如上文所述，很多属于格特鲁德的藏品因为种种原因散落到世界各地的博物馆、美术馆。但毋庸置疑的是，格特鲁德和托克拉斯所精心构筑的私人美术馆，存在于耶鲁大学的格特鲁德档案中，存在于她精心收藏的艺术作品中，也同样回响在《午夜巴黎》的插曲中。

主要参考文献：

"Americans in Paris: Gertrude, Leo, Michael and Sarah Stein", Alline B. Saarinen, The Proud Possessors: The lives, times and tastes of some adventurous American Art Collectors, Random House, 1958.

Arthur Lubow, "An Eye for Genius: The Collections of Gertrude and Leo Stein", Smithsonian Magazine, January 2012.

Vincent Giroud, "Picasso and Gertrude Stein", The Metropolitan Museum of Art Bulletin, New Series, Vol. 64, No. 3, Picasso and Gertrude Stein (Winter, 2007), pp. 1-4, 6-54.

Tyrus Miller, "Seeing Steins Collect", Modernism/Modernity, Volume 19, Number 1, January 2012, pp.185—192.

Emily Braun, "Saturday Evenings at the Steins", The Steins Collect: Matisse, Picasso, and the Parisian Avant-Garde, San Francesco Museum of Modern Art, New Haven and London, Yale University Press, 2011.

Edward Burns, "Alice Toklas and the Gertrude Stein Collection, 1946—1967", Janet Bishop, Cecile Debray, Rebecca Rabinow (eds.), The Steins Collect: Matisse, Picasso, and the Parisian Avant-Garde, Yale University Press, 2011.

William H. Truettner, "William T. Evans, Collector of American Paintings", American Art Journal, Vol. 3, No. 2 (autumn, 1971).

Michael Duncan, "Stein's Way", Art in America, Vol.100, No.2, 2011, pp.87-91.

曲培醇（Petra ten-Doesschate Chu）著，丁宁、吴瑶、刘鹏、梁舒涵译，《十九世纪欧洲艺术史》，北京大学出版社 2014 年版，第 516-518 页。

露西·丹妮尔（Lucy Daniel）著，王虹、马竞松译，《格特鲁德·斯泰因评传》，漓江出版社 2015 年版，第一章、第二章、第三章、第五章、第六章、第八章。

约翰·理查德森著，孟宪平译，《毕加索传—1881—1906（卷一）》，浙江大学出版社 2018 年版，第 522、528、537、538、544、563 页。

杰克·弗莱姆（Jack Flam）著，程文华、陈松松、段友国译，《马蒂斯与毕加索—画坛双璧的对抗与友谊》，上海交通大学出版社 2014 年版。

格特鲁德·斯泰因（Gertrude Stein）著，王咪译，《论毕加索》，东南大学出版社 2016 年版。

印象派拥趸：塞缪尔·考陶尔德与考陶尔德美术馆

考陶尔德美术学院美术馆大门。

引言

去过伦敦考陶尔德美术馆（The Courtauld Gallery）的风雅之士，很难对顶层“大展厅”（The Great Room）入口处镌刻的古希腊文铭文视而不见，即“欢迎缪斯的友人们入内”（Let No Stranger to the Muses Enter）。显而易见，这多多少少与21世纪博物馆所倡导的包容性和反精英主义相扞格，毕竟这里的藏品透露出一种精英主义的味道，它们是由几位顶级收藏家的捐赠拼合起来的，那种气质挥之不去。2018年9月，考陶尔德美术馆闭馆整修，馆内的印象派精品分别在国家美术馆和法国路易威登基金会（The Foundation Louis Vuitton）等艺术机构巡展。作为该机构重要缔造者之一的塞缪尔·考陶尔德（Samuel Courtauld, 1876—1947）对“印象派”“后印象派”等现代艺术的支持以及对自己藏品的陈列便成为本章讨论的主题，随着越来越多捐赠者所捐赠的藏品的加入以及考陶尔德美术馆的搬迁，考陶尔德私宅中的陈列方式不复存在。如何在新址中陈列这些藏家所捐赠的艺术精品，尤其是如何最大程度上在原属于皇家艺术学院（The Royal Academy of Arts, RA）“大展厅”的空间内“复原”考陶尔德的艺术趣味，以及如何实现当年考陶尔德创立该机构的目标，都是本章尝试探讨的话题。

一、英国的现代艺术拥护者们

对于生活在19世纪后期的英国公众来说，看惯了有风景和趣闻轶事主题绘画，自然对法国“印象派”艺术难以接受。当时英国本土的收藏家们热衷于搜罗柯罗如

萨默赛特府（Somerset House）的广场，每年一度的艺术展、毕业嘉年华的举办地。

梦如幻般的画作。伟大的巴黎画商保罗·迪朗-吕埃尔（Paul Durand-Ruel）1870年在伦敦开了一家画廊分号，专门出售法国艺术家、尤其是“巴比松画派”画家群体所创作的作品，五年之后便宣告关门大吉了！值得一提的是，索尔兹伯里勋爵（Lord Salisbury, 1830—1903）将英国的对外政策定位为“华丽的隔离”（“splendid isolation”），这在很大程度上折射出当时英国在文化艺术上的孤立政策。一言以蔽之，帝国必胜主义与文化上的排外主义二者的混合物折射出一个基本的事实：伦敦对于来自巴黎的所谓“新艺术”持一种自大的、怀疑的眼光，排斥便在自然之中了。要知道，当时热衷于收藏印象派艺术的藏家多集中于美国和德国。当然，印象派在美国也遭遇过抵制。譬如，1886年，迪朗-吕埃尔将一个包括300幅法国印象派画家作品的大型艺术展览带到纽约。展览于4月10日在美国艺术协会开幕，此后这些画作于5月25日在国立设计学院（National Academy of Design）展出。当时一些纽约的艺术批评家将这次印象派的展览看作是对于美国艺术的“入侵”，“实质上整个艺术风格从一个国家转移到另一个国家”。尽管出现了一些针对印象派的负面评论，但是，美国公众对莫奈与德加的画作却好评如潮。比如，一位批评家在《画室》（*Studio*）杂志上这样写道：“克劳德·莫奈！何等的观察力！多样的表现手法给我们带来很多惊奇……如果说吕埃尔除了带来一些画作而无其他作为的话……我们衷心地感谢他所带来的礼物。”虽然当时只销售了15幅作品，总金额为17000美元左右，但这次展出为印象派绘画大量进入美国收藏界奠定了坚实的基础。第二年，吕埃尔再次回到纽约举办第二次印象派绘画展并开设了纽约画廊，开启了美国有史以来最大规模的以印象派为主的艺术收藏热潮。

考陶尔德美术学院美术馆的楼梯。

回到英国对印象派的接受问题。根据艺术史家道格拉斯·库珀（Douglas Cooper, 1911—1984）针对1905年收藏情况的统计，英国仅收藏了55件印象派作品：德加25件、马奈6件、莫奈4件、毕沙罗和雷诺阿共20件，几乎所有作品都是英国私人独立收藏。在公共收藏机构统计中，只显示了一件德加的作品，1901年被维多利亚与艾尔伯特博物馆（Victoria and Albert Museum, V&A）收藏。1910年，罗杰·弗莱（Roger Fry）发起的马奈与印象派展览应该是一个开端。马奈、塞尚、凡·高、高更、毕加索、马蒂斯等艺术家的作品悉数在这两个展览上亮相。就英国艺术收藏家群体来说，他们学会去欣赏和接受19世纪80年代至20世纪30年代这个时期欧洲大陆的现代艺术需要一个较长的过程。到了20世纪30年代，已经有相当一批收藏家、艺术批评家对此颇为熟稔并热衷于参与其中，大致可以将这些藏家划分为以下四种类型：

第一种类型，以戴维斯姐妹（Davies Sisters）为代表的英国第一代印象派艺术收藏家。这个群体也会关注传统的19世纪欧洲艺术；

第二种类型，以迈克尔·萨德勒（Michael Sadler）、梅纳德·凯恩斯（Maynard Keynes）为代表的专门收藏法国后印象派的收藏家群体。这个群体也会对受该画派

托马斯·罗兰森（Thomas Rowlandson），《萨默塞特府的展览“凝视间”》（*The Exhibition Stare-Case, Somerset House*），纸本设色，44.5cmx29.7cm，1800年，耶鲁大学英国艺术中心（Yale Center for British Art）。

影响的英国本土艺术家提供赞助和支持；

第三种类型，专门收藏年轻一代英国艺术家作品的收藏家群体；

第四种类型，被称为20世纪30年代的“三剑客”——爱德华·詹姆斯（Edward James）、罗兰·彭罗斯（Roland Penrose）和道格拉斯·库珀，他们着意搜罗“超现实主义”“立体主义”等流派的艺术作品。

以印象派画作的收藏为例，通常说来，不列颠收藏印象派画作的先驱人物当属亨利·希尔上尉（Captain Henry Hill, 1812—1892）无疑。他曾从伦敦的达朗 - 吕埃尔画廊（the Durand-Ruel Gallery）分公司购藏了为数众多的出自德加之手的画作。1876 年时，希尔上尉已经拥有 7 幅德加作品，其中包括那幅著名的《苦艾酒》（*L' Absinthe*）以及现藏于卢浮宫博物院的《舞蹈课》（*Classe del Danse*）。当时希尔上尉的藏品总数超过 400 件，其中包含一幅詹姆斯·惠斯勒（James M. Whistler）和一幅莫奈的画作。后来希尔的藏品分别在 1889 年、1892 年分两次拍卖，这也是法国印象派画作首次在伦敦拍卖。上文中提到的那幅《苦艾酒》后来被苏格兰画商亚历克斯·里德（Alex Reid）拍得，如今是巴黎奥塞博物馆（Musée d' Orsay）的藏品。

休·珀西·莱恩爵士（Sir Hugh Percy Lane, 1875—1915）是继希尔上尉之后对印象派在英国的接受起到过重要作用的人物。作为一名英裔爱尔兰人，莱恩在早年没有机会接受正式的教育，在17岁时便成为画商马丁·科尔纳吉（Martin Colnaghi）的学徒。1904年，莱恩与画家威廉·奥彭（William Orpen）专门赴巴黎购买画作，直接从达朗-吕埃尔手中购得马奈、雷诺阿画作各一幅。也就是在同一年，莱恩在爱尔兰皇家现代艺术学院（The Royal Hibernian Academy of Modern Art）成功策划了一场关于欧洲现代主义艺术主题的展览，不少藏品来自收藏家斯塔茨·福布斯（Staats Forbes），这个展览在很大程度上激发了莱恩专注于搜罗欧洲、尤其是法国现代艺术的浓厚兴趣。在艺术收藏生涯早期，莱恩曾将马奈的《杜伊勒里宫的音乐会》（*Le Concert aux Tuileries*）、雷诺阿的《雨伞》（*Les Parapluies*）、德加的《在海滩上》（*Sur la Plage*）等印象派名家之作收入囊中。

考陶尔德美术馆（The Courtauld Gallery）德加雕塑作品（那泽民手绘）

考陶尔德美术学院美术馆内部陈列场景。

1907年，莱恩曾提议将自己的藏品出借给国家美术馆（The National Gallery）展出，但遭到董事会的拒绝。直到1913年夏，董事会最终同意莱恩的借展计划，但在1914年1月，将39幅绘画作品里的出自马奈、莫奈、贝特·莫里索（Berthe Morisot, 1841—1895）、毕沙罗、莫奈等印象派画家之手的15幅作品从名单中剔除。里兹代尔勋爵（Lord Redesdale）于1914年2月24日提交给董事会一份备忘录，后来转交给时任国家美术馆馆长的查尔斯·霍尔罗伊德爵士（Sir Charles Holroyd），这份备忘录上的文字对法国现代艺术痛加鞭笞："国家美术馆应该是，而且应该一直是艺术的象牙塔。它应该为最高的、最好的艺术敞开大门。不应该接收低级的、疯狂的作品。这些低级作品不被人们所期望，转瞬即逝。如果法国现代艺术作品出现于国家美术馆的展览上，无异于摩门教徒朝拜圣保罗大教堂——背叛了神圣的特拉法加广场。"但是，莱恩的藏品最终在1920年进入泰特美术馆（Tate Gallery），这是里兹代尔勋爵不曾料到的。

前述戴维斯姐妹——玛格丽特·戴维斯（Margaret Davies, 1884—1963）、格温德琳·戴维斯（Gwendoline Davies, 1887—1951）在向英国推介法国印象派的过程中功不可没。1907年，姐妹俩继承了一座煤矿和价值100万英镑的铁路资产。她们随后在女总管之兄休·布莱克（Hugh Blaker）的引导下，开始艺术收藏生涯。自1908年开始，先购藏透纳、米勒、柯罗等名家之作。1912年，格温德琳购藏了一幅出自惠斯勒之手的油画作品，此后威尼斯主题成为姐妹俩重点搜罗的题材之一。同年8月，身在巴黎的布莱克致信戴维斯姐妹，建议收藏法国印象派作品。1912年全年，姐妹俩用于艺术收藏的支出为19000英镑。1913—1914年间，莫奈的"睡莲三联画"成为戴维斯姐妹的藏品，她们花费6280英镑购藏了5幅莫奈的画作。1917年，她们继续从巴黎画商那里购买法国印象派画家的画作，竟然获得了莫奈创作的《鲁昂大教堂——落日》（*Rouen Cathedral: Setting Sun*）这幅重要作品。也是在这一年，戴维斯姐妹首次在不列颠完成塞尚画作的交易。1920年，她们以2000英镑购得塞尚的《有茶壶的静物》（*Still Life with Teapot*），以2020英镑获得了凡·高创作的《奥威尔雨天》（*Rain, Auvers*）。

除了收藏家之外，一些画廊、艺术团体也对法国印象派的传播及接受推波助澜，乐见其成。譬如说，1886年，约翰·辛格·萨金特（John Singer Sargent,

考陶尔德美术学院美术馆内部陈列场景。

1856—1925）、威尔逊·斯蒂尔（Wilson Steer, 1860—1942）、瓦尔特·理查德·西克特（Walter Richard Sickert, 1860—1942）、威廉·罗森斯坦爵士（Sir William Rothenstein, 1872—1945）等艺术家参与的创立的新英国艺术俱乐部（The New English Art Club）带有浓郁的亲法氛围，大力提倡法国的现代艺术，以反对当时较为保守的皇家艺术学院。此外还有“卡姆登镇群体”（the Camden Town Group）、“伦敦群体”（the London Group）、“尤斯顿路学校”（the Euston Road School）等。除此而外，伦敦的莱斯特画廊（the Leicester Gallery）也扮演着重要的角色。该机构原先的名称为“菲利普斯画廊”（the Phillips Gallery），后成为奥利弗·布朗（Oliver Brown）的私人画廊。莱斯特画廊开创了为艺术家举办个人展览的先河。比如，1906年举办欧仁·布丹（Eugene Boudin, 1824—1898）个展；1919年举办马蒂斯个展；1922年举办德加个人展览；1923年举办凡·高展览；1925年举办高更展览；1926年分别为塞尚和雷诺阿举办个人展览。换言之，1900—1930年间的英国艺术收藏史在很大程度上与莱斯特画廊的历史是同步的。

二、印象派拥趸——塞缪尔·考陶尔德的艺术收藏趣味

1949 年，《典范和产业——战时文集》（*Ideals and Industry: War-Time Papers*）由剑桥大学出版社（Cambridge University Press）出版，考陶尔德在此书中表达了他的艺术收藏理念。在他看来，艺术品具有近乎宗教般的永久性价值，它用一种包罗万象、客观公正、生动的追求超越分歧、团结人类。然而，与宗教所不同的是，艺术依然保留了审美上的纯粹性，因为它不受政治权力的玩弄。因此，它并未在社会关注者和政客手中变得黯然失色。由此可见，考陶尔德十分看重艺术作品的审美价值，它总会焕发出持久的魅力。

2019年2月20日—6月17日，正值考陶尔德美术馆闭馆整修，主题为“考陶尔德藏品展：印象派视界”（The Courtauld Collection: A Vision for Impressionism）的大型展览在法国路易威登基金会举办，这也是考陶尔德藏品在时隔60年之后返回法国展览，共有110件作品在展览上亮相，其中有60幅油画作品。马奈的《女神游乐场的酒吧间》（*Un Bar aux Folies Bergère*, 1882）、修拉的《擦粉的女人》（*La Jeune*

Femme se poudrant, 1889—1890）、塞尚的《玩纸牌的人》（*Les Joueurs de cartes,* 1892—1896）、高更的《绝不再》（*Nevermore,* 1897）、凡·高的《戴绷带的自画像》（*Autoportrait à l' oreille bandée,* 1889）等名作悉数登场。该机构策划的“绘画视界”（the Collection of the Foundation: A Vision for Painting）展览，从基金会收藏的23位国际艺术家的作品中重新甄选了20世纪60年代至今的 75 件当代艺术作品与观众见面。显而易见，两个展览的并置是一个有意味的呈现，一下子将法国印象派以来的艺术景象直观地呈现在观者面前。

考陶尔德美术馆的馆长恩斯特·韦林格·凡·克拉尔伯格（Ernst Vegelin van Claerbergen）曾表示：在考陶尔德眼中，艺术是治愈物质化现代生活的一剂良药，艺术也具有使破碎的国家重新凝聚起来的魔力。这种表述暗合了前文述及的考陶尔德对艺术价值的反思。

正如库珀所指出的，考陶尔德藏品的形成过程，在英格兰艺术趣味的形成

托马斯·罗兰森和奥古斯特·查尔斯·皮金（Augustus Charles Pugin），《1808年1月1日萨默赛特府的展厅》（*Exhibition Room, Somerset House, 1 January 1808*），凹版腐蚀版画，19.4cmx25.9cm，大英图书馆（the British Library）。

塞缪尔·考陶尔德夫妇位于伦敦普特曼广场20号（No. 20, Portman Square）、被称为“荷姆宫”（Home House）的旧居内景。（那泽民手绘）

历史中堪称一个重要事件。无独有偶，正如艺术批评家沃尔德玛·亚努谢扎克（Waldemar Januszczak）在2018年9月23日专门为《星期日时代报》（*Sunday Times*）撰写的国家美术馆的“考陶尔德印象主义者——从马奈到塞尚”（“Courtauld Impressionists: From Manet to Cézanne”）展评开篇所揭示的那样，“在我看来，在英国历史上仅有三个重要人物使得我们的文化改变发展方向并且引领新的艺术趣味，他们分别是大力搜罗欧洲艺术、将英国猛拉入巴洛克时代的查理一世（Charles I）；近期为业界瞩目的、使得英国引领现当代艺术风潮的查尔斯·萨奇（Charles Saatchi）；第三位就是处于两者之间的考陶尔德，其功绩就在于改变了倔强的英国公众对法国印象派的认识，乃至于以开放的胸襟接受欧洲大陆的新思想。”总的说来，查理一世以开放的胸襟开辟了这一传统。自17世纪初直到19世纪这段历史时期，贵族和王室是重要的艺术收藏者，即便是17世纪40年代内战之前情况也是如此。查理一世是最重要的英国艺术收藏家之一，他是杰出的艺术赞助人，购买了很多领域的艺术作品，尤其是意大利艺术。他所购藏的最重要的作品当属拉斐尔绘制的《宗徒大事录》图稿。作为编制挂毯的模板，这些作品直到今天仍是英国王室的藏品。17世纪90年代，英王专门为这些图稿的展示在汉普顿宫修建了长廊。在很长一段历史时期内，这里陈列的艺术作品都用以供艺术家研习，俨然一个学院，显示出私人收藏与博物馆之间的紧密关系。19世纪20年代，英王乔治四世（George IV）在位于伦敦西郊的温莎宫（Windsor Castle）建造了一组套房，其中的大走廊（Grand Corridor）恐怕是最为壮观的。绘画、雕塑、家具、瓷器沿着500米的长廊伸展开来，这里曾是国王的私人缅怀之所，陈列着其好友和同时代名人肖像。

2018年英国国家美术馆举办的“考陶尔德印象主义者—从马奈到塞尚”（“Courtauld Impressionists: From Manet to Cézanne”）主题展场景。

18 世纪 90 年代到 19 世纪初期，欧洲饱受法国大革命和拿破仑战争的冲击，艺术品，尤其是绘画被贵族出售，在意大利和西班牙被教堂和修道院出售。18 世纪，在“壮游”期间购买绘画和雕塑演变成为艺术商人主导的大宗进口。19 世纪初期，英国拥有了全世界最为丰厚的私人艺术收藏，这令国外的艺术迷们既大为惊讶也极为光火。在法国出生的美国人路易·西蒙德（Louis Simond）在 1810—1811 年间游历英格兰，惊讶地发现：那些散布于该国各处的数不胜数的精致宅邸，允许陌生人进入其内参观。这种收藏的风习一直延续到考陶尔所生活的时代。

细究起来，考陶尔德祖籍是法国西海岸的胡格诺家庭，于17世纪末为躲避宗教迫害迁至伦敦，于18世纪末投身纺织业，20世纪初依靠“人造丝绸”粘纤的专利，使得这个家族跻身全球顶级富豪之列。家族中第一位奠定纺织业基业的是乔治·考陶尔德（George Courtauld）。1793年考陶尔德家族从美国返回英格兰。1816年，乔治·考陶尔德的长子、塞缪尔·考陶尔德的叔曾祖——塞缪尔·考陶尔德（1793—1881）在埃塞克斯（Bocking, Essex）创立了家族的纺织公司，也就是后来闻名于世的塞缪尔·考陶尔德公司（Samuel Courtauld & Co）。该公司日后发展成为最大的绉丝生产商，这种纺织品在维多利亚时代的英国十分畅销。1828年，考陶尔德成立了考陶尔德·泰勒斯和考陶尔德公司（Courtauld Taylors & Courtauld），为的是挽救其父经营不善的塞缪尔·考陶尔德公司。到19世纪80年代时，公司的雇员总数超过3000。本文的主人公、艺术收藏家塞缪尔于1908年开始参与公司事务，并在1921年至1945年间担任总裁。家族庞大的纺织帝国是塞缪尔艺术收藏的坚实基础。

客观而论，有几个重要事件促使考陶尔德涉足艺术收藏领域并一发不可收。首先是1901年与妻子伊丽莎白的意大利蜜月之旅。对于英国艺术收藏的历史而言，作为“壮游”（“the Grand Tour”）必访之地的意大利在很大程度上为英国艺术收藏家们提供了大量资源。早在17世纪，经由低地国家、法国到意大利的“壮游”初具规模，其真正发展成熟还是在18世纪。对于生活在18世纪的年轻英国绅士而言，远赴意大利的“壮游”是他们获得文化、艺术趣味和高贵体验的主要渠道。塞

2018 年英国国家美术馆举办的“考陶尔德印象主义者——从马奈到塞尚”主题展场景。

缪尔·约翰逊博士（Dr Samuel Johnson, 1709—1784）甚至断言：“我们所有的宗教、所有的艺术，还有几乎所有的将我们与未开化民族区分开来的东西，皆来自地中海沿岸。”意大利如此具有吸引力，甚至还出现了瑞士历史学家雅各布·布克哈特（Jacob Burckhardt, 1818—1897）专门撰写的《艺术指南》（*Der Cicerone*），旨在向读者介绍他数次游览意大利所深切感悟的艺术乐趣。布克哈特的意大利之旅始于1837年夏天，终于1883年。《艺术指南》先后出版10次，最后一版的出版时间为1909年。全书分建筑、雕塑、绘画三大部分，讲述5至18世纪的意大利艺术作品。1873年面世的英译版并非全本，仅择取了绘画部分。英译本的标题为《艺术指南——意大利绘画艺术导览》（*Der Cicerone: An Art Guide to Painting in Italy*）。在布克哈特心中有两类人适合阅读此书，一类是了解意大利艺术的人，另一类则是将要去或想要了解意大利艺术的人。前者在阅读此书时能身临其境、感同身受，后者则可视其为工具辅助学习。他在前言中说道：“本书的意图是为意大利重要的艺术作品做一次概述，为旅行者提供一份精简的艺术信息，也给停留久一点的人提供最基本的风格比较（“stilparallelen”）和当地艺术基础信息，让他们对意大利的艺术留下美好回忆。我有意排除了所有考古类的事物。”值得注意的是，在英文版的前言中，负责出版此书的克拉夫女士（Mrs. A. H. Clough）言道：“本书希望通过介绍存于意大利的艺术作品，为前往意大利的旅行者提供实践指南，以及供艺术爱好者学习所用。全书以历史叙事方法讨论意大利从古至近17世纪，各式各样画派的出现与流变，指出它们的不同特征，尤其是描述它们的塑造者与主要大师，并列举它们中最卓越与典型作品。尽管这本书没有按照作品地点进行书写，但根据画派、地点索引的方式，可找到画家在各个城镇、教堂、公共或私立画廊的作品，帮助旅行者学习所有的艺术作品，不论它们藏在何处；而且这个版本结构扼要，适合作为便携手册使用。”按照常理，年轻的考陶尔德应该知道这本甚为知名的《艺术指南》，也许他从此书里获得不少与意大利艺术相关的知识，这个问题有待进一步探

萨默赛特府（Somerset House）的广场。（那泽民手绘）（左）

塞缪尔·考陶尔德夫妇荷姆馆（Home House）的卧室内景。（右）

究。1901年的6月20日，25岁的考陶尔德与伊丽莎白·特里萨·弗朗西斯·凯尔西（Elizabeth Theresa Frances Kelsey）成婚。此后的这场意大利之旅在很大程度上唤起了他对于视觉艺术的浓厚兴趣。他在当时意识到英国绘画的陈腐之气。

其次，1917年，泰特美术馆举办的“休·莱恩藏品展”，用他自己的话说，这次展览是第二次真正的“大开眼界”。马奈、雷诺阿等人的重要作品出现于这次展览上，考陶尔德当时甚至对塞尚一无所知。深具意味的是，塞尚成为他最推崇的法国艺术家之一。

再次，1922年，戴维斯姐妹的藏品展在伯林顿艺术俱乐部（The Burlington Fine Arts Club）展出。考陶尔德深受属于格温德琳·戴维斯所有的塞尚的那幅《普罗旺斯风景》（*Provencal Landscape*）的影响，真切地感受到塞尚画作的魔力所在。

1921年，考陶尔德担任考陶尔德集团（Courtaulds）的主席，此时他更有财力搜罗艺术品。此后的十年间，也是考陶尔德夫妇从事艺术收藏的黄金时期。今天我们在考陶尔德美术馆所看到的重要印象派画作均是在这期间入藏的。需要注意的是，考陶尔德经常从其主要代理人——著名画商珀西·摩尔·透纳（Percy Moore Turner, 1877—1950）那里寻求意见，当然也会收到弗莱关于购藏艺术作品的推荐，但总体说来，他在这方面颇有主见，我们今天所见到的考陶尔德美术馆藏品大部分都是他拍板购入的。举例来说，1924年，考陶尔德购得出自莫奈之手的《阿让特伊秋景》（*Autumn Effects at Argenteuil*）以及马奈、雷诺阿、塞尚等人的画作。第二年，塞尚所作的《圣维克多山》（*La Montagne Sainte-Victoire*）和雷诺阿的《包厢》（*La Loge*）被考陶尔德收入囊中。1926年，高更那幅著名的《永不再》以及包含《擦粉的年轻女子》在内的两幅修拉的画作，甚至考陶尔德美术馆“镇馆之宝”的《女神游乐场的酒吧间》也进入考陶尔德夫妇的藏品之列。需要提及的是，这幅画是考陶尔德借助中间人透纳的协助从瑞士卢塞恩（Lucerne）的坦恩豪瑟尔画廊（The Thannhauser Gallery）以110000英镑的天价获得。1928年，前文所提凡·高所作的《戴绷带的自画像》也进入考陶尔德之手。1926—1928年间，考陶尔德每年

用于艺术收藏的开支超过40000英镑，1929年这个数字攀升到最高点，高达54000英镑！10幅塞尚、11幅修拉、4幅马奈、5幅莫奈、6幅雷诺阿奠定了考陶尔德藏品的基石。前文提到的“考陶尔德藏品展：印象派视界”大型展览基本上囊括了考陶尔德藏品的精华。

考陶尔德认为，观看艺术作品这个行为本身可被视为一种“精神交汇”（spiritual communion）的形式，这与布鲁姆斯伯里（Bloomsbury）圈子所认同的艺术主张十分契合。譬如克莱夫·贝尔（Clive Bell）在收入1914年出版的《艺术》（*Art*）中的标题为《艺术与社会》（“Art and Society”）的文章里说道：“让所有人把他（她）自己变成爱好者。打破那种看法，即艺术存在于博物馆之中并仅为有学识的人士所理解。假如说他们找到了欣赏的鉴别力，甚至可以说在某种程度上可以在那些最伟大的艺术作品中寻觅到新的宗教。”这与考陶尔德的观点不谋而合。这里就涉及英国国内围绕现代艺术所展开的激烈论争。主要靶子就是上文提到的布鲁姆斯伯里圈子成员。英国艺术史家、批评家和画家雷金纳德·霍华德·维伦斯基（Reginald Howard Wilenski, 1887—1975）指出，该团体所推崇的艺术趣味，尤其是贝尔和弗莱所鼓吹的现代艺术与英国的艺术趣味背道而驰。甚至可以说，推崇这种艺术趣味是一种“叛国行为”。在1928年《不列颠》（*Britannia*）杂志的一篇文章里，维伦斯基直接将布鲁姆斯伯里圈子的艺术趣味定性为“亲法的”（Francophile），诟病其过于精英化的旨趣。

正如上述，尽管布鲁姆斯伯里圈里的重要成员弗莱、贝尔等人大力鼓吹、推介法国的印象派、后印象派艺术，但英国官方的艺术机构、主流收藏圈对其支持的程度不能与同时代的俄国、美国，甚至丹麦相提并论。早在19世纪80年代，美国的著名收藏家亨利·奥斯本·哈夫迈耶（Henry Osborne Havemeyer, 1847—1907）夫妇、波特·帕尔默（Potter Pamer, 1826—1902）大力搜求印象派艺术；俄国的彼得·伊万诺维奇·休金（Piotr Ivanovich Shchukin, 1857—1892）家族和伊万·莫洛佐夫（Ivan Morozov, 1871—1921）家族从20世纪初期就开始收集毕加索、马蒂斯、塞尚、凡·高等艺术家的画作。旅居法国巴黎的美国人利奥·斯泰因（Leo Stein,

爱德华·马奈（Édouard Manet），《女神游乐场的酒吧间》（*Un Bar aux Folies Bergère*），布面油画，96cm×130cm，1882年。

爱德华·马奈，《女神游乐场的酒吧间》，布面油画，96cm×130cm，1882年。

1872—1947）、格特鲁德·斯泰因（Gertrude Stein, 1874—1946）兄妹对欧洲现代艺术家的支持影响了来自巴尔的摩的科恩姐妹。1921年，大都会艺术博物馆破例举办了一个大型的印象派主题展览，展品来自哈夫迈耶夫妇的收藏，算是美国主流艺术机构对该画派的认可。拿英国来说，正如前文提到，考陶尔德自己的收藏行为深受几位同时代英国艺术收藏家的影响。除此之外，他还在1923年向泰特美术馆捐赠50000英镑，专门用于购藏欧洲现代艺术家的作品。在1923年6月25日写给该馆馆长查尔斯·艾特肯（Charles Aitken, 1869—1936）的信中，考陶尔德说道："现代大陆的艺术运动值得在国家藏品中好好陈列和展示。"考陶尔德所设立的信托基金仅限于购藏他在信中所附的艺术家名单上的作品。在他看来，处于欧陆现代艺术运动核心的人物不外乎马奈、雷诺阿、德加、塞尚、莫奈、高更、凡·高。需要提到的是，这个名单也经过霍尔罗伊德爵士和迈克尔·萨德勒爵士（Sir Michael Sadler, 1861—1943）的建议和修订。名单罗列了包括夏尔丹、安格尔、藉里柯、德拉克罗瓦、夏凡纳、库尔贝、米勒、杜米埃、马奈、莫奈、雷诺阿、博纳尔、维亚尔、西斯莱、柯罗、高更、塞尚、凡·高、夏凡纳、卢梭、德兰、马蒂斯、毕加索等35位艺术家。当然，这笔资金无力将这些艺术家的作品搜罗完备。仅就印象派画家来看，这笔基金共购藏了23幅画作。其中马奈所作的《啤酒女侍者》（*Le Servante de Bocks*）以10000英镑的高价购入，雷诺阿的《咖啡馆演奏会》（*The Café Concert*）以7500英镑进入泰特美术馆的馆藏之列。正是借助考陶尔德设立的这笔资金，像修拉的《阿涅勒浴者》（*Bathers at Asnières*），凡·高的《向日葵》（*Sunflowers*）、《有烟斗的椅子》（*Chair with Pipe*），德加的《训练中的青年斯巴达人》（*Young Spartans Exercising*），塞尚的《自画像》（*Self Portrait*）成为今天国家美术馆馆藏中的重要藏品。

针对上述情形，著名画商约瑟夫·杜维恩（Joseph Duveen, 1869—1939）则干脆发起了一场支持英国艺术的"爱国战争"。1926年，杜维恩写给时任英国首相斯坦利·鲍德温（Stanley Baldwin, 1867—1947）的一封信被全文刊发于《时代报》（*The Times*）上，信中指出：如果英国艺术的状态和赞助艺术的活力两者是关乎国家安全的、绝对可靠的衡量标准的话，适当的国家干预是十分有必要的。国内的艺

术收藏家宁愿以高价收藏“老大师”（“old masters”）作品而对本土当代艺术家充耳不闻，使之陷入悲惨的境地之中。这与美国、法国的情况形成了鲜明对照。

实际上，1925—1930年间，700余件出自英国艺术家之手的作品被本土的艺术赞助人和收藏家购藏。其中，伦敦艺术家协会（the London Artists' Association）发挥了不可忽视的作用。考陶尔德、凯恩斯、欣德利·史密斯（Hindley Smith）、杜维恩、爱德华·马什（Edward Marsh）、艾弗·丘吉尔勋爵（Lord Ivor Churchill）、萨德勒爵士等著名收藏家均是这个协会的成员。此外，1924—1947年间，考陶尔德曾长期担任创立于1910年的当代艺术协会（the Contemporary Society）的理事。复次，他本人还充当“东伦敦艺术团体”（“The East London Art Group”）这个艺术团体的艺术顾问。1927年6月，他还与（Hugh Walpole）一道，支持“《每日快报》青年艺术家展”（“The Daily Express Young Artists' Exhibition”）。以上多个例子充分说明，考陶尔德一直关注并支持本土艺术家的发展。

三、从波特曼广场(The Portman Square)、沃本广场(Woburn Square)到萨默赛特府(Somerset House)面临的陈列困境

1926年，考陶尔德夫妇搬入波特曼广场的荷姆宫（Home House）20号，这座宅子也颇有来历，其设计者为著名英国建筑师罗伯特·亚当（Robert Adam, 1728—1792）。总的说来，波特曼广场的建成和亨利·威廉·波特曼（Henry William Portman）有着极为密切的关系。他来自著名的萨默赛特家族（Somerset Family）。早在1532年，该家族就拥有泰伯恩河（the River Tyburn）西侧的地皮。1764年，广场的东、西、南三面的建筑由亚伯拉罕·亚当斯（Abraham Adams）、塞缪尔·亚当斯（Samuel Adams）负责建造。广场北面的建筑则由名气更大的罗伯特·亚当及其兄弟詹姆斯·亚当（James Adam）担纲设计和建造。考陶尔德夫妇所居住的荷姆宫20号宅邸是亚当兄弟两人专门为荷姆伯爵夫人（Countess of Home）伊丽莎白（Elizabeth）量身定做的，原来的设计师是詹姆斯·怀亚特（James Wyatt），后因故被伊丽莎白辞退了。罗伯特·亚当将入口大厅后面的楼梯井设计得极有魅力，采用穹顶照射下来的顶光，非常具有戏剧效果。内部的设计出自塞缪尔之手，这幢新古典主义风格的大宅仍算得上是如今马里伯恩广场（Marylebone Square）上的最佳去处之一。18世纪早期的英格兰别墅中盛行被称为“帕拉迪奥式”的新古典主义风格。罗伯特·亚当是最擅长使用这一风格的建筑师之一。他出身于建筑世家，6岁就进入爱丁堡中学修习拉丁文。整个少年时代沉浸在以古罗马文化为圭臬的氛围之中。15岁时进爱丁堡大学继续深造。1754年10月—1758年1月间，罗伯特进行了一场长达三年有余的“壮游”。他广泛游历法国、意大利各个著名古迹所在的城市。并受著名罗马画家乔瓦尼·巴蒂斯塔·皮拉内西（Giovanni

Battista Piranesi）亲炙，增长了建筑和装饰方面的专业知识，尤其表现在能够自由调用古代建筑中的古典元素。有学者曾将罗伯特完成于1761年的代表作——奥斯特利花园别墅（Osterley Park House）中所使用的装饰图案进行分类分析，结果发现，它们几乎全部可以从古希腊、古罗马、文艺复兴时期的建筑形式中找到原型，譬如古典柱式、莨苕叶饰、忍冬纹、棕榈叶纹等。类似的情形可见于他负责设计的凯德尔斯顿别墅（Kedleston House）、哈伍德别墅（Harewood House）、鲍伍德别墅（Bowood House）等。罗伯特的雇主大多为一时之显贵，譬如说，奥斯特利花园别墅的主人弗朗西斯·柴尔德爵士（Sir Francis Child）。他不仅是柴尔德银行（Child's Bank）的所有者，也是国会议员。鲍伍德别墅的主人威廉·佩蒂（William Petty）是当时的辉格党领袖。凯德尔斯顿别墅的主人纳撒尼尔·柯曾爵士（Sir Nathaniel Curzon）为世袭贵族。正如前文提到，荷姆宫20号的考陶尔德私宅原为伊丽莎白伯爵夫人所定制，对照前述国家美术馆的"考陶尔德印象主义者——从马奈到塞尚"展厅中的相关大幅资料照片，不难看出胡伯特所擅长的新古典主义建筑和装饰的风格。

考陶尔德就其个人艺术藏品的陈列方式和居室装饰等问题专门咨询过透纳的建议。1931年，考陶尔德美术学院得以创建。1947年，考陶尔德辞世，他所捐赠的第二批藏品也陆续陈列在这里。1957年，位于沃本广场（Woburn Square）的考陶尔德美术馆正式对公众开放，主要陈列展示弗莱的李子爵（Viscount Lee of Fareham, 1868—1947）、考陶尔德、罗伯特·克莱蒙特·威特爵士（Sir Robert Clermont Witt, 1872—1952）、马丁·康韦爵士（Sir Martin Conway, 1856—1937）等人捐赠的艺术品。应该这样说，这里曾经是真正鉴赏家而非普通游客的必访之地。先乘坐笨重的电梯而后进入一系列具有私宅特征的陈列之后，无疑是一种高贵的视觉盛宴，具有极高的美学品位，令人回味无穷。

1989年，由威廉·钱伯斯爵士（Sir William Chambers, 1723—1796）操刀设计的萨默赛特府（Somerset House）成为考陶尔德美术馆的新落脚点。这个搬迁成功的案例让不少人颇感意外，因为这座建于1760年的著名建筑一度被内政部（Civil Service Department）长期占据，要说服当局谈何容易。可能这里的文化传统是考陶尔德美术馆成功搬迁至此的重要因素之一。直到19世纪50年代，萨默赛特府一直是伦敦艺术与科学的中心。皇家艺术学院旧址就在这里。其顶楼的"大展厅"是皇家艺术学院举办年度展览的地方。这里也是皇家学会（the Royal Society）、古物收藏家协会（the Society of Antiquaries）等机构和组织的所在地。正如当年法国财政部不愿搬离卢浮宫一样，内政部附属机构也从未打算离开这块宝地。话说回来，考陶尔德美术学院之前在波特曼广场所一直保持的朴素而彬彬有礼的伦敦俱乐部氛围很难在这里持续下去，换言之，这是一个时代的终结。从另外一个角度来看，该机构进入萨默赛特府将使其成为一个艺术与学习的中心。也逐渐成为一个旅游中心。当时，许多伦敦人认为，考陶尔德美术学院及其艺术珍藏完全没有机会迁入萨默赛特府的北半区。自从1979年以来，经过10年的磋商和努力，考陶尔德美术学院从多家竞争机构中胜出了。当时不仅要与国务大臣（The Secretary of the State）、财政部（The Treasury）磋商，还要通过一项专门的议会法案。除此之外，对萨默赛特府进行修缮需要大笔资金，这个改造项目由考陶尔德美术学院承担，最初的预算是300万英镑，但到了1987年，这笔费用上涨到890万英镑，最终所花费的资金高达1200万英镑！在当时的院长迈克尔·考夫曼（Michael Kauffmann）的带领下，考陶尔德美术学院于1989年10月顺利入驻萨默赛特府。由此，顺着伦敦闹市区的斯特兰德大街（The Strand Street）走，首先进入的是一个有三个拱门的门厅，左近就是萨默赛特府壮观的庭院。那尊出自雕塑家约翰·培根（John Bacon, 1777—1859）之手的乔治三世（George III）的骑马全身雕像审视着这里的一切，左边是考陶尔德美术学院，往右走便可以进入考陶尔德美术馆。

英国版画家托马斯·罗兰森（Thomas Rowlandson, 1756—1827）创作于1800年的一幅版画的标题很有意思——《萨默赛特府的展览“凝视间”》（*The Exhibition Stare-Case, Somerset House*），是一幅很精彩的水彩画。其主题恰恰就是通向“大展厅”的楼梯间。约翰逊博士（Dr. Johnson, Samuel Johnson, 1709—1784）1784年写给古典学者、女王御医威廉·赫伯登（William Heberden, 1710–1801）的一封信中颇

2018年英国国家美术馆举办的“考陶尔德印象主义者——从马奈到塞尚”主题展场景。（左）

皮埃尔·奥古斯特·雷诺阿（Pierre-Auguste Renoir），《包厢》（*La Loge*），布面油画，80cmx63.5cm，1874年。（右）

为调侃地说道："判断一个人是否真正健康的严苛测试是看他（她）能否毫不迟疑地一口气爬上萨默赛特府的那个著名的楼梯。"迫于这个空间的逼仄，当年钱伯斯爵士将三个连续的楼梯改造成为一个半圆形的空间，其结果便是一个令人眩晕的楼梯间。钱伯斯爵士的本意是将这个改造看作是一个攀登帕尔纳索斯山（Parnassus）的隐喻。但罗兰森的画作则生动地展现了一个由观众攀登楼梯观展所造成的骚乱场面。一只狂暴的狗在很大程度上加剧了这种混乱。对于不少观展女性在楼梯上的绊倒坠落、裙裾飞扬，有的旁观者幸灾乐祸，其他人则觉得惊惧无比。通过嘲弄参观者们所乐于看到的那些美人的方式，罗兰森也借机揶揄了皇家艺术学院日渐升温的过度矫饰。

1780年，皇家艺术学院院长乔舒亚·雷诺兹（Joshua Reynolds, 1723—1792）对萨默赛特府的墙体装饰发出这样的"宏愿"："让造访萨默赛特府的参观者不会觉得索然无味和失望是我们的职责所在。"但问题在于，萨默赛特府作为一个历史遗迹，不允许对其进行任何建筑结构上的调整。随着藏品的日渐增加和从私宅到萨默赛特府展厅的空间转换，考陶尔德的印象派、后印象派的雅致与舒适感荡然无存。到1990年时，大约10位收藏家的捐赠构成了考陶尔德美术馆藏品的整体面貌：500多幅油画、6000多幅素描、26000多幅版画作品。我们不妨在这里提及几个重要的捐赠者。首先是李子爵属于"老大师"范畴的140幅油画、350幅素描作品。李子爵的收藏涵盖了意大利、德国、弗拉芒、英国等地域和相关艺术流派。其次是陈列于考陶尔德美术馆地下一楼入口处的托马斯·甘比尔·佩里（Thomas Gambier Parry, 1816—1888）欧洲早期艺术（尤其是14、15世纪意大利油画）。另外一个重要收藏家当属安托万·塞勒恩伯爵（Count Antoine Seilern, 1901—1978）1978年捐赠给考陶尔德美术馆的藏品，这就是名重一时的"王子门收藏"（"The Princes Gate Collection"）。这批藏品里有33幅幅出自鲁本斯之手的画作、20多幅鲁本斯所绘的素描作品。此外还有乔凡尼·贝里尼（Giovanni Bellini, 1430—1516）的油画、2幅米开朗琪罗的素描等等，这使得该机构一跃成为不列颠重量级的艺术珍宝库之一。除此之外，还有威廉·威克利夫·斯普纳（William Wycliffe Spooner, 1882—1967）和莉莉安·格特鲁德·布朗斯（Lillian Gertrude Browse, 1906—2005）等收藏家所捐赠的艺术品陆续进入该机构。但总体而言，考陶尔德美术馆的核心藏品仍然是机构创立者考陶尔德捐赠的印象派、后印象派艺术品。

底层的小展厅缺乏自然光，正如上述，佩里所捐赠的14、15世纪意大利艺术品在这里展示。在这当中，佛罗伦萨画家贝尔纳多·达迪（Bernardo Daddi, 1280—1348）所绘制的其艺术生涯中的最后一幅三联画——《有圣徒陪伴的耶稣殉难》（*The Crucifixion with Saints*）是扛鼎之作。此外，还有出自洛伦佐·莫纳科（Lorenzo Monaco,1372—1424）之手的《圣母加冕》（*The Coronation of the Virgin*）和马里奥托·阿尔贝蒂内利（Mariotto Albertinelli, 1474—1515）的《创造天

考陶尔德美术学院美术馆（the Courtauld Gallery）大门，学生在写生。（邢泽民手绘）

地》（*The Creation*）组画。

底层与一楼之间的夹层主要展示该机构的素描精品，该展厅的全称为“吉尔伯特和伊尔迪科·巴特勒素描展室”（The Gilbert and Ildiko Butler Drawings Gallery）。原先这一层设有一个化妆间和美术馆商店。主持改造项目的建筑师是曾获得“2013年度斯特林奖”（The 2013 Stirling Prize）的威瑟福德·瓦斯顿·曼建筑事务所（Witherford Watson Mann Architects）建筑师小组。改造项目所需的经费来自于美国慈善家吉尔伯特·巴特勒（Gilbert Butler）夫妇7000万美元的慷慨捐赠。在考陶尔德美术学院现任院长德博拉·斯沃洛（Deborah Swallow）看来，考陶尔德美术馆拥有的纸上艺术作品是英国最好的。在该展厅改造之前，研究者、观众们往往需要提前预约，到考陶尔德学院美术馆的版画和素描研究室（The Prints and Drawings Study Room）内观摩这些艺术珍品。此外，这些作品已经有20多年没有以展览的形式集中亮相了。考陶尔德美术馆馆长恩斯特·克拉尔伯格博士（Dr. Ernst Vegelin van Claerbergen）非常看重这个展厅的展览策划的实验性和想象力。在他看来，新空间的开辟不仅仅是为观众提供一个重要的体验空间，更为重要的是，它为艺术史家、策展人互动性、富有想象力的策展研究与实践开辟了一个很好的平台。在这个层面上，建筑小组和美术馆策展人的合作十分重要的。主持该项目的建筑师斯蒂芬·威瑟福德（Stephen Witherford）所面临的困难是在一座钱伯斯爵士设计的古典风格的建筑中开辟一个与整体建筑和谐一致又不失创新的空间。在一个历史建筑中最大可能地使得这个展室具有变通性，既与整体的展览叙事协调一致，也能凸显艺术家及作品的个性特征。2015年一共有四个展示主题：“所未见”（Unseen）、“文艺复兴现代”（Renaissance Modern）、“乔纳森·理查森笔下的自己”（Jonathan Richardson by Himself）和“全景画”（panorama）。以“所未见”这个展览为例，以20多件素描作品，展开了一场15世纪“弗朗西斯科·斯夸尔乔内（Francesco Squarcione）画派”与波普艺术家拉里·里弗斯（Larry Rivers）之间的时空对话。

一楼原为前文提及的皇家学会、古物收藏家协会等研究机构的办公场地。改造后的场馆则展示16—19世纪的欧洲艺术。例如，“文艺复兴时期的欧洲”（Renaissance Europe）、“鲁本斯与巴洛克”（Rubens and the Baroque）、“启蒙时代”（Enlightenment）、“印象派早期”（Early Impressionsim）、“印象派与后印象派”（Impressionsim and Post-Impressionism）等分展室陈列。至于位于顶楼的“大展厅”，则被分割成“印象派风景”（Impressionist Landscapes）、“法国绘画”

（French Painting）、“德国表现主义者”（German Expressionists）、“现代主义”（Modernism）、“英国绘画”（British Painting）、“布鲁姆斯伯里艺术与设计”（Bloomsbury Art and Design）等区间。萨默赛特府的展厅颇为豪华，灰泥装饰出自托马斯·科林斯（Thomas Collins）之手。壁炉则出自著名雕塑家、皇家艺术学院1768年创始成员之一的约瑟夫·威尔顿（Joseph Wilton, 1722—1803）之手。天顶画的主要创作者是意大利画家、版画家乔凡尼·巴蒂斯塔·奇普里亚尼（Giovanni Battista Cipriani, 1727—1785）和比亚焦·丽贝卡（Biagio Rebecca, 1731—1808）。相形之下，考陶尔德的印象派、后印象派画作在这个空间里稍显突兀。马奈、雷诺阿、修拉、凡·高、塞尚等人的画作陈列在一起，稍显拥挤。譬如，塞尚的《圣维克多山》和《玩纸牌的人》两幅画之间的间距仅有1.2英寸（约3厘米），显得十分局促。

考虑到体现个人捐赠的特性，强化考陶尔德美术馆作为“关于藏品的收藏”（collection of collections）的机构特色，展室进行了重新调整与安排。2004年4月，考陶尔德美术馆的陈列方式有了新的变化，体现出一个明确的立场。换言之，这种新的呈现方式表达出一个新的观点。在此之前，该馆的藏品陈列呈现出线性的艺术史叙事方式。在当时的馆长库诺看来，存在着多种类型的艺术史和叙事方式。考陶尔德美术馆所做的改变就在于讲述“不列颠的艺术收藏故事”。理由就在于，这批藏品是“关于藏品的收藏”。在他看来，不存在绝对中立的艺术史，艺术史的发展难以避免地受到市场、出版等多种因素的影响，所有这些均会导致艺术史讲述方式千差万别。新的陈列旨在阐释不同捐赠者的艺术趣味，而此前的讲述方式并未强调这一点。这种以捐赠者为主线的展陈方式一致延续到2018年考陶尔德美术馆的整修计划——“考陶尔德连接”（Courtauld Connects）启动。

四、结语

应该说，创立考陶尔德美术学院的想法并非来自考陶尔德，而是他的友人李子爵。李子爵参照了哈佛大学的福格艺术博物馆（The Fogg Art Museum）的模式，期望能够将美术学院与美术馆融合为一个完美的综合体。本科生和研究生们可以在这里修习艺术史。安东尼·布伦特爵士（Sir Anthony Blunt, 1907—1983）、约翰·默多克（John Murdoch）、詹姆斯·库诺（James Cuno）等历任馆长使得这个梦想不断得以完善。

正如布伦特在发表于1976年第8期《伯灵顿杂志》（*The Burlington Magazine*）上的一篇文章中所指出的，就考陶尔德本人而言，他十分认同李子爵和威特爵士的理念，即创建一所艺术史机构。但他并不倾向于创设学院艺术史这个学科。考虑到艺术史对于实现他十分看重的艺术鉴赏这个目标十分必要，最后他也做出让步。就考陶尔德美术学院的管理结构和课程设置来看，应该参照了德国、奥地利和美国的模式。就后者来说，哈佛大学和普林斯顿大学是一个标杆。

前文提及的“考陶尔德连接”整修工程史无前例地将学院与美术馆连接为一体，学院的教师和学生可以近距离地利用美术馆的艺术藏品，修复工作室、图书馆、实验室均向他们开放。用考陶尔德美术学院院长斯沃洛说的话：“……确保我们继续成为拥有著名美术馆和杰作的世界顶级艺术史研究与艺术修复中心之一。”譬如，美术学院所属的威特和康韦图书馆（The Witt and Conway Libraries）宣称通过一项数字化工程使得超过330万张图像在网站上开放。其中的精华是威特爵士所捐赠的藏品：前者是从公元1200年到今天的艺术史相关图像。这些藏品主要以照片、剪报和相关出版物为主，涉及艺术家多达70000余位！此外还有“保罗·莱布负片藏品”（The De Laszlo Collection of Paul Laib Negatives），它集中记录了1900—1950年间伦敦画家、雕塑家的创作生涯。“考陶尔德连接”工程改造美术馆的入口，为观众提供更好的参观体验，新的“学习中心”（Learning Center）为学校、家庭、年轻观众、社区团体和成年人提供便利的学习设施。每年一度的“开放式考陶尔德论坛”（Open Courtauld Forum）项目则为公众呈现事件、对谈及丰富多彩的线上内容。在考陶尔德美术馆馆长克拉尔伯格博士看来，大学美术馆应该是前沿的存在，不能只是让人们重新了解一遍他们已经了解的东西，大学美术馆应该扩展公众在这方面的知识，促进知识的民主化。大学的美术馆、博物馆应该有自信协调来自不同方面的因素。同时他也提出对将参观数量作为衡量美术馆标准的质疑，他认为以这样的标准去策划受众广泛的展览，或许会令观众失去了解其他艺术形式的机会。在这当中最为精彩的当属“大展厅”的全新亮相。

“考陶尔德连接”整修改造项目之建筑剖面图。

前面提到的亚努谢扎克在《星期日时代报》上发表的那篇展览评论中宣称，这个大型展览上亮相的展品可以整体地反映出考陶尔德艺术品位的全貌，可谓切当。在此意义上，国家美术馆这次展览也是一次对考陶尔德艺术趣味的“再造”，从展陈来说，虽然无法复原当年考陶尔德夫妇波特曼广场私宅中艺术品的陈列场景，但策展人尽可能地还原出了艺术作品当年的展示语境。

参考文献及相关网站：

Christopher Lloyd, In Search of a Masterpiece: An Art Lover's Guide to Great Britain and Ireland, Thames & Hudson, 2011.

James Stourton and Charles Sebag-Montefiore (edt.) ,The British as Art Collectors: From the Tudors to the Present, Scala Publishing Ltd, 2012, Chapter 22.

W. G. Constable, “The Courtauld Institute of Art” , Parnassus,Vol. 4, No. 5 (Oct., 1932) .

“The Courtauld Institute Galleries” , The Burlington Magazine,Vol. 136, No. 1100 (Nov., 1994) .

“Progress in Somerset House” , The Burlington Magazine, Vol. 140, No. 1149 (Dec., 1998) , p.787.

Madeleine Korn, “The Courtauld Gift - Missing Papers Traced” , The Burlington Magazine,Vol. 138, No. 1117 (Apr., 1996) , p. 256.

“The Warburg and Courtauld Institutes”, The Burlington Magazine,Vol. 132, No. 1048 (Jul., 1990), p.459.

Waldemar Januszczak, “It gives the wrong impression” , Sunday Times, Sep 23, 2018.

Jackie Wullschlager, “One man's vision: Samuel Courtauld | An exhibition of masterpieces amassed by the great collector shows how he transformed British taste” , Financial Times; London (UK) [London (UK)]15 Sep 2018: 13.

Russell, John , “Courtland Collection Settles Into New Home” , New York Times, Late Edition (East Coast) ; New York, N.Y. [New York, N.Y]02 July 1990: C.11.

Thaw, E.V., “Courtauld the collector” , Thaw, E.V., New Criterion, Apr.1995, Vol. 13, No.7.

Jones, Jonathan, “How's it hanging? The Courtauld gallery's doing it, MoMA's doing it even the nearly new Tate Modern is doing it. Why?” , The Guardian; London (UK) [London (UK)]01Apr 2004: 16.

Cork, Richard, “Courtauld and New” , The Times; London (UK) [London (UK)]05 Nov 2002: 19.

Lisa N. Peters, “Twachtman and the American Equipoise of Impressionism and Tonalism” , John Twachtman (1853—1902) : a “Painter's Painter” , Peters, Lisa N, New York: Ira Spanierman Gallery, 2006.

贾尔斯·阿德里安·沃特菲尔德 (Giles Adrian Waterfield),《英国艺术收藏传统》,《艺术博物馆》杂志总第二期，2018 年。

麻娴,《萨米尔·考陶德——给予私人收藏公共价值》,《中国美术报》2018 年 7 月 22 日第 115 期。

麻娴,《英国现代收藏家萨米尔·考陶德研究》, 中央美术学院 2016 届硕士学位论文。

“The New Courtauld Drawings Gallery” , London Art History Society Review 2015, pp.11—12.

https://www.artlyst.com/news/the-courtauld-gallery-to-display-drawings-unseen-for-20-years/

https://courtauld.ac.uk/gallery/collection/drawings-prints/the-gilbert-and-ildiko-butler-drawings-gallery

https://connects.courtauld.ac.uk/stories/discoveries-from-our-photographic-archives/

https://connects.courtauld.ac.uk/stories/an-update-on-courtauld-connects/

https://mp.weixin.qq.com/s?__biz=MjM5MjMwODQwMQ==&mid=2650580841&idx=1&sn=3044a78c8a1c2af15152b9a99ddab934&chksm=bea04ab789d7c3a1678554fcf326d037383f679d514826f2d143114ee1eb14e4d4a7bccab5a8&mpshare=1&scene=23&srcid=#rd

https://mp.weixin.qq.com/s?__biz=MzA4MTg0NjQzMA==&mid=2655454556&idx=1&sn=6e0be458a53f4c60ba6d699a63467c89&chksm=843d6cadb34ae5bb833d0df38c62c1230c43b9c9288ed83247a40a219314b7b1156c7fbfa997&mpshare=1&scene=23&srcid=#rd

从吾所好：伊莎贝拉·斯图尔特·加德纳博物馆的展览诗学

引言

1990年3月18日凌晨，即美国波士顿的圣帕特里克节接近尾声的时候，该市著名的伊莎贝拉·斯图尔特·加德纳博物馆（Isabella Stewart Gardner Museum，以下简称为加德纳博物馆）遭遇了美国历史上最为罕见的一次盗窃事件：两名身着警察制服的白人男子故意触发了博物馆的报警器并向安保人员说明来意，借口接到了这一带发生骚乱的报警并要求入内执行公务。他们随后将两名值班保安绑架并用手铐将其锁在了地下室，直到2点45分才兵分两路回到博物馆侧门并驾车逃走。8点15分警方人员才赶到并将两位安保人员解救。案犯在81分钟的时间里盗走了维米尔的《音乐会》（*The Concert*），伦勃朗的《一袭黑衣的女士和男士》（*A Lady And Gentleman in Black*）、《基督在加利利海的风暴中》（*Christ In The Storm on The Sea of Galilee*）（这幅被刀割去的油画作品是艺术家唯一一幅流传下来的海景画）和《青年艺术家自画像》（*Portrait of The Artist As a Young Man*）。另外还有5幅德加的作品、1幅马奈的作品和1件原先摆放在伦勃朗画作附近的中国商代的青铜器，共计13件艺术品，这些画作和文物在当时的价值已经高达约3亿美元！所幸博物馆三楼的提香名作《诱拐欧罗巴》（*The Rape of Europa*）出人意料地毫发无损，逃过了

加德纳故居博物馆（Gardner House Museum）外景。

加德纳博物馆（旧馆）中庭场景。（那泽民手绘）

加德纳博物馆（旧馆）中庭场景。

一劫。直到今天，这仍然是一桩尚未告破的惊天大案！最近，加德纳博物馆官网显示，这13件艺术品的估值高达5亿美元，约合32亿元人民币。

上文所描述的是世界上迄今为止艺术品失窃最为严重的几个案件之一。在芭芭拉·布卢姆（Barbara Bloom）的《伊莎贝拉·斯图尔特·加德纳博物馆的记忆宫殿》（*The Memory Palace of Isabella Stewart Gardner Museum*）当中，作者以翔实的资料、细致入微的笔触描绘了该馆中所洋溢出的浓郁艺术氛围，书中不断提及加德纳夫人所收藏的盘子、杯碟、珍贵的筷子以及家具、饰物等烘托下的文艺复兴时期的艺术大师名作，当然此书也毫不掩饰地描摹了1990年十余件作品被窃后的那些房间画去楼空的真实情况。书中的每一章节都安排得错落有致，或由一个日本屏风，或由西班牙祭坛，或由出自惠斯勒之手的石版画作为楔子，也可以由一幅萨金特的油画展开叙述，作者让我们徜徉在这座文艺复兴时期威尼斯风格的别墅中。而由女导演丽贝卡·德赖弗斯（Rebecca Dreyfus）所执导的关于这个窃案的纪录片在2006年已经上映，这部影片在某种程度上折射出公众对这个谜案的关注态度，影片以描绘一位衣着考究、戴着礼帽、有着被修补过的鼻子、脸上和手上缠着绷带的神秘侦探对线索的追寻为主线展开叙事，重现窃贼乔装成波士顿警察作案的情景，而画外音则是博物馆的创立者加德纳夫人其最信任的顾问——伯纳德·贝伦森（Bernard Berenson）就购买艺术作品的对话。这位侦探的原型则是著名的追讨艺术品的侦探哈罗德·史密斯（Harold Smith），他已于2005年死于皮肤癌。德赖弗斯为了这部纪录片的拍摄可谓费尽波折，她就案件寻访了一些研究维米尔绘画的世界级专家，甚至还去采访苏格兰场（Scotland Yard）的艺术犯罪调查小组负责人，后来因为考虑自身的安全问题，这位负责人因为不敢铤而走险继续跟进而退出了拍摄。2018

年，荷兰莫瑞泰斯皇家美术馆（The Mauritshuis Royal Picture Gallery）和谷歌联合发起，搭建了Arts & Culture APP，更新了名为“口袋画廊”（Pocket Gallery）的全新功能，策划了一场主题为“遇见维米尔”（“Meet Vermeer”）的虚拟展览，采用了增强现实技术，以便于用户能够完整欣赏艺术家维米尔的所有36幅艺术作品。加德纳博物馆的那幅被盗走的《音乐会》在里面出现了，也算在一定意义上弥补了人们多年未见这幅原作的缺憾。

在美国，像加德纳博物馆这样由私人机构发展而来的展示场所的藏品很少由博物馆方来支付巨额的保险金额，如上文所及，该馆失窃的这批艺术品的价值在当时（1990年）就被估价为3亿美元，而美国政府悬赏的金额也从100万美元飙升到500万美元。而加德纳博物馆当初也无法支付馆中藏品的巨大的保险金额，按照导演兼制片人德赖弗斯的说法，即便是这批失窃的藏品拥有保险而且加德纳博物馆得到赔偿金，其损失也是无法弥补的，因为这次失窃已经打破了女主人当初的遗赠条件：馆中的任何藏品均不能随意改动其原有的位置。2017年5月，博物馆董事会决定将悬赏金额提高到1000万美元。巧合的是，一名来自弗吉尼亚州的男子在全球著名的线上自由交易平台Craigslist上兜售被盗的《音乐会》，被查证属于诈骗行为，此人因此被捕。博物馆董事会主席斯蒂文·基德（Steven Kidder）发表声明宣称：“我们真切地希望通过提升赏金的方式，让这些遗失多年的作品安全回到这里，同时再次出现在公众的视野当中。”基德在另外一份声明中表示，博物馆将悬赏金延期的做法“证明了博物馆及其董事会对于找回这些重要作品的决心。我们是这些作品的唯一买家，而它们属于这里——它们合法的家”。2018年3月，加德纳博物馆发行了有史以来第一本关于这宗盗窃案的书，书名是《被盗》（*Stolen*）。该书被设计为13件丢失的艺术品的附图文章以及指南。关于案件的最新进展体现在嫌疑犯大卫·透纳（David Turner）在2019年11月21日被减刑释放这则广受关注的新闻上。在此之前，他已经在监狱中服刑达21年之久。透纳之所以被牵连进此案，在于他曾为策划这场轰动一时的盗窃案的当地犯罪头子卡尔梅洛·梅利诺（Carmello Merlino）工作。他虽不是联邦调查局所认定的当年进入博物馆抢劫的两名嫌犯——乔治·赖斯菲尔德（George Reissfelder）和伦内·迪蒙穆佐奥（Lenny DiMuzio）其中之一，但是知情者。糟糕的是，主谋者梅利诺于2005年去世，两名嫌犯早在1990年就去世

加德纳博物馆旧馆内景。

了，这显然对案件的调查极为不利。透纳的刑期至少要到2025年，他获得提前释放得益于最初主持审讯的法官理查德·G.斯特恩斯（Richard G. Stearns）的干预。2020年8月的一篇刊载于《普罗维登斯日报》（*Providence Daily Dose*）上的报道显示，波士顿当地的一些业余警探的研究显示，1990年的这起盗窃案件是反社会人士约瑟夫·吉本斯（Joseph Gibbons）的一场"行为艺术"。其依据在于，2015年，吉本斯在抢劫纽约市一家银行时请人将这个过程录制下来并制作成一件作品。1990年的盗窃案件持续时间长达81分钟，盗窃犯在博物馆空间内游走，捣毁了一个糖果机，盗走了一件并不值钱的建筑物尖顶饰物。盗走的画都是将画布割下来的，留下画框。总而言之，这个案件是否能成功侦破仍是一个未知数。

上面提及的加德纳夫人藏品之所以拥有如此高的市场价值，与其作为博物馆创立者极高的品位密不可分。1903年1月1日，加德纳博物馆首先向加德纳夫人的友人们"秘密开放"。之所以说是秘密开放，是因为这是当天晚上两个"重头戏"之后的节目。换言之，是为了给所有参与者们一个"惊喜"。在加德纳夫人的精细安排之下，晚间的音乐会堪称完美，她的精神导师、哈佛大学首任艺术史教授查尔斯·艾略特·诺顿（Charles Eliot Norton）教授及其夫人、哲学家威廉·詹姆斯（William James）、东方学专家爱德华·S.莫尔斯（Edward S. Morse）、音乐批评家威廉·F.阿普索普（William F. Apthorp）一干名流对这种别致编排赞赏有加。阿普索普当时担任波士顿交响乐团（the Boston Symphony Orchestra）的乐评人，当夜撰文将这场波士顿文艺圈的"盛事"刊发在次日的《波士顿夜游者》（*Boston Evening Traveler*）上。当晚的第二个"重头戏"是来自波士顿塞西莉亚协会（The Cecilia Society）的歌唱家们的演唱会和演奏活动。在此之后，遮挡音乐厅、中庭的帷幕渐次退去，加德纳博物馆突然"闯入"嘉宾们的视野，的的确确，他们被震惊了。时年63岁的加德纳夫人在四楼的阳台上欣慰地看着眼前的一幕，也算对多年来支持她"挥霍"资财、早逝的杰克·加德纳（Jack Gardner）的一种追怀。用当时一位批评家的话来说，加德纳博物馆在某种意义上可被视为"整体艺术品"（Gesamtkunstwerk），这种定位在今天来看也十分恰切。无论从藏品的收集过程到博物馆的构建及陈设，均渗透着加德纳夫人的个人趣味。本文尝试从加德纳夫人的趣味、艺术收藏及陈列为切入点，反观该馆与公众之间的互动关系。

一、加德纳夫人艺术趣味的生成

加德纳夫人肖像。

在加德纳博物馆，参观者可以在一个多小时的时间内穿越2000多年的时光：从中庭的古希腊、古罗马时代的艺术猛冲到“哥特展室”（the Gothic Room）和“早期意大利展室”（the Early Italy Room），从“十五世纪”（the quattrocento）逐渐过渡到“拉斐尔展室”（the Raphael Room）所营造的文艺复兴时期的艺术氛围之中。然后是“荷兰展室”（the Dutch Room），随后是法国“小沙龙”中的“洛可可时代”。此外还有一个“西班牙回廊”（the Spanish Cloister）和“中国凉廊”（the Chinese Loggia）。加德纳博物馆当中的藏品涉及范围较广，其历史时段跨越了自古希腊时代到印象派的各个时期。其中有画作290幅、素描作品160幅、雕刻280件、家具460件、纺织品250件、陶瓷240件以及其他琳琅满目的家饰精品，藏品总数约为2500件。与许多大藏家迥然不同，加德纳夫人的收藏行为从未遵循一条非常明确的历史脉络。博物馆的“芬湾宫”（Fenway Court）庭院带有浓郁的威尼斯味道。无独有偶，藏品中的不少画作也同样来自这座水城。这也是加德纳夫妇当年经常光顾的地方。观众在“提香展室”（Titian Room）的显眼位置可以细细品咂《诱拐欧罗巴》，要知道，这可是在加德纳夫人所在时代新大陆最重要的欧洲名画。在走进这个房间之前，观者会经过另一间与之关系极为密切的委罗内塞展室（Veronese Room）。这个空间里悬挂着不少中世纪哥特式挂毯（cuoridoro），其中一部分是直接从威尼斯运来的。应该说，整座博物馆弥漫着一种独特的个人趣味。

应该说，加德纳艺术趣味的养成与她所接受的个人教育密切相关，1845—1855年间，少女时代的加德纳夫人就学于玛丽·杰伊·奥吉尔（Mary Jay Okill）夫人创办的女子学院，较为系统地接触了美术、音乐、法语、意大利语、舞蹈等领域。1856年，她跟随双亲游历法国和意大利，在法国巴黎专门为美国人开设的一所新教学院（Protestant Academy）得以结识不少美国友人，尤其是来自波士顿名门——加德纳家族的茱莉亚·加德纳（Julia Gardner）和伊丽莎·加德纳（Eliza Gardner），这也促成了她与杰克·加德纳的一段姻缘，此为后话。值得一提的是，1855年的意大利之旅，确切地说，在米兰的游览经历促使她发愿也建造一座渗透着个人趣味的艺术博物馆。这在加德纳夫人的终身友人——艾达·阿加西斯·希金森［Ida Agassiz Higginson，其父为哈佛大学自然史教授路易斯·阿加西斯（Louis Agassiz）］1923年写给她的一封信中仍有提及：“……我还记得你对我说过的话（当时你不过16岁），即是说，倘若你能够继承或可支配一笔钱的话，将建造一座像米兰波尔迪·佩佐利（Poldi Pezzoli）宫殿那样充满着绘画、军械、盔甲、手工艺品的房子，让人们来参观和欣赏。如今你已经实现了年轻时代的梦想，给予了成千上万人以愉悦。”信中提到的佩佐利全名应为吉安·贾科莫·波尔迪·佩佐利（Gian Giacomo Poldi Pezzoli, 1822—1878），将佩佐利家族大宅精心设计成一座别致的博物馆。当时许多享有盛誉的文物专家、鉴赏家和艺术家们纷纷向佩佐利建言，其中有著名的艺术鉴赏家乔凡尼·莫雷利（Giovanni Morelli）、艺术家朱塞佩·贝尔蒂尼（Giuseppe Bertini）等人。这座博物馆有二十多个展室，一楼主要是军械盔甲、挂毯、地毯、饰带和纺织品。15—19世纪的绘画占据了二楼的空间。“威尼斯展厅”“伦巴第展厅”“黄金厅”等以独特的陈列方式吸引着观者。其中最耀眼的当属专门贡献给艺术家维托雷·吉斯兰迪（Vittore Ghislandi）的专厅。如果我们对比一下加德纳博物馆的格局，不难发现两者的不少相似之处。

与此相关的，加德纳夫妇非常频繁的长途旅行及结识的友人对其艺术趣味的养成也产生了不可小觑的影响力。与少女时代的游历有所不同，加德纳夫人婚后频繁地周游世界缘于儿子的早殇。被告知不能再生育之后，加德纳夫人陷入极度的忧郁之中。在医生的建议之下，自1867年起，夫妇两人开始了十数次环球旅行。最远到了俄国，一路上经过挪威、瑞典、丹麦等国家，大部分时间待在法国巴黎。其中埃及和亚洲之旅分别花去了加德纳夫人一年多的时间，这期间的耳濡目染可谓影响深远。值得一提的是加德纳夫人的“威尼斯情结”。正如上文所述，加德纳博物馆庭院内的古代雕塑、展室内的画作，乃至一些建筑装饰细节均与这座城市有着密切的关系。具体说来，早在1884年5月间，加德纳夫人结伴游览这座水城，入住大运河边的欧罗巴酒店（The Hotel Europa），次日便拜访居住于此的波士顿人丹尼尔·柯蒂斯（Daniel Curtis）夫妇。应该说柯蒂斯夫妇彼时居住的巴巴罗宫（The Plazzo Barbaro）也令加德纳夫人深为着迷。与其他威尼斯建筑惨遭1789年拿破仑军队劫掠、损毁的命运不同，这座由巴巴罗家族于15世纪建成的宫殿颇为幸运，奇迹般地较为完好地保存下来。徜徉其间，哥特式、文艺复兴时期及巴洛克风格各安其所。在这一年，加德纳夫妇流连威尼斯长达五周之久，威尼斯学院美术馆（The Gallerie dell' Accadernia ）及其他博物馆和名胜古迹带给加德纳夫人独特的审美体验。更为值得一提的是，在19世纪90年代，加德纳夫妇每隔一年就会造访一次水城的巴巴罗宫，最后为了方便起见租下了其中的一些房间，精心布置成为一个聚会场所。亨

加德纳博物馆（旧馆）外景。（左）

改造后的加德纳博物馆外景。（右）

利·詹姆斯（Henry James）、萨金特、安德斯·佐恩（Anders Zorn）等名流俊彦流连于此，畅叙幽怀。此外还有丰盛的晚宴、诗歌朗诵会和夜间的贡多拉游览等。不难想见加德纳夫人对威尼斯的迷醉。

二、收藏与陈列

正如前述，加德纳夫人的收藏行为从未遵循一条非常明确的历史脉络。如果从收藏的时间段上划分，她早期主要关注“巴比松画派”风景画、挂毯及英国、荷兰艺术品，逐渐聚焦于意大利艺术，晚期由于财力不逮而转向西班牙艺术和印象派画作。当然她还收藏了一批来自亚洲的艺术品。具体来说，一直到19世纪90年代之前，她还未真正涉及艺术品收藏。1894年12月，加德纳夫人在伯纳德·贝伦森（Bernard Berenson）的协助之下以15000美元成功购得了波提切利的《卢克雷蒂娅之死》（*The Death of Lucretia*），这也是北美大陆第一幅出自波提切利之手的杰作。应该说，也是以这幅名作为契机，加德纳夫人和贝伦森之间建立了一种长期的合作关系，为当时新大陆的艺术收藏开辟了一条新的道路。

在加德纳夫人正式接纳贝伦森为收藏顾问之前，她所拥有的艺术品数量差不多20余件。在贝伦森的引导之下，1894—1904年间，有超过40幅品质极高的“老大师”入藏波士顿加德纳的公寓。据贝伦森的传记作者恩斯特·塞缪尔斯（Ernst Samuels）统计，这些画作花去了加德纳夫人超过100万美元。1910年，她也跻身美国境内收藏伦勃朗的几位重要的藏家之列：路易丝·哈夫迈耶（Louisine Havemeyer）（8幅）、P. A. 威德纳（P. A. Widner）（6幅）、约翰·G. 约翰逊（John G. Johnson）（6幅）、加德纳夫人（4幅）。随着藏品数目的日渐增多和“老大师”作品价格的迅速飙升，加德纳夫人的支付能力迅速下降。举例来说，1917年，加德纳夫人的藏品目录及其价格，非常直观地显示她在与美国其他大收藏家的竞争中的力不从心。这一年，购藏弗拉·安杰利科（Fra Angelico）的一幅画花去了19300美元，57000美元用以支付波提切利的一幅杰作，53531美元用于购买一幅丢勒画作，36455美元买了一幅出自拉斐尔之手的画作，62275美元购买一幅行情日涨的伦勃朗作品简直算得上捡漏。此外，她甘愿支付10万美元以拥有一幅提香的作品。对于如此巨大的花销，杰克·加德纳并非一味“纵容”她。譬如，在1896年写给艺术顾问贝伦森的一封信里，加德纳夫人对她的收藏代理人抱怨道：“我已经身无分文了，杰克不再借我钱了！我已经借了那么多了！我料想收集画作的习惯像吸食吗啡和痛饮威士忌一样糟糕——并且这项活动耗资巨大。所以今天早上看到伦勃朗画作照片的时候不禁向隅而泣！我如此需要它！”毫无疑问，收藏所带来的刺激及愉悦使得这位波士顿文艺、社交双栖名媛激动不已。附带一提的是，加德纳夫人还留意对中国艺术品的搜求，尽管这一类别在她的藏品中占比不大。该馆至今依然珍藏

展陈细节。

着一对汉代的青铜熊形席镇，创下当时中国古物交易的记录。我们通过资料可以清楚地了解到这是加德纳夫人于 1914 年经伯德纳·贝伦森介绍向法国巴黎的古董商马塞尔·宾（Marcel Bing）购买的。我们从1914年2 月 7 日玛丽·贝伦森（Mary Berenson）写给加德纳夫人的信件中可以读到：“伯纳德说这对小熊艺术质量实属‘上乘’。你会发现它们将带给你无穷的乐趣，它们栩栩如生，不仅如此……它们也是伯纳德本人收藏过程中梦寐以求的艺术品……”

艺术史家辛西娅·索尔特曼（Cynthia Saltzman）在《老大师，新世界：美国对欧洲绘画杰作的劫掠》（*Old Masters, New World: America's Raid on Europe's Great Pictures, New York: Penguin Group*, 2009）里用令人信服的证据证明贝伦森在协助加德纳夫人购藏艺术品的过程中虚报价格、隐瞒藏品来源等劣迹。无独有偶，可作为佐证的一个例证便是，前文述及的查尔斯·艾略特·诺顿的儿子——加德纳夫人雕塑收藏顾问理查德·诺顿（Richard Norton）也专门致信揭露贝伦森的这一点。尽管如此，贝伦森在协助加德纳夫人收藏艺术珍品方面依旧功不可没。

米开朗琪罗，《圣母怜子》（*Pietà*），纸上黑色粉笔，28.9cmx18.9cm，加德纳博物馆藏品。

如前所述，加德纳夫妇本来的设想是将位于培根街（The Beacon Street, No.152）的两套紧邻的公寓改造成一座私人博物馆。不过，随着藏品日渐增多，这个计划随之搁浅。1896年9月，加德纳夫人聘请建筑师威拉德·西尔斯（Willard Sears）为新博物馆进行设计。次年，加德纳夫妇专门在欧洲搜集新博物馆所需要的建筑构件及装饰等，遗憾的是，1898年12月，杰克因病遽然辞世。1899年1月31日，芬湾宫的加德纳博物馆破土动工。加德纳夫人颇具想象力地将从欧洲搜罗到的浮雕、古代石雕门道、扶手、柱头、罗马到拜占庭及文艺复兴时期的雕刻品构建在博物馆的建筑中。西尔斯在日记里不厌其烦地详述了加德纳夫人作为建筑“监理”和总设计师的严苛程度，甚至有时不惜将已经建好的结构推倒重来，也会辞退一部分不合她意的建筑工人。除此而外，加德纳夫人还不得不应对当局阻挠她建造博物馆的行为，在一封致贝伦森的信中，她发了一通牢骚：“……这个令人生厌的美国存在着一些税法、建筑法和一些喋喋不休的官僚，这些均迫使我逐渐放弃建造一座博物馆的想法。所有人都在跟我过不去，我的钱快花光了……我的生活、幻想均在这里成为现实，生活何其美好！”

经过加德纳夫人无数次的精心布置，博物馆才呈现如此带有强烈个人印迹的格局。博物馆中庭的中央是一座花园，里面伫立着为数众多的古代女性雕像，其中包括佩尔塞福涅（Persephone）、阿尔忒弥斯（Artemis）、女祭司（Maenad）、酒神巴库斯的一位女侍者。相较而言，奥德修斯（Odysseus）雕像是为数不多的一尊男性雕塑。值得强调的是，加德纳夫人有意在中庭的中央放置了一块2世纪左右的马赛克镶嵌画，画面的主角是美杜萨（Medusa）。显而易见，这种陈列方式是在不断地强化整座博物馆弥漫的“女性气质”（womanhood）。无独有偶，诚如艺术史家卡洛琳·埃尔布兰（Carolyn Herlbrun）所指出的，加德纳夫人使整座博物馆充盈着一股浓郁的女性形象及力量。从中庭的古罗马镶嵌画到将离开博物馆的那幅萨金特的《吵闹》，莫不如此。另一个典型例证是加德纳博物馆里面西班牙回廊的布置。1914年，加德纳夫人决定将先前的小音乐厅拆除，代之以二楼的“挂毯展室”（The Tapestry Room），一楼则增建了“中国凉廊”、西班牙礼拜堂（Spanish Chapel）和“西班牙回廊”。在西班牙回廊的一端，加德纳夫人特意悬挂上了萨金特的巨幅名作《吵闹》（*El Jaleo*），画面描绘的是一位西班牙舞者正在跳着狂野的吉普赛舞蹈。“El Jaleo”意指“吵闹”，也是一种独特的舞蹈——“jaleo de jerez”的别称，这种舞蹈盛行于西班牙南部。此作完成于1882年，原由杰克·加德纳的妹夫托马斯·杰斐逊·柯立芝（Thomas Jefferson Coolidge）在1887年购得并悬挂在巴黎家中的墙壁上。1914年，柯立芝将此画转赠加德纳夫人。与西班牙回廊这一段的吵闹气氛形成鲜明对照的是另一端，加德纳夫人在这里建造了西班牙小礼拜堂，以纪念早殇的幼子杰克·加德纳三世。祭坛上方悬挂着一幅“圣母子”主题的油画，旁边不远处有一个中世纪西班牙骑士雕像，永久性地庇护着这座小礼拜堂。就西班牙回廊而言，一边代表着狂喜，一段则沉浸在悲痛之中。应该说，这是加德纳夫人在这座博物馆中营造的最具创造力的布局。

加德纳博物馆中所呈现的陈列方式创造出了一种“经典—变位”（meta-

长展厅（The Long Gallery）。（左）

挂毯展室（Tapestry Room）。（中）

哥特展室（The Gothic Room）。（右）

早期意大利展室（Early Italian Room）。

canon）。换言之，博物馆创立者加德纳夫人以其自身的艺术趣味构建出一个新的艺术家序列，等级自由、主题自由等对比使得观者不由自主地融入其重要艺术顾问——贝伦森一贯坚持的鉴赏方式之中。不妨以两个例证来说明这个问题。首先是前面提及的《诱拐欧罗巴》那幅画的陈列方式。加德纳夫人最为看重的藏品无疑是她费尽心力和财力获得的那些“老大师”画作。1894—1924年这30年间，因贝伦森的襄助，许多杰作成为加德纳夫人的藏品。在陈列《欧罗巴》之前，加德纳夫人为能得到这样一件珍宝感到欣喜若狂。它将为未来建成的博物馆带来巨大声誉，因为没有其他作品像这幅画一样让人联想起欧洲的旧秩序。这幅杰作创作于1562年，原本是神圣罗马帝国（The Holy Roman Empire）皇帝、西班牙国王菲利普二世（Felipe II de España, 1527—1598）向提香订制的。菲利普二世当时要求提香按照奥维德（Ovid）的诗篇（“poesy”）绘制六幅画，每一幅均描述一个神话故事，《诱拐欧罗巴》是其中之一。它最初悬挂于埃斯科里亚尔（Escorial）宫廷的墙壁上供自己观赏品鉴。阿瑟·波普尔（Arthur Popper）在其专著《提香的诱拐欧罗巴》（*Titian's The Rape of Europa*）当中认为提香创作这幅画的灵感直接来自奥维德的《变形记》（*Metamorphoses*）。但查阅一下《变形记》当中描述的欧罗巴被诱拐的那一段文字，我们发现提香对其进行了发挥，“宙斯慢慢地从那干燥的陆地上逃了出来，他的伪装的蹄子踏入浅水当中，随后他踏到海面上以飞快的速度飞行，他的战利品——欧罗巴因为恐惧而颤抖，她看着迅速在她身后移动的远去的海岸，一只手抓住那头牛的角，而将另外一只放在这头‘畜生’的肩膀上，她的摆动的外衣在她身后的风中飘荡。”我们在提香完成的这幅作品里看到的完全不是这幅景象，画面当中多了山脉以及空中飞翔的丘比特，

拉斐尔展室（The Raphael Room）。

岸上提醒她不要受蒙骗的侍女等，我们看到宙斯所化的神牛完全“受制于”欧罗巴的摆布，老实巴交地甘当其坐骑。欧罗巴的姿势与其说是表现了其被诱拐时的恐惧与后悔，还不如说是在显露提香式的性感的人体。原来描述的水中的许多海豚仅剩下了一条，这一切皆为提香的再创造。在希腊神话里，欧罗巴是腓尼基国王福尼克斯（Phoenix）[一说阿格诺尔（Agenor）]的女儿，在被宙斯诱拐到克里特岛之后，她生下了三个儿子，分别是克里特岛的统治者、我们所熟知的米诺斯（Minos）王，基克拉泽斯群岛（the Cyclades Islands）的统治者拉德曼提斯（Rhadamanthys），还有利西亚（Lycia）的统治者萨耳珀冬（Sarpedon）。除了上述意涵之外，这幅画的主题还暗指新世界对旧世界的征服。

在成为加德纳夫人的“镇馆之宝”之前，这幅画直到18世纪早期一直属于西班牙皇室藏品。后来它成为奥尔良公爵（duc d' Orléns）——路易·菲利普（Louis Philippe）的囊中之物，1789年著名的“奥尔良藏品”（The Orléns Collection）拍卖，这幅名作归著名贵族收藏家达恩利勋爵（Lord Darney）所有。贝伦森通过他在伦敦的合伙人——奥托·古特孔斯特（Otto Gutekunst）才联系到《诱拐欧罗巴》的主人达恩利勋爵。实际上，更早的买家是德国著名艺术史家、鉴赏家威廉·冯·博德（William von Bode, 1845—1929），他因为收藏经费掣肘，在跟古特孔斯特就价格问题协商两年未果之后，只得放弃。1896年2月，古特孔斯特告知加德纳夫人的艺术顾问贝伦森，最终这幅画以20000英镑成交。此作在1896年抵达波士顿，最初陈列在加德纳夫妇位于培根街的寓所中，悬挂在壁炉左侧的墙壁上，旋即吸引大量圈内人士前来膜拜。在此后开辟的“提香展室”里，加德纳夫人实现了对画作及其所承载意义的占有。除此之外，为了营造出一种与加德纳夫人醉心的威尼斯巴巴罗宫相似的古典意味，这个空间的墙壁上全部装上了红色锦缎。除了“主角”《诱拐欧罗巴》这幅画之外，主人还专门挑选了10幅画作为“配饰”。此外还有出自文艺复兴时期著名雕塑家本韦努托·切利尼（Benvenuto Cellini, 1500—1571）为宾多·阿尔拉维蒂（Bindo Altoviti）创作的真人等大雕像。此外还有镀金的桌椅、波斯地毯等。具体到《诱拐欧罗巴》，加德纳夫人着意将这幅画悬挂于一块有图案的绿色丝绸之上。从视觉上看，这块丝绸呼应了矩形的画面结构，也在另一方面引发了更深层次的回忆。这块丝织物原为加德纳夫人所生活的时代享誉一时的女装裁缝——查尔斯·弗里德里克沃恩（Charles Frederic Worth, 1825—1895）专门为她设计的女装之一部分。在此意义上，这块截取下来的丝绸应该是一件艺术品的一部分。事实上，在19世纪90年代正式开始艺术收藏之前，加德纳夫人曾着力搜罗一些与缝纫相关的物件。如此一来，《诱拐欧罗巴》与这段丝织物的并置讲述了博物馆主人从事艺术收藏的故事。在画作下方的桌子上有一个横卧的天使雕像。看似随意摆放，实则费了加德纳夫人不少心思。1903—1924年间，她无数次考量这尊

委罗内塞展室（The Veronese Room）。

雕像的摆放方式。今天我们看到的姿势则是最终确立的，它很容易让我们联想到上方欧罗巴在神牛上的坐姿。值得一提的是，在这幅画前面的不远处，加德纳夫人刻意将乔尔乔内的那幅标题为《背十字架的耶稣》（*Christ Bearing the Cross*）的小画摆放在一张小桌子上，前面摆上一把椅子，旨在为观看者营造一种细观的体验。这幅画于1898年运抵波士顿。在此之后不久，夫君杰克·加德纳遽然辞世。为了缅怀他，加德纳夫人当时在置于这幅杰作前的一个银杯里插满了紫罗兰。当年夫妇二人的首次欧洲之旅所抵达的第一个目的地是挪威，加德纳夫人便将紫罗兰作为联接这段记忆的符号。暮年的加德纳夫人在遗嘱中专门强调银杯要一直有新鲜的紫罗兰。1998年，艺术家阿贝拉尔多·莫雷尔（Abelardo Morell）有感于《诱拐欧罗巴》这幅画在一个特别展览上的展示，专门拍摄了标题为《光线昏暗的欧罗巴，加德纳博物馆》（*Europa Dimly Lit, Gardner Museum*）摄影作品，呈现出一种与加德纳夫人迥乎不同的陈列方式，即使得它进入一种近乎孤立的存在方式。这件作品在更大程度上引起我们对艺术作品"原境"的反思。

另一个关于加德纳夫人陈列艺术品的例子是那幅由萨金特创作于1887年年末、1888年年初的《伊莎贝拉·斯图尔特·加德纳肖像》（*Portrait of Isabella Stewart Gardner*）。加德纳夫人身着一件紧身长裙，露出她引以为傲的长颈和双臂。当这幅画首次在一次展览上亮相时，招致了来自各方的指摘，甚至谩骂。理由就在于它与传统的女性肖像画传统相扞格。加德纳夫人本人和萨金特均应为特意选择文艺复兴时期的丝织物作为像主的背景光环负责。不难看出，加德纳夫人所佩戴的那一长串珍珠在很大程度上破坏了光环应有的宗教意义和类似僧侣的站姿。再进一步细看，加德纳夫人所佩戴的红宝石和珍珠使得画中人的物质性战胜了精神性。萨金特的笔法则使得这幅画看上去更具"美国性"，既新奇又具有浓烈的个人色彩。1888年的《艺术爱好者》（*Art Amateur*）将这幅画目为"如此胆大妄为、鲁莽、不合理法"应该代表了主流圈的意见。有鉴于此，杰克·加德纳在展览还未结束时就坚持撤回了这幅画。他声称，在其有生之年里此作不得公开展示。加德纳夫人在其人生的后半段非常尊重杰克的主张，将它隐藏起来。尽管她认为这是萨金特最优秀的作品之一，但还是拒绝了艺术家数度参加展览的请求。更有意思的是，1903—1924年间，

讽刺当局未能侦破1990年加德纳博物馆失窃案的漫画《国会山犬》。

加德纳夫人坚持一些展室不对外开放。尤其是“哥特展室”，直到她辞世之后才真正对公众开放。直到今日，观看者会感受到这个空间的陈列是以《伊莎贝拉·斯图尔特·加德纳肖像》为中心而展开的。这幅画作所引起的所有关联性和隐喻在三维空间中得到充分体现，正是加德纳夫人所刻意追求的效果。显而易见，加德纳夫人参照了俄罗斯东正教处理圣像的方式，将自己的肖像画放置在一个角落里，画作前摆上一张桌子，具有祭坛的意义。在这个展室里的其他空间里，一些宗教绘画、玻璃镶嵌画、雕像和木雕作品烘托出一种颇为浓郁的宗教氛围。加德纳夫人在贝伦森的帮助下，逐渐熟悉了文艺复兴时期教堂祭坛的特征和相关结构：祭坛上主要悬挂大型的圣徒或圣母形象；其下是数排祭坛背景装饰画（雕刻）。最后，加德纳夫人将乔托绘制的那幅《幼年耶稣在庙宇中的显现》（*Presentation of the Infant Jesus in the Temple*）置于重要的位置。这幅画在这个空间中再次回转到原初作为祭坛背景装饰绘画的功能。在这个语境之下，它便与加德纳夫人的肖像画产生了联结。具体说来，如果进入“哥特展室”的观者在《幼年耶稣在庙宇中的显现》前观看《伊莎贝拉·斯图尔特·加德纳肖像》这幅画，加德纳夫人俨然成为“祭坛”的主角。在此意义上，如果说在“提香展室”里，加德纳夫人陶醉在隐晦地在《诱拐欧罗巴》所获得的暂时性的迷狂之中的话；在“哥特展室”这个空间之中，她则公开地使其魅力和权威具体化，成功营造出另外一个具有强烈个人色彩的“原境”。

三、加德纳博物馆的公共教育项目

在一次接受采访中，加德纳夫人透露出建造这座私人美术馆的初衷：“多年之前，我深感于我们的国家最需要的是艺术。我们在其他方面发展的步伐太快了。作为一个年轻的国度，需要看到更多更为美好的事物，譬如艺术品。由是我决定用一生的时间搜罗艺术品。”针对这番发自肺腑的感慨，《波士顿先驱报》（*The Boston Herald*）赞美道：“加德纳夫人力图使得波士顿化身为美国的文化中心。”《太阳报》（*The Sun*）把加德纳博物馆的成功归因于从欧洲历史的重负之下释放

荷兰展室（Dutch Room）。（左）

提香展室（Titian Room）。（右）

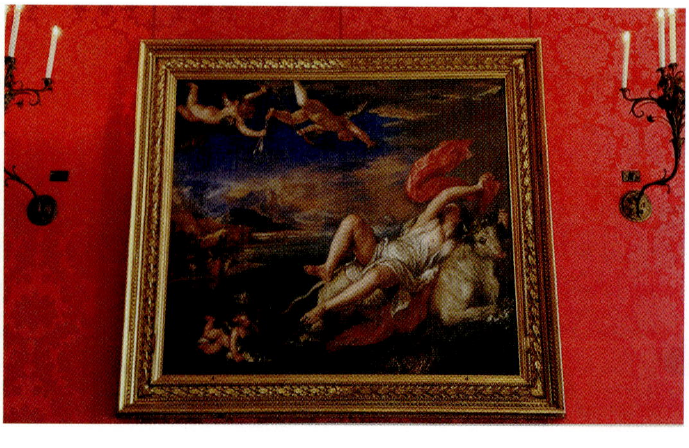

培根街152号加德纳夫妇公寓（今加德纳故居博物馆）内的“素描展室”（Drawing Room），1900年。（左）

1855年米兰波尔迪·佩佐利博物馆（Museo Poldi Pezzoli）内的“黑色之屋”（the Black Room）展示场景。（右）

出来，兼顾了欧洲艺术博物馆的藏品之美和美国式教育的优越性。《莱斯利周报》（Leslie's Weekly）如此解释这一点：“加德纳夫人深深沉迷于意大利艺术。其新的冒险事业就是其关于来自旧世界艺术、艺术家的新世界纪念碑。她想陶冶美国人的艺术趣味，深信其博物馆是实现这个愿望的最佳渠道。”正如曾担任加德纳博物馆馆长的安妮·霍利（Anne Hawley）所言，在加德纳夫人所生活的时代，她已经把这座博物馆打造成为波士顿市区的重要文化地标之一，激励艺术家与藏品进行互动。此外，学者、诗人、作家、音乐家、舞蹈家们也聚集于此。萨金特曾受加德纳夫人之邀在博物馆的“哥特展室”里临摹和创作。著名日本鉴赏家、加德纳夫人的艺术收藏顾问之一——冈仓天心（Okakura Kakuzō, 1862—1953）在博物馆动议举办“日本节”（the Japanese Festival）。此外，鲁斯·圣丹尼斯（Ruth St. Denis, 1879—1968）在这里举办的舞蹈表演也成为该机构的焦点之一。作为佐证，我们可以从当时一篇报道里面生动地感受加德纳夫人在当时的活跃程度，“……她所做的一切均是新奇而富有原创性的，她是艺术、戏剧、音乐等领域的赞助者，不啻为波士顿的女米西奈斯（Maecenas）。她带来了为数众多的来自不同领域的天才人物：诗人、艺术家、佛教徒和西伯利亚的政治流亡者——她为这些人提供庇护”。但问题在于，当许多大型博物馆以“巨型展览”（blockbuster）带动公共教育项目及公众的参与热情时，加德纳博物馆仍在很大程度上带有19世纪的保守烙印，可谓“裹足不前”了。就连加德纳夫人的曾侄孙、加德纳博物馆董事会荣誉主席约翰·洛威尔·加德纳（John Lowell Gardner）也发出这样的感叹：“没人具备她（加德纳夫人）那样的策划能力了。”言下之意，今不及古，往昔之繁荣景象不复再来。诚然，正如前文所言，加德纳夫人是一位出色的策展人和赞助人。她对加德纳博物馆未来展示和陈列方面的限定在某种程度上也成了限制博物馆发展的阻隔。

安德斯·佐恩（Zorn, Anders），《在威尼斯的伊莎贝拉·斯图尔特·加德纳》（*Isabella Stewart Gardner in Venice*），布面油彩，91cmx66cm，1894年，加德纳博物馆藏。

新馆的音乐厅。

约翰·辛格·萨金特（John Singer Sargent），《吵闹》（El Jaleo），布面油彩，232cmx348cm，1882年，加德纳博物馆藏。（左）

自1919年伊始，加德纳夫人开始考虑博物馆的未来问题。首先聘请曾在波士顿艺术博物馆担任过图书管理员的莫里斯·卡特（Morris Carter）充任其副手，不久指定他担任加德纳博物馆首任馆长。值得注意的是，为确保她的遗产，尤其是艺术品的陈列方式保持不变，加德纳夫人草拟了遗嘱和详细的附属条款。遗嘱中特别强调一点，即加德纳博物馆的董事会将掌控博物馆财政方面的相关事宜。馆长不受董事会约束，仅对加德纳夫人的遗嘱负责。遗嘱规定，一旦藏品陈列的格局发生改变，就要整体出售。相关一系列诉讼程序则由哈佛学院（Harvard College）主持。当然，遗嘱在某种程度上也做出了“妥协”，即是说，董事会和馆长为了运营整座博物馆，可采取灵活变通的应对措施。在这样的前提下，加德纳博物馆的新馆工程才能够顺利实施。

近十年以来，尤其是自2012年新馆投入使用之后，该馆的公共教育活动呈现出多层次性、专业性、互动性的发展趋势，主要涵盖“观众认知”（Visitor Learning）、“学校和教师项目”（School and Teacher Programs）、“社区项目”（Community Programs）、“公共项目”（Public Programs）等几大块，一些面对社区的活动很有特色并且广受欢迎。譬如说，“邻居之夜”（Neighborhood Nights）提供现场音乐会、主题展览及一系列后续艺术活动。加德纳博物馆与芬威联盟（the Fenway Alliance）共同主办一年一度的“开放日”（Opening Our Doors Day）活动，与波士顿公立学校（Boston Public Schools）一道，在每年的2、4月假期推出的“学校假日周”（School Vacation Weeks）系列活动深受学子们爱戴。2009年7月—2010年6月间，“邻居之夜”共举办了39场，有3304名参与者；“开放日”共举办了1场，参与人数有1144名；“学校假日周”举办了2场，参与人数达5246名。

有些活动专门配合特展和某些特定主题策划，划分得较为细致，以下三个表格可大致体现该馆最近几年举办的一些具体活动：

早在2007年，加德纳博物馆便开展了一项准实验性研究课题，其主题为“通过艺术思考”（Thinking Through Arts），该项目还得到了美国教育部（The U.S Department of Education）教育模式发展与传播艺术基金项目（Arts in Education Model Development and Dissemination Grant Program）的资助。该馆公共教育部门的主要任务就在于：评估学生如何在博物馆—学校合作项目中，通过观看与体验艺术来提高批判性思维的能力。如此来看，在这里进行该研究是非常合适的。2009年，该馆受到麻省中小学教育部（The Massachusetts Department of Elementary and Secondary Education）之委托，为本州所有中学教师提供互动式的工作坊，其成果便是持续时间长达一周的学术研讨会，其主题也是上述“通过艺术思考”，其教育哲学的基础便是“视觉思考模式”（Visual Thinking Strategies, VTS）。

在这个研究项目中，公共教育部想方设法让学生们欣赏原作并为学生们设计了

表1 2008—2011年间公共教育活动和志愿者参与情况

编号	项目名称	活动场次	参与者人数
1	“介绍性谈话”活动（“introductory talks”）	360	10596
2	“公共参观”（“Public Tours”）	367	4771
3	“集体参观”（“Group Tours”）	394	9932
4	早期开放游览（“Early Opening Tours”）	3	141
5	“特展谈话”（“Special Exhibition Talks”）	24	394
6	“业余时间的加德纳博物馆”（“Gardner After Hours”，2009年7月–2010年6月）	12	8039
7	“展室参观”（“Room Views”）	4	405
8	“音乐厨房”（“musickitchen@the Gardner”）	2	256
9	“学校假日周”（“School Vacation Weeks”）	2	5246
10	“开门日”（“Opening Our Doors Day”）	1	1144
11	志愿者参观人数及服务时间（2008—2011年间）	13891小时	120

数据来源：加德纳博物馆官方网站

新馆的音乐厅。

芬湾宫中庭的美杜萨马赛克。

表2　2011—2012年间公共教育活动和志愿者参与情况

编号	项目名称	活动场次	参与者人数
1	"介绍性谈话"活动（"introductory talks"）	165	7456
2	"公共参观"（"Public Tours"）	380	4935
3	"集体参观"（"Group Tours"）	539	11791
4	"聚光灯谈话"（"Spotlight Talks"）	119	2041
5	"业余时间的加德纳博物馆"（"Gardner After Hours"）	12	6278
6	参与志愿者人数及服务时间	5555小时	162

数据来源：加德纳博物馆官方网站

表3　2012—2013年间公共教育活动和志愿者参与情况

编号	项目名称	活动场次	参与者人数
1	"介绍性谈话"活动（"introductory talks"）	3967	9503
2	"公共参观"（"Public Tours"）	391	3329
3	"集体参观"（"Group Tours"）	688	13525
4	"聚光灯谈话"（"Spotlight Talks"）	226	4183
5	"业余时间的加德纳博物馆"（"Gardner After Hours"）	12	6278
6	参与志愿者人数及服务时间	7118小时	145
7	2012—2013年间参观人次		30540

数据来源：加德纳博物馆官方网站

一整套教学方法。然而，大部分学校则将重点放在如何满足学校课堂内容需要上。在这里必须要提及"视觉思考模式"，它为初学者们提供了一整套如何观看艺术品的方法。在这当中，教师的角色从传统意义上的讲授者转换为讨论活动的协调者。毫无疑问，这种打破常规的互动模式会在博物馆公共教育领域引发一场轰动效应。需要强调的是，"视觉思考模式"的初衷并不仅局限于视觉艺术领域，而是通过这种训练将对艺术进行讨论的技巧应用于其他领域。譬如，在一项由阿比盖尔·豪森（Abigail Housen）主持的长达七年的跟踪调查中，研究者们发现，参与"视觉思考

加德纳博物馆老馆入口。（左）

1888年的威尼斯巴巴罗宫外立面。（右）

模式”训练班的学生均可以将这种思考模式运用于其他语境。

在这里需要提及加德纳博物馆学校合作项目（The Gardner's School Partnership Program, SPP），它是一个多次访问的公共教育项目，将上面提及的“视觉思考模式”有效地加以利用，以探讨“通过艺术思考”的主题。该项目每年的参与者非常多，其中包括800多名八年级儿童、40位教师、10位校长及教育专家，里面的专业人士分别来自波士顿附近的五所公立学校。该项目创立于1996年，目的非常明确，就是为了加强加德纳博物馆与当代学校之间的交流与合作。在最初几年里，SPP将目标设定为将学校的艺术课程与加德纳博物馆的藏品紧密结合起来。例如，当学习古希腊、古罗马神话时，五年级的学生将重点放在大力神赫拉克勒斯（Hercules）的系列神话故事上，教师便将该馆收藏的皮耶罗·德拉·弗朗契斯卡（Piero della Francesca）的画作与涉及当代文化的图像进行对比。再如，当孩子们试图辨认出加德纳博物馆的天顶画——《赫柏的加冠》（*The Coronation of Hebe*）里面出现的诸神时，他们的依据就是诸神所穿的衣服和其他具有象征意义的图像细节。总之，这一类主题的课程是联接博物馆与学校的重要纽带，也是两种类别的教育机构进行成功合作的范例。SPP课程实际上是由一系列单独访问博物馆的活动组成的，它引起了学生和教师对藏品的兴趣。上面提到，由于这些藏品主要以意大利文艺复兴时期的绘画、雕塑为主，因此，与百科全书式的大型博物馆相较，要设置一些艺术课程存在着一定的难度。有鉴于此，多年以来，该馆的公共教育部门和学校便采取一种变通的形式，围绕着某件或某几件艺术品来设计课程。

2011—2012年间，共有1432名学生、108位教师参与该馆的公共教育活动。就“学校合作项目”来说，来自两所学校的51名教师、1219名学生参与进来。全年共组织了72次博物馆参观、79次“教室参观”（Classroom Visit）活动，共开设了298节由艺术教师引导的相关课程。“学校合作项目”与当地在校教师的师生们一道，搜集相关数据，目的是为了对他们的研究项目进行测评，考察从幼儿园到八年级这个群体的语言能力及分析能力。

在多次造访加德纳博物馆的过程里，学校里的美术教师及该馆公共教育部门的专业人士均认为：首先，学生们能够学会如何自如地观看、阐释艺术品；其次，参与这个项目的学生应该学会逐渐熟悉加德纳博物馆的陈列方式和环境，并享受体验艺术品所带来的快乐。SPP项目的组织者们意识到，如果想让学生们从艺术作品中汲取有用的信息，则需要重新设计相关课程，目的是使学生肯花费更多的时间来观看艺术品。参与此项目的教师、专业教育人士与学校的领导者们在进行多次协商之后，SPP将目标确定下来：此项目将重点置于学会观看艺术上，即通过“视觉思考模式”对它们进行阐释和讨论。它所提供的方法可以简化为三点：第一，这幅画（这件艺术品）的含义究竟是什么？第二，画中出现的什么细节使得你做出了那样的结论？第三，我们还能够在画面里面发现什么？

根据实际需要，加德纳博物馆公共教育部相关人员为来自各个年级的学生选定合适的藏品。SPP课程的起点是三年级，主要要求学生们能够做到对照单幅图片讲述故事并熟悉绘画场景（也包括其他艺术品）中的多个人物。相较于三年级而言，四、五年级的难度稍微大一些，所设置的课程要求这个年龄段的学生有更强的解读图像的能力。SPP课程的设计者们鼓励他们在仔细观看艺术品原作的基础上做出自己的判断，最重要的是，要运用自己掌握的证据来支持论点。

在过去的三十年间，博物馆公共教育部门的专业人士早已寻找到多种途径使得学生及教师们使用艺术品。加德纳博物馆的个案表明：多次参观、以讨论为主体的参观项目促使学生们学会观看艺术品，使之获得意义，当然也包括它们所在的场景。本文的结论就是，对艺术博物馆及K12的教师们来说，有必要重新回到与博物馆主题相关的参观活动里（主要针对特定的场景），在此之后重新思考并重新设计一些更有深度的艺术课程。

新馆耗资超过1亿美元，光滑平整的线条、朴素的外观与距离50英尺（约15米）的老馆在格调上颇为和谐。两座场馆之间由一条密闭的透明钢架玻璃走道连接。新馆由两座建筑组成：其一是四层楼的主体建筑，包括6000平方英尺（约557平方米）的音乐厅、2000平方英尺（约188平方米）的特展厅、咖啡厅、纪念品商店和其他观众服务设施。附属建筑有两层楼，包括1600平方英尺（约148平方米）的温室、办公区、库房和艺术家公寓等。

自新翼楼投入使用之后，许多功能先进的空间充分得以发挥其优势，公共教

提香，《劫夺欧罗巴》（*The Rape of Europa*），布面油彩，185cmx205cm，加德纳博物馆藏品。（左）

约翰·辛格·萨金特（John Singer Sargent），《伊莎贝拉·斯图尔特·加德纳肖像》（*The Portrait of Isabella Stewart Gardner*），布面油彩，190cmx80cm，1888年，加德纳博物馆藏品。（中）

加德纳博物馆老馆陈列场景，中间为被盗的伦勃朗名作——《基督在加利利海的风暴中》（*Christ In The Storm on The Sea of Galilee*）。（右）

加德纳博物馆展厅一角。

育部的专业人员想方设法利用“工作室”（Studio）、“学生艺术墙”（Student Art Wall）、“温室教室”（Greenhouse Classroom）、“起居室”（Living Room）等为公众提供良好的体验环境。2013年春，加德纳博物馆员工与Wolfbrow咨询公司一起对观众和未曾到访该馆的公众展开调查，主题就是他们心中的加德纳博物馆应该是什么样子的。另外一项重要课题就是，如何重新反思博物馆的参观体验活动。这项调查活动的目的只有一个，即是博物馆所提供的各项服务要与观众达到某种契合，甚至是“共鸣”，进而实现“共赢”。

近期以来，美国国家艺术基金会的观众调查显示，年龄在18岁到34岁的观众中参与艺术的人数在不断下滑，这项调查还显示，参与艺术的观众的平均年龄在不断增加。这给艺术机构带来的信息十分明确：他们需要想方设法吸引年轻观众。加德纳博物馆从华莱士基金会（The Wallace Foundation）获得一笔资金用于发展活动项目以吸引背景更多元的观众群体。该馆的教育及公共项目策展人佩吉和朱莉用这项基金推出了吸引年轻观众的项目“下班后”，并且获得了成功。首先，该项目组建了3个焦点小组，每一个小组大约有10人左右，包括年龄在18到34岁之间的博物馆员工和志愿者，先了解年轻观众群体的喜好和参与活动的方式。最终决定强调该项目的社交功能。“艺术讨论”“展馆游戏”“小组素描”“展厅交流”等形式使得参与者受益不少。此外，策展团队在活动推出前期和开始的第一年中主要使用了三种推广方式。

加德纳博物馆陈设的部分加德纳夫人通信。

在最初的一年，加德纳博物馆的每次活动大概吸引500名观众（7月和8月没有活动）。在第二年，参加人数增加了21%，达到平均每场活动参加人数616人。部分原因是因为7月份增加了一次活动。第三年的8月份也添加了一项活动，每场活动大约有670人参加。现在几乎每场活动都有超过700人参加，最近的一次有800余人参加。这项活动与创建人加德纳夫人当初的想法一致。在一些尝试之后，活动的受欢迎程度超过了员工的预期，这项活动不断发展且广受欢迎，现在每周都会举办活动。加德纳博物馆可以在华莱士基金会的项目结束后持续为年轻观众提供独特的社交场所，而活动的核心也融入了博物馆的馆藏。

四、结语

1903年2月23日，《波士顿先驱报》（*The Boston Herald*）如此评价加德纳夫人所创立的博物馆的开放：“这是美国最好的艺术品收藏机构之一。加德纳夫人的慷慨使之成为一家半公开的博物馆。波士顿因为如此慷慨赞助文学艺术的女米西纳斯（Maecenas, Gaius）而倍感荣耀。”“从吾所好”（C'est Mon Plaisir）作为一条箴言被镌刻在加德纳博物馆老馆正门的门楣上，意指整座建筑和里面的陈设渗透着创建者的个人趣味所在。正如上文提及加德纳夫人遗嘱中所强调的，董事会和馆长为

加德纳博物馆室内陈设一角。

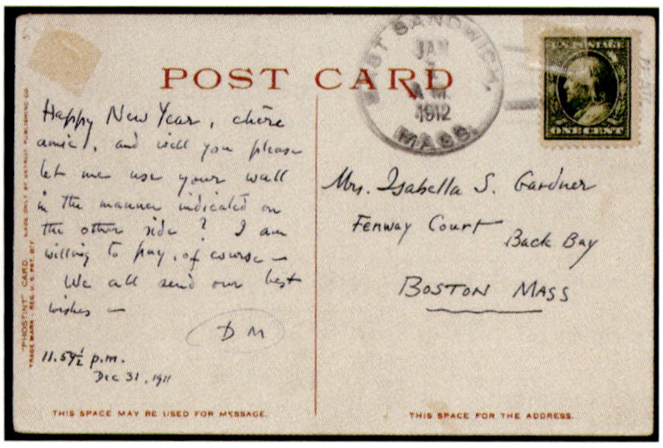

加德纳夫人1911年12月31日收到的新年贺卡。

了运营整座博物馆，在不改变整体格局的前提下，可采取灵活变通的应对措施。如今的加德纳博物馆充分利用其独特性，即兼顾古代藏品，也提供机会让当代艺术家与这些珍贵的藏品产生某种“共鸣”。2015年6月，美国新媒体联盟（New Media Consortium）联合巴尔博亚公园在线协作（Balboa Park On line Collaborative）发布了地平线报告2015年版。在提出了未来的挑战及发展趋势并进行相关分析之后，该报告在结论处给出的建议非常具有指导意义。首先，博物馆的教育专业人士需要在新技术环境下，探讨开展场馆教育的新可能性。其次，在拥抱技术的同时，也要避免技术“喧宾夺主”，即强调了原作的重要价值所在。就加德纳博物馆来说，作为一座极具个人色彩的艺术机构，它在公共教育方面，面对学校、社团、社区、公共教育专业研究人员的项目凸显出多种面向，在某种程度上，这实现并拓展了加德纳夫人的设想，即让更多的人接触、体验艺术品。

参考文献及相关网站：

Cynthia Saltzman, Old Masters, New World: America's Raid on Europe's Great Pictures, New York: Penguin Group, 2009, Introduction.

Alan Chong, Richard Lingner, Carl Zahn, (eds.), Eye of the beholder : masterpieces from the Isabella Stewart Gardner Museum, Boston, Mass. : Isabella Stewart Gardner Museum in association with Beacon Press, c2003.

Anne Hawley, Robert Campbell, Alexander Wood, Isabella Stewart Gardner Museum: Daring by Design, Skira Rizzoli, 2014.

Higonnet, Anne, A Museum of One's Own: Private Collecting, Public Gift, Periscope Publishing Ltd, 2009.

Morris Carter, Isabella Stewart Gardner and Fenway court, Massachusetts, Boston: Isabella Stewart Gardner Museum, 1970.

Aline B. Saarinen, The Proud Possessors, New York: Random House, 1958.

Kathleen D. McCarthy, Women's culture: American philanthropy and art, 1830—1930, Chicago : University of Chicago Press, 1991.

Margaret Burchenal and Michelle Grohe, “Thinking Through Art: Transforming Museum Curriculum”,

Journal of Museum Education, Volume 32, Number 2, Summer 2007, pp. 111–122.

Robert L. Reid, “Extended Vision”, Civil Engineering, June, 2012, p.72.

Richard B. Carpenter, “Woman, Landscape and Myth: In Titian's Rape of Europa”, Art Journal, Vol. 21, No. 4 (Summer, 1962), pp. 246-249.

Donald Stone Jr. “The Source of Titian's Rape of Europa”, The Art Bulletin, Vol. 54, No. 1 (Mar., 1972), pp. 47-49.

Michael Kitson, “Claude's Earliest 'Coast Scene with the Rape of Europa'”, The Burlington Magazine, Vol. 115, No. 849 (Dec., 1973), pp. 775-779.

Stephens, Suzanne, “Green Machine”, Architectural Record, Vol.200, Issue .2, 2012.

Stephanie Cash, “Gardner Theft Explored in Film”, Art in America. New York: Apr 2006. Vol. 94, No. 4.

Barbara Bloom, “The Memory Palace of Isabella Stewart Gardner”, Artforum. New York: Apr/May 2007. Vol. 14, No. 1.

丁宁,《图像缤纷：视觉艺术的文化维度》，中国人民大学出版社，2005 年。

曾四凯,《塞蒂尼亚诺的智者：意大利文艺复兴绘画的鉴定大师伯纳德·贝伦森》，中国美术学院 2011 届博士论文，第 128—130 页。

https://ifcpp.org/news/8133394

https://providencedailydose.com/2020/08/04/gardner-museum-heist-new-theory-from-local-sleuths/

http://www.gardnermuseum.org/about/employment/volunteering.

http://www.gardnermuseum.org/home/

http://mp.weixin.qq.com/s?__biz=MzA5MDM4OTY2Mg==&mid=400728192&idx=1&sn=d43f55c37a31fd8201ae535cdd67c176&scene=23&srcid=1208kv5uIlWhd0aBsqrw1mBs#rd

http://mp.weixin.qq.com/s?__biz=MzA5MzUzOTI2NQ==&mid=2651303083&idx=1&sn=332823e7ff3d0e5744237ec496cd7b4e&scene=23&srcid=0801nQAlr42e4RlDZY9HnHFT#rd

http://mp.weixin.qq.com/s?__biz=MzA5MjY1NDYxNQ==&mid=2649824971&idx=2&sn=7aa1fd5b83f56482c15ae01c596da1ca&chksm=886c63b3bf1beaa50d9

国王遗珠：杜尔维奇绘画馆的现实与虚拟

引言

位于伦敦南部郊区的杜尔维奇绘画馆属于杜尔维奇村（Dulwich Village）管辖，源自“Dilwihs”这个词，意思是“莳蔓遍布、遍布沼泽的草地”。1619年，伊丽莎白一世（Elizabeth I, 1533—1603）时期最知名的演员、剧院经理、皇家马戏团的拥有者爱德华·阿莱恩（Edward Alleyn, 1566—1626）以5000英镑的价格购买了杜尔维奇庄园（The Manor of Dulwich）并创立了一座名为“主礼学院”（The College of God's Gift）的学校，专门为贫穷的儿童提供免费教育。后来这所学校就更名为“杜尔维奇学院”（The Dulwich College）。尽管在19世纪60年代的时候，杜尔维奇这块弹丸之地被伦敦吞没，但仍保留了一部分乡村特有的景致，譬如18世纪的乡村建筑物、杜尔维奇学院不远处的收费门（toll gate），此外还有水晶宫公园（The Crystal Palace Park）。下文探讨的是出自英国著名建筑师约翰·索恩爵士（Sir John Soane, 1753—1837）之手的杜尔维奇绘画馆。它早在1817年就正式开门迎客了。威廉·哈兹里特（William Hazlitt, 1778—1830）在出版于1824年的《英格兰主要美术馆随笔》（*Sketches of the Galleries in England*）里对这座展馆着墨甚多，堪称名篇佳构。今天造访该馆的观光客会毫不费力地在美术馆后面发现一个庄重肃穆的壁龛，里面永久存放着三位捐赠人的斑岩大理石石棺。需提及的是，与欧洲大部分在皇家宫殿基础上“改造”而成的艺术博物馆有所不同，杜尔维奇绘画馆应该算是专门为陈列美术作品而建造的、最早的美术馆之一，具有某种现代美术馆的气质。就英国来说，毋庸置疑，它是英国最早的美术馆建筑，至今已有超过200年的历史。本文拟简略梳理这座美术馆的馆藏历史、建筑设计细节后，对其别具一格的公共教育项目进行了评析，以期对国内的美术馆建设有所助益。

杜尔维奇绘画馆俯瞰图。

杜尔维奇绘画馆。（那泽民手绘）

20世纪60年代的杜尔维奇绘画馆内景。

一、国王遗珠

杜尔维奇绘画馆的创立充满了戏剧性，亦有其悲剧性的一面。这座美术馆位于伦敦东南部偏僻而树木成荫的郊区，与繁华的伦敦市区形成了霄壤之别。应该说，1811年的藏品捐赠事件是促成该馆最终得以建成的真正动因。如若进一步深究的话，距此16年前（1795年）的波兰政变使得这批艺术珍宝永久地留在了英国伦敦。

这批艺术品之所以具有如此高的品质，与当时的波兰国王斯坦尼斯瓦夫·奥古斯特·波尼亚托夫斯基（Stanislaw August Poniatowski, 1732—1798）的艺术趣味有着莫大的关系。波尼亚托夫斯基是一位具有极高鉴赏力的风雅之士，1764年当选为波兰和立陶宛大公国国王，被称为斯坦尼斯瓦夫·奥古斯特。应该说，他的主政完全改变了波兰文化艺术的发展方向。譬如说，他青睐巴洛克艺术风格，将建设文化和教育放在首位，加大了王室和国家对艺术的资助力度。科学、文化、艺术、工业的发展推动教育、社会和社会意识的形成，同样会带动国家经济和财富的增长。由国王和他的圈子制定的文化使命计划，集中在艺术投资、培养人才、对艺术家的优待以及艺术收藏等领域。他从奥古斯特三世那里接手了宫廷的艺术班底，将"国王和共和国第一建筑师的头衔"的头衔授予雅库布·丰塔纳（Jakub Fontana）以及后来的米尼克·麦尔里尼（Dominik Merlini），聘任马尔切洛·巴恰雷利（Marcello Bacciarelli）为第一画师、安德烈·勒·布伦（André Le Brun）为第一雕塑家。巴恰雷利在1777年担任美术总负责人，之后又成为国王的建筑总负责人（1786年），管理着宫廷和国家的建筑及艺术活动。他善于设计建筑、绘画、装饰内部艺术作品的构思，并为自己设计、制定实施方案。就收藏来说，斯坦尼斯瓦夫·奥古斯特凭借雄厚的财力，利用广泛渠道搜罗了大量艺术品，目的是培养手工工坊学校的学子，其中包括绘画（多达2000幅）、宝石及宝石装饰艺术藏品、钱币收藏等。他还设立了图书馆、石膏浇铸作品展室和版画作品展室，宫廷代理在国王的要求下采购了大量艺术作品，尤以购自意大利的为多。1793年，他曾计划创立一座当代艺术博物馆并收藏一批具有代表性的欧洲绘画佳作陈列于宫廷之内，构成一部"活动的艺术史教科书"。但事与愿违，在他委托的180多幅绘画作品尚未支付并运输到波兰之前，他统治下的国家惨遭普鲁士、俄国与奥匈帝国瓜分，这也是波兰历史上第三次遭遇列强瓜分。

2009年，一个来自波兰皇家城堡（Royal Castle）的主题展览在杜尔维奇绘

杜尔维奇绘画馆内景

画馆举行，旨在重新探讨该展览的主角——波尼亚托夫斯基国王的多重身份，其中包括他的两位英国委托人的关系。时代更迭，这段往事颇值得玩味和深究。国王的两位委托人分别是诺伊尔·德桑方（Noel Desenfans, 1745—1807）和彼得·弗朗西斯·布儒瓦（Peter Francis Bourgeois, 1756—1811）。先说德桑方，1769年，法国人德桑方来到伦敦，以教授法语为生，娶了他的一个女弟子玛格丽特·莫里斯（Margaret Morris）为妻。需要在这里提到的是，莫里斯来自威尔士的格拉摩根郡（Glamorgan），是威尔士女继承人（The Welsh Heiress）。凭借莫里斯的丰饶家产，德桑方成为一名成功的画商，活跃于伦敦艺术圈子当中。到了18世纪80年代，德桑方已经成为当地颇具名望的艺术商人，并在波兰获封为贵族，拥有地产。布儒瓦也不是土生土长的英国人，他来自瑞士，是一个制鞋工人的儿子。德桑方将其收入门下，着意将其培养为艺术家和艺术商人，此后，他与德桑方夫妇构成了一种三角家庭关系（“ménage à trois”）。本来德桑方想把布儒瓦培养成为一名艺术家，结果发现他并不十分具备这样的潜质。事实上，布儒瓦最大的贡献就是把德桑方的藏品规模扩大，并保持艺术品整体上的高品质。波兰的1795年政变对二者的冲击十分巨大，当时德桑方的第一反应是将这批作品抛售，俄国是首选目标，无奈此举因为种种原因无法实现。后来是英国国家美术馆和大英博物馆，前者在1824年才得以真正创建，而大英博物馆方面则一味推诿。雪上加霜的是，他们三人位于夏洛特街［Charlotte Street，现在的哈勒姆街（Hallam Street）］的宅邸改造成一座博物馆的愿望也以失败告终。此举落空之后，德桑方遂决定将这批藏品在伦敦以拍卖的形式出手，结果这条路也走不通。于是，借法国大革命使得艺术品大批外流的绝好机会，他大肆搜罗艺术品。多年以来，这批作品无法整批转售。令人颇感遗憾的是，师徒二人与波尼亚托夫斯基国王进行交易的信件在圣彼得堡被付之一炬，研究者无法进一步了解一些重要藏品的流传历史及交易细节。

约瑟夫·戴金（Joseph Dakin），《杜尔维奇绘画馆内景》（*Interior of the Dulwich Picture Gallery*），布面油彩，1894年。

二、友人重托——约翰·索恩爵士与杜尔维奇绘画馆的建成

正如前述，杜尔维奇绘画馆的独特之处在于，在第二次世界大战之前，几乎所有的博物馆建筑均由王室宫殿改造而成，或者干脆建造成宫殿的样式，唯一的例外就是杜尔维奇绘画馆。整座美术馆由朴素的红砖砌成，外立面和内部均无繁缛的装饰，甚至还省去了作为美术馆入口标示物的门廊。平心而论，杜尔维奇绘画馆的建筑外观呈现如此面貌取决于两个因素：首先，有限的财政预算；其次，杜尔维奇学院当局的苛刻条件，即是说，他们要求该美术馆成为该学院的“新西侧翼”（The New West Wing）。

1944年7月，被炸毁的杜尔维奇绘画馆。

让·安东尼·华托（Watteau, Jean Antoine），《舞会之乐》（*Les Plaisirs du Bal*），52.5cmx65.2cm，布面油彩，1715—1717年，杜尔维奇绘画馆藏品。

1807年，德桑方的妻子玛格丽特和布儒瓦接受了原属他的370幅画作的遗赠，其附加条件是为这批藏品找到一家机构并使得它们能够为普通公众参观和鉴赏。1811年，布儒瓦在骑马的时候严重摔伤并在不久后与世长辞。事实上，选择杜尔维奇学院实属无奈之举，前面提到，布儒瓦更倾向于将这批藏品捐赠给正在酝酿中的国家美术馆，但遗憾的是，该馆迟至1824年才最终创建，此时离布儒瓦去世已有13年之久。鉴于此种情势，玛格丽特只能退而求其次。

为了确保这批藏品有一个稳妥的去处，布儒瓦附带捐赠2000英镑，用于装饰和修缮画作展示的空间。此外，经过交涉，杜尔维奇学院最终接受了布儒瓦附赠的另外1000英镑，用以修建三人位于美术馆建筑内部的陵墓。藏品和用以建造美术馆的基金作为一个整体捐赠给杜尔维奇学院，德桑方友人、著名建筑师索恩爵士被指定为美术馆的设计者。索恩爵士不但是一位杰出的建筑师，也是一位极有品位的艺术鉴赏家并建有自己的私人博物馆，即我们今天所熟知的约翰·约翰·索恩爵士博物馆（Sir John Soane's Museum）。有索恩爵士操刀设计，三位捐赠人大可放心，真正意义上应了那句古谚语——“生命短暂、艺术永恒”［ars longa, vita brevis，此语出自古希腊“医药之父”——希波克拉底（Hippocrates of Kos, Hippocrates II）］。

1811年1月8日，此时距布儒瓦辞世后不久，也是索恩爵士准备扩建其私人博物馆的当口，他首次对杜尔维奇学院进行实地探访和考察。当局建议将这些艺术品在学院原有的陈列室进行展示，显然是为了节省开支。在索恩爵士看来，对学院原有的陈列室进行整修已无可能，也无必要，理由在于，这座建筑物的状态十分糟糕，几近损毁。1811年5月，索恩爵士向杜尔维奇学院当局递交了五份建筑方案，均遭否决，理由是这些方案太过于野心勃勃。无奈之下，索恩索性决定改造该学院的西侧翼，里面原有一座美术馆和六个救济院。最终，出自索恩之手的三个改造方案有一个获得通过。我们今天看到的杜尔维奇绘画馆老馆涵盖了展厅、陵墓和救济院。展厅由六个连续的空间组成，包含中间的三个长方形和其余三个正方形。这是一个连续的空间，创造出一种无尽的空间效果。值得在这里强调的是，索恩创造性地使用了屋顶穹隆顶塔（roof-lantern）的装置，这使得顶部射入的自然光能够弥漫开来，获得一种理想的观看画作的照明效果。与此同时，索恩尽量开辟出更多的陈列空间，以便充分展示三位捐赠人的作品。

方案虽获得通过，但另一个更为棘手的问题就是经费。布儒瓦捐赠的3000英镑均有特定的用途，不能动用。杜尔维奇学院当局仅提供5800英镑，后来勉强增加至8000英镑，但离索恩于8月5日给出的11270英镑的总预算还有较大差距。最后，玛格丽特自己出资4000英镑，预算问题总算得以解决。需要附带一笔的是，出于友情，索恩爵士免费为这座美术馆的改造工程担纲设计，不收取任何费用。

索恩爵士的设计具有"超前性"，在该馆落成后的150年间，鲜有建筑师会通盘考虑展厅对自然光的利用问题。有不少美术馆、博物馆的陈列以杜尔维奇绘画馆作为参照，譬如说美国德克萨斯的金贝尔艺术博物馆（The Kimbell Art Museum, Texas）、加州的约翰·保罗·盖蒂博物馆（The John Paul Getty Museum, Los Angeles）等。索恩爵士设法使得这些大师杰作沐浴在均匀而漫射的自然光线中，在这样的场域中焕发出独特的魅力，为观看者提供了一种迷人的沉思环境。在他看来，杜尔维奇绘画馆不仅仅是"观看的机器"。他从罗马式建筑中取其精华部分，构筑出一种由低到高、由暗到亮、由圆形到十字形的戏剧化效果。

纵观索恩一生，其负责设计的作品不在少数，像著名的英格兰银行（The Bank of England）、杜尔维奇绘画馆、约翰·约翰·索恩爵士博物馆、切尔西皇家医院（Chelsea Royal Hospital）、国债赎回办公大楼（National Debt Redemption Office）、新法院（The New Law Courts）、枢密院及贸易部办公大楼（Privy Council and Board of Trade Offices）、共济会大楼（Freemason's Hall）、新国家档案馆（The

扬·凡·海瑟姆（van Huysum, Jan），《瓶花》（*Vase with Flowers*），79.1cmx60.6cm，布面油彩，1715年，杜尔维奇绘画馆藏品。

托马斯·庚斯博罗（Thomas Gainsborough），《林利姐妹》（*The Linley Sisters*），199cmx153.5cm，布面油彩，1772年（1785年修改），杜尔维奇绘画馆藏品。

托马斯·庚斯博罗，《老托马斯·林利》（*Thomas Linley the Elder*），76.5cmx63.5cm，布面油彩，1772年，杜尔维奇绘画馆藏品。

托马斯·庚斯博罗，《风景中的夫妇》（*A Couple in a Landscape*），76.2cmx67cm，1753年，布面油彩，杜尔维奇绘画馆藏品。

New State Paper）唐宁街10—12号及老外交部办公楼（No. 10, 11, 12, the Foreign Office, Downing Street）等重要工程，只不过其中很多建筑物已经拆毁了。尽管这些建筑涉及帕拉迪奥风格、浪漫主义风格、法国新古典主义等建筑样式，但索恩在其《建筑学演讲》（*Lectures on Architecture*）及其自传《一位建筑师职业生涯的回忆录，1768年至1835年》（*Memoirs of the Professional Life of an Architect, between the Year 1768 and 1835*）等著作之中，尤其在自传中不断强调“个性”（Caractère）的重要性：“每个建筑，无论大与小，简朴或考究，必须如绘画一样，清晰地跟观者说话。每个建筑必须有自身特有的个性，足以表明建造它的目的和用途。如果建筑的个性不明显就不能实现这一点。雅典的演说家被问到什么是演讲的艺术要素时，回答是：动作、动作、动作。因此，假如问到什么构成建筑独特之美，回答会是：个性、个性、个性。”就杜尔维奇绘画馆来说，首先索恩强调建筑装饰的“个性之美”。美术馆墓室拱肩上特意加上了蛇形装饰，表现建筑的个性和相关功能。这个装饰在古代象征着时间与永恒，古埃及人将其视为神灵，古希腊古罗马人在医药之神——埃斯库拉皮乌斯（Esculapius）的雕像上也使用缠绕的蛇这一形象。索恩承袭这一传统，分别在1785年的弗尔桥广场（Felbridge Place, Surrey）纪念柱、1790年的科恩公园（Colne Park, Essex）纪念柱、1816年圣潘克拉斯家族墓地（Old Pancras Churchyard）、1824年的约翰·索恩爵士博物馆隐修士客厅使用了这一装饰母题。显而易见，索恩通过这种对比方式凸显了捐赠人陵墓建筑在整座建筑物中的重要位置。

其次，索恩也在建筑的立面上强调建筑的个性。譬如，就西立面来说，外墙使

皮耶罗·迪·科西莫（Piero di Cosimo），《青年男子肖像》（*Portrait of a Young Man*），38.7cmx40.5cm，1500年，木板油彩，杜尔维奇绘画馆藏品。

彼得·莱利爵士（Sir Peter Lely），《扮成牧羊人的男孩》（*A Boy as a Shepherd*），91.4cmx75.6cm，1658—1660年，布面油彩，杜尔维奇绘画馆藏品。（右）

用了伦敦生产的手工砖，柱子是稍微向里收缩的素白中楣和简约化的檐口。陵墓的屋顶、骨灰瓮、石棺使用的材料是波特兰大理石。东立面有象征拱廊的盲拱。这边修女救济屋的拱形装饰上开了真正的窗户。还有一点值得强调，即三位捐赠者的合葬陵墓使用了多利克式柱子和穹顶，而展示艺术品的各个展室内部却未使用柱子，非常简洁抽象。

贯穿《建筑学演讲》十二讲的核心概念就是“初始原则”（first principles）。在第一讲中，索恩开门见山地说：“通过参考初始原则与起因，天赋上不确定的因素会被固定下来，艺术家能够感受古代建筑的美与价值，从而把握住建筑创造者的精神。我们不仅熟知古人做了什么，还要（从他们的作品中）尝试推断他们可能会做什么。因此，我们将成为艺术家，而不只是抄袭者；我们要避免没有思想的模仿和不恰当的运用，这也是危险的。”若具体讨论杜尔维奇绘画馆的设计理念，它与18世纪关于哥特建筑的原型理论有着重要渊源。就其源头而言，至少可追溯到修道士——让-弗朗索瓦·费利比安·阿沃（Jean Francois Félibien des Aux, 1658—1733）和威廉·斯蒂克利（William Stukeley, 1687—1765）。费利比安在其《论古代建筑与哥特建筑》（*les b timens et une dissertation touchant l'architecture antique et l'architecture gothique*）里提到，哥特建筑反映了树林的原型。进而言之，1751年，格洛斯特（Gloucester）主教、文学批评家威廉·沃伯顿（William Warburton, 1698—1779）重申了哥特建筑的原型是树林的观点。再者，早年在皇家艺术学院就读时，索恩在建筑学教授托马斯·桑比（Thomas Sandby, 1721—1798）的演讲中也听到其对于沃伯顿相关学说的转述。1806年，索恩将费利比安建筑原型的理论著述翻译出来。无独有偶，在《建筑学演讲》的第十二讲中，索恩索性大篇幅引用沃伯顿关于哥特建筑原型的描述，其中包括哥特建筑中的光影效果源自树林枝叶之间的阳光。对于费利比安以来的关于哥特建筑的学说，则被法国批评家卡特勒梅尔·德·坎西（Quatremére de Quincy, 1755—1849）在《方法论的百科全书》（*Encylopédie Méthodique*）和《埃及建筑》（*De l' Architecture gyptienne*）中彻底推翻，认为哥特式建筑源自罗马建筑。英国古典学者、鉴赏家和考古学家理查德·佩恩·奈特（Richard Payne Knight, 1751—1824）也认同坎西的观点。有意思的是，索恩在准备皇家艺术学院演讲时的重要理论来源是坎西的理论著作，仅次于马克-安托万·洛吉耶（Marc-Antoine Laugier, 1713—1769）的《论建筑》（*Essai sur l'architecture*）。对索恩本人来说，他并未对此做深入研究，因此其态度是模棱两可的。既承认哥特建筑在某种程度上源于古罗马建筑，又为林荫路的说法深深着迷。连贯的线条和轻盈的视觉效果是他最为看重的。建筑史家阿贝·让-路易·德·科尔德穆瓦（Abbé Jean-Louis de Cordemoy, 1655—1714）所提出的"希腊—哥特建筑"深深契合索恩的理想，寻找古典建筑与哥特建筑原型之共同点，进而创造出一种新的形式，这是他力图达到的目的。杜尔维奇绘画馆的设计建造为他提供了这样一个契机。展厅中南北贯通的四道拱，没有拱的升起点，是由地面升起的连续线条画出来的。评论家理查德·布朗（Richard Brown）在《本国建筑》（*Domestic Architecture*）中如此评价杜尔维奇绘画馆的展厅："……结合了希腊罗马建筑的传统的精美，还有哥特建筑的风趣，不是借用了尖拱，而是采用了连续的线条，（没有横向的山花）从垂直向环形延伸。"有意思的是，该建筑尽管大体格局未变，但在完成后近半个世纪时起就开始零零碎碎有一些增建、拆除行为。最早的变动是在1866年，建筑师查尔斯·巴里（Charles Barry Jr）在展厅南端增加了一个大厅，直到1953年才被拆毁。1884年，出于增加陈列空间的需要，原有的救济院被改造成为展厅。1910年，杜尔维奇学院的建筑师E. S.霍尔（E.S. Hall）增加了一些展示空间，这项工程一直拖到1937年才最终完成。1944年正值"二战"期间，该馆的建筑遭到严重破坏。战争结束后，在皇家艺术院会员阿瑟·戴维斯（Arthur Davies RA）和爱德

伦勃朗·凡·哈尔门松·凡·赖恩（Rembrandt Harmensz van Rijn），《雅各布·德·盖恩三世》（*Jacob III de Gheyn*），29.9cmx24.9cm，1632年，木板油彩，杜尔维奇绘画馆藏品。

马尔切洛·巴恰雷利（Marcello Bacciarelli），《斯坦尼斯瓦夫·奥古斯特·波尼亚托夫斯基肖像》（*Portrait of Stanislaw Augustus Poniatowski*），60.9cmx50.8cm，1764年，华沙皇家城堡（Royal Castle, Warsaw, Poland）。

华·墨菲爵士（Sir Edward Maufe RA）充当顾问的前提下，由建筑师奥斯汀·弗农（Austin Vernon）领衔的建筑团队严格依照原先的图纸进行复原。

2000年5月25日，经过18个月整修的杜尔维奇绘画馆向公众重新开放。主持整修计划的建筑师里克·马瑟（Rick Mather）专门设计了杜尔维奇绘画馆的延伸部分，涵盖了讲座剧场（lecture theatre）、咖啡馆、艺术教育活动室等，对索恩爵士的老馆形成了有意味的回应。正如1811年索恩爵士所设想的那样，这座建筑通过青铜、玻璃等材料构成的回廊与杜尔维奇绘画馆主体建筑融为一体，组成了一个新的四方形院落。马瑟利用杜尔维奇学院地标建筑——位于北门的学院礼拜堂（The College Chapel）设计出一个别具新意的美术馆回廊，令人印象深刻。

配合杜尔维奇绘画馆教育活动的大型户外雕塑。

2017年，正值杜尔维奇绘画馆正式开放200周年，恰逢每年一度的“伦敦建筑节”（London Festival of Architecture），杜尔维奇绘画馆前搭建起两个凉亭：其中一个的创作灵感源于树冠，另一个则取法日本的民族建筑。两个凉亭都采用纤细的钢结构，屋顶均呈现出瀑布般的视觉效果。凉亭里有舞蹈表演、电影放映、丰富多彩的工作坊，与当地的公众形成有效的互动。在这里值得一提的是由来自爱丁堡的三个年轻建筑师组成的“IF_DO”小组。他们专门为杜尔维奇绘画馆设计的作品来自两个灵感：其一是该年度“伦敦建筑节”的主题——“记忆”（“memory”）；另一个则是索恩爵士所设计的杜尔维奇绘画馆这座建筑。擅长于在其作品中制造视幻觉的索恩爵士激发了这个小组的创作灵感，他们也在凉廊的外表增加了一些古典建筑元素，与杜尔维奇绘画馆的建筑形成一种呼应关系。到了晚间，凉廊上安装的霓虹灯则与杜尔维奇绘画馆顶楼上的穹隆灯塔相映成趣，毫无疑问，这是在向爵士的杰作致敬。

三、从无到有的公共教育项目

1817年，杜尔维奇绘画馆正式向公众开放。几位捐赠人的名字值得一提。首先是前述杜尔维奇学院的创始人阿莱恩的捐赠，随后是威廉·卡特赖特（William Gartwright, 1606/1607—1686）所收藏的肖像画，一直到“拉斐尔前派”中声名不显的查尔斯·费尔法克斯·默里（Charles Fairfax Murray, 1849—1919），除了艺术家的身份之外，他还是一位学者和成功的画商，他于1911年用匿名的方式杜尔维奇绘画馆捐赠了46幅画作。杜尔维奇绘画馆的主管们形象地将这里的藏品划分为“饮红酒区”和“饮啤酒区”，前者指的是意大利、法国、西班牙画家；后者指代弗拉芒（Flemish）地区、荷兰和英国本土的艺术家群体。

荷兰、西班牙、英国巴洛克大师绘画作品为大宗。附带一提的是，该馆所藏的普桑（Nicolas Poussin）组画之品质仅次于卢浮宫博物馆的普桑作品。馆藏中最为人称道的是17世纪意大利绘画，还有同时期法国、荷兰、弗拉芒大师的作品。伦勃朗的《窗边少女》（*Girl at the Window*）、詹巴蒂斯塔·提埃波罗（Giambattista Tiepolo）的《约瑟夫接受法老的指环》（*Joseph Receiving Pharaoh's Ring*）、卡纳莱托（Canaletto, Giovanni Antonio Canal）的《泰晤士河上的老沃尔顿桥》（*Old Walton Bridge over the Thames*）、托马斯·庚斯博罗（Thomas Gainsborough）的《林利姐妹》（*The Linley Sisters*），此外还有雅各布·凡·勒伊斯达尔（Jacob Van Ruisdael）、夏尔·勒布伦（Charles Le Brun）、克洛德·洛兰（Claude Lorrain）、圭多·雷尼（Guido Reni）、鲁本斯、安东尼·凡·戴克（Anthony Van Dyck）、威廉·荷加斯（William Hogarth）等人的作品。

不难看出，杜尔维奇绘画馆绘画珍藏的核心是德桑方捐赠的作品，以欧洲巴洛克绘画大师作品为主，当然也涉及18、19世纪欧洲大师杰作及英国本土画家，尤其是肖像画家的作品，有一些是整体捐赠。值得强调的是，时至今日，该馆馆藏作品总数不过600余幅。当年布儒瓦的遗嘱就是使得这批艺术珍品能够用于“公众的检视”（“inspection of the public”），换言之，就是使得公众能够真正欣赏和品味这些杰作。与之相关的一个问题就是公共教育项目的创建与运作。我们有必要先简单概括该馆公共教育活动方面的丰富性和目标群体的广泛性。

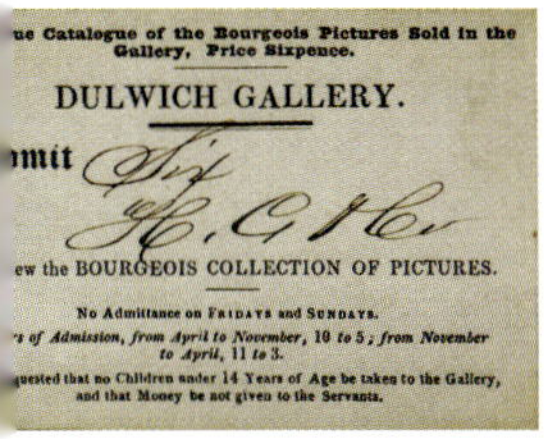
ue Catalogue of the Bourgeois Pictures Sold in the Gallery, Price Sixpence.

DULWICH GALLERY.

mit

ew the BOURGEOIS COLLECTION OF PICTURES.

No Admittance on FRIDAYS and SUNDAYS.

s of Admission, from April to November, 10 to 5; from November to April, 11 to 3.

quested that no Children under 14 Years of Age be taken to the Gallery, and that Money be not given to the Servants.

杜尔维奇美术馆早期的入场券，具体年代不详。

首先，对处在不同年龄段的学生团体来说，杜尔维奇绘画馆以藏品为基础设计的课程是一个亮点。专业人员结合英国中小学课程内容，将艺术、词汇扩展（vocabulary extension）、数学、历史、宗教研究、设计工程等融为一炉。需要强调的是，这些课程全是免费的。

其次，对于成人观众来说，杜尔维奇绘画馆秉持的一个基本原则就是终身学习。一些课程的设置目的在于引起普通成年观众的学习兴趣并逐步将他们引入艺术领域。相较而言，水彩、版画、编织等课程稍具难度。一些长期课程则训练参与者们的动手能力。“周六艺术学校”（Saturday Art School）激发学员的创造力，“周六研究学校”（Saturday Study School）则是学院式课程。周末或假日期间，赛克勒艺术工作室（the Sackler Art Studio）则有家庭和儿童参与的活动。“国家科学周”（National Science Week）、“大绘画”（the Bid Draw）、“接待日周末”（Open House

J. M. 甘迪（J.M. Gandy），《杜尔维奇绘画馆的理想风景》（*Ideal View of Dulwich Picture Gallery*），1823年。

IF_DO 小组赢得 2017 年“伦敦建筑节”（London Festival of Architecture）的项目，此为凉亭的效果图。

IF_DO 小组为杜尔维奇绘画馆设计的凉亭实景图。

Weekend）、“国家建筑周”（National Architecture Week）、“成人学习周”（Adults Learners Week）、“博物馆与美术馆之月”（Museums and Galleries Month）等各种名目的课程及相关项目令人应接不暇。

再次，就杜尔维奇绘画馆的社区公共教育项目来说，早在1996年，该馆就已经跟附近的学校展开合作活动。除了学校组织的参观美术馆等常规项目之外，杜尔维奇绘画馆还组建了一个由艺术家和受过训练的志愿者组成的团队，专赴合作学校举办为期一周的教育项目，目的是将该馆丰富的藏品与学校的课程紧密地结合为一体。

以上不难看出，杜尔维奇绘画馆的公共教育活动所涉及的门类十分多样，即包括我们所习见的讲座、工作坊、课程、展室交谈，也涵盖了延伸到社区、学校、家庭的衍生活动，真正实现了艺术与生活的交融。由此，该馆的公共教育活动能够获得20多个英国和欧洲的奖项也在意料之中。这均与该馆公共教育部门的缔造者——吉莲·沃尔夫（Gillian Wolfe）的不懈努力有着莫大的关系。20世纪80年代早期，就英国的学校来说，并不存在强制性规定，即要求学生外出考察，更不用说去参观博物馆或美术馆了。为了鼓励学生们能够经常光顾这些文化机构，内伦敦教育当局（The Inner London Educational Authority, ILEA）设计了旨在推动这项活动的方案，临时选派四名具有丰富教学经验的中学教师分别进驻四座博物馆开展公共教育活动。当时是1981年，沃尔夫是上述四位被选派的教师之一，对口单位就是杜尔维奇绘画馆。应该说，这座美术馆拥有一流的建筑和品质上乘的艺术藏品，此外，绝好的天光展厅是杜尔维奇绘画馆的诸多亮点之一，应该说在这里开展教育活动具有一种独特的优势。但沃尔夫面对的现实是，直到20世纪70年代，杜尔维奇绘画馆才安装了电灯。在此之前，倘若阴霾蔽天，看门人便会提前下班了。多年以后，伦敦教育当局所开展的这项“试验”，仅在杜尔维奇绘画馆开花结果。在这里需要提到一个时间节点——1979年，也是该馆最艰难的时刻。此时贾尔斯·阿德里安·沃特菲尔德（Giles Adrian Waterfield）担任该馆馆长。当时他面对的是一个落后不堪、死气沉沉的艺术机构。在他看来，馆长应该充任这样的角色，即“推倒艺术品与公众之间的透明屏障并使其变得有活力”。他首先组织一系列展览来吸引公众。沃特菲尔德曾先后毕业于牛津大学和考陶尔德美术学院（The Courtauld Institute of Art），1976—1979年间曾担任布赖顿皇家展馆、艺术馆和博物馆（The Royal Pavilion, Art

Gallery and Museums, Brighton）的教育专员。正是在他的坚持之下，将沃尔夫引进该馆并创立了公共教育部。

当时沃尔夫需要考虑的首要问题就是如何拓展观众。在20世纪80年代，在美术馆欣赏艺术品的主要依靠讲座，事实上这仅仅涉及较少的人群。有鉴于此，沃尔夫当即决定实施名为“其余80%”（the Other 80 Percent）的项目，它专门针对不经常光顾甚至从未造访美术馆的人们。杜尔维奇绘画馆位于伦敦南部，周遭没有可堪与之比肩的美术馆或艺术机构。事实上这座美术馆周围社区的人口众多，存在着潜在的观众群。该馆的公共教育部采取较为个性化的策略，逐步将观众吸引到美术馆里来。

到了2000年左右，杜尔维奇绘画馆的公共教育项目大致可划分为三个类别：第一，展厅中进行的直接面对艺术品原作的日常课程；第二，在赛克勒艺术工作室里举办的实践类艺术项目；第三，在美术馆之外的衍生类公共教育项目。这一类的活动每天都会举办，而且种类十分丰富。需要提到的是，推动这个项目进行的是一个由艺术家、科学家、建筑师、故事讲述者等来自不同专业领域的专业人员组成的小组，目的是为了将建筑、绘画生活化。此外，该馆还聘用具有丰富经验的协调人来组织不同形式的公共教育活动。当时赛克勒艺术工作室里的活动已经涵盖绘画、素描写生、版画、编织、陶艺、3D建筑等不同的门类。

除了实地参与的项目之外，虚拟空间的互动已经成为未来发展的重要趋势。正如国际博物馆协会博物馆学委员会（International Committee for Museology, ICOM）前主席、荷兰博物馆学家彼得·凡·门施（Peter van Mensch）所指出的，博物馆这门行业产生至今共有三次革命：第一次革命发生在1900年左右，在这期间，博物馆正式提出了其基本的从业准则，界定了业务范围；第二次革命发生在1970年左右，“新博物馆学”（new museology）兴起；第三次革命发生在2000年左右，也就是说，时人正在经历这场革命、见证又一新样式的出现，其关键词就是“参与”。美国博物馆学者妮娜·西蒙（Nina Simon）在其《参与式博物馆》（*The Participatory Museum*）一书中给出了在博物馆中可实行的四种参与模式：（1）贡献型；（2）合作型；（3）共同创造型；（4）招待型。一言以概之，这四种模式的区别就在于参与者的参与程度与主动性，从贡献型到招待型逐步攀升。举例来说，贡献型仅仅是展览中的观众留言板，而招待型则是参与者从头到尾制作展览。就“参与式博物馆”的理论来源来说，主要有三个方面。首先是美国著名传播学家亨利·詹金斯（Henry Jenkins）所提出的“参与式文化”（participatory culture），其中的“同义反复”点出了文化形成过程的实质：文化首先是由一小部分人创造出来的，然后经由一大拨人不断分享、传播、接纳，再分享、再传播、再接纳，如此循环往复形成规模最终确定下来。第二个理论来源是计算机互联网领域的Web 2.0。应该说，此概念来源于O' Reilly和MediaLive两家科技公司在1996年联合举办的一次研讨会。在

尼日利亚裔英国艺术家英加·伊洛里（Yinka Ilori）为2019年“伦敦建筑节”设计的“色彩宫殿”（the Color Palace），背景是杜尔维奇绘画馆。

约瑟夫·迈克尔·甘迪（Joseph Michael Gandy），《新绘画馆的平面图、立面图和景色》（*Plan, Elevation and Views of the New Picture Gallery*），纸本水彩，90cmx146cm，1823年，约翰·索恩爵士博物馆（the John Soane Museum）藏品。

这次会议中，O' Reilly的创立者——蒂姆·奥赖利（Tim Oreilly）预言，未来网络世界的运作形态将会由1.0升级为2.0。相较于Web 1.0那种只能浏览不能留言的静态网页模式，Web 2.0则鼓励网络使用者们参与、分享与传播。它衍生出了诸如"用户生成内容"（user-generated content）、"产销合一者"（prosumer）、"自媒体"（we the media）"公民新闻"（citizen journalism）等新概念。总而言之，以往信息的线性传达被多向传达所取代，博物馆不再被奉为知识的权威，人人都有权制作并传播自己的知识。由此，参与式博物馆其实也是当今社会信息传播民主化这一浪潮的产物。第三个传播学来源则是美国著名的弗雷斯特研究公司（Forrester Research）的两位高级分析师查伦·李（Charlene Li）和乔西·贝诺夫（Josh Bernoff）于2008年在《公众风潮：互联网海啸》（*Groundswell: Winning in a World Transformed by Social Technologies*）里面将互联网用户按其活跃度划分为六类，依次是"创造者"（creators）、"评论者"（critics）、"搜集者"（critics）、"参与者"、"观看者"（spectators）、"不活跃分子"（inactives）。

2006年，在由博物馆与档案资讯组织（Museum and Archives Informatics）发起的主题为"博物馆和网络"（Museum and Web）的研讨会中，参与会议的多位学者正式提出了"Museum 2.0"的概念，此后该术语陆续出现在许多博物馆研究期刊的论文之中，可见已经获得业界认可。各方专家认同一点，即博物馆在引进Web 2.0或社群媒体技术之后，会给博物馆的发展带来不少有利因素。

首先，它可以改变博物馆展览和教育活动的形态和模式。具体来说，博物馆有机会借助这一技术改变和扩大观众的博物馆参观体验，从而改变观众的学习模式。观众主动参与博物馆的知识构建并进行对话。

其次，吸引年轻族群参与博物馆的活动，从而达到拓展观众群之目的。

再次，博物馆可以经由社群媒体对外互动、回应议题、沟通争议或观念。

Web 2.0强调双向互动和集体智慧的特征，也可以应用于博物馆、美术馆藏品内容的组织上。在这里不妨就在线艺术博物馆进行一个简单的回溯。早在1986年，奥塞博物馆在馆内装置了典藏查询系统。六年之后，法国美术馆"乔孔达"（Joconde）数位典藏查询系统正式上线，为专业人士和普通观众提供研究、欣赏艺术作品的便利条件，这个影像资料库集结了60座法国境内的博物馆、美术馆的

12万件绘画、素描与版画的图像及相关信息。就大都会艺术博物馆来说，最近几年的数据表明：新的应用程序和社交媒体使参观人数从450万上升到620万，在线观众超过4000万。“谷歌文化研究院”（Google Cultural Institute）开发的一款全新的手机App，使得用户利用手机足不出户，就能尽览世界各地精彩博物馆。2015年1月下旬，弗利尔美术馆（Freer Gallery of Art）和赛克勒美术馆（Arthur M. Sackler Gallery）开发的藏品共享项目——“Open F｜S”正式在open.asia.si.edu上发布。这4万多件艺术品都绝大多数是第一次公开，90%以上为高像素图，没有版权限制，世界各地的研究者可将其自由用于非盈利目的。自2014年8月中旬开始，美国保罗·盖蒂博物馆（J. Paul Getty Museum）免费提供约4600件艺术品的高分辨率图像，供用户下载、加工和发布，唯一的要求是：下载者需填写下载该艺术品图片的原因，并在使用时标明图片出自盖蒂博物馆。阿姆斯特丹的荷兰国家博物馆则为观众提供更深入更丰富的互动方式。近年出现的“Beacon”（微定位信号发射器），应用于博物馆参观行为之中，可以侦测到观者手中具有蓝牙功能的智能手机和平板电脑，将与展品相关的讯息及时发送给他们。更进一步，观众甚至可以将这些资讯分享到社群媒体或者当下回应对这件艺术品的看法，与其他观看者互动。这部分内容成为展览的一部分。

尽管杜尔维奇绘画馆在典藏作品数量方面不占优势，但它的特点在于充分发挥了web2.0的优越性和可及性，在这里需要特别提到一个由一个学术小组自发组织的博客，其全称为“杜尔维奇展示”（Dulwich on View, Dov），是一个伦敦南部社区的电子杂志。值得强调的是，这个电子杂志的独特之处在于，它不是由杜尔维奇绘画馆馆方，而是由“DPG之友”（The Friends of Dulwich Picture Gallery）这个团体发起的。早在2010年，这份互动性极强的电子杂志在博物馆、文化遗产界知名的“缪斯年会”（The Archimuse Conference）上荣获“最佳小博物馆网站奖”（The Best Small Museum Website）。这份电子杂志最重要的推动者是“DPG之友”。该组织负责在以杜尔维奇绘画馆为中心的南伦敦社区为一些展览项目和特别项目筹集资金。加入该组织的成员可以享受杜尔维奇绘画馆的购物折扣以及其他一些权益。杜尔维奇绘画馆举办的不少诸如音乐会、讲座、晚宴、聚会以及参观项目等活动均是由来自该组织的较活跃的志愿者们协助馆方相关专业人士实施完成的。由于周围属于伦敦的高档社区，再加上馆藏以巴洛克艺术为代表的“老大师”画作为主，这里曾经一度被定位为上流社会的场馆。但当时充任“DPG之友”的英格丽德·比兹利（Ingrid Beazley）试图改变这个刻板而拒人于千里之外的形象，将喜欢时髦的、具

保罗·桑比（Paul Sandby），《弗朗西斯·布儒瓦和诺伊尔·德桑方》（*Francis Bourgeois and Noel Desenfans*），纸本水彩，14.3cmx15.3cm，1805年，杜尔维奇绘画馆藏品。

有多元文化背景的年轻观众吸引到美术馆里。更重要的是，这个群体也会加入“DPG之友”。该博客的创始人就是在一次聚会上与比兹利相遇而后决定创办一份电子杂志。他们较为认同一点，即“千禧一代”这个群体更倾向于通过网络获得知识和进行娱乐活动，乐于通过博客、社交媒体等进行互动。要获得这个群体的支持和参与，毫无疑问需要为这些人创立一个互相交流的虚拟社区。当时比兹利已经开设了诸如电影协会、展厅电影等吸引年轻人的项目，两个人创立电子杂志的想法在获得认可后开始实施。重要的支持力量来自志愿者，比兹利负责招募活跃在杜尔维奇地区周边的专业写手、编辑、运营者、摄影师、音乐家、视频制作者等。通过这个方式，这些参与项目的活跃志愿者们吸引了更多的参与者，这些新加入的人员具有相类似的兴趣爱好。加入进来的人员普遍认同一点，就是这份电子杂志与众不同，而且非常具有活力。每个参与编辑的成员均可以贡献文章、图像、视频、播客等内容，也可以在线向符合条件的网上用户“征稿”。当然，编辑团队会提前两周策划好下一期的内容，目的是便于审稿和进行编辑。当然，这个看似松散、自由的自发性组织也需要有一个强有力的协调者，其职责就在于能够在保证组织高效、顺利运行的前提下进行规则制定和划分边界。除了上述编辑、作者、摄影师等角色之外，这个组织还需要专业运营人士，如公关人士，还需要为编辑团队提供经过专业训练的专职人员。当然，公关和市场营销在其中显得尤为重要，时任杜尔维奇绘画馆公关部主管的凯特·诺尔斯（Kate Knowles）想方设法将该馆置于英国乃至国际媒体的先要位置，其中包括广播、电视台、主流的报纸和艺术杂志等。2010年时，参与的成员已经超过6000人。

詹姆斯·斯特凡诺夫（James Stephanoff, O.W.S.），《杜尔维奇绘画馆观画》（*Viewing at Dulwich Picture Gallery*），57.1cmx74.3cm，纸上铅笔水彩，佳士得拍卖行（Christies）。

鉴于杜尔维奇美术馆已经出版了与美术馆展览、教育、研究等内容相关的杂志，这份电子杂志如果重复纸质杂志上的内容就毫无意义。发起者们认为，有必要将目标群体锁定为那些平时不怎么光顾杜尔维奇美术馆或压根不关注该机构的人。考虑到这一点，编辑小组将电子杂志的“口头禅”设定为“庆祝杜尔维奇地区的人们和文化”（celebrating the people and culture in the Dulwich area）。“杜尔维奇展示”这份在线的电子杂志将诸如当地的音乐节、南伦敦日常生活、美酒、刺青以及南伦敦地区的艺术文化活动别致地展现在网上社区之内，甚至包括了美术馆参观者们的个体形象。这种呈现方式在我们习以为常的杂志页面上是看不到的。刊载在“杜尔维奇展示”上面的文章风格独特，较为松散，甚至随意。在杂志主创者看来，这是一种非正式的、“招徕”（pull）的营销策略，目的是将上述对杜尔维奇绘画馆不太感兴趣的人们拉入到参观者、参与者的群体之中。该电子杂志的“卖点”就是将“货品”推销到南伦敦社区任何对艺术文化事件感兴趣的个体，尽管这些人可能对杜尔维奇绘画馆和“DPG之友”不甚了解。自然而然地，与遍布“DPG之友”发起的活动、事件的真实社区相平行，“杜尔维奇展示”围绕当地事件、当地历史和当地居民构建了一个活跃的网上社区。

从这个意义上来讲，杜尔维奇绘画馆与社区存在着一种共生关系。大致来看，“Dov”具有如下几个特点。

第一，“Dov”由博物馆之友、部分专业志愿者共同运营，几乎不需要资金投入。

第二，它是相对独立的电子杂志，不受杜尔维奇绘画馆官方网站内容的制约，与周围社区居民的生活息息相关。举凡文学节、电影节、戏剧节、美食活动、音乐会、艺术创作活动、手工艺活动、时装展示等内容应有尽有，其内容涉及市民生活的方方面面。

第三，“Dov”不受杜尔维奇绘画馆的辖制。在这个意义上，这份电子杂志更易于赢得普通公众的信赖和支持，容易引发互动和交流。从博客内容来看，博客上所刊发的文章基本上不使用杜尔维奇绘画馆官网的已有资源，少部分文章出自该机构专业人士之手。馆长每隔两个月会在其专栏里面发表评论文章。就博客运营的资金来源来看，几乎全来自赞助。博客的管理及编辑团队鼓励所有人贡献内容。当然，只有少数的编辑人员才拥有进入博客的路径。除了文章之外，视频、照片、录音等多种媒介资源也在博客上出现并允许对相关内容进行留言和评论。瑞士教育理论家艾蒂安·查理·旺热（Étienne Charles Wenger）所提出的“实践社区”（“Community of Practice”, CoP）理论指出，其主要构成元素有“领域”（domain）、“社区”（community）和“实践”（practice）。当这三个元素充分发挥作用时，才能使得“实践社区”变为理想化的知识结构，这是一个为拓展和共享知识负责的社会构造。“Dov”作为一个虚拟社区，经过一段时间的完善，在很大程度上拥有了上述三个重要构成元素，发展成为“实践社区”的样本。

首先，就“领域”来说，“实践社区”必须拥有给人深刻印象的共同兴趣和关注点。“Dov”网站上的文章看起来似乎关注点有点杂乱，譬如说除了杜尔维奇绘画馆的相关资讯之外，还有大量的与杜尔维奇附近区域人们的衣食住行、娱乐相关的文章。但管理员们通过“我们是谁”（Who we Are?）、“从东杜尔维奇到西杜尔维奇”（From East to West Dulwich）、“人们和生活的广度”（The Breadth of People and Livelihood）、“社区的上升感”（The Buoyant Sense of Community）等板块进行归类，使得整个页面上的分区较为明晰，逐步吸引了一大批共享其内容的用户，这些人也乐于将他们的兴趣和爱好发布到网站上，形成互动。

其次，就“社区”这个概念而言，“实践社区”需要一个人们在其中愿意形成互动的群体，最终整个群体成为一个统一的整体互通有无。“Dov”作为一个介于在线杂志和博客之间的载体形式，鼓励所有的参与者贡献内容，并对相关文章进行评论，这使得许多社区成员获得一种撰写文章的自豪感，自觉地成为杂志、博客的热心撰稿人。

再次，就“实践”而言，这个术语意指在共享的领域内活动的一整套特定的途径和方式。这些途径和方式能够为群体内的沟通与行动提供一种基准。“Dov”上面所呈现的讯息或多或少地能够触及到杜尔维奇附近居民情感层面上的联结点，他们积极参与社区活动并塑造出一种社群的力量。

对照旺热提到的“发展‘实践社区’七原则”，如果进一步细观“Dov”的“实践社区”的培育，有几个方面值得提及。

第一，为发展进行设计。旺热指出，设计的目的不在于强加一个结构，而是有助于社区发展。杜尔维奇地区长期以来已经成为一个稳固的社区，这在客观上使得“Dov”这个虚拟社区的搭建成为可能，也使得它成为当地居民生活中不可或缺的一部分。

第二，引发内与外之间的对话。“Dov”编辑团队成员大多为志愿者，并不是杜尔维奇绘画馆的员工，这使得这个网站相对具有其独立性并与社区保持密切的关系，形成内与外之间的对话。一方面，“Dov”管理团队鼓励当地社区成员投稿。刊载在网站上的文章接受朋友和其他用户的点评，这使得“Dov”成为一个社交通道。另一方面，当地社区成员在该平台上持续走高的“曝光率”使得他们有更多的机会和驱动力提高其生活品质。在获得一种归属感之后，这些成员可以通过支持杜尔维奇绘画馆的项目和丰富该机构资源等方式，进而改善与美术馆之间的关系。

第三，吸引来自不同层次的参与者。具体来说，“Dov”目前至少拥有三个层次的参与者：第一个层次是“Dov”编辑团队，他们作为网站运营的“协调人”（coordinator）是核心参与者，第二个层次是那些积极投稿的“积极会员”（active member），第三个层次是指那些“边缘成员”（peripheral member）。

第四，兼顾“亲近”（familiarity）和“激动”（excitement）。主要指的是相对于杜尔维奇绘画馆官网的古板和正式，“Dov”上面的内容显得轻松活泼，即便是涉及到杜尔维奇绘画馆展览、教育活动等内容也是如此，为美术馆赢得了大量读者和关注者。

第五、为社区创造一种“节奏”（rhythm）。正如旺热所指出的，社区的节奏是检测其活跃度的表征之一。“Dov”经过较长时间的运营，逐渐体现出一种活力，基本上每周会在网页上出现五六篇新文章，保持每天一篇的频率。

四、结语

在杜尔维奇绘画馆开放的最初岁月里，许多文化界名流曾专门造访此处。譬

伦勃朗·凡·哈尔门松·凡·赖恩（Rembrandt Harmensz van Rijn），《窗边少女》（*Girl at a Window*），81.8cmx 66.2cm，布面油彩，1645年，杜尔维奇绘画馆藏品。

如，约翰·拉斯金（John Ruskin, 1819—1900），德国艺术史家、艺术鉴赏家古斯塔夫·弗里德里希·瓦根（Gustav Friedrich Waagen, 1794—1868）等人。后者在参观该馆后发出如此感叹："迄今为止，我从未在英格兰的哪座美术馆里看到藏画与捐赠者关联如此之小，也未看到如此多的艺术杰作会与那么多平庸之作混在一起。"瓦根批评的可能是那些16世纪的意大利绘画。不过总体来看，该馆的巴洛克时期艺术品堪称一流。还有后期进入馆藏之列的英国本土绘画。普法战争（1870年7月—1871年5月）期间，许多法国人来到伦敦避难。1870年11月，莫奈到达伦敦，为的是逃避兵役。前辈画家毕沙罗大约也在同时期来到这座城市。他们还在这里遇到了同样来伦敦避的夏尔-弗朗索瓦·杜比尼（Charles-Francois Daubigny, 1817—1878），莫奈被介绍给画商保罗·达朗-吕埃尔（Paul Durand –Ruel, 1831—1922），这也成为他一生的转折点。莫奈与毕沙罗一道参观了达朗-吕埃尔在南肯星顿博物馆（The South Kensington Museum）策划的艺术展览。更有意思的事，莫奈和毕沙罗都曾造访过杜尔维奇绘画馆。该馆的留言簿上留下了相关证据。莫奈是在1870年11月25日与马奈的好友、动物画家朱利安·德·拉·罗什努瓦尔（Julien de La Rochenoire）以及版画家阿尔弗雷德·勒格罗（Alfred Legros）一起参观杜尔维奇绘画馆。该馆的观众留言簿显示，毕沙罗于1871年4月19日单独参观该馆。另一位重要观众则是来自荷兰的艺术家凡·高。1873年7月20日，凡·高在写给弟弟提奥的信件中特别对庚斯博罗、约书亚·雷诺兹（Reynolds, Sir Joshua）、约翰·康斯太勃尔（John Constable）、约翰·米莱斯（John E. Millais）等英国画家报以青眼。8月4日，正值英国银行假日周一，凡·高与几位德国友人离开伦敦，专门参观该美术馆。1873年8月3日，又值银行假日，凡·高与妹妹安娜再次前往该机构欣赏里面陈列的杰作并乐此不疲。无独有偶，英国作家D. H.劳伦斯（D. H. Laurence）在参观过杜尔维奇绘画馆后由衷地言道："如此辉煌的一座美术馆，那么小，却那么丰富！"的的确确，这是一座精致的艺术博物馆。历经两个多世纪的发展，杜尔维奇绘画馆在更大程度上接纳了更多的普通观众，使之成为其所在社区的文化"引擎"。

沃尔夫将该馆公共教育项目的特点归结为三个方面：其一，公共教育项目的经费来自赞助、捐赠、财产转让等等；其二，所有的学校项目均是免费的；其三，杜尔维奇绘画馆每年聘请30位专业的艺术家在2003年增建的赛克勒艺术工作室授课，内容以绘画技法为主。需要提及的一点便是，所有的课程均需要预约，并且收费，短时期内均被预约一空。最后，自2000年开始，美术馆的教育项目组（The Gallery Education Program）几乎每天都与伦敦南部的相关合作机构共同举办一些精彩的活动。

如若回过头来看，很多人对启动于1984年的DPG教育项目的前景并不持乐观态度。在项目启动之初，正如一位中学校长所言，杜尔维奇绘画馆的精英化品位很难与学校的课程找到某种契合点。不过渐渐地，该馆组织的15分钟参观，拓展为长达3小时的展厅谈话，这不得不说是一个明显的进步。

旺热在其著作中指出，“实践社区”通常要经历五个发展阶段：“蕴藏”（potential）、“合生”（coalescing）、“成熟”（maturing）、“代管”（stewardship）和“转型”（transformation）。2008—2010年间，“Dov”处于“蕴藏”期。目前至少已经发展到“成熟”甚至是“代管”阶段。“成熟”阶段的主要任务就在于通过实践、技术手段及组织关系等方面的过渡，维持社区发展的动力。“Dov”的协调人一方面与杜尔维奇绘画馆的馆长及专业人士取得联系，以提供与该机构相关的专业文章，使得两者之间的联系更为紧密；另一方面，志愿者小组会对以往出现在网站上的精彩文章进行重新编排和分类，设计新的网页界面。这样一来，从“Dov”的角度来看，它可以成为杜尔维奇社区的一个子集；以杜尔维奇绘画馆的视角而观之，这里则会成为该馆官网中更为非正式但更具活力的虚拟社区。毋庸置疑的是，两者之间的共生性和协同效应会越来越强烈。

早在2010年，学者林达·凯利（Lynda Kelly）在其《Web 2.0如何改变博物馆工作》（*How Web 2.0 is Changing the Nature of Museum Work*）这篇文章中指出了博物馆在未来应该做的几项工作：

第一，放下权威迎接各种参与。

第二，愿意冒险。

第三，允许员工和社群间进行各种实验计划。

第四，鼓励内外连接与人脉建立。

第五，提供平台让第三者可使用并检视成果。

第六，接受社群是可自我监督和修正的模式。

第七，维持学术上的专家地位但容纳社群集体智慧。

第八，保持纪律与博物馆观点，但鼓励参与。

博物馆应该将艺术视作是与日常生活有着密切关联的事物，而非仅仅是课程之外的消遣行为。在沃尔夫看来，艺术应被视为具有教化效用的影响力，是我们与生俱来的创造性行为的延伸与拓展。杜尔维奇绘画馆公共教育部的目标十分明确：把馆藏艺术精品向对艺术不感兴趣甚至对艺术持排斥态度的人们开放，这一点十分重要。在项目实施的早期阶段遇到了不少阻力和未曾预知的不利因素，为了使项目更顺利地展开，该馆公共教育部专业人士的大量时间和精力花在了与校长、教师、由

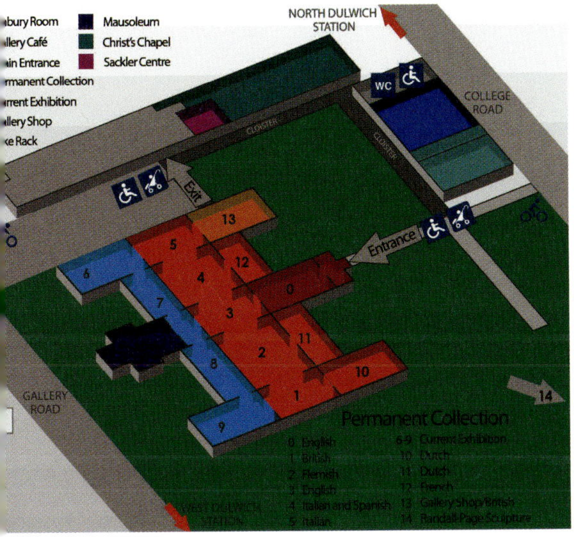

杜尔维奇绘画馆平面示意图。

学生父母组成的团体之间进行交流和沟通上。他们真诚地咨询具有丰富教学经验的教师如何将美术馆的丰富馆藏与课程紧密地结合在一起，双方均从中受益。

主要参考文献及相关网站：

Christopher Lloyd, In Search of a Masterpiece: An Art Lover's Guide to Great Britain and Ireland, Thames & Hudson Ltd, London, 2011, p.104.

Ian Dejardin, “Duwich Picture Gallery: the Polish Connection” , The Art Book, Vol.17, No.2, May. 2010, pp.24-26.

David Starkey, “Museum Piece: the Dulwich Picture Gallery” , History Today, February, 1986.

Donald Bruce, “the Dulwich Picture Gallery Restored” , Contemporary Review, Dec.1, 2000.

Desmond Shawe-Taylor, “The Dulwich Picture Gallery” , History Today, June, 2000, pp.2-3.

Todd Willmert, “Heating Methods and Their Impact on Soane's Work: Lincoln's Inn Fields and Dulwich Picture Gallery” , Journal of the Society of Architectural Historians,Vol. 52, No. 1 (Mar., 1993) , pp. 26-58.

Shawe-Taylor, Desmond, “Old Masters from the Dulwich Picture Gallery” , USA Today, No.1, 1999.

“Education at the Picture Gallery” , The Art Book, Vol.10, No.1, January, 2003, pp.24-25.

Silja-Riatta Durant, “Reflections on Museum Education at Dulwich Picture Gallery” , Art Education, Vol.49, No.1, 1996, pp.15-24.

Lynda Kelly., 2010, “How Web 2.0 is Changing the Nature of Museum Work” , Curator, Vol.53, No.4, pp.405-410.

Eire Region, “Giles Waterfield: Dulwich Picture Gallery Visionary curator who rescued the ailing Dulwich Picture Gallery and came to the defence of the Soviet spy Anthony Blunt” , The Times; London (UK) [London (UK)]18 Nov 2016: 39.

Anne Campbell Dixson, “The days of big spenders At the Dulwich Picture Gallery, Anne Campbell Dixon gives thanks for eccentrics of old” , The Daily Telegraph; London (UK) [London (UK)]19 Jan 2002: 19.

Hyslop, Lucy , “A vintage snapshot; Artistic Dulwich is the London of Yesteryear” , The Vancouver Sun; Vancouver, B.C. [Vancouver, B.C]06 Apr 2013: H.1.

“Giles Waterfield: Brilliant and innovative director of Dulwich Picture Gallery who was also a prize-winning novelist” , The Daily Telegraph; London (UK) [London (UK)]17 Nov 2016: 27.

Neustatter, Angela , “Education: Onotenders break into art: Is there a benefit in artists working with disaffected young people? The Dulwich Picture Gallery thinks so.”, The Guardian; London (UK) [London (UK)]06 Nov 2001: Education.2.

Maev Kennedy Arts and Heritage correspondent, “Reopened gallery ups security for world's most stolen picture” , The Guardian; London (UK) [London (UK)]25 May 2000: 1.9.

Morrison, Jonathan , “Bringing the gallery outdoors: Forget the starry Serpentine, three young architects have created Dulwich Picture Gallery's first pavilion, and it's gorgeous", The Times; London (UK)[London(UK)]30 May 2017: 8.

詹姆斯·斯图尔顿著、檀梓栋、申屠妍妍译,《伟大的欧洲小博物馆》,上海古籍出版社,2005年,第228-234页,文字有所改动。

妮娜·西蒙(Nina Simon)著、喻翔译,《参与式博物馆:迈入博物馆2.0时代》,浙江大学出版社,2018年,译者序、导论部分、第三章。

(波兰)耶日·马利诺夫斯基主编,茅银辉译,《波兰美术通史》,上海三联书店,2017年,第八章。

克里斯汀·格罗哈特、威廉-扬·沃尔林登著,吕延茜译,《梵高的伦敦时光》,西苑出版社,2016年,第165—170页。

翁帆,《"初始原则"与约翰·索恩的建筑创作》,《世界建筑》2019年第2期。

翁帆,《英国乔治时代建筑师索恩作品中体现的"个性说"探》,《建筑师》2019年第1期。

连俐俐,《云端上的博物馆——自媒体与博物馆艺术传播》,《超越时空——新科技与博物馆数位契机国际学术谈论会论文集》,2016年高雄。

吴绍群,《Museum 2.0概念的可能性与真实性——由博物馆观点探讨Web2.0与社群媒体应用及问题》,《博物馆学季刊》第25卷第2期,2011年4月,第93—101页,。

刘君祺,《博物馆与我——以个人数位服务促进博物馆参与》,《博物馆学季刊》第31卷第期,2017年1月,第27-57页。

http://dulwichonview.org.uk/

https://www.museumsandtheweb.com/mw2010/papers/liu/liu.html

http://www.dulwichpicturegallery.org.uk/

https://www.dulwichpicturegallery.org.uk/about/our-architecture/12.http://www.ccdy.cn/meishu/zixun/201207/t20120725_340029.htm.

圣马力诺的崇英者：亨廷顿艺术珍藏形成考

亨廷顿图书馆、艺术藏品馆和植物园（The Huntington Library, Art Collections, and Botanical Gardens）大门。

引言

1905年，威廉·奥尔顿·曼（William d' Alton Mann）以溢美的笔调描写了55岁时亨利·E.亨廷顿（Henry Edwards Huntington）的形象。他是一位拥有铁路公司、银行、快件邮政、土地、木材、煤矿、铜矿、铁矿、轮船和造船工业等各领域共40家企业的总裁，也是一位热忱的读者和书籍爱好者，在其私人和社会交往中谈吐幽默，尤其喜爱跟好朋友开玩笑。不妨打个比方，1925年，亨廷顿在费城因急诊而住院手术，约瑟夫·杜维恩（Joself Duveen）和亚伯拉罕·西蒙·沃尔夫·罗森巴赫（Abraham Simon Wolf Rosenbach）两位主宰当时美国艺术品和善本书拍卖市场的大人物急匆匆赶来探视这位重要的主顾。这当口，患病在身的亨廷顿仍未忘记开玩笑："你们觉得我像谁吗？……绑在十字架上，身边有两个贼的基督。"亨廷顿曾说过："世人生生灭灭，书籍却可永存。要盛名不朽，集藏一批珍秘善本正是无上的稳妥捷径。"亨廷顿图书馆与华盛顿特区的福尔杰·莎士比亚图书馆（Folger Shakespeare Library）及纽约的摩根图书馆与博物馆（The Morgan Library & Museum）齐名，为美国最负盛名的私人图书馆，它们都是"镀金时代"（the Gilded Age）在美国出现的以个人名字命名的机构。

除此之外，亨廷顿在艺术收藏方面也可圈可点，这与他对英语古籍珍本的爱好一脉相承，也与其第二任妻子阿拉贝拉·杜瓦尔·亨廷顿（Arabella Duval Huntington）的趣味引导有着莫大的关系。1928年，亨廷顿艺术馆（The Huntington Art Gallery）正式对外开放。最具特色的当属那个东西向的长廊、亨廷顿曾用于接待客人和生意伙伴、装饰极为考究的小型书斋、休息室、餐厅、巨大的朝南露台，还有亨廷顿为妻子苦苦寻觅并陈列期间的15-20世纪早期的1200余件欧洲艺术精品。

亨廷顿艺术珍藏馆（那泽民手绘）

亨廷顿图书馆、艺术藏品馆和植物园大门。

亨廷顿图书馆、艺术藏品馆和植物园中的日本庭院。

亨廷顿图书馆、艺术藏品馆和植物园中的流芳园。

小休息室内则布满了亨廷顿夫妇的法国装饰艺术品以及一些英国肖像画，其中的法国贵族装饰艺术品在今天的价值远远超过3100万美元！至于说原先在那里的多间卧室、浴室、私人起居室、仆人区等，在开放时就被刻意改造过了。平心而论，这与伦敦的约翰·约翰·索恩爵士博物馆（Sir John Soarne Museum）尽可能保持约翰·索恩爵士夫妇生活环境原貌的做法相比，未免有点令人遗憾。到访亨廷顿图书馆的游客可在位于亨廷顿私人善本图书馆西侧的四个展室内看到上述那些璀璨的欧洲名作。至少就这部分艺术收藏的陈列而言，大略可窥见当年的面貌。尤其值得一提的是意大利与北欧文艺复兴时期名作的展示方式——亨廷顿竭尽全力将纽约57大街宅邸的品位挪移到美国西部的圣马力诺（San Marino）。本文从梳理亨廷顿的图书收藏行为、艺术收藏行为入手，尝试还原他在为恢复阿拉贝拉艺术藏品"原境"所做的努力。

一、"蠹鱼"亨廷顿

亨廷顿图书馆、艺术收藏馆和植物园（The Huntington Library, Art Collections and Botanical Gardens）简称"亨廷顿"（The Huntington）。在三大板块之中，艺术收藏馆和图书馆的关系密不可分。亨廷顿图书馆收藏的版画、照片、艺术书籍、雕版等属于艺术品。两个馆经常互调作品举办展览。亨廷顿的核心部分是图书馆，艺术收藏馆的管理政策是从图书馆承袭而来的。

2019年恰逢亨廷顿图书馆、艺术收藏馆和植物园创立100周年，从9月5日开始的亨廷顿100周年庆典（The Huntington's Centennial Celebration）一直持续到2020年。亨廷顿图书馆藏书以文学、历史、艺术、科学史为主，最新的数据显示，亨廷顿图书馆的藏书总数超过1100万件。具体说来，藏品可分为手稿、珍本书、照片、版画四大类。手稿将近700万份，内容涉及英美历史、11世纪以来的文学、拉美历史、科技史等。40多万册珍贵古籍，其中的精品有15世纪初期手绘本的《坎特伯雷故事集》，还有2500份早期剧本手稿。珍本书约有38万册，主要聚焦于15—20世纪英美文化方面的书籍，如1623年出版的莎士比亚对开本、1450—1455年间出版于德国的《古腾堡圣经》（Gutenberg's Bible）。现存的羊皮版的《古腾堡圣经》存世仅11部，其中一部就藏在该馆。此外还有大型双向对开版的约翰·詹姆斯·奥杜邦（John James Audubon）的《美洲鸟类图鉴》（*Birds of Americ*, 1827–1838）。亨廷顿还藏有130多万张照片、印刷品和微缩胶卷，时间跨度为一个世纪（1850—1950），内容涉及美国南北战争、州际铁路、中产阶级家庭生活等。版画藏品总数超过25万幅，生动再现了16—19世纪英美国家的文化政治生活，多以人物肖像、历史事件、漫画、剧院海报、风景等主题为主。除此之外，亨廷顿还藏有4000幅印制版画的木雕原版，跨越了16—20世纪，是全世界类似藏品中数量最多的。

2006年亨廷顿又迎来了新的重要收藏资源——原本设立在MIT（麻省理工学院）迪布纳科技史研究所的邦迪图书馆（Burndy Library）4.7万件有关科技史的珍贵图书和科技仪器。在亨廷顿的迪布纳科学史展览厅内陈列了关于天文学、自然历史、医学和光学四大领域的丰富的图书史料，从托勒密、牛顿一直到达尔文、爱因斯坦。另外，2014年亨廷顿图书馆的档案管理员杨立维先生在馆藏的图书中发现了中国明代的《永乐大典》的部分书卷，吸引了中美乃至全世界的汉学学者们的关注。

如何在短时期内聚到如此多、品质如此上乘的藏书？亨廷顿惯常使用的手法就是借助强大的财力“悉数”拿下其他藏书家的所有藏书，换言之，这是他的风格。亨廷顿辞世之后，1931年出版的《亨廷顿图书馆简报》（*Hungtington Library Bulletin*）第一期里面提到一点，1904—1927年间，确定有112位藏书家的藏品悉数进入亨廷顿的私人藏书楼。芝加哥大学教授乔治·舍伯恩（George Sherburn）如此评价亨廷顿的藏书：“亨廷顿藏书基本上是藏书中的佼佼者，亦是收藏中的佼佼者，此话怎么说也不为过。”在这里我们不妨略举数例为证。

首先，1908年，纽约著名藏书家伊莱休·德怀特·丘奇（Elihu Dwight Church, 1836—1908）辞世。1911年4月，亨廷顿以100万多美元的高价整体购入丘奇藏书，也是当时单笔交易额最高的图书收藏行为。1909年，纽约著名藏书家罗伯特·霍（Robert Hoe, 1839—1909）去世。紧接着一年，伦敦藏书家阿尔弗雷德·H.胡思（Alfred H. Huth, 1850—1910）弃世。两家的藏书量分别为上述丘奇藏书的七倍和四倍，但在质量上均不及后者。丘奇藏书共有2133本书籍和手稿，几乎每件均是英美历史、文学的珍品，其中有珍本书藏家乔治·丹尼尔（George Daniel）的莎

亨廷顿图书馆、艺术藏品馆和植物园中的日本茶室和陈列场景。

亨廷顿图书馆、艺术藏品馆和植物园中的日本茶室和陈列场景。(那泽民手绘)

亨廷顿图书馆入口。

翁《十四行诗》(*Sonnets*)复制本、约翰·弥尔顿(John Milton)的《科摩斯》(*Comus*)、《失乐园》(*Paradise Lost*)初版本,此外还有英国散文家、清教徒牧师约翰·班扬(John Bunyan)的《天路历程》(*Pilgrim's Progress*)初版本等。1911年,亨廷顿成为格罗里埃俱乐部(the Grolier Club)的成员,这标志着他跻身顶级藏书家之列。格罗里埃俱乐部创立于1884年,是美国历史最悠久、规模最大的藏书家协会。因纪念文艺复兴时期与友人共享其藏书的藏书家让·格罗里埃(Jean Grolier, 1489/90—1565)而得名,其宗旨是"提升对于书籍、纸上艺术作品的研究和欣赏行为"。

其次,1913年,亨廷顿做出决定,专门拨出资金将自己的私人图书馆改造成为一家面对广大公众的公立图书馆。同一年,亨廷顿买入格伦威尔·凯恩(Grenville Kane)收藏的乔治·华盛顿(George Washington)手札及文稿,每件藏品至少能与华盛顿成年后的每一年逐一对应。1914年,他豪掷75万美元向英国的德文郡公爵(Duke of Devonshire)买入了25部极精之本,该批藏品中还含有7500部早期英国戏剧和111张演出海报,均是英国著名演员约翰·菲利普·肯德尔(John Philip Kemble)的旧藏。1915年,亨廷顿从一位纽约律师弗里德里克·R. 哈尔西(Frederick R. Halsey)处买入两万部英美文学名著,里面有狄更斯、史蒂文森、弥尔顿、雪莱和爱伦·坡等人的著作。

再次,1918年8月1日,罗森巴赫发电报给亨廷顿,告知他刚刚"一举购入"马斯登·J. 佩里(Marsden J. Perry)的藏书,愿意让亨廷顿"先买下阁下未收藏之莎剧四开本",包括"内有三本刊印于1591年与1592年,为目前所知之最初版本"。一年之后,也就是1919年8月19日,亨廷顿签署了一份仅有一页的手写合同,确认购入佩里藏书中的11部莎剧四开本,包括《约翰王》第一部分与第二部分,均为1591年版。另有1676年版《哈姆雷特》和1684年版《尤利乌斯·凯撒》。"全部书籍优惠价十二万一千美元,现金支付,明日送来我处。"仅仅过了两日,亨廷顿口授了一封信给他纽约藏书楼的馆长乔治·沃森·科尔(George Watson Cole),用欢快的语气说道："如此我须觅购之莎剧四开本数量大减，不久当可与大英博物馆相埒。请寄来待补阙之莎剧清单副本，另将正本置于我办公台。"距此三个月之前，科尔告知亨廷顿，英国复辟时代之前的戏剧与假面戏剧本藏品总数已经有909种，仅仅比大英博物馆图书馆少13种。在购入佩里所藏的莎剧四开本之后，就只差两种了。亨廷顿认定，要流芳百世，收集真善秘本是最稳妥的做法，而他设定的标准是与久负盛名的大英博物馆平起平坐。至少在某些领域，爱德华离这个标准已经不远矣！

除了乔治·D.史密斯（George D. Smith）、罗森巴赫之外，亨廷顿的另外一个重要代理人当属克拉伦斯·S.布里格姆（Clarens S. Brigham）。此公曾在1908—1930年间担任位于麻省伍斯特市（City of Worcester, MA）的美国文物协会（American Antiquarian Society, AAS）会长一职，并在1930—1959年间长期担任协会主席。1921年1月19日，布里格姆告知亨廷顿："1640年之前英国古书，迄今阁下约有6300部，去夏弟又购得1200部，合计7500部。如有幸买清克里斯蒂·米勒（Christie Miller）所藏，即可再增700部，总数可达到8200部，可逾剑桥大学所藏。此为旅程之第一阶段。" 1921—1925年间，亨廷顿所藏1640年前之英国古书已颇富。布氏为其自英伦购得珍善之本约2750部，多为宗教典籍。

1921年，亨廷顿签署了一份契约，把他的藏书、牧场、艺术品、庄园变成公益信托性质。过了70岁生日之后，他集中精力把藏书楼变成一个永久性机构。随后他大多数时间都在筹划于圣马力诺的自家园地上修建陵墓。如此一来，罗森巴赫愈来愈难将藏书卖给他。就算罗森巴赫直率地提到有些稀世珍本将成为别人的囊中之物，也无法使其重新燃起购书热情。两者的生意往来共有八年之久，其间这位加州收藏家批准向罗森巴赫公司支付的书款超过430万美元！

其实，亨廷顿对自己的这个庄园筹划已久。早在1903年，亨廷顿买下了这块占地600英亩（约2.4平方千米）的土地，在接下来的时间里有步骤地建造自己的庄园，为其艺术珍藏营造一个好的所在。1905年，亨廷顿雇佣一位名为E.S.科德（E.S. Code）的工程师将他自己设计的庄园草图改造成为可实施的施工图。1906年，别墅的地下室破土动工，三年之后别墅的整体工程完工。别墅的正门朝向北面的圣加布里埃尔山，南面有一个巨大的观景台，可以远眺山谷景色。实际上，1908年，亨廷顿委托加州知名建筑师迈伦·哈伯德·亨特（Myron Hubbard Hunt）将其建筑规划图进一步升级和细致化。亨特较为巧妙地消解了科德的"新帕拉迪奥"所具有的矫饰主义，在背部和南部保留了较为古典的建筑风格。在主入口加上了一个停车门廊，还有亨廷顿坚持加在东部的周柱廊结构，这在日后竟然成为该庄园建筑的标志物之一。最终，庄园建筑的总面积达到55000平方英尺（约5109平方米）。

19世纪末、20世纪初，北美大陆掀起了一股复兴乔治亚风格建筑的风潮。英国乔治亚时代建筑风格远承意大利文艺复兴时期的建筑样式，糅合了巴洛克的曲线，

亨廷顿图书馆陈列场景。

吸纳洛可可的装饰要素。这种风格在传入美国之后产生了一些变化，出现了坡屋顶和平顶交替出现的设计，被称之为“乔治亚复兴风格”或“新乔治亚风格”。亨廷顿别墅的整体外观体现了意大利文艺复兴时期的建筑风格，也混合了英国的乔治亚风格，如屋檐的齿饰、三段式墙面、装饰性的壁炉等，营造出了一个乔治亚时代的内饰。南立面和阳台是文艺复兴时期意大利和西班牙乡村建筑的风格。北立面以及一些突出的翼楼则是典型的法国建筑风格。1909年3月的《旧金山观察者报》（*San Francesco Observer*）如此描述别墅的内景：“主厅和餐厅将会是纯粹的乔治亚风格……绘画和雕塑将完全来自英国大师，杜维恩得到全权委托来装修，目前还不可能计算出整个装修工程的花销最终会是多少。”1910年4月，亨廷顿宅邸工程完工。自1910年以来，亨廷顿居住在圣加布里埃尔山（San Gabriel Mountain）下的圣马力诺大庄园里。

但他所购藏的大部分书籍和手稿却存放在纽约市，已经有十多年了。其中一些放在他备有住处的大都会俱乐部（The Metropolitan Club）里，一些存放于第五大道（The Fifth Avenue）和第57大街（West Fifty-Seventh Street）交界处的第三层楼的藏书楼中，还有一些存放在银行保险库。所有典藏都在等待进驻西海岸一座条件优越的贮藏室。1920年秋，亨廷顿在自家庄园里营建的藏书楼落成，整栋建筑美轮美奂。光在纽约帮忙处理藏书事务的人员就有12名之多，他们既要打理不断涌来的藏书，还要为搬运藏书的大行动做准备。

1927年，亨廷顿托付给董事会的图书馆当时已经包括17.5万册印刷书籍和200万份文件和手稿，其中有6500册印制于1800年之前的美国书籍，1.1万册印制于1640年前的英国书籍，包括29册莎士比亚对开本和73册莎士比亚四开本。置于同一珍本书保管库中的摇篮本有不少原是中欧修道院的藏品，它们仍保持着中世纪的装订。有些则来自法国或英国的贵族私人藏书馆，其装订为18世纪摩洛哥山羊皮封面，令人叹为观止。

1931年第一期的《亨廷顿图书馆简报》里提道：“图书馆收藏的增长过于迅猛，当大量购买的阶段戛然而止时，图书馆的工作人员都弄不清馆藏书籍的总数及其内容。”在亨廷顿辞世后的20年里，亨廷顿图书馆工作人员的主要日常工作是整理馆藏，装备图书馆，使其成为一座真正意义上的研究机构。到1970年的时候，亨廷顿图书馆馆藏书籍总数超过500万册，善本书几乎占据了半壁江山。

据说，亨廷顿对于书籍的爱好是真挚和强烈的，他通常亲自阅读所有的图书目录并做上标记。尽管他对英国历史有着浓厚的兴趣，但他生性不喜出国旅行，平生仅到访过一次英国。除了摇篮本和与西班牙、美国相关的文件之外，他只收藏英语书籍。在实际生活中，亨廷顿并不喜欢做研究所需的必要条件，不肯为买参考书而花钱，并敦促其编目员在用过的信封反面写字，以节省开支。

别墅室内装饰面板、家具等，大部分是委托杜维恩公司从英国海运过来的。此外，亨廷顿还专门委托杜维恩为他的英国肖像画寻觅符合其品位的画框。比如说，1916年，杜维恩在给亨廷顿的信中解释道："很抱歉其他三个英国肖像画画框延期了。这三个是从伦敦来的，另外三个是从巴黎来的，因为拥堵延误了。"事实上，亨廷顿在营造一个涵盖了图书馆、艺术收藏馆、植物园的独特的文化遗存，这在艺术博物馆的发展历程中可称得上是一个独特案例。我们将在下文中着重探讨亨廷顿英国艺术趣味的生成过程及相关问题。

《古腾堡圣经》书影，亨廷顿图书馆藏。

二、圣马力诺的崇英主义者

1850年出生于纽约州奥尼昂塔市（Oneonta）的亨廷顿在成年之后，大部分时间都是与伯父科利斯·P. 亨廷顿（Collis P. Huntington）创立和巩固其创立的铁路帝国，初时在美国南部，后来才迁到加利福尼亚州。1873年，时年23岁的亨廷顿和玛丽·爱丽丝·普伦蒂斯（Mary Alice Prentice）结婚，两人育有三女一男，其唯一的儿子就是霍华德·爱德华兹·亨廷顿（Howard Edwards Huntington）。今天为人们所熟知的亨廷顿艺术收藏馆原是1910年完工的亨廷顿宅邸（The Huntington House）。亨廷顿植物园即是亨廷顿购于1902年的圣马力诺牧场（San Marino Ranch）的一部分。1904—1910年间正值亨廷顿职业生涯最为繁忙的时期，很少有机会长期居住在圣马力诺。早在1906年，亨廷顿聘请建筑师迈伦·亨特（Myron Hunt）、埃尔默·格雷（Elmer Grey）为其在圣马力诺设计乔治亚风格的建筑以陈列其珍本书和艺术藏品。

相较于上述图书收藏方面的豪举，亨廷顿一直对艺术品保持颇为谨慎的态度，最初并未花大价钱购买艺术作品，更谈不上像上述购藏图书那样整体入手艺术品。诚如前文所述，亨廷顿对离开新大陆赴欧洲旅行兴趣索然，宁愿在圣马力诺的庄园中过着宅居生活。1913年，与阿拉贝拉结婚的亨廷顿首次赴欧竟然是为了蜜月旅行，但他一如既往数月住在巴黎近郊的城堡里。"一战"爆发之前，亨廷顿造访过英国，自此再无欧游之想。

乔叟著《坎特伯雷故事集》(*The Canterbury Tales*)内页。

1901年，亨廷顿从艺术商人威廉·绍斯特（William Shost）那里购买了三幅着色版画，这是他迄今为止最早的艺术品购藏记录。颇为巧合的是，这三幅版画的标

题分别是《蓝衣少年》(*The Blue Boy*)、《粉衣少年》(*The Pink Boy*)和《扮作悲剧女神的西登斯夫人》(*Mrs Siddons as Tragic Muse*),20年后,亨廷顿将《蓝衣少年》和《扮作悲剧女神的西登斯夫人》原作纳入自己的艺术珍藏之列,这可谓冥冥中自有定数。1903年7月,亨廷顿的账簿显示,更多的着色版画进入他的藏品之列。上述三幅版画又一次出现在名单上,乔舒亚·雷诺兹爵士(Sir Joshua Reynolds)的那幅《德文郡公爵夫人》(*Duchess of Devonshire*)同名版画也在其列,25年之后,亨廷顿也把原作收入囊中。

亨廷顿艺术藏品的形成与阿拉贝拉的推动有着莫大的关系。阿拉贝拉仅仅比亨廷顿小了一岁,1851年出生于弗吉尼亚的里士满(Richmond, Virginia),其母经营一家家庭旅馆。1867年,阿拉贝拉来到纽约,1869年左右嫁给了纽约一位名为约翰·A. 沃山姆(John A. Worsham)的银行家。1870年3月10日,沃山姆辞世,留下了遗腹子,即后来的阿御·亨廷顿(Archer Huntington)。1877年4月,阿拉贝拉以256000美元的价格购下了纽约西54大街(West Fifty-Fourth Street)的房产,第二年旋即以33000美元买下了宅邸西边的地皮。1880年,阿拉贝拉花费42500美元买到了宅邸东侧的一块地皮。阿拉贝拉在短短数年之内轻松出手331500美元,不能不说是"大手笔"。1883年,阿拉贝拉将东边的那块地皮转手给威廉·亨利·范德比尔特(William Henry Vanderbil),成交价是60000美元。1884年,她将剩余的地产以311000美元的价格卖给了约翰·D. 洛克菲勒(John D. Rockfeller)。

在将房产出售给洛克菲勒家族之前的几个月,阿拉贝拉与科利斯·亨廷顿(Collis Huntington)结婚,两人正式结婚的日期是1884年7月。1889年,科利斯在

爱德华·亨廷顿书房陈设场景。

亨廷顿艺术藏品馆内部陈列场景。

纽约第五大道和第57大街拐角处买下一块地皮建造新宅。科利斯本意是雇佣当时的著名建筑师理查德·莫里斯·亨特（Richard Morris Hunt）来负责设计，由于亨特当时在欧洲，推荐了其弟子乔治·B.波斯特（George B. Post）。阿拉贝拉也是在这个时期开始涉足艺术品收藏的。1899年编辑完成的画作目录大致反映了阿拉贝拉艺术藏品的基本面貌：85幅画作，价值从100美元到75000美元，大部分是19世纪晚期学院沙龙作品，也有一些出自美国本土画家之手的画作。1900年8月13日科利斯的辞世使得阿拉贝拉拥有巨额财富并进而在艺术收藏方面更具自主权。一个有力的证据便是：1907年，阿拉贝拉豪掷150多万美元购藏了“鲁道夫·卡恩藏品”（The Rudolph Kann Collection）里的不少精品。

“鲁道夫·卡恩藏品”颇有来历，自19世纪80年代起，德裔法国矿业大亨鲁道夫·卡恩（Rudolph Kann）在著名德国鉴赏家威廉·冯·博德（William Von Bode）的帮助下，聚集了一批艺术珍藏。为约瑟夫·杜维恩代理巴黎分部业务的爱德华·福尔斯（Edward Fowles）认为，卡恩藏品的总体价值超过了杜维恩公司伦敦分部藏品的总和。来自意大利、弗拉芒、法国、英国绘画超过100幅。还有一组荷兰绘画作品值得特别提及，精华部分当属维米尔的《入睡的女仆》（A Maid Asleep）和伦勃朗的11幅画作，《凝视荷马半身像的亚里士多德》也在其列。1906年，杜维恩从约翰·P.摩根（John P. Morgan）的银行借款200万美元，再加上自己筹措的220万美元，将61幅画作整体购入。按照当时的承诺，摩根享有优先权选择心仪的作品。参与这场角逐的除了摩根之外，还有阿拉贝拉、美国零售业大亨本雅明·阿尔特曼（Benjamin Altman）、P.A.B.威德纳（P.A.B.Widner）等美国顶级收藏家。这些人分别花费100余万美元来“挑选”自己所中意的卡恩藏品。摩根选了其中的11幅画作，其中包括汉斯·梅姆林（Hans Memling）、所罗门·勒伊斯达尔（Solomon Ruysdael）的风景画、罗杰·凡·德·魏登（Roger van der Weyden）的《圣母领报》（*Annunciation*）等；阿尔特曼购买了多幅画作，其中《提图斯》

（*Titus*）、《洗手的彼拉多》（*Pilate Washing His Hands*）、《剪指甲的女子》（*Woman Cutting Her Nails*）等3幅出自伦勃朗之手、，维米尔的那幅《入睡的女仆》和迈因德特·霍贝玛（Meindert Hobbema）的几幅风景画也被阿尔特曼买走。

阿拉贝拉曾数次光顾并仔细观看这批藏画。1907年4月底，阿拉贝拉在写给儿子阿彻的信中感叹这批藏品的价格之高昂。在同年7月14日致阿彻的信中，确定了阿拉贝拉已经将几幅画收入囊中的事实。例如伦勃朗的《凝视荷马半身像的亚里士多德》、《亨德里克耶·施托费尔斯》（*Hendrickje Stoffels*），弗朗斯·哈尔斯的《威廉·科伊曼斯》（*Willem Coymans*）、《多罗特娅·贝克》（*Dorothea Berck*），此外还有法国家具和中国青铜器等。就卡恩藏品来说，阿拉贝拉总共花费了150多万美元。这次购藏行为在很大程度上提高了阿拉贝拉在美国艺术收藏界的声誉。举例来说，1908年第一期的《鉴赏家》（*The Connoisseur*）杂志就提到了阿拉贝拉，声称其“已经跻身一流收藏家之列”。换言之，美国艺术收藏界已经有了她的一席之地。在阿拉贝拉初到纽约的那段时期，她通过自学修习了艺术和建筑方面的知识并熟练掌握法语，逐渐养成了极高的艺术品位。毋庸置疑，上述藏品的购入也在很大程度上得益于她早年的学习。

亨廷顿艺术藏品馆外景。

再回到亨廷顿的艺术收藏活动。1901—1906年间，亨廷顿在艺术收藏方面的投资仅为3000美元左右，显然难以与其购买图书的“大手笔”同日而语。1907年是一个分水岭，1907—1909年这段时间，亨廷顿突然斥资200多万美元用于购买艺术品。1906年，亨廷顿同普伦蒂斯离婚。时隔七年之后的1913年，他才同阿拉贝拉结婚。今天在圣马力诺亨廷顿图书馆保存的账单、货运清单和电报等内容大多与阿拉贝拉敦促亨廷顿收藏艺术品相关，也有一些是艺术交易商发给亨廷顿的电报和信件，也是与艺术品交易相关。这些文件上的信息显示一点，即大多情况下是阿拉贝拉收藏，亨廷顿为其买单。需要注意的是，如此频繁、涉及大笔资金的购藏行为距二人结婚的日期有数年之久。对比一下不难看出，收藏艺术品基本上与圣马力诺庄园的别墅修建工程是同步进行的，里面所陈设的艺术品也是预先规划好的。

1907—1908年间，亨廷顿将出自亨利·雷伯恩（Henry Raeburn）之手的等身肖像画《格雷李勋爵》（Lord Glenlee）收入囊中。这虽算得上是一幅上好的画作，但不是雷伯恩最好的作品。尽管如此，这幅画对亨廷顿来说具有非同一般的意义，

亨廷顿艺术藏品馆内部陈列场景。

这是他购入的第一幅英国“乔治时代”（Georgian Era, 1714—1830）等身肖像画。但亨廷顿在此时尚未确定其收藏艺术品的“主攻方向”。直到1911年，亨廷顿决定以专门收藏英国等身肖像画作为主。1911年4月底，亨廷顿以10万美元的价格购买了一幅当时归属为西班牙绘画大师委拉斯开兹的教士题材的肖像，引起了媒体的争相热议。7月底，庚斯博罗创作的《彼得夫人》（*Lady Petre*）、《利戈尼尔勋爵及夫人》（*Lord and Lady Ligonier*）通过阿拉贝拉的推介成为亨廷顿的藏品。7月24日，在从巴黎发往洛杉矶的电报中，阿拉贝拉说道：“已寓目杜维恩购入的韦尔泰梅藏品（The Wertheimer Collection），其中有3幅画作不可错过，2幅庚斯博罗绘制的等身肖像画（《利戈尼尔勋爵及夫人》），这对夫妇肖像出价11000英镑颇合理。一幅出自罗姆尼的有两位美姝的肖像画，价格为65000英镑的《克里夫登夫人和伊丽莎白·斯宾塞夫人》（*Lady Clifden and Lady Elizabeth Spencer*）。此外还有一幅庚斯博罗的身着蓝白服装、戴大宽边帽子的女子肖像，价格已恢复到75000英镑的《彼得夫人》。你该买上述3幅画，杜维恩为你保留着，速回复。”1911年底，亨廷顿购得乔治·罗姆尼（George Romney）所绘制的双面肖像画《克利夫顿子爵夫人》（*Viscountess Clifden*）和《伊丽莎白·斯宾塞夫人》（*Lady Elizabeth Spencer*）。由此可知，亨廷顿对阿拉贝拉的艺术鉴赏力颇为认可。

1912年7月8日，约瑟夫·杜维恩致信给阿拉贝拉，声称在一幢乡村别墅里发现了一幅雷诺兹创作的杰作。画中人身着粉色衣裙，面容姣好，在花园中娴静地漫步，建议其买下，即便价格稍高也在所不惜。他保证阿拉贝拉肯定会喜欢这幅画，并保证在她看到它之前绝不会轻易示人。最终，这幅标题为《简·弗莱明——后来的哈灵顿公爵夫人》（*Jane Fleming: Later Countess of Harrington*）连同其母亲的肖像以80万美元的价格纳入其艺术珍藏之列。

1914年2月2日，画商雅克·塞利格曼（Jacques Seligmann）从巴黎写信给阿拉贝拉，告知约翰·P. 摩根藏品拍卖的消息。最终，亨廷顿购得摩根藏品中的22件文艺复兴早期的雕塑精品。1917年12月杜维恩公司的发货清单显示，这批雕塑作品的总价格为32万美元。同年10月4日，杜维恩撰写了一封申请书以了却他跟亨廷顿之间的一笔旧账。本年的6月16日，身在巴黎的亨廷顿通过杜维恩收得两幅全身肖像画，即出自乔治·罗姆尼之手的《杰里迈亚·米莱斯》（*Jeremiah Milles*）

和《罗斯·米莱斯》（*Rose Milles*），由于亨廷顿数月未结清这笔画款，杜维恩加了5%的利息，共计415000美元。这类事情在两人的交易中较为常见，譬如，1924年，亨廷顿通过杜维恩购得一幅庚斯博罗所作的《伊丽莎白·博福伊》（*Elizabeth Beaufoy*），支付给杜维恩公司45万美元，同样包含5%的利息。

1915年，杜维恩向亨廷顿推荐了一幅罗姆尼的《佩内洛普·李·阿克顿夫人》（*Mrs. Penelope Lee Acton*）。在一封8月9日致亨廷顿的信件里，杜维恩坚称这是所有罗姆尼存世作品中最好的一幅画作。不仅如此，他还强调一点，即此作甚至算得上是“英国画派”中的杰作。在意料之中的是，这幅画最终于1916年1月24日以325000美元成交。也是在此年，亨廷顿以11万美元购买了一对来自摩根旧藏的萨伏内里（Savonnerie）地毯，这桩交易也与阿拉贝拉有关。杜维恩在给亨廷顿的信件里提到了她十分青睐伦敦摩根宅邸中的小地毯。亨廷顿所入手的这对地毯1670—1687年间在法国的皇家萨伏内里工厂（The Royal Savonnerie Manufactory）制作完成，原本是卢浮宫的订件，后被送往凡尔赛宫使用，可以说来历不凡。

到1917年时，杜维恩业已成为亨廷顿艺术收藏方面无可取代的中间人，其地位无人可撼动。也是在这一年，由杜维恩代理律师负责起诉伦敦的刘易斯和西蒙斯公司（Lewis & Simmons）一案，经过鉴定，亨廷顿所购买的这幅《萨拉·西登斯》（*Sarah Siddons*）最终被定为出自奥扎厄斯·汉弗莱（Ozias Humphry）之手的仿作。附带一提的是，亨廷顿之所以购藏这幅画，原因在于画作的主角——萨拉·西登斯（Sarah Siddons, 1755—1831）在英国是家喻户晓的名伶。西登斯夫人出生于戏剧世家，其父罗杰·肯布尔（Roger Kemble）既是一名演员，也经营着一个剧团。1766年12月22日，萨拉有记录的首次登台就是在父亲剧团的《暴风雨》（*The Tempest*）剧中饰演精灵——埃里厄尔（Ariel）。从1782年首次在伦敦登台演出并大获成功，一直到1812年结束舞台生涯30年间，可以说西登斯一直占据英格兰、苏格兰，乃至爱尔兰的舞台制高点，成为英国家喻户晓的人物，被称为悲剧女神墨尔波墨涅（Melpomene）的化身，这在当时男性演员占绝对主导地位的情势下，颇为不易。喜爱英伦文化的亨廷顿应当对这个人物颇为了解。

亨廷顿艺术藏品馆内部陈列场景。

奥斯瓦尔德·霍恩比·约瑟夫·伯利（Oswald Hornby Joseph Birley, 1880—1952），《阿拉贝拉·亨廷顿肖像》（*The Portrait of Arabella Huntington*），布面油彩，127cmx101.6cm，1924年。

亨廷顿艺术收藏生涯的“顶峰”大致出现于20世纪20年代左右。1921—1922年间，他通过杜维恩从威斯敏斯特公爵（the Duke of Westminster）获得了《蓝衣少年》《扮作悲剧女神的西登斯夫人》和《农舍之门》（*The Cottage Door*）三幅著名画作。以《蓝衣少年》为例，1922年2月1日，观众们排队等待进入伦敦特拉法加广场的国家美术馆（National Gallery），为的是再细观这次“告别展览”上的主角——《蓝衣少年》，三周以后，它安然抵达美国加州洛杉矶。细说起来，就展览历程来说，这幅画曾在1814、1834、1857、1862、1870、1885、1896、1908（两次参展）等年份在重要展览上出现过。与此同时，这幅画也有油画复本并频繁地出现于版画印刷品上，无疑会使其广为人知。1894年出版的一本书中将其特指为“那幅著名的《蓝衣少年》”。无独有偶，1901年发表的一篇关于“威斯敏斯特藏品”（The Westminster Collection）的文章则干脆将此作形容为“太广为人知以至于无须作说明”。

此时的杜维恩将自己定位为一位输出祖国文化遗产的“罪人”，在写给亨廷顿的书信中，他表露了自己的“压力”和担忧，“见诸报端的关于《蓝衣少年》的报道是不可避免的。但我仍能幸运地制止所有不友好的抨击。与此同时，出于多种原因（我届时会解释），我恳求您为我个人考虑，不能向任何人透露您已购买此作的消息。我们已收到周一驾临这里的国王的谕旨，周二下午要去觐见他。我仍对这次会面心有余悸。”有意思的是，杜维恩将一封展览期间时任国家美术馆馆长的查尔斯·霍姆斯爵士（Sir Charles Holmes, 1868—1936）回复他的信件的复本寄给了大洋彼岸的亨廷顿。霍姆斯在这封信中言及国家美术馆的苦衷：“大家均认同一点，即刚刚从战争中恢复过来，国家无力支付那位幸运的买主所出的价码。国家美术馆刚刚获得了一幅新的凡·戴克（Van Dyck）所作的杰作，但与《蓝衣少年》相关的浪漫故事却无法继续下去了！”就这个展览来说，《伦敦时报》（*London Times*）12月份的售票日平均日参观量不足350。但在这个特别展览进行期间，情况则大不相同《每日电讯报》（*The Daily Telegraph*）给出了较为直观的数据：在售票日，参观人次保持在4140—6896之间；一个免费的参观日里，观众量高达9066。在三周的展期之内，共有90000人观看过这幅即将远行的杰作。在德国著名艺术史家、艺术鉴赏家博德看来，《蓝衣少年》远赴新大陆是一个具有全球意义的重要事件。他认为，10年前（1911年），那些认为这幅画将跨越大西洋并成为亨廷顿藏品“拱心石”的人会认为是疯子。而如今，这已经成为事实。博德将这幅画的离去比作苏格兰百年橡树的连根拔起和直布罗陀山（The Rock Gibraltar）的移动。自罗马人对希腊艺术的洗劫和拿破仑出于丰富卢浮宫馆藏的考虑，对欧洲博物馆、教堂的珍藏强取豪夺以来，这幅画的易主事件是最为重要的。但就亨廷顿夫妇的购藏行为来看，在艺术品上花费的金钱总数可直观地体现出北美富有的藏家对旧世界的“劫掠”。1908—1927年间，亨利和阿拉贝拉夫妇共花费了超过2100万美元来购买艺术品，其中装饰艺术品和绘画平分秋色。

奥斯瓦尔德·霍恩比·约瑟夫·伯利（Oswald Hornby Joseph Birley, 1880—1952），《爱德华·亨廷顿肖像》（*The Portrait of Edward Huntington*），布面油彩，127cmx101.6cm，1924年。

在阿拉贝拉于1924年9月14日辞世之后，亨廷顿全力收藏英国等身肖像画。譬如，1924年，5幅画作入藏。1925年，康斯太勃尔的《戴德姆附近斯托尔景色》（*View on the Stour near Dedham*）、《德文郡公爵夫人》和罗姆尼创作的多幅重要作品进入其藏品之列。1926年，一批涵盖雷诺兹的《特蕾莎·帕克》（*Theresa Parker*）、庚斯博罗的《费恩夫人》（*Mrs. Fane*）以及罗姆尼的《戴白色无檐帽的汉密尔顿夫人》（*Lady Hamilton in a White Turban*）等名作的微型肖像画也成为亨廷顿的私藏。1927年，《小指》（*Pinkie*）连同一些为数众多且品质极高的法国家具、瓷器、雕塑均归亨廷顿所有。

戴璐在其《从审美趣味看收藏动机——以英国乔治亚时代肖像在美国的收藏为例》一文中指出，英美两国在收藏乔治亚时代肖像画时体现出明显的差异性。譬如说，在英国国家肖像美术馆（National Portrait Gallery, London）里藏有60幅乔治亚时代的肖像画，其中有35幅男性肖像、15幅女子肖像，其余的均是夫妻肖像、家庭群像等。该机构选择藏品的标准十分明确，即是在英国历史上留下印记的人，藏品本身的品质并不是首要考量的要素，像主的社会影响力是最为关键的。男性肖像大多以男性为主。无独有偶，国家美术馆和泰特不列颠美术馆（Tate Britain）所藏的乔治亚时代肖像也是男性形象多于女性。

相形之下，美国艺术机构所藏乔治亚时代肖像大多以女性为主，男性仅占其中较小的份额。大都会艺术博物馆（The Metropolitan Museum of Art）所藏的27幅画作之中只有2幅是男性肖像；芝加哥美术学院美术馆（Art Institute of Chicago）的9幅藏品中有6幅女性、3幅男性；克里夫兰艺术博物馆（Cleveland Museum of Art）的10幅藏品中有7幅女性、2幅男性和1幅儿童肖像；底特律美术馆（Detroit Institute of Arts Museum）的10幅藏品中有6幅女性、3幅男性和1幅儿童肖像。至于像摩根、弗里克、怀德纳等人的藏品，情况非常一致。摩根几乎只收女性肖像；在弗里克的23幅英国肖像画中，只有3幅男性肖像；安德鲁·梅隆（Andrew Mellon）的15幅藏品中仅有3幅男性肖像；亨廷顿可谓是美国境内收藏乔治亚时代肖像画的“大佬”，藏品数量达到60幅，其中就有41幅女性肖像、6幅儿童像（其中包含2幅母子像），男性肖像只有13幅。直到1927年辞世之前，亨廷顿没有停止对女性肖像画的搜罗。尤其是对一些符合纤细的身材、鹅蛋小脸、大眼睛等标准的“漂亮”女性肖像的追求。杜维恩曾向其推介一幅标题为《戴草帽的爱玛·哈特》（*Emma Hart, later Lady Hamilton, in a Straw Hat*）的杰作：“这幅画少于17.5万我是不会出手的……除了历史价值，它还是这位女士最漂亮的肖像之一。”最终这幅出罗姆尼之手的杰作进入亨廷顿的私人藏品之列。

1667年首版《失乐园》（*Paradise Lost*）卷首插画中的弥尔顿肖像。

三、亨廷顿对阿拉贝拉艺术藏品原境营造的努力

如今的亨廷顿艺术收藏馆分为三个分馆：亨廷顿艺术馆（Huntington Art Gallery）、弗吉尼亚·斯蒂尔·斯科特美国艺术馆（The Virginia Steele Scott Galleries of American Art）、玛丽露和乔治·布恩艺术馆 （MaryLou and George Boone Gallery）。根据各自藏品的特色可简称为欧洲馆、美国馆和特展馆。前两个馆属于陈列馆，各自有一个小展厅作为特展馆。欧洲馆于1928年开放，是英国本土之外最好的英国艺术品收藏馆，18—19世纪雕塑，涵盖银器、瓷器、家具、威廉·莫里斯（William Morris）绘画玻璃的装饰艺术品、19世纪风景画大师透纳和康斯太布尔的画作、肖像大厅里的等身肖像画等均是欧洲艺术馆的核心馆藏。

如果简要梳理一下亨廷顿本人的遗嘱的变化与调整过程，以上整体格局的出现是在情理之中的。早在1906年，亨廷顿就对外宣称：“打算在辞世之前将一些东西回馈给公众。”但未点明这些东西是什么。他签署于1914年3月28日的遗嘱显示，房地产和艺术、图书藏品是首要考虑在内的。他决定将位于加州洛杉矶郡（The County of Los Angeles）的财产（其中包括别墅、画作、珍本书、雕像、挂毯）赠与

托马斯·劳伦斯爵士（Sir Thomas Lawrence），《小指》（*Pinkie, Sarah Goodin Barrett Moulton*），布面油彩，148cmx102.2cm，1794年。（左）

弗朗索瓦·于贝尔·德鲁埃（François Hubert Drouais），《男孩和桃子》（*Boy with Peaches*），布面油彩，71.1cmx55.9cm，1760年，阿黛尔·S.布朗宁纪念藏品（Adele S. Browning Memorial Collection）。（右）

妻子阿拉贝拉。另外还加了一条，在其他居所的珍本书和画作必须陈列在亨廷顿老宅（Huntington Home Place），所有上述藏品应该赠与洛杉矶郡，将其作为一个使得公众获益的博物馆、公园和图书馆运营。

如今的亨廷顿形成如此规模，不得不提到一个重要人物。1906年10月，亨廷顿在帕萨迪纳（Pasadena）的一次晚宴上遇到了亨廷顿图书馆、艺术收藏馆和植物园得以创立的关键人物——天文学家乔治·埃勒里·黑尔（George Ellery Hale），此公当时担任加州理工学院（California Institute of Technology）董事会成员，一手筹建了在美国科学界享有盛誉的威尔逊山天文台（Mount Wilson Observatory）。他当时有一个宏伟的计划，就是把帕萨迪纳打造成为美国西部的文化中心，让科学与艺术在这里实现完美的融合。当时的加州理工大学和威尔逊山天文台已经为帕萨迪纳吸引到全美最顶尖的科技人才，接下来要做的就是吸引文化艺术方面的英才，亨廷顿得以创建可谓恰逢其时。这次会面中，亨廷顿对黑尔提出的创立研究中心和图书馆的设想颇感兴趣，但没有立刻拍板。需要提到的是，阿彻在亨廷顿下决心创立一家机构这件事上起到了非常关键的作用，1913年初，亨廷顿询问其所创办的美国西班牙文化协会（The Hispanic Society of America）的运营情况及相关数据。1914年4月，阿彻和黑尔在纽约会面，下午黑尔与亨廷顿在西班牙博物馆（the Hispanic Museum）会谈。自1906年首次碰面以来，黑尔第二次有机会与亨廷顿讨论其藏品的未来相关问题。也就是在这次会谈中，黑尔改变了亨廷顿将藏品交给洛杉矶郡议会（the Board of Supervisors of Los Angeles County）管理的最初想法并痛陈其弊端所在，建议任命一个董事会，挑选有学识、有品位、有经验的人来任职，这样

罗杰·凡·德·魏登（Rogier van der Weyden），《圣母子》（*Madonna and Child*），木板油彩，57.8cmx40.6cm，1460年。

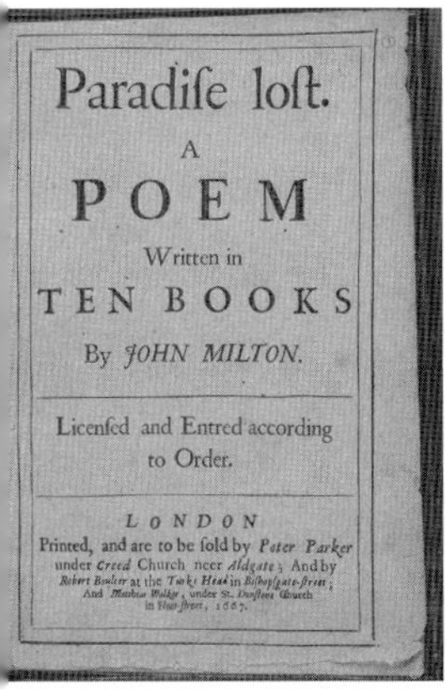

约翰·弥尔顿（John Milton, 1608—1674），1667年首版《失乐园》，亨廷顿图书馆藏品。

才能保证整座机构学术上的独立性，进而能够吸引到世界各地的知名学者。1914年5月，黑尔致信亨廷顿，建议其整合其善本书珍藏建立一座图书馆。1916年，黑尔在写给亨廷顿的长信里详细描述了整座机构的规划，其中提到了建造图书馆和博物馆，前者供研究者利用自己的藏书，后者则向公众展示亨廷顿夫妇的藏画。毫无疑问，这会是一个强有力学术机构。黑尔在这封信里特别强调一点，华盛顿的卡内基学会（The Carnegie Institution）主要侧重于自然科学研究，因此在艺术、考古学、历史及文学等方面则是一个处女地，亨廷顿正在酝酿中的这所机构则在以上诸方面具有极大的优势，会给整个社区、美国乃至全世界带来福音。

阿拉贝拉敦促亨廷顿完成了几笔关于乔治时代英国等身肖像画的购藏，但她本人的艺术趣味相对亨廷顿则较为宽泛和包容，涵盖了意大利文艺复兴、17世纪荷兰绘画、18世纪法国的装饰艺术等领域。没有证据表明杜维恩将英国趣味"强加"于一位重要主顾身上，这显然有悖常理。对乔治亚时代英国肖像画的聚焦，并辅之以18世纪法国装饰艺术是亨廷顿本人的决定。1911年末，亨廷顿在完成首批英国肖像画交易的同时，也在阿拉贝拉的建议下购进了出自名匠卡林（Carlin）之手的法国柜子及配件，还有亨廷顿私人图书馆的桌子等。

到20世纪20年代左右，阿拉贝拉经过多年经营，已经搜罗到了许多世界级的艺术品并将其悬挂在其宅邸中的四壁之上。如伦勃朗的《花神》（*Flora*）、弗朗斯·哈尔斯（Frans Hals）的肖像画、维米尔的那幅《持鲁特琴的女子》（*Lady with a Lute*）、托马斯·劳伦斯（Thomas Lawrence）的《卡尔马迪子女》（*The Calmady Children*）、雷诺兹的《史密斯夫人和她的孩子们》（*Lady Smith and Her Children*），此外还有200多幅出自其他名家之手的画作。在这之中，名气最大的当属前述那幅出自伦勃朗之手的《凝视荷马半身像的亚里士多德》。这部分藏品中的一部分由阿彻捐赠给大都会艺术博物馆，构建了该馆的"科利斯·亨廷顿纪念藏品"（The Collis Huntington Memorial Collection）。

1922年3月底，亨廷顿与前妻所生的儿子霍华德因病去世。雪上加霜的是，1924年9月，阿拉贝拉去世。在某种程度上可以这样说，这种变故促使亨廷顿更为慎重地考虑如何妥善安置他和阿拉贝拉所搜罗的藏品问题。在这个时间节点前后，亨廷顿大力搜求英国等身肖像画，最得力的助手当属杜维恩无疑。在他的引导之下，亨廷顿罗致了世界上最好的英国肖像画。斯宾塞伯爵（The Earl of Spencer）藏品销售就是一个典型的例子。1922年，债务缠身的斯宾塞伯爵无奈之下被迫出售家藏的几幅艺术珍品。1923—1925年间杜维恩和亨廷顿的通信生动地记载了这些名作如何一步步进入圣马力诺亨廷顿的私藏之中。1923年5月16日，身在伦敦的恩斯特·杜维恩（Ernst Duveen）给纽约的杜维恩兄弟公司（Duveen Brothers, New York）发电，声称得到可靠消息，斯宾塞手中分别出自雷诺兹、庚斯博罗的《德文郡公爵夫人》要出手。中间曾有画廊和艺术商人阻挠这两幅画作流失到英国境外。1924年2月2日，亨利在信中告知杜维恩，手头紧，暂时无力购藏这两幅画。1924年4月30日，杜维恩巴黎分公司给杜维恩发电报，称亨廷顿是唯一有实力购买这两幅画的藏家。10月24日，这两幅画的估价为7万英镑。12月4日，亨廷顿购买了斯宾塞伯爵手中的《斯宾塞伯爵夫人拉维尼亚及其子奥尔索普子爵约翰·查尔斯·斯宾塞》（*Lavinia, Countess Spencer, and Her Son, John Charles Spencer, Viscount Althorp*），成交价为35万美元。另一幅也以35万美元出售给亨廷顿，其标题为《弗兰西丝·莫尔斯沃思，后来的卡姆登女伯爵》（*Frances Molesworth, Later Marchioness Camden*）。当然了，前述两个版本的《德文郡公爵夫人》被杜维恩购入，时间是在1925年1月2日，时隔两周，杜维恩公司在各大报纸上广泛发布了这个消息。4月1日，杜维恩电告亨廷顿，许诺为他保留这两幅画直到4月15日为止。结果亨廷顿在4月2日的回电中就询问杜维恩是否有一幅出自雷诺兹之手的画作，四天以后，杜维恩告诉亨廷顿，收藏家安德鲁·梅隆有意购藏这幅雷诺兹的画作，但向亨廷顿表示可以斡旋。结果亨廷顿购得了这两幅名作，雷诺兹版本的《德文郡公爵夫人》成交价高达48万美元！除此之外，庚斯博罗的《查尔斯·弗里德里克·埃布尔》（*Charles Friedrich Abel*）和康斯太勃尔的《戴德姆附近的斯托尔风景》（*View on the Stour near Dedham*）分别以29万美元和33.5万美元顺利成交。

托马斯·庚斯博罗（Thomas Gainsborough），《蓝衣少年》（*The Blue Boy*），布面油彩，179.4cmx123.8cm，1770。

在1924年阿拉贝拉辞世之后，亨廷顿决定将两个人的藏品汇集一处并使之变为永恒。早在阿拉贝拉辞世之前，亨廷顿专门向画家奥斯瓦尔德·霍恩比·约瑟夫·伯利（Oswald Hornby Joseph Birley, 1880—1952）订制了两人的肖像画，意在将夫妇二人塑造成为艺术收藏家的形象，尽管当时的阿拉贝拉还未准备成为博物馆创立者。在阿拉贝拉辞世之后，亨廷顿决定通过为阿拉贝拉建造专门展厅的方式来纪念她。

自从上文提及的阿拉贝拉逝世事件发生之后，亨廷顿和阿彻就57大街宅中图书馆内陈列的阿拉贝拉艺术藏品，尤其是那些文艺复兴时期的名家之作的去向进行了商讨，结果引发一些不快。杜维恩充任调解人，目的是代表亨廷顿为圣马力诺图书馆四个专门纪念阿拉贝拉的专室购藏这批画作。1925年1月6日，亨廷顿得到的答复是：阿彻不打算整体出售。本年6月份，在亨廷顿的一再要求之下，阿彻请杜维恩再次转告亨廷顿，直到1926年9月份之前绝不会拍卖这批藏品。事实上，阿彻将其中的一些藏品拿到拍卖机构进行拍卖。譬如，杜维恩代表亨廷顿以63775美元的价格拍得了阿拉贝拉旧藏中的15幅画作，大多属于“巴比松画派”的作品。1926年5月，阿彻将一批阿拉贝拉的文艺复兴时期画作捐赠给亨廷顿艺术藏品馆，里面包含了那幅著名的出自罗杰·凡·德·魏登（Roger van der Weyden）之手的《圣母子》（*Virgin and Child*）。同年10月，阿彻专门致信亨廷顿，目的是为了解释拍卖阿拉贝拉旧藏中部分藏品的缘由是他本人遭遇经济困境。此时他又将伦勃朗的《亨德里克耶·施托费尔斯》《花神》，连同哈尔斯的《保卢斯·费许尔》（*Paulus Verschuur*）捐赠给大都会艺术博物馆。但阿拉贝拉最为珍视的那幅《凝视荷马半身像的亚里士多德》却一直不肯捐赠。1928年，阿彻将这幅画出售给杜维恩。除此之外，哈尔斯的那幅《威廉·科伊曼斯》1929年由杜维恩转售给安德鲁·梅隆，《多罗特娅·贝克》也是经由杜维恩，转让给了巴尔的摩的慈善家、艺术收藏家玛丽·弗里克·雅各布斯（Mary Frick Jacobs）。

鉴于阿拉贝拉的艺术藏品不复完整，亨廷顿委托杜维恩建立一个集中反映阿拉贝拉艺术趣味的永久性藏品，这就成为亨廷顿艺术藏品馆中阿拉贝拉纪念藏品的基石。亨廷顿支付给杜维恩的收藏经费高达270.3万美元。1926年12月20日，杜维恩向亨廷顿汇报亨廷顿图书馆西翼四个展室的艺术品购藏进展情况。为了在最大程度上恢复阿拉贝拉旧藏的陈列方式和艺术趣味，杜维恩专门从“罗斯柴尔德藏品”（The Rothschild Collection）中遴选精品，甚至专门购置了与阿拉贝拉当年作为陈列其藏品背景相同品牌的红色天鹅绒。在短短三个月的时间内，杜维恩公司为亨廷顿搜罗到了116件与阿拉贝拉旧藏十分契合的藏品，共装了260个箱子发往圣马力诺。杜维恩亲自布置这些藏品的陈列，尽量做到尽善尽美。

1919年，在黑尔的襄助之下，亨利·爱德华·亨廷顿图书馆和艺术馆（The Henry E. Huntington Library and Art Gallery）宣告成立，黑尔顺理成章地成为董事会仅有的五位创会成员之一。首批董事终身受命，此后的每届任期为10年。黑尔在托管书中规定，亨廷顿永远不能与其他机构合并，否则，所有不动产和个人财产均会转入大都会艺术博物馆名下。1922年4月8日，也就是爱子霍华德辞世12天之后，亨廷顿签署了三份契约，将其善本书、手稿收藏、画作以及圣马力诺农场捐赠给理事会。这则事件成为1922年4月9日《纽约时报》（*The New York Times*）头版头条内容也在意料之中，文章的标题《所有亨廷顿艺术藏品成为回馈公众的礼物——受托团体得以创立以永久性保持其庞大藏品不分离》“All Huntington Art a Gift to the Public: Creation of Trust to Maintain His Vast Collection Intact Forever”暗示了亨廷顿图书馆和艺术馆的整体格局，文章的作者把亨廷顿的捐赠行为与同年开放的纽约弗里克藏品馆（The Frick Collection）相提并论。无独有偶，4月12日的《纽约先驱论坛报》（*The New York Herald*）也给予亨廷顿的捐赠以极高的评价，捐赠艺术品行为是一个最为高贵的举动，公众能永久地从其高雅的趣味中获得益处。1923年5月15日，加州立法机构通过了“27号决议”（“Resolution 27”），正式接受亨廷顿的捐赠并深表谢意。

《蓝衣少年》1994年的X光扫描影像。

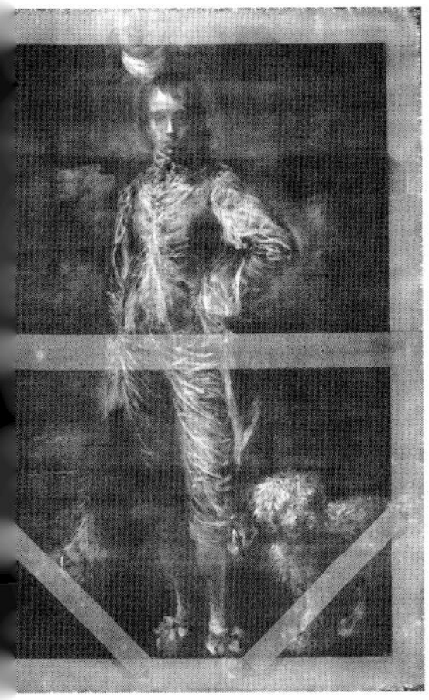

1927年4月25日，亨廷顿和他的董事会签署了一份合法的授权文书，亨廷顿图书

馆和艺术馆（The Henry E. Huntington Library and Art Gallery）成为“阿拉贝拉·亨廷顿纪念艺术藏品”（The Arabella D. Memorial Art Collection）的受捐机构。确保这批藏品的陈列方式保持不变，亨廷顿同时创立了“阿拉贝拉·D.亨廷顿纪念信托”（The Arabella D. Huntington Memorial Trust）。在此意义上，作为一个非营利的教育机构，亨廷顿图书馆和艺术馆可免除财产税。1930年底，相关提案被提交给加州政府，最终得以通过并写进了州宪法修正案。在此之后，董事会需每年向加州政府提交由独立会计师编写的财务年度报告并公布其非营利的财务状况。

在这里顺便提一下亨廷顿资金运营的管理机制。由五个董事组成的董事会下设三个分别管理财务、图书馆与美术馆、庄园建筑的委员会。就财政来说，亨廷顿在1927年去世时给这个机构留下了1050万美元的资产，包括藏品、土地、房产以及各种股票和债券。1934年时，时任财务委员会主席的亨利·罗宾逊（Henry M. Robinson）一手打造的投资组合呈现如此格局：40%公用事业、20%铁路、30%加州企业，这种多元化格局降低了投资风险。1936年时，亨廷顿的财务状况较为乐观，留本基金总额为950万美元，盈利达到总数的4.5%。为了保证亨廷顿资产的市值与经济发展保持同步，董事会规定，年度投资所得利润的消费不得超过5%，这个基准一直坚持到今天。包括门票收入、商店销售所得、版权费、咖啡店特许经营费用、场地租赁费用等的营业收入也在亨廷顿的运营中发挥重要作用。就管理而言，戴璐在《美国亨廷顿图书馆管理与教育功能服务考察》一文里提到，亨廷顿的最高执行者是董事会任命的总裁，下面分管八个职能部门：图书馆、美术馆、植物园、研究部、总裁办、培训和志愿者部、财务部和发展部。曾担任亨廷顿主席的斯蒂文·科布利克（Steven S. Koblik）曾在标题为《从局外人反思博物馆世界的领导》（“Reflections on Leadership in the Museum World from An Outsider”）的演讲中提到了当下亨廷顿为之提供服务的六种类型的观众群：首要的一种是该机构成立之初的特定群体，即学者。戴璐在《美国亨廷顿图书馆管理与教育功能服务考察》里提到，早在1926年，董事会通过了修订版章程，声明亨廷顿图书馆是免费的，但只对有资格的学者们开放，藏书概不外借。其使命不仅是“促进学问、服务公众”，还要“鼓励对历史、文学、艺术、科学等学科的原始资料的研究”。一些数据能够反映亨廷顿发展初期的运营情况。1933年的《圣马力诺先驱论坛报》（*The San Marino Herald Tribune*）提到，该年亨廷顿的参观总人次为12万左右。1934年因为该机构限制了对外开放时间，共有105000余人的参观总量，其中涉及246家学校、53个大学团体、246个俱乐部或其他组织机构。1936年1月14日，《帕萨迪纳星报》（*The Pasadena Star News*）专门发文欢迎亨廷顿的第100万位参观者。

今天，在这里从事研究的学者大致可分为两类：永久性的研究员和访问学者。亨廷顿最主要的研究人员分布在各个藏品部门，分管珍本图书、手稿、版画、海报、照片、欧洲艺术品、美国艺术品。访问学者是亨廷顿研究人员中的一个流动群体，

亨廷顿图书馆、艺术藏品馆和植物园中的亨利·摩尔雕塑（那泽民手绘）

每年约有1700余名来自世界各地的学者来该机构从事研究。亨廷顿每年出资200万美元为来自世界各地的研究学者（包括教师和博士生）提供奖学金，资助他们利用亨廷顿丰富的藏品在自己的研究领域内从事专深的课题研究，受助学者将通过其博士毕业论文、发表的学术论文或出版的专著证明其在亨廷顿所取得的研究成果。除此而外，研究部每年组织6或7次学术会议，会议围绕亨廷顿收藏中有关历史、文学、艺术史和科学史等领域能够探索的研究性问题展开，旨在充分挖掘馆藏的研究价值，邀请的参会者主要是南加州区域内的教授和研究生及在亨廷顿从事研究工作的学者。为满足广大公众的求知欲，研究部每年还会组织大约20场公开讲座，讨论也都是围绕亨廷顿的收藏展开。

科布利克所提及的第二类观众是董事会成员；第三类是捐赠人群体；第四类是各种级别的会员（亨廷顿的会员可划分为七个等级，应缴纳的年费分别为：120元、200元、280元、360元、700元、1500元、2500元及以上，2015年的会员总数超过38000人）；第五类观众是K12年级以下的学生群体以及帕萨迪纳地区的1100余名教师；最后一类才是最普通的观光客。科布利克特别提到，依据圣马力诺地方法律（The Law of the City of San Marino），不能无限制地在博物馆和观光景点拓展观众，这也是亨廷顿设立之初极力避免的。

四、结语

1922年4月，在《纽约时报》上看到上文提到的《所有亨廷顿艺术藏品成为回馈公众的礼物——受托团体得以创立以永久性保持其庞大藏品不分离》长篇报道之后，杜维恩专门给亨廷顿夫妇写了一封长信：“……多么精彩的礼物啊！不仅对我，对所有人均是如此，这在历史上是十分独特的——不仅涉及艺术，也关乎文学。正如英格兰的华莱士藏品馆（The Wallace Collection）或弗里克藏品馆（The Frick Collection）等同样伟大的珍藏留给公众供他们欣赏一样，但他们还从未收到融艺术和文学于一炉的遗产！这的确是一个惹人注目的时刻……我忍不住给阿彻打电话告知这一切。”亨廷顿和阿拉贝拉捐赠自1927年亨廷顿去世之后，艺术收藏行为继续延续下去，基本上限定在18世纪英国艺术品上，包括微型肖像画、风景画、素描、水彩、铜版画、印刷品、古代银器等。逐渐形成一个整体，基本上达到了当年亨廷顿的设想。1927年4月13日，亨廷顿就此前梅隆购藏其重要藏品《小指》事宜回复作为中介人的杜维恩："对我而言很难就你最近关于《小指》的信件给出答复。除了为你做一些事之外，我也非常乐意为梅隆先生效力——事实上，考虑到我对他的景仰，没有几个人能够像梅隆先生那样我愿意为之效力。现在颇为困难的形势在于此作真的属于亨廷顿图书馆和艺术馆而不是我个人私产。有鉴于此，我将把这件事呈报给董事会。"以这个事件作为一个案例来说明一点，即尽管亨廷顿有点言不由衷，但这种管理体制的确保证了亨廷顿呈现今天的样子。也正是在当初设定的董事会管理机制的作用之下，该机构获得越来越多的社会捐赠。亨廷顿接受捐赠的形式很灵活，捐赠者可以定向为自己感兴趣的特定的领域做捐赠，如图书及艺术品收藏、研究学者奖学金计划、学校教育活动、植物园等。试举一例为证，2010年，加州地产大亨西德尼·布罗迪（Sidney Brody）的遗孀弗朗西丝·拉斯克·布罗迪（Frances Lasker Brody）将超过9500万美元的资产捐赠给亨廷顿。按照她的附加条件，其中的1500万美元捐给植物园，其余部分则支持该机构的运营。布罗迪夫人长期担任亨廷顿监事会成员，也是一位狂热的园艺爱好者，正是在当时亨廷顿植物园负责人詹姆斯·福尔瑟姆（James Folsom）的影响之下，她最终决定提供这笔巨额捐赠。

在成立之初，亨廷顿艺术馆至少具有两方面的功能：首先是展示镀金时代美国最伟大宅邸的古典装饰风格（The Beaux-Arts Style），还原亨廷顿夫妇的日常生活；其次，借助于现代化的修复技术、照明手段以及精深的学术阐释方式，为观众呈现具有教育功能的艺术陈列。在前文提及的亨廷顿100周年庆典上，现任董事会主席卡伦·R.劳伦斯（Karen R. Lawrence）宣布了该机构从现在的"亨廷顿图书馆、艺术收藏馆和植物园"（The Huntington Library, Art Collections and Botanical Gardens）更名为"亨廷顿图书馆、艺术博物馆和植物园"（The Huntington Library, Art Museum and Botanical Gardens）。从"艺术收藏馆"到"艺术博物馆"仅仅差了一个英文单词"museum"，但更名的意义深远。劳伦斯的理由在于：在当下，亨廷顿的艺术收藏早已不是被编目的藏品，而是出于研究、教育和更为广泛的公众体验的考量，它们已经得到了很好的研究、展示以及相关的阐释。对这个变化所带来的深层优势则体现于一点，公众更有机会接近藏品并进行体验和学习，他们会更多地被邀请参观展览和参加相关活动。

总体而言，董事会的存在使得亨廷顿和保罗·盖蒂博物馆这样的私立美术馆获得越来越强大的生命力，这是主要依据政府财政支持的欧陆博物馆所不具备的。它的主要责任是确保使命的履行。亨廷顿作为一个非营利机构并不存在实际的股东并责成它。然而社会所提供的资金在客观上将其定位为最主要的股东。在此意义上，

亨廷顿艺术馆中的阿拉贝拉之墓。

亨廷顿图书馆内的亨廷顿学者研究成果展示柜。

董事会有责任以这个集体股东的名义对机构的使命负责。董事会成员必须具有正确的判断力，对亨廷顿这个非营利机构的原则做出承诺。换言之，这就是美国的艺术博物馆馆长协会（Association of Art Museum Directors, AAMD）在2006年所提出的“艺术博物馆在能够为世界人民提供持久的教育及欣赏的艺术方面的资源之中，成为最受信赖和尊敬的公共机构”。毫无疑问，亨廷顿100年的存在历史是这个定位的鲜明注脚，这也是爱德华·亨廷顿夫妇和重要推动者前述黑尔的初衷。

主要参考文献和相关网站：

Shelley M. Bennett, The Art of Wealth: *The Huntingtons in the* Gilded Age, Huntington Library Press, 2013.

Higonnet, Anne, *A Museum of One's Own: Private Collecting*, Public Gift, Periscope Publishing Ltd, 2009.

Esther Singleton, *Old World Masters In* New World Collections, Literary Licensing, 2013.

Robyn Asleson（edt.）, A Passion for Performance: Sarah Siddons and Her Portraits, J. Paul Getty Museum, 1999.

Sam Waters, “Lost L.A.: Huntington's private tribute to wife Arabella”, *Los Angeles Times*, MAY 14, 2011.

Cynthia Saltzman, Old Masters, New World: America's Raid on Europe's Great Pictures, New York: Penguin Group, 2009, chapter 6.

Deborah Vankin, “Huntington Library changes its name: Goodbye ‘Art Collections,’ hello ‘Art Museum’”, *Los Angeles Times*, SEP. 5, 2019.

May S. Ruiz, “The Huntington Launches Yearlong Centennial Celebration”, *Pasadena Independent*, Wednesday, September 25, 2019.

Robert O. Schad, “Henry Edwards Huntington: The Founder and the Library”, *The Huntington Library Bulletin*, No. 1（May, 1931）, pp.1-32.

Robert R. Wark, “Arabella Huntington and the Beginning of the Art Collection”, *Huntington Library Quarterly*, Vol. 32, No. 4, 1969, pp.309-331.

Daniel Woodward, “Care and Feeding of the Library Researcher”, *American Library*, March, 1987.

Steven S. Koblik, “Reflections on Leadership in the Museum World from An Outsider”, Vital Speeches of the Day, September, 2015, pp.288-291.

Caroline Bermudez, “Late Arts Patron Leaves Big Gift to the Huntington Library”, Chronicle of Philanthropy, December, 2010, Vol.23, No.4.

Kimberly Orcutt, “Buy American, The Debate over the Art Tariff? ”, *American Art*, Vol. 16, No.3, Autumn, 2002.

Bermudez, Caroline, "Late Arts Patron Leaves Big Gift to the Huntington Library" , *Chronicle of Philanthropy*, 1040676X, 12/2/2010,Vol.23, No.4.

尼古拉斯 · A. 巴斯贝恩著、陈焱译,《文雅的疯狂》,上海人民出版社,2014 年,第 213—228 页。

沈弘编译,《亨利·爱德华兹·亨廷顿图书馆(加利福尼亚州圣马力诺)》,《博览群书》1999 年第 6 期。

戴璐,《从审美趣味看收藏动机——以英国乔治亚时代肖像在美国的收藏为例》,《世界美术》2017 年第 1 期。

戴璐,《前工业时代之迷思——以乔治亚时代肖像画在美国的收藏为例》,《荣宝斋》2018 年第 1 期。

陈扬,《美国私立研究型图书馆的组织运作及其启示》,中国对外文化交流协会官网。

戴璐,《美国亨廷顿图书馆管理与教育功能服务考察》,《建构美术的国际视野——2011 年度中国中青年美术家海外研修工程成果汇编》,荣宝斋出版社,2013 年。

https://www.huntington.org/welcome

林中路：国立库勒姆－穆勒博物馆陈列意图考述

引言

位于荷兰东南部霍格费吕沃国家公园（The Hoge Veluwe National Park）的国立克罗勒-穆勒博物馆（The Rijksmuseum Kröller-Müller, the Kröller-Müller National Museum）拥有一个60英亩（约0.24平方千米）的雕塑公园，算得上欧洲面积最大的雕塑公园之一，涵盖了罗丹、亨利·摩尔（Henry Moore）、理查德·塞拉（Richard Serra）等著名雕塑家的160多件雕塑作品。这些雕塑分散在博物馆外围的森林里，有的位于开阔的草坪上，有的则从灌木丛中隐隐约约地露出来。对于外国游客而言，这座博物馆的独特之处就在于用两个多小时的骑车旅行穿越这些散落在森林里的公共艺术作品，会获得一种与名气更大的、坐落于阿姆斯特丹繁华市区的凡·高博物馆（Van Gogh Museum）、荷兰国立博物馆（Rijksmuseum）全然不同的观赏体验。正如该博物馆官网上所强调的，这里还是世界上收藏凡·高作品最多的私人艺术博物馆，被称为"文森特·凡·高第二个家"（Vincent van Gogh's second home）。从整座建筑的布局来看，凡·高主题展厅（Van Gogh Gallery）是一个"枢纽"。需要强调的，这是博物馆创立者——德裔荷兰收藏家海伦妮·克罗勒—穆勒（Helene Kröller-Müller, 1869—1939）的初衷之一。

1987年，该博物馆举办了一个大型的展览，旨在呈现创立者的整体收藏。值得一提的是，展览的叙述模式是按照藏品的形成过程展开的。针对这一点，当年担任该馆馆长的鲁迪·W. D. 奥克森纳尔（Rudi W. D. Oxenaar）一针见血地指出："展览叙事似乎有些专断……存在一些令人意想不到的并置和非同寻常的对比。'老大师'画作与'先锋派'作品摆放在一起，国际知名的艺术家和本土艺术家的作品并置一处。"显而易见，奥克森纳尔强调这个展览旨在让观者体验作为收藏家、博物馆创立者海伦妮极具偶然性和个人气质的收藏模式，提供了一条与传统的博物馆迥异的

国立克罗勒-穆勒博物馆鸟瞰图。（左）

国立克罗勒-穆勒博物馆庭院。（右）

国立克罗勒 - 穆勒博物馆周围环境。

现代艺术史叙事模式。但如果我们跟踪海伦妮的收藏过程，更深信这是她是有意而为之的。

一、海伦妮的收藏生涯

海伦妮的丈夫、荷兰海运大亨安东·克罗勒（Anton Kröller, 1862—1941）自1889年年仅27岁就执掌家族企业——由其岳父威廉·海因里希·穆勒（Wilhelm Heinrich Müller）创立的威廉·穆勒公司（Wm. H. Müller）。有着惊人商业天赋的克罗勒仅仅在数年之内就将公司的业务拓展到五个大洲，涉及航运、矿业等领域。在不到30年的时间里，也就是至迟在1915年前后，克罗勒夫妇已经跻身荷兰最富有的家族之列。其家族企业不仅为海伦妮的收藏提供金钱，也在赞助艺术家创作、建筑设计师设计博物馆等方面提供有力保障。

1908年，海伦妮购藏了凡·高创作的油画《林边》(*Edge of a Wood*)，这是她收藏这位艺术家作品的开始，从此一发而不可收。在这个时期，尤其是在第一次世界大战爆发之前，凡·高作品仅在一些收藏家、艺术评论家和积极鼓吹荷兰先锋艺术的艺术圈子里面流通。谨小慎微的收藏家们不太敢贸然收藏凡·高离开荷兰后创作的那些画作。直到1905年，海伦妮对艺术可以说一无所知。她对凡·高发生兴趣源自女儿的家庭艺术教师、日后她的私人艺术顾问亨克·布雷默（Henk Bremmer, 1871—1956）的推介和鼓动。

2005年，曾长期担任克罗勒秘书的萨姆·凡·德芬特（Sam van Deventer）的后人，将包含2000余封德芬特与海伦妮私人通信、海伦妮1882—1885年间的日记等重要材料捐赠给国立库勒—穆勒博物馆。毋庸置疑的是，这些第一手文献为了解荷兰最重要的女收藏家收藏凡·高作品、创立国立库勒—穆勒博物馆的动机大有裨益。

"许贝特斯狩猎屋"（St. Hubertus Hunting Loge, Hoge Veluwe）外景。

诚如上述，对于凡·高艺术作品的欣赏和认可在一战前这段时期仅局限于小圈子之内。在1905年由阿姆斯特丹市立博物馆（The Amsterdam's Stedelijk Museum）主办的凡·高大型回顾展之前，对于这位艺术家成就的讨论只是松散而零星的。譬如，1895年之前，扬·托罗普（Jan Toorop）在海牙策划了两个关于凡·高素描作品的展览；1891年，作家、批评家弗里德里克·凡·埃登（Frederik van Eeden）专

门为凡·高撰写文章；1892、1893年，扬·费特（Jan Veth）和里查德·罗兰·霍伊斯特（Richard Roland Hoist）在阿姆斯特丹策划了凡·高的展览。除了这些批评家和艺术家之外，布雷默在使得"凡·高"这个名字广为人知方面可谓功不可没。与大多数人不同的是，布雷默在凡·高的作品中看到的多是英雄式的精神生活，通过受难达到一种更高层次的精神界面。在一系列富含激情的演讲中，布雷默极力推崇这位艺术家。除此之外，自19世纪90年代中期以来，他鼓励其听众购藏这位艺术家的作品。应该说，1902年以来，逐渐有一些艺术家、收藏家开始购藏凡·高的作品。毫无疑问，海伦妮是最为狂热的一位。最初几年中，作为艺术顾问，布雷默为海伦妮拍得了诸如扬·托罗普、弗洛里斯·费斯特（Floris Verster）、保罗·加布里埃尔（Paul Gabriel）、伊萨克·伊斯拉埃尔斯（Isaac Israels）、亨利·方丹·拉图尔（Henri Fantin-Latour）、让-弗朗索瓦·米勒（Jean-Francois Millet）等人的作品，但最核心的是日后逐步积累起来的凡·高藏品。

1908年上半年，海伦妮的《林边》购藏于海牙的一家拍卖行，这幅画是当时在藏家中颇为风行的"海牙画风"时期的作品，最后的成交价为区区110荷兰盾。1908年8月，海伦妮"冒险"以4800荷兰盾的高价买下了凡·高"法国时期"的一幅《结籽的四个向日葵》（*Four Sunflowers Gone to Seed*）。仅仅在数月之后的1909年3月，她又相继将《柠檬篮》（*Basket of Lemons and a Bottle*）、《播种者（米莱之后）》（*Sower （after Millet*）纳入自己的收藏之列。1910年全年，海伦妮购藏了10幅绘画，其中包括4幅凡·高"法国时期"的画作。

大致来说，海伦妮收藏动机可归结为如下几点。

首先，通过凡·高的作品获得精神救赎。1900年前后，相当一部分受过教育的欧洲精英群体追寻一种脱离于宗教之外的精神救赎。就海伦妮来说，自少女时代以来，她一直在追寻非教条主义的精神性。在15岁左右，她不能相信《圣经》的教皇绝对正确论，因此要求基督教路德教派的双亲宽恕自己。海伦妮受到戈特霍尔德·莱辛（Gotthold Lessing ,1729—1781）之启发，对宗教信仰持一种批判的态度。她的批评主要聚焦于对《圣经》不拘泥于字面含义的阐释上，对其他宗教信仰采取一种宽容的姿态。布雷默在他的系列讲座和文章中频频引用巴吕赫·德·斯宾诺莎（Baruch de Spinoza）的学说。斯宾诺莎认为，只存在唯一一个实体，这个实体就是

克罗勒新婚照，1888 年。

在布鲁塞尔女子学校时期的海伦妮·克罗勒-穆勒（Helene Kröller-Müller, 1869—1939），1886年。

他所说的神，亦即一个由无限（多）属性所构成的绝对无限的存在者，其中每一属性各自表现了神的一种永恒无限的本质。除了神以外，没有任何实体能够存在或被设想。世间万物都不是实体，而只是神的样式，是在神之内并通过神才能被设想的东西。世界万物不是神的奇迹式创造之产物，而只是神自身活动的结果，是神自身的“情状”（affection）或“变式”（modification）。因此，这个神也不再是犹太—基督教传统的人格的上帝，而是一个自然神。在西方近代，斯宾诺莎成了无神论的主要代表。换句话说，正像有的研究者所指出的，在很大程度上，无神论与斯宾诺莎主义变成了同义词。加尔文教徒、路德教徒和天主教徒都把斯宾诺莎哲学看成明显的无神论的自然主义。《黄金时代的荷兰共和国》（*Gouden Eeuw.Het raadsel van de Republiek*）一书的作者马尔滕·波拉（Maarten Prak）称斯宾诺莎是现代无神论的奠基者，“人们也许会吃惊地发现，一个作为现代无神论奠基者而闻名的哲学家竟然会选择上帝作为自己论述的出发点，并且把他的全部哲学都建立在对上帝进行定义的基础上”。实际上，斯宾诺莎始终不承认自己是无神论者。只不过，正如1875年出版的《伦理学》（*Ethics*）所揭示的，斯宾诺莎所认识的神既非犹太教的神，也非基督教的神，也非任何其他建制性宗教的神。这个神也就是自然，它不只包括我们所说的自然界，也包括精神性事物，还包括无限多其他事物。

在布雷默的影响之下，早年阅读过斯宾诺莎著作的海伦妮也学会运用斯宾诺莎的知识论深入阐述凡·高作品的意义。这种知识论基于对上帝和自然、肉体与灵魂等关系的论述。在斯宾诺莎看来，上帝和自然、肉体与灵魂均不能被视为独立的存在物，而只能被看作是无尽整体之一部分。正如其导师布雷默一样，海伦妮为了在日常现实，尤其是艺术品中发现“上帝”（the Absolute），针对这种现实的观念采取了一种泛神论的阐释策略。再者说来，凡·高穷其一生苦苦追寻宗教信仰的实践也在很大程度上唤醒了海伦妮。这种感同身受使得她非常沉迷于搜集其艺术作品。除此而外，阅读凡·高的书信在很大程度上使她获得救赎与释放。早在1914年凡·高书信首次结集出版之时，海伦妮很快读到了这些书信。在她看来，这些文字正如“人类灵魂的真正折射”。特别打动她的是凡·高的体悟经历了漫长的发展历程。经过读解书信她发现一点：直到在布列那日（Borinage）时期，凡·高才成为一个真正意义上有思想和性格的个体，这种性格也体现在其绘画作品中，单纯而又充满力量。在一封写于1912年1月21日的信里面，她告诉德芬特，“……终有一日，所有的人将熟悉其绘画语言和形式，了解其关乎最广泛意义上的人类精神，这恰恰是当下少为人所知的”。在这个时期，海伦妮案头经常翻阅德国的《艺术与艺术家》（*Kunst und Künstler*）杂志，应该说这是了解当时艺术界现状的重要途径之一。该杂志1901年由德国画商保罗·卡西雷尔（Paul Cassirer）创办，以当代的视角来讨论各个时代的艺术，上面经常刊载一些篇幅较长、理论性较强的文章，为该画廊所支持的现代艺术提供理论基石。早在1903年，这本杂志上就刊登了部分凡·高书信。海伦妮在1912年第10期的《艺术与艺术家》上看到了一篇出自德国艺术史家阿尔弗雷德·利希特瓦克（Alfred Lichtwark）之手的、标题为《收藏家》（*Der Sammler*）的文章。此文主要讨论那些艺术收藏家将艺术珍宝保存在国境之内所发挥的重要作用。海伦妮受到较大触动，但她指出，利希特瓦克并未提到那些为国家保存未来艺术珍宝的收藏家群体。在此语境之下，海伦妮将自己定位为“未来的收藏家”。由此可见其抱负所在。

其次，彰显一种新的艺术趣味和身份认定。海伦妮出身于距离德国西北部小城埃森（Essen）不远处霍斯特（Horst）的一个商人家庭，父亲穆勒经过多年创业一手缔造了经营煤矿和钢材的公司，分支机构遍布欧洲。其家族对于艺术几乎没有太多关注。海伦妮的教育经历也很少与艺术发生关联。1901年，海伦妮随夫君迁居荷兰海牙这个事件是一个转折点。通过经营航运公司，克罗勒夫妇已经跻身于最富有的市民之列，被认定为“新富阶层”（nouveaux riches），但难以被具有悠久历史的那些海牙社会上层人士所接纳。克罗勒夫妇在海牙市郊购买了别墅并配备汽车和其他奢侈品的行为，在传统的海牙上层阶级看来是一种炫耀式消费，被归为庸俗不堪。海伦妮从事艺术品收藏则试图摆脱这种既定的身份认定。她对于现代艺术品的偏好，有意识地与聚焦于17世纪“海牙画派”（The Hague School）绘画大师的主流荷兰收藏家圈子拉开距离。

“许贝特斯狩猎屋”内景。（右）

再次，创建一个“文化纪念碑”（cultural monument）。将自己的艺术藏品和陈列这些作品的博物馆捐赠给荷兰的想法源自海伦妮的一次手术。1911 年 8 月，海伦妮腹部发现肿块并被告知需要立即切除，但手术具有较大风险。在进行手术之前，她发愿：如果渡过难关，她愿将自己的能够体现现代艺术发展历程的艺术

阅读中的海伦妮·克罗勒-穆勒。

海伦妮·克罗勒-穆勒的艺术顾问亨克·布雷默（Henk Bremmer，1871—1956），1906年。

藏品以及未来建成的博物馆捐赠给荷兰政府。在1910年，海伦妮相信她的艺术收藏行为能够为艺术的发展注入新的活力：其中之一源于现有的艺术传统，另外一个则源自凡·高作品的现代艺术运动。在她认为，在此以后的15年之内，现代艺术从“抽象”发展到“纯粹”，她的藏品将展示这个发展历程。1911年10月23日，手术顺利进行。

1911年早期，克罗勒和海伦妮最终决定在海牙市郊定居，从市中心的寓所迁往郊区的别墅居住。需要提到的是，别墅的建筑设计与室内风格跟海伦妮多年搜罗的艺术藏品在美学上具有高度的一致性。他们的建筑设计得到德国著名建筑师彼得·贝伦斯（Peter Behrens）的指点和建议。在他的推荐下，夫妇二人曾专门参观德国鲁尔地区的小城哈根（Hagen），那里有几座出自贝伦斯之手的住宅和艺术赞助人、收藏家卡尔·恩斯特·奥斯特豪斯（Karl Ernst Osthaus）委托贝伦斯设计的私人博物馆。附带一提的是，奥斯特豪斯是最早收藏凡·高画作的屈指可数的艺术收藏家之一。海伦妮在奥斯特豪斯的博物馆亲眼见证了私人现代艺术藏品的全新展示方式。奥斯特豪斯以个性化的展示方式为社区的公众提供免费参观和体验艺术藏品的机会。应该说，海伦妮决定建造一座博物馆也与这次参观经历有着较为直接的关系。

1911年11月下旬，手术后的海伦妮获得准许离开医院回家静养。在这期间，她与布雷默商讨了艺术藏品的未来归宿问题。正如前文所述及，她的藏品将更多关注点聚焦于现代艺术上。荷兰国内的博物馆和相关艺术机构内充斥着太多17、18世纪出自本土艺术家之手的肖像画和风景画，几乎不对当代艺术家的作品给予关注。布雷默建议海伦妮在接下来的收藏活动中集中收藏一批现代艺术家，尤其是欧洲现代艺术家的作品，这也获得了海伦妮的高度赞许。在从医院返回的第四天，海伦妮就和布雷默讨论建造博物馆的相关事宜。几天之后，也是在布雷默的陪伴之下，她专门赶到阿姆斯特丹的拍卖行观看秋季预展的作品。同一时期，她从凡·高作品的特许拍卖行那里购藏了12幅素描作品。反观手术后海伦妮的收藏行为，相较早年有过之而无不及。仅1912年全年，她在购买艺术品上就花去了28万荷兰盾！1913

晚年的安东·克罗勒（Anton Kröller, 1862—1941）。

年6月布鲁默专门赴巴黎为海伦妮收藏“内梅什收藏”（The Nêmes Collection）中的“老大师”精品。其中有老卢卡斯·克拉纳赫（Lucas Cranach the Elder）创作于1524年的那幅《维纳斯和丘比特》（*Venus and Cupid*）。布鲁默这次也为海伦妮找到了一幅凡·高的《有一盘洋葱的静物》（*Still Life with a Plate of Onions*）。1916年5月，她从柏林收藏家阿道夫·冯·贝克拉特（Adolf von Beckerath）那里搜罗到数十件文艺复兴时期的碗、罐子、瓷砖；次年，将近30件艺术品和古代器具进入其藏品之列；1928年，海伦妮得知消息：来自希德·尼吉兰德（Hidde Nijland）旧藏的100多幅出自凡·高之手的素描流到艺术市场上。在进行拍卖之前，这些素描作品在海牙的画廊克莱坎普画廊（The Kleykamp Gallery）预展。有传闻说，尼吉兰德倾向于将这批藏品私下找买家整体出售，索价高达10万荷兰盾！考虑到暂时无法筹措到这样一笔巨款，海伦妮在听取布雷默的建议后，尝试购藏其中的一部分。克莱坎普画廊将这批藏品分为四份，每部分售价为2.5万荷兰盾。巧合的是，美国哈佛大学福格艺术博物馆馆长（The Fogg Art Museum）、艺术史家和素描鉴赏家保罗·萨斯（Paul J. Sachs, 1878—1965）也关注到了这批藏品，正准备代表博物馆购藏它们。双方约定购藏其中的一部分。事实上双方均想得到整批藏品。最终，海伦妮的丈夫克罗勒发电报给布雷默，在极短的时间内将这批凡·高素描精品买下。这也是库勒夫妇最后的大手笔！

在荷兰国内，最早着意搜集凡·高作品的收藏家当属上文的尼吉兰德，他本来是一位靠股息度日的有闲阶层人士，并担任位于多尔切斯特（Dordrecht）的南非博物馆馆长（The South African Museum）一职。早在1892年，尼吉兰德就设法从鹿特丹的画商手中购得凡·高的两幅素描作品。从那之后，他逐步扩充自己的凡·高藏品，到1904年时已经拥有100多幅出自这位日后大师之手的素描作品。另一位值得一提的收藏家则是科内利斯·霍赫迪克（Cornelis Hoogendijk）。著名巴黎画商安布鲁瓦·沃拉尔（Ambroise Vollard）曾在其日记中提到，1898—1899年间，时年32岁的霍赫迪克从他那里收藏了多幅凡·高的精彩之作和为数众多的塞尚画作。

国立克罗勒-穆勒博物馆凡·高主题展厅展示场景。

1908—1914年间，凡·高作品的艺术市场被一个来自荷兰、法国、德国的艺术收藏家、画商群体所左右，最重要的人物当属凡·高的弟媳约翰娜·凡·高-邦格尔（Johanna van Gogh-Bonger）无疑。她是凡·高艺术作品的继承人和经营者，有权决定哪些作品和在什么时间投放到市场上。相较于布雷默的学生们零星购藏凡·高作品的行为而言，海伦妮无疑是一个大买家。

在荷兰之外，大多数收藏家大多是德国犹太人的精英群体。到1914年为止，约有240幅凡·高的作品流入德国，被约64个私人藏家所拥有。其中最重要的收藏家当属上文提及的创办《艺术与艺术家》杂志的画廊主人卡西雷尔。早在1901年春，卡西雷尔在巴黎"发现"了凡·高，并一口气买下了5幅画作，其中包括今天陈列在伦敦考陶尔德美术馆（The Courtauld Gallery）的那幅《耳朵被绷带扎缚的自画像》（*Autoportrait à l'oreille bandée, Self-Portrait with Bandaged Ear,* 1889）。

1901年12月，卡西雷尔策划了德国第一个真正意义上的凡·高回顾展，为此他设法从邦格尔那里借到19幅作品。不久之后，他成功地以1500马克的价格将《圣保罗医院后的麦田》（*Wheatfields behind Saint-Paul Hospital*）出售给上面提到的收藏家奥斯特豪斯。1905年，他策划了30幅借自约翰娜的展览，最终卖掉了10幅。同年9—10月，同样来自约翰娜的作品总数为54幅的大型展在画廊的汉堡分部举行并随后在德累斯顿、柏林、维也纳等城市巡展。本年度，卡西雷尔一共售出20幅凡·高的作品。1908年10月，约翰娜出借给卡西雷尔75幅凡·高作品，在柏林举办了一个大型展。1914年，卡西雷尔推介凡·高的活动达到顶点，他在这一年组织的凡·高展览涉及154幅作品，其中有接近半数（54幅油画、13幅素描）来自德国藏家。十年前，具体来说也就是1904年的7月9日，卡西雷尔将他的第二幅凡·高藏品——《加歇医生像》（*Portrait of Doctor Gachet*）以3000马克的高价售给大公爵艺术与手工艺博物馆（Grand Ducal Museum of Arts and Crafts）馆长、哈里·凯斯勒（Harry Kessler）伯爵作为个人私藏。当时德国仅有7幅凡·高的画作散布在私人手中。十年后，120余幅凡·高的油画以及36件素描作品成为德国公立机构和私人收藏家的藏品。当时法国仅有30幅、瑞士12幅。欧洲其他国家也为数不多（奥地利、俄国、瑞典三国的总数约为20幅左右，俄国的著名收藏家谢尔盖·舒金（Sergei Shchukin）和伊万·莫洛佐夫（Iwan Morosov）一共拥有10幅凡·高的画作）。就

国立克罗勒-穆勒博物馆凡·高主题展厅展示场景。

文森特·凡·高，《鲁兰夫人肖像》（*Portrait of Madame Roulin*），布面油画，92cm×72.5cm，1886年。（左）

文森特·凡·高，《约瑟夫·鲁兰肖像》（*Portrait of Joseph Roulin*），布面油画，65cm×54cm，1889年。（中）

文森特·凡·高，《爱人》（*The Lover*），布面油画，60.3cm×49.5cm，1888年。（右）

英国来说，1910年11月8日，批评家罗杰·弗莱（Roger Fry）的主题为"马奈和后印象派主义者们"（Manet and the Post-impressionists）的画展在伦敦格拉夫顿画廊（the Grafton Galleries）开幕，155幅绘画、50幅素描作品、20件青铜雕塑和陶艺作品悉数与公众见面，其中展示的凡·高画作有22幅之多。值得注意的是，这些凡·高的画作均来自巴黎画商欧仁·德吕埃（Eugène Druet）。数年之后，才有2幅凡·高画作成为英国私人收藏家的藏品。直到1923年，英国才举办真正意义上的大型凡·高纪念展。1912年，美国收藏家阿尔伯特·巴恩斯（Albert Barnes）将凡·高所绘制的《约瑟夫·鲁兰肖像》（*Portrait of Joseph Roulin*）几幅当中最好的版本携带到新大陆，他是美国第一个收藏凡·高画作的人！截止到1913年，美国仅有4幅出自这位艺术家之手的作品。

总体观之，海伦妮的收藏生涯主要集中于1908—1920年这个时期。其中较为重要的节点除了上述1920年购藏100幅凡·高素描作品之外，还有1912年这个年份值得细究。诚如上文所述，海伦妮在这一年花费在艺术收藏上的金钱高达28万荷兰盾！需要注意的是，仅仅在4月，海伦妮就花费11.5万荷兰盾。在抵达巴黎的第一天傍晚，海伦妮先在贝尔南—热纳画廊（The Bernheim-Jeune Gallery）"遭遇"了凡·高在1889年创作的《鲁兰夫人肖像》（*Portrait of Madam Roulin*）并将其买下。在第二天中午进午餐之前，海伦妮又购入了凡·高所作的7幅油画和两幅素描作品。从上述德吕埃所经营的画廊里收藏了诸如《苹果篮》（*Basket of Apples,* 1887）、《橄榄园》（*Olive Grove,* 1889）、《约瑟夫—米歇尔·吉努肖像》（*Portrait of Joseph-Michel Ginoux,* 1888）、《沟壑》（*The Ravine,* 1889）、《有织布工的织机》（*Loom with Weaver,* 1884）。其余的一些画作则是布雷默从贝尔南-热纳画廊挑选的，在他看来，这些画作在品质上属于上乘。布雷默还与克罗勒夫妇一道造访画商阿梅代·许费奈克（Amédée Schuffenecker）位于上塞纳省默东（Meudon）的居所，并精挑细选了8幅最好的凡·高画作，毫不迟疑地以6.3万荷兰盾的价格买下。这

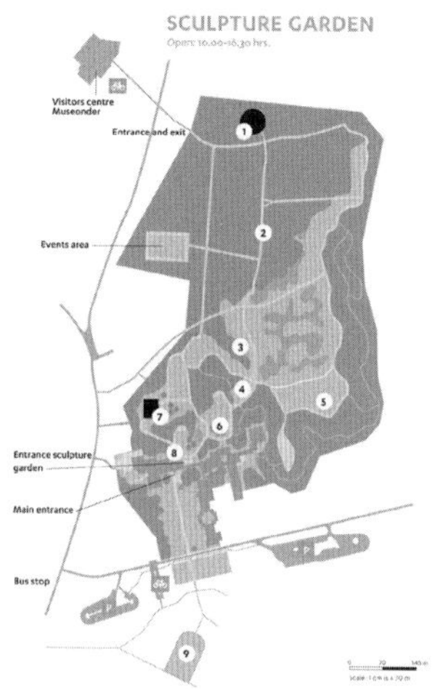

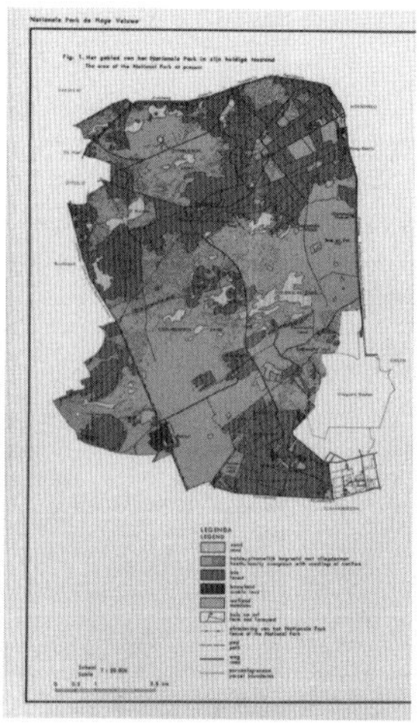

国立克罗勒-穆勒博物馆雕塑花园平面图及重要作品介绍。（左）

20世纪30年代的霍格费吕沃国家公园平面图。（右）

个"大手笔"甚至影响到同年5月21日在阿姆斯特丹举办的霍赫迪克藏品（The Hoogendijk Collection）拍卖中凡·高作品的价格上涨。这位艺术家的作品首次成为全场焦点。也是在这场拍卖会上，海伦妮拍得了15幅画作，涉及朱尔斯·布雷东（Jules Breton）、古斯塔夫·库尔贝（Gustav Courbet）、柯罗、奥迪隆·雷东（Odilon Redon）、夏尔—弗朗索瓦·杜比尼（Charles-François Daubigny）、奥诺雷·杜米埃（Honoré Daumier）等艺术家，当然还有凡·高的4幅油画。本场拍卖的高潮是海伦妮以接近1.6万荷兰盾的"天价"竞拍到手的凡·高绘制的《阿尔的桥》（*Bridge at Arles*）。对照之下，最终成交价是原先估计的五倍之多！在她看来，这幅画是她所拥有的凡·高画作里"最美、最强有力、最晶莹剔透"的珍品。

客观而论，凡·高作品的热度攀升还与两方面的因素关系密切。首先，凡·高作品继承人约翰娜的"经营有方"。她始终在控制投入市场的作品数量并逐步抬高价格。譬如说，上文提到的卡西雷尔在德国组织一系列凡·高展览并成功售出为数不少的画作。展览规模越来越大，1908年10月，约翰娜出借75幅凡·高油画给他。1905—1908短短三年间，卡西雷尔把单幅画作单价提高到原先的两倍多，遂要求约翰娜委托他为德国的唯一代理人，但最终未获允许。1905年时，她定的单价是1000荷兰盾左右。1911年，单价逐步上升至2700荷兰盾。1912年6月，一幅凡·高的油画迅速上涨到5000荷兰盾上下。还有另外一个因素就是1912年5月25日—9月30日德国科隆举办的"科隆艺术家与西德艺术之友联盟国际艺术展"（Internationale Kunstausstellung des Sonderbundes westdeutscher Kunstfreunde und Künstler zu Cöln）。除了德国本土当代

国立克罗勒-穆勒博物馆园内一景。（那泽民手绘）

1938年7月13日，新落成的国立克罗勒-穆勒博物馆开馆，此为当时的展示场景。

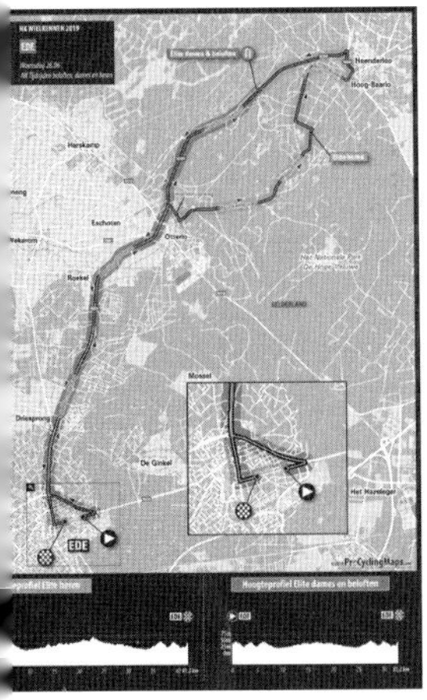

霍格费吕沃国家公园（the Hoge Veluwe National Park）国立克罗勒-穆勒博物馆所在的奥特洛（Otterlo）示意图。

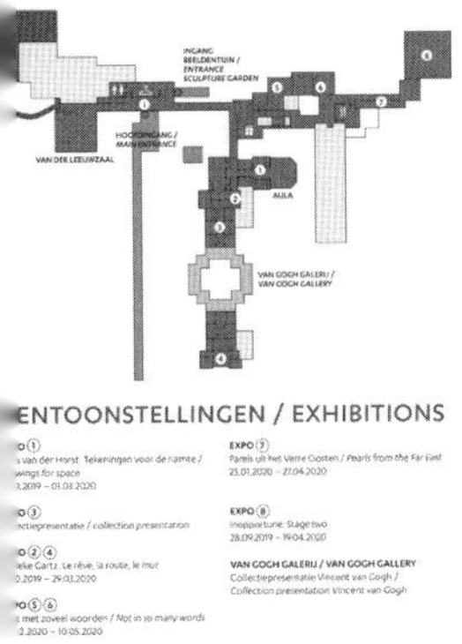

国立克罗勒-穆勒博物馆平面图。

艺术家创作的作品之外，这个展览还将属于“后印象派”“野兽派”法国同行的画作进行展示。应东道主之邀，一些私人收藏家和艺术交易商将许多法国艺术作品出借用于展示。除此之外，为数众多的凡·高杰作出现在这个展览上。相较于塞尚的24幅绘画和高更的21幅画作，凡·高的作品数量竟然有125幅左右！其中最大的出借方是克罗勒和海伦妮夫妇，出借凡·高作品总数达38幅（25幅油画、13幅素描），竟然超过了来自凡·高家族的约翰娜，她仅仅提供了11幅。这个展览事件也从侧面充分证明一点，即海伦妮具有雄厚的实力，也具有远见卓识。最终，海伦妮收藏了约97幅凡·高的油画，素描精品数量接近油画的两倍，达185幅之多！

正如上文所示，海伦妮的藏品虽以凡·高作品为核心，但也注重搜罗符合她所认定的现代艺术版图上的艺术家的作品以及古代大师作品。当然还有跟她同时期艺术家所创作的艺术品。譬如说，她一口气收藏了荷兰设计师、画家、陶艺家巴尔特·凡·德·莱克（Bart van der Leck）创作的400多件油画、水粉画、素描、瓷砖和设计品。1914年，穆勒公司还专门委托莱克进行设计并为位于海牙的公司总部制作彩色玻璃窗。海伦妮还跟皮特·蒙德里安（Piet Mondrian）签订一份协议，专门资助他在“一战”期间的创作活动。1913—1920年间，海伦妮一共从蒙德里安那里购藏了9幅画作，最重要的一幅当属《黑白构成》（*Composition in Black and White*）。这份名单里面还有威廉·凡·德·纳特（Willem van der Nat）、芝特斯克·G. M. 凡·黑廷加·特龙普（Tjitske G.M. van Hettinga Tromp）和扬·A. 桑德莱文（Jan A. Zandleven）等。值得注意的是，这些荷兰艺术家属于布雷默圈子里的人物。1913年，海伦妮收藏了她的第一件属于“立体主义”的作品——法国画家胡安·格里斯（Juan Gris）所创作的《有油灯的静物》（*Still Life with Oil Lamp*）。此后不久，她设法从画商莱昂斯·罗森贝格（Léonce Rosenberg）那里搜罗了包括毕加索、乔治·勃拉克（George Braque）、费尔南德·莱热（Fernand Léger）等“立体主义”阵营的艺术家的杰作。1920年，作为代理人的布雷默为海伦妮搜罗了26幅画作，其中有高更、西涅克等人的作品，当然还有6幅出自凡·高之手的杰作，这些均来自阿姆斯特丹弗里德里克·穆勒拍卖行（The Frederik Muller Auction House）组织的洛德韦克·科内利斯·恩托文（Lodewijk Cornelis Enthoven）藏品专场拍卖。

综而观之，海伦妮所构建的藏品既有欧洲“老大师”杰作，欧洲现当代艺术家的作品，当然还有作为藏品核心部分的凡·高作品，甚至还将一些艺术成就无法与

1937年7月17日，立克罗勒-穆勒博物馆动工。（左）

1937年6月15日—10月3日期间，海伦妮所捐赠的藏品在赫罗特·黑泽尔布洛克别墅（Groot Haesebroek Villa）中展示，这是附近法国花园中陈设的佛像雕塑作品。（右）

前几类艺术家成就相提并论的荷兰本土艺术家的作品涵盖在内。她之所以选择这样的藏品结构，并非是随意而为之的，每件作品的进入均是精心布置的结果。1925年，海伦妮自费出版了《现代绘画发展问题沉思录》（*Considerations Regarding Problems in the Development of Modern Painting*），这是她为海牙国民大学（The Volksuniversiteit Den Haag）学生所作的6次讲演的讲稿汇编。此书的研究对象就是她多年苦心罗致而来的藏品。由此，这本书详细探讨了她对于自19世纪50年代以来艺术发展的观点。在她看来，在这当中所展示的不同种类的艺术形式并非是偶然的，而是从具体的在线一直到绝对的渐次发展历程。她所要确立的一条艺术史叙事链条发端于1870—1890年间的艺术，下限是她所在时代的所谓“当代艺术”。构建具有如此风貌的藏品结构之首要目的在于表明：艺术中的再现性元素能够引出艺术家本人的情感表达，它在本质上还是抽象的。由于她本人深信再现性艺术和抽象艺术两者均具有情感表达的效用，所以在藏品中刻意保留了这两个序列作为对照。用她自己的话来表达：“艺术与对象无关，但所有的艺术均在和对象进行搏斗，因为所有艺术无非关乎一个重要命题：对象如何被观看，如何被感受和如何被呈现出来。换言之：在其被再现出来这个过程中迸发出何种情感？情感最终在实体意义（艺术）上斗争到底，还是在抽象意义上凯旋？”显而易见，海伦妮的藏品形成了一个明显的对照序列。进而言之，这些藏品的陈列方式也强化了这种对比关系，由此就涉及下文讨论的创建博物馆问题。

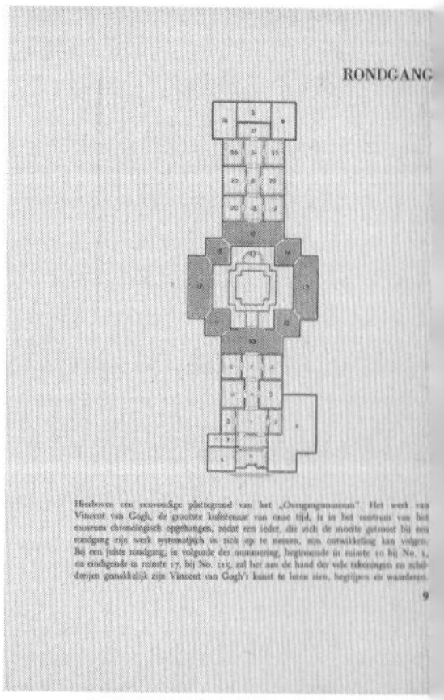

1938年印制的国立克罗勒-穆勒博物馆导览宣传册内页。

1940年，国立克罗勒-穆勒博物馆印制的凡·高宣传册，以纪念艺术家辞世50周年。

二、海伦妮艺术藏品的陈列方式

（一）四个建筑师

在相对较短的时期之内搜罗了品质如此之高的藏品，海伦妮计划将它们展示在一座现代艺术博物馆里并为公众提供某种服务，发挥其美育功能。用海伦妮本人的话说，建造这座博物馆是为了“公众的益处与愉悦”（“for the benefit and enjoyment of the community”）。1910年6月，在与女儿远赴意大利的一次旅行中，被罗马、佛罗伦萨、威尼斯的历史古迹，尤其是佛罗伦萨的韦奇奥宫（The

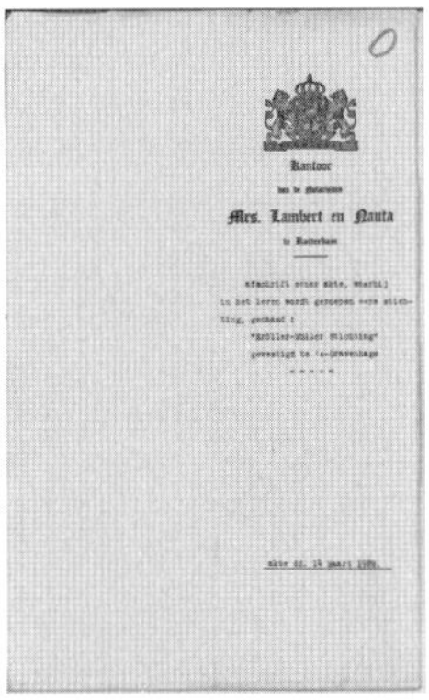
Kantoor
Mrs. Lambert en Nauta

1928年3月14日克罗勒-穆勒基金会得以创立，此为文件封面。

克罗勒-穆勒基金会文件内页。

Palazzo Vecchio）所激发，初步产生了建造一座博物馆的想法。在1911年9月7日写给德芬特的信里，海伦妮更为具体地谈到了她对这座“博物馆住宅”（“museum-home”）：“于是，它在百年之后会成为一座有趣的文化纪念碑，成为一个商业家族在世纪之交成就其内在教养的证据。”正如上文所详细讨论的，这种想法在她经历手术后变得更加确定。如果说20世纪初期一直到“一战”结束之这段时期克罗勒的威廉·穆勒公司持续不断地获得盈利的话，在此之后便逐渐走下坡路，直至他本人不得不辞职。在“一战”期间，威廉·穆勒公司凭借运输谷物、煤炭、钢铁等业务迅速积累财富。但危机已经潜伏在表面的“繁荣”之中。1917年，克罗勒提倡优先持股。这就意味着公司不再是一个家族企业。但与之相矛盾的是，公司所拥有的财富仍然用于克罗勒家族的私人别墅、猎场等建筑项目上。更严重的是，作为“掌舵人”的克罗勒在某些投资领域过于自信导致财政危机产生，亏空的股东“分红”主要靠暗地里从鹿特丹银行（The Rotterdam Bank）借款补上。战争之后，世界范围内的经济衰退也使得威廉·穆勒公司难以幸免，不得不继续大量借款。正如前文所述，海伦妮收藏活动的“高潮”也发生在1920年。1927年，通过出售北非一家铁矿公司的股份，克罗勒的公司还清了一部分债务。后来，考虑到公司的财务危机有可能会使得持股者们要求拍卖她辛辛苦苦收藏而来的艺术品，遂在1928年3月14日创立克罗勒-穆勒基金会（The Kröller-Müller Foundation）。还需要提及的是，为了以防万一，海伦妮和克罗勒将这批藏品首先“出售”给安东的妹妹——玛丽·克罗勒（Marie Kröller），第二天玛丽就将它们捐赠给克罗勒-穆勒基金会。如此一来，他们不会因为减少资产影响到股东及其子女的经济利益而被起诉，进而确保了这批艺术品的完整性和安全性。

早在1909年初，克罗勒夫妇在霍格费吕沃（The Hoge Veluwe）的哈尔凯普（Harskamp）购买了约为1100英亩（约4.45平方千米）的土地，即今天博物馆所在的霍格费吕沃国家公园。同年，他们通过拍卖的渠道拍到了紧邻农场的另外3000英亩（约13.3平方千米）土地。1910年，也就是海伦妮意大利之行归来之后不久，克罗勒夫妇决定购买距离海牙不远的瓦森纳（Wassenaar）一个名曰“爱伦伍德庄园”（The Ellenwoude Estate）的别业。在接下来的7年时间里，他们所拥有的土地超过15000英亩（约60.7平方千米），成为荷兰国内私人拥有土地最多的家族之一。

建筑师亨利·凡·德·费尔德（Henry van de Velde）1936年为国立克罗勒-穆勒博物馆绘制的设计图纸。

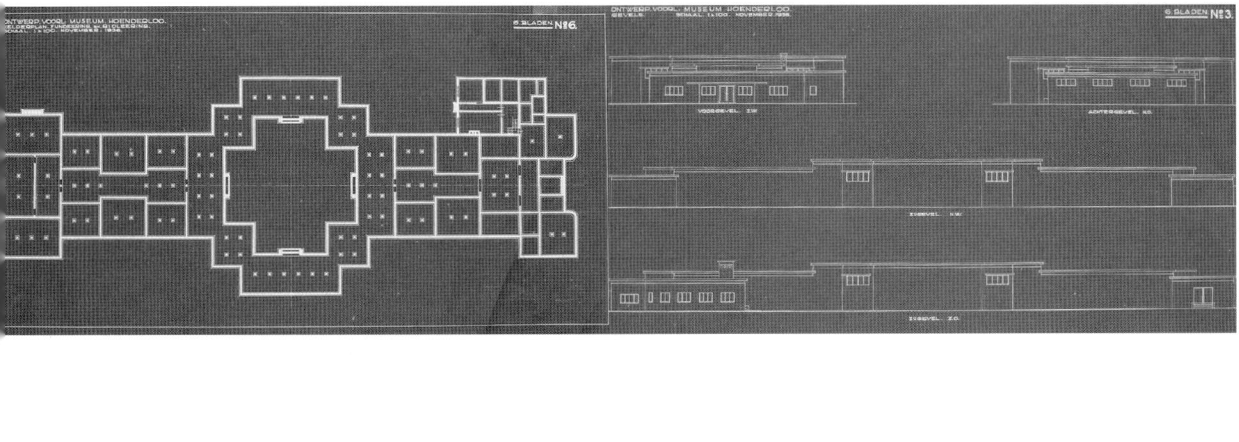

这个时期的海伦妮专心致志地研究现代建筑。她的书房中有大量的关于现代建筑方面的藏书。一方面是因她担任公司建筑部主管一职；另一方面，一如前述，她在酝酿自己的私人博物馆。譬如说赫尔曼·穆特修斯（Hermann Muthesius）的三卷本巨著——《英国住宅》（*Das Englische Haus*）。另一方面，上面已提到，海伦妮是德国先锋艺术杂志《艺术与艺术家》的忠实拥趸，除了艺术方面的文章之外，上面还有一些关于现当代建筑的文章，其中就有出自德国艺术收藏家奥斯特豪斯之手的专门介绍建筑师贝伦斯的文章，以及K·舍费尔（K. Scheffler）撰写的关于贝伦斯的专文。此外还有关于亨利·凡·德·费尔德（Henry van de Velde）、亨德里克·彼得鲁斯·贝尔拉格（Hendrik Petrus Berlage）等建筑师的相关介绍。这里涉及到建筑领域当时最新的设计风格——"新艺术"（the Jugendstil, Young Style），这个名称得自慕尼黑杂志《青年们》（*Die Jugend*）。这种风格起源于19世纪90年代的德国建筑界，一直延续到1910年前后，它倡导一种"新艺术"（Art Nouveau）的设计手法，装饰母题以花为主，推崇阿拉伯式花饰，最终趋向于抽象和功能主义。值得强调的是，它特别提倡工作坊式生产模式，设计师与工厂合作以便得以批量化生产。还有一点，"新艺术"艺术群体的艺术家们大多身兼多能，致力于创作出一种"总体艺术作品"（Gesamtkunstwerk）。事实上，这个理念蔓延了整个19世纪，"新艺术"的核心目标就是整合各种形式的艺术门类，创造一个能够与人类需要和谐一体的精致环境，当然这只是一个理想化的世界。换句话说，它是一个"乌托邦"。来自奥地利的建筑师贝尔拉格就是这个群体的代表人物之一。前文提到，海伦妮曾和克罗勒专门参观过贝伦斯为奥斯特豪斯量身定做的私人博物馆。由此，他们决定由贝伦斯负责设计"爱伦伍德庄园"的建筑，而不是之前初步拟定的

1938年印制的国立克罗勒-穆勒博物馆导览宣传册封面。

1938年7月13日开馆当日海伦妮(右二)在导览。

13/1/56

H. P. Bremmer †

Kunstcriticus die een museum maakte

De man, die tallozen in ons land besef voor beeldende kunsten heeft bijgebracht, is in Den Haag overleden. Vierentachtig jaar is dr. H.P. Bremmer geworden en het merendeel van dit grote aantal jaren heeft hij besteed aan wat men zijn roeping zou kunnen noemen en wat eigenlijk toch slechts een fragment van zijn taak is geweest.

Want Bremmer was niet alleen de man, die didactisch van zijn liefde voor de beeldende kunst getuigde in lezingen voor verenigingen, volksuniversiteiten e. d., meer dan enig ander heeft hij door zijn invloed een stempel gedrukt op het Nederlandse kunstleven van het begin van deze eeuw tot het uitbreken van de tweede wereldoorlog. De Groningse universiteit verleende hem daarom het eredoctoraat in de letteren en wijsbegeerte.

Die invloed oefende hij uit door zijn lezingen, door de maandbladen Moderne Kunstwerken en Beeldende Kunst, die hij redigeerde, door het gezag van zijn mening en tenslotte door zijn functie als adviseur van mevrouw Kröller-Müller. Het bijeenbrengen van haar prachtige verzameling, grotendeels moderne schilderijen, welke thans het Rijksmuseum Kröller-Müller op de Hoge Veluwe uitmaken, was zijn levenswerk.

Aan hem is het te danken, dat Vincent van Gogh daar op zulk een uitnemende wijze is vertegenwoordigd. Dr. Bremmer was in de jaren dat Van Gogh nog scheef werd aangekeken, een bewonderaar van diens werk en hij schreef omstreeks 1900 het eerste boek over de schilder voor wiens oeuvre men over de gehele wereld de laatste jaren in queu heeft gestaan.

Bremmer was een criticus, die een schilder kon maken. Dat heeft hij bijv. met B. van der Leck gedaan, die hij o.i. niet geheel terecht als een der grootste schilders in ons land beschouwde. Zelf schilder geweest zijnde, was hij een vriend van velen en het waren de minsten niet, die hij tot zijn bewonderaars mocht rekenen. Daarvan getuigt een Portret der vrienden, een schilderij van Charley Toorop, waarop men met Bremmer de belangrijkste Nederlandse schilders verenigd vindt. A. B.

1956 年 1 月 13 日，国立克罗勒 - 穆勒博物馆艺术顾问亨克·布雷默辞世，此为当时的讣告。（左）

1911 年 10 月 21 日海伦妮写给萨姆·凡·德芬特（Sam van Deventer）的信件，其中初步提到了建造博物馆的想法。（右）

建筑师L. J.法尔肯堡（L. J. Falkenburg）。还有一点，分别出自费尔德和贝尔拉格手笔的两座别墅——洛伊林别墅（Villa Leuring）、亨尼别墅（Villa Henny）就坐落于海伦妮夫妇“爱伦伍德庄园”住所不远的地方，想必海伦妮对这两座建筑的风格不会陌生，这也是促使日后雇佣他们设计博物馆的重要因素，这就是后话了。

贝伦斯于 1911 年 3 月应海伦妮夫妇之邀专门考察不久前购得的“爱伦伍德庄园”，后来接受委托为新住宅设计会客厅以及一座私人翼楼建筑，此外还有专门陈列、保存海伦妮艺术珍藏的展室及储藏室等。后来因为海伦妮和克罗勒意见不一建筑计划暂时搁浅。直到 1912 年 1 月，贝伦斯用木材和亚麻布制作的建筑模型展现在海伦妮之前，最终这个方案因不满足她的要求而放弃。贝伦斯当时的助手路德维希·密斯·凡·德·罗厄（Ludwig Mies van der Rohe）成为这个项目的继任者。按照要求，他必须在贝伦斯已经绘制好的平面图的基础上进行调整和修改。1912 年 5—9 月间，年轻的建筑师在公司总部的办公室内夜以继日地修改符合海伦妮要求的设计方案，譬如增加由绿廊整合为一体的盒子式空间，还有形式复杂的内部庭院和水景花园。总之，罗厄的设计整合了建筑与风景的统一关系。同样，设计师也制作了模型，但最终也未获通过，只好作罢！在艺术顾问布雷默的举荐之下，贝尔拉格应邀为海伦妮进行设计，前提是在贝伦斯设计草稿的基础上进行修改，而不是另起炉灶。贝尔拉格独自在阿姆斯特丹进行设计，这样就不会被海伦妮干预。最后，布雷默认为他的设计是艺术，而德厄的不是。对此，海伦妮不以为然。1913 年，克罗勒做决定如法炮制此前的做法，在原先的地方原样复制德厄的模型并加上围栏。这直

文森特·凡·高，《夜间的咖啡屋露台》（*Terrace of a café at Night*），布面油画，80.7cm×65.3cm，1888年。

接导致海伦妮采用贝尔拉格的设计而不是德厄优雅、古典的设计方案。不久之后，因为一条电车轨道将在这里开工，在“爱伦伍德庄园”建造博物馆的计划暂告一段落。贝尔拉格与克罗勒夫妇合作的时间较长，不仅担任其公司专职设计师，而且专门为克罗勒夫妇设计、建造了几幢私人住宅。比方说霍格费吕沃的一处狩猎屋，名曰“许贝特斯狩猎屋”（St. Hubertus Hunting Loge, Hoge Veluwe）。克罗勒要求贝尔拉格将这个建筑设计成为与狩猎保护神——圣于贝尔（Saint Hubert of Liége）相关的样式，具体表现在装饰风格、材料和象征意义等方面。整座建筑弥漫着浓郁的象征意义，甚至其整体外观就是一个鹿角。从整座建筑的制高点—塔屋俯视下方，狩猎屋前庭的铺路材料所构成的纹样呼应了圣于贝尔所看到过的、正在燃烧的十字架！可见其构思之精巧。1919年夏，贝尔拉格单方面结束了为期十年的聘期，结束了这段合作。

接下来便是费尔德的加入，在1919年10月25日写给德芬特的信件中，海伦妮说：“我已经与凡·德·费尔德教授达成一致。在未来的两年之内，他会为我们建造或者设计一座住宅和一座博物馆，自此之后便各遂其便。”1920年2月，双方正式签署合同，费尔德成为海伦妮夫妇的私人建筑师。后来的事实表明，这个合作关系持续了6年之久。费尔德应克罗勒之要求继续对贝尔拉格设计过的伦敦“荷兰屋”（The Holland House）霍格费吕沃的“许贝特斯狩猎屋”进行完善。此外，他还负责设计了公司员工公寓“白渡鸦”（The White Raven）、克罗勒的一个农场及房屋，还曾受委托为公司的货轮进行室内设计。相形之下，“重头戏”还是海伦妮一直在谋划的博物馆。1920年秋季，费尔德绘制的设计方案草图递交给海伦妮随即获得激赏。在她看来，这个方案远远超过了她的预期。1921年，位于法兰西山（The Franse Berg）脚下的“大博物馆”（Grand Museum）开始动工，甚至不远处开始修建一条专门的铁路线，为的是将从德国定制的毛尔布劳恩（Maulbronn）砂岩运到霍格费吕沃。正如前文所述，由于不当投资引发的巨大亏空使得克罗勒不得不停止进行中的博物馆建造工程。除此之外，海伦妮也在1922年正式告知布雷默全面停止一切艺术品购买活动。“大博物馆”工程的被迫中断带来了无尽的遗憾，但海伦妮仍抱有一丝希望。1923年，海伦妮请费尔德负责设计一个“博物馆公园”（museum park），位置就在法兰西山不远处。她还专门向雕塑家约翰·拉德克（John Rädecker）订制雕塑并将17世纪雕塑家龙布·费尔胡斯特（Rombout

文森特·凡·高，《普罗旺斯的乡村夜路》（*Country Road in Provence by Night*），布面油画，90.6cm×72cm，1890年。

文森特·凡·高，《阿尔的桥》（*Bridge at Arles*），布面油画，64cm×54cm，1888年。（左中）

文森特·凡·高，《结籽的四个向日葵》，59.5cm×99.5cm，1887年。（右）

文森特·凡·高，《草地里的树干》（*Tree Trunks in the Grass*），布面油画，72.5cm×91.5cm，1890年。（左）

文森特·凡·高，《有一盘洋葱的静物》（*Still Life with a Plate of Onions*），布面油画，49.6cm×64.4cm，1889年。（右）

Verhulst）创作的雕塑和另外两尊中国佛像雕刻陈列在花园里面。最终一个类似于公园的环境创造出来，成为“大博物馆”的入口。在此种情况下，海伦妮要求费尔德继续深化设计方案。到1926年时，费尔德提交给海伦妮包含草图、素描和相关描述的设计方案，竟然超过1000页。也是在这一年，费尔德提出辞呈，担任根特大学（The University of Ghent）教授并执掌布鲁塞尔刚成立的坎布雷高等装饰艺术研究院（Institut Supérieur des Arts Décoratifs de la Cambre）院长，这也标志着与海伦妮夫妇的这段合作关系暂告一段落。

虽然克罗勒在此后设法保住了自己的资产，但公司财务状况一直走下坡路。克罗勒和海伦妮后来请费尔德为他们设计一幢别墅，该建筑在1931年竣工。1933年，鉴于公司糟糕的经营走势，公司总部的办公大楼被迫关闭，海伦妮夫妇的藏品转移到瓦森纳的住所里。随着公司进一步滑向深渊，“文化纪念碑”的梦想看起来似乎渐行渐远，但海伦妮不轻易放弃希望。她跟克罗勒如此设想：将艺术藏品悉数捐赠给荷兰政府，政府专门委托费尔德设计建造博物馆。当时海伦妮建造博物馆的地产仍属于公司名下的资产，如要建造博物馆，还需政府将其买下。他们设法邀请到当时的教育、艺术与科学大臣（The Minister of Education, Art and Science）亨利·马尔尚（Henri Marchant）到霍格费吕沃实地考察。最终，在马尔尚的斡旋之下，大臣议会（The Council of Ministers）最终决定为这次收购提供超过80万荷兰盾抵押贷款。1935年4月26日，海伦妮正式签署捐赠协议，同意在“霍格费吕沃建造的新博物馆中陈列展示藏品”之前提下将自己的艺术珍藏悉数捐赠。也就是在同一天，“霍格费吕沃国家公园基金会”（The De Hoge Veluwe National Park Foundation）也宣告成立，其宗旨就是运营、维护位于霍格费吕沃的国家公园和文化中心。按照协议，建造博物馆的地产由国家以抵押贷款的形式购得，并归基金会运营和维护，海伦妮和克罗勒有权在“许贝特斯狩猎屋”中居住，直至去世。

马尔尚的继任者扬·鲁道夫·斯洛特梅克·德·布吕纳（Jan Rudolph Slotemaker de Bruïne）认为他没有义务遵循前任的许诺，仅答应每年拨款10万荷兰盾用于霍格费吕沃国家公园的日常维护，没有多余的钱建造之前协议中的博物馆。出现这个变故是海伦妮始料未及的。在经过多次交涉之后，荷兰政府最终决定由费尔德负责设计一座较小规模的博物馆来取代原先的博物馆。1937年5月18日，博物馆工程破土动工了。

吉诺·塞维里尼（Gino Severini），《男丑角》（*Pierrot*），54.7cm×38cm，1923年。

（二）“过渡中的博物馆”

1937年6月15日—10月3日间，海伦妮所捐赠的藏品在赫罗特·黑泽尔布洛克别墅（Groot Haesebroek Villa）中展示，以等待国立克罗勒—穆勒博物馆的开放。作为“总策展人”的海伦妮将其藏品在这个居家环境中展示，其中的雕塑作品还陈列于附近的法国花园环境之中。她甚至专门为这个陈列印制了展览图录和宣传册。几个月下来，前来参观的观众人次超过4000。国立克罗勒—穆勒博物馆正式开放的时间为1938年7月13日，因为健康原因，海伦妮未发表开幕演说，由克罗勒代为宣读。布雷默同样由于身体欠佳遗憾地缺席开馆仪式，许多艺术家列席嘉宾之列。作为建筑设计师的费尔德也见证了这一重要时刻。需要提及的是，促成捐赠事宜的前教育、艺术与科学大臣马尔尚被推举为霍格费吕沃国家公园基金会首任主席。这个博物馆的开放引起了当地、国际媒体的高度关注，有超过40家报纸报道了这个事件。至于馆藏作品的陈列方式也是经过精心布置的：凡·高的作品占据了展厅的中心廊道，两侧的小型展室陈列了自19世纪50年代以来主要现代艺术运动的代表作品。此外还有古董家具、雕塑、青铜器、中国青花瓷器、陶器等作为辅助手段，营造出一种海伦妮一直以来梦想的居家式博物馆的艺术氛围。

巴布罗·毕加索（Pablo Picasso），《吉他》（*Guitar*），布面油画和沙子，80.5cm×44.5cm，1919年。

德国艺术史家亚历克西斯·约阿希米德斯（Alexis Joachimides）在其《德国博物馆变革运动和现代博物馆诞生：1880—1940》（*Die Museumsreformbewegung in Deutschland und die Entstehung des modernen Museums 1880—1940*）这本著作中梳理了德国的博物馆改革运动，探究了这一时期与博物馆关系密切的现代制度起源，得出的结论令人出乎意料，即德国的博物馆为“白立方”（“white cube”）的实践铺平了道路。19世纪的展览空间之华丽、多彩，几乎令人难以置信，而放在今天来看，人们或许无法忍受这种布置。关于19世纪德奥经济繁荣时期风格的展览的外观，一个典型的例子无疑是1891年在柏林艺术家协会50周年之际柏林国际艺术协会（International Kunstausstellung des Vereins Berliner Kunstler）的皇帝大厅。天鹅绒和其他织物装饰墙面，也会选用不同颜色的墙纸。当然最受欢迎的颜色是深而强烈的红色，称为“画廊红”（Galerierot）。

约阿希米德斯指出，在艺术空间（即按计划规划的展览场所）中使用纯白色墙壁的最早示例是在约瑟夫·玛丽亚·奥尔布里奇（Joseph Maria Olbrich）于1897年设计的维也纳分离派（The Wiener Sezession）展览馆中。例如，在1903年和1904年维也纳分离派的展览上，我们发现墙壁只是简单地用木板条框起来，从地板到天花

文森特·凡·高，《玫瑰和芍药花》（*Roses and Peonies*），布面油画 59.8cm×72.5cm，1886年。（左）

文森特·凡·高，《有麦束和浮月的风景》（*Landscape with Wheat Sheaves and Rising Moon*），布面油画，72cm×91.3cm，1889年。（右）

板之间的空间被留白，而图画则悬挂成一排，展览空间焕然一新。不仅如此，在1910年举办的古斯塔夫·克里姆特（Gustav Klimt）个人画展上，这些现代展示原则首次被介绍给国际公众。需要强调的是，前文所设计的“现代主义”运动的建筑师和艺术家是展览中使用白色墙壁的先行者。它的代表人物就有费尔德和贝伦斯。在国家美术馆举办的“德国艺术百年纪念展”（Jahrhundertausstellung Deutscher Kunst, 1775—1875）的展览设计师正是贝伦斯。在这个展览上，他把不少作品放在博物馆墙壁上的普通白板上进行展示。

继维也纳分离派和百年展之后，第一个使用白色墙壁的展览是上述1912年在科隆举行的“科隆艺术家与西德艺术之友联盟国际艺术展”。即便在这里，也没有发现现代的白墙与单行悬挂的最纯净形式，取而代之的是白色墙壁和稀疏深色线条的图形和装饰的组合，它们与天花板形成了分界线。其他空间设计照片显示，这些作品有时仍然分几行悬挂。1937年在新建的德国艺术之家（Haus der deutschen Kunst）举办的“德国艺术大展”（Großedeutsche Kunstausstellung）及同年举办的“堕落艺术”（Entartete Kunst）展览，这标志着白色展览空间的最终胜利。

通过粗略梳理海伦妮对于“大博物馆”的构想与最终结果，我们不难发现，倘若财力允许，各方面条件具备，顺利建成的“大博物馆”在建成之日就会被贴上“过时”“陈旧”“保守”等标签，而不具备今天我们所看到的这座“过渡性”博物馆所具有的先锋性和前瞻性。从费尔德为“大博物馆”所绘制的草图来看，门厅、走廊、楼梯间等细部本来要用彩色石子进行装饰。不仅如此，展厅的地板也要饰以繁复的纹样及颜色，再加上过于华丽的天窗等元素。以现代的美术馆建筑标准衡量之，这种装饰手段无疑不利于艺术品的展陈，显得“喧宾夺主”了。正如上文所述：早在20世纪的第一个十年间，西欧的博物馆主管们越来越质疑博物馆作为艺术品“贮藏室”的概念，而愈发觉得提升博物馆、美术馆教育功能的必要性。由此，淡色的、中性的展板成为一种发展新趋势。费尔德为“大博物馆”所作的设计很有可能是作为雇主的海伦妮的个人意愿，而非设计师的本意。

当费尔德1936—1938年间受委托为新博物馆进行设计时，他有机会对展览空间的设计进行大胆尝试。除此之外，当时衰退的经济形势和有限的财政预算也是一个因素。这样的结果就是一个所谓“临时的”“简化的”空间布局和相关装饰手段。总之，费尔德摒弃了之前使用奢华材料的设计，采用由一系列类似于“珍奇柜”（cabinet）的展厅组成的、单纯的一层砖石建筑结构。这座博物馆最大的优点就是令人愉悦的比例。陈列于其中的画作、雕塑等艺术品没有被建筑所“吞噬”，博物馆建筑也适当凸显了其魅力所在，没有全然退到背景中去，两者维持了较好的共生关系。像入口处通向展厅的圆形角落、几何形的天窗、天花板上的加热镶板等建筑细节则透露出一种优雅与和谐。毋庸置疑的是，整座博物馆的设计是以海伦妮的凡·高藏品为核心而展开的。费尔德故意在展览区设置了较少数量的窗户，这样做的目的是为了引导观看者将注意力集中在悬挂在展厅墙上的画作，而非窗外的风景之上。由此，这个布局至少在三方面增强了观众的参观体验：首先，入口处是一个玻璃幕墙；其次，中庭又一个玻璃幕墙；再次，老馆建筑的背后设计成为有两个玻璃墙的雕塑展厅。总而言之，这座所谓“过渡性博物馆”是少有的艺术和建筑能够和谐共处的经典之作。

三、结语

1953年，费尔德为博物馆设计了侧翼和雕塑展厅，为的是满足该馆具有开放性、良好采光并可展示大型雕塑的空间需求。该馆为雕塑家玛塔·潘（Marta Pan）1960—1961年间创作的漂浮雕塑（Drijvende Sculpture, Floating Sculpture）——《奥特洛》（*Otterlo*）特别设计了一处水池，水池和雕塑与周围环境完美融合，一直是这座雕塑公园内最受欢迎的作品之一。同时，这件雕塑的落成也标志着从艺术博物馆到雕塑公园的过渡。事实上，早在20世纪50年代早期，馆长布拉姆·哈马赫尔（Bram Hammacher）就开始增加对现代雕塑（尤其是大型户外雕塑作品）的收藏。

巴布罗·毕加索，《小提琴》（*Violin*），布面油画，100cm×73cm，1911—1912年。（左）

奥古斯特·雷诺阿（Auguste Renoir），《在咖啡馆》（*In the café*），35.7cm×27.5cm，1877年。（中）

乔治·修拉（Georges Seurat），《喧闹》（*Le Chahut*），170cm×141cm，1889—1890年。（右）

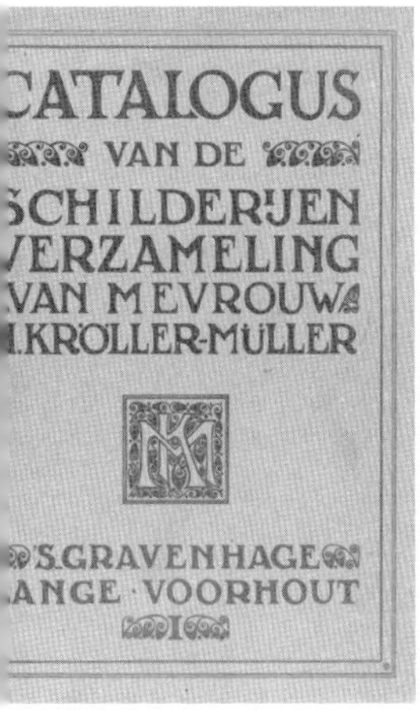

1917 年 4 月 1 日第一次出版的《海伦妮·克罗勒-穆勒藏品目录》封面。

不仅如此，他还与扬·蒂赫斯·彼得·毕霍威尔（Jan Tijs Pieter Bijhouwer）筹划将博物馆四周的森林环境改造成一座雕塑公园。它终于在1961年成功开放了。1963年，奥克森纳尔担任馆长。他在哈马赫尔奠定的已有基础之上继续扩大雕塑公园的规模，从世界各地的知名雕塑家那里订制作品并在其中陈列展示，如此一来，雕塑公园的存在不仅仅是一个点缀，而成为博物馆不可或缺的一部分。

需要提到的是，到了20世纪60年代中期，国立克罗勒-穆勒博物馆经历过一场“危机”。具体来说，博物馆的供暖系统几乎报废，温度和湿度控制系统老化，甚至一度失去控制，这无疑给画作带来了危害。更严重的是，博物馆的地基出现问题。在这种紧迫的形势之下，博物馆被迫在1970—1972年间进行了较为彻底的改造。在这里需要提到一个推动博物馆改造工程的重要人物——C. H.凡·德·莱乌博士（Dr. C. H. van der Leeuw）。他当时是主营烟草、可可粉和咖啡的凡·内勒公司（The Van Nelle Company）的总经理，也是因其建筑学专业闻名的德尔夫特技术大学（The Technical University, Delft）董事会成员，同时执掌克罗—穆勒基金会。他和基金会另外一位成员——尼德兰艺术史家主席G. 凡·海尔德博士（Dr. G. van Gelder）联合推荐威廉·G. 奎斯特（William G. Quist）作为担纲博物馆建筑改造工程的建筑师。

应该说，奎斯特在接手这项改造工程之前较少参与博物馆建筑改造工程。当时他为业界所熟知的是鹿特丹市的净化水工程。基金会对博物馆改造工程的要求是将博物馆建筑和户外的雕塑公园连为一体并充分发挥两者的优势。由此，在哪些地方种植何种植物尤为重要。更进一步，为了充分展示大型公共艺术品的艺术魅力所在，许多树木的根部不能被武断地遮盖住。奎斯特恰恰是这方面的专家。他十分看重费尔德严谨的设计，将博物馆的空间比作埃及神庙。在改造之前，参观者往往从入口处进入博物馆并按照编年次序观看艺术品；改造后，参观者则从侧面进入博物馆建筑，在体验博物馆内部精妙建筑细节的同时，也观看到了雕塑公园内雕塑作品的排列。在这里新的侧翼仍然是隐藏的，直到穿过由一行树所界定的自然空间后，新的入口令人豁然开朗。在这里则有与完整的博物馆建筑体验相关的元素：树林中

1937年，建设中的博物馆内景。（左）

工作中的亨利·凡·德·费尔德（Henry van de Velde），1926年6月。（右）

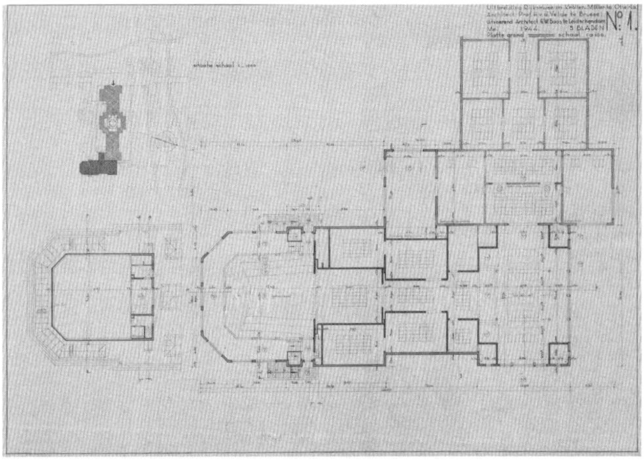

L. S.

De in dezen catalogus beschreven schilderijen en teekeningen vormen de verzameling van Mevrouw H. Kröller, zooals die was op 1 April 1917. De na dien datum aan de verzameling toegevoegde stukken zullen in een tweeden catalogus worden opgenomen.

De bezoeker zal enkele der in den catalogus vermelde nummers niet in de verzameling Lange Voorhout 1 aantreffen, daar deze zich bevinden in de woning der familie Kröller te Wassenaar. Daar van tijd tot tijd omwisseling der stukken plaats vindt, was het niet doenlijk, deze in den catalogus nader aan te duiden.

De verzameling is te bezichtigen elken Maandag en Vrijdag van 10 uur v.m. tot 4 uur n.m., op vertoon van een toegangskaart. Deze kaarten zijn verkrijgbaar op schriftelijke aanvraag bij Mevrouw H. Kröller, Lange Voorhout 1.

De afmetingen der schilderijen zijn in centimeters aangegeven, en wel eerst de hoogte, dan de breedte.

De samensteller,
H. P. Bremmer.

建筑师亨利·凡·德·费尔德1944年5月为国立克罗勒-穆勒博物馆扩建工程绘制的设计图纸。(左)

1917年4月1日第一次出版《海伦妮·克罗勒-穆勒藏品目录》序言，出自亨克·布雷默之手。(右)

的空间、钢铁柱子以及大片白砖墙。步行到此的观众则被预设了两条观展路线：博物馆或雕塑公园。在新的入口处，新的展览空间和廊道光照条件的差异性很容易辨识，这使得观众得以自主选择自己的参观线路。

1974年，当时的荷兰公主贝娅特丽克丝（Beatrix）为让·杜布菲（Jean Dubuffet）的著名雕塑作品《艾米儿花园》（*Jardin d'émail*）揭幕。1977年由维姆·奎斯特（Wim Quist）设计的博物馆新翼正式开放。1990年，当时的馆长埃弗特·凡·斯特滕（Evert van Straaten）和景观设计师阿德里安·戈伊兹（Adriaan Geuze）开拓了一个新的"雕塑公园"。凡·利斯豪特（Van Lieshout）、汤姆·克拉森（Tom Claassen）、克利恩·吉森（Krijn Giezen）、克里斯·布思（Chris Booth）等艺术家的作品具有较强的反思性和互动性。2006年由阿尔多·凡·埃克（Aldo van Eyck）设计的雕塑展廊在雕塑公园后部兴建。此外，还有玛塔·潘圆形剧场等建筑的落成，在更深层次的意义上实现了艺术与建筑之间的"对话"。这种"对话"一直在延续着，2012年以来，戈伊兹团队的"外部房间"（"exterior rooms"），一直到2016年皮埃尔·于热（Pierre Huyghe）所创立的名曰"季节盛宴"（"La Saison des Fêtes"）的理念。

洁白的墙面、抛光的木地板、隐藏电源与线路的人造光源，空间由此被最大程度地抽象化，外界一切社会、经济、历史因素被隔绝，而艺术品则从最早在空间中的装饰附属物，转变成了空间中被"净化"而成的神圣物件。这些均成为现代美术馆或艺术空间"白立方"的必要构成元素。用《在白立方之内——美术馆空间的意识形态》（*Inside the White Cube: The Ideology of the Gallery Space*）作者布莱恩·奥多尔蒂（Brian O' Doherty）1976年就发出的感慨来归结的话："我们已经到了这样一个节点，首先看到的不是艺术而是空间。进入脑海中的是一个白色的、理想化的空间，而不是任何一张独特的图像。"在此意义上，海伦妮穷极一生所构筑的极具个人化的展示空间无疑为我们提供了一个反思现代艺术展示空间的绝佳案例。

1925年，海伦妮·克罗勒-穆勒自费出版了一本标题为《现代绘画发展问题沉思录》(*Considerations Regarding Problems in the Development of Modern Painting*)的专著，三个版本的封面出自建筑师亨利·凡·德·费尔德之手。

主要参考文献和相关网站：

Eva Rovers、Eternity Collected, Prometheus/Bert Bakker, 2012.

Cynthia Saltzman, *Portrait of Dr. Gachet: the Story of a van Gogh Masterpiece*, Viking Penguin, 1998, chapter 13, chapter14.

Carol M. Zemel, *The Formation of a Legend*. Van Gogh Criticism, 1890—1920, UMI Research Press, Ann Arbor, Michigan 1980, p. 133.

Alexis Joachimides、*Die Museumsreformbewegung* in Deutschland und die Entstehung des modernen Museums 1880—1940、Verlag der Kunst、2001.

Brian O' Doherty、*Inside the White Cube: The Ideology of the Gallery Space*, the Lapis Press, 1976.

Raul Rispa, Sculpture Parks in Europe: A Guide to Art and Nature, Birkhäuser Architecture, 2017.

Leonard K. Eaton, "Growing a Museum: An Analysis of Holland' s Kröller-Müller Museum and Sculpture Garden", *Landscape Architecture Magazine*, Vol. 72, No. 2(March 1982), pp. 86-90.

Anselmo Carini, "Drawings from the Kröller-Müller National Museum, Otterlo", *Bulletin of the Art Institute of Chicago*(1973—1982), Vol. 67, No. 5(Sep. - Oct., 1973), pp.4-5.

Eva Rovers, "He Is the Key and the Antithesis of so Much": Helene Kröller-Müller's Fascination with Vincent van Gogh", *Simiolus: Netherlands Quarterly for the History of Art*, Vol. 33, No. 4(2007/2008), pp. 258-272.

Kandell, Jonathan. "Into the Woods", *Art & Antiques*, Apr2011, Vol,34 Issue 3, pp.60-69.

Piet de Jonge Nancy J. Troy ; *managing curator David A. Brenneman* ; contributions by Wim de Wit ... [et al.]. *Van Gogh to Mondrian: Modern Art from the Kroller-Muller Museum*, High Museum of Art, 2004.

Nancy J. Troy, "Telling Tales: the Kroller-Muller Collection and the Narrative of Modern Art", Piet de Jonge Nancy J. Troy ; managing curator David A. Brenneman ; contributions by Wim de Wit ... [et al.].Van Gogh to Mondrian: Modern Art from the Kroller-Muller Museum, High Museum of Art, 2004.

Wim de Wit, "Four Architects and One Museum",Piet de Jonge Nancy J. Troy ; managing curator David A. Brenneman ; contributions by Wim de Wit ... [et al.].Van Gogh to Mondrian: Modern Art from the Kroller-Muller Museum, High Museum of Art, 2004.

瓦尔特·格拉斯坎普（Walter Grasskamp）著，马文、陈泳梁译，《白墙：论“白立方”的史前史》

（“The White Wall-On the Prehistory of the ‘White Cube’”），《画刊》2019年第11期。

黄启祥，《斯宾诺莎的无神论问题：历史争论及其原因》，《现代哲学》2019年第2期。

彭柏林，《斯宾诺莎的上帝论与实践神学的建构》，《天府新论》2020年第1期。

吴树博，《斯宾诺莎的信仰观念及其与事功的关系》，《哲学动态》2019年第11期。

吴树博，《斯宾诺莎哲学的内在性原则及其对近代哲学中主体性的批判》，《世界哲学》2019年第4期。

画家乔治·修拉寄赠海伦妮·克罗勒-穆勒的明信片。

https://krollermuller.nl/en/timeline/historical-continuity

http://artdaily.com/news/59864/New-presentation-Approach-aims-to-make-the-Kr-ouml-ller-M-ller-Museum-more-accessible#.VnzESfTbxxM

http://www.huffingtonpost.com/christian-josi/vincent-is-back-at-the-kr_b_2972707.html?m=true&view=print

http://www.cafa.com.cn/c/?t=414650

http://mp.weixin.qq.com/s?__biz=MzA3MjU2MTgyNw==&mid=404622178&idx=1&sn=2bc13a81303cde4

07851910420b700b6&scene=18&scene=23&srcid=03265R2dPE8KonZ73isFZPpw#rd

“印象派之魂”：吉维尼莫奈花园和马莫坦－莫奈博物馆陈列管窥

1880 年的克劳德 · 莫奈。

1887 年的克劳德 · 莫奈，由纳达尔（Nadar）拍摄。

引言

2016年12月5日正值莫奈去世90年。不知道是否因为应景这个纪念性年份的缘故，距此一月有余之前，纽约佳士得在2016年秋季拍卖会上出手了他的一幅重要画作《干草垛》（*Grainstack*, 1891）——莫奈“干草垛”系列的25幅之一，以8144万多美元创下莫奈画作的最新拍卖纪录。之前的最高纪录已经由莫奈在1919年画的一幅《睡莲池塘》（8040万美元）保持了8年。根据佳士得拍卖行的编目，从1897年到1926年，莫奈总共应该画过181幅明确题为《睡莲》的作品。如果算上一些和“睡莲”意象相关的画，比如《睡莲池塘》《柳下的睡莲》《日本桥》等，这个数字应该是242幅。需要注意的是，这些作品均是艺术家迁入吉维尼（Giverny）小镇后创作完成的。我们讨论与莫奈后半生及众多作品去向有紧密关系的两个重要艺术机构，一个是离巴黎约40英里（约64千米）、世界各地游客纷至沓来之地的吉维尼莫奈花园（Giverny Monet Garden）；另一个则是当今收藏莫奈作品最多的马莫坦—莫奈博物馆（Musée Marmottan Monet）。2014年3月8日—6月15日期间在上海K11举办的“印象派大师 · 莫奈大展”的展品即来自该馆。100天的展期之内，日均参观人次超过3000，总参观人次超过30万，单在门票和艺术衍生品方面的收益就接近3000万元人民币。毫无疑问，这是一个兼顾学术与商业、艺术品质的好展览。2013年5月10日—9月8日，这批展品中的绝大部分也曾在澳大利亚墨尔本的维多利亚国立美术馆（The National Gallery of Victoria）展出，毫无疑问，这个主题为“莫奈花园”（Monet's Garden）的大展同样受到澳洲公众的热捧。2020年9月，马莫坦—莫奈博物馆的“镇馆之宝”《印象 · 日出》（*Impression, Soleillevan*）来到上海，一度成为艺术界的关注焦点之一。本文所关注的是莫奈后期作品的“观念性”问题以及它们得以诞生的复杂历史语境。要知道，1927年，距离莫奈逝世仅仅几个月光景，22幅“睡莲”题材画作在橘园美术馆整体亮相，但公众对这批作品反应较为平淡。许多评论家认为这些画作缺乏起码的透视效果，无外轮廓线的睡莲是失败的“装饰艺术品”。譬如，廖内洛 · 文图里（Lionello Venturi）表示，这是“莫奈最严重的艺术败笔”；无独有偶，英国批评家克莱夫 · 贝尔（Clive Bell）毫不留情地将这批作品形容为“可悲单调的多彩图画”。在此意义上就绕不开莫奈吉维尼花园时期的创作、交游活动和马莫坦—莫奈博物馆的莫奈作品捐赠情形、陈列方式等方面。本文拟从以上几个视角，结合具体作品来分析莫奈艺术生涯晚期在“观念性”方面做出的有益探索。

一、莫奈的吉维尼花园

不得不说，能够在吉维尼小镇买地、引渠、筑屋并在园子里遍植花木这一切均得益于莫奈经济状况的根本改善。1874年，也就是“第一次印象派展览”举办的那一年，虽然参观者的数量超过了3000，但莫奈的卖画所得仅为200多法郎。更糟糕的是，此后的第二、三次展览，观众对该群体作品的态度更为冷淡。这也就无怪乎作品所面临的惨淡前景了。据梅雷特·博德尔斯（Merete Bodelse）所撰《印象派画家未刊登的早期拍卖目录，1874—1894》（*Early Impressionist Sales,1874—1894 in the Light of Some Unpublished Proces-Verbaux*）显示，莫奈画作在此期间的单幅成交价一直徘徊在250法郎上下。由此来看，他数次向乔治·德·贝利奥（Georges de Bellio）医生请求“救急”便是在情理之中的事情了。1876年6月，他请求后者的协助，若无其资助，艺术家的工作将被迫中止：“您可以选择一幅画，或者如果您被其他的画作吸引，现在正是好时机，因为我又一次因为这该死的钱的问题，而必须突然中断我的工作。”1877年，他又再次写信给德·贝利奥：“我昨天想向您请求帮助，但我不敢，而今早我发现自己身处窘境，因为家中连一毛钱也没有了。因此我很冒昧地请求，从我们下一次的交易中先预支一百法郎。”几个月之后，他继续写信求助：“为了助我脱离已经持续两年的困境，您做了这么多，我希望您不会想要抛弃我……”莫奈的困境在1879年达到顶峰，当时莫奈的妻子卡米耶·东西厄（Camille Doncieux）因癌症在32岁时去世，莫奈再次哀求这位慷慨的大夫帮他从当铺中赎回一个头饰，他好“在她走之前，挂在她的脖子上”。以上数则例证充分证明，莫奈此时尚未在经济上立足，遑论大房子和大画室了。应该说，他的支持者之一、著名画商约瑟夫·迪朗-吕埃尔（Joseph Durand-Ruel）1886年“铤而走险”，在美国纽约策划的“巴黎印象派画家油画和色粉画展览”彻底地扭转了莫奈经济方面的颓势，展览大获成功，他的画作逐渐在大西洋彼岸获得了较为广阔的艺术

吉维尼花园中的莫奈及其夫人（右一）。（左）

1926年的莫奈。（中）

1905年夏，莫奈在吉维尼花园。（右）

马莫坦-莫奈博物馆入口。

马莫坦-莫奈博物馆外观。

市场。更进一步，自1889年在乔治·珀蒂（Georges Petit）画廊的莫奈-罗丹联展之后，这两位艺术家成为家喻户晓的人物，好日子终于来了。在1894年3月19日举办的温特·西奥多·迪雷（Vente Thedore Duret）专场拍卖会上，莫奈创作的《火鸡》（*Les Dindons*）以12000法郎的高价成交，其他作品的均价也达到了4000法郎。1899年全年，莫奈的卖画所得为22.74万法郎。此外，他的投资也获得了40000法郎的收益。1902年，莫奈为来年在贝恩海姆兄弟画廊（les frères Bernheim）的个人展做准备，这场展览为莫奈带来了巨大的利润。到1910年时，莫奈的作品价格涨到平均每幅12000法郎左右。接近拍卖时，那幅在1867年被官方沙龙退件的《花园里的女人》（*Femmes au jardin*）价格高达20000法郎！

1883年，莫奈举家搬迁到巴黎西北郊的吉维尼小镇（距离巴黎约40英里），他的私人花园所在地被叫做“苹果榨汁机厂房”（The House of the Cyder-Press, Le Pressoir）。从吉维尼花园的平面图可以看出，此处的布局是经过艺术家苦心经营的。此后除了屈指可数的旅行和写生之外，莫奈一直在这里生活和从事创作活动，死后也长眠于此。在43年的时间里，莫奈苦心经营的吉维尼花园成了他的“隐居之所”。莫奈收藏了不少日本艺术品，日本园林艺术的植物配置的方法和造园思想对日后莫奈的园林设计产生了重大的影响。除此之外，印象派画家造园活动的发展与当时两个重要的社会变化不无关联：首先是美国园林史学者德里克·菲尔（Derek Fell）在《印象派画家的园林》（*Impressionist Garden, Frances Lincoln,* 2006）中指出，一个变化是中产阶级从工业革命的成功中崛起并成为当时思想文化的引领者。从此，中产阶级园林的重要性大大超过了宫廷园林进而逐步领导了造园艺术的潮流。第二个变化是印象派画家造园期间，正是欧洲大众对植物和园艺热衷之时（历史学家称之为“园艺的黄金时代”）。伴随着植物学研究的迅速发展，这个时期有更多的异域植物被搜罗培育并逐步进入寻常百姓的庭院之中。与此同时，随着玻璃温室的发展，橡胶软管和旋转式割草机的发明，以及当时报纸、杂志的大力宣传，在很大程度上激发了普罗大众对植物和园艺的热情，使得园艺活动逐渐成为中产阶级最主要的休闲活动之一。

伴随着19世纪的园艺热潮，许多来自异域的花卉自然成为他们的“新宠”。欧

马莫坦 - 莫奈博物馆内景。

洲民众所熟悉的外来花卉不仅仅局限于大丽花、旱金莲等品种。来自东亚的牡丹、菊花、绣球花、兰花、鸢尾花，还包括现代玫瑰的主要种源，都是他们所热爱的。莫奈也不例外，他为这些新鲜物种深深着迷，自 1883 年搬迁到吉维尼之后，大量的亚洲植物和欧洲原生态植物共同组成了这座四季开花的园林。从 1901 年起，为了这座看似简单实则精心设计的花园，莫奈夫妇雇佣了五名园丁，另外还有一个人专门负责前几年就挖好、莫奈要求重新开挖的池子。正如前述，不同季节和不同区域、一天中不同时段的吉维尼花园也是莫奈进行创作和艺术实验的源泉。吉维尼花园的设计主要呈现如下三个特点。

第一，规则与不规则的空间布局。莫奈营建的园林包括两部分：花园和水园。花园又称诺曼园圃，位于居所前面，呈规则的长方形，占地约10000平方米。水园完全仿造日式园林，呈不规则的狭长形，占地6200平方米。莫奈在诺曼园圃中运用了一条非常明显的中轴线——格朗达莱小径，一条由石子铺成的两米宽的道路，从房子的大门一直通向花园的正门。这条中轴线将造园要素统一于轴线两侧，形成主次分明、条理清晰、空间有序的几何网络，进而形成整体布局。水园的规划处处显示出日本园林的影子，几座日本桥跨越于如镜的池水之上，给人一种参禅入定之感。

第二，色彩与光影的运用。在莫奈看来，园林艺术是创造美的手段，更是贴近自然的途径。他在色彩组合、视觉效果、光照反射、日光变化，甚至在花瓣的透明度中寻求变化。在上文提及的格朗达莱小径上，莫奈做了六个绿色涂漆的拱形花架，夏天爬满了约十种攀援月季，使得色彩有立体感，也投下了斑驳的光影。这个小径把诺曼园圃一分为二：花园西边，是南北走向的花坛；花园东边，另外有 38 块大小相等的长方形花坛。在花坛里面，花丛的高低各不相同，呈现一种立体的美感。更有意味的是，莫奈将绘画中色彩的表现方法运用于植物的色彩配置中，通过控制色彩效果和引入创新的配色方案，利用色调之间不同的组合，强化了色彩对比，创造出新的色彩组合，形成惊人的对比效果。

第三，对于花卉植物的深入研究。莫奈拜访了众多的园艺学家，遍观著名的欧洲植物园，阅读大量的园艺著作和杂志，并且从世界各地引种了许多奇花异草。据莫奈的好友、杰出的园艺学家乔治·特吕弗（Georges Truffaut）观察，莫奈吉维尼花园里有蓝色鼠尾草、龙牙草、紫罗兰、日本银莲花、附子花、时钟花、毛地黄、香豌豆花、亚洲百合、钓钟柳等。马塞尔·普鲁斯特（Marcel Proust）对吉维尼花园的评论可以称得上一语中的："色彩已经调妥，美妙无比；色调已经形成，和谐悦目。这里不仅仅是一座花园，更是艺术，一幅取材自生活，充满生命力，在自然中完成的大作。"

1900—1926年间，尽管曾受到眼疾的困扰，勤奋的莫奈仍旧在这里绘制了超过250幅绘画，其中包括如今成为橘园美术馆"镇馆之宝"的巨幅油画。当然，这些画作也为莫奈维持吉维尼的生活提供了坚实的保障，因为在20世纪20年代，吉维尼花园每年的花费超过40000法郎，这在当时是相当大的一笔费用。此外，莫奈的两个儿子——长子让·莫奈（Jean Monet, 1867—1914）、次子米歇尔·莫奈（Michel Monet, 1878—1966），第二任妻子艾丽斯·霍莎德（Alice Hoschedé）及其六个子女，这一大家子的日常生活的维持无疑也需要坚实的物质保障。1919年，莫奈创作的130厘米见方的画作标价为20000法郎，尺幅稍小一点的也不低于18000法郎。再如，1920年6月，芝加哥艺术收藏家马丁·A.赖尔森（Martin A . Ryerson）通过画商达朗-吕埃尔得以观看莫奈摆放在吉维尼秘不示人的巨幅作品，在此当口，作为芝加哥艺术学院美术馆（The Art Institute of Chicago）董事会成员的赖尔森，在董事会主席夫人——弗朗西丝·哈钦森（Frances Hutchinson）的陪伴下，代表该机构向莫奈订制30幅画作，这批作品的总售价高达300万美元，在当时折合4261万法郎之巨！也相当于莫奈吉维尼地产总额——5038308法郎的八倍多！他们许诺在艺术学院美术馆的一楼展厅按照艺术家的要求展示这些作品，但最终还是被莫奈婉拒了。相形之下，日本收藏家松方幸次郎（Kojiro Matsukata）成功将18幅莫奈精品收入囊中则是一个特例。1921年9月13日，在曾任卢森堡博物馆（The Musée du Luxembourg）馆长、首任罗丹博物馆（Musée Rodin）馆长莱昂斯·贝内迪特（Léonce Bénédite）的引荐之下，松方幸次郎得以做客吉维尼莫奈花园。1922年5月，莫奈同意将18幅画出售给松方，其中包含当时刚创作完成的3幅大型画作：《垂柳》（*Weeping Willow*）、《睡莲》（*Water Lily*）以及《睡莲池、垂柳倒影》（*Water Lily Pond, Weeping Willow*

马莫坦-莫奈博物馆内景。

马莫坦-莫奈博物馆的镇馆之宝——《印象·日出》。

Reflection），最后一幅画高2米、宽度达4.25米！1923年1月的《美国艺术新闻》（*American Art News*）刊登的松方访谈文章的标题直接以《莫奈一幅画卖了85000美元》（*Mont Get $85000 for a Single Canvas*）为题，可谓吸人眼球！《睡莲池、垂柳倒影》这幅画是莫奈在世时唯一离开吉维尼的巨幅作品，画家在画面上标注了创作日期并签上了名字。

再以德·贝利奥和莫奈收藏个案为例，1880年1月8日，他通知贝利奥："您已经有了我一批相当漂亮的收藏，将来您可以少买一点我的作品，但如果您愿意付好一点的价钱，以后我作品完成时都会最先拿给您看，因为我并未忘记您曾经多次救我脱困。"德·贝利奥于1880年1月12日回复："我非常愉快地收到您捎来的好消息，相信我，我很高兴，虽然太迟，但人们总算还了您公道，这是您的才能所应得的，而对您的敬意从纯粹情感的阶段，进入较实际的不菲价格……正如您信中所提及，我已经拥有一批您的画作，数量相当可观，所以我对您想要提高画价没什么好抱怨的。我不是说我不会再买您的画，但以后我会少买些。"事实上，由于缺乏资金，更重要的是上文提到的莫奈单幅作品价格的急剧上涨，自1881年起，德·贝利奥停止购买莫奈的作品。这也从一个侧面反映出当时莫奈作品受到追捧的程度。

二、马莫坦－莫奈博物馆里的莫奈画作

上文提到的乔治·德·贝利奥藏品后来捐赠给马莫坦博物馆，该馆的名称也随之更名为"马莫坦-莫奈博物馆"了。细究起来，这座馆的前身原为瓦尔米公爵（The Duke of Valmy）、众议院议员、饱学之士弗朗索瓦·克里斯托夫·埃德蒙德·凯勒曼（François Christophe Edmond Kellerman, 1735—1820）的狩猎屋。若进一步追溯，这里原先是一个帕西（Passy）辖区下的小村子，1860年帕西被并入巴黎市，豪斯曼男爵（Baron Haussmann）将其规划为一个公园。1863年，凯勒曼公爵以137577法郎的高价买下了位于拉斐尔大街20号（20 Avenue Raphaël）和叙谢大道17号（17 Boulevard Suchet）之间的地皮。按照当时的契约，凯勒曼公爵须在两年的时间内建造两栋占地面积为600平方米的别墅。事实上，他在那里修建了三座住

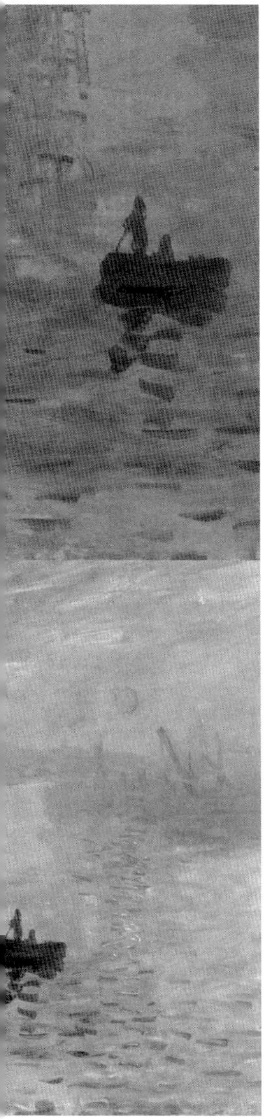

马莫坦-莫奈博物馆的镇馆之宝——《印象·日出》。

宅，其中的两座在1866年分别以8万法郎、7万法郎售出了。占地面积达2020平方米的那栋房子留给自己居住。1868年，凯勒曼公爵辞世，其妻女已经无力维护这栋大宅子。1882年7月，朱尔斯·马莫坦（Jules Marmottan, 1829—1883）将其买下，售价高达26万法郎！

朱尔斯·马莫坦出生于法国北部。早年学习法律，后来曾跟巴黎的股票经纪人合作。1870年，他担任布律埃及煤矿（Les Mines de Bruay）经理一职。在他的经营之下，这家公司成为加莱海峡（The Pas-de-Calais）最大的企业。他在后来成为几家公司的管理人，积累了巨额财富。老马莫坦对中世纪、文艺复兴时期的欧洲艺术情有独钟。在艺术商人安托万·布拉瑟尔（Antoine Brasseur）的指引之下，马莫坦得以将40多幅文艺复兴前的画作、艺术品收入囊中，它们出自意大利、佛兰德斯及德国的艺术家之手。与之形成鲜明对照的是他的儿子保罗·马莫坦（Paul Marmottan, 1856—1932）——一位沉迷于拿破仑帝国时期（1789—1930）的历史学家，对其偶像拿破仑及其所在时代的艺术施以青眼，希望将房产和艺术收藏捐赠给法兰西学院的美术学院这一举动，能够复兴当时已不再流行的第一帝国艺术。保罗·马莫坦不但将父亲留给自己的宅邸以帝国时期的样式装饰，还将散落各地的皇室成员肖像、卡拉拉大理石雕刻的胸像陈列在其内。除此之外，里面陈设的家具也不容小觑：一部分来自拿破仑的寝宫之一——杜伊勒里宫（The Tuileries Palace）；另一部分来自那不勒斯的波蒂奇皇宫（The Palazzo Reale di Portici），那里曾是拿破仑妹妹——卡罗琳（Caroline）的皇宫。1910年，马莫坦将毗邻宅邸的一块地皮买下，用于增建并陈列其父的收藏。他亲自担纲设计师，将二楼的卧室（现在的餐厅）、一楼的两个圆形沙龙进行重新布置。如今，进入其内的访客必经之处——圆形大厅，在当时作为宅邸的前厅，装饰以帝国时期的壁龛和为数众多的大理石雕像。在这里需要提到一位在线条模制、彩绘装饰方面被主人所激赏的艺术家——加斯东·科尔尼（Gaston Cornu）。他专门为这里量身定做了一系列的壁柱、有凹槽的基座、爱奥尼亚式的柱子，此外还有狮身鹰首雕刻的饰带和部分镀金的粉饰灰泥华饰。沙龙和餐厅里的门十分考究，上面装饰有古代舞者形象的雕塑。为增强这里的“帝国时期”艺术氛围，马莫坦专门搜罗了大量同时代的物品，最重要的是

莫奈创作睡莲系列的画室，现在成为吉维尼莫奈故居的艺术品商店。

拿破仑一世睡过的一张床。此外还有法国著名的“珍奇柜”（cabine）名匠——皮埃尔·安东尼·贝朗热（Pierre Antoine Bellangé）亲手制作的桌子、纪念碑式的弗朗索瓦-格拉维埃·法布雷（François-Xavier Fabre）巨制——《费尔特公爵夫人及其孩子的肖像》（*Portrait of the Duchess of Feltre and Her Children*）、塞夫尔作坊（Sèvres Workshop）生产的陶瓷和青铜器组合的“地理钟”（geographic clock）。文学批评家、《浪漫的创痛》（*The Romantic Agony*）的作者马里奥·普拉（Mario Praz）曾用一段普鲁斯特式的语调来表达对这位沉浸其中不能自拔的收藏家之观感：“这位和蔼、吝啬的老人流连于他的所有财产之中，正如一位亲切的守财奴辗转于其金堆中那般，乐此不疲。”在马莫坦看来，这座建筑物及其内部的帝国时期沙龙和绘画展厅，毫无疑问会令人缅怀欧洲早期历史中的“珍奇屋”（caninets of curiosities）传统，这也是他毕生所努力的结果。在1932年3月15日辞世前，马莫坦将宅邸及其里面的艺术品捐赠给国家。毋庸置疑，这是在向内莉·雅克马尔-安德烈（Nélie Jacquemart-André）、莫伊兹·德·卡蒙多（Moïse de Camondo）等艺术收藏家“致敬”，他们的住宅和藏品作为一个“总体艺术品”分别成为今天的雅克马尔-安德烈博物馆（Musée Jacquemart-André）和装饰艺术博物馆（Musée des Arts Décoratifs）。创立于1648年的巴黎美术学院（The Académie des Beaux-Arts）作为马莫坦父子藏品及宅邸的受捐机构，其最初的名称是“王家绘画与雕塑学院”（The Académie Royale de Peinture et de Sculpture）。几年之后颁布的新章程显示，创立学院的主要目的是为了教学，教授们要讲授几何学、透视学、解剖学。章程还涉及一项为素描竞赛的学生授奖的内容，到了1564年，该奖项发展为资助获奖学生赴罗马研修四年的制度，即著名的“罗马大奖”。学院制定了完善的课程时刻表，总结了绘画艺术的“四原则”——线条、光影明暗、色彩和人物表现。除此之外，学院还制定了一些行之有效的展览制度和收藏制度。自1667年起，定期举办“沙龙美展”。学院推崇古希腊罗马艺术和意大利文艺复兴时期的艺术，保持着对理想美的崇拜。教学方法则以素描人体写生为核心，并伴随着竞赛、游学、沙龙等制度。在其后的两个世纪里，这所学院的体制与艺术理念，一度成为西方乃至世界美术学院所遵循的典范。通过学院入选作品及“罗马大奖”，巴黎高等美术学院得以拥有十分丰厚的收藏，并得以一直延续，涉及16世纪以来的建筑、绘画、雕塑、版画、线描和艺用解剖学。有意

莫奈吉维尼旧居内景。

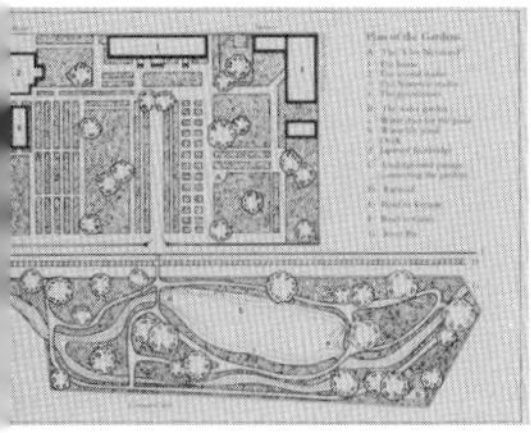

莫奈的吉维尼花园平面图。

思的是，当时学院确定的有关艺术题材的等级是："描绘历史、神话与宗教等具有寓意的绘画为最高等级，因为它们要求艺术家了解古典神话与史诗传统，并最能体现和检验艺术所独有的智慧、自由和创造性，也最能与手工艺明确区分开来；其次则是肖像画、风俗画、动物画和风景画，即使再栩栩如生，它们也只是模仿再现；而静物则被认为处于最低等级别。"总而言之，作为一个古老的美术学院，其功能就在于使得艺术传统及遗产能够延续。马莫坦父子的艺术藏品在很大程度上是这个传统序列中的一分子，捐赠给该机构可谓实至名归。

在美术学院辖下，马莫坦博物馆于1934年6月21日正式开幕，一起捐赠给学院的还有布鲁涅图书馆（The Boulogne Library）里的珍贵历史文献。1938年，著名学院画家威廉·阿道夫·布格罗（William Adolphe Bouguereau）的后人将出自画家之手的一部分素描作品捐赠给马莫坦博物馆。1940年，印象派因而得名之作《印象·日出》，以及其他贝利奥收藏的珍品入库，可以视为一个开端。1957年，维多莉娜·多诺·德·蒙奇（Victorine Donop de Monchy）及其丈夫欧仁·多诺·德·蒙奇（Eugène Donop de Monchy）的捐赠使得马莫坦博物馆的藏品面貌产生很大的变化，甚至在很大程度上引发博物馆名称的改变。维多莉娜出生于1863年4月15日，也就是前面提到的凯勒曼公爵以高价买下拉斐尔大街20号地皮的那一年。作为最早光顾马莫坦博物馆的观众之一，她最终决定将继承自父亲——德·贝利奥医生的部分艺术藏品捐赠给该馆。1940—1947年间，维多莉娜多次捐赠画作。于是乎，50多幅莫奈的精品和古籍图书与素描、古玩以及日本文物等藏品最终进入马莫坦美术馆的馆藏之列。由于他的哥哥让于1914年去世，当莫奈在1926年去世之后，米歇尔成为他唯一的直系子嗣，也因此继承了父亲保存于吉维尼宅邸与画室中的全部画作。迪朗·吕埃尔画廊曾为米歇尔的藏品列出一份未标日期的清册，登录了272件作品，其中有215件莫奈的作品。1964年3月4日，米歇尔立下遗嘱，将马莫坦博物馆列为受遗赠者，另外特别留给其友人拉霍克15张保存在索荷·穆榭（Sorel Moussel）的莫奈画作的使用权。遗产包括所有保存在索荷·穆榭以及其他在吉维尼房子中的作品。莫奈辞世之后，米歇尔所继承的莫奈画作和藏品的总数超过500件之多，其中莫奈的私人艺术藏品超过120件！米歇尔迫于财政状况的考虑，不得不逐渐向达朗-吕埃尔家族、保罗·罗森伯格（Paul Rosenberg）、雅克·泽利希曼（Jacques Seligmann）散出父亲的收藏。关于这方面的交易记录十分稀少，只有零

莫奈吉维尼旧居内景。

星存世。比如，米歇尔妻子布朗谢-奥舍德·莫奈（Blanche-Hochedé Monet）的一个账本上在1937年6月28日标记了一幅出自雷诺阿创作的标题为《阿尔及利亚女人》（*The Algerian Woman*）的画作理想价位是8000美元。另外一幅同样出自雷诺阿之手的《浴者》（*Bather*）尺寸与前一幅相当，要价也是8000美元。1926—1939年间，米歇尔将父亲旧藏中的21幅画售出。1966年，米歇尔对美术学院包罗万象的遗赠，是马莫坦博物馆建馆以来的重要转折。这笔开创历史的遗赠，事实上将马莫坦博物馆变成献给这位印象派领导者的机构，博物馆也因此在1990年更名为马莫坦-莫奈博物馆。1972年，在拉霍克放弃他的使用权之后，另外15幅杰作也进入美术馆的收藏。多亏他们，马蒙坦-莫奈博物馆才拥有了世界上最重要的莫奈画作精品。

如前所述，马莫坦父子的艺术趣味虽有差别，但总体上聚焦于文艺复兴时期以来的古物收藏传统和法国学院传统。相形之下，印象派画作的进入无疑与里面的主旨相扞格。这一点尤其体现于保罗·马莫坦所著的《1789—1830年的法国绘画学院》（*L' École française de peinture, 1789—1830*）这本书之中，在序言里，马莫坦言辞激烈地抨击"印象派"："人们（画家）不再细细描绘，而是仅仅画出草稿；不再描绘，而仅仅是涂抹。这就是当下最流行的趋势……这种松弛首先源自愚昧无知和那些乐于仅仅寻求印象的艺术爱好者们的沉迷。"显而易见，作为印象派艺术家群体的同时代人，保罗·马莫坦对这个新兴艺术团体的艺术主张和画风颇有微词。更有意味的是，印象派所举办的"落选者沙龙展"也明确无疑地挑战马莫坦博物馆主管机构——美术学院的馆方沙龙展览。维多莉娜在1940年将包括《印象·日出》在内的11幅印象派画作被美术学院的接受，标志着对该画派的正式认可和肯定。马莫坦博物馆的沙龙空间无法陈列莫奈尺幅巨大的作品，有鉴于此，美术学院考虑专门改造一个展厅用于陈列这些杰作。1970年，这些很少为公众所熟知的画作在这里正式亮相了。附带一提的是，前两批捐赠带动了一些"印象派""后印象派"精品陆续进入该机构。1985年，"后印象派"画家亨利·迪昂（Henri Duhem）的养女内莉·塞尔让-迪昂（Nelly Sergeant-Duhem）捐赠给马莫坦博物馆为数众多的画作，其中包括莫奈的《阿让特伊漫步》（*Taking a Walk in Argenteuil*）、保罗·高更（Paul Gauguin）所作的《一束花》（*Bunch of Flowers*）。1993年，贝特·莫里索（Berthe Morisot）的后人也将25件莫里索创作的油画以及出自马奈、德加、让-

吉维尼莫奈故居厨房陈设场景。

巴蒂斯特·卡米耶·柯罗（Jean- Baptiste Camille Corot）等名家制作的版画捐赠给该机构。早在1883年，莫里索与其夫君欧仁·马奈（Eugène Manet）将新家搬到距离拉斐尔大街20号不远处。后来，他们的女儿朱莉·马奈（Julie Manet）、女婿恩斯特·鲁阿尔（Ernest Rouart）、外甥女让妮·戈比亚尔（Jeannie Gobillard）及其夫婿保罗·瓦莱里（Paul Valéry）以及两家的子女都居住于此。更有意思的是，1934年6月，朱莉夫妇和瓦莱里夫妇均参加了马莫坦博物馆的开馆典礼。莫里索的外孙、艺术史家德尼·鲁阿尔以及艺术史家、美术学院院士丹尼尔·维尔登施泰因（Daniel Wildenstein）之间的紧密关系使得这批精品顺理成章地进入该机构。

细究起来，这委实也经历过了一个复杂过程。首任馆长海克托·勒费尔素来崇尚简约与朴素，于是乎马莫坦博物馆此前富丽堂皇的帝国风格顿时荡然无存。没有变动的是马莫坦书房中陈列的帝国风格的家具、卧室墙壁上悬挂的肖像画、从波尔多皇宫运来的那张拿破仑曾睡过的一张床，此外还有“地理钟”。另一位建筑师出身的馆长雅克·卡吕（Jacque Carlu）亲自操刀设计了莫奈展室。受到杜伊勒里花园里橘园美术馆空间布局的的启发，《印象·日出》被置于显要的位置。此外，1985年发生在该馆的那次惊天大案使得这批莫奈藏品引起了世界范围内的广泛关注。案发当时，包括《印象·日出》《特鲁维尔海滩上的卡米耶·莫奈和堂兄》（*Camille Monet and Cousin on the Beach at Trouville*）、《让·莫奈肖像》（*Portrait of Jean Monet*）、《荷兰郁金香花园》（*Field of Tulips in Holland*）等莫奈的重要作品以及雷诺阿所作的《坐在岩石上的浴者》（*Bather Sitting on a Rock*）、《莫奈肖像》（*Portrait of Monet*）和出自莫里索之手的《舞会上的女子》（*Young Woman at the Ball*）等在内，被盗走的这批画作总价值约为1200万美元。所幸的是，1990年12月，这批被盗的画作在科西嘉岛（Corsica）的一栋别墅内被找到。自20世纪70年代以来的巡展使得这批印象派画作为普通公众和研究者所注意。

三、吉维尼画室里的“实验”

诚如上文所示，米歇尔·莫奈正是受到贝里奥家族后人捐赠行为的激发，遂决定将大量的莫奈作品捐出。但需要提及的是，之前发生的一件事在更大程度上坚定了他将马莫坦博物馆视为捐赠对象的决心。米歇尔曾向卢浮宫博物馆方面提出一项要求，就是将该馆接受的卡耶博特藏品（Caillebotte Collection）中应属于莫奈家族的8幅莫奈画作归还于他，结果事与愿违。如此一来，米歇尔即刻打消了向该机构捐赠父亲作品的动念。平心而论，米歇尔并不十分在意父亲留下的这些艺术珍品。一个例证可证明我们的观点：假设他十分珍视这些画作、手稿的话，那两幅描绘莫奈吸烟斗和读报的油画肖像肯定会在约翰·里瓦尔德（John Rewald）1946年出版的《印象派历史》（*History of Impressionism*）中占据重要位置。但事实恰恰相反，里瓦尔德在此书中对这两幅画一笔带过，并称"藏处不详"。前文述及，大哥1914年的辞世使得米歇尔成为莫奈的法定继承人，他负责照看、维护莫奈的吉维尼花园是分内之事。但他未对这些画作采取相应的保护措施，这导致它们受到严重的损害。直到1966年米歇尔因车祸去世时候，吉维尼花园中和上文提到的索荷·穆榭家中存放的莫奈作品才有机会得到抢救性的修复和编目。1977年以来，时任凡尔赛宫（the Château de Versailles）主管的热拉德·凡·德·肯普（Gérald Van der Kemp）在使得处于荒废状态的吉维尼花园重新焕发活力方面功不可没。他和夫人一道，以"凡尔赛基金会-吉维尼公司"（Versailles Foundation-Giverny Inc）的名义向那些一向对莫奈旧居情有独钟的美国人募集到了数量可观的维修基金。在这里需要特别提到吉维尼美国艺术博物馆（Musée D' art Américain Giverny）的创建。在19世纪80年代，吉维尼曾经是许多美国艺术家的聚居地。被称为"哈姆雷特"（hamlet, Le Hameau）的旅店是当时美国艺术家在吉维尼的居所，它与莫奈的吉维尼花园相去不远。与美国吉维尼关系最为密切的当属莉拉·卡伯特·佩里（Lilla Cabot Perry），1894—1896年间，佩里与她的丈夫及家人租居于此。她与法国印象派画家莫奈建立了长期的友谊并有幸得到他在艺术方面的指导。1907—1916年间，一位名叫玛丽·C. 惠勒（Mary C. Weeler）的美术教师居住在这所房子里并将花园租下。1926年莫奈的辞世及1929年美国经济的大萧条，使得许多美国艺术家不再光顾这里。后来这家旅店几度易手，它与美国艺术史的密切关系随之逐渐褪色。1980年，修葺一新的吉维尼莫奈故居及花园向公众开放，来自世界各地的游客纷纷来到这里"朝圣"。尽管莫奈故居房间的墙壁上悬挂着一些名作的复制品，但这也无法遏制观光客们的热情及好奇心，以致它在今天成为仅次于凡尔赛宫的著名旅游胜地。

美国画家西奥多·罗宾逊（Theodore Robinson）所作《吉维尼花园中的莫奈肖像》（Retratos）

事实上，早在莫奈生活的当时，由于上文提及的美国艺术家群体的"纷纷光顾"，使得吉维尼小镇变得"喧闹"起来，这里原有的田园气息和宁静在几年之内丧失殆尽。1887年，当地原有的一家咖啡馆被改造成为旅店，小杂货店开始经营热销的英国茶、蜀葵糖剂、椰子汁、画框、画笔等。不到十年，位于小镇中心的一块地皮被规划成未来的网球场。于是，法国人开始抱怨英语竟然成为当地通用的社交语言。艺术旅游业成为当地仅次于农业的第二大产业。作为此地"拓荒者"的莫奈对这种现状大为光火，他甚至取消了以往在花园外的写生活动，干脆将"阵地"转

移到园内。

上文已说到，莫奈艺术市场的“空前火爆”使得他能专注于较为纯粹的“艺术探索”。但也有人对他的后期作品进行诟病，昔日的友人德加认为他的这些作品缺乏深度。莫奈对此也并不是置若罔闻，他还是做出了一些调整，譬如说，莫奈与迪朗·吕埃尔约定，在将这些画作投放到市场上之前，允许他对它们进行反复改动，这些“实验性”的调整过程有时持续数周，有时数月，更有甚者达数年之久。例如，现藏于芝加哥艺术学院美术馆的《睡莲池》（*Water Lily Pond*, 1917—1922）就是一个典型例证。相较于其在1903年和1908年间完成的早期睡莲池系列，莫奈的这幅《睡莲池》在画布规模和笔触大小上都有明显的区别。自1906年之后，莫奈开始对睡莲池中团簇的睡莲位置进行实验；在作画的不同时期不断地增加或移动“卵形”图式。值得一提的是，在完成复杂的水面倒影的前后期，莫奈还加入了不同层次的花朵元素。莫奈对《睡莲池》中花簇的调整方式，显示了在画作的准备时期，他并不是一股脑儿地将其草草完成。技术检验更是表明了他花大量时间来完成《睡莲池》。在漫长的一系列过程中，莫奈使用了一种方法，即在已干的颜料上添加新的颜料，使得画作表面看起来具有厚度并极具纹理感。虽然莫奈自认为画作不算完全“完成”，但是画面表面所呈现的复杂性足以说明他在这上面花费了持续而大量的时间。

也许对这幅画的技术报告中几个细节能够更直观地反映出莫奈对画作的苛刻要求。首先，从肌理效果来看，底层是一层单一的灰白色层次。画作中的大部分都是通过在已干的颜料上添加新的颜料这一方法完成，从而使其表面极具纹理效果。其次，睡莲是在两个阶段被加进去的：分别是在绘制叶子在水面倒影的前后期。此外，从表面上能够观察到的睡莲所用的是一些厚重而糊状的笔触，它是在旧笔触还未干时就加上去了，并且通常是画笔上蘸了两种或多种未混合的颜料绘制而成。种种迹象表明，莫奈在艺术生涯的晚期仍然在坚持尝试新的技法。

早在20世纪30年代，英国批评家罗杰·弗莱（Roger Fry）对莫奈晚期画风的评骘在某种程度上代表了一种主流的声音。在他看来，莫奈在这一时期所创作的作品

莫奈在吉维尼花园，身后是“玫瑰小径”（“rose alley”），年代不详。

莫奈在吉维尼的画室。

吉维尼莫奈故居附近景点示意图。

"缺乏合乎传统形式的画面结构，几乎仅仅是对他所观看的周遭世界的忠实记录"。这种批评已经十分尖刻了。直到20世纪50年代，莫奈才有机会被"重新发现"，当时正是美国"抽象表现主义画派"大放异彩之时。对比该画派的作品与莫奈晚年在吉维尼创作的画作后不难发现，莫奈作品里明显带有该画派的"偶发性"（spontaneous）特征。在当时，学界对莫奈这批作品的研究尚处于起步阶段，对这些作品的定论还未出现，由此便出现了这样的情形：在20世纪60年代，纽约现代艺术博物馆（Museum of Modern Art, New York）策展人威廉·C.塞茨（William C. Seitz）联合洛杉矶郡立博物馆（The Los Angeles County Museum）策划了"克劳德·莫奈：季节与瞬间"（Claude Monet: Seasons and Moments）这个展览。他对自己一个"鲁莽的做法"深感不安，即是说，他把展厅的一半空间用于陈列莫奈1880年代之后创作的画作。巧合的是，也就是在这个展览之后，学术界才开始真正关注莫奈晚期的艺术成就。1949年9月3日—11月20日，艺术史家、巴塞尔美术馆（The Kunsthalle）策展人卢卡斯·利希滕汉（Lucas Lichtenhan）所策划的莫奈回顾展在该巴塞尔美术馆展出，展览的策划得到了米歇尔的大力支持，其中一个展厅如实展示了莫奈晚期创作的"睡莲系列"的保存情况。1949年11月18日，艺术史家、巴塞尔美术馆策展人格奥尔格·施密特（Georg Schmidt）向博物馆管理层推荐这批作品。他推荐的理由有两个方面：首先，莫奈晚期创作的这些作品代表了印象主义的最终成果；其次，莫奈创造了一种新风格（Jugendstil）。董事会最后保留了两幅宽度为6米的大画。其中一幅最终没进入该馆馆藏之列，一年之后，美国艺术收藏家沃尔特·克莱斯勒（Walter Chrysler）直接从米歇尔手中买走，现在这幅画作是卡内基艺术博物馆（Carnegie Museum of Art）的"镇馆之宝"之一。

市场价格的差距也可以从一个侧面反映出晚期莫奈作品未得到认可，举例来说，在这次展览上出现的宽度达6米的大型画作标价仅为6000美元，而为创作这些作品准备的2米见方的草稿价位在1800～2400美元徘徊。更有说服力的是，米歇尔出借给巴塞尔美术馆的作品——《特鲁维尔海滩》（*The Beach at Trouville*）宽46厘米，高度仅为38厘米，标价高达8145美元！这种状况到了20世纪50年代中期得到改观，这与1924年迁居巴黎的乌克兰人卡蒂娅·格拉诺夫（Katia Granoff）所开设的卡蒂娅·格拉诺夫画廊（the Galerie Katia Granoff）经营有方有关。卡蒂娅通过米歇尔的朋友——安德烈·巴尔比耶（André）得以与米歇尔取得联系，进而成批购入莫奈晚期创作的画作。1956年6月1日—7月30日，主题为"克劳德·莫奈的伟大诗性飞扬"（The Great Poetic Flight of Claude Monet）的展览在格拉诺夫画廊举办。1957年，卡蒂娅支付给米希尔2700万法郎的巨款，但交易的画作数量无从得知。第二个展览——“克劳德·莫奈令人着迷的池塘”（Claude Monet's Enchanted Pond）也是在该年的夏季举办。值得注意的是，纽约现代艺术博物馆（The Museum of Modern Art, MoMA）馆长、艺术史家阿尔弗雷德·巴尔（Alfred Barr）专门观看了“克劳德·莫奈的伟大诗性飞扬”这个展览并为馆方和几位美国收藏家购藏了多幅画作，其中有那幅纽约现代艺术博物馆重要馆藏，宽2米、高1.8米的《睡莲》（*Water Lily*）。卡蒂娅甚至还与纽约的克内德勒画廊（The Knoedler Gallery）联手，向美国藏家及机构出售莫奈的晚期精品。譬如，1956年4月交易成功的两幅《日本桥》（*Japanese Bridge*）和7月以139280美元交易成功的《百子莲》（*The Agapanthus*）三联画。1957年，纳尔逊·埃尔金斯艺术博物馆（the Nelson Atkins Museum of Art）和圣路易斯艺术博物馆（The Saint Louis Art Museum）购藏了《百子莲》中的其中两幅。1958年，纽约现代艺术博物馆以高价从格拉诺夫画廊购藏了两幅巨作，其中一幅宽度为6米的作品成交价高达83000美元！1960年，克利夫兰艺术博物馆以100000美元的高昂价格购入了上述《百子莲》三联画的最后一幅，当时克内德勒画廊的报价高达130000美元。另外的一组三联画成交价为15万美元。1971年6月，马莫坦-莫奈博物馆主持策划了“莫奈和他的老友们”（“Monet et Ses amis”）主题展，莫奈在1900年之后创作的画作才得以集体亮相，它们被视为20世纪视觉艺术的顶峰之一。

四、结语

英国皇家艺术学院的资深策展人、艺术史家玛丽·安妮·史蒂文斯（Mary Anne Stevens）根据两份文献［1991年由上文提及的维尔登·施泰因主持编纂的《维尔登·施泰因莫奈作品全目》（*Wildenstein catalogue raisionné of Monet's oeuvre*）的最后一卷和一份在私人收藏中被发现的尚未出版过的《大日志》（*Grand Journal*）手稿］对与莫奈相关的既有研究成果进行质疑。通过对文献的细致读解，她甚至认为莫奈很有机会成为一位痴迷于“东方主义”主题的艺术家。以上例子说明，莫奈的整体研究正有很多细节有待重新审视和发现。归结到本文的论题，自19世纪80年代在吉维尼花园常住以后，莫奈将关注点聚集在吉维尼花园及其周边地区，对处在相同地域范围内、不同的季节和光照下的睡莲池、柳树等主题产生了浓厚的兴趣。整体来看，吉维尼时期的创作生涯体现出画家对外在世界的矛盾姿态，这种矛盾不断促使他进行“实验和反思”，这种行为只曾在短时期内因为画家的眼疾所中断，一直持续到他的生命尽头。

早在1895年，芝加哥美术学院美术馆（The Art Institute of Chicago）就已经为莫奈举办过展览。1995年，为纪念莫奈在芝加哥美术学院美术馆首展100周年，“克劳德·莫奈：1840—1926”（Claude Monet: 1840—1926）大型回顾展如期举办。

莫奈吉维尼旧居入口。

这次展览的独特之处就在于，一些莫奈晚年所作的透视东方影响和趋向抽象的画作，引起了普通观者和专业研究者的浓厚兴趣。策展人查尔斯·F. 斯塔基（Charles F. Stuckey）认为，莫奈晚年的艺术探索影响到了毕加索的“立体主义”、蒙德里安早期的抽象画、波洛克的“姿态表现主义”（Gestural Expressionism）以及马克·罗斯科与安迪·沃霍尔的全满构图等。在此意义上，莫奈不仅是印象派最伟大的艺术家，也是现代艺术的重要引导者之一。如果说19世纪80年代的莫奈，试图追求布列塔尼海岸的戏剧性和放纵，那么到了1900年左右，他在泰晤士河的浓雾中寻觅到了温柔、文明化的宁静，在威尼斯运河的建筑倒影中寻找到了微妙的漂浮感。1913年，莫奈又重新陷入对睡莲和池塘的近似强迫症的迷恋，并持续到1926年他去世前，其间莫奈一共画了93幅《睡莲》，而且都是非常单纯地以睡莲和水面为对象。而自此之后，艺术家在吉维尼花园里的“实验性”探索则触及了抽象性、观念性及神秘的东方禅意，与其说是一种“衰退”，毋宁说是更高层次的升华与超越。

无独有偶，艺术史家罗斯·金（Ross King）在其《疯狂的迷醉——克劳德·莫奈和睡莲绘画》（*Mad Enchantment: Claude Monet and the Painting of the Water Lilies*）里以翔实的史料和生动的笔调考察了晚年莫奈创作“睡莲”组画的动因和相关背景。他在这本书中特别提到，在迁居吉维尼的30多年之前，莫奈已经触及这个主题并且坚持下来。1913年，莫奈73岁，妻子艾丽斯三年前的去世和1914年长子让·莫奈的意外去世无疑给他莫大的打击，长期在日光下作画也使其视力受损，深受白内障之苦。艺术批评家、导演沃尔德玛·亚努谢扎克（Waldemar Januszczak）在其制作的BBC系列纪录片《印象派——绘画与革命》（*The Impressionists: Painting and Revolution*）的最后一集《大放异彩》（*Final Flourish*）中还原了莫奈在白内障手术之后的作画状况，非常令人信服。当然。这是在莫奈好友、有“老虎”之绰号的法国首相乔治·克列孟梭（Georges Clemenceau）的直接关怀下促成的，他不但为莫奈寻访名医治疗白内障，还在当时极为困难的条件下为莫奈提供充足的煤炭和烟草等生活必需品。当然，创作这些大画并非一挥而就，当对画面效果不满意时，莫奈或用脚踢画布，或用厨房里的餐刀割开画布，作为莫奈画室助理的继女布朗歇（Blanche）在这时会成为其“出气筒”。正如上述，莫奈许诺把《睡莲》组画捐赠给国家，但事实上迟至1926年12月，也就是在莫奈辞世之后，上面提及的巨幅《睡莲》才被运到“橘园”，当时这里是巴黎各色名犬的“秀场”，而非专业的美术馆。直到1927年5月，按照莫奈的遗愿，“橘园”最终被建筑师卡米耶·勒菲弗（Camille Lefèvre）成功地改造为“橘园美术馆”（Musée de l' Orangerie）。

1922年，批评家古斯塔夫·吉弗洛（Gustave Geffroy）在其著作《克劳德·莫奈的生平、时代与作品》中最后专辟一章“水园前的最后遐想”，他这样写道：“这是莫奈艺术的最高意味：他对宇宙的爱，归结为一种泛神论的冥想与禅思……而对其自己梦寐以求的形式与色彩的追寻在对恒常而又同时变易的事物的永恒性感悟中几乎到了消弥其个体性的地步。”莫奈读到此书，如获知音，他后来写信给吉弗洛道：“我无需告诉你，撇开所有的矜持，读到你对我的作品与我本人的赞许，我是多么的感动。”1948年，美国批评家克莱门特·格林伯格（Clement Greenberg）如此评价莫奈晚期的艺术创作：“莫奈晚期的作品打破了架上绘画的陈规。而如今，在他辞世20多年之后，他的创作变成一个绘画新潮流的起因。”这里的“新潮流”显然指的是美国“抽象表现主义”及受其影响的诸流派。2018年4月15日—8月20日，橘园美术馆主办的题为“睡莲——美国抽象艺术和莫奈晚期作品”（Nymphéas：L' abstraction américaine et le dernier Monet）的展览较为深入地探究了这个命题。杰克逊·波洛克（Jackson Pollock）、马克·罗斯科（Mark Rothko）、克利福德·斯蒂尔（Clyfford Still）、巴尼特·纽曼（Barnett Newman）、莫里斯·路易斯（Morris Louis）、威廉·德库宁（Willem de Kooning）、菲利普·古斯顿（Philip Guston）、琼·米切尔（Joan Mitchell）等重要抽象艺术家的29幅画作与莫奈的《睡莲》形成了有意味的对比。最后一个展厅留给了摄影师汉斯·纳慕斯（Hans Namuth），正是他用摄影机记录下了波洛克用“滴画法”（dripping）进行创作的过程，为研究者留下了宝贵的、直观的史料。展墙的另一头，隐藏在吉维尼花园花丛中的摄影机也捕捉下了大师作画的片段。在此种情境下，就像美国批评家哈罗德·罗森伯格（Harold Rosenberg）在1952年撰写的《美国行动画家》（*The American Action Painters*）一文中所指出的那样，“美国画家开始将画布视为一个行动的竞技场，而不是一个复杂、重绘、分析的空间，画布所产生的东西不再是‘图像’，而是一个‘事件’”，罗森伯格宣称：画家要将图像从绘画的客体、既存的自然、社会和艺术中解放出来；并认为波洛克的“滴画法”能在莫奈的后期《睡莲》系列中找到线索。此种评价可谓切当，并具有某种超前性。这种评价本身也反衬出莫奈后期创作的“革命性”。需要提及的是，法国美术史学者路易·吉莱（Louis Gillet）甚至觉得，这组作品与其说是体现了西方的逻各斯中心主义，还不如说是表现了东方的神秘主义。他在莫奈去世后不久就这样

莫奈博物馆（那泽民手绘）。

写道："也许，有必要认识'莫奈的艺术'这样独一无二的欧洲作品是与中国的思维，远东对水、云雾、万物的转瞬即逝、超然、涅槃、荷花的宗教等的朦胧赞美真正联系在一起的。"

也许，我们更需要去深究莫奈晚期艺术创作中的东方韵味了。

参考文献及相关网站：

Jacquelynn Baas, *Smile of the Buddha: Eastern Philosophy and Western Art from Monet to Today*, University of California Press, 2005, pp. 24-25.

Caroline Holmes, *Impressionists in Their Gardens*, ACC Art Books, 2012.

Judith Bumpus, *Impressionist Gardens*, Phaidon Press Ltd, 1998.

Clare A. P. Willsdon, *Impressionist Gardens, Natl Galleries of Scotland*, 2011.

Marianne Mathieu, "The Grandes Décorations from Claude to Michel Monet（1914—1916）", George T. M. Shackelford; With essays by Claire M. Barry, Simon Kelly, Emma Cauvin, and Marianne Mathieu, *Monet: The Late Years*, Yale University Press, 2019.

JNW, "Monet' s Years at Giverny: Beyond Impressionism", *Bulletin*（St. Louis Art Museum）, New Series, Vol. 14, No. 3（July-September 1978）, pp.46-49.

Edith Hoffmann, "Monet at the Musée Marmottan", *The Burlington Magazine*, Vol. 114, No. 826（Jan., 1972）, pp.40-44.

"Monet's Garden: The Musée Marmottan Monet, Paris", *Craft Arts International*, Issue 88, 2013.

"Monet : Late Paintings of Giverny from the Musée Marmottan", *Art in America*, Vol.82, Issue 8,1994.

Christopher Allen, "A World of Reflections", Australian, May 25, 2013.

克莱尔·乔伊斯著、陈文瑶译,《莫奈的盛宴——印象派之父花园里的烹饪笔记》,积木文化,2017年。

詹姆斯·斯图尔顿著,檀梓栋、申屠妍妍译,《伟大的欧洲小博物馆》,上海古籍出版社,2005年。

李军,《可视的艺术史:从博物馆到教堂》,北京大学出版社,2016年,第四章。

吕维敏,《印象派花园》,载上海博物馆编,《三十二个展览:印象派全景》,北京大学出版社,2013年,156—165页。

丁宁,《莫奈:痴迷瞬间光色的艺术家》,载上海博物馆编,《三十二个展览:印象派全景》,北京大学出版社,2013年。

上海博物馆编,《美术的诞生:从太阳王到拿破仑巴黎国立高等美术学院珍藏展》,上海书画出版社,2019年。

曾伟,《透视莫奈的园林艺术》,《装饰》2015年第2期。

邝慧仪,《克劳德·莫奈:大自然中的光影写手》,《收藏·拍卖》2013年第10期。

贾淼,《莫奈的"强迫症"》,《三联生活周刊》2016年12月8日。

http://giverny.org/gardens/fcm/visitgb.htm

http://www.dfdaily.com/html/8759/2014/3/3/1124445.shtml

http://www.dfdaily.com/html/8759/2014/3/3/1124319.shtml

http://weibo.com/p/1001603757757894388318

http://passport.weibo.com/visitor/visitor?a=enter&url=http%3A%2F%2Fweibo.com%2F&_rand=1411460597.8088

https://www.theguardian.com/artanddesign/2016/sep/03/mad-enchantment-claude-monet-water-lilies-review

https://www.marmottan.fr/en/the-museum/the-museum-and-its-history/

https://mp.weixin.qq.com/s?__biz=MjM5NDI2NzczNA==&mid=2650444559&idx=1&sn=c4880abd3f0afd7cbd61f09d0cd57d16&chksm=be84643689f3ed207a48b3c6905aa51eba28d647c996ed9f2ab253504bb655ca16a8d0c736e0&mpshare=1&scene=23&srcid=&sharer_sharetime=1579484054319&sharer_shareid=cfffc2622b4419218f93ba743754e2a5#rd

艺术教育实验场：巴恩斯基金会陈列方式评析

引言

梅里翁巴恩斯基金会大门。（那泽民手绘）

塞尚的名作——《玩纸牌的人》（*Card Players*, 1890—1892）悬挂在位于美国宾夕法尼亚州费城市区新落成巴恩斯基金会（The Barnes Foundation）的墙壁上，墙面用粗亚麻布装饰，空间阔大，摆放方式妥帖而安全。相较之下，这里的展示空间比原先郊区老馆好多了，那里黄色灯光昏暗而充满含混性，全然遮蔽了原作的魅力。这倒是让人想起了那个年代城市与乡村的巨大反差。不过，这一展示场景的变换也闹过一个小插曲，有些经常光顾老馆看画的观众看到它们比先前的色彩亮了不少，竟然指责该基金会雇佣专业人员清洗画面，这有违创建者阿尔伯特·巴恩斯（Albert C. Barnes, 1872—1951）博士的遗愿—这样问题就显得“严重”了。不过，总体来看，新馆的陈列方式十分尊重巴恩斯博士的遗愿，以沙龙式样的悬挂方式来体现其美学理念。换言之，如果将原先杂陈一处的画作比作老朋友的话，这是一个老友重聚的理想场所，诚如上述，它们从乡下气息十足的梅里翁（Merion）搬到费城闹市里来了。当然，与此前稍有不同的是，出自雷诺阿手笔的红润而丰满的女子、德加描绘的芭蕾舞演员、莫迪利亚尼绘制的长脸女人等重量级的名作反倒增加不少。

巴恩斯基金会并不是浪得虚名，只需亮一下家底便可知晓：虽然仅有寥寥800余件油画作品，但其市场价值已经超过250亿美元。从艺术品质来说，里面有不少西方艺术的经典之作：181幅出自雷诺阿之手的杰作、59幅马蒂斯画作、69幅塞尚画作，甚至连埃尔·格列柯（El Greco）、丁托列托（Tintoretto）的作品也赫然在列。其他如中世纪金属雕刻、非洲木雕、古希腊香炉……当然，巴恩斯不容许他的这些藏品为人们所共享，即便是一些名人也毫无例外。譬如，著名诗人T. S.艾略特（T. S. Eliot）曾被他拒之门外，巴恩斯博士在给他申请信的回复中只写了一个词，那就是“傻子”（nuts）。又如，大艺术收藏家、克莱斯勒公司的少掌门瓦尔特·克莱斯勒（Walter Chrysler, Jr.）也曾向巴恩斯请求观看其艺术珍藏，但最终只收到一封委婉推脱的回信。如此多的业内人士遭到回绝，以至于有人发出了这样的感叹：“与一只要命的臭鼬进行死命争斗是无济于事的。”言下之意是：想去那里品咂艺术杰作等于痴人说梦！可见巴恩斯在与人共享艺术资源方面是多么悭

巴恩斯基金会新馆建筑鸟瞰图。

吝，也足以反映出他的占有欲是何等强烈！但这只是巴恩斯针对他的那些敌人才采取的策略，他对于提前预约的普通艺术爱好者还是非常友好的。

应该在这里强调的是，巴恩斯基金会的“艺术研讨班”有着非常奢侈的条件，即是说，巴恩斯有意识地将自己收藏得艺术品当作课堂上必备的诸多条件之一，除了聆听哲学、美学大师们的讲座之外，参与者还会沉浸在艺术品原作营造的语境中回味研讨课的内容。更为值得一提的是，不同时期、不同艺术流派、不同文化背景的作品杂乱而拥挤地被悬挂在小展室之内，没有任何标签和说明文字。本文将结合相关史料和研究文献，探讨巴恩斯从事艺术收藏的过程，着重讨论这种特殊陈列方式在当时和当下进行艺术教育的可取之处，为博物馆、美术馆公共教育项目的设计提供一些借鉴。

一、巴恩斯及其藏品形成略述

说起来，巴恩斯的爱尔兰远祖算得上是费城这座美国最古老的城市最早的居留者之一，但自移民新大陆两个世纪以来，他们还仍未脱离劳工阶层。他的父亲约翰·J.巴恩斯（John J. Barnes,1844—1930）是南北战争老兵，也是一个醉鬼，这使得其家庭在社会最底层苦苦挣扎。母亲莉迪娅·A.谢弗（Lydia A. Schaffer, 1846—1912）则来自一个虔诚的基督教循道宗（Methodist）家庭。1885年，巴恩斯从威廉·威尔士小学（The William Welsh Elementary School）毕业并在6月份顺利进入远近闻名的中心高中（The Central High School）。该校创立于1836年，1849年获得授权可授予多种学科的学位。值得一提的是，该校的课程项目以苛刻著称于美国的教育界。该校开设的课程涵盖了科学和人文科学两大领域：代数、三角学、微

梅里翁巴恩斯基金会主展厅北墙。（左）

巴恩斯基金会新馆15展室内景。（右）

巴恩斯基金会新馆建筑细节。

积分、化学、物理、拉丁语、德语、经济学、历史学、英语、文学。巴恩斯选修了不少课程并于1889年6月顺利毕业，入宾夕法尼亚大学医学院（The University of Pennsylvania Medical School）学习。应该说，巴恩斯的经历是一个经典的美国式成功范例。他参加准专业的棒球队比赛以获取医学院的学费，在20岁时获得硕士学位并成为一家精神病院的实习医师。

巴恩斯后来回忆，这段经历使得他意识到一辈子都将与医学打交道。他最为感兴趣的话题是：在最为宽泛的意义上，科学，尤其是作为其分支的化学与生物学有着极为密切的关系。几年之后，年轻的巴恩斯医师意识到一件事，那就是制造药品会获得更多的金钱。考虑到不少药品的配方是由德国人发明的，巴恩斯便横下一条心，选择赴柏林专门学习制药技术。在德国留学期间，巴恩斯将其关注点转移到化学治疗与生理行为两者之间的关系。18个月之后，巴恩斯返回费城并在一家制药厂找到了一份工作。出于赢取更高利润的考虑，巴恩斯决定和他在留学期间遇到的德国化学家赫尔曼·希勒（Hermann Hille）合作。1900年，巴恩斯到海德堡大学进修。他为希勒争取到了一个职位，鼓励他开发一种含银的化学制剂，这种新药以滴眼液的形式预防婴儿的眼睛失明。他们将这种药品定名为“弱蛋白银”（Argyrol）。很快，巴恩斯设法使得这种新药获得医学界权威们的认可。1902年5月14日，两人在美国治疗协会（The American Therapeutic Society, New York）第三次年会上提交学术论文，证明了该新药对眼睛感染，尤其是婴儿淋病的疗效尤为显著。这篇论文后来全文刊发于1902年5月24日的《医学档案》（*Medical Record*）上。后来，这种药物甚至在一些州被强制给新生婴儿使用。因为弱蛋白银制剂具有价格低廉、易于生产、容易普及等特点，这使得专利的持有人——巴恩斯和希勒一夜暴富。有几个年份在巴恩斯一生中非常关键，不妨在这里罗列一下：首先，1888年2月—6月，巴恩斯和威廉·格拉肯斯（William Glackens）成为同班同学，两人在绘画和体育活动方面有着共同的兴趣，后者对巴恩斯日后的艺术收藏活动产生过重要的影响；其次，1902年，巴恩斯和希勒公司（Barnes & Hille）成立，为两者均带来了大量财富；再次，1907年，经过颇具争议性的诉讼，巴恩斯最终独享了“弱蛋白银”的专利权，遂有次年A. C.阿尔伯特公司（The A. C. Albert Company）的创建，这无疑为巴恩斯日后的艺术收藏活动和推行巴恩斯基金会的“研讨班”提供了强大的经济后盾。

巴恩斯基金会新馆建筑模型。

巴恩斯曾经迷恋绘画，据他在回忆录中的说法，6—28岁的巴恩斯曾经一度痴迷于绘画。但当他发现自己在这方面缺乏天赋之后，便果断地放弃了这个爱好，决定成为一名艺术收藏家，显然这是明智之举。考虑到收藏艺术品这个专业性较强的活动的确需要高人辅佐，他在获得巨额财富之后便找到了自己之前的同学、已成为著名画家的格拉肯斯，聘请后者担任自己的艺术顾问。早在1912年2月，巴恩斯就让格拉肯斯携带20000美元巨款赴巴黎专门购藏艺术品。在旅居巴黎的友人阿尔弗雷德·H.莫勒（Alfred H. Maurer）的协助下，格拉肯斯得以结识熟悉巴黎艺术圈的利奥·斯泰因（Leo Stein）、格特鲁德·斯泰因（Gertrude Stein）兄妹。三周之后，他为巴恩斯带回了出自德加、雷诺阿、凡·高、马奈、高更、塞尚等艺术家的33幅画作。起初，这些作品并未获得巴恩斯的青睐，在频繁更换画框和仔细观看之后，他决定保留它们。六个月之后，巴恩斯独自去巴黎搜罗艺术品，正如格特鲁德·斯泰因所抱怨的那样，他在空中挥舞着支票簿，将不少现代艺术名作收入囊中。显而易见，斯泰因夫人的财力是无法与巴恩斯相抗衡的，只好眼睁睁地看着大量名作进入他的行囊。1912年春季至1913年夏季这段时期之内，巴恩斯与上述的莫勒先生频繁通信，雇佣他与巴黎的艺术商、收藏家取得联系并罗致艺术品。这其间有一些颇有意思的细节。1912年12月巴恩斯专门赴伦敦参观在格拉夫顿美术馆（The Grafton Galleries）参观“第二次后印象派展览”。12月9日，巴恩斯造访利奥·斯泰因并首次购得2幅亨利·马蒂斯的作品。在圣诞节那天，巴恩斯兴奋地在给另一位画家朋友罗伯特·亨利（Robert Henry）的信中“汇报战果”：“几天前我在巴黎获得几幅出自塞尚和雷诺阿等人之手的画作—其中有6幅塞尚和4幅雷诺阿。我还淘到了2幅杜米埃的代表作，此外还有毕加索早期画作、马蒂斯的静物画和海景画。我相信你曾经在巴黎斯泰因的公寓中看到过它们。”

“一战”的爆发终止了赴欧洲的旅行，但这并未使得巴恩斯的收藏热情减弱，他采取一种变通的方式，通过巴黎艺术商人寄照片的渠道购藏了为数不少的雷诺阿画作。战后，他发现自己更容易整批购买艺术品。当时的艺术市场上充斥着大量的重要艺术品，这就导致了不少作品的价格迅速跌落。1920年，巴恩斯抓住了这个机会，一口气抢购了13幅出自塞尚之手的精品之作，还有一批被利奥·斯泰因收藏的质量上乘的现代艺术作品。巴恩斯还将他的收藏范围扩展到其他领域，在这里需要特别提到非洲艺术。通过其主要中间人、巴黎画商保罗·纪尧姆（Paul Guillaume）的介绍，巴恩斯购藏了不少非洲部落雕塑。1922年他开始搜罗非洲艺术品，这一年的夏天，巴恩斯花费71000法郎从巴黎的纪尧姆画廊购买了47件非洲艺术品，相当于当时二三件欧洲现代艺术品的价格。同年冬天，巴恩斯豪掷131110法郎继续从纪尧姆那里购藏非洲艺术品。1923年，巴恩斯致信纪尧姆：“当基金会开放之时，黑人艺术会在所有时代伟大的艺术形式之中占据重要一席。”应该这样说，巴恩斯基金会在当时是北美屈指可数的几家将黑人艺术视为艺术品的机构之一。巴恩斯的非洲

艺术品包括中西非面具、人物雕塑、日用品等。

除此之外，两次世界大战期间，巴恩斯大量购进印象派画家的画作，还涉及到49幅毕加索、69幅塞尚、60幅马蒂斯、21幅柴姆·苏汀（Chaïm Soutines）、18幅亨利·卢梭（Henry Rousseau）、修拉、德加、莫迪利亚尼等人的作品。非洲艺术、亚洲艺术、西南美绘画、陶器、美国早期家具和织物……可谓应有尽有。直至1951年巴恩斯因车祸意外辞世时，他的藏品总数超过9000件！

二、作为"艺术实验室"的巴恩斯基金会

对于巴恩斯来说，巴黎之行的重要收获除了斩获艺术品之外，还包括结识了利奥·斯泰因。1913—1947年间，二人一直保持通信。斯泰因不仅是巴恩斯在艺术收藏方面的良师益友，还和巴恩斯在多方面达成共识：首先，二人不仅仅把绘画视作财富，认为其更是一种复杂的人类观念和价值的载体。其次，他们均对科学，尤其是心理学产生浓厚的兴趣。利奥·斯泰因在这方面拥有扎实的理论基础和相关学术背景。在利奥返回美国之后，巴恩斯经常请他到梅里翁商讨艺术品的购藏问题。除此之外，二人就精神疗法（psychotherapy）和美学等问题展开激烈的争论。

早在20世纪90年代，巴恩斯藏品的价值就达到30亿～60亿美元，甚至还要超过这个数。如上所述，除了美国境内最好的现代艺术收藏这个特征之外，它还是被参观次数最少的艺术机构，这是由巴恩斯博士古怪的意愿所导致的结果，这种状态直到他的辞世才稍微有所改观。如果巴恩斯当初没有把巴恩斯基金会交给林肯大学（Lincoln University）的话，它会为更多的人所熟知。早在1922年11月27日，巴恩斯在写给纪尧姆的信中雄心勃勃地宣称："请记住，我打算尽我之所能搜罗世界上最好的黑人艺术品。"在这里需要提到梅里翁巴恩斯基金会旧馆门厅的设计。巴恩斯

巴恩斯基金会新馆展厅内景。

巴恩斯基金会新馆展厅内景。

所选定的建筑设计师是任教于宾夕法尼亚大学建筑系的保罗·菲利佩·克雷（Paul Philippe Crete）。克雷提交的建筑图纸呈现新古典主义建筑风格。具体来说，克雷将巴恩斯基金会建造成文艺复兴时期法国城堡的样式。就门厅来说，巴恩斯最终决定将非洲艺术元素融合进来。1923年，他写信给纪尧姆，声称："你可以看到非洲艺术胜利了！" J. H. 杜勒斯·艾伦（J. H. Dulles Allen）则进一步将巴恩斯的夙愿变为现实，以其非洲艺术藏品为原型，专门为门厅设计出马赛克和浅浮雕。不难看出，巴恩斯选择在艺术圈里籍籍无名的林肯大学，在很大程度上是因为他一直以来对黑人文化——尤其是福音歌唱和部落雕刻的钟爱，当然，他也希望借此发泄他对白人权力结构的怨恨之情。且看他的言论："（随着）黑人的伟大成就变得更为广为人知，我们有一切理由寻求减轻白人种族方面表现出来的傲慢，以及黑人自身因为自叹弗如而产生的不快，他们，它们均有害于（无益于）两个种族的真正幸福。"不仅如此，巴恩斯的重要友人、哲学导师约翰·杜威（John Dewey）在给巴恩斯基金会的献词中说："我不知道还有什么别的有意义的、象征性的贡献是像这一机构的成员所做的那样，致力于解决有时看起来不仅仅是令人困惑、而且是令人觉得无助的问题——种族关系问题。" 由此可见，杜威也是巴恩斯的支持者。

提及"怨恨"这个词，在这里不得不交代一下巴恩斯与宾夕法尼亚大学之间的复杂关系。1924 年，巴恩斯曾专门致信时任该校主席的乔塞亚·彭尼曼（Josiah Penniman)，表示愿意出资在该校设立一个研究"现代艺术"的教授职位，两个机构可以充分利用各自的优势为学生开课：两周在宾大开设理论课程；两周在巴恩斯基金会观摩那里的艺术品。此外，巴恩斯还在信中提及，当时的哈佛大学、普林斯顿大学和哥伦比亚大学等知名高校均开设了关于"现代艺术"的讲席教授职位，言下之意，就是宾大也应如法炮制。最终这个请求不了了之，该校董事会没有通过这项提议。只有 30 名来自该校的学生参加了 1924—1925 学年在巴恩斯基金会开设的课程。

我们应该这样说，巴恩斯既是一位乖戾的收藏家，也是一位十分与众不同的艺术教育者。他自己撰写专著，也像牧师布道一样宣传自己的美学主张，当然，这种教育方式是填鸭式的，是不容许被怀疑的。自1916年起，巴恩斯强迫自己药品制造厂未受过正规教育的工人们每天花两小时学习哲学、心理学、艺术欣赏，特别要研读杜威的作品。如果巴恩斯没有坚持控制这些“门徒”的思想的话，这些专题讨论会可能会有益处。但这样的课堂很像宗教裁判所（“the Inquisition”），所有的成员必须遵守教义，如此一来，其结果可想而知。1922年，巴恩斯将这种非正式的教育团体转化为专门面向成年人的教育基金会，即今天享有盛誉的巴恩斯基金会。身家过亿万的巴恩斯狂热地喜欢艺术，这实在是一件好事。他的“大手笔”之一便是出资600万美元来创建巴恩斯基金会。“大手笔”之二就是建立一座博物馆。为了提供一个活动场地，他决定建造一座博物馆，该博物馆也是一个私人的教育机构，选择当时风行的法国文艺复兴风格来建造它。为了选择最好的石灰岩，巴恩斯在1922年12月远赴法国的多家采石场调查情况。一个月之后，巴恩斯采购了900吨石灰岩，另外花了50万美元购藏了100余幅画作。1923年，巴恩斯将他新近购藏的75件现代艺术杰作（大部分是马蒂斯、莫迪利亚尼和苏汀的作品）在令人生畏的费城美术学院（Pennsylvania Academy of Fine Arts）展出，结果受到了外行人士的嘲弄。三年后，巴恩斯打算把巴恩斯基金会捐赠给母校宾夕法尼亚大学，但学校当局对这一慷慨的捐赠不予理睬。更糟糕的是，巴恩斯的这个捐赠设想也被著名的费城艺术博物馆（Philadelphia Museum of Fine Arts）拒绝了！数次闭门羹激发了巴恩斯狂热的收藏热情，这也是他的性格。

巴恩斯基金会新馆展厅内景。（那泽民手绘）

巴恩斯基金会正式成立的日子是 1925 年 3 月 19 日，距今整整 90 余年。我们不妨在这里引用时任该基金会财务主管和秘书的内勒·E. 马伦（Nelle E. Mullen），向上文提及的巴黎画商、巴恩斯好友纪尧姆在信中所描述的场景：“当时是一个阳光普照的下午，约有两百余人出席成立典礼。观众大多是艺术家、教师、专业人士、本地官员和我们实验室的所有成员。”首先致辞的是巴恩斯基金会教育部名誉主任、哲学家杜威，他在发言中言道：“我想表达我的坚定信念，我最为根深蒂固的信仰，那就是今天我们为了绘画、造型艺术的自由，为了艺术教育的自由，当然也是为了教育领域内的名副其实和向前发展壮大，迈出了重要的一步。”

1940—1941 年期间申请参观巴恩斯基金会的申请表格。

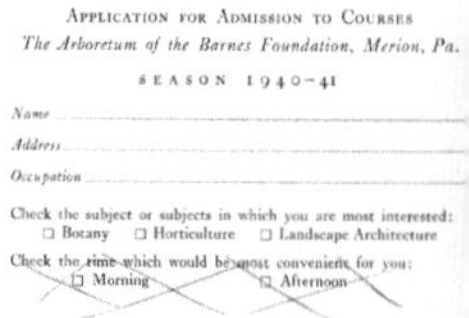

APPLICATION FOR ADMISSION TO COURSES

The Arboretum of the Barnes Foundation, Merion, Pa.

SEASON 1940-41

Name ______

Address ______

Occupation ______

Check the subject or subjects in which you are most interested:
☐ Botany ☐ Horticulture ☐ Landscape Architecture

Check the time which would be most convenient for you:
☐ Morning ☐ Afternoon

巴恩斯基金会初创时的使命是：提升教育的发展和对艺术的欣赏力。巴恩斯基金会的成立受到了杜威的巨大影响，这是一个不争的历史事实，但实际上，杜威夫人艾丽斯·杜威（Alice Dewey）的贡献也不容小觑。早在 1918 年，杜威夫妇获得

巴恩斯基金会新馆观众休息区。

邀请参观巴恩斯的藏品并结识巴恩斯的艺术家友人。艾丽斯曾担任芝加哥大学实验学校（The Laboratory School at the Chicago University）校长，她曾鼓动巴恩斯将自己的藏品应用于艺术讨论课。就巴恩斯本人来说，他首先将该基金会定位为一座教育机构而非艺术博物馆。他将巴恩斯基金会视为进行社会改良的途径。自成立伊始，他便明确宣布："我们切不可传达一种印象，即我们旨在培养一大批专家或艺术鉴赏家。十分确定的是，我们应该在这一方面有所作为，那就是激发活着的人们去创造精神财富。"刚成立时的巴恩斯基金会学员超过 100 人，专职教员不过区区 5 人，但其以学生为中心、基于教育体验的讨论模式等颇具革命性的教育方式营造出了一种迷人的氛围。曾经参与研讨班的艺术家巴顿·丘奇（Barton Church）如此评价这里的气氛："对于讨论美学和欣赏绘画作品而言，这无疑是一个具有生命气息的'思想坦克'。"

三、"古怪"的作品陈列方式

前文已经大略概括了巴恩斯的收藏过程，我们不难发现，他的收藏趣味是十分明晰的，并不受周围友人及当时风气的左右。格拉肯斯深知这一点，遂请巴恩斯自己决定留下哪些作品。后来巴恩斯多次往返法国亲自购藏作品，也通过纪尧姆等人帮自己搜罗符合自己趣味的画作及雕塑。以毕加索为例，巴恩斯只收藏毕加索艺术生涯早期创作的作品。艺术史家皮埃尔·卡巴内（Pierre Cabanne）也提到："按照巴恩斯的说法，毕加索在其'立体主义'时期是愚弄人的。"如前所述，他对雷诺阿的"膜拜"达到了无以复加的程度，竟然拥有超过180幅出自该艺术家之手的画作！

诚如上述，巴恩斯将这些珍贵藏品聚拢在一起是为了教育的目的，马蒂斯感受到了这一点。1930年9月，马蒂斯应邀担任卡内基国际博览会（The Carnegie International Exposition）评审委员会委员。当时他给巴恩斯发电报探询是否可以参

梅里翁巴恩斯基金会主展厅，上为马蒂斯壁画《舞蹈》（*The Dance*）（左）

威廉·格拉肯斯（William Glackens），《沐浴时刻》（*The Bathing Hour, Chester Nova Scotia*），布面油彩（Oil on canvas），66cmx81.3cm，1910年。（右）

巴恩斯基金会新馆 11 展室。（左）

梅里翁巴恩斯基金会的 23 展室场景。（右）

观尚未开放的巴恩斯基金会，后来获得许可参观并接受订件，作为巴恩斯基金会壁画——《舞蹈（二）》（*The Dance Ⅱ*）的受托人应邀造访该机构。在首次看到巴恩斯基金会的陈列方式之后，他作出了如下评价："在美国最引人瞩目的事物之一便是巴恩斯基金会的藏品，它们以一种有益于美国艺术家成长的精神氛围陈列着。'老大师'（old masters）画作和现代绘画陈列在一起。一幅杜阿尼埃·卢梭（Douanier Rousseau）的作品旁边是一件原始主义的画作，这种杂陈有助于学生们得到学院里学不到的东西。"马蒂斯的研究者约翰·罗素（John Russell）也提到："除了展示的大部分作品具有极高的品质之外，他为展览方式的率真和诚实而欣喜……马蒂斯甚至喜欢那种乱糟糟的状态，那些伟大的艺术品失去了语境，而与那些无论类别还是年代均不相同的东西为伍了。这是……马蒂斯在美国所见过的展示艺术的'唯一明智的地方'。"用马蒂斯本人的话来说："巴恩斯基金会是美国最令人瞩目的事物之一……毫无疑问地，它试图摧毁其他收藏馆那种人工的、评价不高的陈列方式。"

也许，用那幅《舞蹈（二）》的创作以及陈列作为例证来讨论巴恩斯的陈列意图是一个有效的途径。巴恩斯将梅里翁巴恩斯基金会中心展厅正对着入口的三个弧形空间留给他十分推崇的马蒂斯。他允许画家可以任意选择壁画的主题。1931年1月，也就是在距造访巴恩斯基金会4个月之后，马蒂斯正式接受这个订件。他为此专门在法国尼斯（Nice）租了一间废弃的摄影棚绘制这幅巨作。在1951年的一次访谈中，马蒂斯谈到了这幅画："我非常喜欢舞蹈，舞蹈是一件非凡的事物：生命和韵律。在巴恩斯基金会，我需要做的是在有限的空间内传达一种无限的视觉效果。那也是我没有选择全身人像的原因，所以会有一半的躯体在画面之外。我使用了片段并通过节奏感来吸引观者，引导他们顺着所看到的片段的节奏感，以获得一种整体感。当然，如同绘画一样，美好的事物在一个有限的空间内散发出一种无限意象。"但是要完成如此巨大的一幅画绝非易事。马蒂斯经过一番摸索尝试，在三个连续的、五米宽的大画布上用竹竿绑定木炭条起稿。分别尝试用赭石、黄色、蓝色和红色等颜色，最终决定选用蓝色和灰色两种沉稳的色彩——在他看来，没有任何渐变和层次感的平涂是壁画的应有之义。这样的色调和建筑本身的石灰岩固有色是

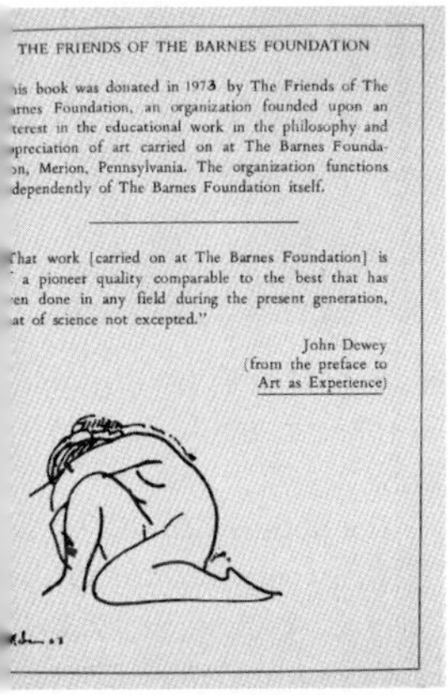
THE FRIENDS OF THE BARNES FOUNDATION

his book was donated in 1973 by The Friends of The arnes Foundation, an organization founded upon an terest in the educational work in the philosophy and ppreciation of art carried on at The Barnes Foundaon, Merion, Pennsylvania. The organization functions dependently of The Barnes Foundation itself.

That work [carried on at The Barnes Foundation] is a pioneer quality comparable to the best that has en done in any field during the present generation, at of science not excepted."

John Dewey
(from the preface to
Art as Experience)

“巴恩斯之友人”（The Friends of the Barnes Foundation）印制的书签。

十分和谐统一的。一年之后，在画作接近完成之时，突然发现其尺寸与巴恩斯基金会大厅的尺寸不符，他只能另起炉灶重新创作。完成的第一个版本被命名为《舞蹈（一）》（*The Dance I*），于1937年被巴黎城市现代艺术博物馆（The Musée d'Art Moderne de la Ville de Paris）购藏。

1933年1月24日，对尺寸问题毫不知情的巴恩斯来到尼斯马蒂斯的工作室了解订件的进展情况。他对这幅画作十分满意。在运往美国之前，为了使得画面更有气韵，马蒂斯重画了人体的轮廓线并加上了阴影部分。1934年4月，《舞蹈（二）》运抵美国梅里翁并悬挂于巴恩斯基金会中心展厅的墙壁之上。马蒂斯回忆道：“当看到在相称的位置上的装饰（《舞蹈（二）》）之时，我感觉它完全脱离我了，获得了一种与在画室悬挂迥然不同的意味，在那里它仅仅是一幅油画而已。它在巴恩斯基金会则变为一个精确的存在。坚如磐石，似乎与整座建筑物同时诞生。”无独有偶，作为主顾的巴恩斯对这幅画十分满意，将其视为对巴恩斯基金会及其所有收藏的重要附加物。在一封写给马蒂斯的信中，巴恩斯言道：“现在人们愿意将这里视作一座天主教堂，您的画作正如这座教堂中的玫瑰花窗！”

1934年，马蒂斯与苏联艺术评论家亚历山大·罗姆（Alexandre Romm）之间的通信之中也多次提到巴恩斯基金会的这幅壁画。更重要的是，两人将《舞蹈（二）》和1910年为俄国收藏家谢尔盖·伊万诺维奇·休金（Sergei Ivanovich Shchukin）宅邸创作的同名作品进行了对比。马蒂斯将前者定性为“建筑绘画”，后者还属于架上绘画的范畴。两者在主题和构图上均有所区别。马蒂斯说：“由于我无法确定画作所悬挂的精确位置，仅仅知道这幅画将挂在楼梯间，莫斯科的那幅画仍然遵循架上绘画的法则。”马蒂斯原本以为这座宅院楼高三层，于是构思了这组可称之为“史楚金三联画”的作品，一楼展示舞蹈，二楼是音乐，而三楼是一个休息的场景。最后一幅画现藏俄罗斯艾尔米塔什博物馆。首先看到的是《舞Ⅱ》，而后才是《音乐》（*The Music*）。三层上本打算画些入浴者的。不过，后来马蒂斯发现舒金的豪宅仅有两层，因此，1916年时又把这第三幅画重绘了一遍，也就是现藏芝加哥美术馆（The Art Institute of Chicago）的《河边的入浴者》（*Bathers by a River*）。沿着楼梯往上走，仿佛是从画中的山上信步而下。底层的《舞Ⅱ》画的是山顶，《音乐》画的是半山腰，而《入浴者》画的是山脚下的人物。于是乎，

巴恩斯基金会新馆20展室的南墙。

马蒂斯展现了一派远离尘寰的桃源景致。

“梅里翁的壁画是量身定制的，我将其看作是建筑的一部分。”他又说，“建筑绘画完全取决于它所处的环境，会激发出新的生命力。画作一旦置于彼地便再也不可分离。它必须给予那个空间以充满阳光的空白，这会给观看者们带来一种放松感。在此意义上，我们可以这样认为：观看者成为作品中的人性元素。”造访巴恩斯基金会的人步入主展厅首先看到的是那幅巨大的《舞蹈（二）》，周围悬挂着塞尚、雷诺阿、修拉、毕加索、马蒂斯等艺术家最好的画作。这种陈列方式，均是创立者的本意。

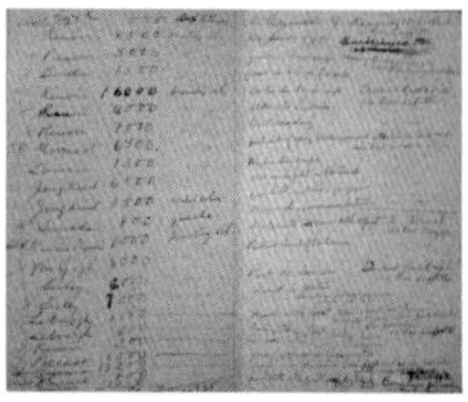

威廉·格拉肯斯（William Glackens）的1912年笔记簿，封面签有“巴恩斯画作”（“the Barnes Pictures”）字样，21cmx26.2cm，劳德代尔堡艺术博物馆（Museum of Aer Fort Lauderdale），诺瓦东南大学（Nova Southeastern University），艾拉·格拉肯斯（Ira Glackens）捐赠。

当然，也有不少人对这种陈列方式颇具微词，譬如，阿兰·瑞安（Alan Ryan）写道：“巴恩斯把他的绘画排列得非常奇怪，更不用说非正统的样子了。它们陈列得像是要创造一堵都是色彩和情绪的墙，收藏的作品极为令人惊惶。”要知道，巴恩斯在布置自己藏品的时候非常“武断”，他回避了等级制度、风格、编年、艺术家，乃至艺术史著作中所构筑的任何体系，在24个拥挤的展室中将民间艺术品、手工艺品、“老大师”画作、新墨西哥祭坛画、宾夕法尼亚州荷兰家具、唐代菩萨、古希腊油灯、古罗马胸像、咖啡壶、马蹄铁、锁具、美国本土珠宝和挂毯、非洲艺术品等陈列在一起，“蓄意”地缔造了一座“视觉迷宫”（Gesamtkunstwerk），力图改变学员们观看艺术品的惯常方式。

即便是在20世纪90年代，巴恩斯基金会的陈列方式也让业内人士——艺术批评家和鉴赏家们迷惑不已。这种悬挂作品的方式被定位为“精神错乱的困惑”。有的人甚至指出，画作被挤进小房间里面，这种悬挂方式“简直就是一种彻头彻尾的个人癖好”。需要在这里提及的是，直到1961年，巴恩斯基金会的藏品才向普通公众开放。在此之前，正如前述，所有预约参观的个人的身份均需要进行甄选。鉴于巴恩斯实行的排外主义政策，艺术圈子里的许多专业人士想尽办法来接近这一批现代主义艺术宝藏。“二战”期间，A.海厄特·马亚特（A.Hyatt Mayatt）来到费城，他当时是一位海军军官，后来成为大都会艺术博物馆（The Metropolitan Museum of Art）的一位主管。考虑到他身着制服极有可能被巴恩斯拒之门外，于是索性借来了被列在参观巴恩斯基金参观者名单上的一位观众的衣服，结果很顺利地进去观看画作了。其他一些博物馆的主管也采用不同的方式进入巴恩斯基金会看画，可谓八仙过海，各显神通。有一件趣事值得一提，纽约现代艺术博物馆馆长（The Museum of Modern Art, MomA）阿尔弗雷德·巴尔（Alfred Barr, Jr.）在另外一个州以杜撰的名字加入了一个教师组织，为的是研究马蒂斯的作品。结果还是被巴恩斯发现了，当时巴尔正在观看一幅悬挂在一扇门后面的马蒂斯作品，巴恩斯像盒子中的玩偶一样突然出现在他面前。庆幸的是，此前巴尔曾撰写过一篇针对巴恩斯著作的书评，所以就不存在冲突问题，巴尔得以继续参观，应该说，他已经算幸运了。

特殊观众则可以享受这样的特别待遇：单独在巴恩斯的珍藏中徜徉两个钟点。

1940年的阿尔伯特·巴恩斯（Dr. Albert Barnes）。

英国收藏家道格拉斯·库珀（Douglas Cooper）就是这样一位特殊客人，他在参观期间还可以享用巴恩斯为其准备的威士忌，巴恩斯坚持用精确数量的蒸馏水为之调配。阿尔伯特·爱因斯坦（Albert Einstein）、托马斯·曼（Thomas Mann）、葛丽泰·嘉宝（Greta Garbo）、萨尔瓦多·达利（Salvador Dali）等知名人士也在这里受到巴恩斯博士的格外礼遇。

对于收藏家、博物馆主管、艺术家、文学家、科学家、电影明星等对艺术品有浓厚兴趣的人群，巴恩斯的珍藏无疑会引起他们的浓厚兴趣，即便是在逼仄的小展室内也是如此。但对于首次参观巴恩斯基金会的普通观者来说，他们往往会被眼前光怪陆离的景象所迷惑，以至于无所适从。随意摆放的不同时期、国别、流派的艺术品悬挂在远远高于人的视平线的位置，杂乱而拥挤。譬如说，第 17 展室的北墙，38 幅不同尺寸、形状、媒介、画框、风格，出自不同艺术家之手的画作与铁艺作品悬挂在一起，光线昏暗，观者只能够踮着脚看个大概，没有任何标签和说明文字。当参观者发现所有展室均是这种布局的时候，更会觉得越来越迷惑。他们会惊叹于印度第三王朝的雕刻、来自瑞士饰有纹章的盾牌、美国铁制雄鸡所营造的特殊视觉效果。我们所习见的在博物馆、美术馆里的“线性叙事”，一下子在这个特殊的空间中消失得无影无踪。

为什么巴恩斯基金会会摒弃标签、标牌和墙上的说明文字？他们的理由很简单，这些均无助于学生们的参观体验，甚至会带来负面效应：一方面这些文字会使得他们有先入之见；另一方面，会使得参观者的欣赏活动变得过于简单化。具体来说，标牌和相关说明文字会使得观看者去检视这些文字的准确性，阅读文字会干扰他们对艺术作品的沉思。简言之，巴恩斯基金会迫使观者不得不直接面对作品，与之进行“对话”，不允许有任何的“阻隔”。巴恩斯基金会主持的研讨班一直坚持艺术作品的三个方面——“装饰性”（decorative）、“阐释性”（illustrative）和“表现性”（expressive）。具体说来，“装饰性”愉悦眼睛，“阐释性”与事实

巴恩斯基金会新馆 18 展室的东墙。（左）

巴恩斯基金会新馆 6 展室的南墙。（右）

亨利·马蒂斯（Henry Matisse）造访梅里翁巴恩斯基金会。

亨利·马蒂斯为巴恩斯绘制的《舞蹈》（*The Dance*）在新馆（第1展室南墙）的陈列场景。

密切相关，“表现性”则略为复杂，即作品中所渗透的品质，它洋溢在作品之中并给予其应有的身份，三者缺一不可。

巴恩斯对他的珍宝的遗嘱也十分苛刻，即永远不要搬动它们！且看巴恩斯的几条限制条件：第一，在不影响基金会教育项目的前提下，只允许一定数量的观众进入展厅参观；第二，在巴恩斯死后，藏品停止对外开放，任何作品不得被交易；第三，基金会的任何藏品不允许外借；第四，所有画作、雕塑的位置、悬挂方式应该保留巴恩斯夫妇生前的样子；第五，展厅不能承担人和社会功能；第六、展厅不能用于绘画和雕塑；第七，任何藏品均不可复制。但早在20多年前，巴恩斯基金会的成员已经开始移动它们了：迫于运营经费的掣肘，他们只好将这些名作拿出来参加巡回展览赚钱。也就是在十年前，官司开始了，巴恩斯基金会的一些董事试图借助一些实力强大的基金会的支持，将博物馆搬迁到繁华的费城市区。当时这个主意遭到了强烈的反对，但出人意外的是，巴恩斯基金会最终胜诉。由唐·阿戈特（Don Argott）导演的《偷盗的艺术》（*The Art of the Steal*, 2009）则较为可观地展现了这段诉讼。支持搬迁的一方认为，巴恩斯基金会里的精彩藏品应该成为费城的重要文化地标；反对一方的记者、艺术史家和公知们则认为这些势力无视巴恩斯博士的遗嘱，只是为了权力博弈和利益。正如《偷盗的艺术》一再强调的，巴恩斯夫妇没有子嗣，很多势力紧紧抓住这一点，企图掌控巴恩斯基金会。那些政客认为可将其打造为费城的旅游景点。巴恩斯在生前就深恶痛绝的唯利是图的出版人也掺和进这场角逐。还有一批费城的基金会组织，想在艺术圈子里获得掌控权，纷纷跃跃欲试。最终的结果令人遗憾，董事会筹到2亿美元，其中的四分之三用于搬迁及建设新场馆，其余的部分则创立了一个捐赠基金。

即便是在巴恩斯基金会搬迁到费城市区后，新馆的内部陈列方式一仍其旧，严格按照巴恩斯博士的遗愿来悬挂作品，没有标签，没有说明文字，禁止拍照。经过法官的判定，同意巴恩斯基金会从偏僻的梅里翁搬迁到费城市区，但前提条件就是保留上述密集的、过分对称且杂乱无章的陈列方式。早在2007年，巴恩斯基金会就委托普利兹克建筑奖执行总监——玛莎·索恩（Martha Thorne）为新馆物色卓越的建筑设计师，建筑师托德·威廉姆斯（Tod Williams）和他的妻子比利·齐恩（Billie Tsien）的事务所从三十多家机构中脱颖而出。应该说，这对建筑师夫妇在详细考察梅里翁原址之后，所提交的建筑设计方案完美地诠释了原址的精神：一个“艺术与景观相映成趣”“学习与冥想”的所在。博物馆新馆终于在 2012 年 5 月 16 日正式向公众开放了。

应该说，威廉姆斯夫妇及其建筑设计团队所面对的是建筑设计历史上最为古怪的任务——在展厅结构的尺寸及布局上要跟老巴恩斯基金会保持一致，当然了，前提是拥有建筑师享有一定的想象空间。他们对梅里翁旧馆存在的一些“错误”进行了纠正，在条形建筑中插入了两个天井，巧妙地将两个建筑整合在一起，第一座建筑物是旧的巴恩斯基金会的“翻版”，这也是主人的意思。展厅内部的房间、墙体、藏品的布局均与梅里翁旧馆一模一样。所不同的是，设计师在原先密不透风的展览序列中加入了两个植有绿色植物的天井，使观众得以体验艺术与自然之间的视觉互动。后来另一个天井被改造成为一间教室。如此一来，天井和教室的存在象征着巴恩斯基金会所肩负的两项使命：园艺和教育。第二座建筑呈“L”形，主要提供了现代博物馆所需要的现代化设施：餐馆、豪华而舒适的办公区、艺术品修复实验室、会议室及学术报告厅等。这两座建筑物被一个内置的庭院连接起来而成为一体，交叉拱顶看起来具有戏剧化的视觉效果，在另一端，这个庭院通向一个户外的台地。

与威廉姆斯夫妇合作的景观设计师是对费城景观建设贡献颇巨的劳里·奥林（Laurie Olin）—巴恩斯基金会所在的富兰克林公园大道的大部分景观设计均出自他的手笔，譬如洛根圆环（Logan Circle）、罗丹博物馆（Rodin Museum）、费城艺术博物馆（Philadelphia Museum of Art）等。就巴恩斯基金会来说，奥林为美术馆设计了入口花园广场、雪松台地花园、冥想花园、餐厅花园、公园道台地花园等，营造出了“美术馆中的花园”。由于新馆的采光要比老馆好得多，一些参观者甚至以为悬挂在墙上的名作被修复过了，事实上这是一个误会。巴恩斯基金会主席德里克·吉尔曼（Derek Gilman）特别强调，博物馆所做的仅仅是把这些作品恰当地悬挂。例如，毕加索创作于1903年的《苦修者》（*The Ascetic*）在老馆的墙上显得苍白无力，现在它给人的印象完全不同了，一旦你走到它的面前，画中的人物似乎要跳出画框之外。在经常光顾老巴恩斯基金会的观者眼中，这座场馆的内部空间沐浴在暮色之中，当然这出于保护画作的目的。在新馆中，特别订制的玻璃过滤掉86%的太阳光，其中包含大部分对画作造成危害的成分。余下的光线和室内高科技的光线一道，为展厅营造了特殊的艺术氛围。高度可操控的自然光和不易觉察到的人工光线两者的混合，使得观者可以清晰地看到这些杰作的真实面目。在这种光线效果下，原先有些压抑的展厅空间显得开阔起来。正如前述，作品的本真色彩渐渐浮现出来。譬如，塞尚作品上的蓝色此前与蓝色混融在一起，在此种光线效果下，蓝色

皮埃尔·奥古斯特·雷诺阿（Pierre-Auguste Renoir），《水兵男孩》（*Sailor Boy*），布面油彩，130cmx80cm，1883年。（左）

保罗·塞尚（Paul Cézanne），《圣维克多山》（*Mont Sainte-Victoire*），布面油彩，73cmx92cm，1892—1895年。（右）

渐次退到远景中去。苏汀、德加、马奈、库尔贝等人作品中使人产生愉悦感的鲜活笔触变得更加易于接近，焕发出应有的艺术魅力。

四、理论与实践：巴恩斯—杜威组合

1929年，巴恩斯将A. C. 巴恩斯公司转售他人，将自己的精力完全投入基金会的各项事务和自己沉迷其中的学术研究之中。从一个出版物名单中不难看出他的勤勉和着迷：1928年的《绘画的艺术》（*The Art of Painting, second edition*）、1929年的修订本《绘画的艺术》（1937年第三版）、1933年与维奥莱特·德·梅齐亚（Violette de Mazia）合作的《法国原始主义及其形式》（*The French Primitives and Their Forms*）、1933年的《亨利·马蒂斯的艺术》（*The Art of Henry Matisse*）、1939年的《塞尚的艺术》（*The Art of Cézanne*）、1943年的《古代中国与欧洲的绘画》（*Ancient Chinese and European Paintings*）。不难看出，巴恩斯对绘画的研究是十分执着的。值得一提的是，这些书往往成为巴恩斯基金会研讨班上的内容之一。《绘画的艺术》甚至成为学员们的必读书之一。

当《绘画的艺术》在1926年首次出版时，巴尔专门为此书撰写了一篇书评，文章开头洋溢着褒奖的气息："这是一本举足轻重的书，因为它系统而又自信地论述了对绘画的'现代'态度中至关重要的东西。其500页的书稿表现了一位精力充沛的批评家、他在艺术教育欣赏中的实验、美国的现代绘画最佳收藏的主人。"接下来便是毫无情面的批判，"历史性错讹太过频繁地出现在图录中。"更糟糕的是，形式主义导致巴恩斯错误地将"提香设计的陵墓和塞尚的静物画"中相类似的图案混为一谈。显而易见，这是巴恩斯一贯强调文化的统一性带来的负面效应，其代价就是否认了古代大师和现代主义艺术两者之间存在的明显差异。巴恩斯所使用的方法基于一种对他称之为"造型形式"（plastic form）进行分析的基础之上。所

谓“造型形式”，即艺术家为了将其个体经验转译到艺术作品之中，所惯常使用的光、色、线、空间等元素。在巴恩斯看来，作为个体经验的视觉表现形式，艺术作品允许观看者们通过对其回应的方式来共享这种体验。至少我们可以这样说，巴恩斯至少提供了一种便于观看者重构艺术作品体验的分析方法。对于他而言，最成功的形式就是统一与多样（unity and variety）。尤为重要的一点便是，这样的艺术欣赏在本质上是民主的，因为它不需要专业知识和技能。观者为了分析其形式，并不需要了解作品的内容和创作者相关信息。在他看来，几乎所有艺术作品均适用于这种分析框架。

诚然，巴恩斯的许多观点招致不少批判，但他所开创的艺术品陈列方式及附设的研讨班在今天仍具有借鉴意义。用艺术史家大卫·卡里尔（David Carrier）的话来说，“如同奥维多（Orvieto）的建筑师和装置艺术家一样，巴恩斯创造了一种总体性的艺术品”。正如上述，巴恩斯的陈列摒弃了说明文字，打乱了时代、流派、国别、媒介等因素，的的确确算得上是一件总体艺术品。应该说，他的理论研究和哲学探讨与这种陈列方式之间存在着必然关系。

威廉·詹姆斯（William James）、杜威和乔治·桑塔亚那（George Santayana）三位哲学家对巴恩斯影响极大，其中影响最著者当属杜威。杜威在《艺术即体验》（*Art as Experience*）中感谢了迈耶·夏皮罗（Meyer Shapiro）之后说：“我最深的谢意是献给A. C.巴恩斯博士……多年以来我从和他的谈话中得到教益，而许多谈话又是在他收集的无与伦比的藏品前进行的……我很愿意把此书看作是基金会正在扩展的影响的一个方面。”相应地，巴恩斯则把前文中所提及的《绘画的艺术》献给“杜威，他有关经验、方法、教育的观念启迪了这本书作为一个部分的工作。”说起来，巴恩斯是通过杜威弟子才得以与之取得联系并成为友人的。1915年，巴恩斯与杜威弟子劳伦斯·比尔迈耶（Laurence Buermeyer, 1889—1970）结识，两人一起研读詹姆斯的哲学著作并对整个西方的哲学传统进行梳理。与此同时，巴恩斯与宾夕法尼亚大学哲学系的两位哲学家——埃德加·A. 辛格（Edgar A. Singer）、路易斯·W. 弗拉库斯（Louis W. Flaccus）一起探讨哲学和美学问

巴恩斯基金会新馆19展室。

题。1916年，比尔迈耶在筹备中的巴恩斯基金会任职［1924年撰写了《美学体验》（*The Aesthetics Experience*）一书］。在他的推荐下，巴恩斯参加了杜威当时在哥伦比亚大学主持的研讨班。随后，两人保持了长达三十余年的友谊。巴恩斯被杜威的两个特质所吸引：首先，杜威哲学中特有的对民主社会的想象；其次，杜威分析哲学诸多原理的基础构造。与此相映成趣的是，杜威欣赏巴恩斯对复杂智性事物的全面把握，尤其对他的将观念付诸实施深感兴趣。总之，二人之间的关系基于相互尊重和共享价值。

巴恩斯和他的名为“菲代勒”（Fidèle）的宠物犬，身后是马蒂斯的《红马德拉斯条纹头饰》（*Red Madras Headdress*, 1907），1942年。

在出版于1916年的《民主与教育》（*Democracy and Education*）里，杜威阐述了一种教育哲学思想，即在民主社会中培养与良好的公民身份有关的价值观和实践活动。尤其值得强调的是，在杜威看来，教育的目的在于“成长”，它要求学生成功、明智、理性、负责任地融入社会生活。提供教育的渠道则是各式各样的课程及其相关内容。此类课程应以激发学生的探索精神和沉思为目的。好的教育基于高品质的体验，这些体验一方面十分适合学生，另一方面也使得他们深感兴趣。在杜威看来，所有真实的体验均是智性的体验。他深信一点，即是说，体验由源自科学、艺术所启迪的洞见所引导并在教育活动中占据了重要的位置。

需要在这里特别强调的是，杜威将其关于美学与艺术的观点提炼为“有才智的方法”（intelligent method），这些正是他从巴恩斯艺术藏品中得出的观点。且看以下巴恩斯的观点，在他看来，尽管一幅画作会讲故事或者强调了道德方面的价值，但其伟大之处来自艺术家使用材料创造造型艺术的方式。造型艺术不外乎线条、色彩和空间，伟大的艺术家往往会在作品中构建一种体验，进而，要真正学会欣赏作品，则须重构此种体验。巴恩斯的美学信条——简单概括为“形式主义”（formalism）实际上与其在社会改革和教育方面的兴趣有着密切的关联，这无疑受到杜威进步教育理论的影响。巴恩斯非常看重为非特权阶层提供接受教育的机会这一点。在他看来，如果个体能够更好地理解他们所在的世界——“学会观看”他们改造世界所身处的位置，也会使自己在这个过程中得以提升。

也许借用巴恩斯基金会的课程设置情况能够较为直观地感受到上述杜威与巴恩斯的联结点。自 1925 年以来，巴恩斯基金会面向不同年龄、来自不同社会经济背

巴恩斯基金会新馆 1 展室北墙。（左）

巴恩斯基金会新馆 14 展室北墙。（右）

巴恩斯基金会新馆 9 展室东墙、南墙。(左)

巴恩斯基金会新馆 13 展室南墙。(右)

景的学员们开设课程。所有的课程均是在原作前进行的。当时的课程设置为三年：第一年要学习分析绘画的方法；第二年，学生们需要较系统地了解自拜占庭时代到现代的艺术发展历程和伟大传统；第三年，学生们可以按照自己的兴趣去探索艺术与哲学方面的具体个案。具体来说，“现代艺术”(Modern Art)、“造型艺术研究”(Research in Plastic Art)由托马斯·门罗(Thomas Munro)主持，“美学体验”(The Aesthetics Experience)则由上面提到的杜威弟子比尔迈耶担任，这三门课均在宾夕法尼亚大学进行。门罗在哥伦比亚大学主持“应用美学”(Applied Aesthetics)。上面提到，1926 年，巴恩斯基金会与宾夕法尼亚大学的合作关系终止，所有的教育活动均在基金会内部进行，梅齐亚主持了教育部门的日常工作。每年的 6—9 月，这三门课在该基金会的欧洲艺术展室内进行。此外，巴恩斯基金会教育部的专业人士还会为来自大学、中学、城市美术馆就艺术造型欣赏课程提出的问题提供咨询服务。在这里还需要提及巴恩斯基金会的艺术品悬挂方式，在梅齐亚看来，这种看似“杂乱无章”的陈列方式对该机构的艺术教育项目尤为重要，可谓其“灵魂”所在。惟其如此，学生们在这个“实验室”里才能够探寻理解艺术品的正确方法。

到了20世纪80年代，巴恩斯基金会的教育课程仍然把前文提及的《绘画的艺术》《民主与教育》等作为必读书，并明确提出“艺术与生活不可分离”等主张。总体来说，这个时期的系列课程仍可被视为此前“实验”的延续。系列讲座、研讨班在艺术品原作前进行。整个学年的周一到周四，参加巴恩斯基金会研讨班的学生们聚集在这些艺术珍藏前，学会观看和思考。直到1983年，梅齐亚才在巴恩斯基金会出版社(The Barnes Foundation Press)出版了《巴恩斯基金会：艺术收藏的陈列》(*The Barnes Foundation: The Display of its Art Collections*)，这也是该基金会系列出版物中聚焦于艺术品陈列的专书。除此之外，梅齐亚的许多文章和

巴恩斯基金会新馆 2 展室。

讲座始终与杜威的哲学一脉相承。1989年，梅齐亚的辞世在某种程度上标志着巴恩斯“世系”的终结，但是巴恩斯基金会的课程模式一直到2004年才有所改观。美国教育委员会（The American Educational Council）也承认高校学生在该机构选课可获得相应学分。不仅如此，课程内容较此前有不少增益。可供学生修习的课程较多，如“视觉文化导论”（Introduction to Visual Literacy）、“艺术的传统”（Traditions of Art）、“艺术与美学研讨”（Seminar in Art and Aesthetic）、“视觉艺术阐释”（Interpretation in the Visual Arts）、“有活力的眼睛：艺术与敏感性”（The Active Eye: Art and Sensibility）、“塞尚讨论会”（Cézanne Seminar）和“马蒂斯讨论会”（Matisse Seminar），等等。这些课程短则28周，长则56周，对教学目标和选课者均有明确的要求，大多以巴恩斯基金会的作品为讨论对象。我们在这里不妨举“塞尚讨论会”为例证。就“塞尚讨论会”来说，主要以巴恩斯基金会所藏的69幅塞尚之画作为研究对象，并与其他机构所藏的塞尚作品进行比较。最终目标是为了让学生把握塞尚艺术的本质元素，通晓其艺术风格变化的轨迹，对其作品的美感、历史价值、对现代艺术及后世艺术家的影响等方面均有较深刻的理解。艺术发展、艺术工具、造型元素、影响塞尚的社会、思想观念成为讨论会的重点所在。讲座、讨论、辩难及相关的文献阅读、原作欣赏等均是课程进行的主要形式。和“塞尚讨论会”类似，“马蒂斯讨论会”聚焦于巴恩斯基金会所藏的59幅马蒂斯绘画，课程持续14周，共28小时。

从巴恩斯基金会的官网上看，该基金会设计的课程形式越来越丰富，专业化程度越来越高。巴恩斯基金会提供的艺术教育项目之一便是“艺术与美学”（Art & Aesthetics）。该项目为参与者提供了较为深入的学习、体验艺术作品的机会。通过采用一种以探究为基础的方式，来自各个年龄段的学习者在有经验的专业导师的指引下，被鼓励发展他们与视觉密切相关的分析技巧。在所有的课程里，学生们自由探讨，交换观点，参与到新的观看与思考的方法之中。主要的课程是以工作坊的形式开展的，譬如，“巴恩斯建筑：旧与新”（Barnes Architecture: Old and New）、“新视野中的马蒂斯”（Matisse: In New Light）、“超现实主义：内在想象，外在的限制”（Surrealism: Inner Visions, Outer Limits）、“解读藏品：叙事模式与视觉含义”（Reading the Collection: Narrative Patterns and Visual Meaning）等。以“新视野中的马蒂斯”这门课为例，在为期两天的工作坊学习过程里，学员有机会近距离地感受巴恩斯基金会所藏的马蒂斯作品，课程主要聚焦于马蒂斯艺术生涯中的风格变化上。艺术家兼教育家的授课人莱斯利·鲍恩（Leslie Bowen）会专门引导学生们欣赏马蒂斯的《舞蹈》（*The Dance*）、《生命之愉悦》（*Le Bonheur de vivre, The Joy of Life*）等名作。组织他们对这些作品展开深入的探讨。

该基金会组织的另外一个重要的艺术教育项目是“理解世界艺术”（Understanding World Art），2012—2013年度的主题为“艺术与跨文化交流”（Art and Cross-Cultural Communication）。当我们观看时，我们便自觉地学会认知。当观看艺术作品时，我们会被激发去思考这样的问题，即视觉文化的千差万别和具有相似性的方式。在“理解世界艺术”这个由巴恩斯基金会最近几年推出的系列公共教育项目里，一个由世界著名学者组成的团队会在课程里介绍一些新鲜的观念，它们能够增强我们观看艺术作品的能力，挑战我们已有的、对像马蒂斯、埃尔·格列柯、墨西哥原始民间艺术家及莫迪利亚尼等艺术家的看法。通过讲座及对巴恩斯基金会所陈列的艺术品的深入分析及体验，学员们会改变他们对艺术作品的惯性思维。总而言之，这项新课程会激发一种文化及其相关大的语境之间的对话，就新搬迁的巴恩斯基金会壮丽而充满灵感的作品悬挂方式，提出更为丰富而有细微差别的对话方式。

五、结语

与巴恩斯博士艺术收藏相关的话题至少涉及了金钱、种族、政治等，他也成为学者、律师、电影导演和剧作家们探究的对象，譬如说，早在2006年，伯克利（Berkeley）奥萝拉剧院（Aurora Theater）就已经上演了托马斯·吉本斯（Thomas Gibbons）创作的主题为《永久藏品》（*Permanent Collection*）的戏剧，主角——

梅里翁巴恩斯基金会的立面图最终完成版，1928年。

保罗·菲利佩·克雷（Paul Philippe Crete）为梅里翁巴恩斯基金会设计的门厅，1923年2月。

斯特林·罗思（Sterling North）就在影射怪咖巴恩斯博士，所不同的是出任莫里斯基金会（The Morris Foundation）馆长的罗思是一位非裔美国人。他发现库房里几件重要的非洲艺术品应该公开展示，但遭到长期担任基金会教育部主管的反对，理由是这个举措违背了创立人莫里斯博士（Dr. Morris）的遗愿，由此引发了一连串的冲突。正如前文所暗示的，巴恩斯博士极为重视非洲艺术在整个藏品中所发挥的作用。《永久藏品》这部戏花了不少心思反讽了白人世界中黑人族群的地位问题。在此意义上，它在向巴恩斯博士致敬。再回到巴恩斯创立基金会的初衷，即艺术教育。正如卡里尔所指出的，杜威的《艺术即经验》和《作为绘画的艺术》两者渗透出一种非常相似的艺术观，以至于很难分辨彼此，由此可见巴恩斯受杜威哲学影响之深！显而易见，在某种程度上可以这样说，巴恩斯的艺术实验课和悬挂方式将杜威的理想变成了现实。但需要注意的是，两者不能等量齐观。尽管巴恩斯的艺术趣味极为独特，但他的展厅布置方式和相关讨论课为我们今天美术馆公共教育项目的设计提供了太多想象的空间，换言之，在90多年前，他已经在尝试将观看者转变为拥有自我评判精神的"阐释者"，这无疑是难能可贵的。

参考文献及网站：

Richard J. Wattenmaker, "Dr. Albert C. Barnes and the Barnes Foundation", *Great French Paintings from the Barnes Foundation*, Alfred A. Knopf, 2011, pp.3-29. p.15—17.

Christa Clarke, Arthur Bourgeois, Nichole Bridges, Kevin Dumouchelle, Kate Ezra , *African Art in the Barnes Foundation: The Triumph of L'Art Negre and the Harlem Renaissance*, Skira Rizzoli, 2015, introduction.

Caroline Kim, "The Medici of the New World", *Humanities*, Vol.25, No.5, S/O, 2009, P.33. 关于巴恩斯早期的艺术收藏活动，参见 Colin B. Bailey, "The Origins of the Barnes Collection, 1912—1915", The Burlington Magazine, Vol.150, No.1265, Collectors and Collecting（Aug., 2008）, pp.534-543。

Christa Clarke, Arthur Bourgeois, Nichole Bridges, Kevin Dumouchelle, Kate Ezra , *African Art in the Barnes Foundation: The Triumph of L'Art Negre and the Harlem Renaissance*, Skira Rizzoli, 2015, introduction.

Carolyn L. Berenato, A Historical Analysis of the Influence of John Dewey's Educational Philosophy on the Barnes Foundation' s Art Educational Experience: 1922 to the Present, Ph. D Dissertation, 2008, PP.45-46.

Richardson, John. , *Sacred monsters, sacred masters: Beaton, Capote, Dalí, Picasso, Freud, Warhol, and more*, New York, Random House, 2001.

Pierre Cabanne, *The Great Collectors*, Cassell & Company LTD, 1963, p.173.

Barbara Suplee, "The Eccentric Hanging of the Barnes Foundation", *Art Education*, Vol.47, No.6, Nov., 1994, p.36.

Jack Flam, Matisse: *The Dance, London*, Harry N Abrams Inc ,1993, p.19. Ayala Sella, "The Dance at the Barnes".

https://www.academia.edu/35956307/The_Dance_at_the_Barnes_-_Presentation

Tod Loos, "The Museum that Moved", *Art & Antiques*, Summer, 2012, pp.86-92.

大卫·卡里尔著、丁宁译,《博物馆怀疑论》, 江苏美术出版社 2014 年版, 第 180、181、184—185、186 页。

项淑萍,《景观和室内一体化设计探析——以"花园中的画廊, 画廊中的花园"为理念的巴恩斯基金会设计为例》,《家具与室内装饰》, 2018 年第 5 期。

http://nymag.com/arts/art/features/barnes-collection-2012-5/.http://www.barnesfoundation.org/education/.

咖啡与茶：从“孔雀厅”一窥弗利尔美术馆的展陈

引言

1905年的查尔斯·朗·弗利尔（Charles Lang Freer）。

2016年1月4日—2017年10月13日，华盛顿国家广场上的弗利尔美术馆（The Freer Gallery of Art）经历了一场为期近两年、耗资1360万美元的大规模翻修，终于在10月14日那天正式向公众开放了。在当天举行的主题为“点亮亚洲——亚洲艺术、美食与文化节”（Illumin Asia: A Festival of Asian Art, Food, and Cultures）的庆典上，一部由2012奥林匹克运动会开幕式背后团队亲自操刀、制作精美的动画短片投射到弗利尔美术馆正立面的外墙上，精彩、生动地讲述了这座著名美术馆的历史。从创办人查尔斯·朗·弗利尔（Charles Lang Freer, 1854—1919）与美国艺术家詹姆斯·惠斯勒（James Abbott McNeill Whistler, 1834—1903）的友谊，到弗利尔游历亚洲收藏近9000件艺术品。而最为人称道的则是中国古画，在当时是美国最大宗的收藏，超过了波士顿艺术博物馆（Museum of Fine Arts, Boston），目前已达1200余幅，数量仍然为美国之最。

应该说，这次整修工程，并未对美术馆的建筑外观进行大的改动，而是对内部系统进行了一系列微小的改进，比如更换美术馆内部的照明和视听系统。之前的地毯被移除，水磨石地板被抛光打亮，这无疑会使得展厅中拥有更为充足的光线，大大改善了观展条件。在弗利尔与赛克勒美术馆（The Freer and Sackler Galleries）馆长朱利安·雷比（Julian Raby）看来，“每一个变化都是为了还原房间本身的美学气氛，美术馆本身就是一件艺术作品，我们希望观众能够慢慢观赏。”要领略弗利尔美术馆陈列的要义，“孔雀厅”（The Peacock Room）是一个绝好的切入点和“标本”，倘若尝试探究弗利尔的艺术趣味、收藏历程、捐赠等基本问题，考察以“孔雀厅”为中心的陈列方式未尝不是一个较好的策略。

弗利尔在日本原富太郎横滨的别墅（The Yokohama villa of Hara Tomitaro），1910年左右。

一、弗利尔收藏趣味的形成

1915年，曾在弗利尔故乡底特律私宅中观赏其中国书画收藏的大鉴赏家、艺术史家伯纳德·贝伦森（Bernard Berenson）致信给波士顿著名女收藏家伊莎贝拉·斯图尔特·加德纳（Isabella Stewart Gardner），他由衷地称许弗利尔的收藏行为：“亲爱的弗利尔是我心中一直追寻的那种收藏家，美国欠他的比欠我们其他收藏家的还多！他的生活目标非常纯粹，也没有任何特别的个人动机。”很显然他在这里影射那些希望通过收藏艺术品发财致富的美国上层阶级中的附庸风雅之士。

另一位美国艺术史家艾琳·B. 萨里宁（Aline B. Saarinen）则生动地描述了弗利尔的孤僻性格："弗利尔是一个过分讲究细节，甚至称得上是吹毛求疵的人。譬如，他不能容忍他的面包师不懂'面点'（pastry-work）。尽管多年以来专门从纽约雇佣的厨师薪水从60美元涨到100美元，但最终还是选择离开，原因就在于弗利尔对细节无休止的追求。他不会放过一个极为细小的细节，从餐桌上陈设的金边镶银到象牙的平底盘子，到床单、枕套上手工刺绣的有弗利尔姓氏缩写的花押。此外还有女宾浴室里在浴缸边陈设的单支玫瑰花的颜色也必须经他亲自审定，从纽约运到底特律家中品质最好的鱼子酱，也要经过他亲自把关，免得在众多宾客面前显得不合时宜。"以她的眼光来看，"弗利尔是一位典型的孤独者，他把自己裹入蚕茧，与其所处时代的卖弄、喧闹、华丽互相隔绝。"这显然指的是弗利尔在艺术收藏方面的独特品位。他是一位不知悔改的单身汉，在底特律的竞争丛林中营造出了一个私人的世界，文雅、宁静、出类拔萃、鹤立鸡群。但物以类聚、人以群分，弗利尔才得以结交像艺术博物馆学者、鉴赏家恩斯特·弗朗西斯科·费诺罗萨（Ernst Francisco Fenollosa, 1853—1908）、惠斯勒等唯美主义者友人。

弗利尔于1854年生于哈德逊河畔、纽约上州山区（Kingston, New York）的一个贫困家庭，在六个孩子中排行第三。因为父亲体弱多病，在母亲去世之后，年仅14岁的弗利尔不得不辍学，先在附近的水泥厂打工，后在小镇上的百货公司任职。纵观弗利尔的生涯，金斯顿—锡拉丘兹铁路公司（Kingston & Syracuse Railroad）使其得以有机会聚敛巨额财富，在这里他成为其上司、美国内战退伍军人弗兰克·赫克（Frank J. Hecker）的门生和终生友人。1880年，二人同往底特律并创立半岛车厢厂（Peninsular Car Works），专门从事火车车厢的制造。该公司大规模制造和组装货运火车机车和车厢，到1892年的时候，该公司每个月的火车生产量为900辆，可见其实力所在。1883年，弗利尔担任新成立的半岛车厢公司（Peninsular Car Company）的副主席和秘书一职。他充分发挥其管理和经营的才能，利用1893年经济大萧条的时机成功兼并了13家公司和他们旗下的40多家工厂，重组成为"美国车厢与铸造公司"（American Car & Foundry Company），该公司很快成为美国火车车厢的全能

乔治·斯温（George R. Swain）拍摄的弗利尔底特律居所的孔雀厅，1908年。

制造商，成为当地最大的工业集团，仅底特律的雇员超过9000人，年产值达2800万美元，可以说垄断了当时整个美国的火车制造业。处于事业巅峰时期的弗利尔拥有近3000万美元的资产，这笔资产的实际购买力约相当于2015年的8.8亿美元。1899年春季，45岁的弗利尔正式退休，后半生专注于对艺术品的搜罗和鉴赏。

弗利尔（左二）和友人在埃及开罗，1909年。

应该说，前述费诺罗萨在数方面对弗利尔的收藏生涯产生了重要影响：首先，他质疑弗利尔早期购藏的艺术品的真伪，说服他逐渐抛弃这些藏品；其次，他强烈建议弗利尔在收藏日本艺术品时也收藏中国艺术品，并强调日本绘画特别是佛教题材绘画中所反映出的中国笔墨传统的传承关系；再次，也正是通过前者，弗利尔才得以融入日本的艺术收藏圈子，这些人的藏品、思想和品位在很大程度上影响了弗利尔日后的收藏生涯。自1908年费诺罗萨辞世之后，弗利尔放弃了从日本艺术收藏家那里继续购买绘画的机会，而将重心转移到对中国绘画的搜求上。弗利尔曾四次前往东亚，时间分别是1895年、1907年、1909年和1910—1911年。曾担任弗利尔美术馆馆长的约翰·A. 波普（John A. Pope）对此恰如其分地评价道："翻看弗利尔的日记，以及他那些年的通信描述，可以看出，弗利尔在旅行中学到的东西是如此之多，他对自己的见识又是如此谦虚。在成为公认的收藏家之后，他仍然是谦谦君子。"毫无疑问，弗利尔是一位非常善于学习的人。1895年、1907年两度赴日，这个游历过程使得弗利尔成为国际知名的东亚艺术收藏家和鉴赏家。在第一次考察日本期间，时年39岁的弗利尔仅仅是在赴日途中在香港和上海分别停留了三天和一周，可谓行程匆匆而无暇多顾，对中国仅仅停留在一个颇为粗浅的认识上。第二考察日本期间，弗利尔结识不少日本知名的艺术收藏家，还被邀请在银行家原田富太郎（Hara Tomitaro, 1868—1939）在横滨的"三之谷"别业小住。弗利尔可以自由出入原田家的艺术藏品库房，对自己喜爱的艺术品进行较为深入的研究和鉴赏。值得强调的是，此次日本之行使弗利尔触动颇深，因为他在日本藏家那里接触到大量中国古代艺术珍品，由此便酝酿中国之行。1909年8月31日，弗利尔抵达香港，开始了对中国将近6周的访问活动，这也是他首次对中国进行较为深入的考察。也就是在这一年的9月5日，弗利尔到达上海，11日抵达北京，在此逗留一个月之久，接触到不少中国藏家并购入一些艺术品。到9月27日时，弗利尔已经入手60多幅中国画。1909年全年，弗利尔入手的中国藏品总数达324件之多，达到了自1893年以来的顶点。接下来1910—1911年间的中国之行成为弗利尔亚洲之旅的重要一站，他在中国呆了5个月之久（1910年9月—1911年2月），广泛考察人文艺术古迹，结交各地收藏家并从事收藏活动。一个例子便足以证明弗利尔的收获，1910—1911年间，弗利尔收入的中国艺术品总计632件之多，达到

1893年以来中国艺术年度收藏量的一个高潮，也确立了中国艺术品在整个亚洲藏品中的核心地位，这主要得益于他最后一次在中国的收藏活动。在中国的旅行日记可以折射出弗利尔本人对中国文物研究程度之深，譬如说日记里有不少内容是关于中国著名瓷窑及其产品特征的描述的，也有中国古玉、中国画、佛教石窟的相关内容。尤其值得一提的是，弗利尔美术馆留存的摄影档案中有不少是弗利尔最后一次中国之行时所拍摄。当时他所雇佣的摄影师是周裕泰，此公在北京外交使馆区附近的哈德门路开设一家照相馆，曾在1907年为沙畹（Edouard Chavannes，1865—1918）所撰写的《华北考古图谱》拍摄照片。在1910年10月24日写给老友赫克的信件中，弗利尔兴奋地写道："我的摄影师裕泰实在是太能干了，我一直都在夸奖他，我想象：既然沙畹最近出版的一书中所有的照片都是他拍的，他会开始向我透露他有一些关于古董方面知识，也了解古董的来源情况。虽然这套书还只出版了两卷，也没有带文字，但已经受到了极大的关注。不知不觉中，我抽到了这么一个大奖，真是太幸运了。"周裕泰在旅途之中为弗利尔拍摄了160余张玻璃底片，可以说每一张照片都是经过弗利尔精心策划和选择的，这些影像均成为今天弗利尔美术馆中的珍贵资料。纵观弗利尔和摄影师们在开封、巩县、洛阳、杭州所拍摄的照片，以龙门石窟数量为最多。照片最具价值的部分是对开封、杭州两地古迹的拍摄，特别是针对早已完全消失的开封卧龙宫、二曾祠和杭州素园的照片，为我们留下了极为珍贵的独家历史资料，也从另一个方面反映出弗利尔对中国文物古迹的沉迷。

至少到这个时期，弗利尔建立了较为完善的收藏体系，涵盖了中国艺术的各个门类。在整体结构上，弗利尔的中国艺术藏品呈现出更为丰富的层次性，不同媒介和来自不同时代的物品之间存在一种内在的呼应和互补关系。譬如说，弗利尔在此期间从北京同一家古董行收入一件商代青铜觚，同时以350美元的价格买入一件清代掐丝珐琅供器花觚。在这627件艺术品中，中国画以335幅居于榜首，接下来是103件金属器物、77件玉器、54件雕塑、51件陶瓷以及7件织绣作品。

如果进一步细看弗利尔收藏记录，我们便不难发现一点：自20世纪10年代中期开始，弗利尔加快了收藏艺术品的步伐。譬如，他所捐赠给弗利尔美术馆3404件中国艺术品之中，有1609件（其中包括一些最重要的绘画、玉器、青铜器和造像）是在1915—1919年间入藏的。1916年，弗利尔收入中国艺术品的数量颇为可观，

华盛顿弗利尔美术馆的"孔雀厅"内部陈设。

华盛顿弗利尔美术馆的“孔雀厅”内部陈设。

达663件，为入藏数量最大的一年。需要提及的是，自1909年以来，中国绘画一直是弗利尔收藏的重点所在。1909—1911年间，在入藏的各个门类中，绘画在数量上占绝对优势。1915—1919年间，绘画的数量仍占领先优势，入藏量在第一、第二位之间摇摆。就拿1916年来说，弗利尔收入中国画190件，总价超过15万美元，在总价上远超居于第二位的佛像。他的收藏重心在后期偏向了中国古代艺术，譬如古代玉器。仅在1917年就购入142件中国古代玉器。在古玉这个刚起步的收藏领域中，弗利尔仅以数百美元一件的均价建立了一个大规模的、高品质的收藏序列。主要来自上海的三位古董商：博远斋店主游筱溪、宝彝斋店主王鉴堂和文源斋的主人李文卿。总而言之，中国画在弗利尔国际艺术收藏体系中占据重要地位。譬如说，在捐赠给国家的所有艺术品之中，中国绘画总数达1255件，超过了惠斯勒的版画、素描和油画（总数为1151件）以及日本绘画（804件），成为其世界绘画收藏中的重中之重。如此看来，弗利尔美术馆成为今日美国收藏中国画的重要艺术机构也在情理之中。

在从事收藏的过程中难免收到一些赝品，这也是在情理之中的事。例如，1907年，弗利尔从纽约启程，先去英国拜访了瓷器、日本绘画的权威学者，还有马尔克·奥雷尔·斯泰因（Marc Aurel Stein, 1862—1943），以便了解敦煌的情况。后去德国柏林的人类学博物馆与东亚权威学者勒柯克会面，得观德国探险队在新疆盗劫的佛教文物。后途经香港由海路抵达北京，在香港期间购藏了一批东方艺术品。抵达北京后，弗利尔住在六国饭店，另在城中租赁了一套四合院专门用于接待接踵而至的古董商。短短两个月左右购得60多幅中国古代书画。返回美国之后，弗利尔发现自己所买的书画大都是明代赝品。他立刻处理了这批伪作，未将它们列入向史密森尼学会（Smithsonian Institution）馈赠的清单之内。1910年，弗利尔再次来到中国，在约翰·C.福开森（John C. Ferguson, 1866—1945）的引介下，幸运地从沪上最大的收藏家庞元济手中买到一批古代书画，其中不乏精品。一个典型的例子就是《洛神赋图》的购藏。1914年，福开森发给弗利尔急电，告知端方家人急于出售《洛神赋图》卷，如有意者必须于当日电汇10万美元的画款。此卷是宋人摹本，也

接近完工的弗利尔美术馆（东部和北部），20世纪20年代。（左）

正在建设中的弗利尔美术馆鸟瞰图，1918年2月4日。（右）

是弗利尔本人在端方生前，于其“匋斋”中亲手展玩过的传世名作，所以当日毫不犹豫买下。它成为弗利尔本人收藏中最为重要的中国古代画作，也是弗利尔美术馆的镇馆之宝之一。又如，1916年，弗利尔又购得端方旧藏的（传）郭熙《溪山秋霁图》和（传）李公麟的《蜀江图》卷。前者是学术界公认的具有郭熙风格的北宋山水画杰作，后者虽是摹本，却因为曾得到乾隆皇帝的喜爱而声名远播。乾隆曾将宋摹本《女史箴图》和（传）李公麟的《蜀江图》卷、《九歌图》卷和《潇湘卧游图》卷定为“四美”，珍藏于静怡轩中时时把玩。

在这当中不得不提的一个重要人物当属卢芹斋（C. T. Loo, 1880—1957）。他和弗利尔的业务关系开始于1915年，彼时正值在旧金山举办的巴拿马太平洋万国博览会，弗利尔在旧金山从卢芹斋手中购得13幅中国古代书画。自此之后，卢芹斋的文物开始源源不断流向弗利尔的藏品之列。1915—1916年间，弗利尔以将近10万美元的总价，从卢芹斋处或通过卢芹斋购入近150件中国文物。1916年之后，弗利尔以卢芹斋没有诚信为理由断绝了业务往来。两人交恶源自一次不愉快的交易。卢芹斋在1916年9月30日致信弗利尔并提到《古画留真》（*Descriptive Catalogue of Ancient and Genuine Chinese Paintings*）这本图录：“吴先生昨天从中国到了这里，并带来了管先生为您搜集编撰的绘画图录。那些画作将在接下来的10天之内到达这里。”“吴先生”应该是卢芹斋的合伙人吴启周，两人曾在巴黎共同经营名为“卢吴公司”的古董行。此外，卢芹斋、吴启周与叶叔重三人在上海开设了一家名为“禹贡”的古玩店。信中提到的“管先生”是管复初［生于1868年，江苏吴县（今苏州）人，约1950年还在世］。此人与庞莱臣（1864—1949）、罗振玉（1866—1940）同辈，比张静江（1877—1950）、卢芹斋（1880—1957）、王国维（1877—1927）、保罗·伯希和（Paul Pelliot, 1878—1945）年长十岁左右，比胡适（1891—1962）、顾颉刚（1893—1980）长一辈，并与卢芹斋、庞莱臣、张珩（1914—1963）熟识，活跃于沪上古玩界，尤长于古书画鉴定。《古画留真》由管复初编纂，上海来远公司1916年出品。该图录是卢芹斋主要针对大主顾弗利尔推出的一套中国古代绘画收藏，包含晋唐宋元时代60件绘画作品，著名的《睢阳五老图册》也在其列。管复初在跋语

达雷恩·沃特斯顿(Darren Waterston),《肮脏的金钱》(*Filthy Lucre*),木板油彩、丙烯和金叶、铝、纤维玻璃、陶瓷(配有音频和照明部件),2013—2014年。

中提到:“往年游美,以古画谒福利亚先生于纽约。十年故旧,一旦论心,赏奇析疑,引为知己。”又如,“余学殖荒落,于先生盛举,不能有所赞助,独于画道,差具片长……即余数年搜集之苦心,当亦为先生所深许也。”显而易见的是,“福利亚”即弗利尔,可见管复初早在此图录编纂前十年就已经与弗利尔相识。

1916年10月2日,弗利尔给卢芹斋回信,信中提到收到这本图录。在弗利尔看来,“整个收藏非常有意思,其中个别的几件也精美至极。等这批画作到了之后我要马上见到它们。”弗利尔强调一点:“……我考虑买下其中的一些,如果不是全部的话。也许我们能就全部作品定出一个双方都满意的价钱,这就得等到您到大巴灵顿(Great Barrington)之后我们再充分商谈了。”时隔十余天后的10月13日,弗利尔在信中表达了他对这批画作的初步印象:“一些画修复了很多,导致了它们的审美趣味很可惜地被破坏了,另外一些虽然也修过,但还没有伤害得很严重。”由以上两封信的内容可知,弗利尔仅对其中的少数作品感兴趣,对另外一些破损严重的作品不予考虑。10月23日,卢芹斋在致弗利尔的信中提到了这批画作的价格问题:“我们的朋友两次发电报给我,说希望您原谅他们不能接受您的出价,这不在他们的预期之内。他们为您就整个收藏定出了一个特别价:6万美元。”仅隔了一日(10月24日),卢芹斋在给弗利尔的回信中强调这批画作的出价合理。但10月25日的信中做出了让步,“您所说的话是公认金口玉言,我希望您相信,我明白这一点。鉴于过去我们的友好关系,您能帮我一个忙,以您提出的价格买下那批收藏,并为了公众的利益指令举办一场展览吗?我们未来的成功完全取决于您……。”10月27日,弗利尔给卢芹斋写了一封长信重申了自己的意见:“对于那批画,我必须强调自从离开大巴灵顿之后我就一直没有改变想法——我已经充分考虑了这件事情,现在确信决定不买那批画、不接受您荒谬的提议是完全正确的……您应该同样记得我们的大巴灵顿长谈期间,我提出买下其中的一些画而价格由您来定,但您坚持我应该买下所有的画……”弗利尔在这封信中还给卢芹斋罗列了五位收藏家的名字,并且把图录发到每个人手中。这桩交易因为弗利尔的坚持而不得不终止,直至弗利尔的辞世,两人之间再也没有业务往来。

事实上，在弗利尔辞世后的几十年间，卢芹斋仍然为弗利尔美术馆提供了不少中国古董。比方说，1921—1951 年的 30 年间，弗利尔美术馆以超过 86 万美元的代价购入由卢芹斋供货的 124 件中国文物精品。

平心而论，弗利尔在将收藏重心转向亚洲艺术、尤其是中国艺术品之前，经历过一个过程。1883年，弗利尔开始搜罗欧洲版画。1887年，弗利尔经人引介得以结识纽约律师、艺术收藏家霍华德·曼斯菲尔德（Howard Mansfield, 1849—1938）。也正是在曼斯菲尔德位于纽约西36街的公寓内，弗利尔才第一次有机会看到了他所收藏的300多幅出自惠斯勒之手的版画作品。他购藏了曼斯菲尔德出让的26幅惠斯勒创作的版画初印稿。1889年，弗利尔开始收藏日本浮世绘版画，当时他参观了在葛洛里埃俱乐部（The Grolier Club）举办的一次日本版画展。此外，他在此时结识了在波士顿艺术博物馆任职的费诺罗萨，在其影响之下，弗利尔逐步对亚洲艺术产生了浓厚兴趣。也在同一年，弗利尔参观了美国本土艺术家德怀特·威廉·特赖恩（Dwight William Tryon）在纽约的画室并购藏了他刚完成的一幅油画。随着时间的推移，弗利尔藏品中有不少美国本土艺术家的作品，如温斯洛·霍默（Winslow Homer）、阿尔伯特·平卡姆·赖德（Albert Pinkham Ryder）、约翰·辛格·萨金特（John Singer Sargent）、阿博特·亨德森·塞耶（Abbot Henderson Thayer）、托马斯·威尔默·杜因（Thomas Wilmer Dewing）等。

更重要的是，弗利尔深信：相信艺术拥有共通的语言。所有美的事物，不论时间或文化差异，都说着同一种语言。约翰·拉斯金（John Ruskin）和沃尔特·佩特（Walter Pater）在19世纪晚期发表了一系列专门针对艺术中的美学问题的论文，强调欣赏艺术作品需要沉思和仔细观察。毋庸置疑的是，这两位批评家对于弗利尔收藏趣味的形成产生了重要的影响。1877年，佩特的《文艺复兴》（*The Renaissance*）在美国出版，其观点被美国艺术家和批评家广泛接受。就艺术欣赏来说，佩特在此书的前言中强调了主体的重要性。身为收藏家的弗利尔研读了当时深受佩特影响的英美诸家的诗文作品，获得了一种审美的快乐。这种美学观点有助于弗利尔形成精英式的收藏趣味。在文学方面，佩特、波德莱尔是他所热衷的忧郁情结的实践者；在绘画领域，在他看来，惠斯勒无疑是这种美学最优秀的诠释者。有研究者指出，特赖恩和杜因绘画当中的抽象化风格、音乐式的幻想均起源于惠斯

达雷恩·沃特斯顿（Darren Waterston），《肮脏的金钱》，木板油彩、丙烯和金叶、铝、纤维玻璃、陶瓷（配有音频和照明部件），2013–2014年。

勒的创作手法。在惠斯勒创作的肖像画及一系列的“夜景”题材的作品中，音乐般的美学特质通过画面中冷暖色调的复杂交织而被表现得淋漓尽致。弗利尔将杜因视为惠斯勒艺术风格的传承者。譬如，1893年，在观看了芝加哥世界博览会上展出的当代欧洲及美国艺术家作品之后，他在致杜因的信中表达了他的印象与观感：“你本人、特赖恩、塞耶和惠斯勒，创作了本世纪精神面貌最为高雅，画面构图最富诗意，艺术本质最有深度的佳作。”除了大量搜罗惠斯勒的作品之外，弗利尔不遗余力地搜求塞耶、杜因及弗里德里克·S.丘奇（Frederic S. Church）等人的画作。1890年2月，弗利尔从纽曼·蒙特罗斯（Newman Montross.）手中购得塞耶的《头像》（*Head*）。杜因的《钢琴》（*The Piano*）于1891年12月成为弗利尔收藏的一部分，丘奇的画作——《知识就是力量》（*Knowledge is Power*）也是弗利尔最早的藏品之一。很看重自己收藏的美国绘画，在将自己的收藏捐赠给国家之际，他要求保持它们的完整性，即不能在原有藏品中添加或删减任何作品。弗利尔美术馆藏有全世界最为丰富的惠斯勒作品，仅就这一点而言，弗利尔足以称得上是“镀金时代”重要的美国艺术支持者和赞助人。除此而外，弗利尔还捐资用于陈列他的艺术收藏，以及开展研究和购买藏品。当然，前文述及的弗利尔艺术赞助和捐赠行为自有其渊源所在。早在1894年10月游历佛罗伦萨期间，弗利尔对美第奇家族（The Medici Family）的艺术赞助活动对文艺复兴的巨大影响有了较为直观的认识。他这样写道：“他们一定对绘画、雕塑和园林艺术极为欣赏和了解，之后艺术家才会创作这些精美绝伦的艺术品。如果没有艺术知识，他们就不会鼓励这些艺术家致力于创作活动，这使得美第奇家族流芳百世。”又如，在1901年12月致友人的一封信中，弗利尔再次表达了他对赞助的看法：“在早期文艺复兴时期，还有更早的中国和日本艺术的黄金时代，对艺术的鼓励和欣赏最多。在欣赏和鼓励艺术的环境中，文艺女神缪斯也更频繁地光顾艺术家。”

1904年，弗利尔向华盛顿特区的史密森尼学会咨询捐赠艺术收藏和建造博物馆事宜。在这一年12月27日写给当时的秘书长塞缪尔·兰利（Samuel P. Langley, 1834—1906）的一封信中，弗利尔表达了自己的想法：“我最大的愿望就是让现代的作品与古代伟大文明某一时期的杰作达到统一，在神韵和形式上和谐共鸣，让它们的感染力来丰富我们的审美文化，让它们的美来提升我们心灵的境界。”兰利对此意向颇感兴趣，不久后答复弗利尔：国会在理论上同意创建一座“国家艺术博物馆”，只是暂时还未出台明确的具体实施方案。1905年，弗利尔正式提出将自己的艺术珍藏捐赠给史密森尼学会，拟捐赠的艺术品总数为2000件，包括三部分：首先是弗利尔在近东购得的文物（以埃及为主）；其次是美国艺术品（以惠斯勒作品为大宗）；第三部分是亚洲绘画、瓷器和雕塑作品。在他看来，所有藏品均具有“和谐精神的启示、扩展审美文化的能力以及提升人类心灵的美质。”对此，弗利尔提出的附加条件是：他将继续增加捐赠资助博物馆的场馆建设。但前提是他的藏品不

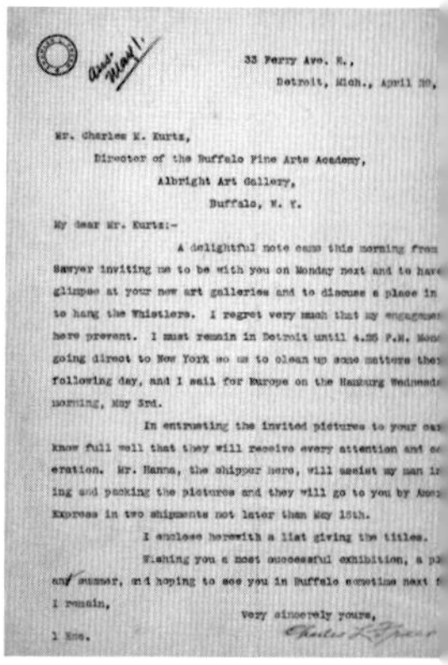
33 Ferry Ave. E.,
Detroit, Mich., April 29,

Mr. Charles M. Kurtz,
Director of the Buffalo Fine Arts Academy,
Albright Art Gallery,
Buffalo, N. Y.

My dear Mr. Kurtz:-

A delightful note came this morning from Sawyer inviting me to be with you on Monday next and to have glimpse at your new art galleries and to discuss a place in to hang the Whistlers. I regret very much that my engagements here prevent. I must remain in Detroit until 4.35 P.M. Mon going direct to New York so as to clean up some matters the following day, and I sail for Europe on the Hamburg Wednesda morning, May 3rd.

In entrusting the invited pictures to your ca know full well that they will receive every attention and co eration. Mr. Hanna, the shipper here, will assist my man i ing and packing the pictures and they will go to you by Ame Express in two shipments not later than May 15th.

I enclose herewith a list giving the titles.

Wishing you a most successful exhibition, a p and summer, and hoping to see you in Buffalo sometime next I remain,

Very sincerely yours,

1 Enc.

查尔斯·朗·弗利尔（Charles Lang Freer）致时任水牛城奥尔布赖特美术馆（Albright Art Gallery）馆长查尔斯·M.库尔茨（Charles M. Kurtz）的信件，1905年4月29日。

弗利尔美术馆大门。

弗利尔美术馆内部庭院。

能被出售，也不能出借给任何机构。在1905年1月18日写给兰利的一封信中，弗利尔说得十分清楚明白：“……在某种意义上，这些藏品构成互相关联的系列，每件与它之前或之后创作的物品都有联系。”

谨慎的史密森尼学会董事会指定一个特别委员会对弗利尔拟捐赠的藏品进行审核。令人颇感意外的事，委员会成员中无一人是亚洲艺术方面的专家！委员会的负责人是兰利，成员中有密歇根大学（The University of Michigan）校长詹姆斯·安吉尔（James Angell）、前密苏里州参议员约翰·布鲁克斯·亨德森（John Brooks Henderson）、电话的发明者亚历山大·格雷厄姆·贝尔（Alexander Graham Bell）以及贝尔的女儿玛丽安·贝尔（Marian Bell）。她对他们的结论做出如此描述：“对那些无价东方艺术品的所有看法，被亨德森参议员一言以蔽之，即那些藏品是各自类型的尤物，但那些类型真是让人抓狂！”在这种情势之下，捐赠事宜有可能被延宕。总统的直接干预使得这件事真正提上历史日程。

1905年12月13日，西奥多·罗斯福（Theodore Roosevelt）总统致信史密森尼学会并要求其接受弗利尔的藏品。他在信里直截了当地说：“……其中包括中国和日本最著名古代大师的数百幅作品，如果学会董事会反对，那么，我将有义务采取其他办法，努力避免美国政府失去一批最有价值的收藏，那也是任何个人捐赠给任何国民最有价值的藏品。”次日，他特地邀请犹豫不决的董事们来白宫参加晚宴，对弗利尔捐赠事件紧追不放，视其为美国达到鼎盛时期的象征。罗斯福弱化了此事带来的法律问题，放大了捐赠的重要意义。1906年1月4日，一封电报通知弗利尔，他所提出的条件已经得到史密森尼学会的同意。由此，弗利尔继续踏上征程，专门有计划地搜罗艺术品。

在后来成为弗利尔美术馆首任馆长约翰·埃勒顿·洛奇（John Ellerton Lodge）的协助下，弗利尔的艺术藏品从底特律等地陆续运往华盛顿特区。弗利尔的珍藏共计15434件，可大致分为几个部分：第一部分是1270件惠斯勒绘画、素描和雕塑，也包括著名的“孔雀厅”（和其他出自美国本土艺术家之手的作品；第二部分是3399件中国艺术品；第三部分是1937件日本藏品；第四部分是1095件埃及文物；第五部分是471件朝鲜藏品；最后一部分是5847件数量庞大的近东艺术品（包含一本带插图和细小念珠的波斯古籍孤本)。值得一提的是，在弗利尔美术馆所有的捐赠中，有约 1 万件或更多藏品于 1923 年 5 月 3 日最后进入该馆收藏之列，此时距离美术馆创建者弗利尔辞世已经 4 年之久。

弗利尔美术馆的地理位置十分理想，位于史密森尼城堡（Smithsonian Castle）的西侧。弗利尔本人厌恶浮华的大理石装饰，所签建筑合同是一栋传统简朴的底层建筑，用田纳西州柔和的白色大理石和印第安纳波利斯石灰石建造而成。馆舍里面拥有宽敞的库房，供研究员们对未展出的藏品进行研究。整座美术馆建筑上面没有任何地方雕刻有捐赠者的全名。入口处也没有招摇地展示弗利尔的肖像。负责设计的建筑师是享有盛誉的查尔斯·普拉特（Charles A. Platt）。艺术家约翰·拉法热（John La Farge）恰如其分地称赞道："弗利尔美术馆浑身上下散发着平静和端庄，是一处可以清洗眼睛的所在。"这个评语可谓是对普拉特设计的最高褒奖。

美术馆修建的规划期原先定为1912—1916年。1916年5月，史密森研究院（Smithsonian Institution）的理事会和管理华盛顿特区公共空间的美术委员会批准了该馆的建筑设计图纸。同年，美术馆建筑破土动工，营造工程耗资超过120万美元。遗憾的是，由于第一次世界大战的缘故，弗利尔美术馆建筑工程进展颇为缓慢，弗利尔在世时未能看到自己的美术馆建成并开放。具体说来，1918年初，修建工程基本处于停滞状态。第一次世界大战结束之后，美术馆建筑工程才于1919年6月重新启动，当年秋季基本完工，但那时弗利尔重病在身，无法前往华府亲自体验那座自己魂牵梦萦的艺术殿堂了。

在弗利尔的设想中，一座意大利文艺复兴风格的建筑之内容纳着中国佛像、日本瓷器、美国绘画。在生命的最后阶段，尽管弗利尔未能前往华盛顿特区亲自指导美术馆的建造，但还是与建筑设计师普拉特以及其他顾问密切合作，对美术馆的展柜、家具、装修和采光等进行了精心的设计。他十分注重展示环境和艺术作品的陈列方式，对艺术品摆放的位置以及艺术品之间的关系，可谓匠心独具，费尽心思。就大的格局来看，正如弗利尔的友人、收藏家阿格尼斯·迈耶（Agnes E. Meyer）在《查尔斯·朗·弗利尔和他的美术馆》（*Charles Lang Freer and His Gallery, Washington D.C.: Freer Gallery of Art,* 1970）里所描述的，19个展厅环绕着一个中心庭院构建了一个颇为人性化的观看空间。展厅分别由四条走廊相连接，这使得观众自主地、有选择地观赏艺术品。这与每间展厅相连接的情况迥异，观看者无须绕过那些他们认为不需要进入的空间。每个展厅的空间并不大，最大的一间展室是164平方米，层高为4米左右。这种人性化的设计，能够避免观者在观看过程中产生疲劳感。建立之初，弗利尔美术馆的藏品完全反映了捐赠者本人的审美趣味。弗利尔曾坚持认为，他收藏的艺术品已经完美到不能再行增添。不过在去世前不久，弗利尔终于做出了一个对博物馆未来发展至关重要的决定。他修改了自己的遗嘱，允许博物馆继续收藏和现有藏品相关联的、具有重要艺术价值的藏品，只有美国绘画部

弗利尔美术馆公教活动室。

分不包含在内。他坚持不再增加美国艺术藏品的理由不在于对美国艺术不看重，而是他认为美国艺术藏品的格局已经达到他所原先预想的状态。但需要提到一点，入藏的藏品必须经过弗利尔四位好友——迈耶夫妇、路易辛娜·哈夫迈耶（Louisine Havemeyer）等人与美国国家艺术委员会协商并认可才有效。到20世纪80年代初，馆藏文物扩展了三倍之多。

毫无疑问，弗利尔收藏中的三大支柱——中国艺术、日本艺术和惠斯勒画作占据了美术馆空间中的重要位置。他希望有一半的空间用于展示惠斯勒以及其他美国艺术家的作品，其中有一个单独的展厅专门陈列“孔雀厅”，也是整座美术馆中最为神圣的地方，另一半空间用于展示东方艺术。中国绘画和日本绘画占据了弗利尔美术馆最大的两个展厅，美术馆北面入口［靠近国家广场（National Mall）、杰斐逊大街（Jefferson Drive SW）］左侧为中国艺术展厅，陈列以时间和媒介为主线，从最早的艺术品（古代的玉器、青铜器）开始。弗利尔对于中国绘画的陈列尤为重视。为此，建筑师普拉特在纽约的办公大楼顶层建造了一个与展厅等大的模型，弗利尔将一些中国画借给他观摩，供其研究和设计美术馆展厅天光的采光问题。他还把中国画的尺寸提供给普拉特，为设计展厅的大小和层高提供依据。此外，为了设计用于陈列手卷的展柜，弗利尔邀请普拉特观摩其藏品，制作出合适的展柜。弗利尔希望中国艺术展区的与“孔雀厅”相接。美术馆入口右侧给了日本艺术。如今的格局略有不同，中国艺术、美国艺术原先所占据的位置大体不变，原先日本艺术所在的展区分别给了伊斯兰艺术和印度次大陆艺术，日本艺术挪到了南入口［（靠近独立大道（Independence Avenue SW）］。总之，弗利尔把整座美术馆看作是一件艺术品，对于展柜、物品的展示和储藏，以及展厅里的家具和环境，譬如橡木长椅、墙面、灰黑色水磨石地板，都有十分具体的要求。弗利尔特别强调展示环境中使用自然光，具有画家背景的设计师普拉特对此颇为赞同。他专门为美术馆设计了天窗，天窗玻璃之外有可移动的帆布装置，可根据不同的展品，控制和调节进光量。

二、“孔雀厅”的“原境”和“复位”相关问题

1876年，詹姆斯·惠斯勒的母亲——安娜·惠斯勒（Anna Whistler）颇为自豪地在信中写道：“……我的艺术家儿子在这个夏天为莱兰先生装饰一间阔大的餐厅。它的的确确是一项原创性的设计！早晨七点钟就开始工作，无怪乎他看上去如此憔悴和单薄，但他精神开朗。”在展开论述之前，有必要了解利物浦船运大亨弗里德里克·莱兰（Frederic Leyland）的艺术收藏行为。

早在1871年，但丁·罗塞蒂（Dante Rossetti）在圣诞节之前就建议莱兰为他所搜集的画作和其他艺术品建造一座陈列室（画廊）。在某种意义上说，莱兰扮演着文艺复兴时期活跃在威尼斯、佛罗伦萨商业巨头（merchant prince）的角色，热衷于赞助艺术家。经过多年的用心经营，莱兰既拥有波提切利、菲利波·里皮（Filippo Lippi）等文艺复兴艺术大师的画作，也支持像罗塞蒂、约翰·埃弗里特·米莱斯（Sir John Everett Millais）、伯恩-琼斯（Burne-Jones）、马多克斯·布朗（Madox Brown）、惠斯勒等与他同时代的艺术家们的创作。随着藏品的日渐增多，他意识到需要一座新的居所来展示它们。

1876年，莱兰从女王门（Queen's Gate）搬到王子门（Prince's Gate, Kensington）49号的一栋有二十多年历史的宅邸中。值得一提的是，不知是否有意还是无意，这栋豪宅竟然跟美国银行家、大收藏家约翰·皮尔庞特·摩根（John Pierpont Morgan）的居所位于同一条大街上。莱兰聘请建筑师诺曼·肖（Norman Shaw）对室内布局进行重新规划设计。此外，莱兰专门为宽阔的入口大厅旋转楼梯购买了奢华的镀青铜扶手。法国伯韦（Beauvais）地毯，印度、德国、意大利的镶嵌珍奇柜（cabinet），文艺复兴时期的青铜器、东方小地毯和瓷器、热那亚产的天鹅绒，一架大钢琴以及另外一架古董级的拨弦古钢琴等物件营造了一种浓郁的艺术氛围。除此之外，值得一提的是，寓所里的三间起居室是内部连为一体的，当隔开这三间起居室的胡桃木和黄铜制作的隔板完全打开时，它们形成一个长约94英尺（约28.65米）的沙龙空间。事实上，它扮演着莱兰夫妇私人美术馆的角色。

莱兰还从位于牛津街的默里·马克斯（Murray Marks）的古董店购藏了大量的康熙时期的青花瓷器。莱兰十分认同诺曼·肖的改造方案，由托马斯·杰基尔（Thomas Jeckell）具体负责餐厅的设计工程。杰基尔设法弄到了被阿拉贡的凯瑟琳（Catherine of Aragon, 1485—1536）带到不列颠的西班牙皮革墙纸，费用高达1000镑！墙纸的表层雕有石榴花和其他纹饰。于是问题就来了，对于肖和杰基尔而言，如何将莱兰的西班牙牛皮墙纸和东方瓷器融为一个和谐的整体的确是一个不小的挑战。杰基尔的解决方式是设计一个詹姆士一世时期风行一时的悬饰天花板，每一个悬饰均作为煤气设备的一部分。但在碰巧进来拜访的另一位建筑师E. W. 戈德温（E. W. Godwin）看来，这充其量不过是一种牵强的调和，谈不上整体意义上的和谐。莱兰对此也不甚满意，最终才有惠斯勒的出场，只不过他是颠覆性地改造了这个空

弗利尔美术馆内部陈列场景。（那泽民手绘）

间，不是主人授意的适可而止，这是后话了。

莱兰的夫人——弗洛伦斯·莱兰（Florence Leyland）对这个新寓所也较为了解。还在杰基尔负责餐厅改造的当口，她就曾致信惠斯勒寻求意见，惠斯勒对此颇为积极主动，颇有越俎代庖的想法。譬如，就拿莱兰手里收藏的他画的那幅《瓷器王国的公主》（*The Princess of the Land of Porcelain*）来说，其悬挂位置是规划好的，就在餐厅壁炉的上方，正对着这幅画的位置也预留了，就是莱兰向惠斯勒订制的《三个人物——粉色与灰色》（*Three Figures: Pink and Grey*）。但惠斯勒在很早之前就向莱兰夫妇表示对这个布置方式不甚满意，指出这个空间较为压抑，这一方面是由天花板的逼仄造成的，更多的压迫感则来自于莱兰的点缀着红色小花的暗色真皮墙纸。更大的问题是，墙纸上星星点点的红色小花和陶瓷上的红色条纹两者与《瓷器王国的公主》这幅画的基调相扞格，其视觉效果在惠斯勒看来是“毁灭性的”。后来莱兰离开伦敦赴利物浦公干，惠斯勒获得其许可对餐厅装饰进行“局部调整”，而正如上述，实际上是对杰基尔所做改造的全然颠覆，借用笔下的孔雀形象将这里变成了“孔雀的领地”。巨大的孔雀形象占据着百叶窗上的空间，其胸部和长尾向上部和四周辐射、弥漫开来，墙纸上的图案和浮雕在惠斯勒的“润色”下变得难以辨识。由此带来的结局便是：惠斯勒原定的2000几尼（guineas）酬劳缩水成为1000镑！难逃破产的命运，这也是他的宿命！

1877年2月9日，在莱兰缺席的情形之下，惠斯勒自作主张地担纲王子门49号大宅的“主人”，盛情接待应邀而至的批评家、墨客骚人及艺术家们，当然也有建筑师汤姆·杰基尔。1877年2月15日出版的《时代报》（*Times*）一改以往的挑剔、毫不留情的语调，对惠斯勒设计的“孔雀厅”大加褒扬。文章开篇就将这项工程定位为“非凡的装饰实验”，其设计灵感源自于孔雀的羽毛束。惠斯勒称之为“金色与蓝色的协奏曲”。这种纹样重复回旋于整个餐厅空间之内。在《时代报》看来，这里面的艺术气息是充满幻想的、奇妙的、具有原创力的，充满了日本的美学意象。作为与惠斯勒私交甚好的建筑师戈德温在《建筑师》（*Architect*）杂志上专门撰文纠正了《时代报》上出现的谬误。《潘趣》（*Punch*）一仍其旧，对惠斯勒保持长久以来的敌意和不屑一顾，但像《准则》（*Standard*）、《蓓尔美尔报》（*Pall Mall Gazette*）、《审查者》（*Examiner*）等媒体回应了《时代报》的论调。此外还有《观察家》（*Observer*）和《学院》（*Academy*）两家杂志，前者颇为含蓄，聚焦于赞扬莱兰的艺术趣味，换言之，他容许一种反传统的艺术设计工程得以在惠斯勒手中顺利完成；后者则对惠斯勒的“激情”和“精神”投以青眼，称其为艺术创新方面的“凯旋”。

位于伦敦奇西克（Chiswick）的詹姆斯·惠斯勒（James M. Whistler）与比阿特丽斯·惠斯勒（Beatrice Whistler）合葬墓。

弗利尔美术馆内部陈列场景。

关于当年伦敦"孔雀厅"的相关评论剪报。

直到惠斯勒辞世前的几年之中，弗利尔和惠斯勒往还才变得愈加频繁。1902年，弗利尔和惠斯勒前往荷兰旅行，途中惠斯勒心脏病发作，返回英国伦敦静养。弗利尔十分关注其健康状况。在1902年6月27日致弗兰克·赫克尔（Frank Hecker）的信中，弗利尔再次表示出他的担忧，"我必须做好准备以应对（他的）病痛，而可以不顾此前的计划与安排。所以，接下来的日子里，我的活动可谓完全取决于他的身体状况。他的身体十分虚弱，但仍然像猛狮一样，真是一个不同寻常的人。"

作为画家的挚友，弗利尔并不愿意接受惠斯勒健康状况日趋恶化的事实，在他去世前几个月的时间里，弗利尔甚至还请求惠斯勒画完那幅1902年动笔的弗利尔肖像画，最终未能完成。1903年夏，弗利尔每天从位于格罗夫纳广场（Grosvenor Square）的酒店徒步到惠斯勒寓所探视病情。有的时候，弗利尔会雇佣一辆马车载着惠斯勒穿过泰晤士河到对岸的巴特希公园（Battersea Park）。对照此时创作完成的作品不难发现，周遭环境常常出现于画面之中。惠斯勒在1903年7月17日辞世，弗利尔全程参与了惠斯勒的葬礼，还是抬棺人之一，可见二人的关系非同一般。附带一提的是，惠斯勒生前最后的居所是由建筑师查尔斯·罗伯特·阿什比（Charles Robert Ashbee, 1864—1942）设计的切恩步行街74号（74 Cheyne Walk），这一带被誉为"伦敦的屋脊"，许多19世纪的名人——亨利·詹姆斯（Henry James）、奥斯卡·王尔德（Oscar Wilde）、但丁·加布里埃尔·罗塞蒂（Dante Gabriel Rossetti）、乔治·艾略特（George Eliot）、布拉姆·施特勒克（Bram Stroker）都曾居住于此。

若要追究上述《瓷器王国的公主》这幅画，莱兰并不是最早的拥有者，画中女主人是当时希腊驻英国总领事——米恰尔·斯帕尔塔利（Michael Spartali）的千金克里斯蒂娜·斯帕尔塔利小姐（Miss Christina Spartali），即后来的埃德蒙德·德·卡恩伯爵夫人（Countess Edmoud de Cahen）。根据其艺术家姐姐玛丽·斯帕尔塔利（Marie Spartali）的回忆，惠斯勒在开始创作这幅画时作画速度十分之快，后来逐渐延宕下来，以至于模特克里斯蒂娜不堪忍受一次又一次的画面调整而以生病为由离开。后来惠斯勒专门到克里斯蒂娜家中补画了几幅速写作为参考。作为订件人的总领事先生因为不满意这幅画而拒绝支付酬金，理由是这不是一幅传统意义上的肖像画。此作在1865年的沙龙展上露面并被一位匿名藏家买走。有意思的是，再到后来，有一位画商有意购藏此作，但前提是惠斯勒将画作上方散开的签名进行修改，惠斯勒坚持不同意做任何改动，这个买卖最后不了了之。最终这幅画被莱兰购得并视之为拱璧。1903年，此画成为弗利尔私藏，在某种程度上可以说，这幅画在更大程度上脱离了其“原境”。当奥巴赫拍卖公司（Obach & Company）着手“孔雀厅”的整体拍卖事宜时，弗利尔成为首要的竞拍者之一。1904年5月15日，弗利尔悄悄进入位于伦敦邦德街的奥巴赫拍卖公司，最终以63000美元买下了“孔雀厅”，这与其说是一次拍卖，毋宁说是一场私下交易。有意味的是，在画廊许诺的秘密交易得以完成的前提之下，将“孔雀厅”从伦敦运往美国底特律弗利尔宅邸之前，新主人同意它公开亮相。换言之，是“孔雀厅”与英国公众的“道别仪式”。实际上，当时想得到“孔雀厅”的收藏家不乏其人。譬如说，本文一开头提及的波士顿女收藏加德纳夫人和莱兰的著名邻居摩根。吃了“定心丸”的弗利尔早已委托建筑师威尔逊·艾尔（Wilson Eyre）在其底特律居所的后面为“孔雀厅”专门设计一座建筑物。当然，它的最后去处是华盛顿特区的弗利尔美术馆。在生命的最后阶段，弗利尔从底特律迁到纽约，得以更为便利地搜集中国艺术品。这时，阿格尼丝·迈耶（Agnes Meyer）成为弗利尔艺术收藏方面的助手，两人频频出入纽约的各大博物馆和曼哈顿的中国古董店。后来弗利尔在遗嘱中规定：阿格尼丝·迈耶将担任弗利尔美术馆的终身董事，对未来接受艺术品捐赠拥有否决权。

客观而论，弗利尔之所以决定将自己的私藏捐赠给华盛顿特区的史密森尼学会，也有几个客观存在的外部原因：

首先，他与底特律本地艺术收藏家的趣味难以调和，格格不入。例如，当时底特律最为知名的、实力最雄厚的艺术收藏家当属弗里德里克·A. 斯特恩斯（Frederic A. Stearns）。此公花了大量时间、金钱到世界各地游历并搜罗艺术品，但其中有价值的藏品实在乏善可陈，相较之下，斯特恩斯手中的1400多件19世纪日本陶器和相扑主题的拼贴画还算是有点价值的，美学价值姑且不谈，至少具有一定的历史研究价值。相形之下，弗利尔的收藏当属上乘，在品质上有过之而无不及。由此，趣味上的云泥之别导致弗利尔难以将自己的珍藏托付给本地的艺术机构，甚至也无意于建造一座私人美术馆。

其次，底特律市的另外一位收藏家詹姆斯·斯克里斯普斯（James Scripps）应该说在艺术收藏趣味上深得弗利尔之心，斯克里斯普斯大力搜求荷兰、弗拉芒“老大师”画作。但斯克里斯普斯是《底特律新闻报》（*The Detroit News*）的出版人，曾利用这块“阵地”对作为资本家的弗利尔在1893年经济大萧条时期，宁可雇佣廉价的波兰移民而置千万底特律失业者于不顾的“劣迹”大加鞭笞。对此，弗利尔耿耿于怀，这也是促使他未将艺术珍藏捐赠给本地博物馆的原因。

再次，弗利尔本人对底特律艺术博物馆（The Detroit Art Museum）也不存在好感，认为该机构“形同虚设”。他仅仅将自己藏品中的一位17世纪荷兰版画家创作的版画作品整体捐赠给该馆，并附上5000美元继续完善相似藏品。

弗利尔一开始就在用其来自不同地域和时代的艺术藏品营造一种整体的艺术氛围，坚信艺术拥有共通的语言。当然了，只有少数人才有机会进入弗利尔位于底特律的宅邸中并观摩其艺术珍藏并体验这种精英式的艺术趣味。欧洲皇室成员、来自东西方的艺术鉴赏家、收藏家、学者群体和专门致力于收藏东方艺术的收藏圈人士。受邀的人们常常与弗利尔一道在一个有天光的、宁静的画廊中，坐在靠窗的椅子上慢慢“品咂”弗利尔搜罗来的艺术珍品。弗利尔会让侍从每次仅取出一两件作品，要么是中国古代卷轴画、古代陶瓷，要么是日本版画、惠斯勒的夜景题材画作。在侍者去取下一批物件的间隙，宾客们正好可以在展厅里漫步并针对某件作品交换看法。日薄西山时，残余的阳光在悬挂于壁间的卷轴画上摇曳，此时正值展厅内的茶饮时段，有时候也会品尝香槟和上好的葡萄酒。值得提到的是，在弗利尔看来，惠斯勒的画作和他所珍藏的东方艺术品均不适合在人造光的环境中观赏。也是因为这个原因，弗利尔的展室几乎不会在晚餐时间向访客开放。

事实上，自“孔雀厅”从英国来到底特律那时起，弗利尔从未想把这件艺术品视为自己的餐厅，而将其变为进行艺术展示的“实验室”。弗利尔在这里比较和陈列来自各个历史时期和文明的艺术品，为的是追求美学意义上的和谐统一。《来自瓷器王国的公主》为这个特定空间定下了基调和陈设的主题——陶瓷。弗利尔将重点放在了如何陈列他搜罗的来自东亚和近东地区的陶瓷上中国陶瓷、尤其是中国古代陶瓷中的钧窑担纲了“孔雀厅”之“蓝色和声”的主角。对照弗利尔捐赠的61件钧窑瓷、钧窑系瓷或仿品，这些涵盖了花盆、碗、洗、尊等器型的器物曾经有40多件陈列于底特律时期的“孔雀厅”之中。除了钧瓷，弗利尔还特别看重东汉绿釉陶器。1900—1919年间，大量搜集壶、鼎、博山炉、建筑等明器，尤其是在购入“孔雀厅”后的数年之后，收入陶器用于陈列。这些陶器上的绿地上带金属光泽的效果，与“孔雀厅”的蓝绿色调、金色的孔雀线描图以及博古架十分和谐。除此之外，他对来自古埃及、叙利亚以及近东地区的彩陶和玻璃器激赏不已。1908年，弗利尔在家中“孔雀厅”中央的长桌上拜访了一件中国青铜罍。他对其做了这样的描述：“大型青铜罐，从颈部到底部附近有五圈纹饰，从上至下第二圈中有程式化的孔雀图案。”事实上不是孔雀而是普通的鸟纹，但弗利尔将2000余年前的中国青铜器与美国画家的作品联系起来，罍上面所具有的蓝绿色锈斑与“孔雀厅”的主基调遥相呼应。1909年，弗利尔收藏到了一件公元前14世纪的埃及玻璃器，器身上所带的黄、蓝、白交替的带状纹颇似孔雀羽毛。1906年，弗利尔收入一件元代龙凤纹罐。1911年，弗利尔入藏一件精美缂丝，十分看重的是上面的凤纹与惠斯勒笔下的孔雀“同声相应”。如此的例子不在少数。在艺术鉴赏和陈列方面，弗利尔非常看重通过比

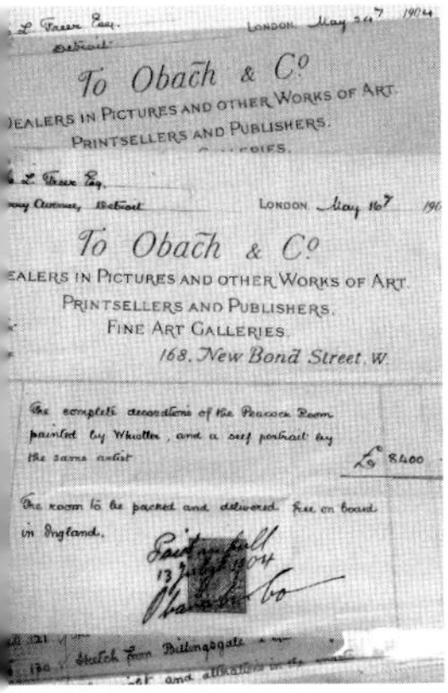
LONDON May 16th 190
To Obach & Co
DEALERS IN PICTURES AND OTHER WORKS OF ART.
PRINTSELLERS AND PUBLISHERS.
FINE ART GALLERIES.
168. New Bond Street. W.
The complete decorations of the Peacock Room painted by Whistler, and a self portrait by the same artist £ 8400
The room to be packed and delivered free on board in England.

奥巴赫拍卖公司（Obach & Company）与弗利尔的交易合同，1904年5月。

照的方法。毋庸置疑的是，“孔雀厅”的陈列实验集中体现了前述弗利尔的美学观点。所陈设物品在色彩、形制和质地等方面与这个空间的和谐一体是首要的。

三、余论

惠斯勒不辞劳苦，违背了与莱兰的协议，不仅如此，他还在《瓷器王国的公主》对面的墙上绘制了一幅巨大的讽刺画，主题是赞助人和艺术家之间的“对抗”，其象征形象是两只斗争中的孔雀：代表莱兰的那只孔雀浮夸而且虚张声势，挥舞着翅膀，胸脯的颜色是金黄色，夹杂着银币上的银灰色，其金钱的色彩不言而喻，巨大的尾部羽毛爆炸式地呈现，不可一世的神态活灵活现；代表艺术家的那只孔雀则垂头丧气，勉强抬起一只翅膀做象征性的“抵抗”。这里原本要悬挂惠斯勒的那幅《三个女子》，可惜这幅画从未完成，今天我们从弗利尔美术馆的馆藏中可以发现不少与这幅画创作相关的草稿、习作。莱兰与这幅讽刺画一道生活到1892年，而他与惠斯勒的友谊在1879年就宣告终结。巧合的是，他与弗洛伦斯也是在这一年结束婚姻关系的。

在惠斯勒所生活时代的英国掀起了一股亚洲艺术的热潮，这种风潮的兴起在某种意义上是对维多利亚时代道德说教式艺术趣味的反抗。惠斯勒无意中介入“孔雀厅”的设计和绘制，缔造了一件杰作。1923年，新落成的华盛顿特区弗利尔美术馆开门迎客，“孔雀厅”成为观众必访之地，可谓“观者如堵”。

2011年，策展人李·格莱泽按照1908年照片中呈现的样子对“孔雀厅”进行重新布置和陈列，展览的标题是“孔雀厅来到美国”（The Peacock Room Comes to America”, April 9, 2011 —January 3, 2016），值得注意的是，架子中陈列的瓷器不是“孔雀厅”原主人莱兰的私人藏品，而是弗利尔藏品中的254件中国瓷器、日本、韩国、中东陶器和粗瓷器的综合。

2015年，由来自加州湾区（The Bay Area）的艺术家达伦·沃特斯顿（Darren Waterston）在弗利尔美术馆内距离“孔雀厅”仅仅几步之遥的展厅内，创作了一件大型的“总体艺术品”——《肮脏的金钱》（*Filthy Lucre*）。与其说，这件作品基本上等大“复原了”隔壁的“孔雀厅”，毋宁说它“解构”了这个出自惠斯勒之手的杰作。在弗利尔与赛克勒美术馆馆长雷比看来，这件作品是一个全新的形式。沃特斯顿将“孔雀厅”进行分解和重新诠释，颜料布满了钟乳石，原先架子上的镀金转轴已经破损不堪。在覆盖物下面存在着一些地衣状的植物。原先陈列在架子上的瓷器被来自旧货店的陶器所取代。还有一些散落在陈列室的地板上。展室中并未使用自然光，而采用了从百叶窗照射进来的、充满了不详色彩的红色光。背景音乐是刺耳的、令人忧伤的大提琴，夹杂着被遮蔽的、喃喃自语的声音。弗利尔与赛克勒美术馆美国艺术策展人李·格莱泽（Lee Glazer）认为，沃特斯顿的这个项目是艺术、建筑和设计的完美融合。以一种全新的方式将新与旧呈现在一起，通过一件在世的艺术家的尝试将“孔雀厅”置于一种“对话”，甚至是对抗的上下文中。

观看者所感兴趣的是艺术家的创作理念问题，对于这一点，弗利尔与赛克勒美术馆馆长雷比认为，这件作品是沃特斯顿在三维空间之中对“孔雀厅”进行重新想象和反思的结果，他怀有敌意（憎恨）地营造出一种多维度的体验。以此来影射艺术家和赞助人之间（惠斯勒和莱兰）曾轰动一时的失和事件。

弗利尔在1910—1911年期间的中国旅行路线图，来自常青著，《物华旧影：1910—1911年佛利尔镜头里的中国文化史迹》，文物出版社，2019年。

颇为巧合的是，沃特斯顿是惠斯勒绘画技法的传承者。早在2012年，马萨诸塞省当代艺术博物馆（MASS MCA）视觉艺术部策展人苏珊·克罗斯（Susan Cross）曾委托沃特斯顿为该馆剧院外面的公共空间绘制一幅100英尺长的巨型壁画作品。就起学习艺术的经历来看，沃特斯顿以往对于著名室内壁画的沉迷和深入研究自然会使他注意到惠斯勒的这件不朽名作。沃特斯顿认为自己最近二十多年来的作品大多关注的是美的易变性和脆弱性。在他看来，美是一种变动不居的观念，“孔雀厅”令人感受到很多悲剧和不幸。它在某种意义上扮演着“死亡象征物”（memento mori）的角色，需要我们深究。沃特斯顿花了一年的时间驻留在弗利尔与赛克勒美术馆研习作品，与一个由木工、画家、玻璃艺术家、陶艺家组成的庞大团队协作在一家老纺织厂的厂房中制作这个大型装置作品。这件作品探讨的是艺术、金钱和艺术家之间的复杂关系。在某种意义上可以这样说，沃特斯顿的这件大型装置的出现更会引发我们对“孔雀厅”的“原境”、弗利尔的审美趣味等问题的深度反思。

综上所述，弗利尔认为文化知识和审美并重，未来博物馆的功能之一是“鼓励对远东文明的研究”；其二是“推广对美的崇高理念”。毫无疑问，“孔雀厅”的“实验”充分展现了这一点，经过时间的洗礼，历久弥新。

参考文献及相关网站：

Aline Bernstein Saarinen, *The proud possessors: the lives, times, and tastes of some adventurous American art collectors*, Random House, 1958, p.119.

Stanley Weintraub, *Whistler: A Biography*, Da Capo Press, 2001, chapter 17.

Peter Schjeldahl, “Whistler's Peacock Room.”, *The New Yorker*, April 18, 2011 Issue.

Owen Edwards, “The Story Behind the Peacock Room's Princess”, *Smithsonian Magazine*, June, 2011.

Patricia L. Guardiola, *Charles Lang Freer and His Gallery of Art: turn-of-the-century politics and aesthetics on the National Mall*, Master dissertation, University of Louisville, 2007, Introduction.

Wendy Moonan, “Whistler's Peacock Room is Reimagined in a State of Oozing and Broken Decay”, *smithsonian.com*, June 5, 2015.

Nichols Clark, “Charles Lang Freer: An American Aesthete in the Gilded Era”, *American Art Journal*, Vol. 11, No. 4 (Oct., 1979), p.387.

Jan Marsh, "Marie Spartali Stiliman: Artist and Model", *The Journal of the Whistler Society*, Number1. Spring 2017, pp.63-65.

谢林・布里萨克、卡尔・梅耶著，张建新、张紫微译，《谁在收藏中国？》，中信出版社，2016年，第八章。

孔华润（Warren I. Cohen）著、段勇译，《东亚艺术与美国文化》，上海书画出版社，2014年，第43、44页。

常青，《物华旧影：1910—1911 年佛利尔镜头里的中国文化史迹》，文物出版社，2019 年。

王伊悠著、李雯译，《佛光无尽——弗利尔 1910 年龙门日记》，上海书画出版社，2014 年，第 12 页。

王伊悠，《佛光无尽——佛利尔与中国艺术的故事》，上海书画出版社，2019 年 9 月。

王伊悠著、李雯译，《卢芹斋与弗利尔美术馆的中国收藏》，《紫禁城》2014 年第 7 期。

王伊悠著、澄怀译，《卢芹斋的巴黎红楼——美国弗利尔与赛克勒美术馆藏卢氏家族档案》，《美成在久》2016年第1期。

瞿炼、朱俊，《弗利尔和他的博物馆》，《紫禁城》2014 年第 7 期。

董韦，《1916 年上海来远公司管复初与〈古画留真〉交易钩沉（上）》，《都会遗踪》2015 年第 1 期。

董韦，《1916 年上海来远公司管复初与〈古画留真〉交易钩沉（下）》，《都会遗踪》2015 年第 3 期。

董韦，《卢芹斋与弗利尔部分书信往来》，《美术向导》2014 年第 1 期。

http://mp.weixin.qq.com/s?__biz=MjM5MjMwODQwMQ==&mid=2650562874&idx=1&sn=f51dcfa0338dcf2762694de63ab86f66&chksm=bea08ce489d705f2d435ca569e20a509e204d0e2c0cb2df97ebca4851236bdf086a41b73a854&mpshare=1&scene=23&srcid=1025tZ8zwAdqFnQ5vVarNrEo#rd

https://www.washingtonpost.com/entertainment/museums/reopened-after—18-months-the-freer-and-sackler-galleries-inspire/2017/10/16/14e0a40a-b284—11e7-9e58-e6288544af98_story.html?utm_term=.7f2f7d021c24

纽约的“德奥艺术飞地”：新美术馆创建记

引言

著名艺术批评家、《新批评杂志》（*The New Criterion*）创办者希尔顿·克莱默（Hilton Kramer）曾在2001年11月26日的《纽约观察者报》（*The New York Observer*）上专门撰文论述博物馆与城市之间的关系：“除了拥有好的收藏和建筑外观之外，博物馆应该在城市中具有其独特的位置。在整个20世纪的文化生活中，如若没有德国艺术家、艺术学者、作家、艺术商人、艺术收藏家、博物馆主管、教授们的支撑，那将是难以想象的事情。”纽约闹市区的新美术馆就是这样一个陈列、展示19、20世纪之交德国、奥地利艺术品的极佳所在。负责改造工程的建筑师安娜贝勒·塞尔多夫（Annabelle Selldorf）恰如其分地将新美术馆改造前的奢华装饰风格保留下来。为了达到这种效果，身为德国人的塞尔多夫数次飞往维也纳进行实地考察，力图在新美术馆室内重现20世纪初期维也纳的艺术文化氛围：咖啡屋、墙饰和家具。当然，这种奢华完全不能与纽约的弗里克收藏馆（The Frick Collection）同日而语，但它不失为纽约一处好去处。新美术馆内的书店典雅耐看，或许是仅次于位于麦迪逊大道（Madison Avenue）（50-51大街）的都市书店（The Urban Bookstore）的纽约最美书店之一。奥地利的知名大厨屈特·古滕布伦纳（Kurt Gutenbrunner）专门被请过来主持位于新美术馆一楼的萨巴斯基咖啡馆（The Café Sebarsky），奥地利设计大师阿道夫·鲁斯（Adolf Loos）亲自设计的优雅家具配上挑高天花板、黑木装饰，无疑完美还原了旧时维也纳的咖啡厅。窗边的织锦大花沙发使用了1912年奥托·瓦格纳（Otto Koloman Wagner）时代的布料，与古老的空间很相配。这里各式各样的传统奥地利糕点都非常值得一试，比如苹果馅奶酪卷（Apfelstrudel）、萨赫蛋糕（Sachertorte）等。除了下午茶点，还有很多奥地利经典菜，比如匈牙利炖牛肉（Goulash）、维也纳炸猪排（Schnitzel）、香肠配酸菜。其中，维也纳炸猪排是这里的招牌菜。这里常年排队，座位优先提供给该馆的会员。最好的选择是打电话预订晚上6点之后开始提供的晚餐。这里还有据称是纽约最好喝的热巧克力咖啡。到了晚上，餐厅里还有钢琴伴奏的现场Cabaret表演。坐在里面可以俯瞰中央公园的风景，用餐环境优雅、考究。地下室还有一家名为弗莱德曼斯（Café Fledermaus）的咖啡

新美术馆外景。（那泽民手绘）

新美术馆内景。

馆，提供与楼上萨巴斯基咖啡馆同样的菜品和咖啡。

起初，这座以陈列展示德奥艺术家作品为主的“小众”美术馆采取预约制度，一次仅允许350名预约成功的观者入内参观，随着优秀展览的不断呈现、尤其是2006年《阿德勒·布洛赫-鲍尔肖像（一）》（*Portrait of Adele Bloch-Bauer I*）的成功入藏，一时间人满为患，以后逐渐成为纽约曼哈顿区的重要艺术地标之一。

2016年9月20日，“克里姆特与维也纳黄金时代的女子”（Klimt and the Women of Vienna's Golden Age）特展如期在这里举行，其中《阿德勒·布洛赫-鲍尔肖像（一）》（1907年）和《阿德勒·布洛赫-鲍尔肖像（二）》（1912年）的同时出现吸引了大量观众，这是十余年以来这两幅画的首次集中亮相。前者被誉为“奥地利的《蒙娜·丽莎》”。画中女主人也是2015年公映的电影——《金衣女子》（*Woman in Gold*）的原型，该影片描述了第二次世界大战期间犹太人布洛赫-鲍尔家族的悲惨遭遇，也如实再现了《阿德勒·布洛赫-鲍尔肖像（一）》这幅画被阿德勒的侄女玛丽亚·阿尔特曼（Maria Altmann）历经重重困难与艰辛，最终讨还的过程。在这之前，前述两幅肖像画和其他4幅同样出自克里姆特之手的风景画，一直悬挂在维也纳美景宫（Schloss Belvedere）的奥地利美术馆（The Austrian Gallery）的墙壁之上。1918年，一场席卷了大半个北半球的“西班牙流感”接连夺走了四位奥地利文化先驱的生命：古斯塔夫·克里姆特（Gustav Klimt）、埃贡·席勒（Egon Schiele）、科罗曼·穆塞尔（Koloman Moser），以及建筑师奥托·瓦格纳（Otto Wagner）。同年，哈布斯堡王朝最后一任皇帝——查理一世（Charles I，1887年8月17日—1922年4月1日）弃位，一战终结，奥匈帝国最后一场严冬到来，仿佛一个暗流涌动、升平的旧世界轰然坍塌。1918年成为“世纪末维也纳”的一座分水岭，这座欧洲名城自此真正步入现代。一百年后的2018年，伴随着新年音乐会“维也纳摩登时代1918—2018”作为其声势浩大的开场，这场克里姆特、席勒逝世百年纪念系列也随之拉开帷幕。维也纳艺术史博物馆（Kunsthistorisches Museum Wien，KHM）于2—9月重现“克里姆特之桥——与克里姆特对视”（Stairway to Klimt: Eye to Eye with Klimt），让更多观众可以近距离欣赏克里姆特的壁画创作，这也是博物馆自2012年克里姆特诞辰150周年纪念之后再一次启用这一挑高12米的空间，观者可以欣赏到克里姆特创作于博物馆大厅廊柱与拱门之间的13幅早期重要的早期作品。与此同时，维也纳艺术史博物馆还展示了克里姆特创作于1899年，高252厘米、宽55.2厘米的《赤裸的真理》（*Nuda Veritas*）。利奥波德博物馆（The Leopold Museum）举办了多场克里姆特、席勒等分离派艺术家回顾纪念展，如"古斯塔夫·克里姆特——世纪艺术家"（Gustav Klimt: Artist of the Century）、"埃贡·席勒——纪念大展"（"Egon Schiele: The Jubilee Show"）等。新美术馆策划的展览以该馆收藏的两位艺术家经典之作为主，标题为"古斯塔夫·克里姆特和埃贡·席勒——1918年百年祭"（Gustav Klimt and Egon Schiele: 1918 Centenary），可谓开宗明义，《阿德勒·布洛赫-鲍尔肖像（一）》自然入选这份名单。本文尝试从新美术馆的馆舍改造和作品收藏、陈列等方面来探讨收藏家再造"原境"（in situ）的问题。

新美术馆内景。

一、收藏家的意图

创建新美术馆源于艺术收藏家、雅诗兰黛集团主席罗纳德·劳德（Ronald Lauder）及其友人瑟奇·塞巴斯基（Serge Sebarsky）的设想。他们都有一种遗憾：在博物馆、美术馆林立的纽约市，却无法整体感受德国、奥地利艺术的魅力。若要细究起来，二人的交情可以回溯到20世纪60年代（1961—1962年间）的一次偶然交集，他们在拍卖会上竞拍同一幅席勒素描作品，结果两人一见如故，由竞拍对手成为多年知交，劳德得以经常观摩塞巴斯基所收藏的德国、奥地利艺术家精品。确切地说，"新美术馆"的理念源自塞巴斯基。但令人扼腕的是，1996年，塞巴斯基辞世，缔造这座美术馆的重任落在了劳德肩上。早在1994年，塞巴斯基将这幢当时就有80年历史、重现17世纪巴黎孚日广场（The Place des Vosges）古典装饰风格的"镀金时代"工业家威廉·斯塔尔·米勒（William Starr Miller）的宅邸买下。两年之后，劳德以2000万美元从塞巴斯基基金会（The Sebarsky Foundation）那里购得整栋建筑，聘请塞尔多夫建筑团队将其改造成为一座建筑面积为23000平方英尺

新美术馆内景。

［其中有4300平方英尺（约400平方米）用于展览］的美术馆。在此之前，塞尔多夫团队刚刚完成威尼斯一座宫殿的改造工程，成功地将这座属于一家基金会的宫殿改造成美轮美奂的美术馆。巧合的是，新美术馆藏品所创作的年代与这幢建筑物完工几乎处于同一个时间点上。开馆展览的标题为“新世界：1890—1940年间的德国与奥地利艺术”（New World: German and Austrian Art, 1890—1940）。如同“新世界”所暗示的，该馆的建立具有开风气之先的意味。

除了上述塞巴斯基、劳德之外，新美术馆还与另外一位艺术商人——奥托·卡利尔（Otto Kallir）有着较为密切的关系。也正是在卡利尔的推动之下，像克里姆特、席勒等奥地利、德国艺术家的作品才在美国广为人知。同时，他也是首倡将艺术品返还给犹太人的先驱人物之一。卡利尔是奥地利人，原名奥托·尼伦斯坦（Otto Nierenstein），1933年易名为奥托·卡利尔。1918—1920年间在奥地利一家技术学院主修工程学。1927—1931年间研修艺术史。早在1919年，他创立了一家名为“新图表”（Neue Graphik）的独立出版社。1921—1923年间，他是奥地利维也纳里科拉出版社（The Rikola Publishing House）艺术部的负责人。1938年，携家眷逃往巴黎避难的卡利尔创办了圣艾蒂安画廊（Gallery St. Etienne），1939年，这间画廊在美国纽约重新开业，以经营德国、奥地利“表现主义”艺术家群体的艺术作品为主。卡利尔是奥地利最为知名的犹太艺术商人之一，也是一位有争议的人物。他曾经将艺术作品出售给阿道夫·希特勒（Adolf Hitler）、纳粹宣传部长约瑟夫·戈培尔（Joseph Goebbels）、奥地利美术馆（Austria Gallery）纳粹主管布鲁诺·格里姆席尔茨（Bruno Grimschitz）等臭名昭著的人物。迁居美国之后，卡利尔继续从事艺术品交易，其客户有所罗门·古根海姆博物馆（Solomon R. Guggenheim Museum）、美国国家美术馆（the National Gallery of Art）、纽约现代艺术博物馆（The Museum of Modern of Art, MoMA）、新美术馆等重要机构。有意思的是，他的孙女简·卡利尔（Jane Kallir）是一位研究席勒的权威并就职于新美术馆，同时也是圣艾蒂安画廊的负责人。

新美术馆内景。

二、"德奥艺术飞地"的生成

新美术馆内景。

正如上述，新美术馆主要致力于陈列、研究、展示20世纪早期德国、奥地利艺术。就美国境内来说，另外一家聚焦于德国艺术的机构是哈佛大学福格博物馆（Fogg Art Museum）属下的布施-赖辛格博物馆（Busch-Reisinger Museum）。早在1901年，日耳曼博物馆（The Germanic Museum）得以创立，即布施-赖辛格博物馆之前身，这在北美博物馆群体中独具一格。该馆主要聚焦于中欧、北欧德语国家的各种形式、涵盖各个时期的艺术。1921年，日耳曼博物馆迁至阿道弗斯·布施厅（Adolphus Busch Hall），建造此厅的部分资金源自阿道弗斯·布施（Adolphus Busch）的女婿——雨果·赖辛格（Hugo Reisinger）的捐赠。1950年，日耳曼博物馆正式更名为布施-赖辛格博物馆。1991年，该馆再次迁址，落户在昆西街32号（32 Quincy Street）的维尔纳·奥托厅（Werner Otto Hall）。原先的旧馆陈列中世纪时期的雕塑复制品，新馆则专门收藏、陈列"奥地利分离派艺术"（Austrian Secession art）、"德国表现主义"（German expressionism）、20世纪20年代抽象艺术及一些包豪斯艺术作品。此外该馆还藏有中世纪晚期雕塑、18世纪艺术及二战后德语国家的现当代艺术作品。除此之外，纽约现代艺术博物馆（MoMA）馆藏之中也有一部分德国、奥地利现代艺术精品，却未能充分展现德奥艺术的整体面貌。在某种程度上可以这样说，新美术馆的成立更凸显了20世纪初德奥艺术的重要地位。

1911 年 5 月 23 日，历经 10 年的漫长修建工程，纽约公共图书馆（The New York Public Library）开门迎客，其设计团队就是卡雷尔和黑斯廷斯事务所（Carrère and Hastings），他们所提交的设计方案从 88 个方案中胜出。附带提到的是，该公司也受委托设计修造了上文提到的弗里克收藏馆。1877 年，一座由富商之子兼古籍爱好者詹姆斯·伦诺克斯（James Lenox）捐资修建的、位于第五大道中央公园左近的伦诺克斯图书馆（The Lenox Library）开放了，但该机构后遭遇财政危机被出售给亨利·克莱·弗里克（Henry Clay Frick），原有的建筑惨遭拆除。弗里克坚持主张推倒重来，在伦诺克斯图书馆的原址上建造自己的宅邸，即日后享誉世界、1919 年向公众开放的弗里克收藏馆。颇为巧合的是，米勒私宅建造时，主人也聘请卡雷尔和黑斯廷斯事务所担纲设计，共花费两年的时间（1912—1914 年）才完成。这是一幢完美呈现路易十三风格的六层连体别墅。在当时的第五大道上的建筑大多由大理石和石灰岩构筑而成，外墙饰有繁复的花环和垂挂式装饰，相

新美术馆内景。

形之下，米勒的宅邸外墙使用了红砖和石灰岩，显得较为“克制”。当时的《纽约时报》盛赞米勒大宅散发出一种高贵、简洁之美。与朴素的外表形成巨大反差的是其内部的奢华：书房和会客厅均使用橡木镶板，餐厅的四壁挂上了名贵的挂毯。但遗憾的是，在米勒夫妇辞世之后，宅邸之内的艺术品和家具均被拍卖。这里后来成为科尼利厄斯·范德比尔特三世（Cornelius Vanderbilt III）遗孀的私产。1940年，范德比尔特将其出售给阿斯特家族（Astor），再往后就是将该大楼残余的第五大道那部分出售给犹太科学研究院（The Yiddish Scientific Institute, the Yidisher Visnshaftlekher Institut），该机构在1925年创立于德国柏林，后来以立陶宛首都维尔纽斯（Vilnius）为基地，“二战”期间迁移到纽约。后来该机构也遇到财政危机，第五大道1048号成为距此不远的亚当斯酒店（Adams Hotel）的资产。该建筑曾险遭拆除的命运，就是当时的曼哈顿区主席坚持将东86街2号（2 East 86th Street）改造成为第五大道1049号（1049 Fifth Avenue），据说可以使这里的市值攀升许多倍，但这个提议遭到反对最后不了了之，结果在1994年的时候它成为前述艺术收藏家塞巴斯基的私产。以上大致是新美术馆改造之前的情形。

“你可以将这个工程改造称之为‘不可见的建筑’”，这是新美术馆负责整体改造的建筑师塞尔多夫对这项改造工程的评价，也非常贴切地回应了密斯·凡·德罗（Mies van der Rohe）“几乎不着一物”（beinahe nichts）的特征描述与定位。值得提及的事，塞尔多夫在建筑圈子里以善于运用比例、材料、细节和光线创造令人惊艳的效果著称，对于新美术馆董事会和主管们的苛刻要求和层层限制，她可谓应付自如，而不是捉襟见肘。

在将这幢城市住宅改造成为一座美术馆的过程中，塞尔多夫接受到不少新的挑战。新美术馆主要聚焦于20世纪早期德国、奥地利的艺术和相关运动，其陈列和展示的内容以绘画、雕塑、纸上作品和装饰艺术品为主。客观而言，这栋建成于1914年的建筑物在风格上是相对孤立、隔离的，其中也包括建筑物里的大理石和螺旋形的铸铁楼梯、穹顶的自然光、细木护壁板等细节。应该说，塞尔多夫经过种种尝试之后营造了一种独特的艺术氛围。她不仅仅是简单地制作一个中性色彩的“白立方”（White Cube）——洁白的墙面、抛光的木质地板、隐藏电源与线路的人造光源，由此空间被最大程度地抽象化，外界一切社会、经济、历史因素被隔绝，而艺术品则从最早在空间中的装饰附属物，转变成了空间中被“净化”而成的神圣物件。但问题在于，塞尔多夫的改造工程不是单纯为克里姆特、席勒等大艺术家的画作和阿道夫·鲁斯（Adolf Loos）、约瑟夫·霍夫曼（Josef Hoffmann）、科洛蒙·莫泽（Kolomon Moser）等人设计的家具和装饰品的陈列提供一种背景。从另一个角度来讲，也不是完全恢复这幢为“镀金时代”大工业家米勒所修建宅第的昔日辉煌，那样就会远离美术馆的功能和艺术作品的陈设环境。由此，塞尔多夫不停地在两极之间游走并做出选择。一方面，如何将这幢建筑物当作一个整体，确保其

古斯塔夫·克里姆特(Gustav Klimt),《阿德勒·布洛赫-鲍尔肖像(一)》,138cm×138cm,布上油彩、金箔、银箔,1907年。

完整性和时代特征；另一方面，寻找到陈列、展示德国与奥地利艺术的最佳方式。纽约新美术馆的改造，则是在委托方和受委托方的不断协商中进行的。两者均认为，不能对这栋建筑进行过度修复，也要兼顾美术馆应该具有的基本功能。当时双方做出的第一项决定就是恢复楼梯大厅的自然光线照明。这样就需要移除此前遮住光线的有穹顶的天窗，而在穹顶的最上端代之以一个结构性的玻璃天窗。

新美术馆二楼的空间主要用来展示、陈列奥地利艺术，三楼陈列德国艺术，此外还有一些展室用于临时展览。就二楼的空间来说，塞尔多夫保留了大理石，移除了原先的镜子。需要提到的是，这里先前是主人家的音乐室。改造后的空间使得画作色彩的饱和度达到理想状态。原先在二楼的图书馆有细木护壁板，经过改造之后的空间借鉴了维多利亚与阿尔伯特博物馆(The Victoria and Albert Museum, V&A)的展陈方式，以玻璃橱柜展示了那个时代的工作室原貌。

相对而言，三楼的白色和灰色营造出一种颇为中性的基调和氛围，四英尺宽的橡木实木地板表面泛出一种类似于阿道夫·鲁斯所设计作品的奢华色彩。线性的铁质护栏延伸到空间之中，也令人回想起约霍夫曼的风格。美术馆不能没有咖啡馆和书店，塞尔多夫将其置于新美术馆的一楼，办公区和库房则分别位于美术馆的四楼和五楼。一楼的塞巴斯基咖啡馆拥有70多个座位。塞尔多夫将整个空间设计得更具有德国、奥地利风格，值得一提的是，咖啡馆所用的椅子是1899年鲁斯设计的椅子的复制品。

正如凡·德罗和阿道夫·鲁斯一样，塞尔多夫一再强调线条和比例的严密性，这两者往往被奢华的材料所消解。塞尔多夫的设计师团队大都对工艺和细节十分注重。要重现老建筑的时代精神，前提是让德国、奥地利艺术作品从背景中完美地呈现出来。在这个意义上，我们自然会想起英国艺术史家弗朗西斯·哈斯克尔(Francis Haskell)的观点。在他看来，虽然许多作品原为教堂和宫廷所作，但如今它们将要永久性地陈列在博物馆。这些作品周围布置的新环境要能唤起观者对"原境"的想象，所以有时会在博物馆内建起"时代之屋"(Period Room)、复原的教堂等，但这也可被看作是对艺术作品欣赏的干扰。将众多作品怪异地并置悬挂在一起展示，这会令早期赞助人和收藏家大为惊讶，但能使这些艺术品获得新的生命。譬如，仅就《阿德勒·布洛赫-鲍尔肖像(一)》这幅新美术馆的镇馆之宝来说，这幅画所呈现的风格与克里姆特1903年意大利拉韦纳（Ravenna）之行有着较为密切的关系，当时他观摩了彼地6世纪的拜占庭时期的马赛克镶嵌画。更进一步，新美术馆将不少克里姆特为这幅画所作的草稿一并陈列，在某种意义上创造了一种新的语境。

三、“原境”再造——以《阿德勒·布洛赫–鲍尔肖像（一）》为例

1998年，时年82岁、居住在美国洛杉矶切维厄特山（Cheviot Hills）的奥地利裔美国人玛丽亚·阿尔特曼（Maria Altmann），从媒体上看到追讨纳粹时期被劫掠的艺术品的案件，遂委托友人的儿子——律师E·兰多尔·勋伯格（E. Randol Schoenberg）协助她调查布洛赫-鲍尔家族被纳粹侵吞的5幅由克里姆特创作的画作。玛丽亚·阿尔特曼未婚时的全名为玛丽亚·维多利亚·布洛赫-鲍尔（Maria Viktoria Bloch-Bauer），1916年2月18日出生于奥地利维也纳，是特蕾莎·鲍尔（Therese Bauer）和古斯塔夫·布洛赫（Gustav Bloch）的长女，有四个弟妹。在纳粹掌控奥地利期间，众多犹太会堂被焚毁，年长的犹太人纷纷自杀，家庭财产遭到侵吞，布洛赫-鲍尔家族也难逃浩劫。玛丽亚·阿尔特曼的伯父费迪南德丢下了曾与阿德勒一起生活过的奢华宅邸和大量艺术收藏，逃亡瑞士，未能将阿德勒的肖像和其他画作带在身边。1945年11月，他在瑞士的一家酒店与世长辞。阿尔特曼的丈夫弗朗兹·阿尔特曼（Fritz Altmann）曾是一名歌剧演员——两人于1937年成婚，曾经一度被纳粹送往位于达豪（Dachau）的集中营，为的是迫使其经营山羊绒的兄长交出在海外的资产。后来弗朗兹·阿尔特曼被释放，夫妇二人设法乘坐飞机逃往科隆市，而后徒步前往荷兰与德国交界处。在一个月黑风高之夜，一位农人引领他们趟过溪流，匍匐前进通过布满铁蒺藜的铁丝网，顺利到达荷兰境内。1940年，阿尔特曼夫妇来到美国，最终定居洛杉矶。弗朗兹于1994年去世，玛丽亚则靠出售山羊绒针织套衫、短袜为生，后来专门从事服饰生意，经营羊绒制品并开了自己的门店。

将布洛赫-鲍尔家族的这些艺术珍宝“挪入”奥地利国家美术馆的罪魁祸首是臭名昭著的律师埃里希·菲雷尔（Erich Führer）。此人原是一名非正式的纳粹党成员，曾经为1934年奥地利纳粹阴谋政变担任辩护律师，后来锒铛入狱，出狱之

古斯塔夫·克里姆特，《阿德勒·布洛赫-鲍尔肖像（一）》创作草稿。

后担任奥地利律师协会副主席一职。在1938年“德奥合并”（Anschluss）之后，菲雷尔如鱼得水，成为一名双面间谍，同时也是一名不知餍足的律师，专门以攫取犹太人社会上层的财富为乐。他的客户名单中不乏名人，譬如里夏德·施特劳斯（Richard Strauss）的儿媳阿莉塞·施特劳斯（Alice Strauss）、路易斯·罗斯柴尔德（Louis Rothschild）、弗洛伊德的四位妹妹，还有费迪南德·布洛赫-鲍尔。第一个发现菲雷尔欺诈费迪南德的人恰恰是克里姆特的儿子古斯塔夫·乌契奇（Gustav Ucicky）。菲雷尔对那幅悬挂在奥地利国家美术馆中的、由克里姆特绘制的《阿特尔湖城堡的卧室》（*Schloss Kammer am Attersee*）垂涎已久，画中描绘的是位于上奥地利州（Upper Austria）塞沃尔钦（Seewalchen）的一幢别墅及周围的美景。1936年，费迪南德遵从阿德勒的遗愿，将此作捐赠给美景宫博物馆。1941年，菲雷尔与当时的美景宫博物馆馆长会晤并私下达成协议，用手中的两幅克里姆特的画作（也曾经是费迪南德夫妇的私人藏品）来交换它。两幅画中的一幅是《苹果树》（*Apple Tree*），另一幅则是我们熟知的《阿德勒·布洛赫-鲍尔肖像（一）》。值得注意的是，后者在进入美景宫博物馆后被重新编目并易名，变成了《费迪南德·伊斯拉埃尔·布洛赫-鲍尔妻子的肖像》（*The Portait of Ferdinand Israel Bloch-Bauer's Wife*）。更有意味的是，在1942年出版的《古斯塔夫·克里姆特：一位维也纳画家》（*Gustav Klimt: Ein Künstler aus Wien*）这本书中，作者提到了这幅画作，但似乎有意略过了其显赫地位，其目的无疑是为了避开交易黑幕。此书的作者恰恰是克里姆特的老友——作家兼舞台设计家埃米尔·皮尔乾（Emil Pirchan），也认识阿德勒本人。他在此书中给了这幅画一个颇为隐晦的标题——《金衣女子》（*Dame in Gold*）。

《阿德勒·布洛赫-鲍尔坐像》。

就阿德勒·布洛赫-鲍尔来说，她1881年出生于奥地利维也纳，其父莫里茨·鲍尔（Moritz Bauer）是一位步罗斯柴尔德家族（The Rothchilds）家族后尘的成功企业家和投资人。到阿德勒成年之时，莫里茨·鲍尔所经营的银行已经成为帝国的第七大银行。与此同时，他还担任东方铁路公司（Oriental Railway, Orientbahn）主席，该公司运营一个由多家德国公司参与投资的巨大规划，其中的维也纳部分将柏林和巴格达的线路贯通起来。到1888年，其铁路线已经延伸到贝尔格莱德（Belgrade）、索非亚（Sofia）、君士坦丁堡（Constantinople）等城市，包括奢华的东方快车（Orient Express）。莫里茨大力支持技术革新，最终获封爵士。

古斯塔夫·克里姆特，《阿德勒·布洛赫-鲍尔肖像（二）》（*Portrait of Adele Bloch-Bauer II*），190cm×120 cm，布面油彩，1912年，私人收藏。

阿德勒在19岁时嫁给年长她17岁的奥地利糖业大亨费迪南德·布洛赫（Ferdinand Bloch），费迪南德对阿德勒十分倾慕，在自己的姓氏后面加上“鲍尔”（Bauer），这样夫妇两人的姓氏中均有“布洛赫-鲍尔”（Bloch-Bauer）。

有意思的是，费尔南德的兄长古斯塔夫和阿德勒的姐姐也成为夫妻，两个家族连为一个整体。这是一个有着浓厚艺术氛围的家族，家族成员对克里姆特的艺术推崇备至，前述《阿德勒·布洛赫-鲍尔肖像（一）》和《阿德勒·布洛赫-鲍尔肖像（二）》就是专门向艺术家订制的。其中，前者最早出现于1903年阿德勒致克里姆特的一封信中，当时她年仅22岁。费迪南德为了纪念阿德勒父母的结婚周年而决定向艺术家订制这幅画作。对克里姆特来说，1903年这个年份较为特殊，此时距离他协助创立"维也纳分离派"（Vienna Secession）还有几个年头，他因为维也纳大学（the University of Vienna）创作臭名昭著的"情色壁画"而被列入国家订件的"黑名单"。

《金衣女子》电影海报。

1907年6月，《阿德勒·布洛赫-鲍尔肖像（一）》首次公开展出。画面中浮现出一位脸色微红、露出香肩的女士，端坐在时髦的宝座之中，敏感而又高贵矜持地注视着观者，双手颇为别扭地在前景中扭合在一起。细心的观看者可以注意到一个细节：阿德勒的一只手是畸形的，在为艺术家做模特时，她刻意掩饰了这一点。克里姆特创作这幅画花费了整整四年的时间，所绘制的习作、素描稿达100多幅！画中人物身后的背景充满着东方的情色意味。当时的《维也纳综合报》（*Wiener Allgemeine Zeitung*）将这幅肖像画描述为"金色神龛中的偶像"。一名批评家的评语可谓锋芒毕露，他抱怨道："与其说它是布洛赫的肖像，还不如说是黄铜（more Blech than Bloch）。"阿德勒的苍白面孔从金色马赛克中浮现出来，正如默片时代的电影明星。在她的友人贝尔塔·楚克坎德尔（Berta Zuckerkandl）看来，克里姆特首创"补丁"的构图方式，在好莱坞的葛丽泰·嘉宝（Greta Garbo）、马莱内·黛德丽（Marlene Dietrich）等明星被打造出来之前，阿德勒已经是明星了。克里姆特将阿德勒德形象嵌入由金叶组成的光辉灿烂的背景中，达到了一种宗教偶像般的视觉效果。艺术史家们将她与拉文纳（Ravenna）的提奥朵拉皇后（Empress Theodora）相提并论，也不是没有根据的。

"克里姆特与维也纳黄金时代的女子"展览的策展人、维也纳艺术史学者托比亚斯·纳特尔（Tobias Natter）不由地发出这样的感叹："当我还是一名艺术史系的学生时，阿德勒·布洛赫 - 鲍尔的金色图像就使我为之深深着迷。对我来说，它是一首金色的协奏曲，一个独特的、具有象征意义的凯旋。"

至于《阿德勒·布洛赫-鲍尔肖像（二）》这幅画则完成于1912年，距离《阿德勒·布洛赫-鲍尔肖像（一）》的最终完稿已有整整五年。细观之下，两幅画的风格迥异。第二幅画中的阿德勒留着鸟形发髻，戴着宽檐黑帽，非常尊贵而庄重地面对观者站立着，背景则是由布满亮色图案的墙纸。阿德勒展现了一位神采飞扬的女伯爵形象，但眼神中透露出一丝忧郁。阿尔特曼对童年记忆中的伯母记忆犹新："她相当冷漠而又聪慧，对政治问题十分关心，是一位社会主义分子。她一直郁郁寡欢，因为婚姻是预先设定的结果。夫妇两人没有子嗣，经历了两次流产和一次腹

《金衣女子》与《克里姆特》(Klimt)电影海报

死胎中。我仍然记得她极为优雅、高高瘦瘦的形象。她一直穿着紧身的白色衣服，长长的、金质的烟嘴从不离手。”

古斯塔夫·克里姆特笔下的女子或多或少传达出一种情色意味，也展现出某种力量和自信。一代接一代的艺术史家、批评家将克里姆特称为“女性的知己”(Frauenversteher, understander of women)。不少学者推测阿德勒和克里姆特之间存在着某种暧昧关系，但还未曾得到具有说服力的证据。在克里姆特的画作中，阿德勒总保持一副尊贵、傲慢，甚至高高在上的形象。与在展厅中陈列的画作中的其他女主人公一样，阿德勒是奥地利犹太人上流社会中的一分子，许多身处这个阶层的女子通过主持、组织沙龙而拥有大量的社会文化权力资本。在这里，阿德勒所主持的“红色周六”(Red Saturday)沙龙值得一提。

1920年，阿德勒与费迪南德迁居维也纳市区的伊丽莎白大街(Elisabethstrasse)18号的一幢四层的公寓，这个社区不存在所谓的“无产阶级”。阿德勒的朋友——阿尔玛·马勒(Alma Mahler)就住在附近。阿德勒·布洛赫-鲍尔家的“红色周六”沙龙每周举行一次。家中的座上客中常常有作曲家古斯塔夫·马勒(Gustav Mahler)、理查德·施特劳斯(Richard Strauss)、斯蒂芬·茨威格(Stefan Zweig)等名流。这时的阿德勒所关注的并不仅仅是艺术，她沉浸在“红色维也纳”(Red Vienna)的幻想之中，正在努力寻求社会的公平与正义。社会主义者们正在为医疗保健、住房保障、工人权利以及世俗教育等奋斗，要将维也纳改造成一座“自由之岛”。阿德勒和费尔南德的宅邸正是其中几个核心人物经常聚会议事的所在。

阿德勒与当时刚刚担任美景宫博物馆(The Belvedere Museum)馆长不久的弗朗兹·马丁·海贝尔迪茨(Franz Martin Haberditzl)来往较为频繁。在写给海贝尔迪茨的信件中，阿德勒提到将手中的克里姆特画作捐赠给博物馆事宜。应该提及的是，海贝尔迪茨本人是一位有预见力的学者，他努力将美景宫博物馆打造成为展示奥地利“新艺术运动”成果的重要展示场所。作为奥地利先锋艺术的重要支持者，海贝尔迪茨是为数不多的、最早赞助席勒的人士之一，他曾购藏席勒的素描作品和一幅描绘席勒夫人——伊迪丝·席勒（Edith Schiele）肖像的油画，画家本人则将海贝尔迪茨称为自己的“灵魂伴侣”（soul mate）并为他绘制肖像。海贝尔迪茨广泛寻求那些“新艺术运动”赞助者们的支持，为美景宫博物馆购藏了出自250位青年艺术家之手的500幅艺术作品。凭借像费迪南德夫妇这样一批艺术赞助者们的襄助，海贝尔迪茨才有机会将这些艺术家的作品引入令人敬畏的奥地利艺术机构之中。譬如，费迪南德就曾经与克里姆特的仰慕者（Sonja Knips）一道，从克里姆特友人——莫泽的遗孀手中购买臭名昭著的《魔力》（*Medicine*）捐赠给美景宫博物馆。要知道，“新艺术运动”艺术家们的作品在当时被这些机构拒之门外。

1923年1月19日，阿德勒在遗嘱中要求费迪南德为她曾经资助的贫困家庭的孩子们预留资财。除此之外，她还为其他几个慈善机构捐资。阿德勒把自己的珠宝首饰留给古斯塔夫·布洛赫-鲍尔的女儿们和其他家族成员后辈。大量私人藏书捐赠给维也纳市的人民和工人图书馆（The People's and Workers' Library of Vienna）。在遗嘱的最后，阿德勒交代道：“我请求我的丈夫在他辞世之后将古斯塔夫·克里姆特绘制的我的两幅肖像画和其他四幅风景画留给维也纳的奥地利美术馆（The Austrian Gallery）。”

客观而言，阿尔特曼能够成功追回这 5 幅画作是一个殊例。换言之，是一个“奇迹”。1998 年，包括奥地利在内的 44 个国家共同签署了针对纳粹劫掠艺术品的《华盛顿准则》（The Washington Principles），这标志着这些国家在为第二次世界大战中的犹太人和其他受迫害者讨还公道方面达成一致意见。也是在这一年，奥地利政府也通过一项法案，敦促博物馆、美术馆等机构开放档案，以便于学者们从事研究和艺术品追讨顺利进行。奥地利调查记者胡贝图斯·切尔宁（Hubertus Czernin）也在这年获得查阅被长期封存的国家档案的许可，他寓目的一些卷宗与罗斯柴尔德、布洛赫 - 鲍尔等富有的犹太人家族财产去向有着极为密切的关系。切尔宁据此所撰写的系列长篇报道甚至直接迫使奥地利政府通过了一项新的追讨法案。毫无疑问，这在客观上为返还被纳粹劫掠的艺术品开辟了一条道路。切尔宁查阅奥地利国家美术

新美术馆书店内景。

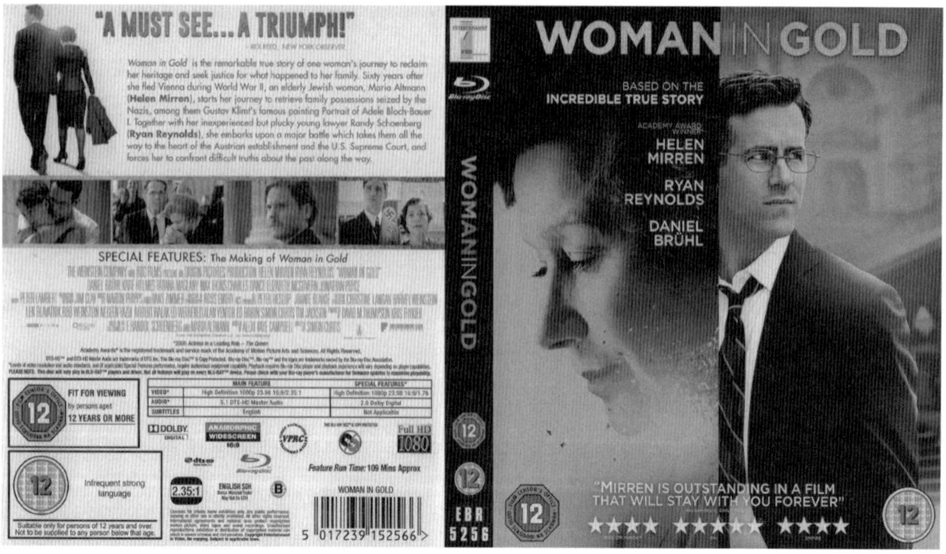

《金衣女子》DVD 外包装。

馆中的相关档案文件，认定费迪南德·布洛赫-鲍尔根本未向国家美术馆捐赠上述5幅画作。阿尔特曼抓住这个机会去追讨本属于布洛赫-鲍尔家族的艺术珍藏。经过一番努力，她获得了由切尔宁报道过的阿德勒的遗嘱复印件。阿尔特曼和勋伯格认为，阿德勒从未将自己的油画藏品赠与国家美术馆；她仅仅是在遗嘱中请求费迪南德将这些作品捐赠给该机构。再看费迪南德的遗嘱，他十分明确地将画作留给阿尔特曼和其他两位同胞——路易丝（Luise）和罗伯特（Robert）。

直到2013年，在法国境内尚有2000多幅未找到主人的画作，仍然悬挂在博物馆、美术馆的墙壁上，成功回到主人手中的艺术品仅有100件左右。当时的法国文化部长为此进行辩解并声称："并非牵涉其中的博物馆、美术馆无意于返还艺术品，而是因为相关档案记录散佚殆尽，艺术品主人的离世等因素使得追讨活动难以开展下去。"阿尔特曼追讨案件能够最终成功，较为有利的前提就是这些画作是奥地利国家美术馆的藏品。在辩护律师勋伯格看来，在大多数情形之下，那些存在着归属问题的艺术品都流入私人之手。如此一来，对于艺术品的真正主人们而言，他们要么不了解艺术品流向何处，要么没有任何渠道追回它们。

1999年，奥地利政府将16幅由克里姆特绘制的阿德勒肖像素描和19套珍贵瓷器归还给布洛赫-鲍尔家族，但这里面没有一幅油画作品。2004年，阿尔特曼和勋伯格在美国最高法院赢得上诉，有权在遵守《国外最高豁免权法案》（*The Foreign Sovereign Immunities Act*）的前提下维护自己的合法权益。勋伯格在精心策划后决定置之死地而后生，将这个案子提交给奥地利的约束力仲裁法庭（binding arbitration）审理，成功使得一个包含三名法官的陪审团相信阿德勒当年的遗嘱是一个"意愿"（will），而决非"命令"（command）。2006年1月，阿尔特曼最终赢得官司，5幅克里姆特画作如愿归还。也就是在同一年，这些归还的画作分别在洛杉矶郡立艺术博物馆（The Los Angeles County Museum of Art）和纽约新美术馆公开展示。众所周知，《阿德勒·布洛赫-鲍尔肖像（一）》以1.35亿美元的天价被劳德收入囊中。其他4幅画作在克里斯蒂拍卖行以1.927亿美元拍出，流入私人藏家之手。

四、余论

不少学者、诗人甚至艺术家批判将艺术品挪移“原位”的现象，比如法国考古学家、建筑理论家卡特勒梅尔·德·昆西（Quatremère De Quincy）在1796年7月发表的《致米兰达的信》（*Lettres à Miranda*）中声称：“把古代和文艺复兴时期的作品从其活生生的历史语境中挪移出来，就毁灭了作品的意义。”他的另一段言论把矛头直指博物馆：“博物馆的艺术、艺术品从原初确定的地方向某一博物馆的挪移，都意味着打断那种总是存在于天才的创造与社会、艺术与风俗、艺术与宗教，以及艺术与生活之间的联系。”歌德、保罗·瓦莱里（Paul Valéry）、阿多诺、本雅明、海德格尔、汉斯-格奥尔格·伽达默尔（Hans-George Gadamer）、鲁道夫·阿恩海姆（Rudolf Arnheim）等均表达过类似的看法。比方说，阿恩海姆曾写道：“在博物馆或艺术画廊里，我们都体会过偶然令人沮丧的时刻。这种时候，周围那些竖立着和悬挂着的展品好像昨天晚上戏散后，遍地委弃的戏装，荒唐地处于沉默之中。”相形之下，毕加索的言论则更为偏激：“各种博物馆只是一大堆谎言罢了……有一天我去看沙龙回顾展。我注意到了这一点：一幅好画挂在坏画之中就成了一幅坏画，而一幅坏画挂在好画之中却是为了变成一幅好画。”

在某种意义上可以这样说，纽约新美术馆的改造、陈列活动不是以上意义上对艺术品的破坏，在更大程度上则是一种类似于前文哈斯克尔所提到的对艺术品“原境”的想象。这很容易令我们想起歌德立场的变化。1796 年，在听说法国没收了意

新美术馆咖啡馆内景。

大利的绘画和雕塑时，他当时担忧“人的恣意为之的力量……似乎压倒了自然的法则。”不久之后他变得乐观了，他相信：“一种新的或者‘理想的艺术体’有可能得以重建，即是‘想象的博物馆’（musée imaginaire），它们将四散于世的古代幸存的零零碎碎的实物聚于心并使其重获新生。”伽达默尔说：“对于一件艺术作品的真正意义的发现‘永不会停止’……因为真正的历史物品根本不是一件物品，而是一个在由艺术家所创造的人造物品与其阐释者之间的遭遇的投射。”总而言之，诚如上文所示，纽约新美术馆的创始者的意图是非常明了的，就是在博物馆、美术馆林立的纽约重新创造一块专属于德奥艺术的“飞地”。毋容置疑的是，伽达默尔所说的艺术家作品与阐释者之间的“投射”是非常令人满意的。

主要参考文献及网站：

Anne-Marie O’Connor, *The Lady in Gold: The Extraordinary Tale of Gustav Klimt's Masterpiece*, Portrait of Adele Bloch-Bauer, Vintage , 2015, pp.68-69.

Glenn D. Lowry and Ronald Lauder, “Opening the Neue Galerie” , *MoMA*, Vol.5, No.3, 2002, pp.6-9.

Stephens, Suzanne, *Architectural Record*, Vol. 190, 2002.

Brian O' Doherty, *Inside the White Cube: The Ideology of the Gallery Space*, University of California Press, 1999.

Jean Martin, “A New Museum Opens ” , *The Art Book, Vol.*7, Issue.4, September, 2000.

丁宁，《图像缤纷——视觉艺术的文化维度》，北京大学出版社，2016 年，第 281 页。

大卫・卡里尔（David Carrier）著、丁宁译，《博物馆怀疑论》，江苏美术出版社，2014 年。

弗朗西斯・哈斯克尔著、薛墨译，《博物馆及其敌人》，《新美术》2014 年第 1 期。

翁家若，《百年之后回望维也纳 1918，被一场“西班牙流感”带走的昨日世界》，《艺术新闻》（中文版）2018 年 1 月 12 日。

https://whitehotmagazine.com/articles/egon-schiele-at-neue-galerie/3105

乡村排演：贝耶勒基金会博物馆“原境”之生成

引言

每年6月的“巴塞尔艺术周”会吸引世界各地的收藏家和观光客。应该说，“巴塞尔艺术博览会”（Art Basel）是世界最重要的艺术博览会之一，被视为当代艺术市场的晴雨表。作为公认的当今世界上最高水平的艺术博览会，在巴塞尔艺博会规划的八个展览专区中，除了“艺术出版”（Magazines）外，“无限意象”（Unlimited）、“艺术跑酷”（Parcours）以及“艺术电影”（Films）三个专区由独立的策展人挑选作品，其余以画廊为参展单位的展区——“画廊荟萃”（Galleries）、“专题策展”（Features）、“艺创宣言”（Statements）以及“限量作品”（Editions）——则由画廊代表组成的审查委员会进行筛选。据《艺术新闻》（*The Art Newspaper*）统计，40场顶级艺博会中，“巴塞尔艺术博览会”与“巴塞尔艺术博览会迈阿密海滩展会”（Art Basel in Miami Beach）是在访客上升数量上最显著的，因此也可以说是最受访客欢迎的艺博会。“巴塞尔艺术博览会”从6.5万人次跃升到9.8万人次，而“巴塞尔艺术博览会迈阿密海滩展会”则从5万人次升至7.7万人次。2018年香港展出画廊数量上回升到241家，且至今香港地区只举办过4届巴塞尔艺博会，未来可发展的潜力巨大。由于博览会对参展资格要求较高，展品质量出色，各国画廊一向都以入选“巴塞尔艺术博览会”为荣。参展门槛高正是巴塞尔艺博会历经数十届却长盛不衰的主要原因。巴塞尔艺博会始终对参展画廊坚持严格的审查和评选，通常只有超过3年开办历史的画廊才有申请参展的资格，可见其门槛颇高。获选参加展览就像获得神秘兄弟会的资格，全球900个画廊竞争大约300个展位。画廊们可以将作品推销给最高级别的收藏家，并与世界上最顶尖的交易商共处一室，建立业内关系提升自身口碑。

2014年时值第45届“巴塞尔艺博会”，来自34个国家的285家画廊参展，涉及

贝耶勒基金会外景。

到的艺术家超过4000位之多。根据承保的安盛艺术保险公司（AXA Art）的估测，这些艺术品的总价值超过40亿美元。2018年6月举办的巴塞尔艺博会已经是49届了，人满为患。当地的美术馆、艺术机构也举办了精彩纷呈的展览活动。譬如绍拉格博物馆（The Schaulager）的“布鲁斯·瑙曼：消失的行为”（Bruce Nauman: DisAppearing Acts）回顾展、巴塞尔美术馆（Kunstmuseum Basel）的“西斯特·盖茨：黑圣母”（Theaster Gates: The Black Madonna）、维特拉设计博物馆（Vitra Design Museum）的“罗恩·阿拉德：对不平凡说是！”（Ron Arad: Yes to the Uncommon!）、巴塞尔艺术馆（Kunsthalle Basel）的“罗塞拉·比斯科蒂：城市”（Rossella Biscotti：The City），此外还有位于巴塞尔郊区里恩市（Riehen）的贝耶勒基金会（Foundation Beyeler）与巴黎贾科梅蒂基金会（Foundation Giacometti, Paris）合作推出的年度重磅大展——“培根-贾科梅蒂”（Bacon-Ciacometti）。本次展览共展出100件绘画与雕塑作品，汇集了来自欧洲与美国主要博物馆与私人收藏家的藏品，还展出了一些从未公开面世的作品。值得一提的是，这也是两位艺术家作品的首次联袂亮相。2020年正值巴塞尔艺博会50周年，巴塞尔、迈阿密、香港均有庆祝活动的计划，但因为疫情影响，原本6月份举办的艺博会不得不取消了。早在3月份，艺博会推出了线上展厅，当时在7天时间里就吸引了全球25万多的访客。贝耶勒基金会（Foundation Beyeler）就坐落在瑞士巴塞尔的郊外，在这个只有20万人的城市里，分布着40家美术馆与博物馆。发达的现代公共交通可以将人们快速地送往目的地，而本地居民依然保持着相对缓慢的生活节奏。2019年，43.7万名参观者到访了贝耶勒基金会，是瑞士参观人次最多的艺术机构。在恩斯特·贝耶勒（Ernst Beyeler）的大力推动下，阿尔贝托·贾科梅蒂基金会得以创立，同时他也促成了北莱茵—威斯特法伦州艺术博物馆（The Kunstsammlung Nordrhein—Westfalen）大量购藏保罗·克利（Paul Klee）的作品，这批画作遂成

贝耶勒基金会鸟瞰图。

贝耶勒基金会内景。

为该机构的核心藏品。贝耶勒还帮助美国纽约现代艺术博物馆（The Museum of Modern Art, MoMA）购藏了文森特·凡·高的《约瑟夫·鲁兰肖像》（*Portrait of Joseph Roulin*）和毕加索的雕塑——《吉他》（*Guita*）。数十年间，贝耶勒画廊（The Galerie Beyeler）经手绘画、雕塑及素描作品16000余件。作为创始人的贝耶勒也是这个时代最重要的艺术商人之一。1970年，他和另外两位画商——特鲁德尔·布鲁克纳（Trudl Bruckner）、巴尔茨·希尔特（Balz Hilt）一道创立了上面提及的“巴塞尔艺术博览会”。时至今日，它已经成为国际上最有影响力的艺术博览会之一，其影响力堪与“世界经济论坛”（The World Economic Forum）相提并论。实际上，贝耶勒的身份远非局限于画商这个角色，他是一位非常注重艺术品品质和展示环境的探究者，也成功地创立了贝耶勒基金会美术馆，本文尝试围绕贝氏从事收藏、策划展览、创立美术馆等几个方面，探讨其为艺术品再造“原境”的意图及相关问题。

一、从书贾到画商

应该说，奥斯卡·施洛斯（Oskar Schloss）对恩斯特·贝耶勒的职业生涯产生过重要影响。当恩斯特·贝耶勒遇到施洛斯时，施洛斯已经62岁，正在巴塞尔市区经营一家古董店和书店，而恩斯特是巴塞尔大学的一名大学生。施洛斯并非瑞士本地人，他出生于德国沃尔姆斯（Worms）的一个酒商世家，后来成为一名虔诚的佛教徒，用他所得的遗产在慕尼黑修建房屋并创立了一个专门出版、印刷佛经的出版社。他希望有朝一日能够去锡兰（Ceylon）隐居修行。1934年，身为犹太人的施洛斯为躲避纳粹的迫害逃亡到瑞士。由于当时纳粹采取相关措施阻止犹太人经营公司的资金流入德国之外的账户，施洛斯成了这项政策的受害者，失去了德国出版社的资金和其他全部财产。迫于当时的经济压力，他不得不另谋生路。他遇到了另一位德国难民勒布（Loeb）医生，得以在这位医生所经营的出版社里工作。后来，施洛斯经营起一家古董店，店里也出售一些文学、哲学、佛教等领域的书籍，也展售一些著作的摇篮本和首印本，颇受顾客欢迎。此外，施洛斯也经

贝耶勒基金会内景。

营版画和素描。归施洛斯所有的这家书店的名称是“艺术城堡书店”（La Librairie du Château d' Art”, Bäumleingasse 9 in Basel）。也正是在施洛斯的影响之下，年轻的恩斯特·贝耶勒广泛接触了文学、哲学和艺术方面的书籍和相关艺术品。

在一位友人的介绍下，恩斯特·贝耶勒得以进入施洛斯的古董店工作，代表他本人向一些图书馆撰写一些建议并照看店里的书籍。当时光顾古董店的顾客不外乎律师、医生、附近大学的知识分子和学生群体等。1945年，施洛斯死于心脏病。当时贝耶勒并没有继承经营这个古董店的想法，原因在于施洛斯后人想卖掉这个店面并迁往以色列。后来，也是因为机缘巧合，贝耶勒才与施洛斯签署合同，以分期付款的方式获得该古董店的所有权。起初，贝耶勒也经历过不少困难。在他不知情的条件下，施洛斯留下6000瑞士法郎的巨额债务，并且要在一个月的时间内还清。幸运的是，贝耶勒在赛艇俱乐部的一位友人慷慨解囊，帮他解了燃眉之急。1952年，该店正式更名为“贝耶勒画廊”（“Galerie Beyeler”）。

在艺术史家和博物馆专家格奥尔格·施密特（Georg Schmidt）的引导下，贝耶勒画廊专门购藏和出售德国艺术，其业务范围几乎囊括了大部分重要“德国表现主义”画家的作品，此外还有19、20世纪法国造型艺术，恩斯特也是一位出色的艺术图录编辑和设计者，出版了大量精美的艺术图书。20世纪50年代正值贝耶勒画廊的繁荣期，恩斯特常年往返于慕尼黑、斯图加特、科隆、巴黎等地，光顾拍卖会购藏艺术品。到了20世纪50年代末期，巴塞尔的贝耶勒画廊的客户不仅仅局限于瑞士本土，许多来自美国的艺术收藏家绕道巴黎，来参加贝耶勒画廊在每年夏季举办的艺术展览，寄希望于获得心仪的艺术作品，往往会有惊艳之作出现。

随着贝耶勒画廊在北美地区业务的展开，恩斯特·贝耶勒遇到匹兹堡的收藏家G.大卫·汤普森（G. David Thompson），汤普森原本是贝耶勒画廊的客户，后来他决定将自己的现代艺术藏品整体出售给贝耶勒夫妇。此外，贝耶勒还成功地处理了杜塞尔多夫的一批保罗·克利（Paul Klee）作品和苏黎世贾科梅蒂基金会的贾科梅蒂雕塑并获得广泛赞誉。贝耶勒具有美术馆、博物馆主管的专业素质并和许多艺术机构保持良好的关系，经常将自己的艺术藏品出借给它们举办展览。

在这里就需要提到巴塞尔艺术博物馆，该馆拥有一批欧洲“老大师”（old masters）杰作，也较为推重现当代艺术。贝耶勒在创建贝耶勒基金会美术馆之前，其藏品经常出借给该机构。在格奥尔格·施密特（Georg Schmidt）担

任巴塞尔艺术博物馆馆长期间，作为激进的“现代艺术”，乃至“堕落艺术”（degenerate art）拥护者的施米特使得许多现代艺术杰作进入该馆的馆藏之列。此外，长袖善舞的施米特构建了一个热爱现代艺术的“俱乐部”，其中最重要的人物便是银行家、艺术收藏家拉乌尔·拉·罗谢（Raoul La Roche），此公致力于对“立体主义”（Cubism）这一流派艺术作品的搜罗，后来这批精品全部捐赠给巴塞尔艺术博物馆。

1957年，在画家让·普朗克（Jean Planque）的介绍下，贝耶勒与毕加索在其位于法国穆然（Mougins）的别墅中会面，在获得毕加索首肯的前提下，恩斯特有机会在其画室中挑选作品，最终购得所选45件画作中的19幅。如今，这些毕加索画作成为贝耶勒基金会美术馆的核心藏品之一。对于贝耶勒而言，最为令人兴奋的事情就是挑选作品并将其组织为一个独具匠心的展览。在他看来，这些作品及其所在环境构成了一件“整体艺术品”。他在画廊最重要的工作便是策划展览。在他经营画廊的那个年代，寻求与展览相关作品并且借展品是一件颇为费时费力的事情。在数十年的职业生涯内，贝耶勒所策划的重要展览多达250余个。值得一提的是，其中有30多个展览的主题是他原创的。举例来说，“迷人的蓝色”（Magic Blue, 1993—1994）、“谁惧怕红色”（Who is afraid of Red, 1995）、“我喜欢黄色”（I Love Yellow, 1996），相关的展览图录往往脱销，供不应求。贝耶勒也主持策划了一系列涉及到塞尚、马蒂斯、培根、杜布菲（Dubuffet）、夏加尔、“野兽派”（the Fauves）、“立体主义”等单个艺术家和艺术流派的“回顾展”。还有一个获得广泛关注的“对比展”系列，譬如“米罗/考尔德”（Miro/Calder）、“利希滕斯坦/斯特拉”（Lichtenstein/Stella）、“阿尔普/米罗”（Arp/Miro）等等。这些重要的特别展览均需要向相关艺术机构借展品，这些机构的专业人员均了解这样的事实：贝耶勒所看重的是所商借艺术作品的品质，而决非名头。此外，贝耶勒所一贯坚持的策展理念就在于，从艺术作品所处的历史语境出发，唯有如此，观看者才能够真正了解艺术的发展历程。以何种方式陈列才会使得艺术作品之间相互关联性增强一直是贝耶勒所思考的问题。简言之，他力图呈现一个丰富的空间，艺术作品可以在其中“呼吸”，这是一个理想化的状态。

贝耶勒基金会内景。

二、营造"原境"——作为策展人的贝耶勒

多年以来，贝耶勒所看重的是艺术作品的品质而非名气。在他看来，一幅真正的毕加索的杰作的价值远胜于15件同样出自毕加索之手的平常之作。贝耶勒基金会得以创立有两个基本支柱：其一是抽象艺术，其二是"立体主义"。其代表分别是康定斯基的《即兴创作10号》(*Improvisation 10*)和毕加索的《亚威农少女草稿》(*Epoque of Demoiselles d' Avignon*)，它们均与贝耶勒本人有着密切的关系。贝耶勒曾经一度因为资金问题被迫从家中的墙壁上取下这两幅画参加拍卖，后来因为夫人的阻止而作罢。它们最终成为贝耶勒基金会的永久藏品。

早在1987年，在当时担任马德里国立蕾娜·索菲亚艺术中心(Museo Nacional Centro Di Arte Reina Sofia)馆长的卡门·希门尼斯(Carmen Giménez)大力推动下，贝耶勒的个人藏品得以整体亮相并获得了广泛赞誉。在这个展览事件的激发之下，恩斯特初步萌生了创建贝耶勒基金会的设想。当时的巴塞尔市政府当局所担心的是：恩斯特·贝耶勒会将他的藏品带到国外。在此种情势之下，市政府当局向他许诺为贝耶勒基金会建造一座美术馆。后来，它并入了巴塞尔艺术博物馆的扩建计划中，贝耶勒基金会美术馆将成为一座"分馆"，专门用于展示、陈列贝耶勒基金会的藏品。这个设想看起来具有一定的诱惑力，但问题在于：将巴塞尔艺术博物馆和贝耶勒基金会两个机构的藏品并置一处会导致负面效应。里面有不少重复的、风格类似的作品，有一些艺术品甚至有一天会被售出。巴塞尔市政府当局后来决定单独为贝耶勒基金会建造一座独立的美术馆。

贝耶勒本人则更倾向于将这座美术馆建在乡村，而不是在巴塞尔市中心。他曾经接到过来自德国、法国、荷兰、西班牙、美国等机构的邀请，在彼地建造美术馆并由他本人指定建筑师，所有费用均由对方资助(建造美术馆的费用和建成后的运营经费等)，可谓条件优厚。但他最终选择在巴塞尔市郊的里恩(Riehen)建造美术馆，美术馆建筑、艺术作品和周围自然环境融为一体。从巴塞尔市到里恩可以乘坐有轨电车和自驾，交通较为便利。当局担心大量游客参观贝耶勒基金会可能会导致当地的交通拥堵不堪，最后由公众复决投票决定是否能够在这里建造美术馆。应该提及的是，组织这次公众复决投票出于两个目的：首先是将贝耶勒基金会建造美术馆的意图和设想呈现给当地公众；其次是把现代艺术作品与自然环境融为一体的理念呈现给公众。这次投票也给贝耶勒带来了极大的压力，没有时间筹备建筑方案的竞标。最后，他在很偶然的情况下遇到了建筑大师伦佐·皮亚诺（Renzo Piano）。皮亚诺的设计理念得到大多数人的认同，其目的是创造一个向伟大艺术家致敬的“总体艺术品”。在正式为这座美术馆进行设计之前，皮亚诺需要等待公众复决投票的最终结果。贝耶勒对美术馆建筑的要求可用夏尔·波德莱尔的诗歌来概括：“秩序与奢华，平静和愉悦。”看似简单，实际上要求甚高。皮亚诺所提交的第一份设计方案并未使恩斯特觉得十分满意，因为他将美术馆的大门改成朝西的角度，所面对的是前面草坪上那幢18世纪的别墅。最终的方案是美术馆的正大门朝南。此外，为了充分利用太阳能和避免美术馆的屋顶让人想起旧厂房，皮亚诺专门设计出一种特制的屋顶。为了研究光与空间之间的相互关系，他制作了一种与实际屋顶等大的样品进行试验，其结果令人颇为满意。新研制的材料能够充分吸收太阳能，之后又经过数次尝试最终成功。起初，皮亚诺倾向于使用一些在视觉上引人注目的建筑材料，而恩斯特则坚持去除整体建筑设计方案中的金属元素，最终确定了他认可的古典主义建筑风格。除此之外，贝耶勒十分注重藏品的观赏效果，坚持使用自然光，这也与建筑设计师皮亚诺的理念不谋而合。考虑到美术馆全部采用自然光，体量较轻的玻璃屋顶结构成为必要的设施，这与质地坚实的石质外墙形成鲜明的对照。日光由北面漫射而入，在东、西两面受到阻隔。玻璃屋顶的位置远远高于石质外墙，这就使得玻璃幕墙免于强烈的日光照射。玻璃屋顶所用的材料具有无光泽的霜状表面，这就避免了阴影投射在室内影响观赏效果，但在一定范围内允许光线的微妙变化，营造出一种宜人的观看环境。

贝耶勒基金会美术馆的屋顶桁架延展在一个被捆扎过的支架上，具有轻巧和透明的特质，似乎是漂浮在坚实的外墙上，与墙壁的牢固性、沉重性、束缚性和庄严性等特征形成鲜明的对照。但二者都遵循严密性和规律性。这个漂亮的桁架结构在美术馆建筑上方支撑起了屋顶和采光层。屋顶是由散光玻璃组成的遮阳叶片构成的，进而产生了一个“漂浮”的透明物。过滤过的日光以必要的光度投射在艺术作品上。屋顶的玻璃结构面积达4000平方米。当自然光线不足时，有三套人工照明系统可以为室内补充照明。

应该说，贝耶勒基金会美术馆被公认为世界上最美的美术馆之一，坐落于贝洛沃公园（Berower Park）的中心位置。多年生长的大树、睡莲池、麦田、牧牛、葡

杰夫·昆斯（Jeff Koons）雕塑作品。（左）

托马斯·许特（Thomas Schütte）雕塑作品。（右）

萄园的风景，还有连绵的黑森林山麓小丘。应该说，这是一座风景绝佳的美术馆建筑。

美术馆一层用于陈列贝耶勒基金会的藏品。美术馆建筑前面有一个睡莲池，从远处望去，整座建筑物似乎“沉入”地下，给观者营造了一种“亲近感”。美术馆建筑的外立面采用了来自巴塔哥尼亚（Patogonia）的火山岩，为的是与周围的景观协调一致。具体到展室来说，恩斯特更倾向于有着清晰节奏、比例适当的展厅。对于美术馆来说，将所有美术馆的展室置于同一层面之内更能够较为充分地为观者提供便利。从本质上讲，让贝耶勒基金会美术馆与周遭环境融为一体与贝耶勒本人的本性有着极为密切的关系。皮诺所设计的睡莲池也算是美术馆的诸多亮点之一。莫奈展室中的《睡莲池》（*The Water-Lily Pond*）和室外的睡莲交相辉映，成为美术馆的“必游景点之一”。美术馆展室的陈列设计十分考究，而且均经过深思熟虑和反复尝试。第一展室里面陈列着诸如德加、莫奈、塞尚、凡·高等大师的作品。接下来的展室则陈列单个艺术家的作品，譬如毕加索、弗朗西斯·培根（Francis Bacon）、贾科梅蒂等。以贾科梅蒂为例，贝耶勒本来有机会购藏大量的贾科梅蒂的雕塑作品，但他更为在意的是营造聚焦于某个特定主题的精神空间。比方说，原本由大卫·洛克菲勒（David Rockefeller）向艺术家本人订制的、位于纽约大通曼哈顿广场（One Chase Manhattan Plaza）的雕塑项目因为贾科梅蒂的辞世而中断。但贝耶勒基金会美术馆中的“贾科梅蒂展厅”则在一定程度上“还原”了这个项目的原初意图，其点睛之笔便是属于该馆馆藏的《行走的人》（*The Walking Man*）。

恩斯特·贝耶勒—对艺术的激情》（*Ernst Beyeler: A Passion for Art*）一书封面。

20 年以来，贝耶勒基金会美术馆已经成为重要的教育、休闲娱乐、社交、调剂身心的好去处。皮萨诺所设计的这座美术馆在某种程度上不再适应越来越丰富的相关活动，许多由贝耶勒基金会所策划的活动只能在展厅里举行，在此种情势之下，贝耶勒基金会需要专门的空间。建筑设计师为曾获普利兹克奖（The Pritzker Prize）和日本皇室世界文化奖（The Praemium Imperiale）的瑞士人彼得·楚姆瑟（Peter Zumthor），当时他所提交的设计方案从十一位建筑师的方案中脱颖而出并获得广泛认可。他正在设计造价为 1 亿瑞士法郎（约 7.06 亿人民币）的新展区。

自1982年贝耶勒基金会创立到2003年，贝耶勒担任贝耶勒基金会美术馆馆长，此后克里斯托夫·维塔利（Christoph Vitali）成为其继任者，2008年以来的馆长是曾任巴塞尔艺术博览会总监（2000—2007）的山姆·凯勒（Sam Keller）。就基金会的运营来说，凯勒有着远见卓识。他曾说：“我们与艺术市场之间有一道隔离墙，作为一个美术馆不应该与艺术市场有任何利益关系，所有人都在看着贝耶勒基金会，我们必须要划清界限。”对于贝耶勒基金会而言，有几点尤其重要：首先是基金会有年度购藏经费预算；其次，基金会不会通过出售藏品的渠道来获得运营经费，作为瑞士参观人数最多的美术馆，可观的门票收入让贝耶勒基金会拥有了独立运营的底气；再次，贝耶勒基金会的购藏政策十分明确，优先购藏20世纪50年代后的艺术作品。据凯勒的透露，基金会每年有几百万瑞士法郎的预算去购置艺术品，除此之外，大量的研究工作也一并进行着。近几年，贝耶勒基金会的购藏涉及到了现当代艺术。譬如，罗尼·霍恩（Roni Horn）的《白色对立面》（Opposite of Whites）、理查德·塞拉（Richard Serra）和托马斯·舒特（Thomas Schutte）的雕塑作品、马琳·杜马斯（Marlene Dumas）和威廉·萨斯瑙（Wilhelm Sasnal）的绘画。“什么样的作品值得为了下一代而保存？什么样的作品值得展示给大众？什么样的作品值得我们付出如此多的时间、精力和金钱投入？”当问及选购艺术品的标准时，凯勒并没有直接提供答案，反而连着抛出几个问题：“所有的作品都是经过谨慎选择的，它们最终进入到贝耶勒基金会的大家庭中，我们为此承担着定期将它们展示给大众的责任。”

在募款方面，凯勒的成绩也可圈可点：贝耶勒基金会理事会主席汉斯约里·维斯（Hansjörg Wyss）创立的维斯基金会（The Wyss Foundation）每年会给予贝耶勒基金会150万瑞士法郎作为运营经费。基金会经费的10%来自巴塞尔和里恩市政府。此外，贝耶勒基金会已经募集到500万瑞士法郎用于新馆项目的建设，其中有维斯基金会和达罗斯收藏馆（Daros Collection）的慷慨捐助，也有一些匿名捐赠人的贡献。新馆项目和未来十年内的运营经费总预算为1000万瑞士法郎。

扩建项目能够顺利实施的前提是贝耶勒基金会成功购买到了附近的伊塞兰—韦伯公园（The Iselin-Weber Park），该公园位于贝耶勒基金会美术馆的南侧，紧邻基金会下设的酒店。建成后的新建筑会将两座公园连接为一个整体。这样一来，原先伊塞兰—韦伯公园内的树林和睡莲池会成为一个重要景点，这里将会成为里恩市民的又一个公共休闲空间，更具开放性。

恩斯特·贝耶勒（Ernst Beyeler）、希尔蒂·贝耶勒（Hildy Beyeler）夫妇。

新馆建筑包含三部分：第一部分是“艺术之屋”（House of Art），它是扩建项目中占地最大的建筑物（建筑面积为1500平方米，几乎相当于旧馆建筑面积的一半），分为三层，为贝耶勒基金会美术馆的现当代艺术展览提供不同的展示空间，一系列展览的开幕活动会在“艺术之屋”天光展室和周遭的户外展开。第二部分是一个单层的“花园凉亭”（Garden Pavilion），主要用于艺术家访谈、对话、讲座、表演、电影展映及其他的重要活动的举办，有着木结构屋顶和变动的玻璃幕墙外立面。“花园凉亭”主要发挥其为美术馆参观者提供一个放松的、平静的休闲空间之功能。第三部分被称为“服务大楼”（The Service Building），也被称为“行政楼”（House of Administration），为未来贝耶勒基金会美术馆的发展提供藏品库房、技术和办公空间，与“艺术之屋”通过地下通道连接

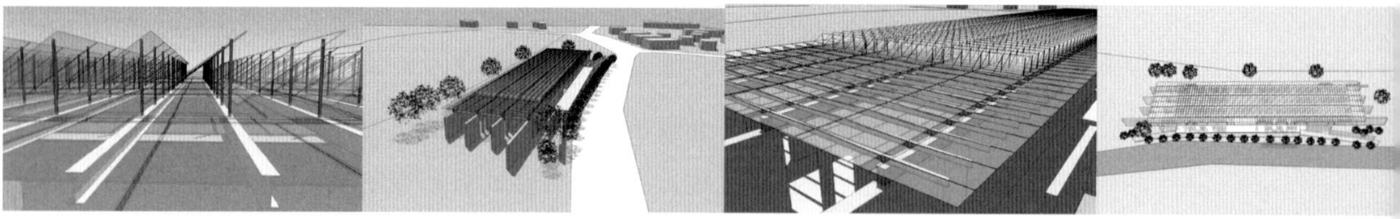

贝耶勒基金会美术馆屋顶的采光设施效果图。

为一体。楚姆瑟以善于处理文化艺术类建筑闻名业界，如此前设计的布雷根茨艺术馆（The kunsthaus Bregenz）、科伦巴艺术博物馆（The Kolumba Kunstmuseum, Cologne）、洛杉矶郡艺术博物馆（Los Angeles County Museum of Art, LACMA）等。其建筑作品建筑语言平和宁静，用材细致微妙，更重要的一点是能够很好处理建筑与风景和历史遗迹之间的关系。

附带提一笔的是，独特的管理运营模式也是贝耶勒基金会美术馆获得极大成功的重要原因之一。成立不到五年的时间内，它已经跻身世界著名艺术博物馆之列，被普遍认为瑞士最为成功的艺术博物馆之一，美术馆的年度访客人数可以与巴塞尔市立美术馆（Kunstmuseum in Basel）、苏黎世美术馆（Kunsthaus in Zurich）等大型公立美术馆相抗衡，有些年份甚至超过以上两家机构。开馆第一年（1997 年 10 月 18 日开放）年度参观人数为 6.5 万；1998 年上升到 30.9 万；1999 年是 25 万多；2000 年也是 25 万左右，一直到 2019 年的 45 万，成为全瑞士之冠。

贝耶勒基金会成功的另一个重要原因是皮亚诺所设计的建筑空间，当时的造价是 6500 万瑞士法郎，全部由贝耶勒夫妇出资。贝耶勒在选择知名建筑师为自己的博物馆进行设计时，非常清醒地认识到建筑在博物馆中所扮演的重要角色。贝耶勒有意采取“公私合营”的博物馆运营模式，非常积极地寻求与政府的合作。最终，巴塞尔城市州和里恩市政府同意，在合作的第一个十年之内每年向博物馆提供 175 万瑞士法郎的资助，并允许博物馆免费使用其占地的公园，并不对公园的保养和建筑物的管理额外收费。里恩市政府所提供的这些非货币形式的支持估计每年约为 57 万瑞士法郎。这些决定中最为重要的一条，是给予基金会 80 年的公园使用权，决议是 1993 年 6 月里恩市民公投决定的最终结果。贝耶勒基金会的现有预算中仅有 14% ~ 22% 来自货币形式的公共资助，与瑞士其他博物馆相比，这个比例很小。譬如，苏黎世美术馆接受的公共资助达 46%，伯尔尼市立美术馆（Kunstmuseum Bern）公共资助的比例高达 63%。

公共资助的设立方式十分关键。以贝耶勒基金会为例，政府不干预其决策，博物馆可自由支配任何额外收入，也必须同时承担赤字。对贝耶勒基金会来说，博物馆产生的赤字由创办人本人负责。早在2000年，财政赤字每年超过100万瑞士法郎，或70万欧元。因此，在贝耶勒在世之日，他想方设法避免赤字，并努力创新以吸引参观者。但自贝耶勒辞世之后，想要获得经济效益的动力日渐减弱。

公私合营这一模式似乎对博物馆创建人和政府双方都有裨益。对贝耶勒来说，他可以创建一座以自己和妻子命名的私人美术馆。此外，他在合约期内也拥有完全

贝耶勒基金会美术馆改造效果图。

的自主权。而对里恩市政府和巴塞尔州来说，它们则可以拥有许多高品质的古典和现代艺术品。在某种意义上可以这样说，贝耶勒基金会已经成为一处重要的旅游胜地。除此而外，该美术馆也为里恩和巴塞尔商业圈带来丰厚的商业利润。就前来参观的观众来说，他们也是获益者。

三、结语

在顾客导向方面，贝耶勒基金会美术馆采取了差位定价法：对老年人、儿童和学生群体收取较低的门票，因为属于这个群体的观众往往会对票价的高低做出明显的反应。从参观时段来看，晚上 6 ~ 8 点的门票价格较低，因为在这个时间参观美术馆的人数较少；相形之下，周末的门票较高，就因为正值参观高峰点。对于美术馆所策划的特别展览门票来说，价格保持相对稳定的趋势，参观者可以在网上支付门票并在预定的时间参观展览。

贝耶勒基金会美术馆在 2016 年的年度参观人次超过 30 万（332000）。克利夫兰艺术博物馆（The Cleveland Museum of Art）当代艺术部的策展人雷托·图林（Reto Thüring）对贝耶勒基金会美术馆作出这样的评价："进入其中立即会产生这样一种视象，它是这样一个所在，其中的艺术和周围环绕和支持它的一切以一种丰富的对话得到了某种程度上的平衡，在当下殊为难得。"自从 1945 年在巴塞尔创办画廊以来，直到他去世的 2010 年，创始人恩斯特·贝耶勒所策划的展览数量超过 300 个。该基金会素来以策划高质量的展览而闻名于世，大多数展览的成本在 200 ~ 300 万美元之间，而西方现代艺术大师的展览会花费更多。为了展出最合适的作品，该机构常常需要从全世界的机构与藏家手上借展，保险与运输费相当高昂。目前贝耶勒基金会的藏品总数超过 400 件。凯勒组建了一个包含前泰特美术馆总馆长尼古拉斯·塞罗塔（Nicholas Serota）、所罗门·R. 古根海姆基金会和博物馆（the Solomon R. Guggenheim Foundation and Museum）馆长理查德·阿姆斯特朗（Richard Armstrong）在内的艺术顾问委员会。不难看出，整合了这些顶级艺术机构资源的贝耶勒基金会才能策划出高水平的展览。

就藏品的管理来说，贝耶勒基金会美术馆有意识地拉开了与艺术市场的距离：首先，就估计来说，贝耶勒基金会并未将藏品包含在资产之中。其次，就"艺术品出售"（deaccessioning）来说，根据贝耶勒基金会美术馆与政府签订的合同，核心藏品永远不允许售出，其言下之意就是：只有次级的、非核心的藏品才有可能按照严格的条件回流到艺术品市场。创建人贝耶勒夫妇希望将博物馆运作和画廊的商业活动严格区分开来。再次，严格的展品出借政策。贝耶勒基金会坚持与博物馆、艺术机构采取以展品换展品的方式，并不对出借藏品进行定价，展品来自那些拥有藏品、可以进行交换的艺术机构。许多特展就是这种合作模式的产物。

2017年正值贝耶勒基金会创立20周年，作为20周年庆典系列活动的重要一环，三个特展分别从往昔、现在、未来不同的视角重新考量贝耶勒基金会的发展。其中需要特别提及的是“贝耶勒收藏 / 原初”（Beyeler Collection/The Original），该展览的展品全部来自贝耶勒夫妇的艺术藏品，还有大量的文献资料（照片、记述、评论），尽可能“还原了”这些作品当年的悬挂方式，重构了当年贝耶勒画廊里弥漫的艺术氛围，展览时间长达三个月。

在贝耶勒的想象里面，几十年之后，贝耶勒基金会美术馆依然存在，外墙高大而厚重，由几千万年前就已经存在的、来自南美巴塔哥尼亚（Patagonia）的斑岩镶嵌而成。建筑永远不会过时，这是一件“总体艺术品”。在三四十年间，基金会的艺术藏品不会发生根本变化，仅有几个经过慎重选择的艺术家的作品能够进入基金会的馆藏之列。贝耶勒基金会美术馆馆长的职责在于保持贝耶勒基金会藏品的编年式整体结构。当然，任何人都不能确保不会出现破坏贝耶勒刻意保留的“美学上的均衡”（aesthetic equilibrium）的情况。作为有深厚策展经验的贝耶勒认为，糟糕的作品陈列方式会破坏整体效果，这是确定无疑的事情。贝耶勒并非拒绝改变，而是倾向于将这个变化过程尽量拉长。事实上，他并不愿意看到美术馆呈现出“教堂”的面貌，里面所悬挂的艺术作品及其陈列方式不得发生改变，这一种较为保守和极端的态度。实际上，艺术作品不妨可以在美术馆中缓慢“移动”，正如亚历山大·考尔德（Alexander Calder）的“活动雕塑”一样，贝耶勒希望贝耶勒基金会保持其原有的特色，也要有所改变。不言而喻，这种改变是建立在保持藏品整体性与气质的前提之下所作出的“微调”。

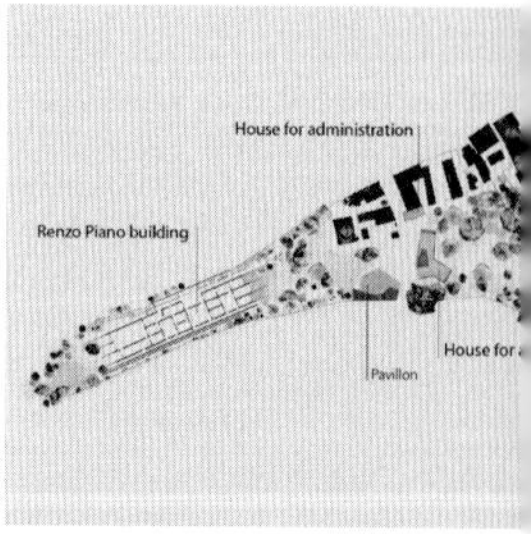

贝耶勒基金会美术馆改造示意图。

参考文献及相关网站：

Ernst Beyeler, *Ernst Beyeler: A Passion for Art*, Scheidegger and Spiess, 2011.

布鲁诺·S·弗雷著，易晔、郝青青译，《艺术与经济学—分析与文化政策》，商务印书馆，2017年，第五章。

沃纳·勃拉舍，《建筑世界中的明珠巴塞尔——伦佐·皮亚诺设计的贝耶勒博物馆》，《建筑学报》1999年第4期。

https://mp.weixin.qq.com/s?__biz=MjM5MjMwODQwMQ==&mid=2650572322&idx=1&sn=44cd2ecc4b31105026323f0d8c7b6688&chksm=bea06bfc89d7e2ea5295266462dbb394d61410661a4ab2156766c8f911bb4db91cf7da05b032&mpshare=1&scene=23&srcid=0704U5i2D53My7iuiu21RSkY#rd

丁宁，《2014年“艺术巴塞尔”观感》，《美术》2014年第8期。

废墟意象：约翰·索恩爵士博物馆陈列观念考论

约翰·索恩爵士博物馆外景。

引言

在英国艺术史家肯尼斯·克拉克（Kenneth Clark）看来，对18世纪“浪漫主义”（Romanticism）源头的追求是许多艺术史家们念兹在兹的事情。1764年6月的某个暴风雨之夜，霍勒斯·沃波尔（Horace Walpole）梦到自己身处一座古堡之中，看到楼梯最高处的栏杆上有一只穿盔甲的巨手，此时他被猛然惊醒，开始动手写作《奥特朗托的城堡》（*The Castle of Otranto*）。克拉克也提到了意大利著名版画家、建筑师乔凡尼·巴蒂斯塔·皮拉内西（Giovanni Battista Piranesi）的重要系列版画作品《想象的监狱》（*The Imaginary Prisons*）。在他看来，“监狱系列”版画无疑是浪漫主义“恐怖意象”（imagery of fear）的先声。本文的主角——约翰·索恩爵士（Sir John Soane）无疑算得上是皮拉内西的忠实拥趸，不仅着意收藏其版画，而且在伦敦闹市区的林肯菲尔德广场（Lincoln's Inn Fields）的私宅进行了长期的“实验”，营造出一个极具颠覆性、现代性和耐人寻味的“废墟”意象。今天的约翰·索恩爵士博物馆包括广场上12、13、14号三个相邻的建筑，其中第13号建筑作为博物馆建筑本身，以其拥有的独特石墙而区别于周围的建筑。每年有约13万人造访这座小博物馆，其中有半数来自英国之外的国家和地区。

2015年，正值索恩爵士挚爱的妻子伊丽莎·索恩（Eliza Soane）辞世200周年，约翰·约翰·索恩爵士博物馆推出的“死亡与记忆——索恩与遗赠的建筑”（Death and Memory: Soane and the Architecture of Legacy）主题展探讨了索恩爵士在其博物馆中反复提及的死亡意象，在展览上出现的展品大多与索恩的职业生涯、私人生活有着极为密切的关系。重量级的藏品有索恩为威灵顿公爵（The Duke of Wellington）纪念碑所作的设计稿，这件设计稿完成于索恩辞世前一个月左右。索恩撰写于1812年的晦涩的《对林肯菲尔德广场私宅历史的随想录》“Crude Hints towards a History of My House in Lincoln's Inn Fields”手稿也在这个展览上亮相。索恩在这份手稿里想象了这幢建筑的坍塌。第一个展厅里的“明星展品”当属索恩的“密封的贮藏器”（sealed receptacles），按照索恩的遗嘱，假牙、素描纸、书信、剧院门票、共济会围裙和真皮手套等物件在他辞世之前被封存，分别被要求在伊丽莎死后50、70、80周年开启并向公众开放。第二个展室里的展品则以索恩的纪念碑、陵墓设计草稿为主，很少公开展示。也是在这一年，索恩爵士本人和伊丽莎的卧室、浴室及晨室（morning room）重新开放，原本为伊丽莎卧室的房间现今已被改造成为“模型室”，里面陈列着来自庞贝（Pompeii）、帕埃斯图姆（Paestum）及其他地区的古老建筑残件，建筑设计师朱利安·哈拉普（Julian Harrap）力图还原当年的陈设和装饰，甚至找到了当年墙纸的遗存。2017年，约翰·约翰·索恩爵士博物馆历时长达七年、耗资700多万英镑的“打开约翰·索恩爵士博物馆”（Opening Up the Soane, OUTS）整修计划告一段落，在陈列和内部装饰上经过反复打磨的博物馆得以重新与公众见面。不仅如此，该机构还与ScanLAB合作，使得观众得以在线体验博物馆的结构和里面的重点藏品。比如，人们可以近距离地全方位欣赏3500年前的塞提一世（Seti I，公元前1318—公元前1304年在位，一说公元前1337—公元前1317年在位）大理石石棺，也能随意“操控”和“把玩”意大利灶神庙（The Temple of Vesta）里的模型。正如约翰·约翰·索恩爵士博物馆馆长布鲁斯·鲍切（Bruce Boucher）所言：“拜近期先进技术之赐，我们得以史无前例地将这种精神特质进行传播并将博物馆带给外部世界。任何拥有电脑和智能手机的人，即便是在数千里之外，也能探索这幢壮丽的建筑物和其中的精彩藏品，索恩爵士本人应该也深感欣慰了。”当然，这一切精彩离不开创立者索恩爵士的长期陈列尝试和试错，这也是下文尝试讨论的话题。

一、读书为上——从约翰·索因（John Soan）到约翰·索恩（John Soane）爵士

约翰·索因（John Soan）生于1753年9月10日，虽然洗礼记录已经失传，但他大概生在伯克郡（Berkshire）的巴西尔登（Basildon）。其父也叫约翰，职业是泥水匠，似乎受某种财务危机所累，使家庭突然陷入穷困。1784年，约翰·索因在自己的姓氏后面加了个“e”（Soane），而且连早年的签名也统统改正，以求前后相一致。

约翰·索恩有四个兄弟姐妹得以存活，检视他最早的藏书便可发现，他们曾传阅过文学作品。约翰·索恩由于机缘巧合进入了雷丁（Reading）的一所私立学校，由威廉·贝克（William Baker）主其事，该校被时人誉为“人文和数学教育重镇”。他必定在此学到了基础课程——数学、语文和拉丁语。其藏书中有两本拉丁语教材，其中一本的扉页上模模糊糊地题着“约翰·索因，1767 年。”

1768年，索恩父亲去世，他便搬去彻特西（Chertsey）与兄长威廉同住。在威廉的影响下，索恩掌握了数学和算数方面的基本知识。更为重要的是，威廉把约翰引见给了测量员詹姆斯·皮科克（James Peacock），此人乃建筑师小乔治·丹斯（George Dance the Younger）的左膀右臂，在15岁时，索恩已经受雇于丹斯了。丹斯继承父亲的职位，担任伦敦市计划与建筑督办，也是皇家艺术学院院士，系其三十六位创始成员中的五位建筑师之一。如此看来，索恩无意中遇到生命中的“贵

1864年的《插图伦敦新闻报》（*The Illustrated London News*）上刊登的约翰·索恩爵士博物馆穹顶部分。

约翰·索恩爵士早餐室3D图。

约翰·索恩博物馆建筑剖面图。

人”了。

得到丹斯照拂，索恩得以辅助他改造伊灵（Ealing）的皮兹罕格庄园（Pitshanger Manor）。这个庄园后来成为索恩私产并最终被变卖，这是后话了。丹斯帮助索恩完善了制图技术。大概也是在丹斯的鼓励之下，索恩到皇家艺术学院附校报了名，并于1771年10月入读。学校位于斯特兰德（Strand）的老萨默赛特府（Old Somerset House），免费授课，经费来自每年举办的展览，若有赤字，统统由国王补足。建筑学的学生们免于绘画练习的课业，白天在实习的事务所工作，到了晚上才去听课，上图书馆自修。威廉·钱伯斯爵士（Sir William Chambers）担任该校的财务总管，拨款购买他认为适合图书馆的书籍。入冬以后，索恩便得以在周一晚上去上建筑学教授托马斯·桑比（Thomas Sandby）的课，并利用图书馆的资源，从那些超出其购买能力的建筑学图书中整段地抄录。

1772年，索恩从丹斯的事务所转到了大名鼎鼎的建筑商亨利·霍兰（Henry Holland）门下。按照他自己的说法，这次跳槽是为了学习霍兰所掌握的实践知识，并且得到了丹斯的“批准”。应该说，这是索恩事业起步的标志，其年薪达到了60英镑，几乎相当于伦敦商行办事员有望得到的最高年薪。不仅如此，霍兰与其岳父、景观设计师“潜能布朗”——兰斯洛特·布朗（Capability Brown, Lancelot Brown）对索恩颇为开朗，允许他使用他们的私人藏书，其他建筑师，譬如罗伯特·亚当（Robert Adam）和上文提到的钱伯斯爵士，也如此善待他。另外值得提到的是，在霍兰门下学习期间，索恩开始了对莎士比亚戏剧的研读，直至终老，这也是索恩夫妇的共同爱好之一。

客观而言，索恩一生中具有决定性的游学活动就是皇家艺术学院（The Royal Academy of Fine Arts）资助的1776—1779年为期三年的的意大利之行。在那里他得到了德里主教（Bishop of Derry）弗雷德里克·赫维（Frederick Hervey）的赞助，在日后同游西西里，探访卢库卢斯（Lucullus）的别墅。索恩还在意大利遇到了上文言及的皮拉内西，这对其美学主张的形成具有重要影响，尤其体现在约翰·索恩爵士博物馆的布局上。

约翰·索恩爵士博物馆的穹顶。

二、索恩爵士的藏品构成及私人博物馆的形成

上文已经涉及了索恩藏品中的重要组成部分之一——图书。英国文化史家彼得·伯克（Peter Burke）在《知识社会史》里专门提到，16、17世纪欧洲大陆图书市场呈现欣欣向荣的景象，英国的图书市场则是一片"荒芜之地"。一直到18世纪30年代，英国的图书进口量仍然远超其出口。到了18世纪后期，这种颓势才有所改观。1777年，伦敦共有书商72家，据说这一数目已经超过同时期的其他欧洲城市。这一时期，人们往往用"那个贸易"（the trade）来特指书籍销售。

索恩在日记账和笔记本内事无巨细做了记录，买书之事有时就夹在给母亲的外科医生付费，以及买香肠和伞的记载之间。有一个细节值得注意，在18世纪90年代，他并没有一一记下书商的名字，但在1800年之后，他不仅一一标明书商名号，还会附上一份购书图示，以供考证，其中提到了五十余家伦敦书商，外加十余个装订匠、印刷商和文具店主。诗人、画家威廉·布莱克（William Blake）1800年来伦敦时，便为书店之多而大为惊讶，声称买书的比买肉的还多。尽管实际情形并非如此，但约翰·彭德雷（John Pendred）在其1785年所著的出版业指南《伦敦及乡村印刷商、书商和文具商手册》（*The London and Country Printers, Booksellers and Stationers Vade Mecum*）中所罗列的与出版业相关的伦敦商号，其数量超过了650个。毫无疑问，这是一个惊人的数字。

约翰·索恩的藏书大致可划分为两类：一般性图书和专业图书。就后者来说，索恩一开始就在艾萨克和乔赛亚·泰勒（Isaac and Josiah Taylor）兄弟的书店里购买建筑和设计用书。泰勒兄弟的"建筑学图书馆"（Architectural Library）位于霍尔本高街56号，距离林肯律师学院广场不到一箭之地。他们也是索恩的出版商，1778年印行了他的第一本书——《建筑设计》（*Designs in Architecture*）。最初有个雄心勃勃的对开本计划，但最后对开本缩减成了小开本，采用铜版雕刻，售价6先令。在索恩的档案中存有一份泰勒兄弟的书目，大概可以回溯到1793年，大致可窥见其经营范围："理论性的工具书，关于房屋、殿堂、桥梁等建筑的平面图和立面图，用于内部装饰的饰品，雕工用的叶饰等，透视图，木匠、瓦工和小工等人用得上的书，由最著名的古代作者所写，长期有售。"在当时，建筑类的书籍可能非常昂贵，其中价格最高的包括詹姆斯·佩因（James Paine）所著《贵族府邸的平面图和立面图》（*Plans, Elevations, etc, of Noblemen's Seats*），采用的是对开本，分两卷，未装订，售价7英镑。不仅如此，购得此书的好事者还得多花两三英镑把它们装订起来才算功德圆满。索恩的第二本书——《建筑平面图、立面图和剖面图》（*Plans, Elevations and Sections of Buildings*）出版于1789年，售价两几尼，属于中等价位。

约翰·索恩爵士弟子约瑟夫·迈克尔·甘迪（Joseph Michael Gandy）绘制的博物馆内景，约翰·索恩爵士博物馆藏。

另一位专门经营建筑图书的书商约翰·威廉斯（John Williams）不仅向索恩供书，还充任他在拍卖会上的代理人。总之，索恩是个购书大户，付款及时，又是出名的订购者，因此广为书商和出版商所知，经常收到他们寄来的书目。

通过苏富比拍卖行，索恩获得了他最为珍贵的文学宝藏——第一对开本（First Folio）的威廉·莎士比亚戏剧集，此前他已经拥有第二、第三和第四对开本。索恩还和一帮友人定期聚会，纵论莎学。他的另外一位偶像是拿破仑·波拿巴。在索恩的藏品中,还有一本1816年拿破仑画展的目录。他还像拿破仑一样醉心于古代埃及，购买了为数不少的相关主题书籍，其中包括法国学术界历时三十年完成的二十卷鸿篇巨制《埃及志》(*Description de l' Égypte*),于1835年9月他82岁大寿前不久送达。

索恩对法文书的搜罗堪称不遗余力，为他做代购的，似乎是其女管家康迪特太太的丈夫爱德华·康迪特（Edward Conduitt）。索恩档案中有一系列发票，大都与康迪特从书商J. 萨蒙（J. Salmon）购买的图书相关。1919年，索恩本人第二次渡过英吉利海峡，专门“猎书”。这次花费颇巨。他在日记中记载了在书店和图书馆购买的建筑类图书，既有新书，也有旧书。9月13日一天便花掉了900法郎。如今，这些原属索恩的藏书被分门别类地收藏在约翰·索恩爵士博物馆所辖的研究图书馆和档案馆（The Research Library and Archive）之中，加上长期的购藏、捐赠，目前这批书的数量超过7000册，其中超过半数集中在艺术、建筑及地形测量学等领域。值得一提的是，研究图书馆中收藏的索恩建筑素描藏品超过3000件！档案馆则保存了索恩的大量业务往来信件、票据和个人档案资料。

索恩本人对古典主义、新古典主义雕塑情有独钟，纪念柱、柱头的残余部分构

约翰·索恩爵士博物馆内的约翰·索恩爵士书房陈列场景。

约翰·索恩爵士的晨室（Morning Room）。（左）

约翰·索恩爵士浴室架子上陈设的中国瓷器。（右）

成其藏品中的绝大部分，其中最重要的藏品当属古埃及法老拉美西斯一世（Ramesses I）之子塞提一世的大理石石棺。早在1824年，这件珍贵文物为索恩爵士购得。事实上，早在七年之前，意大利工程师、探险家、埃及学家乔凡尼·巴蒂斯塔·贝尔佐尼（Giovanni Battista Belzoni, 1778—1823）将石棺发掘出来并有意将其出售给大英博物馆（The British Museum）但遭到拒绝，索恩爵士闻讯之后以2000镑"捡漏"。作为一位收藏家，索恩具有独到的敏感性，要知道，一直到1831年古埃及的象形文字才被破解，索恩在距此七年之前就痛下决心买下了这个石棺，不能不说深具远见。有一个细节值得回味，当时索恩十分欣赏石棺上那些精彩绝伦的描绘天国女王（The Queen Heaven）的线刻画，并意识到这肯定是一件重要文物，最终结果证明这是一桩合算至极的交易。

除了图书、雕塑和建筑残件，绘画也是索恩爵士藏品中的重要组成部分。而绘画藏品中的精品部分则由当时英国艺术家和以乔舒亚·雷诺兹爵士（Sir Joshua Reynolds）为最著名的皇家学院同事，以及一群不大出名的画家如爱德华·伯德（Edward Bird）、威廉·汉密尔顿（William Hamilton）、考尔科特（A. W. Callcott）、弗朗西斯·博吉奥斯（Francis Bourgeois）和乔治·琼斯（George Jones, R.A）等人的画作。

最为重要的是，约翰·索恩爵士博物馆所拥有的藏品反映了主人兴趣的多样性和丰富性。尽管索恩以吝啬和无情出名，但他也乐于支持与他同时代的年轻艺术家。根据曾经在1917—1945年间担任约翰·索恩爵士博物馆主管的阿瑟·博尔顿（Arthur Bolton）之描述，索恩在赞助艺术方面并没有十分明确的方向及目标，既不是通常所说的关注某一艺术流派，也没有特别在意的艺术家群体。总而言之，与其他门类相较，索恩在绘画收藏这一领域缺乏独到之处。

在致画家托马斯·斯托瑟德（Thomas Stothard）的信中，索恩提到在多年前就预订的一幅油画，两人进行过一番"讨价还价"，斯托瑟德坚持200英镑，索恩只出100英镑，理由是斯托瑟德未按照索恩的意愿——以莎剧中的一幕为主题进行创作。索恩并不喜欢画家建议的以忒勒马科斯（Telemachus）为创作题材的建议。索恩坚持其要求并坚持到最后，并未作出任何让步。这样带来的结果便是：斯托瑟德因为订件太多以至于这幅早就预订的作品延宕了六年之久才最终交付。

索恩并不满意斯托瑟德最后提交的作品是肯定的。理由在于，在约翰·索恩爵士博物馆的馆藏作品之中，仅仅有三幅出自斯托瑟德之手的素描。信件中提及的莎剧主题绘画，显然是为位于博物馆内楼梯间的“莎士比亚圣坛”（Shrine to Shakespeare）准备的。摆放在“圣坛”中间的是莎翁半身像的复制品，另外有几幅莎剧主题绘画悬挂在墙上，如亨利·霍华德（Henry Howard）的《李尔王和考狄利娅》（*Lear and Cordelia*）和《莎士比亚的幻象》（*The Vision of Shakespeare*）。

1822年2月5日，索恩拜访画家詹姆斯·沃德（James Ward）并为他创作的哈巴狗范妮（Fanny）肖像支付了40英镑。1831年，索恩委托琼斯为他绘制一幅新开通的新伦敦大桥（The New London Bridge）的画作，要求是大桥上要出现队伍前进的场景，曾向其许诺可支付500几尼的高价。约翰·索恩爵士博物馆的藏品之中还有一幅标题为《切尔西医院的吸烟室》（*The Smoking Room, Chelsea Hospital*）的画作也出自琼斯之手，此外琼斯为威廉四世（William IV）和阿德莱德皇后（Adelaide Amelia Louise Theresa Caroline）加冕礼所作的习作也是该馆的珍藏。与索恩同时代的英国画家，如弗拉克斯曼·钱特里（Flaxman Chamtrey）、霍华德等均收到索恩的订件，后者除了上文提到的画作之外，还为索恩居所的餐厅和图书馆分别绘制了莎剧主题的天顶画。

总体而言，索恩并不刻意搜罗那些老一辈艺术大师们的作品，但也有极少数例外，比如华托的《乡村聚会》（*L'Accordee du Village*）和卡纳莱托（Canaletto）的三幅作品，其中包括其脍炙人口的名作《朝西的达格利·肖瓦尼口岸》（*The Riva Degli Schiavoni, Looking West*）。

早在1807年，索恩购得卡纳莱托的《大运河风景》（*A View of the Grand Canal*）。如今，这幅画和拉斐尔创作的两幅素描肖像陈列在一起。1802年，索恩以42镑的价格买到了华托的一幅画。1841年，索恩以250几尼获得了透纳的《凡·特龙普船长》（*Admiral van Tromp's Barge*）。仔细对照索恩的收藏目录，他拥有的皮拉内西画作竟然达到15幅之多！此外还有16—19世纪意大利画家的油画、丹培拉作品，出自荷兰、意大利、法国、瑞士、英国等不同国家画家之手的水彩画、微型肖像画作品。

由索恩爵士夫人卧室改造而成的“模型室”（Model Room）。

在索恩绘画藏品中

较为重要的藏品当属威廉·荷加斯（William Hogarth）所作的《浪子生涯》（*The Rake's Progress*）和《选举》（*The Election*）系列组画。有意思的是，前者由索恩夫人于1802年2月在克里斯蒂拍卖行富拉顿上校（Colonel Fullarton）专场上以570英镑的低价拍得；索恩本人则于1823年从克里斯蒂拍卖行举办的演员大卫·加里克（David Garrick）藏品专场拍卖中淘得《选举》系列组画，当时他仅用360几尼便拥有了这四幅画，说“捡漏”一点也不为过！附带一笔的是，荷加斯是在尝试创作当时最受欢迎的戏剧之一——约翰·盖伊（John Gay）的《乞丐歌剧》（*The Beggar's Opera*）最后一幕同主题画作获得成功后，产生了创作讽刺叙事系列绘画作品的想法，而且在这个基础上制作了更易产生利润的系列版画。首先是创作于1732年前后的《妓女生涯》（*The Harlot's Progress*），而后是其姊妹篇、绘制于1734年的《浪子生涯》（*A Rake's Progress*）。荷加斯以八个场景描绘了吝啬鬼新贵商人的儿子荒唐而令人啼笑皆非的一生。在第四个场景中，荷加斯将浪子被逮捕的地点选在作为贵族聚居区的圣詹姆斯区（The Area of St. James）；与之形成鲜明对照的是，主人公结婚仪式的举办地是地处伦敦郊外的一座寒酸小教堂。《选举》系列组画算得上是荷加斯最后、最为精美的“现代道德题材”作品。《选举娱乐活动》（*The Election Entertainment*）、《检票》（*Canvassing for Votes*）、《投票》（*The Polling*）、《获选成员》（*Chairing the Member*）四个画面紧凑地再现了选举的整个过程。有意思的是，荷加斯虚构出来的竞选获胜者往往与身材肥胖的变节者、英国驻西班牙特使——巴布·多丁顿（Bub Doddington）有着惊人的相似性。巧合的是，该作创作的当口正值此公在牛津赢得了因腐败而臭名昭著的补选选举。在最后一幅画中，胜出者洋洋自得地坐在椅子上炫耀，而那把摇摇欲坠的椅子却马上就要使其跌落。而主人公头上飞翔的那只天鹅的姿态，与其肥胖愚蠢的头颅和发型何其相似。细观之下，不禁令人捧腹。

除此之外，约翰·索恩爵士博物馆今天所拥有的藏品很多是由索恩的友人提供的，有的是捐赠，有的则是整体出让。譬如，1832年，德文郡公爵（The Duke of Devonshire）自掏腰包购买了建筑师伊尼戈·琼斯（Inigo Jones）手稿的副本。又

约翰·索恩爵士博物馆内部陈列场景。

约翰·索恩爵士博物馆内部陈列场景。

如，雕塑家弗里德里克·泰瑟姆（Frederck Tatham）破例将威廉·布莱克（Wlliam Blake）的素描习作及一些具有极高艺术品质的紫铜盘子捐赠给博物馆。

如今的约翰·索恩爵士博物馆真正重要的是大量的藏品由英国建筑师创作的建筑素描，其中包括从罗伯特和詹姆斯·亚当工作室（Robert & James Adam）购得的共 57 卷 9000 幅作品。这是至关重要的英国建筑史研究资料之一。

最后需要交代的是约翰·索恩爵士博物馆里所陈设的家具。总体而言，博物馆里的大部分家具是索恩爵士当年纯粹出于装饰居所的目的而购买来的，仅有一小部分是专门定制的，其余则出自他本人手笔。属于“古董家具”一类的仅有少数几件而已。16件家具制作于1750年之前；98件制作于18世纪晚期—19世纪初这个时段；10件则是索恩辞世后由首任馆长乔治·贝利（George Bailey）负责购入的。显而易见，这些家具与索恩的建筑、藏品一起构成了一件“整体艺术品”。

三、废墟意象

在艺术史家詹姆斯·斯托顿（James Stourton）的笔下，踏入这座博物馆，让你感觉恍若身处英国摄政时期一处红褐色斑驳的世界，那是一座半今半古、于真实中透露着古怪的殿宇。它起源于古典主义，却又是地道的英国传统风格。荷加斯的下层人民遇上了梵蒂冈望景楼的阿波罗，古代与现代融合为一，好似考古发掘现场的相叠的地层。在斯托顿看来，索恩首先是一位建筑大师，许多对于他那非凡的博物馆的描述就是对于建筑的描述，至于其他则在其次。

对照出版于1836年的《对家与博物馆的说明》（*Description of the House and Museum*），作为建筑师的索恩明确表达了创立这座博物馆的初衷：“我在考量之中的多个目标体现于两点：首要的一点是通过部分的造型艺术实例的展示来探讨绘画、雕塑、建筑等几个主要艺术门类之间存在的姻亲关系；其次，尽量保持艺术品原初的陈列方式。这样做主要出于此种考虑，即该陈列方式是经过我本人长期研究和深思熟虑之后形成的成果，这对于未来的艺术家尤为重要。”实际上，在此书1830年版本里面，索恩曾略显夸张地总结了他在博物馆建筑方面的观点和意见，盛赞建筑师是天才。为了廓清索恩的设计意图，在这里有必要梳理约翰·索恩爵士博物馆的建造历程。

1809 年，约翰·索恩爵士建造了一个二层楼的、顶部采光的私人画廊，其位置就在居所隔壁的背后——林肯菲尔德广场 13 号（No.13 Lincoln's Inn Fields, London）。当时，索恩所拥有的建筑事务所和居所均位于伦敦闹市区的林肯菲尔德广场 12 号。早先的时候，索恩将这个空间称为“石膏室”（Plaister Room），之后才将其定名为“博物馆”，里面充斥着柱头、古董、绘画、石膏模型，可谓拥堵不堪。在接下来的四分之一世纪的时间里，随着藏品的日渐增多，索恩索性将隔壁的 13、14 号买下，全力构建他酝酿多年的私人博物馆。

约翰·索恩爵士博物馆内部陈列场景。

事实上，在约翰·索恩爵士博物馆1809年的改造工程启动之前，有两个重要事件值得一提：首先，早在1801年，索恩位于伊灵（Ealing）皮兹罕格庄园内部未实施的私人建筑展馆，应该是约翰·索恩爵士博物馆的最初“原型”；其次，1808年，索恩为博物馆所绘制的一系列草图，使得约翰·索恩爵士博物馆得以“重生”，真正将该馆的建造提上历史日程。1810年开始的对林肯菲尔德广场13号的后续改造工程也未能实施，1811年索恩将林肯菲尔德广场13号布置为自己的居所，着手遵从文艺复兴时期的住宅博物馆的传统，将12号进行整体设计。

先看皮兹罕格庄园，如前所述，在入住庄园之前，索恩夫妇曾长期居住在伦敦闹市区的林肯菲尔德广场12号。1780年，索恩回到伦敦。1784年8月21日，索恩娶了昔日当斯工作室同事、伦敦建筑商乔治·怀亚特（George Wyatt）的外甥女伊丽莎·史密斯（Eliza Smith）为妻。在1790年怀亚特死后，索恩夫妇继承了大笔遗产。1792年，他们决定购买位于林肯菲尔德广场12号的建于17世纪的大楼，最终以2100英镑的价格成交。此地北邻霍尔本高街（High Holborn），地处理想的伦敦中心地段，离皇家艺术学院所在的萨默赛特府（Somerset House）很近，距皇家学会和古文物收藏家学会（Society of Antiquaries）也不远。由于离伦敦市区和威斯敏斯特距离相差无多，索恩得以在其多个建筑工地之间往返。他和伊丽莎都是剧院的常客，这样也方便夫妇二人四处看戏。

到1788年，索恩初获事业上的成功，尤其是在为时任英国首相的威廉·皮特（William Pitt）位于肯特（Kent）的别墅主持设计之后，获得了事业上的有力支持，确保其获得英格兰银行首席设计师的位置。1800年，索恩爵士买到了匹兹罕格庄园地皮并于1801—1802年间将庄园建成。细究起来，这座庄园不是通常意义上的居所，其功能定位非常明确，主要用来展示索恩爵士的建筑艺术作品，试图将其打造成为可与亚当斯、怀亚特家族，甚至是索恩的死对头斯默克（The Smirkes）家族相比肩的“建筑王朝”。庄园建筑的正立面由一系列古典元素构成，不仅有君士坦丁凯旋门主题，也有罗马教廷建筑所使用的元素。除此之外，索恩刻意追求一种16世纪意大利别墅的传统，在别墅的墙体之上保留了古物遗迹、浮雕等，具有十分强烈的个人趣味。建筑学、历史学领域的出典，可谓遍布庄园的各个角落。

索恩浓郁的建筑情结甚至促使他决心为两个年幼的儿子建造一座私人建筑学院，也可以用于培养年轻一代的建筑师。多年之后，索恩在《建筑师职业生涯回忆录》（*Memoir of the Professional Life of an Architect*）里提到，他不仅为两个儿子提供一个舒适的教育环境，也有一点是时时念兹在兹的，即一旦他们失去了对建筑学的兴趣，他会把这庄园留作他用。这一点被索恩“不幸言中”。长子约翰先是因为健康原因从剑桥大学退学，后进入索恩门人——约瑟夫·迈克尔·甘迪（Joseph Michael Gandy）的事务所，终日无所事事；次子乔治·索恩（George Soane）的情况还比不上乃兄，虽然一心想成为剧作家，却花钱如流水，沦落为败家子之流。后来竟然撰文抨击老父的建筑，令索恩苦不堪言。比如说，乔治分别在1815年9月10日、24日的《名流报》（*The Champion*）连续撰文抨击、辱骂索恩爵士。1815年8月，伊丽莎被诊断出患有结石症。在其好友莎拉·史密斯（Sara Smith）的陪伴下，伊丽莎专门赴切尔滕纳姆（Cheltenham）寻访名医，到9月底的时候感觉好多了。巧合的是，乔治因为诈骗而负债累累并锒铛入狱，进入国王法院监狱（The King's Bench Prison）接受管教。不仅如此，正如上文所述，他在报纸上连续发表两篇文章抨击索恩爵士的建筑。10月13日，索恩爵士将刊载乔治文章的报纸拿给伊丽莎阅读。应该说，这在一定程度上导致了伊丽莎的辞世。

与别墅办公室相连的、由古物残片组成的“废墟”旨在引发建筑学生的想象力。随着索恩收集的古董、建筑模型、柱头、装饰物、画作等物件的日渐增多，他自然萌发出设计一个独立空间专门用于陈列建筑标本的想法。在索恩为别墅建筑展室所绘制的规划图里，模型室和研究室分别位于别墅建筑的地下室和一楼。数月之后，索恩对规划图作了几番改动和调整，其目的十分明确，就是在办公翼楼（office wing）建造一间相对独立的展室，最终在最北端预留了一个空间。应该说，这是索恩为他理想中的“石膏模铸件和模型室”（Gallery for Plaister Casts & Models）所作的第一张草图。展室呈长方形，采用顶光，北墙的光通过窗户照射进来，索恩将其称为“庙宇的废墟”（Ruins of a Temple），并特意在规划图上标示出来。

詹姆斯·亚当斯（James Adams）为索恩爵士最初博物馆的设计所绘制的效果图，纸本水彩，约翰·索恩爵士博物馆藏。

索恩此举意在提高建筑作为一个艺术门类的地位，他在“石膏模铸件和模型室”采用顶光，是借鉴了建筑大师托马斯·霍普（Thomas Hope）在其位于公爵夫人街（Duchess Street）的私人画廊中沿用的技术，当然还有索恩本人在1787年营造冯特黑尔画廊（The Fonthill Gallery）曾尝试过的技术手段。更为重要的是，俯瞰古典废墟的诗意化陈列旨在表明建筑艺术是一门深具意味的艺术形式，如同绘画一样，它同样能唤起观者的“思古之幽情”。在这当中，设计难度最大的是庄园的早餐室和图书馆。索恩专门请甘迪绘制契合其意图的水彩效果图。1797—1801年间，甘迪受雇于索恩并担任其首席透视图绘制员（Chief Perspectivist），因其最能诠释索恩意图

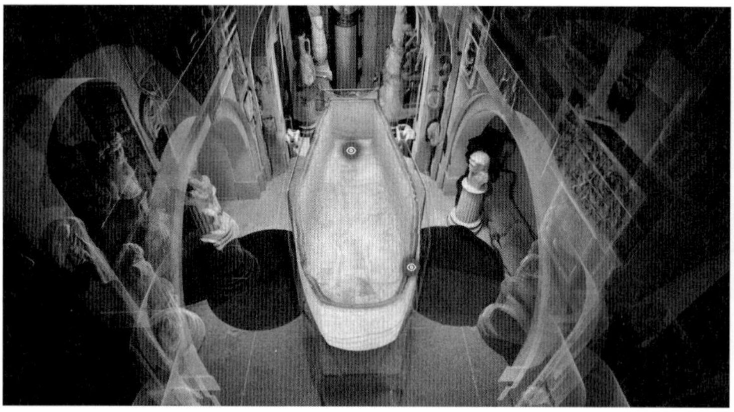

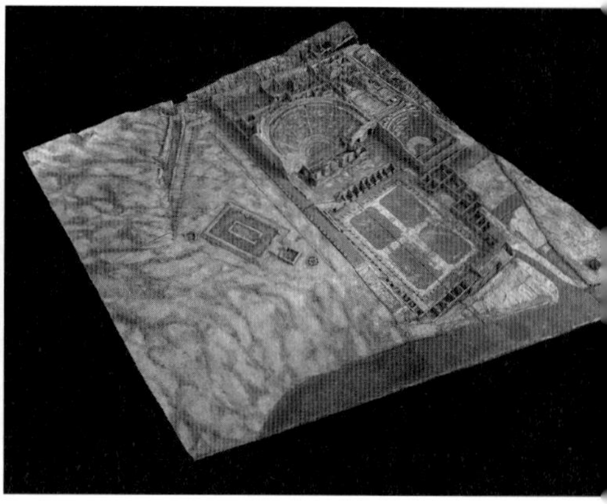

约翰·索恩爵士博物馆与ScanLAB合作的在线项目呈现的博物馆墓室（The Sepulchral Chamber）场景。中为该馆的"镇馆之宝"——塞提一世（Seti I）大理石石棺。

约翰·索恩爵士博物馆与ScanLAB合作的在线项目呈现的古罗马考古遗址（基于索恩爵士的模型室藏品）。

表达的用光和氛围而深得其欣赏。在甘迪所绘制的水彩画中，图书室里面摆满了中等高度的、图书充斥其内的书架，上面有一些骨灰瓮作为装饰品。书柜后的墙上悬挂着几幅表现建筑饰带的画作。图书室的中心位置摆着一张堆满书的桌子，最引人瞩目的当属索恩所作的关于英格兰银行的设计图纸。散落在地上的其他设计图均作为这张作品的陪衬。一本刻意摆放在桌角的大书出自皮拉内西。总体来看，甘迪描绘的每一个物件均与乃师有极为密切的关系，也与索恩的"壮游"（The Grand Tour）有着极深的渊源。杂乱无章的书桌和椅子得到挪动暗示主人刚离开房间不久，随时会回来完成手头未竟之工作。

甘迪在为索恩所绘制的水彩画效果图中采用了一种隐去了光源的"神秘光线"（mysterious light），在墙体和天花板上造成了一种被称为"幻影"（phantasmagoric）的"特效"。索恩所刻意追求的这种效果源自意大利巴洛克艺术。索恩本人提到了出版于1780年的《建筑的起源》（*Le génie de l' architecture*），其作者是尼古拉斯·勒·加缪·梅齐埃（Nicholas Le Camus de Mézières）。应该说，梅齐埃是第一位关注光效应及其空间观念的建筑理论家，较早注意到光对建筑空间观念和品质会产生影响。此外，甘迪的水彩画中还会出现镜子，安装在壁炉上方的镜子反射出另外一个"幻象"，翻转进入窗户之内并构成一幅画作，与室内营造的场景形成某种对比关系。镜子作为一种构成元素使得观者可以从自己的场景中分离出来并进行沉思。

早在1793年，索恩创立了自己的建筑事务所，办公地点就在住所——林肯菲尔德广场12号的后面。1808年，索恩整修事务所，将其与伦敦林肯菲尔德广场13号贯通为一体，原先的办公地点被改造成为一间图书室，扩展出"铸件室"（The Plaister Room）、办公室等空间。其中，"铸件室"直接取自上文提及的"石膏模铸件和模型室"。在某种程度上可以这样说，匹兹罕格庄园营造出的意象也在这个空间内得到回应，"铸件室"往下直通地下墓室，为在这里所陈列的各类文物提供一个古典文化语境。1984年，67幅以"铸件室"为主题的设计草图在索恩的藏品中被重新发现出来，展示空间的定稿大致经历了四个发展阶段。

第一阶段：1808 年 6 月 13 日的草图呈现，约翰·索恩爵士博物馆的构造分为上下两个部分，上半部称为“博物馆”，下半部是“地下室”(Crypt)。就前者来说，古典柱式顶部、铸件的残件、饰带、装饰残件非常紧密地布满了墙壁。就下半部分来说，有一个中心展室、神秘的耳堂，骨灰瓮摆满了朴素的壁龛。带有铭文的饰板、埃及石棺、大理石祭坛装饰着墓室，营造出一种古罗马地下墓室的氛围。1808 年 6 月 25 日，草图有所调整，从立视图来看，另外一些石膏铸件以对称形式排列，占据了上层展室的墙面。相形之下，“地下室”的格局基本上没有改变，就是祭坛被四根木柱环绕。

第二阶段：1808 年 7 月 6 日的设计草图展现了一个有穹顶的博物馆构造，其建筑样式是一个拥有四个气窗的帆形拱，位于拱顶下方的是两个长方形的洞穴。两天之后，设计草图有所变化，相较之前显得“保守”，此时显示的改动便是：用柱子而不是此前开孔的墙面来分割空间。

第三阶段：标注日期为 1808 年 7 月 29 日的设计草图确立了两个结构上的创新：第一,一个有圆锥形天窗的砖石穹顶；第二，增加了一个贯通一层与地下室的开阔的楼梯井。这样一种类似希腊庙宇的布局，标志着约翰·索恩爵士博物馆独特气质的生成。由此，索恩已经全然摆脱古典陈列方式的桎梏，以一种随意的、看似不合逻辑的方式陈列其艺术珍藏。

第四阶段：最终定稿的日期是1808年8月1日，穹顶下的圆拱门起到了间隔作用，将侧廊与楼梯井分割为两部分，形成一个柱状构造。索恩经过多次“试错”，终于创造了一个“讲坛”（tribute）的样式。具体来说，这是一个两层的、穹顶塔采光的圆柱形建筑结构。上半层的中心是一个展室，兼顾了艺术性和空间的实用性。最重要的一点，“讲坛”通过其开阔的凹形结构自然而然地将地下室和博物馆贯通为一体。原先由地下墓室所传递出的古意一下子弥漫于整个空间之中。在索恩看来，“讲坛”作为一种建筑构造既具有古典性，也具有当代性，他所做的就是尝试将两种关乎这种样式的当代传统融合为一体。一种是1715年由科伦·坎贝尔（Colen Campbell）首开先河所使用的穹顶塔；另一种则与收藏家们经常采用的、顶部采光的“珍奇室”（cabinet）关系密切，譬如乌菲兹美术馆（The Uffizi Gallery）的八角形讲坛构造、作为“壮游”必到之地的美第奇画廊（The Medicean Gallery）等。索恩所设计的结构则标志着一种理想化的、新古典主义的混合体。这样一来，他所展示的珍藏变得极为高贵。

总而言之，这个设计草图较为明确地表明，自始至终索恩都不想自己的博物馆成为一座中规中矩的艺术殿堂，而是想尽办法将其塑造成一座使得观者穿越到往昔的、能够引发历史联想的“综合体”。需要强调的是，在这当中，亲密性、个人化和折衷主义始终占支配地位，这使得约翰·索恩爵士博物馆从属于一种与公立博物馆判然有别的传统。

约翰·索恩爵士博物馆与ScanLAB合作的在线项目呈现的古罗马考古遗址（基于索恩爵士的模型室藏品）。

约翰·索恩爵士博物馆和建筑事务所的改建工程在1808年7月份动工，1809年年底基本完成，总共花了近一年半的时间，藏品陈列工程也在不久后完成。索恩的另一位弟子——乔治·贝利（George Bailey）用水彩绘制的透视图不仅描绘了建筑类藏品，而且对诸如骨灰瓮、胸像、雕刻、人体躯干甚至化石等藏品都进行了巨细无遗的记录。看似杂乱不堪的表象之下隐含着一条明晰的叙事脉络：成双的物件以对称的方式陈设，如果不属于同类的物品，则单个文物与其他物件在某种主题和氛围下达到一种和谐的状态。也正是因为这种安排与布局，所获得的整体视觉效果是怪诞的。墓葬陶瓶、骨灰瓮高高地置于博物馆空间中的上半部，柱头却放在大枝形吊灯的基座之上，小型雕像和半身像则与装饰线脚、饰带挤在一起，产生出某种奇怪的张力和侵略性。

约翰·索恩爵士博物馆最终的陈列布局实际上颠覆了1808年设计草图上的安排。贝利所作的水彩画透视图的左边交代了“讲坛”的部分内容，右边则是伦敦林肯菲尔德广场13、14号一楼的平面图。从这个平面图里我们可以较为直观地读解出13号的改造计划。值得注意的是，位于南部的展室被标为“素描和版画画廊”（Gallery for Drawings and Prints）。此外，一个有窗的、位于后部的展室与“讲坛”相接，一层完全成为博物馆的展示区。

索恩曾在一份递交给皇家美术学院（The Royal Academy of Arts）的讲稿的誊写本中详细讨论了伦敦住宅的改造计划，1811年数易其稿，次年提交最终的定稿。但是，对博物馆发展而言最为重要的事件发生了。前面提到重要的一点，即索恩的儿子在数年之前就决意放弃建筑这门专业。1810年12月，索恩出售匹兹罕格庄园。时隔两年之后，他将伦敦林肯菲尔德广场13号改造成新的居所，完善了1810年的设计图。事实上，林肯菲尔德广场13号最初被规划为两层的建筑展室，其理念可追溯到索恩本人为匹兹罕格庄园所作的相关设计。需要提到的是，13号未被设计成一座博物馆。如果1810年的设计草图能够最终实施的话，约翰·索恩爵士博物馆不会呈现出今天的面貌。对照《约翰·索恩爵士博物馆——完全描述》（*Sir John Soane's Museum: A Complete Description*）所附的《约翰·索恩爵士博物馆编年》（*Chronology of Sir John Soane's Museum*）我们可以发现，1808年初夏，索恩夫妇购得林肯菲尔德广场13号，后来索恩将后面的马厩拆除并建造了建筑事务所和画廊，里面的空间用于展示自己的藏品。1809年，穹顶和工作室附属建筑完工（与林肯菲尔德广场12号连通部分）。1812年，索恩将13号进行重新改造，在建筑物的背后与当时的中庭连接为一体，缩短了院子的宽度，西侧为早餐室（The Breakfast Room），东边是书房和更衣室（The Dressing Room）。在1808—1812年间充任图书室和书房、位于12号后半部分的办公室和下面的地下室仍然作为12号的一部分保留。

到了晚年，索恩所专注的焦点自然落到位于伦敦市中心的私人博物馆的设计与改造事务上。1823年10月14日，索恩爵士以1480英镑的价格从埃布尔·莫伊西（Abel Moysey）手中买到了林肯菲尔德广场14号。就在第二年，年逾古稀的索恩爵士主持14号的改造工程，在其后部建造了一个新的“绘画展室”（picture room），下面是“僧侣会客厅”（The Monk's Parlour），由是，14号的中庭被定名为“僧人天井”（The Monk's Yard）。值得一说的是“绘画展室”的布局。虽然这是一个4米×4米×6米的小房间，但索恩巧妙地使用可移动木板系统，在这里放置了118件艺术品。绘画室北面和南面开放的木板是其一大特色。现在出现的图片是威廉·贺加斯名为《浪子生涯》的系列画作。时隔十年之后，索恩将14号一、二层开放的凉廊装上了玻璃，二楼原为索恩卧室的空间改造成为新的“模型展室”，地下室原先的酒窖被改造成为“埃及地下室”（The Egypt Crypt）。位于13号建筑底层的接待室主要有两个功能：左侧为图书馆，右侧为餐厅，很好地展示了20世纪20年代一个设备齐全的家庭应有的样子。

行至暮年的索恩爵士一直关心自己所精心打造的博物馆的归宿。在他看来，最为理想的结果便是：林肯律师学院广场的住宅应该成为受托管理的博物馆和图书馆。他想让图书馆成为一个全国性的建筑学术基地，每周至少开放两天，以供研究之用。若要事成，需经议会为此订立私人法案。1833 年，《约翰·索恩爵士博物馆议会法案》（*The Soane Museum Act of Parliament*）获得通过。1833 年 4 月 1 日，法案举行了三读。也就在当天，由兰开夏郡奥尔德姆（Oldham）当选为国会议员的威廉·科贝特（William Cobbett）代表索恩的儿子乔治呈递诉状，反对此项法案。于是展开了一场辩论，主题就是谁应该掌控索恩房产、藏书和艺术藏品。最后，科贝特的诉请和大英博物馆的设想均被驳回。4 月 21 日，法案获得御准。索恩提供捐赠，同时规定，馆长应为英格兰建筑师，要么德高望重，要么得过某项学术大奖。实际上，索恩在遗嘱里提名的人是他的首席监工贝利。同时，他极为倚重的管家康迪特太太（Mrs. Condit）也被任命为博物馆的女监察。索恩死后，贝利试图通过继续订阅期刊、增加当代作品来充实馆藏，以与皇家建筑师研究所（Royal Institute for British Architects）的图书馆相竞争，最后发现这是无法实现的。1904 年，一位受托人重新提出动议，欲将某些文物和图书移送大英博物馆，某些画作转交国家美术馆（The National Gallery），幸运的是，这种设想又被驳回。结果，约翰·索恩爵士博物馆在今天成为伦敦闹市区一道迷人的人文景观，人们从中可窥见这位建筑师毕生的非凡工作，其图书馆则提供了摄政时期藏书的重要实例，外加完备的记录和商业单据。

1837年1月20日，索恩爵士与世长辞。自该年的4月4日开始，观众可以凭票在特许的日期造访约翰·索恩爵士博物馆，当时每天仅允许64位访客进入。1851年正值“水晶宫展览”举办，约翰·索恩爵士博物馆破例在2—4月的开放日之外，5—9月的周一、周二、周四和周五向公众开放，该年度共开放108天，平均每天接待77位访客。全年度的总参观人次近万。1858年，董事会通过决议，在各大报纸上刊登约翰·索恩爵士博物馆的开放时间问题。到了1874年，博物馆的开放时间获得延长，4—5月间是上午10点到下午5点；6—7月间是上午10点到下午6点；8月份恢复到上午10点到下午5点。1897年，约翰·索恩爵士博物馆内首次安装电灯。到了1904年的时候，博物馆第一次遭遇到“危机”。担任该馆理事的亨利·伯德伍德爵士（Sir George Birdwood）草拟了一份提案并敦促董事会将其绘画藏品捐赠给国家美术馆（The National Gallery, London），里面陈列的古物捐给大英博物馆，提议将其改造成为一座图书馆。最终这份提案未获得通过，才使得博物馆保存了下来，实属万幸！有意思的是，1939年，21幅约翰·索恩爵士博物馆珍藏的大师画作、4大箱素描和手稿分别暂存于国家图书馆和大英博物馆，也算是一种缘分了。

诚如上述，索恩的建筑风格和艺术品位不为同时代的人所理解。纵观约翰·索恩爵士博物馆的藏品，其最为显著的特征就是具有强烈的个人特征，稍显病态和个性表现，和他本人的性格如出一辙。这批藏品聚拢在一起构成一件整体艺术品，自诞生以来从未分开过。

作为名流，索恩爵士曾遭到不少嘲弄和诟病。首先是上文所提的他的小儿子乔治。乔治在《名流报》上毫无情面地抨击约翰·索恩爵士博物馆的建筑立面：“外墙，极其沉重，陵墓式的阴郁，建筑师似乎想借此自我讽刺；它看起来像一个逝者的记录，只能说明他认为自己缺少人性的更好的部分——才智与慈爱，他建造这个陵墓以安放其躯壳。”无独有偶，出版于1824年的《爵士季刊杂志》（*Knight's Quarterly Magazine*）第一期刊载了一篇极尽挖苦之能事的文章，其矛头直指索恩的建筑设计风格，其标题为《第六或愚笨的建筑法则》（*The Sixth or Boeotian Order of Architecture*），点名道姓地对索恩1820—1821年间完成的作品大加鞭笞，可谓极尽冷嘲热讽之能事。

“模型室”里的书柜陈设细节。

将近两百年之后，针对约翰·索恩爵士博物馆的改造工程因为索恩爵士的遗嘱变得困难重重。在改造工程中加入的新设施愈多，就意味着在很大程度上改变了博物馆建筑原初的性格特征。换言之，倘若恢复索恩爵士那个时代的样子，对博物馆的改造与其说是“扩建”，毋宁说是“再生”或“重生”（reclamation）。在1837年辞世之前，索恩爵士将博物馆、西侧的林肯菲尔德广场12号捐赠给国家，并要求将博物馆东部的

约翰·索恩爵士博物馆推出的文创产品。

14号出售，受益人为索恩爵士的孙辈。12号授权出租并将所得用于博物馆的日常运营。直到20世纪60年代，博物馆的理事会才动议在12号建造研究图书馆、修复中心和办公室等。1995年，这里的一楼对公众开放，索恩夫妇的“早餐室”（breakfast parlour）得以复原，毗邻的原先的“接待室”用于临时展览。上文提到的约翰·索恩爵士博物馆的“御用设计师”哈拉普主持了这个改造项目。改造后的12号增加了一个专门为残障人士服务的电梯，在很大程度上缓解了13号的拥堵状态。在此之前，13号的入口充当登记处、衣帽间和出口。在整修工程完成之后，观众要参观约翰·索恩爵士博物馆首先需要从12号进入博物馆存包并验票，如约200年前造访索恩爵士的宅邸的“规矩”一样。在这里可以顺便提几个有意思的细节。首先是博物馆内摆放的家具设计灵感源自索恩爵士的老家具，来自卡鲁索·圣约翰公司（Caruso St. John）；那些上光的、十字形的“珍奇柜”（“cabinet”）则专门从意大利的戈佩翁公司（Goppion）订制。总设计师伊娃·伊日科娜（Eva Jiricna）在展厅中以对角线的方式陈列珍奇柜，与索恩的建筑空间形成鲜明的对比。抛光的法国红木家具（有胡桃木内嵌和镜子）的技术精度高于索恩所生活的19世纪。

再以新修复的悬臂梁楼梯为例，虽然其效果几近完美，但与索恩原先的楼梯仍存在差距。原因就在于索恩刻意模仿罗马地下墓室，使用了煤黑色的上光油。但一个令人痛苦的痕迹被设计师保留下来了，12 号的一楼有一个手绘的门的外轮廓，一位生活在 19 世纪、因生意失败的推销员惠特克先生（Mr. Whitaker）曾在这里上吊自尽。尽管如此，哈拉普力图恢复其原貌。

四、结语

在索恩生命的最后阶段，伴随他的无非是被世人遗弃的孤独感和自怨自艾，他也担心自己苦心经营的博物馆在某一天会凭空消失。在一系列整修和扩展的过程中，“铸件室”自始至终是约翰·索恩爵士博物馆理念的核心。“讲坛”的建筑样式使其最终得以成为一个成功的改造范例，真正完全成为其主人几十年来孜孜以求的复杂“隐喻”和象征物。

对于处于生命最后一段时期的索恩爵士精神风貌的生动描述，则来自于曾担任其秘书和助手的建筑师乔治·怀特威克（George Wightwick）的文字。由于对索恩的古怪、暴戾早有耳闻，怀特威克曾经十分迟疑地申请这个称得上“烫手的山芋”的职位，最终获选。据怀特威克的描述，索恩在不同的情形下会呈现不同的面部表情。比如说，第一种，面相师会从其中读解出一种较为微妙的和蔼可亲、兴高采烈、友善、亲切而又谦恭有礼，一种混杂雅致的幽默感的复杂表情。对于男性来说，这是一种夹杂着傲慢与恭敬的文雅；对于女性而言，它显示出一种带有勇武而非狡猾的、略带害羞的谦和。第二种则是易怒和令人畏惧的烦躁。

在英国博物馆学家贾尔斯·阿德里安·沃特菲尔德（Giles Adrian Waterfield）看来，英国的私人收藏家中很多是职场达人——医生、建筑师、教士、银行家和艺术家。索恩爵士所创立的约翰·索恩爵士博物馆首先是建筑师的教育场所，建筑师们可在此研习古典和哥特式建筑语汇。另一方面，这也是一座高度个性化的博物馆，充满着索恩爵士与亲友们的爱恨情仇。馆内布满了索恩爵士所设计的建筑模型和草图，这表明他认为绘画、雕塑、建筑三大门类艺术互相统一，建筑在这之中占据了制高点。博物馆中央陈列着该馆的镇馆之宝——贝尔佐尼石棺。棺椁的周围放满了随葬瓮罐和死亡的图像，索恩爵士本人的胸像也在中央的高处陈放。在约翰·索恩爵士博物馆馆长鲍切看来，这尊胸像两侧陈列的是米开朗琪罗和拉斐尔的小雕像，仿佛暗示着索恩是伟大历史传统的顶峰。他可能已经意识到自己是传统的终结，但他留下一座博物馆和众多建筑物以激励后代。总之，这座小而精美的博物馆不仅体现出创立者的性格和成就，而且还是其化身，显示了其成就、品位以及过失。

主要参考文献和相关网站：

Bruce Boucher, *Sir John Soane's Museum: A Complete Description*, Pimpernel Press, 2018.

Furjan, Helene, *Glorious Visions: John Soane's Spectacular Theater*, London, Routledge, 2011.

Palmer, Susan, *The Soanes at Home: Domestic Life at Lincoln's Inn Fields*, London 1997.

At Home with the Soanes. Upstairs, Downstairs in 19th Century London, Pimpernel Press, 2015.

Dominic Green, "A life in ruins: On the architectural vision of John Soane", *The New Criterion*, November, 2016.

Dorey, Helen, Introductory essay on "12—14 Lincoln's Inn Fields" and catalogue entries on the Museum for John Soane: Architect, exhibition catalogue, Royal Academy Publications, 1999

Susan G. Feinberg, "The Genesis of Sir John Soane's Museum Idea, 1801—1810", *The Journal of the Society of Architectural Historians*, Vol.43, No.3, October., 1984, pp.225-237.

Francisco Martínez Mindeguía, "Pitzhanger Manor, Soane, Gandy and An Interpretation", *Revista de Expresión Gráfica Arquitectónica*. 20（25）:pp.120—127, 2015.

Camilla Tyler, "Sir John Soane", *Frank Herrmann, English as Collectors: A Documentary Source Book*, Oak Knoll Press, 1999.

Du Prey, Pierre de la Ruffinière, "Soane and Hardwick in Rome: a Neo-Classical Partnership", *Architectural History*, vol. 15, 1972, pp.51-67.

'Sir John Soane's Casts as part of his Academy of Architecture at 13 Lincoln's Inn Fields' in Frederiksen and Marchand（eds）*Plaster Casts, Berlin, New York*, 2010, pp.595-610.

Elsner, John, "A Collector's Model of Desire: The House and Museum of Sir John Soane", *The Cultures of Collecting*（ed. John Elsner and Roger Cardinal）, 1994.

（英）彼得·伯克著，陈志宏、王婉旎译，《知识社会史》（上），浙江大学出版社，2016年，第183—184页。

（英）玛格丽特·威尔斯（Margaret Willes）著、康慨译，《读书为上——五百年图书发现史》，浙江大学出版社，2016年，第五章。

（英）廉·沃恩著、龙晓滢译，《英国美术的黄金时代》，北京大学出版社，2019年，第1章。

（英）詹姆斯·斯图尔顿（James Stourton）著，檀梓栋、申屠妍妍译，《伟大的欧洲小博物馆》，上海古籍出版社，2005年。

庄岳，《建筑语言的死亡与更新—索恩〈提示〉中的“废墟—地层”意象》，《世界建筑》2015年第8期。

翁帆，《“初始原则”与约翰·索恩的建筑创作》，《世界建筑》2019年第2期。

翁帆，《英国乔治时代建筑师索恩作品中体现的“个性说”探》，《建筑师》2019年第1期。

贾尔斯·阿德里安·沃特菲尔德（Giles Adrian Waterfield），《英国艺术收藏传统》，《艺术博物馆》杂志（国际刊）总第2期，2018年。

布鲁斯·鲍切（Bruce Boucher），《记忆剧场：约翰·索恩爵士的博物馆与他的收藏》，《艺术博物馆》杂志（国际刊）总第5期，2018年。

美的邀约：约翰·保罗·盖蒂博物馆里的美学剧场

引言

81岁的电影导演雷德利·斯科特（Ridley Scott）无疑是当今最为出色的电影叙事者之一，2017年公映的、由他执导的《金钱世界》（*All the Money in the World*）成绩不俗，分别获得奥斯卡金像奖最佳男配角、第75届金球奖（电影类）剧情片最佳女主角、第71届英国电影学院奖（电影奖）最佳男配角三项提名。尽管如此，这部影片还曾经历过小小的“磨难”。当时因为凯文·史派西（Kevin Spacey）的“出柜”事件闹得满城风雨，斯科特无奈之下不得不在9天的时间之内让88岁高龄的克里斯托弗·普卢默（Christopher Plummer）补戏。普卢默终究是老戏骨，演技真实有力、不露痕迹，将约翰·保罗·盖蒂（John Paul Getty）的吝啬、冷漠和老奸巨猾尽收眼底。《洛杉矶时报》（*Los Angeles Times*）的艺术评论版专栏作家苏珊娜·穆奇尼克（Suzanne Muchnic）曾提到一个有意思的细节，盖蒂在英格兰的豪宅——萨顿宫（Sutton Palace, Surrey）中特意安装了投币电话，理由是家里往来太多的商人、艺术家等，每个人利用宅子里的电话打长途会导致话费暴涨。其悭吝的程度可见一斑。细心的观影者会发现，影片竟然给了这个细节一个镜头。据报道，对这部电影进行补拍的费用高达1000万美元，全部记在索尼公司的账上。拍摄了11个小时，光后期制作就花了9天。

这部电影取材于美国作家约翰·皮尔森（John Pearson）出版于1995年的传记——《麻烦的有钱人：约翰·保罗·盖蒂后裔们惊人的幸与不幸》（*Painfully Rich: The Outrageous Fortune and Misfortunes of the Heirs of J. Paul Getty*）里的一章，其标题是“绑架与赎金”（“Kidnap and Ransom”）。制片人克里斯·克拉克（Chris

约翰·保罗·盖蒂博物馆
（那泽民手绘）

文森特·凡·高，《鸢尾花》（*Irises*），布面油画，74.3cmx94.3cm，1889年。

Clark）觉得这一章足以拍摄一部电影，编剧大卫·斯卡尔帕（David Scarpa）对里面的内容进行了深入挖掘，最终出炉。1973年，保罗·盖蒂的孙子——保罗·盖蒂三世在罗马被绑架，对方开出来的赎金高达1700万美元！这次"绑架事件"一度被认为是一出他本人自导自演的恶作剧，因为他在当时的欧洲权贵圈子里面有一个名曰"嬉皮金童"（The Golden Hippie）的诨号。《金钱世界》最为紧张的冲突不是发生在盖蒂家族和绑匪之间，而是在保罗·盖蒂三世的母亲阿比盖尔·哈里斯（Abigil Harris）与其公公之间。影片中有一个特写镜头给了一个装满美钞的皮箱，但令观众大跌眼镜的是这笔钱不是赎金，而是保罗·盖蒂用来购买一幅据说出自拉斐尔之手的名作的钱，这实在令人不解，老头子在这当口还在跟文物贩子讨价还价！有意思的是，数十年在商圈摸爬滚打的他总是能找到新的由头逃税，比方说利用艺术品就是一个极好的方式：将艺术品存放在无需缴纳关税和增值税的自由港；利用税收规定的漏洞，在180天内用出售艺术品的资金购买其他艺术品；当然建立私人博物馆和基金会也是个好办法。1973年11月，也就是人质被囚禁四个月之后，一个包有盖蒂三世一只耳朵的信封被邮寄到一家报社。绑匪在信中将赎金的金额降低到320万美元，要求在10天内付清，否则撕票。保罗·盖蒂最后决定支付290万美元。这实际上已经是可扣税的最大额度了。1973年12月15日，保罗·盖蒂三世在一家加油站被发现。当哈里斯要求他向支付赎金的老盖蒂打电话表示感谢时，他拒绝了这个提议。1974年1月，也就是盖蒂先生去世的两年前，盖蒂博物馆（The J. Paul Getty Museum）正式向公众开放，馆身仿照古罗马别墅风格建造。而直到1976年6月，也就是老盖蒂离世后，他才从英国的住所"回归"到了太平洋海岸的"大牧场"：被埋在一块俯瞰大海的自留地土地边缘，旁边是他两个英年早逝的儿子，老大乔治·盖蒂（George

展厅场景。

Getty）和幼子蒂莫西·盖蒂（Timothy Getty）。本文将着眼点置于盖蒂博物馆的艺术陈列方式上，着重探讨盖蒂的艺术收藏理念与他未曾实地探访的盖蒂博物馆之间的关系。换言之，盖蒂博物馆的管理者及建筑设计师们如何完美地将其收藏意图切实实施并进行诠释。

展厅场景。

一、保罗·盖蒂的收藏兴趣

1965年，盖蒂在《收藏的快乐》（*The Joys of Collecting*）这本小书中直言："人们在艺术中寻找到的美是人类一切努力中少得可怜的几种真实而又永恒的产物。"相较于那些有序列、有计划收藏艺术品的藏家群体来说，盖蒂藏品的收集过程具有很大的偶然性。用他本人的话来说："我没有制定详尽的收藏计划，或者说，我根本没有计划。我只是今天买一点明天买一点，购买那些满足我的兴趣和审美观、能让我感到愉悦的艺术品。我从来没想到有一天我会拥有如此众多的艺术品，以至于我需要建立一座公共博物馆来陈列它们。在收藏之初，我没有专注于此事，也没有想过成为一名收藏家。"假如要简要概括的话，大致有五类艺术品是盖蒂费心力罗致的对象：第一，古希腊和古罗马的大理石和青铜制品、镶砖、壁画；第二，文艺复兴时期的绘画；第三，16世纪的波斯地毯；第四，萨夫内利地毯；第五，18世纪的法国家具和挂毯。

用盖蒂自己的话说，他开始尝试成为艺术收藏家并进一步升级为严肃的收藏家，其间经历了较为漫长的过程，"1912—1930年间，我游历了很多国家。在旅行的过程中，我参观了很多国家的艺术博物馆。虽然我当时并不是刻意为之，但在这个潜移默化的过程中，我对艺术的爱好与日俱增。我深深地爱上了艺术品欣赏，一发不可收拾。后来就产生了强烈的占为已有的欲望。1930年，我以1200美元的价格购买了扬·凡·霍延（Jan Van Goyen）的一幅画作，这次收藏经历使得蛰伏的欲望被再次唤醒。几年之后，我成为一位严肃认真的收藏家。"

作为精明的商人，同美国"镀金时代"（The Gilded Age）以来的艺术收藏家们（如

展厅场景。

约翰·雅各布·阿斯特（John Jacob Astor）、蒂凡尼公司（Tiffany & Co.）总裁爱德华·摩尔（Edward Moore）、纽约百货业巨头本雅明·阿尔特曼（Benjamin Altman）、约翰·皮尔朋特·摩根（John P. Morgan）、亨利·奥斯本·哈夫迈耶（Henry Osborne Havemeyer）不惜血本甚至“火拼”导致艺术品频频以“天价”交易的做法迥乎不同，盖蒂更倾向于买“便宜货”。一个例子是，盖蒂在1939年4月8日的日记中写道：“（艺术品）价格是1910—1929年间价格的四分之一，是整个20世纪有史以来最低价。最好的画是它们之前价格的一半，其他画的价格则分布于其之前价格的三分之一到十分之一。”由此可见他很善于钻空子，这与他在石油战场上的操作方式何其相似乃尔。当然，他是一位非常善于自学的人，这使得他在短时期内就获得极高的艺术鉴赏水准。譬如说，1939年，在参观过梵蒂冈博物馆之后，盖蒂看到了一座古希腊时期的人物半胸像，描绘的是一个头戴王冠的女子，他凭直觉认为她就是罗马皇帝哈德良（Hadrian, A.D. 76—138）的妻子萨拜娜（Sabina，A.D. 83—137），并对此雕塑相当着迷。为了研究这尊雕塑，盖蒂可以花3个小时在博物馆，然后去一些与半胸像有关的地方查资料，第二天再继续花2个小时在博物馆里，然后继续再去取证——他在不断地学习。最终，盖蒂确信了半胸像的原型就是这位著名的罗马皇后。盖蒂逐渐热衷于艺术品收藏的一个重要原因就在于：在他看来，收藏其实是一个经历的过程，收藏的过程本身便是愉悦的。

当然，他在收藏的路上也是走走停停，这些都体现在他的日记中。1958年10月5日，他在日记中写道：“除了偶尔情不自禁的时候，我已经不再购买艺术品了。”1959年3月19日，他记下了这一段：“我的代理人为我购买了一幅艾佛卡普（Averkamp）、一幅卡纳莱托（Canaletto）、一幅德加（Degas）和一幅雷诺阿，我喜欢这些绘画。”时隔仅一日，他又记下了“战果”：“我的代理人又为我购买了一幅柯罗（Corot）、一幅雷诺阿、一幅莫里斯·德·弗拉芒克（Maurice de Vlaminck）、一幅莫里斯·郁特里罗（Maurice Utrillo）的作品……雷诺阿的作品真是妙不可

展厅场景。

盖蒂中心(The Getty Center)外景。

言。”1962年8月2日:“我在艺术收藏方面花费的钱已经够多了,我应该适可而止了。我必须停止,彻底地做个了断。”从这样的反反复复不难看出一点,即盖蒂难以割舍与艺术品的关系。

早在1948年,盖蒂就曾将自己的重要艺术藏品出借给洛杉矶县艺术博物馆(The Los Angeles County Museum of Art, LACMA)展出。1975年出版的《新盖蒂博物馆指南》详细讲述了盖蒂博物馆如何从概念变为现实。1953年,盖蒂成立了约翰·保罗·盖蒂博物馆信托(The John Paul Getty Museum Trust)。次年(1954年),位于马里布(Malibu)牧场别墅[今天的太平洋巴利莎塔(Pacific Palisades)]的约翰·保罗·盖蒂博物馆(The John Paul Getty Museum)向公众开放。但无法回避的一个问题就是,随着时间的推移,藏品越来越多,尽管增建了新的艺术陈列室,但仍赶不上艺术品增加的步伐,博物馆的空间很快变得捉襟见肘。20年后,他将藏品转移到附近的盖蒂别墅(The Getty Villa)中,这座别墅中现在藏有大量古代艺术品,也是盖蒂博物馆两座重要场馆之一。

1976年盖蒂去世时,留下了价值7亿美元的盖蒂石油股票,并指定要把钱花在图书馆、传播艺术和知识,以及一个“应该以我的名字命名的博物馆”上。这就涉及盖蒂的立遗嘱问题,若要细究起来,从1958年9月22日首次立遗嘱到1976年辞世的三个月前这段时间内,盖蒂改动遗嘱的次数达21次之多!最后一次修改后的版本被称为“遗嘱附件”(“codicil”)。1976年6月6日,这份遗嘱正式公开,也就是上述7亿美元的去向问题,等于完全留给了当时的约翰·保罗·盖蒂博物馆信托。这部分遗产在经历一些法律纠纷后,最终高达12亿美元,并由保罗·盖蒂博物馆获得。

哈罗德·威廉姆斯(Harold Williams)于1981年被任命为盖蒂博物馆馆长,他曾是卡特总统在华盛顿执掌国家投资监管机构的人选。他的工作是弄清楚如何花这笔钱,并确保这些钱被恰当使用。1983年,他将前述信托基金更名为“J. 保罗·盖蒂信托”(J. Paul Getty Trust),以反映他为之设想的一系列新活动。J. 保罗·盖蒂信托掌握着盖蒂的巨额资产,按照法律,盖蒂信托必须每年将捐赠市值的4.25%份额花掉。更需要指出的是,由于盖蒂信托是一个经营性的信托公司,这就意味着金钱必须花在该公司本身的项目上面。盖蒂当初打算仅捐赠给信托基金5000万美元,后来捐赠的额度飙升到7亿美元。按照上述法律规定,盖蒂信托每年必须花掉的钱从200

万美元上升至3000万美元之多。在这种情势之下，盖蒂信托内部的经济学家甚至担心这个极具戏剧性的变化会导致金钱的滥用。平心而论，也正是拜J. 保罗·盖蒂信托强大的经济实力之赐，才使得盖蒂博物馆呈现今天的面貌并具有持久的生命力。

要探究盖蒂博物馆的陈列绕不开的问题就是两座场馆的建设，原因在于这是创立者十分看重的。首先看盖蒂别墅。用保罗·盖蒂自己的话来说："长久以来，我一直对古希腊和古罗马的建筑情有独钟，这个兴趣可以追溯到我早年赴意大利和希腊旅行的经历。当时，我辗转于残缺不全、支离破碎的建筑碎片之间，依然能够感受到那沉寂多年的古代文明所创造的建筑奇迹带给人的震撼。恰好当时我正考虑设计一个新的保罗·盖蒂博物馆，脑海中便产生了重塑一个古罗马别墅来陈列我的收藏品的想法。"1951 年，盖蒂收藏了一件公元 4 世纪罗马时代赫拉克勒斯雕塑的复制品。在 1955 年发表的短篇故事《科林斯的旅程》（*A Journey from Corinth*）中，盖蒂为这尊他最喜爱的古罗马雕塑赫拉克勒斯设定了一个想象中的家，最终这个家也成为盖蒂别墅的建筑原型。1970 年春天，他做出决定，以帕皮里别墅（Villa dei Papyri）为基础原型，重新复原一座建筑，即盖蒂别墅。受托人亦不满足于普通的设计概念，他们认为，博物馆不仅仅是为艺术品提供一个背景或展台。博物馆建筑本身也应该是一件艺术品，充满了魅力。公元 79 年，著名的赫库兰尼姆古城中的帕皮里别墅被维苏威火山吞噬。据说，该建筑可能是尤利乌斯·凯撒（Julius Caesar）的岳父卢修斯·卡尔皮尼纳斯·皮索·凯颂尼乌斯（Lucius Calpurnius Piso Caesoninus）的居所。依照这座别墅的样子设计、建造的新建筑无疑会使得整个考古界为之惊叹；与此同时，它也为盖蒂精美的艺术藏品提供了一个极为理想的陈列环境。

早在 18 世纪，一位名为卡尔·韦伯（Karl Weber）的瑞士工程师主持了帕皮里别墅的发掘工作，他们向下开挖地洞深至 20 米，然后又沿着水平方向开挖隧道。韦伯为别墅的建筑结构绘制了详尽的平面图，并且标注了尺寸比例，针对每日的新发现他还保持了记日记的习惯，这在当时可谓是一个创举。

要把韦伯的早期记录转换成现代结构谈何容易，其间困难迭出是意料之中的事。各个方面均需要大量严谨细致的考虑。譬如说，现存遗址的本质内涵、博物馆及参观者的实际需求、现代工匠的技术、引入一些必要的现代设备和严格的建筑规范要求等。此外，还要把韦伯平面图中不完整或缺失的部分补充完整（他的平面图中未包括遗址的部分区域以及整个地面以上的建筑部分）。幸运的是，曾参与庞贝古城和赫库兰尼姆古城的发掘和相关研究工作的诺曼·纽尔伯格（Norman Neuerburg）博士以顾问的身份加入受托的建筑小组。作为建筑领域杰出的历史学家，他把在考古领域多年的经验学识和对设计、建筑问题的强烈敏感进行了完美的结合。

接下来的几年时间里，建筑小组进行了周密的计划，小心研究每一个细节，力求使得这座新的建筑物能够延续它本来的建筑内涵。对庞贝古城、赫库兰尼姆古城以及斯塔比亚城的挖掘，为他们提供了重要参考。这种对细节的重视和考究甚至延伸到了博物馆公园及相关场地的设计。除此之外，根据从火山泥流中发现的植物根茎标本，植物学家能够识别出植物的种类，并据此重构了罗马花园的整体布局。1970年12月，博物馆工程动工。原来的博物馆依然向公众开放，直到最后几个月，届时所有的藏品转移到新馆，并在那里进行组装和重新安置工作。1974年1月15日，新的保罗·盖蒂博物馆向公众开放。亨利·泽尔迪斯（Henry J. Seldis）在对博物馆及其藏品做了一次资产评估之后，在《洛杉矶时报》（*Los Angeles Times*）上撰文："在这个国家，没有几座博物馆能够与盖蒂博物馆的极致典藏相比肩。其收藏的精美古代罗马雕塑，在美国找不到任何一家博物馆能与之媲美。"无独有偶，1974年5月的《史密森尼》（*Smithsonian*）杂志上刊登了一篇长达7页的评论文章介绍新落成的盖蒂博物馆："……这位石油亿万富翁拥有的浩大的艺术收藏品终于在马里布（盖蒂博物馆所在地）找到了一个豪华的安置之所。取法于赫库兰尼姆古城的豪华别墅，备受争议的盖蒂博物馆……正毫无争议地成为一个文化旅游胜地。"用盖蒂自己的话说："我对将盖蒂石油公司（The Getty Oil Company）比作一个帝国和将我自己比作凯撒这件事从未感到不安和勉强。"此外，他还将自己看作是哈德良皇帝的化身，既拥有艺术收藏，也拥有别墅。与哈德良皇帝有所不同的是，盖蒂从未住在自己的别墅里。在某种意义上可以这样说，对帕皮里别墅的重建这个事件，是将他从一个美国中西部的石油商人打造成为欧洲贵族的重要一环。

今天的盖蒂博物馆分为两个部分，一个是2006年对外开放的盖蒂别墅，这是一个致力于研究古希腊、古罗马和伊特鲁里亚艺术和文化的教育中心和博物馆，收集有44000件从公元前6500年到公元400年这段漫长历史时期的古希腊、古罗马及伊特鲁里亚文物。另一个展馆——盖蒂中心（The Getty Center），则是在保罗·盖蒂去世后，由盖蒂基金会主持建造的。从选址到完工开放花了14年零3个月，工程的总建筑面积为93000平方米，总投资超过10亿美元，耗费石材295000余块、

盖蒂别墅。

伦勃朗·哈尔门兹·凡·赖恩（Rembrandt Harmensz. van Rijn），《诱拐欧罗巴》（*The Abduction of Europa*），橡木板上油彩，64.6cmx78.7cm，1632年。

镀镍铝板40000块。施工高峰期，工地上穿梭忙碌的工人有1200余个。这项工程在1997年最终落成，这里的馆藏艺术品多达6万余件，包括欧洲油画、素描、雕塑、书卷手稿、装饰艺术、摄影作品等。盖蒂中心的艺术展示区占据了整座建筑群的中心部分，分为四座翼楼，大致以艺术史发展脉络和艺术家的国别来陈列该馆的艺术珍品。譬如说，北翼楼陈列的是公元1600年之前的欧洲绘画、中世纪及文艺复兴时期的雕塑、装饰艺术等；东翼楼则整体展现了17世纪整个欧洲巴洛克艺术的成就，还有1600—1800年间欧洲的雕塑和装饰艺术。此外，盖蒂研究院（Getty Research Institute）还拥有一个特展馆，主要展示和陈列珍本书、手稿、摄影作品、艺术家手稿以及来自研究图书馆（Research Library）的艺术史、建筑等领域的特藏品。诚如盖蒂所说的，艺术是人类社会中的一种文明化的影响力，盖蒂博物馆无疑是洛杉矶市的重要人文地标之一。

二、城市文明的“灯塔”

理查德·迈耶（Richard Meier）在《未来的建筑》里说道：“在我的内心，我一直想回归到古罗马人那里……迷恋他们的空间序列、厚重的墙壁、秩序感，以及建筑与风景互相归属的方式。盖蒂中心的物质性将来自历史和南加州的地区传统。”显而易见，迈耶所设计的盖蒂中心与上文所述及的盖蒂当初的陈列、展示理念十分契合。换言之，迈耶用这组白色建筑完美诠释了盖蒂的梦想。

正如前文述及的，20世纪80年代，当时担任保罗·盖蒂基金会（The J. Paul Getty Foundation）主席的威廉姆斯拟定了一项庞大计划，即成立基金会下的六个分支机构。博物馆的选址也十分重要，基金会提出“分散式布局”的意向，显而易见，拥堵不堪的洛杉矶市区无法满足这个条件。最后选定在洛杉矶市郊的圣莫妮卡山（The Santa Monica Mountains）上的一块相对平坦的空地上建造博物馆，还买下了毗邻这块地皮的一块自然保护区，从这里可以俯瞰西边的太平洋和东边的洛杉矶市。购买这块地皮的理由从一开始便十分明确。这个神奇的地方景观迷人，而且看上去含有吸引人的巨大魔力。它的位置正好就处在山谷和盆地交会的地方，而且与市中心和南海湾近在咫尺。所有高速公路都通往这里；确实，加州的主动脉恰好就与博物馆的入口处叠合在一起。

迈耶巧妙地利用了地形高差，以中心广场作为连接点，将盖蒂基金会下设的六个分支机构分为三组：盖蒂艺术保护中心（Getty Conservation Institute）、信息中心、基金会行政中心和礼堂这一组建筑紧挨着盖蒂中心的入口处；第二个标高处为盖蒂博物馆新馆（Getty Museum），也是整个盖蒂中心的灵魂所在；第三组为基地尽端圆形的盖蒂研究院。盖蒂中心建筑的大部分外墙采用进口自意大利的石灰华材质，这是一种米色、粗面的石材。迈耶表示，石材象征永恒，刻意以粗糙的质感表现，是要让建筑物犹如从地面自然地“生长”出来，这又是一次呼应环境的作为。如果仔细观察盖蒂中心建筑的贴面，我们会发现，其颜色是略显粉色的褐色，接近于圣莫妮卡山的土色，整个盖蒂中心仿佛是一株破土而出的嫩芽。迈耶声称这是在向弗兰克·劳埃德·赖特（Frank Lloyd Wright）“致敬”。这种来自意大利的石材质地坚硬、色彩柔和，表面还被加工成凹凸起伏的肌理，在视觉上呈现一种古典式的庄重效果。但总体而言，盖蒂中心的建筑呈现白色的面貌，这是迈耶刻意而为之的。他曾这样描述白色：“白色实际上是能够强化对自然界其他色彩感受力的色彩。对着白色表面能最好地欣赏光影虚实的表演。白色是光，是理解和变换力量的载体，白色或许是色彩的记忆和期待。”或许可以这样说，正是迈耶作品表现出来的强烈的纯粹主义甚至是理想主义倾向，营造出一个理想世界，把人们的心理从尘嚣中彻底解放出来，也暗合了保罗·盖蒂创建博物馆的初衷，即艺术是人类社会中的一种文明化的影响力，其艺术帝国化身为一座博物馆、一座图书馆和一座美术馆，让艺术和知识得以更广泛地传播。

盖蒂中心的博物馆实际上是由五幢两层的单元式展厅环绕内院而成。仿西班牙大台阶的入口引导观众进入洒满阳光的门厅，内院与周边的展厅一目了然。值得一提的是盖蒂中心的采光设施。盖蒂博物馆的展室内采用了多次反射的自然光，其他部分则沐浴在加州阳光下。为了获得期望的展室光线效果和空间特色，在动工之前，基地上搭起了一个标准单元的展厅模型。天篷呈倾斜状，所配玻璃的透光率为35%（金字塔形采光罩的透光系数与之相同）。天窗之上，女儿墙间架上一层可自动调节的百叶板，覆盖了整个层面，阳光透过百叶板、过滤玻璃，再通过锥形天花板产生的漫射光线柔和地洒进展室之内。玻璃天棚的托架上安装了三只光敏器，可实时监测室外的光线强度，并将信息传输给计算机，进而自动调节和控制自然光的射入量。百叶板开口处可以根据季节和天气状

保罗·盖蒂在英国萨顿宫（Sutton Place）私宅中，1964年，尤素福·卡什（Yousuf Karsh）摄。

盖蒂的法国驾照，1930年，盖蒂研究院藏（J. Paul Getty Family Collected Papers, The Getty Research Institute, 2010. IA.17）。

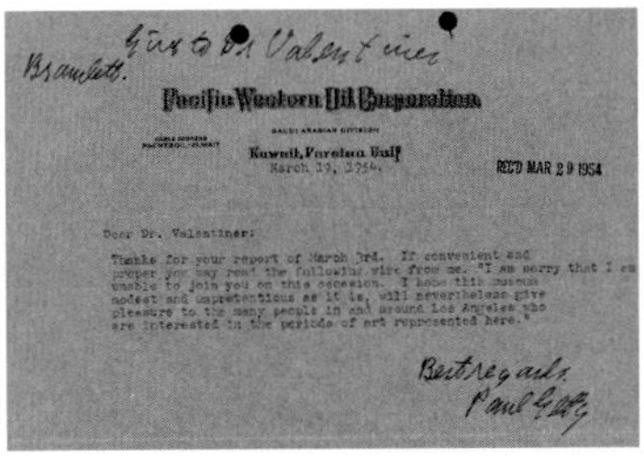

Pacific Western Oil Corporation

SAUDI ARABIAN DIVISION

Kuwait, Persian Gulf
March 19, 1954.

RECD MAR 29 1954

Dear Dr. Valentiner:

Thanks for your report of March 3rd. If convenient and proper you may read the following wire from me. "I am sorry that I am unable to join you on this occasion. I hope this museum modest and unpretentious as it is, will nevertheless give pleasure to the many people in and around Los Angeles who are interested in the periods of art represented here."

Best regards,
Paul Getty

保罗·盖蒂1954年3月19日就3月3日盖蒂博物馆开馆事宜致威廉·瓦伦丁纳（W.R. Valentiner）的信件，里面提到了他对这座博物馆的期望。

VOUCHER NO. 5-2

J. PAUL GETTY

3902 West Sixth St., Los Angeles, Calif.

No. A 2908

LOS ANGELES, CALIF. May 10, 1943

PAY THE SUM 8 DOLS 00 CTS DOLLARS $8.00

TO THE ORDER OF BRACKETT'S NIGHT PATROL
1313 Ninth Street
SANTA MONICA, CALIF.

J. PAUL GETTY
J. Paul Getty

TO SECURITY-FIRST NATIONAL BANK OF LOS ANGELES
SECURITY OFFICE LOS ANGELES, CAL. 16-10

保罗·盖蒂为圣莫妮卡山守夜人巡夜人支付费用（8美元）签单手迹，1943年5月10日。

况缓慢地改变角度，将室内照度控制在250Lux（相当于一个光线明亮办公室照度的1/4）。在黄昏或多云的天气里，计算机会自动启动一套特殊的日光模拟系统，夜幕降临时，另外一套人工照明系统会启动，百叶合上之后将光线反射回室内。总的说来，盖蒂博物馆是世界上唯一配备GE-TLC可编程网络系统的艺术机构，分别整合了美国通用电气公司（General Electric Company）、路创电子公司（LUTRON）以及瑞士兰吉尔公司（LANDIS & STAEFA）的技术资源。简单说来，置于展厅内的光传感器不断检测和监控进入室内的光线。当传感器检测到太阳的移动时，它们向GE-TLC系统发送信号。总照明系统分析来自STAEFA的指令，然后提示LUTRON产生光，随后总照明系统则提示STAEFA将百叶窗关掉。盖蒂中心艺术展示区上层有22间自然采光的展厅，能够提供艺术大师作品的最佳光照环境。考虑到自然光中的紫外线对画作的破坏性，展厅和公共区域内均安装有遮阳板和百叶窗，为的是引导和控制入射光线的流动。盖蒂博物馆采用GE-TLC的“三级”可编程控制系统的改良版本。除了展厅内因特殊的照明限制而采用多次反射的自然光之外，其余部分皆在强烈加州阳光的沐浴之中。事实证明，这套采光设计方案极好地满足了展示艺术作品所需的颜色和照度。

除此之外，盖蒂中心的中央花园也可以算作是一件变动不居的艺术作品。花园里有500多种植物，比如说白芷、美人蕉、地中海大戟、黑蒙渡草等。这个中央花园是由艺术家罗伯特·欧文（Robert Irwin）负责设计的。园内所有的植物都是根据园艺要求（水、土壤和光照条件等因素）精心挑选出来的。无论是本地物种还是非入侵性外来物种，只有适应洛杉矶的地中海式气候才能够最终被选中。巨大的圆形中央花园里400多株杜鹃花组成了一个植物迷宫，造型别致亮眼。而花园的中心是个圆形水池，中间种植着三组饱满的螺旋纹样灌木。这个花园的所有植物的选择都是非常有讲究的，它们相互影响和形成了整个花园的光线、颜色和倒影。有意味的是，在地势较低和温度相对较低的北面展区布满了冷色调植物（蓝色、绿色、紫色、灰色）；而在地势较高和朝阳的南部展区，暖色系（黄色、绿色系列）占据了主要位置。设计师通过植物的颜色、纹理、光线、阴影、芳香和形式上的序列与韵律，共同营造出盖蒂中心的地域特色。当年，J. 保罗·盖蒂信托的董事们对三个最终入围的建筑师进行了面试，迈耶曾被要求对所使用的建筑材料进行阐释。在迈耶看来，鉴于盖蒂中心的建处于特殊的地理位置，这就要求建筑师在建成的建筑物和

《金钱世界》剧照

《金钱世界》电影海报。

周围地貌两者之间寻求一种清晰、精致的“互生关系”。除了自然地貌这一点，盖蒂中心最重要的一个特征就是强烈的加州阳光，这是一种独特的美。迈耶说：“清晰的、金黄色的加州阳光往往令东方人陶醉不已。我设法使得朝阳的墙体留下新鲜、令人愉悦的投影。可以想象一个建于水平空间基础之上的建筑综合体，既与周围地貌搭调，也和保罗·盖蒂的艺术品融为一体。”换句话说，在迈耶看来，来到盖蒂中心的观者不但会感叹于陈列其内的艺术珍藏之美，也会从建筑本身获得很好的观感。因为这座建筑综合体的存在价值是为了追求文化上的“启蒙”。这个隐喻无论从其字面意义上还是形而上学的角度而言均是令人振奋的、光芒四射的。说它是洛杉矶文化生活和艺术社区的“灯塔”一点都不为过。

盖蒂别墅和盖蒂中心的不同之处在于：尽管两处建筑均使用了同一种罗马石灰岩，运用的方式却全然不同。盖蒂中心没有周边环境和文脉的限制，抽象的建筑体量得到了淋漓尽致的发挥，是迈耶所擅长的纯粹现代主义风格的出色表现。但问题在于，盖蒂中心石材的运用纯粹属于建筑的“表皮”，并没有功能和结构上的作用，因此也失去了传统建筑承重石材的重量感，这一点可以从外挂石材整齐的切缝投射下的影子中清楚地看出来。相形之下，盖蒂别墅改造工程受到诸多文脉的影响，是完全基于对周边地形和建筑的综合考量。石材从技术上讲虽也属于“表皮”，但体现的是承重墙的质感，水平叠层的多种材料体现了历史的积淀，也隐喻了考古发掘过程中的考古底层。

三、美的邀约

平心而论，马查多和西尔韦蒂建筑事务所（Machado and Silvetti Associates, MSA）善于在建筑设计中重新考虑文脉和新旧建筑两者之间的关系。该建筑事务所的两位合作者——豪尔赫·西尔韦蒂（Jorge Silvetti）和鲁道夫·马查多（Rodolfo Machado）均曾在哈佛大学设计学院执教多年，前者在1995—2002年间担任该校建筑系主任，1996—2004年间担任普利兹克奖（Pritzker Architecture Prize）评审委员，后者曾担任哈佛大学城市规划系主任。值得一提的是，MSA建筑事务所的重要作品是获得洛杉矶商业委员会2006年年度大奖和最佳城市建筑奖的盖蒂别墅（Getty

Villa）改造计划。

诚如上文所述及的，位于加州马里布市的盖蒂别墅建造于1974年，1974—1997年间主要陈列保罗·盖蒂的所有艺术藏品。1997年12月16日，盖蒂中心正式向公众开放，才有一部分藏品在那里陈列和展示。它曾经一度被美国舆论界人士称为“世纪工程”。实际上，盖蒂别墅的改造工程也经历了漫长的反复。

1994年，盖蒂信托（J. Paul Getty Trust）委托MSA主持盖蒂别墅总体规划和博物馆扩建的设计。盖蒂别墅主要为古希腊、古罗马艺术品的研究提供展览、保护、研究的空间和其他公共性功能。新项目不仅要将盖蒂别墅改造为新的博物馆和研究机构，还要在原先的基础上加建新的建筑、园林景观和其他公共空间等。所有扩建部分（包括新的入口庭院、露天剧场、咖啡厅、图书馆和公共教育活动中心）均将成为新盖蒂别墅的重要组成部分，与原先的盖蒂别墅成为一个不可分割的整体。自1994年MSA接手改造工程以来，方案数次变更，整个改造工程耗资2.75亿美元，历经12年之久才最终完成，2006年对外开放。

西尔韦蒂坚信一点，新建筑不能成为和原有建筑相抗衡的独立个体，而是和现有基地的环境、陡峭的地形、园林景观以及周边的建筑相呼应，以展现基地的个性。新的改造工程突破了基地环境的限制，将陡峭的溪谷改造为一个跌宕起伏的宜人环境，成为吸引参观者来探寻博物馆的一个“磁场”。

建筑师力图创造出一种类似于雅典卫城般的、延长入口的空间序列，这种“柳暗花明”的空间变化成为新扩建部分和原有罗马仿制品之间的成功“过渡”。

盖蒂别墅的展览空间位于改建后的盖蒂别墅中，天光和环绕庭院的窗户的引入使得博物馆具有更适合展品的微妙光线环境，使得参观者能够更好地确认自己在博物馆中所处的具体位置。展品的展示方式也发生了改变：从此前按照时间和地域陈列展品的方式转换到了以主题陈列。除此之外，每个展厅中的水磨石地面和配色方案均参照了古罗马风格并进行了重新演绎，以体现更为完美、经典的展示环境。

盖蒂别墅内的陈列场景。

还有一点就是关注细节问题。盖蒂别墅并不是真正意义上的古罗马别墅，但西尔韦蒂将它假定为埋于地下的古建筑。换言之，盖蒂别墅的扩建与改造则是对“盖蒂遗址”的重新发掘。由此，MSA建筑事务所提出了“地层墙”的概念，它由丰富的材料水平叠加组合而成，从最底部的黑色大理石板条，到不同组合的石材，再到多种肌理的混凝土表面，原本平淡无奇的墙体在光线的变化中呈现出古陶瓷般的细腻。

2018年4月18日，经过重新整修的盖蒂别墅再次全面开放。目前，两层楼共有33个空间，比

盖蒂别墅内的陈列场景。

以前多了3000平方英尺的美术馆空间。游客的整个参观路径蜿蜒有趣,穿过美术馆、花园和喷泉，远眺欣赏沿途壮观的风景和太平洋。保罗·盖蒂博物馆馆长蒂莫西·波茨（Timothy Potts）如此解释改造盖蒂别墅的初衷："当我2012年加入J. 保罗·盖蒂博物馆担任馆长时，我最优先考虑的事情之一就是重新设想古物在别墅里的陈列方式。作为一名古代艺术的专家，我的首要任务是帮助游客们将这些珍贵宝物视为美丽迷人、精妙绝伦的艺术品，并激发他们的好奇心，让他们在人类文化的环境中了解它们。"在他看来，经典古物的艺术，深植于古代的物质文化、技术、宗教和历史的其他方面，只有通过将这些元素结合在一起的装置才能充分地体现出它们的丰富性。

新的设计会让游客体验古典时期的希腊和从新石器时代到晚期（大约公元前6000年—公元600年）的罗马帝国，那些古代艺术的发展历史。盖蒂博物馆的古物收藏的优势也被着重突出——包括基克拉泽斯雕像、罗马雕塑、希腊青铜器以及珠宝和黄金。新的照明设备与无反射玻璃的搭配，增加了邂逅这些藏品的戏剧性。科技也被利用其中，新的音频导览和数字标签，用来放大那些复杂且小到肉眼很难看清的物品，使得观众获得沉浸式观赏体验。

新的陈列不仅仅是藏品起源的肯定，更是一个邀请，让参观者更充分地欣赏他们在美术馆所看到的。就像古代的艺术家们也适应了过去的风格和技术，掌握了新技术，借鉴了周边文化的形式和思想。因此，了解历史、技术和文化交流的发展，对于欣赏艺术作品以及了解为什么艺术风格、主题和创作方法会有跨越时空的不同，都是至关重要的。

1989年，由盖蒂博物馆牵头，在11家艺术博物馆内所开展的调研结果表明：观众中所存在的"畏惧"情绪，这种情绪在不选择参观艺术博物馆的人群当中尤为明显。学者米哈伊·奇克森特米哈伊（Mihaly Csikszentmihalyi）作为这个调查项目的顾问，得出了如下结论："主要的障碍包括：对博物馆内容缺乏向导，提供的信息不充分（例如，艺术家的生平、某件作品的图解、艺术史、文化背景和技术），

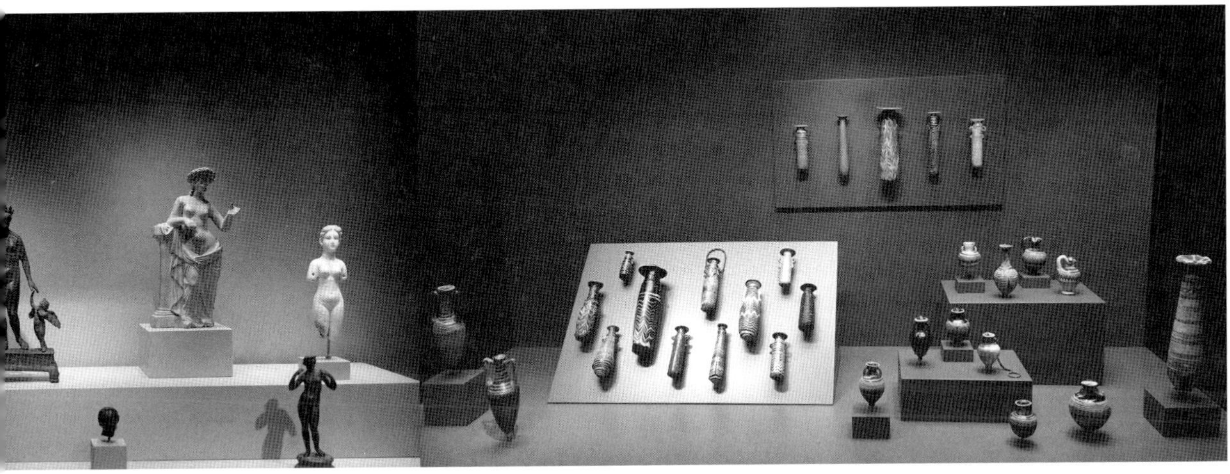

混乱的展品布局，令人却步的物理环境，令人生畏的员工，以及未能传达此次博物馆参观的益处。”另一份同时期进行的调研也得出了类似结论，即艺术博物馆的观众通常认为自己缺乏足够的知识来享受参观之旅，因此希望专家能够就他们所观看的艺术品提供更好的阐释。需要强调的是，被采访者们纷纷表示，他们希望在参观作品之前获得相关艺术家、艺术风格、材料和时期的信息。

盖蒂博物馆荣休馆长（Director Emeritus）约翰·沃尔什（John Walsh）特别强调观众要长时间观看艺术品，唯有如此才能发现作品的品质并产生触动感。他特别认同美国艺术评论家菲利普·费舍尔（Philip Fisher）抨击美国艺术博物馆分散观众注意力的负面影响。种种干扰导致对作品的注意力下降。据费舍尔考证，他本人所推重的所谓“浸入式体验”（engulfment）可追溯至18世纪的小说阅读。得益于录音技术，人们可以远离公共场合的干扰独自享受音乐；相形之下，伟大的视觉艺术原作却受到美术馆带来的各种形式的干扰。沃尔什将艺术类博物馆的干扰归为四类：首先是视觉和听觉的干扰（包括来自他人的干扰）；其次是作品陈列方式过于拥堵让观者目不暇给；再次是线性布展方式和强加给观众的叙事线索；最后是“不舒适”。比如说第三点，观众总期待作品和观点按照逻辑线性排列，甚至要凸显故事情节。他们受到太多特展的影响，习惯性地被告知每件作品在其中所扮演的角色。但问题在于，当他们置身于永久性展示馆藏作品的展厅，面对结构层次并不是很清晰的展览的当口，就会感觉“晕头转向”，根本谈不上耐心观看。沃尔什给出几点建议，特别提倡博物馆教育从娃娃抓起，鼓励艺术被纳入课程体系。与此同时，引导教师和孩子更多地关注每一件作品，对少数作品投入更多的关注，从各个角度探索作品，奖励每一份真诚的欣赏体验。当然，在线的学习和欣赏也同样重要。

无独有偶，盖蒂信托主席詹姆斯·库诺（James Cuno）也十分看重对艺术作品的体验行为。在他看来，反思如何体验艺术品尤为重要，要从根本出发，把艺术作品视作“物”，作为吸引观众近距离持久注意的“物”进行体验。观众希望通过接近艺术品的方式获得改变，改变对世界的感受，磨砺和提升对世界的敏感性，让其重新展现在他们面前。如此一来，当他们离开时便获得对世界的全新认识。这就是美术馆公信力的基础所在。

盖蒂博物馆下设的公共教育部（The Education Department）分别在盖蒂中心和盖蒂别墅为来自不同年龄段、领域、专业的博物馆教育者、家庭、社区的观众提供了高品质、丰富多样的教育项目。其目的只有一个，让公众尽可能近距离地观看、接触艺术品原作并深入理解它们。这种理解涵盖了与作品有着密切联系的历史、语境及意义等元素。归纳起来，主要包括以下几个方面：第一，围绕艺术作品提供尽可能多的体验方式；第二，发展出一些能够提升对藏品加深理解的阐释策略；第三，为尽可能多的观众（对艺术认知水平不同）提供多种多样的公共教育活动，使他们享受参与活动的过程。

也许一些具体的数字可以有力地说明盖蒂博物馆公共教育活动的受欢迎程度。我们看到，早在2013年全年，在盖蒂中心，公共教育部为257474名普通观众提供导览、艺术鉴赏及互动性的培训项目，175213个家庭团队参与进来；此外，来自学校的参与者数量接近10万人次。在盖蒂别墅，公共教育部为98752名普通观众提供服务；以家庭为单位的参观者数量庞大，竟然逼近20万（193195）。

公共教育部为这两个分馆提供了414名志愿者充任解说员，他们的服务时间总计58011个小时。2013年，盖蒂博物馆公共教育部发起了“学校团体讲解员”（School Group Docent）项目，为两座分馆配备了专职的解说员。以盖蒂中心为例，53名解说员为52586名学生提供了讲解、导览服务；在盖蒂别墅分馆，37名义务解说员为26873名学生提供了互动式的艺术课堂。只要打开盖蒂博物馆的官方网站，我们就会在“教育项目”里面找到多种多样的形式，如“成人学习者项目”（Adult Learners）、“学院员工和学生项目”（College Faculty and Students）、“十二年级以下教师与学生项目”（K—12 Teachers and Students）、“孩子与家庭项目”（Kids and Families）、“社区团体项目”（Community Groups）、“博物馆教育者”（Museum Educators）等。除此以外，该部门非常善于利用新技术来拓展观众群体。譬如，公共教育部研发的“Getty Games”为该博物馆的网页赢得了近100万的点击率。“Switch”——一个在展厅内的手机游戏项目，也赢得了观众们的青睐。自2014年8月中旬开始，盖蒂博物馆免费提供约4600件艺术品的高分辨率图像，供用户下载、加工和发布，唯一的要求是：下载者需填写下载该艺术品图片的原因，并在使用时标明图片出自盖蒂博物馆。

当然，除了面对普通公众及艺术爱好者的项目之外，盖蒂研究院的藏品数字化及面向全球学者的研究项目及资源共享方面也有了飞跃式的发展。比方说，盖蒂博物馆目前拥有在线数字影像资源超过250万件，大致可分为文物、素描、手稿、雕塑、装饰艺术和摄影六大类。六大数据库对该馆举办的专题展览会在官网上专辟空间进行精彩呈现。为了使得藏品和展览的描述信息更为丰富，盖蒂博物馆创建了在

盖蒂中心建筑模型。

线的档案、人物、影像、历史地图四个数据库，进行信息补充和资料完善。其中的历史地图是盖蒂博物馆开创的一项新型的数据展示方式，该数据库将艺术机构、重要的艺术事件、艺术品类型以及艺术材料在一定的时间范围内的地理分布情况直观地显示于谷歌地图上。当访问者点击浏览某一件藏品时，除了可以获得与藏品相关的基本信息之外，还可以通过页面链接浏览创作者信息、与作品相关的文字档案、与作品关联的音频或影像，并可以在谷歌地图上默认标注保存同一作者所创作作品的艺术机构分布情况。此外，盖蒂博物馆提供了统一的检索入口——“盖蒂检索通道”（Getty Search Gateway）以便于全球学者和研究人员获取盖蒂研究院和盖蒂基金会存储于不同数据库的馆藏藏品、图书、档案、研究成果等数据库资源。这些成果均与2007年担任盖蒂研究院主席的德国艺术史家托马斯·格特根斯（Thomas Gaehtgens）的不懈努力密不可分。库诺认为，盖蒂研究院作为世界上最大、最优秀的建筑、艺术史研究机构和图书馆是为世人所熟知的。但在格特根斯的领导之下，盖蒂研究院已经成为一个强大的、国际性的学术重镇。2007—2017年间，该机构花费巨资购藏了与艺术和建筑相关的档案资料，其中不少涉及到重要的艺术家、建筑设计师、艺术史家、画商、策展人。如2017年所购入的建筑大师弗兰克·盖里（Frank Gehry）相关史料。2011年，盖蒂研究院获赠哈洛德·泽曼（Harald Szeemann）的私人存档和图书收藏，其中包含大量与那些独一无二的视觉艺术家和文化名人相关的档案资料。这批藏品包含了20世纪50年代到2005年长达半个世纪期间泽曼本人与重要艺术家、博物馆馆长和学者之间大量的信件往来。泽曼本人的藏书多达28000余册，大多是艺术家的图书和限量发行的著作。此外，藏品中还包括3600张照片、策展方案和联系记录等。格特根斯认为，泽曼的这批藏品足以给下一代学者制定研究课程。又如，该机构收购的克内德勒画廊（Knoedler Gallery）档案几乎涵盖了19世纪到20世纪初欧洲、美国关于西方艺术的交易历史。著名的马戈·莱文画廊（Margo Leavin Gallery）档案的加入无疑又增强了这方面的实力。

四、结语

自2011年上任后，库诺尽其所能拓宽了该机构的支持渠道。过去主要有绘画、摄影、盖蒂别墅博物馆和盖蒂研究院，现在新增了盖蒂保护协会理事会、博物馆馆长理事会、主席国际理事会和一个绘画理事会，都需缴纳年费。库诺说，赞助计划是理事会制度的补充，并旨在“允许更多的人参与”，也是民心所向。2017年正是获得免税捐赠的时候，盖蒂信托董事会的联合主席玛丽亚·哈默-塔特尔（Maria Hummer-Tuttle）和乔安妮·科泽博格（Joanne Kozberg）写信给潜在捐助者，表示："就像人们常说，有所为有所不为，盖蒂不能把所有事都做了。"这封信邀请支持者们加入博物馆的特别计划，尤其是在教育和展览两方面帮助盖蒂上升到新的高度。正如著名艺术教育家艾略特·W. 艾斯纳（Elliot W. Eisner）曾如此评价盖蒂博物馆的教育中心（Getty Center for Education in the Arts, Getty Education Institute in the Arts）："从成立之日起，它就以提升美国公立学校中艺术教育的质量和地位为使命，像它这样持续且富有智慧地将自己的慈善事业用于发展艺术教育的机构，在这个国家（美国）从未有过。"应该说，如今的盖蒂博物馆在很大程度上实现了盖蒂当年的设想。

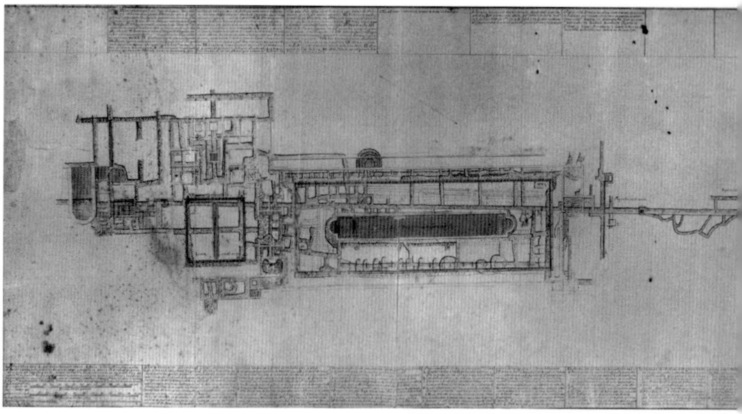

瑞士工程师卡尔·韦伯（Karl Weber）为帕皮里别墅（Villa dei Papyri）的建筑结构绘制的详尽的平面图，犊皮上水粉、铅笔，1754–1758年，那不勒斯考古博物馆（Museo Archeologico Nazionale, Naples）。

主要参考文献和相关网站：

J. Paul Getty, *The Joys of Collecting*. Los Angeles: J. Paul Getty Trust, 2011. First published by Hawthorn Books, Inc., New York, 1965.

J. Paul Getty, *As I See It: The Autobiography of J. Paul Getty. Rev. ed*. Los Angeles: J. Paul Getty Trust, 2003.

Hackman, William, and Mark Greenberg, eds. *Inside the Getty*. Los Angeles: J. Paul Getty Trust, 2008.

Insights :Museum visitors, attitudes, expectations, Los Angeles: The J. P. Getty Trust, 1991, p.129.

Williams, Harold M., Richard Meier, Stephen D. Rountree, and Ada Louise Huxtable. *Making Architecture: The Getty Center*. Los Angeles: J. Paul Getty Trust, 1997.

James Cuno（ed.）, Whose Muse? Art Museums and the Public Trust, Princeton University Press, 2006.

Williams, Harold M., Bill Lacy, Stephen D. Rountree, and Richard Meier. "The Getty Center: Design Process." 1991.

詹姆斯·库诺（James Cuno）主编，桑塔兰泰拉、张婷译，《谁的缪斯》，中国青年出版社，2013年。

保罗·盖蒂（Paul Getty）著、殷亚敏译，《财富的尽头黑金之王保罗·盖蒂眼中的世界》，知识产权出版社，2013年，第33、34、35章。

（美）大卫·卡里尔著、丁宁译，《盖蒂博物馆与绝对当代的艺术展示》，《南京艺术学院学报（美术与设计版）》2008年第3期。

Kym S. Rice著、郑奕译，《现代美国艺术博物馆及其观众》《东南文化》2011年第1期。

刘芳，《博物馆藏品数字化标准发展及应用现状研究》，《博物院》2018年第1期。

黄晓,《让·保罗·盖蒂:古典艺术的守候者》,载《收藏与拍卖》2011 年第 3 期。

胡潇,《美国盖蒂博物馆的照明系统设计》,《艺术与设计》(理论版)2018 年第 11 期。

杜丹丹,《盖地研究所获赠哈洛德·泽曼档案与图书馆藏》,《艺术与投资》2011 年第 7 期。

钱锋、汪小茜,《建筑语言的延续与扩展——R. 迈耶的"世纪之作"保罗·盖蒂中心评价》,《华中建筑》1998 年第 2 期。

赵霞,《盖蒂中心——建筑大师理查德·迈耶的杰出作品》,《建筑知识》2004 年第 2 期。

林秋达,《盖蒂村,加利福尼亚,美国》,《世界建筑》2006 年第 10 期。

杨凯雯、江滨,《理查德·迈耶——"白色派"建筑大师》,《中国勘察设计》2016 年第 11 期。

戚志雯,《石油大亨的"收藏帝国"——保罗·盖蒂博物馆》,《中国美术报》2017 年第 82 期。

http://www.getty.edu/museum/

http://mp.weixin.qq.com/s?__biz=MjM5MjMwODQwMQ==&mid=2650568096&idx=1&sn=312849faea927b
b3bf60832dbff88b00&chksm=bea0987e89d711682432b28984f28507813c5ac1029d5eb66de5de6c98ee2f80f
92e40f4a811&mpshare=1&scene=23&srcid=0313YyAuGMwVPsYaz8LC7dzU#rd

"约翰·保罗·盖蒂—生活与遗赠"文献展("J. Paul Getty: Life and Legacy")陈列场景及手机导览页面。

橘园美术馆里的光与色：以莫奈“睡莲”组画的陈列为中心

引言

橘园美术馆（Musée de l' Orangerie）位于法国巴黎的卢浮宫——凯旋门城市中轴线南侧的巴黎杜伊勒里公园（Jardin des Tuileries）内，面对协和广场，紧邻塞纳河，因为拥有克洛德·莫奈（Claude Monet）的巨幅《睡莲》（*Nymphéas ,Water Lilies*）而享有“印象派的西斯廷教堂”（Sixtine de l' impressionnisme）之美誉。两个相连的天光展室内陈列着莫奈用 22 块画板拼接起来的 8 幅巨作。直到去世的那一年，莫奈仍然在不停地修改这些画作。当时，到访吉维尼莫奈画室的两位画家——爱德华·维亚尔（Édouard Vuillard）和克尔-哈维尔·鲁塞尔（Ker-Xavier Roussel）亲眼看到莫奈对这些画作的“拨弄”。早在 1952 年，艺术家安德烈·马松（André Masson）亲临其境，由衷地发出如上感叹。2012 年 2 月 22 日—6 月 11 日，橘园美术馆组织了若干场以德彪西作品为主题的音乐会，作为该机构与奥塞博物馆策划的“德彪西、音乐和艺术”（Debussy, Music and the Arts）主题展览的组成部分，我们可以想见德彪西的音乐与莫奈《睡莲》组画的“交相辉映”。20 世纪 50 年代末，橘园美术馆收到了保罗·纪尧姆（Paul Guilaume, 1891—1934）和让·瓦尔特（Jean Walter）的遗孀——多美尼卡·瓦尔特（Domenica Walter）的捐赠，其中大部分藏品来自纪尧姆。这些藏品之中不乏出自塞尚、毕加索、雷诺阿、亨利·卢梭（Henry Rousseau）、马蒂斯、莫迪里阿尼（Amedeo Modigliani）等名家之手的重要画作。为了放置这 144 幅画作，橘园美术馆特意委托奥利维耶·拉阿勒（Oliver Lahalle）对该馆进行改建。建筑师在椭圆形睡莲厅上加盖了一层，将原来莫奈设计的自然采光天窗遮蔽了，可想而知，睡莲厅从此变得十分封闭、幽暗。日本建筑大师安藤忠雄曾言道：“光永远是一种把空间戏剧化的重要因素。通过将光引入……把非凡注入最平凡、最熟悉的环境中，促使人们重新认识平凡。”毫无疑问，橘园美术馆的镇馆之宝——莫奈创作的《睡莲》组画对展示空间的光线有着极为苛刻的要求，这

克劳德·莫奈（Claude Monet）和他在吉维尼（Giverny）的画室里进行创作时的场景。

克劳德·莫奈和他在吉维尼的画室里进行创作时的场景。

也是艺术家的创作意图之一。BLP建筑事务所在橘园美术馆中大量使用自然光，提示参观者去接近自然，由此，建筑师与艺术家完成了“超时空的对话”。本文尝试从橘园美术馆的历史、馆藏形成、历次改造等角度来呈现这座精致的美术馆所散发出的艺术魅力。

一、缘起：从“橘园”到“橘园美术馆”

杜伊勒里公园的历史至少可以追溯到16世纪，因当时此地遍布砖瓦作坊（tile workshop, tuileries），故名。1561年，凯瑟琳·德·美第奇（Catherine de' Medici）下令杜伊勒里宫（The Tuileries Palace）参照意大利文艺复兴风格建造，拥有喷泉和人工岩洞。建筑设计师为菲利贝尔·德·奥姆（Philibert de l' Orme）。宫殿于17世纪初完工，经由“花廊”（Pavillion de Flore）与卢浮宫相连。在近一个世纪之后，“太阳王”路易十四令修建凡尔赛宫的建筑师安德烈·勒·诺特雷（André Le Nôtre）对杜伊勒里宫进行重新整修。诺特雷将宫殿的面积拓展了至少60英亩，水池、树木、草坪和花床等呈对称分布。在法国大革命之前，杜伊勒里宫仅对社会上层人士开放。在法国大革命到整个19世纪这段漫长的历史时期，这里主要作为大型庆典的举办场地。1871年大火之后，它成为中产阶级、工人阶层的休闲之所。在印象派发展的高峰阶段，这里成为诸如马奈、莫奈、雷诺阿、毕沙罗等画派成员写生创作的重要主题之一。

细究起来，橘园美术馆的前身与美术馆的功能无涉。拿破仑倒台后，他的家族成员皆被驱逐出法国，拿破仑·路易·波拿巴（Charles Louis Napoléon Bonaparte, 1808—1873）的童年不得不在瑞士、德国、意大利、英国等国家度过。随着拿破仑嫡子1831年去世，路易成为波拿巴王朝的全部希望所在。这一地位愈加坚定了其信念：统治法兰西是他的命运，也是他的权利。他在众多宣传手册与政治论战中反复重申自己的使命，声称自己就是那个能够逾越党派斗争、在男性普选基础上团结国家的人。首先他在1848年12月参加总统大选并以压倒性的优势获胜，赢得的票数接近总票数的四分之三。获得总统宝座之后，他精心策划了一个确保自己政权稳固而长久的秘密方案。初步获得成功后，1851年12月，政变成功，在一场全国公投中获得绝大多数人的支持：超过700万人支持、60万人反对，170万人弃权。他成功建造了法兰西第二帝国（1852—1870年），史称拿破仑三世。

德兰，《戴着宽沿帽子的保罗·纪尧姆夫人肖像》（*Andre Derain, Portrait de Madame Paul Guillaume au grand chapeau, 1929*, Musée de l' Orangerie, Paris, France）

拿破仑三世统治时期是杜伊勒里宫的黄金时期，他不失

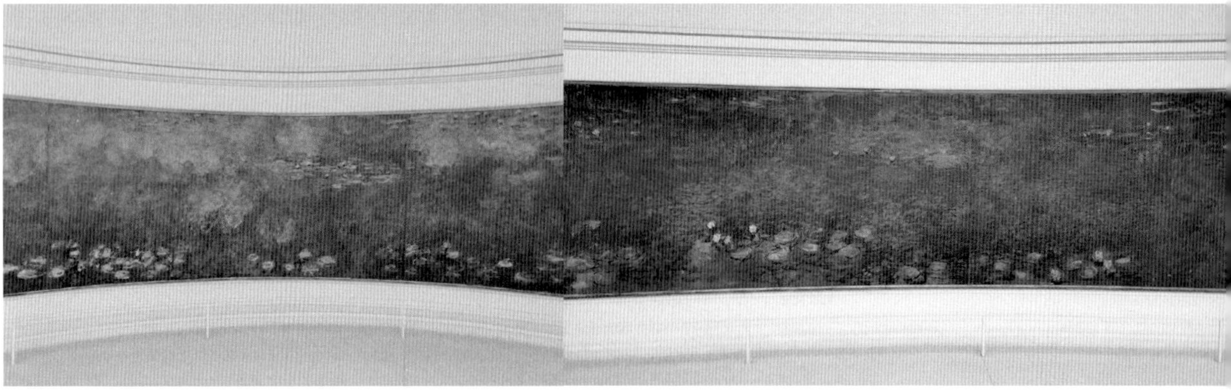

《睡莲》(Nymphéas) 展厅。

时机地对宫殿建筑进行了大规模的维修翻建和重新装修，宫内金碧辉煌，豪华壮观，经常举行各种盛大的庆典、典礼、宴会和游园会。1852 年，他专门为自己的妻子——西班牙名媛欧仁妮·蒙谛诺（Eugénie Montijo, 1826—1920）修造温室，用于种植她所喜食的柑橘和柠檬等，“橘园”之名便由此得来。附带一提的是，欧仁妮皇后品位超群，常常自己创造时尚样式，在橘园所在的杜伊勒里宫每年举办四次正式舞会，每次邀请近 5000 名宾客，附带条件是女宾服装不得重样，可以想见“美好年代”的浮华。

当时负责设计这座建筑的建筑师共有两位：一位是费尔曼·布尔茹瓦（Firmin Bourgeois），另外一位是卢多维科·维斯康蒂（Ludovico Visconti）。应拿破仑三世的要求，这幢新建筑建在了紧邻塞纳河的花园露台之上，有“滨水露台”的美誉。临河朝阳的一面用玻璃修建而成，以便于太阳的光和热进入空间内；朝向里沃利大街的那一面为了避免北风吹入，当时没有安装窗户。橘园入口的装饰设计来自维斯康蒂的手笔。带柱子的门道正好呼应了杜伊勒里宫的设计风格，门厅顶部是出自夏尔·加卢瓦—普瓦尼昂（Charles Gallois-Poignant）之手的三角形雕塑，上面雕刻有预示着该建筑功能的丰饶角、植物和玉米穗图案。1871 年杜伊勒里宫大火之后，橘园成为法兰西第三共和国的国家财产，里面依然种植橘树，并为各类园艺、音乐会、艺术展览、宴会、竞技比赛和名犬展等活动提供场地，这种情况一直持续到 1922 年。

“橘园”成为“橘园美术馆”与印象派大师克劳德·莫奈有着莫大的关系。我们知道，莫奈终其一生非常勤奋，甚至可算得上是法国艺术家当中最为多产的一位。举例来说，据学者丹尼尔·威尔顿斯坦（Daniel Wildenstein）编辑的五卷本作品全集所示，莫奈的传世油画作品超过2000幅，此外还有600幅速写、漫画和色粉画！莫奈在60岁直至去世的26年间，创作的作品达450幅之多。需要指出的是，1883年，年过不惑的莫奈在距离巴黎40英里之遥的小镇吉维尼一手缔造了自己的“艺术乐园”，直至生命的最后，并最终长眠于此。在那里他开始广泛游历，寻求创作的新主题，徜徉在家庭和友人的圈子里，对自己的作品进行无休止的修改，可谓精品迭出、佳作不断。当然，这期间也会出现一些不确定因素。早在1907年，莫奈便开始尝试“睡莲”的创作。到1908年3月时，莫奈已经绘制了不少关于这个主题的画作。达朗-吕埃尔画廊专门到吉维尼选画并组织专题展览时，莫奈临时决定再加上其他一些系列画作，展览事宜被延后了。莫奈夫妇在这一年赴威尼斯游览写生，开始了“威尼斯”系列的创作。1909年以来，正如莫奈在写给吉弗洛的信中所说的那样，自威尼斯返回后从未动过画笔。艾丽斯1910年患病并于次年去世这个事件使得莫奈陷入悲痛之中。1912年5—6月，“威尼斯”系列组画在伯恩海姆-若奈画廊（The Galerie Bernheim-Jaune）成功举办。但遗憾的是，就在展览结束不久，莫奈被确诊为白内障，这对画家而言不啻是一个晴天霹雳。接下来的时间里，莫奈几乎没碰过画笔。再就是1914年他的长子的去世。1914年5月，莫奈终于重新拿起画笔，开启了另一段精彩的艺术旅程。首先，他沉迷于这个时期开始的《睡莲》组画；其次，他开始创造新的艺术风格。就今天我们在橘园美术馆两个展厅内所看到的《睡莲》组画来说，它们的完成经历了一个漫长而又痛苦的过程。莫奈在室内创作时用的“习作”是2米见方的巨大“写生稿”，要最后在巨幅画面上定稿，除了依据上述小稿的记录之外，在很大程度上还要依据记忆和想象。所以，艺术家改变想法是非常频繁的，这就导致了创作中的反复改动现象。正如艺术史家克莱尔·巴里（Claire Barry）所指出的，巨大的尺幅也在很大程度上改变了艺术家的创作方式。他不得不采用大的刷子和画笔。此外，他可以追求一种粗糙、干涩的肌理效果。为了达到效果，莫奈先将颜料从锡管里挤到吸附性强的毡制吸墨纸上，浸泡来自颜料的粘合剂。1918年，当时他正好重新回到架上绘画创作上，但发现实现转型何其困难。以创作于这段时期的《垂柳》（*Weeping Willows*）和《日本桥》（*Japanese Bridges*）为例，画面中出现了丰富的色彩和色调并置现象，甚至一笔之下会呈现不同的颜色。这对于经营达朗-吕埃尔画廊和伯恩海姆-若奈画廊的画商群体来说，都是具有“革命性的”，甚至是非常“离经叛道”的，这导致他们在是否收藏这批画作上面持一种十分谨慎的态度。

1915年秋，为了便于创作尺幅巨大的画作，莫奈搬进了吉维尼的第三间画室。这间画室南北轴线长度为23米，宽为12米，屋顶上安装了圆花窗，为的是获得充足的自然光。在其生命的最后阶段，莫奈创作了总长度达90多米的《睡莲》组画，堪

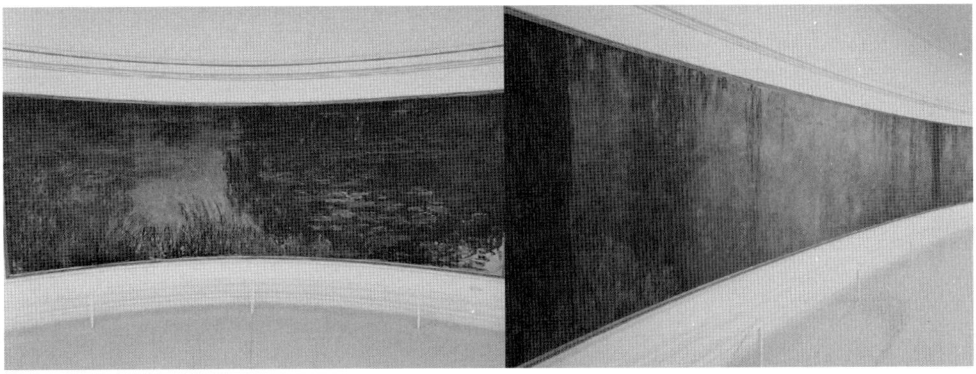

《睡莲》（Nymphéas）展厅。

称其艺术生涯的巅峰之作。1922年，莫奈决定把这件巨幅作品捐赠给法国政府，作为一战胜利日的礼物。就在同一年，批评家古斯塔夫·吉弗洛（Gustav Geffroy）在其著作——《克劳德·莫奈的生平、时代和作品》中专门辟出一章讨论这件作品，其标题为“水园前的最后遐想”。他这样品评“睡莲组画”：“这是莫奈艺术的最高意味；他对宇宙的爱，归结为一种泛神论的冥想与禅思……而对自己梦寐以求的形式与色彩的追寻，在对恒常而同时流变不居的事物永恒性的感悟中，几乎达到了消弭个体性的地步。”读罢此章，莫奈如获知音，在致吉弗洛的信中，他由衷地表达出对批评家的赞许：“我无需告诉你，撇开所有的矜持，读到你对我的作品和我本人的赞许，我是多么的感动。”当时的法国总理乔治·克列孟梭（Georges Clemenceau）对莫奈作品“入主”“橘园”起到了关键作用。早在创作阶段，莫奈就设想了该作品的展示环境：两个椭圆形的展室前有一个前厅，画作分为4幅，紧贴着椭圆形的墙面，陈列在自然光下。莫奈希望椭圆在设计理念上形成一种无限的象征，这种展示环境能够将观者带入一个“无穷无尽的水上梦幻世界，望不到边际，没有堤岸”。睡莲、柳条和倒映在水中的树木、多变的云彩环绕着观者，为刚从“一战”炮火中走出来的公众提供一片净土、一个冥想空间和静修之所。1926年，莫奈与世长辞，在盛大的葬礼上，为其护柩的分别为克列孟梭、皮埃尔·博纳尔（Pierre Bonnard）、让·维亚尔（Jean Vuillard）和克尔-格扎维埃·鲁赛尔（Ker-Xavier Roussel）。毫无疑问，这意味着法兰西艺术界对这位誉满天下的艺术家给予的最高礼遇。1927年5月，按照莫奈的遗愿，“橘园”被建筑师卡米耶·勒菲弗（Camille Lefèvre）成功地改造为“橘园美术馆”。正如上文所示，尽管莫奈没有亲眼看到这一幕，但也不能称之为遗憾，因为在莫奈看来，他曾经担心世人的趣味变化无常，而要求将画作永久性地固定在美术馆的墙上。

二、保罗·纪尧姆和让·瓦尔特的遗产

2000年正值橘园美术馆闭馆整修，主题为“从雷诺阿到毕加索：来自橘园美术馆的杰作”（From Renoir to Picasso: Masterpieces from the Musee de l' Orangerie）的

《睡莲》展厅。

橘园美术馆的保罗·纪尧姆与让·瓦尔特（Jean Walter）展示长廊。

橘园美术馆的保罗·纪尧姆公寓及书房场景。

大型展览在蒙特利尔艺术博物馆（The Montreal Museum of Fine Arts）举办，81件精品首次离开法国，其中有16幅雷诺阿、14幅塞尚、10幅马蒂斯、9幅苏汀、7幅毕加索、6幅德兰、5幅莫迪利亚尼和1幅莫奈画作。创作时期跨越了1875—1933年这一段历史时期。接下来这批藏品在美国的金贝尔艺术博物馆（Kimbell Art Museum, Fort Worth）和澳大利亚巡展。展示的这些画作皆来自法国艺术收藏家纪尧姆藏品中的一部分。

如今的橘园美术馆门额上镌刻有这样的一行金字："克劳德·莫奈的睡莲——让·瓦尔特和保罗·纪尧姆的收藏"（Les Nympheas de Claude Monet—Collection Jean Walter et Paul Guilaume）。显而易见，这句话勾勒出了该馆的历史及藏品构成。上文已经提及后一部分藏品的大致构成，若从数量上来说，从多到少分别是：德兰28幅、雷诺阿24幅、苏汀（Soutine）22幅、塞尚14幅、莫里斯·郁特里罗（Maurice Utrillo）12幅、毕加索12幅、马蒂斯10幅。而像诸如"新印象主义""象征主义""纳比派""达达主义"和"超现实主义"等流派的艺术家在这个名单中则是缺席的，这与收藏家的趣味有着必然联系。

与当时大多出身于在社会中上层的画商有所不同的是，纪尧姆出身卑微，其父是一位在银行工作的门房，在某种意义上我们可以这样推论，正是这样的背景促使纪尧姆不择手段地跻身社会上层。早在17岁的时候，纪尧姆便离开家乡孤身一人在巴黎打拼，在汽车修理站当伙计的一段经历使得他接触到非洲雕刻，自此他充分利用业余时间研究陈列在巴黎博物馆里的非洲雕刻，并从非洲进口一些样品出售给当时的一些先锋派艺术家。纪尧姆可谓恰逢其时，他所在的时代和地点使得他遇到了像毕加索、纪尧姆·阿波里奈尔（Guilaume Apollinaire）、马克斯·雅各布（Max Jacob）等要角。尤其是在阿波里奈尔的鼓励下，纪尧姆得以与当时的收藏家及尚未成名的艺术家群体取得广泛联系。随着藏品的日渐增多，他曾想创办一个画廊，但一战的爆发使得他的梦想破灭了。但这不妨碍他继续收藏艺术品。试举一例，雅各布曾穿针引线使他以每幅1500法郎的低价购得35幅郁特里罗的画作，后来他以200000法郎的单价转手。在雅各布的介绍下他还与意大利画家莫迪里阿尼成为好友。除了收藏之外，纪尧姆还创办了一本名为《巴黎艺术》(*Les Arts à Paris*) 的杂志，自己充任主编和作者，以各种各样的笔名在上面发表文章。总之，到 35 岁时，纪尧姆已经成为巴黎艺术圈中的“名流”。1926 年，纪尧姆俨然成为美国收藏家亨利·克劳·弗里克 (Henry Clay Frick) 和英国艺术商人约瑟夫·杜维恩 (Joseph Duveen) 的中间商了。当步入当时巴黎最重要的拍卖机构——德鲁特酒店 (The Hotel Drouot) 时，他的毛皮大衣引起正在竞拍的收藏家和艺术品商人们不小的骚动。拍卖师会不由自主地将拍卖槌悬在半空，展场服务人员会注意他说出的每一个字。1930 年，他曾动过这样的念头，在伦敦和纽约开设自己的画廊分号，无奈这一切皆随着他的生命戛然而止而付诸东流。纵观纪尧姆的艺术交易商生涯，有超过 1300 件艺术品经他之手进入博物馆和著名收藏家的收藏之列。他跟许多蒙马特的先锋艺术家有着直接的交往，并不仅仅满足于被看作是一位艺术品交易商，更倾向于被视为艺术赞助人和收藏家。纪尧姆的画廊充满浓郁的文化氛围，他的主要主顾之一、纽约大收藏家阿尔伯特·巴恩斯 (Albert Barnes) 曾将其画廊形容为“庙宇”。不唯如此，巴恩斯在其成立于 1925 年的巴恩斯基金会 (The Barnes Foundation) 14 号展室的上方，郑重其事地镌刻上了“保罗·纪尧姆”，可见对其艺术追求和趣味的认可，要知道，巴恩斯的挑剔是出了名的。

保罗·纪尧姆书房一角。

毫无疑问，多美尼卡曾经是纪尧姆收藏事业的得力助手。与纪尧姆相较，多美尼卡家庭出身较为高贵，但因为她父亲经营不善的原因而导致家道中落，只能充任律师的助理。她对这段经历讳莫如深，甚至改名换姓 [她的原名是朱丽特·拉卡兹 (Juliette Lacaze)]，再后来，干脆毁掉了所有与她早期生活相关的影像资料。1920年与纪尧姆成婚之后，她协助丈夫从事艺术收藏和销售。1941年，让·瓦尔特与多美尼卡结为夫妇。与纪尧姆对艺术收藏的狂热相较，身为建筑师的瓦尔特十分审慎地看待艺术品。多美尼卡还将纪尧姆十分钟爱的乔治·德·基里柯 (Giorgio de Chirico) 的作品进行拍卖。1952年，她鼓足勇气购藏了几幅塞尚的画作，其中以100000美元拍得塞尚的名作《有苹果和饼干的静物》(*Still Life with Apples and Biscuits*)，这在当时可算得上是惊人之举。总之，尽管多美尼卡在1959年曾受到伙同莫里斯·拉科 (Maurice Lacour)、让·拉卡兹 (Jean Lacaze) 企图谋杀养子让-皮埃尔 (Jean-Pierre) 的指控，但终因法国文化部长安德烈·马尔罗 (André Malraux) 的介入，最终以捐赠这批珍贵的藏品给法国政府作为解决这个谜局的方式。1977年，当多美尼卡以79岁之龄辞世时，我们可以这样说，在这个事件中真正的赢家是法兰西。我们庆幸这批藏品能够得以完整地保存下来。20世纪20年代晚期，法国作家莫里斯·萨克斯 (Maurice Sachs) 造访纪尧姆的公寓，不禁发出如此的感叹：“这样的艺术珍宝，陈列是如此完美！这正是伟大的艺术赞助人官殿的布局！”有感于法国政府当时对先锋艺术的轻视，纪尧姆决定将自己的藏品捐赠给国家并成立一座艺术博物馆，面对公众开放。1934年他的骤然离世才使得这个计划

1916 年的保罗·纪尧姆。

莫迪格利阿尼的《保罗·纪尧姆肖像》(*Ame-deo Modigliani, Paul Guillaume*, 1916)。

弗朗兹·克萨韦尔·温特哈尔特(Franz Xaver Winterhalter, 1806—1873),《欧仁妮·蒙谛诺肖像》(*Portrait of Eugénie de Montijo*), 1853年, 私人收藏。

搁浅。1984年，时隔半个世纪之后，前文所及的“让·瓦尔特和保罗·纪尧姆的收藏”才真正向公众开放，总体上保留了纪尧姆个人艺术收藏的格局。但随之带来的问题就是橘园美术馆的陈列问题，尤其涉及莫奈当初的意图。

三、自然光——大势所趋

橘园美术馆的历史上经历过三次重要改造(分别为1927年、1966年和2006年(以截止日算)。每次改造的侧重点各不相同，相较而言，最后一次改造最为成功。

首先，1927年5月，橘园美术馆由卢浮宫首席建筑师勒菲弗按照画家克劳德·莫奈的意愿进行改造，将2米高、近100米长、纪念碑式的《睡莲》组画展示在公众的视野之中。从前厅可以进入这两个展室，标志着外部世界与这里的过渡。模仿了希腊神庙的建筑风格，采用了纯白的色调。两个毗连的椭圆形展厅代表着无限，自然光的采用、白色的墙面和极简主义的内部装饰，则强调了画面本身所具有的魅力。用莫奈自己的话来概括，“这是一种无限整体的幻想，是没有河滨的无边无垠的水”。

其次，1966年的改造。1930年，当时的橘园美术馆隶属于卢浮宫博物馆。美术馆的西半部靠近协和广场，遂用作国家博物馆的临时展览场地，翻开了橘园美术馆的历史新篇章。可圈可点的展览诸如印象派画家群展、1936年的“鲁本斯及其时代”大型展览、1937年的德加艺术展。值得一提的是，鲁本斯大展在当时吸引了100多万位观者前来观看！1945年，橘园美术馆与收藏有卢浮宫博物馆印象派藏品的国立网球场现代美术馆（Galerie Nationale du Jeu de Paume）合并，共同作为卢浮宫

保罗·纪尧姆（左）与莫迪里阿尼（Amedeo Modigliani）在尼斯，1916年。

法国首相乔治·克列孟梭（Georges Clemenceau）出席莫奈在橘园美术馆的展览开幕式。

克劳德·莫奈在吉维尼画室，19世纪90年代。

博物馆绘画部的附属机构。在当时，人工照明被视为先进技术，自然采光被业界人士认为是损害艺术品的举措。此外，通往二楼展厅的旋转楼梯占据了入口门厅的大部分空间，使得观看《睡莲》的展线过于复杂和曲折。这次美术馆的改造项目是由建筑师奥利弗·拉阿勒（Olivier Lahalle）负责的。上述旋转楼梯的设计师是雷蒙德·叙布（Raymond Subes），这个楼梯的存在取代了入口可通往"睡莲展厅"的门厅，可称得上是一次败笔，全然违背了莫奈的原初意图。1966年1月，整修后的橘园美术馆重新向公众开放。

在纪尧姆因阑尾炎手术并发症去世之后，多美尼卡继承了其藏品并进一步对其进行完善。1959年，多美尼卡按照前夫的遗愿，答应将所有的艺术藏品捐赠给法国政府，但要等到自己辞世之后，这些作品才能交给橘园美术馆。如今的橘园美术馆内陈列有纪尧姆当年客厅和书房的陈列场景，准确地再现了这些藏品在原初语境下的陈列方式。

再次，2006年的改造。1878—1984年间的翻新项目旨在稳固建筑、翻新展室，为的是如莫妮卡所愿，永远展示与陈列让·瓦尔特和纪尧姆的藏品，与莫奈的展室无涉。早在1999年，美术馆决定让睡莲厅恢复成莫奈原先设想的样子，于是再次闭馆整修。这次改造的另一个重要目标是：让观者可以从入口直接到达睡莲厅，突出《睡莲》组画的核心位置。改造工程由来自波尔多的BLP建筑事务所主持设计。可圈可点的改造可归纳为如下几点：其一，建筑师大刀阔斧地去掉了二层空间和通往二层的旋转楼梯，在美术馆的地下加建展厅，主要用于为原先陈列在二层的纪尧姆和瓦尔特藏品辟出新的展示空间。按照方案，需要开挖3100平方米的地下空间，其中三分之一用作展厅，其余空间则留给商店、公共教育活动室、服务设施和辅助用房等。改造后的美术馆总面积扩至6300多平方米。2006年5月17日，《睡莲》重新回到自然光的普照之下，一如莫奈的初衷。观众可以在第一个展厅内欣赏到《晨》（*Matin*）、《云》（*Nuages*）、《绿色倒影》（*Reflets Verts*）、《落日》（*Soleil Couchant*），感受到莫奈对光的诠释。相形之下，在与之相邻的第二个展厅里，通过《树影》（*Reflets d' arbres*）、《垂柳晨光》（*Le Matin Clair aux saules*）、《晴日柳风》（*Le Matin aux saules*）、《对柳》（*Les daux saules*）等巨幅作品，可以沉浸在艺术家对"影"的描述修辞之中。具体说来，BLP建筑事务所的这次改造的成功之处表现在如下几个方面。

第一，梳理流线、增强空间序列的整体性。经过改造之后，公共展区被清晰地划分为可直接进入的睡莲展厅和地下展室两个部分。在上下两个展览区域的夹层里布置了书店、影像厅和历次改造的模型，自然形成了一个过渡和休息的区域。参观者从门厅径直走向天桥便可到达睡莲厅，展线变得十分简洁。值得一提的是，在陈列睡莲的两个展室之前有一个椭圆形的白色前厅，里面空无一物，正像一个冥想室。莫奈设想以此为观者“冲洗眼睛”。言下之意便是，参观者在户外的色彩记忆至此归零，眼睛对色彩的敏感度得以提升，为接下来的“视觉盛宴”做好充分的准备。由前厅步入第一间椭圆展室，视线豁然开朗，随着解说器里奏响的德彪西钢琴曲，参观者会不由自主地被眼前的巨幅《睡莲》吸引。此外，纯白色弧形墙壁和白色滤光帘幕洒下的均匀光线使得参观者的注意力全集中在那一片肆意铺洒的睡莲池上。大厅的椭圆形设计使得坐在展厅中心休息椅上的观者观看四壁的画作感觉几乎是等距离的。附带一提的是，椭圆形的曲线也营造出一种莫奈意在表现的“无穷尽的空间感”。如此一来，甚至出现了这样的场景：许多观者长时间坐在大厅中间的座椅上对莫奈的巨幅画作进行沉思冥想，几乎忘记了时间的存在。第二个椭圆形展厅与第一个略有不同，画作主题转换为清晨的睡莲，气氛转为宁静与祥和。莫奈刻意在《睡莲》组画里面抛弃了焦点透视，为饱受战争之苦的心灵营造出一个疗伤之所。结束参观之后从天桥原路折返，此时的参观者或许会感受到不同的寓意，仿佛走在莫奈的庄园——吉维尼（Giverny）的日本桥上。总的来说，这种展陈是莫奈创作时就预想到的，蓄意让观看者们丧失平时的观看习惯。不难看出，八幅画作的主体部分均是一些抽象化的物象残片。这些画作混合了秩序，让观者失去了东西南北的方向感。莫奈创造了一种空间，让观众觉得自己成为画面中的一分子，仿佛深深地进入画作之中，观众与作品互相渗透。毫无疑问，这是具有革命性的。

第二，还原自然光线的表现性。建筑设计师奥利维尔·布罗歇特（Olivier Brochet）在接受记者采访时坦言：“改造的首要任务是让自然光线照进博物馆。”这句话可谓一语道破天机。睡莲展厅从被封闭起来到回归到自然光线之下的过程，并不是简单的屋盖的开合，而是折射出这样一个现象：展馆设计中自然采光技术的螺旋上升式进步。在卢浮宫博物馆刚刚开放的年代（1789 年），采取天顶采光。20 世纪 60 年代以来，相关研究证明，自然光照射会加速展品褪色和有机物腐化，有鉴于此，博物馆、美术馆的室内空间完全被封闭起来，人工照明的方式开始大行其道。再到后来，人类掌握了如何控制自然光的技术；另一方面，意识到在色温、显色性和观展舒适度等方面自然光所具备的诸多优势，自然光才得以重新回到展馆的照明设计之中。

具体到橘园美术馆的改造，为了能够让《睡莲》的色彩完全显现出来，在椭圆形展厅的顶部安装有一层智能控制防光盖、两层柔光层，这个装置可以根据光线照

橘园美术馆内莫奈作品的局部特写。

射时间调节展厅内的光照强弱，使得经过顶部滤层的光线均匀柔和，并且，通过光线微弱的调整，让画作在不同的时段产生微妙的变化，从而将艺术家的创作意图精确地传递给观者，使得艺术品的展示效果达到最佳状态。在最初的改造阶段，夹层的天花板被拆除，使得展示空间又恢复了自然光照明。在两个椭圆形展厅距离地面 5 米高的地方分别构造了两个锥形空间。需要提到的是，建筑科学与技术中心（Scientific and Technical Center for Building）对从锥形空间中照射进来的自然光的体量进行过精确的计算。基于该机构提供的数据，便可推算出玻璃罩的尺寸和半透明的程度。应用这些元素的目的是使得下层的展厅拥有最为理想的自然光照射条件。出于对文物保护的考量，设计这些空间布局的时候必须保证能够让阳光直接照射进展厅，且不能产生阴影。此外，更为重要的是，两个锥形空间是根据两个展厅不同的尺寸量身订做的，它们可被视为两个巨大的间接照明装置。如此一来，这两个展厅所拥有的照明效果是柔和的、均匀散布的，为展厅提供了完美的光照环境。

第三，继承建筑历史并保留建筑的可读性。观者可在莫奈展厅和纪尧姆及让·瓦尔特藏品展示区的隔间里看到历次改造的模型、纪尧姆的书房等场景，毫无疑问，这便形成了一个历史序列。当然，有可能在未来的某一天，这里会出现新的建筑模型，一言以蔽之，是为了更好地呈现展品的艺术魅力所在。

四、结语

法国美术史家路易·吉莱（Louis Gillet）如此评价陈列在橘园美术馆的莫奈巨作："……也许，有必要认识'莫奈的艺术'这样独一无二的欧洲作品是与中国的思维，远东对水、云雾、万物的转瞬即逝、超然、涅槃、荷花的宗教等的朦胧赞美真正联系在一起的。"橘园美术馆发展历史上的数次改造倾向于对莫奈艺术创作意图的准确展现，关键在于对自然光线的合理运用。就整个照明体系来说，它保证了莫奈作品拥有充足、优质的自然光照明，同时又不能超过文物保护所规定的范围，即最大光通量不能超过 750 万 lx/h。为了在白天能够最大程度地获得自然光照明，晚间人

工照明设备则需要尽量保持比较低的照度，最终目的是为了让人工照明的费用降到最低。莫奈选择将橘园美术馆作为《睡莲》组画永久陈列场所的目的是构建一个纯净的色彩环境，以治愈饱受战争创伤和现代化煎熬的苦痛心灵。时至今日，该美术馆也成为人们避免现代化社会喧嚣与骚动的一方净土。诚如马塞尔·普鲁斯特所言："……这个由画家精心设计的花园……园内有地上的花，有水中的花——画家笔下温柔的睡莲。这座花园不仅是作画的对象，更是艺术，一个在大自然中完成的作品……莫奈的花园如同一幅素描，取材自生活，充满生命力，色彩已经妥协，美妙无比；色调已经形成，和谐悦目。"诚哉斯言！

主要参考文献及相关网站：

John Richardson, *Sacred Monsters, Sacred Masters*, Random House Inc.,2000.

Colta Ives, Public Parks, *Private Gardens:Paris to Provence*, The Metropolitan Museum of Art,2018.

John House, "Musée de l'Orangerie. Paris" , *The Burlington Magazine*, Vol. 148, No. 1241（Aug., 2006）, pp. 562-563.

JNW, "Monet's Years at Giverny: Beyond Impressionism" , *Bulletin*（*St. Louis Art Museum*）, New Series, Vol. 14, No. 3（July-September 1978）, pp.46-49.

Stuart Preston, "The Re-Opening of l'Orangerie. Paris" , *The Burlington Magazine*, Vol. 126, No. 978（Sep., 1984）, pp. 590-595.

Colin B. Bailey, "The Origins of the Barnes Collection, 1912—15" , *The Burlington Magazine*, Vol. 150, No. 1265, Collectors and Collecting（Aug., 2008）, pp. 534-543.

Harriss, Joseph A., "The Pygmalion of the Avant-Garde" , *Smithsonian*, Nov2000, Vol. 31, No. 8.

Marianne Mathieu, "The Grandes Décorations from Claude to Michel Monet（1914—1916）" , George T. M. Shackelford; With essays by Claire M. Barry, Simon Kelly, Emma Cauvin, and Marianne Mathieu, *Monet: The Late Years*, Yale University Press, 2019.

George T. M. Shackelford, "Introduction: the Reinvention of Monet" , George T. M. Shackelford; With essays by Claire M. Barry, Simon Kelly, Emma Cauvin, and Marianne Mathieu, *Monet: The Late Years*, Yale University Press, 2019.

1930 年的橘园美术馆展厅场景。

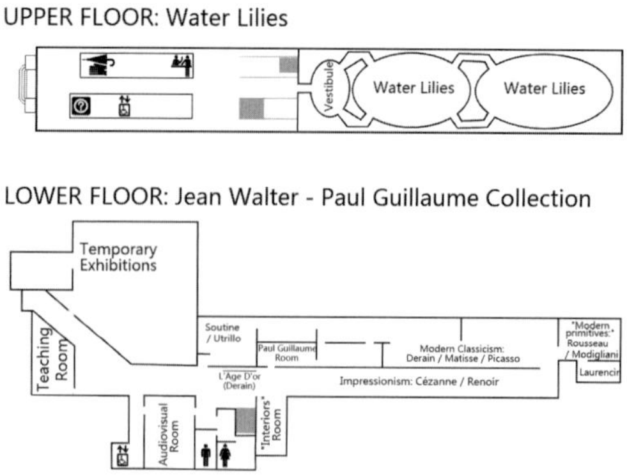

橘园美术馆展陈示意图。

丁宁,《莫奈：痴迷瞬间光色的艺术家》，上海博物馆编,《三十二个展览：印象派全景》，北京大学出版社，2013 年。

陈琳琳,《现代性的华丽注脚：19 世纪法国时尚与印象派艺术》，上海博物馆编,《三十二个展览：印象派全景》，北京大学出版社，2013 年。

王明洁、丘建发,《建筑在场、艺术显现：橘园美术馆改造案例解析》,《新建筑》2011 年第 5 期。

Anne Bureau、Kai Becker，蒋奕昕译,《冲出黑暗、走向光明！：莫奈名画〈睡莲〉在巴黎橘园美术馆重见天光》,《照明设计》2007 年第 2 期。

http://www.musee-orangerie.fr/

橘园美术馆模型。

古堡中的“艺术剧场”：佛罗伦萨斯特罗齐宫策展理念评析

斯特罗齐宫中庭及老照片。

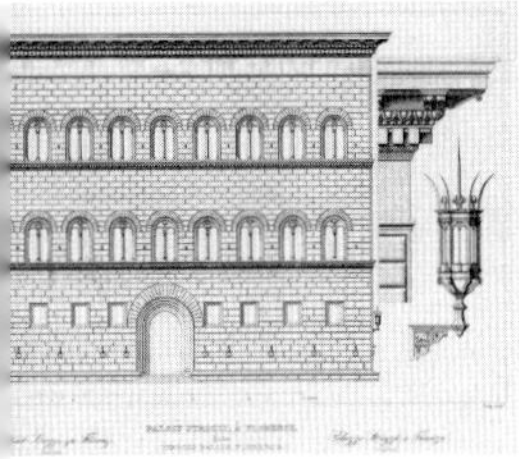

斯特罗齐宫正立面。

引言

一个艺术展览在何种程度上是成功的？艺术史家苏珊·摩尔（Susan Moore）认为，参观量并不是唯一的指标。理由在于，我们当中究竟有多少人曾经从一生一次的“巨型展览”（blockbuster）的激动人心的情感中解脱出来？应该看到的是，或许展出的作品的确具有极高的品质，并且它们的并置的确也会产生一种激发思想火花的独特效果，但问题在于：在一列长队之后静等一两个钟头之后，人们往往很难调整到最佳的状态来仔细解读这些经典之作。除此而外，倘若他们发现自己在一大群观众之中慢慢移动，出于客观原因没有办法在一幅画作前稍作逗留，或者干脆退后一步品鉴它们的话（更进一步说，甚至连静静思考的余地都没有），这时最好的选择是离开展厅。因为过分拥堵的展厅并不是一个进行美学意义上冥想的理想场所。

另外一个关于艺术展览体验的重要问题就是：如何创造一种展示环境，观者可以在里面真正与艺术作品产生互动并为其所具有的魅力所感染？这也是摆在时任斯特罗齐宫（Palazzo Strozzi）馆长——詹姆斯·布拉德伯恩博士（Dr James Bradburne）面前的一个课题。在他看来，这座博物馆所做的不仅仅是为观众提供世界一流的艺术展览，更为重要的是：能为到访者提供他们乐于接受的互动式体验场景。毫无疑问，斯特罗齐宫算得上是一个成功改造的范例。

一、斯特罗齐宫的历史一瞥

该馆的历史可以追溯到文艺复兴时期，本是为当时的大银行家、政治家菲利波·斯特罗齐（Filippo Strozzi）兴建的城堡。说到特罗齐家族，不得不提到的是1508年的一个轰动佛罗伦萨的“联姻事件”。斯特罗齐家族是和当时的美第奇（Medici）、巴尔迪（Bardi）、皮蒂（Pitti）、圭恰迪（Guicciardini）、鲁切拉伊（Rucellai）等家族比肩的佛罗伦萨名门望族。1503年，内里·卡波尼（Neri CApponi）在菲利波的姐姐（Caterina Strozzi）与其子订婚仪式上与菲利波的兄长洛伦佐·斯特罗齐（Lorenzo Strozzi）强调联姻的重要性。与菲利波订婚的是曾经在1469—1492年间长期掌控佛罗伦萨政局的“豪华者洛伦佐”（Lorenzo the Magnificent）的嫡孙女克拉丽斯·德·美第奇（Clarice de' Medici）。有意味的是，1434年，斯特罗齐家族连同其他参与政变的几大家族成员，曾遭到克拉丽斯曾祖父——科西莫·德·美第奇（Cosimo de' Medici）的流放，可以说两个家族“势同水火”。1494年，由克拉丽斯之父皮耶罗·德·美第奇（Piero de' Medici）执掌的佛罗伦萨政权被推翻，一个共和制政府得以建立，美第奇家族遭到放逐。1502年，新当选的执政官皮耶罗·索代里尼（Piero Soderini）正式就任。1503年，皮耶罗·德·美第奇辞世，标志着美第奇家族远离政权。1508年，多个家族反对索代里尼政府，并且支持美第奇家族返回佛罗伦萨。在此形势下，两个家族的结盟更显得意义非凡。远在梵蒂冈的美第奇红衣主教（Cardinal de' Medici）将这个婚约视为整个家族恢复政治元气的契机。更何况，菲利波的母亲塞尔瓦吉娅·斯特罗齐（Selvaggia Strozzi）也十分看重这个婚约带来的收益，那就是克拉丽斯带来的6000弗罗林（florin）丰厚嫁妆。毕竟，修建斯特罗齐城堡所需费用十分巨大。该项工程肇始于1489年，当时的建筑师为贝内迪克托·达·马亚诺（Benedetto da Maiano），但工程的进展颇不顺利。一年之后，在马亚诺的继任者——西莫内·德尔波罗奥洛（Simone del Pollaiolo）、通常被称为克罗那卡（Cronaca）的主持之下，斯特罗齐宫整体结构于1504年完成，但建造工程直到1538年才最终竣工。值得一提的是，克罗那卡为斯特罗齐宫加上了一个壮丽的中庭，使得整座城堡增色不少。自18世纪以来，因为这座建筑物所具有的典范性，它成为建筑师们的必游之地。直到1937年，该建筑物一直是斯特罗齐家族的私产。也就是在这一年，国家保险部（The National Insurance Agency）接管斯特罗齐宫。需要着重提到的一点是，希特勒在这一年专门造访意大利，斯特罗齐宫是佛罗伦萨行程中的几个参观地点之一，正因为如此，该建筑才获得整修的机会，主持整修工程的是建筑师乌高·焦万奇诺（Ugo Giovannozzi, 1876—1957），工程持续了三年之久，直到1940年才完工。

1937年，在国家保险部的支持之下，文艺复兴研究中心（The Center for Renaissance Studies）得以创立，1942年，该机构因为“国立文艺复兴研究院”（The National Institute for Renaissance Studies）的称号广为人知。第二次世界大战之后，斯特罗齐宫成为一个集学术研究和艺术展示为一体的机构，里面有三个研究院，也拥有佛罗伦萨最大的临时艺术展览空间（主要集中在中庭下面的展厅里，被称为“La Strozzina”）。细说起来，斯特罗齐宫里已经举办了为数众多的重量级艺术展览。略举数例，1940年4月，“16世纪的托斯卡纳”（The Cinquecento in Tuscany）开馆大展、1949年的“佩姬·古根海姆藏品展”（Peggy Guggenheim Collection）、1952年的亨利-卡蒂埃·布列松（Henry Cartier Bresson）摄影展、1956年的皮耶罗·多齐拉奥（Piero Dorazio）个展、1960年的汉斯·里希特（Hans Richter）个展、1961年的埃米利奥·格雷科（Emilio Greco）个展、1966年的约翰·辛格·萨金特（John Singer Sargent）回顾展、1986年的“17世纪的佛罗伦萨”（17th century Florence）主题展、1992年的“古斯塔夫·克里姆特”（Gustav

“毕加索、米罗、达利，愤怒的年轻人：现代性的诞生”（“Picasso Miro Dali, Angry Young Men: the Birth of Modernity”）展览海报（2011年）。

斯特罗齐宫中庭及老照片。

Klimt）回顾展、2004年的“波提切利与菲利波·里皮”（Botticelli e Filippino Lippi）主题展、2006年的“莱昂·巴蒂斯塔·阿尔贝蒂”（Leon Battista Alberti）主题展和“佛罗伦萨的塞尚”（Cézanne in Florence）等。值得一提的是，2004年的“波提切利与菲利波·里皮”、2006年的塞尚回顾展均当选为当年最受欢迎的意大利艺术展览。毋庸置疑，对艺术古迹遗存非常丰富的意大利来说，斯特罗奇宫能够在众多考古、艺术机构中脱颖而出，展览策划起到了举足轻重的作用。

二、策展与公共教育项目的交融

就斯特罗齐宫的管理而言，早在20世纪90年代，佛罗伦萨市当局就决定将斯特罗齐宫的临时艺术展示区交给一个公司来管理，因为他们相信市场的作用会充分发挥其效力。需要指出的是,在当时的许多欧洲国家,这是一种十分普遍的运营模式。但到了2005年，这个管理斯特罗齐宫艺术展览事务的公司破产了。如此来看，纯粹依靠市场还存在着潜在的风险。2006年，斯特罗齐宫基金会（The Palazzo Strozzi Foundation）宣告成立，管理层分别来自佛罗伦萨省政府、佛罗伦萨市政府、佛罗伦萨商会和私人合伙人协会。显而易见，这个新成立的基金会是公私合营的产物。从经费来源上可以明显地感受到这一点：其运营经费中的40%由这些成员来承担，其他则通过寻求赞助及展览收益来补足。从这个意义上来说，该基金会最终获得创立使佛罗伦萨市当局意识到一个事实，即如果要使这座城市变得更具活力，将斯特罗齐宫改造成一个乐于为市民所享受的休闲空间，必须要在提高参观者的参观体验上做足文章。换言之，斯特罗齐宫基金会强化了该机构的文化属性，力图将其打造成一个以变革和品质为其首要特征的品牌，展览的表现语言和参观体验的品质是它的两个重要表征。

斯特罗齐宫中庭及老照片。

需要提及的是，改制后的首任馆长布拉德伯恩博士既不是意大利人，更不是佛罗伦萨本地人，而是加拿大人。他既是一位建筑师、设计师，也因为在文化艺术机构管理方面的卓越才能而获得世界博物馆界的广泛认可。他曾经设计过世界博览会的场馆、科教中心等。他热衷于针对青少年的艺术教育，近20年来，他曾经为联合国教科文组织UNESCO、联合国儿童基金会UNICEF、各私人基金会和博物馆策划过多次展览。在他看来，斯特罗齐宫肩负着两个重要使命：第一，将一些国际级的重要文化事件带给这座城市；第二，将斯特罗齐宫还给佛罗伦萨市民。言下之意就是，让佛罗伦萨人及来自世界各地的游览者能够自觉地享用斯特罗齐宫内举办的文化艺术盛宴。当然，他特别强调，这个公共空间并未将初次游览该地的游客设定为主要的服务对象。理由在于，对这一类观光客来说，观看视觉艺术的首选之地当然是堪称佛罗伦萨地标的乌菲齐美术馆和碧提宫等，而不是斯特罗齐宫。

斯特罗齐宫老照片。

就展览策划来说，斯特罗齐宫拥有一个阵容强大的顾问委员会（Advisory Council），里面的成员分别来自卢浮宫博物馆、贝耶勒基金会（The Beyeler Foundation）等世界顶级的艺术机构，由布拉德伯恩博士担纲主席一职。“不仅仅是展览”（“Non solo mostre, not only exhibitions”）是该机构的座右铭。我们不仅会有这样的疑问：对一座藏品并不丰富的艺术机构而言，除了组织高品质的展览之外，还会有什么新花样？布拉德伯恩到任之后所烧的第一把火即是将斯特罗奇宫古色古香的中庭从早上8点开放到晚上8点，目的是为公众提供一个新的公共空间。这里面有长椅、免费的Wi-fi、咖啡吧、书店、与这座宫殿历史相关的陈列展示区域，甚至还有一系列可以自由参与的文化艺术活动。此外，2007年，这个展示区被改造成为斯特罗齐当代文化中心（The Centro di Cultura Contemporanea Strozzina, CCCS），里面包含12个展厅。游客与当地市民均可以参与该机构组织的丰富多彩的活动：展览、装置、工作坊、音乐会、导览、游戏、讲座及学术会议等。总的说来，布拉德伯恩的两个重要抓手体现在两个方面：首先是展览语言的变革，其次是提高观众的参观体验。

需要强调的是，展览策划与公共教育项目是和谐一体的，而不是冲突的。斯特罗齐宫的管理层从观众参观展览的一系列细节出发，为到访者们提供质量上乘的服务。整洁而考究的楼梯、精致的标示系统都是其具体体现。如果观者因为排队观展

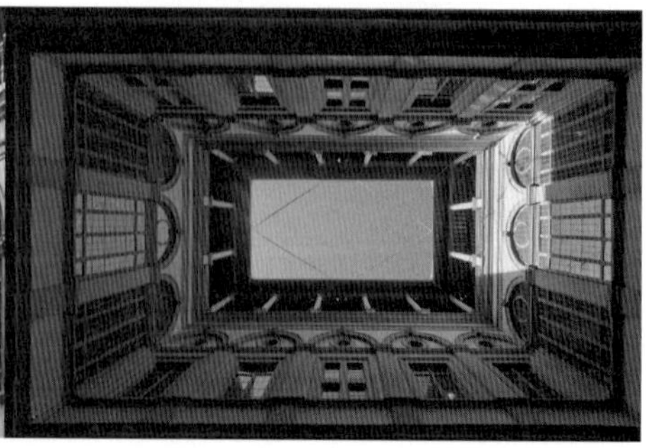
斯特罗齐宫中庭

2012年斯特罗齐宫美国系列展览海报。

超过一个小时，该馆咖啡吧的服务生会为他们送上一杯免费的咖啡（茶）。当这些人在排队等候时，该馆的员工还设计出不少为参观者家庭及儿童提供娱乐服务的招数。另一个细节值得一提，斯特罗奇宫的盥洗室非常考究，使用者在那里可以拿到一些与该馆正在举办的展览有关的宣传品及小册子。正可谓艺术与生活“交融”了。

特别值得一提的是，有些展览标签上的说明文字并非完全由策展人、研究人员一手包办，也有一些出自“专业”或“准专业”级的观者之手。因为在布拉德伯恩看来，参观者之中不乏艺术修养极高的人士，当然，这并不一定要求参与撰写展览标签文字的人都得拥有艺术史博士学位。再者说，他认为，首要的前提就在于，来这里观看作品的不仅仅是“观看”，更重要的是要“讨论”，这样才是真正的互动。当然，这些标签也并不局限于学究式的“掉书袋”，也有一些专门为参观展览的小观众们量身定做的标签，在那里，他们可以看到不少与作品相关的谜语、俏皮话及双关语，正所谓“寓教于乐”。换言之，公共教育活动并非局限于照本宣科式的传授，甚至是“灌输”；相形之下，熏陶来得更为自然，更富有成效，观众也变得更为主动。再以展览中的导览语言制作为例，2007年“塞尚在佛罗伦萨”（Cézanne in Florence, March 2—July 29, 2007）的展览简介和叙事语言出自两个儿童之口，他们会对展品进行评论和阐释，开辟了一条新颖的“释展”途径；2008年的“中国——帝王的宫廷”（China: In the Court of Emperors, March 7—June 8, 2008）提供中文的解说文字，旁边则是策展人所撰写的专业解说词。权威性的信息由策展团队的专业人员们提供，但由于一些能够提供不同观看视角的声音的出现，展览的

公共教育活动场景

诠释维度得以充分拓展。

斯特罗齐宫每年举办三个左右的艺术展，除了聚焦于展览上的互动活动之外，该机构还通过出版及其他文化事件的举办来与观众进行互动。譬如，2010年2—7月，该馆曾举办过一个主题为“德·藉里柯、马克斯·恩斯特、玛格利特、巴尔蒂斯：见所未见”（“De Chirico, Max Ernst, Magritte, Baltus: A Look into the Invisible”）艺术展。为配合这个大型展事，佛罗伦萨国际剧院公司（The Florence International Theatre Company）为年轻观众设计了一系列的工作坊，他们可以撰写一个独幕剧的剧本，家庭的野餐篮也可以改造成一个纸质的剧场。需要强调的是，该馆所举办的公共教育活动并不仅仅局限于视觉艺术领域，还扩展到音乐及表演等关系密切的艺术门类。毋庸置疑，这一方面会吸引来自艺术相关领域的观众，另一方面，它打通了与其他艺术门类之间的壁垒，激发了公众的艺术想象力。

“文艺复兴的春天”（“The Springtime of the Renaissance. Sculpture and the Arts in Florence 1400-60”）主题展览海报。

在这个意义上，该馆在公共教育方面的确有前瞻性和革命性。观看者逐渐被一整套与展览主题相关的诸如互动装置、游戏、香水、记事本、铅笔等叙事性、实体性工具激发出想象力，不妨以具体展览为例，2008年7月11日—9月22日的“描绘光”（“Painting Light”）主题展览上，由馆长布拉德伯恩担纲总监，两位专门研究儿童艺术教育的艺术史家加入展览策划团队中来，便产生出兼具专业性和深为目标观众群体所喜爱的教育项目。比方说，专为家庭和儿童量身定做的“野餐篮”（The Picnic Basket）可以在入口处凭票领取，野餐篮在这里是对印象派画家群体“户外作画经验”（“The en plein air experience”）的一种隐喻，契合了展览的主题，篮子中的物品也是经过精心设计的：两个分别以莫奈和凡·高为原型的玩偶、一个放大镜、画笔和刮刀、几个彩色线球、一个笔记本、一盒彩色铅笔和专门为儿童设计的15张游戏纸牌（分为3～6岁、6～9岁和9～12岁三个年龄段）、一个香料袋和一个香水书签。毫无疑问，这些物品在很大程度上增强了观众与展览之间的互动关系。“神秘游戏”（The Mystery Game）则是策展人专门为“描绘光”主题展览设计的互动空间，一名虚构出来的画家离奇死亡，他的衣帽和作画用的画笔、颜料和油画刮刀散落在地板上。整个房间就是为了重现关于这场谋杀的犯罪现场：地板上有着描绘尸体外轮廓的白线，墙上贴着再现犯罪现场的照片和当地报纸跟踪报道的

“毕加索、米罗、达利，愤怒的年轻人：现代性的诞生”展览场景。

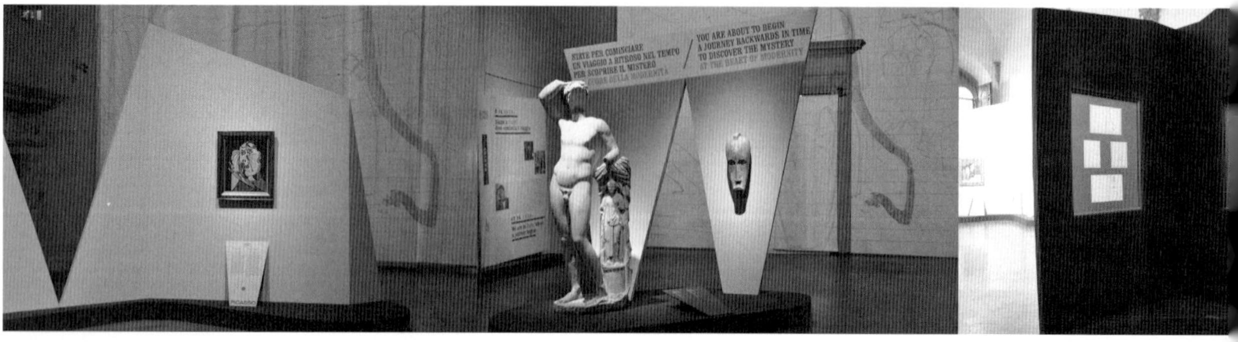

调查访谈，电视里正在播放的内容是揭示死者画作深层含义的分析和诠释，触摸屏则展示了被红外线、紫外线和X光扫描下的物证影像局部。进入房间的观众需要扮演一名侦探的角色，力图去寻找和阐释与罪案现场相关的蛛丝马迹，到底谁杀害了画家？作案动机是什么？最后，参观的观众被要求填写一份与罪犯作案动机和线索有关的"破案锦囊"。相关研究小组所搜集到的数据显示，参观"描绘光"主题展览的观众中有相当一部分人多次光顾了这个"神秘游戏"空间。再以"凯瑟琳娜和玛利亚·德·美第奇——执政的女性"（Catherine and Maria de' Medici: Women in Power, October 24, 2008—February8, 2009）为例，一个由真皮和帆布制成的"女王的旅行袋"（"The queen's carpetbag"）大受参观者推崇，里面装有游戏纸牌、相关活动的文字说明和对话，引导使用者去使用其中的王冠、盔甲、鼹鼠皮和面罩，并按照当时的历史传统进行体验和展演。袋子里面还提供了一盒油画棒，为的是体验者们记录下当时的感受并将其带回家。不仅如此，策展团队还在展览空间内提供了互动展室。观者在参观展品的间隙还可以用当时的织布机亲手制作一个臂镯。更有意思的是，一个虚拟的"记忆织机"可以指导体验者创建自己独特的、可视化的轨迹图。旁边不远的图腾柱则鼓励参观者们将自己的观感体验表达在上面。

具体到门票来看，家庭通票在整个展期内都是有效的，斯特罗齐宫当代文化中心门票的有效期长达一个月。这种策略的实施是为了为该馆赢得固定的参观人群，当然，这些"回头客"会向他们身边的人推荐这里与众不同的参观体验。2009年10月—2010年1月间，该馆策划的主题为"艺术与错觉：从古到今的幻境画"（Art and Illusion: trompe-l'oeil from Antiquity to the Present Day）的展览开发出一个iphone手机应用程序，引导公众主动寻找分布在佛罗伦萨这座城市各个角落的"幻境画"装饰。或许有些批评家认为这种行为只是主办方随意想出的一个搪塞公众的伎俩，但事实上只有展览组织者才会认真考虑该展览的学术价值并设计出这个真正调动参观者兴趣的公共教育项目。在布拉德伯恩看来，如果你对观众而不是你自己的文化背景怀着深深的敬意，而且努力将大多数事情做到恰到好处，那么观众会欣然接受这种艺术体验，这就是艺术所带来的变化的力量所在。

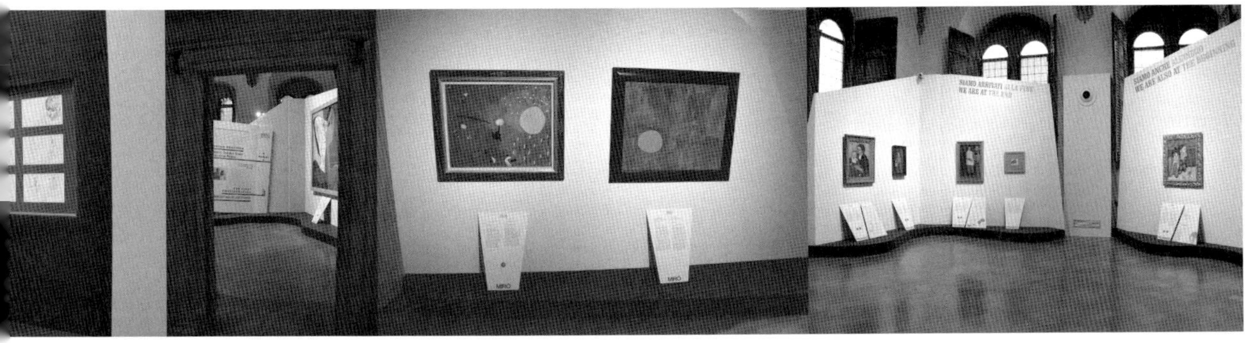

贝内代托·达·马亚诺（Benedetto da Maiano），《菲利波·斯特罗齐胸像》（*Bust of Filippo Strozzi*），1475年，博德博物馆（Bode Museum, Berlin）。

三、营造"原境"的可能性

斯特罗齐宫所策划的展览以深具学术性、反思性和创新性在业界内享有盛誉。2011年5月游历佛罗伦萨期间，笔者从酒店赠送的旅游小册子上看到一个关于毕加索、米罗、达利三位西班牙画家联展的海报，正好斯特罗齐宫距离原定的目的地——圣母百花大教堂不远，于是就欣然前往了。展览的题目很有意味："毕加索、米罗、达利，愤怒的年轻人：现代性的诞生"（Picasso Miro Dali, Angry Young Men: the Birth of Modernity）。展览规格很高，布展水平一流，在古老的城堡中，一股现代气息扑面而来。里面的展品来自世界各地近十座顶级博物馆，如古根海姆博物馆、纽约现代艺术博物馆、纽约大都会艺术博物馆、普希金博物馆、加泰罗尼亚国家博物馆，还有瑞士、法国、德国等国家的收藏机构及艺术基金会。除此而外，策展团队设计的系列活动丰富多彩，兼顾学术性、趣味性及娱乐性，吸引了大批观众。如今，与该特展相关的现代艺术年表、访谈、特别事件、公共教育活动的相关资料仍可以在官方主页上找到并进行下载。由此可见，馆方非常重视展览的持久影响力。

2012年，由斯特拉齐宫策展小组策划的"佛罗伦萨的美国人"（Americans in Florence）大型展览，对旅居佛罗伦萨的美国艺术家的创作历程进行一次重新梳理，由此产生了不少全新的研究课题。早期的艺术家有约翰·拉·法热（John La Farge）、乔治·英尼斯（George Inness）、威廉·莫里斯·亨特（William Morris Hunt），后辈画家包括：伊莱休·维德（Elihu Vedder）、弗兰克·杜韦内克（Frank Duveneck）、伊丽莎白·布特（Elizabeth Boott）、弗里德里克·蔡尔德·哈萨姆（Frederic Childe Hassam）、埃德蒙德·坦贝尔（Edmund Tarbell）、玛丽·卡萨特（Mary Cassatt）、塞西莉亚·博（Cecilia Beaux）、詹姆斯·惠斯勒（James Abbot McNeil Whistler）。需要提到的是，这个圈子里的重要人物是佛罗伦萨裔美国画家埃吉斯托·法比（Egisto Fabbi），他在市郊拥有一座别墅，另外还有一座坐落在托斯卡纳山上的杂草丛生的庄园。美国及意大利艺术家经常光顾着两个地方对景写生。当然，这个艺术聚落中最耀眼的明星当属约翰·萨金特（John Sargent），他出生于这座城市。概而言之，该展览的亮点之一就是一批新发现的、记录艺术家生活的摄影作品。

斯特罗齐宫结构示意图，图片来自网络。

德西代里奥·达·塞蒂利奥（Desiderio da Settignano），《玛丽埃塔·斯特罗齐肖像》（*Portrait of Marietta Strozzi*），1460年，大理石，高53厘米，柏林国家博物馆（Staatliche Museen, Berlin）。

有一组照片将萨金特和法比作画的过程记录下来，具有极高的历史价值，总而言之，它们直观地再现了那一段历史。

这个展览的独特之处还在于：它不但展现了意大利在何种程度上影响了这个美国艺术群体的绘画风格，而且探讨了这股潮流对当时意大利艺术家的反作用。展览的最后一个环节则力图探查这批美国画家对国内后辈们（如弗兰克·本顿（Frank Weston Benton）、约翰·怀特·亚历山大（John White Alexander）及托马斯·威默·杜因（Thomas Wilmer Dewing）的影响力。除上述特点之外，这个展览的新颖之处还表现在如下几方面。

其一，“佛罗伦萨的美国人”主题展览涵盖了多种多样的绘画主题，富人、名人及有头衔的人物的肖像、城市景观、室内人物、向文艺复兴风格回归的作品、田园诗般的描绘托斯卡纳风景的作品。

其二，展览组织者所撰写的小册子很有特色，其标题为《在佛罗伦萨的美国人的护照》（*Passport for Americans In Florence*），为参观者提供了画作中出现过的别墅、花园、宫殿、教堂的详细信息。譬如，在看完萨金特所绘制的那幅华美的《加利塔：花园里的女士们》（*At Torre Galli: Ladies in a Garden*, 1910）之后，观者会在小册子中按图索骥地找到真实存在的加利塔别墅（Villa de Torregalli）的开放时间，并做实地探访之想。不仅如此，由斯特罗齐宫的Netribe专门围绕展览主题研发的应用程序则在最大程度上创造出一个“原境”（in situ）。考虑到斯特罗齐宫所在的地理位置与美国画家群体所描绘过的托斯卡纳和佛罗伦萨风景距离较近，研发者们便制作出了一个可供参观者实地探访这些风景的应用程序。观众可借助这个程序寻找到画家所描绘的风景。但需要在这里特别强调的是，这个程序不仅仅满足于在地理学意义上重构画中场景，而是为观者提供一些美学资源，为使用者拓展出一个涵盖绘画、书籍以及其他历史遗留物等资源的参观体验。

其三，佛罗伦萨市长将2012年定为美国年。斯特罗齐宫所策划的“佛罗伦萨的美国人”只是这个系列展中的一部分，另外一个姊妹展览的主题为“美国梦想家：当代艺术中的现实与想象”（American Dreamers: Reality and Imagination in

“16世纪的佛罗伦萨——从米开朗琪罗、篷拉尔莫到詹博罗吉娜”（“The Cinquecento in Florence:From Michelangelo and Pontormo to Giambologna”, 2017-2018）展览场景

“16世纪的佛罗伦萨——从米开朗琪罗、篷拉尔莫到詹博罗吉娜”展览场景

Contemporary Art）。毫无疑问，这样的系列展览一方面会拓展新的研究领域，另一方面也会引导公众有准备地参与其中，享受探索的乐趣。

四、结语

在布拉德伯恩博士看来，斯特罗齐宫的文化理念是“看得见的聆听”。其基于三个方面：首先是“品质”（quality），其次是“语言”（language），再次是“量身定制”（customization）。这就意味着邀请新的声音进入文化空间，让它们可以被看到（被听到），而成为与其他观众持续讨论的一部分。斯特罗齐宫坚信博物馆是真正的最后领地，应展示其对文化和创作者—艺术家、音乐家、作家和表演者的信任，促进思考，激发怀疑和讨论。观众离开艺术展览时常常会感觉到些许不满足，甚至麻木。展览文本历来由策展人写就，往往是以一种冷静的、第三人称的“神”的声音来撰写，仿佛策展人的言论即是绝对真理的碎片。然而也有些策展人觉得没有信息来“污染”观众的经验才是最好的。在另一些情况下，策展人使用专业词汇，并称这样做是为了简化难度，帮助观众。无论多么敏感的策展人，这些做法都几乎不可能为他们找回他们所不知道的主题——每一位参观者自身的情况。由此，展览的传播“语言”至为重要，布拉德伯恩认为，它是一种由高度的“协调性”（coherence）和“丰富性”（variety）融为一体的“混合物”，前者来自策展团队的协作，后者关乎展览的阐释。以前述“神秘游戏”为例，对于虚构艺术家的离奇死亡案件，参观者可以给出很多种合理的解释和推论。

在当下，艺术博物馆、美术馆公共教育所涉及的领域在不断拓展，甚至将展览策划活动也涵盖在内。近期的一项调查表明，艺术博物馆的公共教育项目包含了七个类别的内容：旅游项目、非正式美术馆学习项目、社区、成人及家庭项目、班级和其他公共项目、与其他组织的合作、学校项目、网上教育项目。由这些项目衍生出来的活动还有很多，比如公共教育部的员工组织社区的文化节，与其他大学和城市机构发展合作关系，召开视频会议，协助学生在博物馆网站上策划展览。面对藏品有限的现状，斯特罗齐宫采取灵活多变的策展方式，兼顾了策展与公共教育的契合点，以观众的需求为至上原则，取得了良好的效果，无疑值得国内同行借鉴。

参考文献及相关网站：

Daniela Rosner, Marco Roccettti, and Gustavo Marfia, "The Digitization of Cultural Practices.", *Communications of the ACM*, June, 2014,Vol. 57, No. 6.

Monica Calcagno , Claudio Biscaro , "Designing the Interactions in the Museum: Learning from Palazzo Strozzi" , *Int. Studies of Mgt. & Org.*, vol. 42, no. 2, Summer 2012, pp. 43—56.

Sallie Brady, "A Flowering in Florence" , *Art & Antiques*, May, 2012, pp.70—73.

Susan Moore, "The Palazzo Strozzi: An Italian Phonex" , *Apollo*, September, 2011, pp.34-36.

Melissa Meriam Bullard, "Marriage Politics and the Family in Florence: The Strozzi-Medici Alliance of 1508" , *The American Historical Review*, Vol. 84, No. 3(Jun., 1979) , pp. 668—687.

Heather Gregory, "The Return of the Native: Filippo Strozzi and Medicean Politics" , *Renaissance Quarterly*, Volume 38, Number 1 | Spring, 1985.

Macdonald, Sharon, A companion to museum studies, Malden, MA : Blackwell Pub., 2006, p.344.

http://www.palazzostrozzi.org/index.jsp?idProgetto=2&idLinguaSito=2

http://www.namoc.org/xwzx/yjdt/dt2013/201312/t20131227_272361.htm

"16世纪的佛罗伦萨—从米开朗琪罗、篷拉尔莫到詹博罗吉娜"展览场景

"三城记"：艺术成瘾者佩姬·古根海姆的博物馆之梦

引言

与欧洲博物馆的情形（它们大部分建立于皇室及贵族收藏基础上）相反，美国的艺术博物馆在很大程度上依赖于私人捐赠得以创建，譬如加州亨廷顿（The Huntington）、纽约弗里克藏品馆（The Frick Collection）、华盛顿特区弗利尔美术馆（The Freer Gallery of Art）、波士顿伊莎贝拉·加德纳博物馆（The Isabella Stewart Gardner Museum）等。与这些以"老大师"（The old master）画作或古物收藏为主的艺术机构形成鲜明对照，美国收藏家佩姬·古根海姆（Peggy Guggenheim）尝试引进和提升欧洲现代艺术，并以这些藏品为基础创立了一座艺术博物馆，游走于欧洲与新大陆之间并最终定居意大利威尼斯。除此之外，佩吉所独享的贡多拉，数不清的风格各异的奇装异服，前哥伦比亚、埃及帝国、超现实主义风格的耳环，拥有巨大边框的太阳镜，边缘镶银的平底人字拖都是威尼斯人津津乐道的话题。她的藏獒——艾米丽（Emily）、宝贝（Baby）和赫伯特·里德爵士（Sir Herbert Read）也为水城居民所熟知。尽管古根海姆在自传中强调，她不是一位艺术收藏家，而是一座博物馆，事实上，她介入现代艺术并从事收藏的历程，最终目的是为了构建一座博物馆，尽管她的经历云谲波诡，颇具传奇色彩和"波西米亚"风格。如果说巴黎时期是她在艺术上的启蒙阶段，此后在伦敦、纽约和威尼斯三座城市的艺术经历则是她逐渐步入成熟期的地标。本文将着力点置于佩吉艺术趣味的形成、独特的展示方式等问题，力图还原作品、展示环境、艺术收藏家意图之间的关系。

曼·雷（Man Ray）拍摄的佩姬·古根海姆，1924年。

一、伦敦的"现代艺术博物馆"

2015年4月，由女导演丽莎·伊莫尔迪诺·弗里兰（Lisa Immordino Vreeland）执导的纪录片《佩姬·古根海姆：艺术成瘾》（*Peggy Guggenheim: Art Addict*）4月在翠贝卡电影节（Tribeca Film Festival）首映，6月20日又在瑞士巴塞尔艺术展"光映现场"单元放映。此后，2015年12月，迈阿密海滩巴塞尔艺博会（Art Basel Miami Beach）期间上映。在连续4天的放映之后，该片的通行版也推出。这不是弗里兰首次拍摄纪录片，在此之前，她执导的、以著名时尚编辑戴安娜·弗里兰（Diana Vreeland）为主角的纪录片《戴安娜·弗里兰：眼睛必须旅行》（*Diana Vreeland:*

佩姬·古根海姆与马克斯·恩斯特（Max Ernst）。

The Eye Has to Travel）获得广泛赞誉。如果说佩姬·古根海姆的“御用传记作家”杰奎琳·博加德·韦德（Jacqueline Bogard Weld）在其著作中将过多的笔墨用于描述传主本人的风流韵事，而未将应有的注意力转移到她作为艺术收藏家、赞助人、现代艺术推动者的众多角色上的话，这部纪录片则在这方面做得更好，以佩吉高贵的访谈录音为主线，划分为多个章节来叙述这位收藏家的丰富人生。她听过詹姆斯·乔伊斯一展歌喉演唱古典歌曲，与毕加索、格特鲁德·斯泰因（Gertrude Stein）、达利等名流交谈，曼·雷（Man Ray）为她拍过照片，更不消说她与塞缪尔·贝克特、恩斯特、杜尚、杰克逊·波洛克等人的复杂关系。巧合的是，成为整部纪录片亮点之一的采访录音是在韦德家的地下室被导演无意中发现。此外，在纪录片中出现的受访人物不乏名流，除了经常出现在镜头中的韦德之外，还有毕加索友人、权威毕加索传记作家约翰·理查森（John Richardson）、好莱坞名宿的罗伯特·德·尼罗（Robert De Niro），行为艺术家玛丽娜·阿布拉莫维奇（Marina Abramović）。在导演弗里兰看来。佩吉终其一生一直在追寻适合她本人的职业，直到四十岁那年她才真正意义上如愿。这时她意志坚定，不再迷惘、焦虑不安，成功地扮演着女性赞助人和收藏家的角色，直至生命的尽头。换言之，对艺术之爱，甚至是“艺术成瘾”是她的驱动力，这一切最终聚集在威尼斯的私人艺术博物馆里。尽管佩姬本人被欧美不少主流艺术博物馆、美术馆的馆长、主管等专业人士视为“半吊子”“不入流”，但无可置疑的是，她的的确确是现代艺术的有力推动者。

正如本文开头所指出的，美国人对欧洲艺术品的搜罗活动奠定了很多美国艺术博物馆的馆藏基础。即使在今天，不少美国博物馆依然是私人艺术机构，它们的捐赠者依然是富有的资产阶级而非国家。如果一座博物馆既是公共的同时又是国家所属的，它必须纪念一种本土的文化遗产。与此相反，倘若一座博物馆是由通过从另外一种文化情境的购藏而移植过来的藏品所构成，那么它在本质上仍然是私人趣味或财富的纪念物。在这一点上，美国学者卡罗尔·邓肯（Carol Duncan）在其著作《礼仪文明化：公共艺术博物馆之内》（*Civilizing Rituals: Inside Public Art Museums*）中已经有了详细而令人信服的论述。我们在这里仅提一个例证，比方说，我们所熟知的、由所罗门·古根海姆（Solomon R. Guggenheim）所创立的古根海姆博物馆无疑是一个这样的典型。这座博物馆的藏品面貌反映了收藏者的个人趣味，在女男爵希尔·雷贝·冯·埃伦维森（Hill Rebay von Ehrenwisen）的影响下，所罗门·古根海姆非常看重带有明显的“非客观性”（non-objective）倾向的艺术作品，这个词是雷贝对德语“Gegenstandslos”的翻译，其字面意思是“没有客观性”。在康定斯基的理论著作里，它则代表着最高的美学和精神性原则。几年之后，她写道：“在世界历史上从未出现过一种显著的从物质到精神的推进，直到绘画艺术中出现了从客观性向非客观性的转变”。

佩姬·古根海姆在威尼斯“狮子宫”卧室中，后为雕塑家亚历山大·考尔德（Alexander Calder）为其制作的雕塑。

与所罗门不同，佩吉的艺术收藏活动似乎显得更随意以及偶然，她的艺术史知识大部分源自与她过从甚密的艺术家及作家们。“佩吉”（Peggy）这个名字是她在1898年出生时获得的一个绰号，她的真名是玛格丽特·古根海姆（Marguerrite Guggenheim），是本杰明·古根海姆（Benjamin Guggenheim）和弗洛雷特·泽利希曼（Florette Seligman）之女，他们分别来自纽约的两个最为知名和富有的德裔犹太家族。在父亲本杰明·古根海姆遭遇泰坦尼克号海难之后，古根海姆家族承担了抚养本杰明遗孤的责任。佩吉继承了她应得的50万美元财产并获得家族的允许远赴欧洲游历。她对于现代主义的兴趣源自其友人佩吉·瓦尔德曼（Peggy Waldman）在1937年提出的一个建议：“你应该做一些对于生活而言严肃一些的东西，比如开一家画廊或者出版社。”她对前者感兴趣并最终在伦敦拥有了属于自己的第一家画廊。尽管伦敦守旧、停滞的艺术氛围让人窒息，但是她还是决定定居于此。友人、文学家塞缪尔·贝克特（Samuel Beckett）鼓励她去收藏在世艺术家的作品。后来，佩吉找到了她的最好的导师及顾问马塞尔·杜尚，后者教会她如何分辨抽象艺术及超现实主义的差别，而佩吉则同时购藏这两类艺术品。

中年时期的佩姬·古根海姆。

画廊的名字——“古根海姆·热纳”（Guggenheim Jeune）是在佩吉的一个朋友的建议下所取的。因为当时法国有一家著名的本海姆·热纳（Bernheim Jeune）画廊，主人是若斯（Josse）和加斯东·本海姆·热纳（Gaston Bernheim-Jeune）兄弟，他们经营的重点是后印象派画家的作品。把画廊加上他们家族的名字是为了与其父亲所经营的画廊区分开来，因为父亲的画廊以出售巴比松画派和其他19世纪早期绘画为主。古根海姆·热纳画廊于1938年在伦敦的科克街（Cork Street）开业，在这里所举办的第一次画展是以让·科克托（Jean Cocteau）作品为主题的，主要以素描及其他的作品为主。值得一提的是，这个展览从当时正在法国举行的超现实主义国际展览中吸收了不少经验。经由杜尚牵线搭桥，佩吉随后给康定斯基（他

佩姬·古根海姆在“这个世纪的艺术”（art of this century）画廊展厅中。

在英国的第一个个人展览就在佩吉的画廊中举办）、伊夫·唐吉（Yves Tanguy）等人举办个人展览，后来包括爱德华·伯拉（Edward Burra），保罗·纳什（Paul Nash），马克斯·恩斯特（Max Ernst）、雷尼·玛格利特（René Magritt）等。她发起了不同种类的群体展览：一个是关于儿童绘画的，其中有她的女儿帕金（Pageen）以及卢西恩·弗洛伊德（Lucian Freud）的作品；一个是有关来自汉斯·阿尔普（Hans Arp）、库尔特·施维特斯（Kurt Schwitters）、索菲·塔博—阿尔普（Sophie Tanber-Arp）的装置及照片拼贴艺术展览；还有来自康斯坦丁·布朗库西（Constantin Brancusi）、亚历山大·考尔德（Alexander Calder）、雷蒙德-杜尚·维龙（Raymond Duchamp-Villion）、安东尼·佩夫斯纳（Antoine Pevsner）以及亨利·摩尔的雕塑展。在这个意义上，佩吉所经营的画廊成为推介欧洲现代艺术的重要阵地。

1939 年 3 月，佩吉的古根海姆·热纳画廊已经经营了 18 个月，亏损严重，佩吉每个月需要投入 5000 美元才能勉强维持。颇具讽刺意味的是，佩吉成为该画廊最大的主顾。关闭画廊也出于这样的考虑，那就是佩吉想依照纽约现代艺术博物馆（The Museum of Modern Art）为模板在伦敦建造一座博物馆。当时她聘请英国著名艺术批评家赫伯特·里德（Hebert Read）担任“未来博物馆”馆长——其时他正供职于《伯林顿杂志》（*Burlington Magazine*）杂志社。他将杂志社所给予他的担保抛诸脑后，全身心地投入这座博物馆的筹建之中，仅要求佩吉提前一年支付他的薪水，以便用于购买劳特利奇出版社（Routeledge Publishing House）的股份。佩吉想利用她既有的藏品作为未来博物馆的基础，进而设法通过各种渠道从欧洲的公私画廊、艺术家以及博物馆借到作品进行展览。里德给佩吉开出一个艺术家名单，建议她收藏或借取他们的作品。佩吉遂带着这个名单渡过英吉利海峡，到了巴黎，并为“开馆展览”商讨租借作品事宜。但遗憾的是，第二次世界大战于 1939 年 9 月打响了，她不得不放弃酝酿已久的筹建博物馆计划并留在了巴黎。此时她做出大胆的决定：不是从里德所列出清单的艺术家们手中出借作品，而是直接把它们买下来。

佩姬·古根海姆在威尼斯“狮子宫”中，后为毕加索作品。（左）

佩姬·古根海姆在威尼斯，背景为大运河。（中）

佩姬·古根海姆在马车上，年代、地点不详。（右）

"这个世纪的画廊"中抽象艺术展厅（Abstract Gallery）场景。

客观地说，由于受到战争带来的不确定因素之影响，佩吉以相当低廉的价格购进了不少艺术大师的作品。她的座右铭很快就变成了"一天买一幅画"（"buy a picture a day"）。在滞留巴黎期间，她将布朗库西包括他的《空间中的鸟》（*Bird in Space*），萨尔瓦多·达利（Salvador Dalí）、阿尔伯特·贾克梅蒂（Alberto Giacometti）、提奥·凡·杜斯堡（Theo van Doesburg）、维龙、恩斯特、阿尔伯特·格瑞兹（Albert Gleizes）、保罗·克利（Paul Klee）、费尔南多·莱热（Fernand Léger）、玛格利特、曼·雷（Man Ray）、蒙德里安（Piet Mondrian）、琼·米罗（Joan Miró）、弗朗西斯·比卡比亚（Francis Picabia）、吉诺·塞维里尼（Gino Severini）、雅克·维龙（Jacques Villion）以及汉斯·阿尔普（Hans Arp）等艺术家的作品纳入自己的既有藏品之中。随着德军一天天逼近巴黎，佩吉不得不为它们寻觅藏身之地。她首先考虑卢浮宫，但令人失望的是，卢浮宫的官员们拒绝替她保存，他们所给出的理由是这些藏品"太过于现代而不值得保存"。经过斡旋，最终格勒诺布尔博物馆（Musée de Grenoble）接受了托管的请求，接下来佩吉就需要耐心等待这些艺术品从法国顺利托运到美国纽约。借助当时法国最大的托运公司的老板勒内·勒菲弗（René Lefèvre）之协助，这批艺术珍品终于在1941年法国国庆日那天顺利抵达纽约。附带一提的是，一个在美国劳工联盟（The American Federation of Labor）、纽约现代艺术博物馆等机构支持之下的委员会专门从事营救欧洲艺术家的事务，这个组织将许多超现实主义画派的艺术家们及其家属安全地送抵美国。佩吉则协助安德烈·布雷东及家人以及恩斯特逃离欧洲。1941年，在经历过一段在里斯本漫长而又困难的等待护照的日子之后，佩吉幸运而如愿以偿地飞往美国。

晚年时期的佩姬·古根海姆。

二、纽约的“这个世纪的艺术”画廊

尽管第二次世界大战导致了世界的混乱不堪，但抽象表现主义在相对安定的美国本土得以诞生并逐步发展壮大起来。我们应该看到，在20世纪的前几十年所产生的非具象艺术（The Nonobjective Art）是硬边的、几何性的，它与后来的“抽象表现主义”有着很大的差异性。“抽象表现主义”的正统地位，业已凭借1966年纽约现代艺术博物馆组织的透纳（J. M. W · Turner）主题展览初步得以确立。毋庸置疑，佩吉也可以算对美国抽象表现主义起到了推波助澜的作用。她在美国的家成为许多流亡艺术家的聚会场所，不少后来成名的美国艺术家均从这个沙龙中获益匪浅。恩斯特和布雷东协助她继续扩充艺术藏品。这期间她陆续购藏了夏加尔、杜尚、康定斯基以及米罗等艺术家的作品。与此同时，她重新萌生了创建一座艺术博物馆的想法，她将这座博物馆的名字取名为“这个世纪的艺术”（Art of this Century）。早在1942年，佩吉就委托担任哥伦比亚建筑学校（The Colombia School of Architecture）实验室主任的弗里德里克·吉斯勒（Frederic Kiesler）为她设计一座博物馆。她将博物馆的内部设计全权委托给吉斯勒，唯一的要求是画作不要外框。吉斯勒将位于西57大街顶楼的两个裁缝店改造成为一座小型博物馆，其中包括由几个展厅组成的展示区。在进入主展览区的过程里，参观者则被邀请参与一个小游戏：通过一条机械化传送带将几件克利的作品依次呈现在观者面前，而让观者将其区分出来。通过转动轮子而经由一个窥视孔则可以看到一件有趣的艺术复制品，它取材于杜尚创作于1938年的《旅行箱中的盒子》（*Box in a Valise*）。当然，这个新奇的物件无疑会引起参观者的兴趣。难怪佩吉在自己的自传——《一个艺术迷的自白》中不无妒忌地称许吉斯勒的才能：“……他告诉我，历史不会因为我的藏品而记住我，而会记住他是怎样使用颠覆传统的方式展示这些收藏的。”在标题为《关于设计展厅的随想》（*Notes on Designing the Gallery*）的一篇文章里，吉斯勒公然宣称：“……时至今日，对易受感染的观者来说，悬挂在墙上的装框画作已经

《佩姬·古根海姆—艺术成瘾者》纪录片海报。

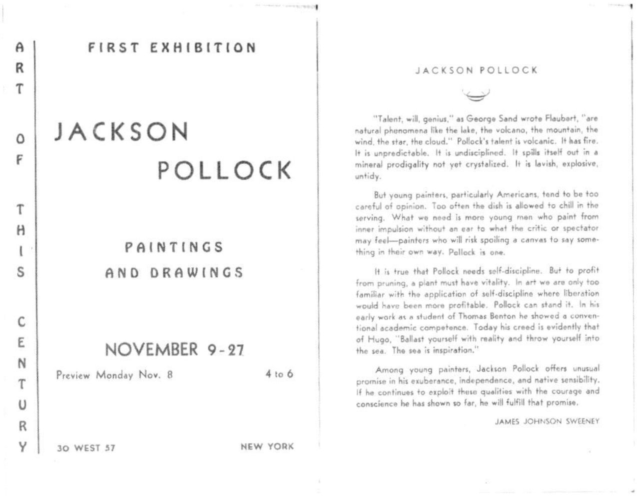

ART OF THIS CENTURY

FIRST EXHIBITION

JACKSON POLLOCK

PAINTINGS AND DRAWINGS

NOVEMBER 9-27

Preview Monday Nov. 8 4 to 6

30 WEST 57 NEW YORK

JACKSON POLLOCK

"Talent, will, genius," as George Sand wrote Flaubert, "are natural phenomena like the lake, the volcano, the mountain, the wind, the star, the cloud." Pollock's talent is volcanic. It has fire. It is unpredictable. It is undisciplined. It spills itself out in a mineral prodigality not yet crystalized. It is lavish, explosive, untidy.

But young painters, particularly Americans, tend to be too careful of opinion. Too often the dish is allowed to chill in the serving. What we need is more young men who paint from inner impulsion without an ear to what the critic or spectator may feel—painters who will risk spoiling a canvas to say something in their own way. Pollock is one.

It is true that Pollock needs self-discipline. But to profit from pruning, a plant must have vitality. In art we are only too familiar with the application of self-discipline where liberation would have been more profitable. Pollock can stand it. In his early work as a student of Thomas Benton he showed a conventional academic competence. Today his creed is evidently that of Hugo, "Ballast yourself with reality and throw yourself into the sea. The sea is inspiration."

Among young painters, Jackson Pollock offers unusual promise in his exuberance, independence, and native sensibility. If he continues to exploit these qualities with the courage and conscience he has shown so far, he will fulfill that promise.

JAMES JOHNSON SWEENEY

CATALOGUE

1. MALE AND FEMALE
2. THE GUARDIANS OF THE SECRET
3. THE SHE-WOLF
4. THE MOON-WOMAN
5. THE MOON-WOMAN CUTS THE CIRCLE
6. THE MAD MOON-WOMAN
7. STENOGRAPHIC FIGURE
8. CONFLICT
9. THE MAGIC MIRROR Lent by Miss Jeanne Reynal
10. UNTITLED Lent by Mr. Herbert Matter
11. UNTITLED
12. UNTITLED
13. UNTITLED
14. UNTITLED
15. UNTITLED

GOUACHES AND DRAWINGS

“这个世纪的艺术”画廊展览目录选页。

成为毫无生命力和意义的无用之物……画框成为一个障碍，生硬而独断地造成了‘想象—现实’‘图像—环境’等二元对立。”他的任务就是重新恢复古代以来作品和建筑环境的整体关系。在他看来，自洞穴岩画时代就已经存在的作品与所在环境之间的“整一性”在现代文明社会中遭到破坏。就艺术作品来说，专断的、僵硬的框架必须要重新获得其建筑学意义上的、空间方面的意义及价值，换言之，重建这种整一性势在必行。

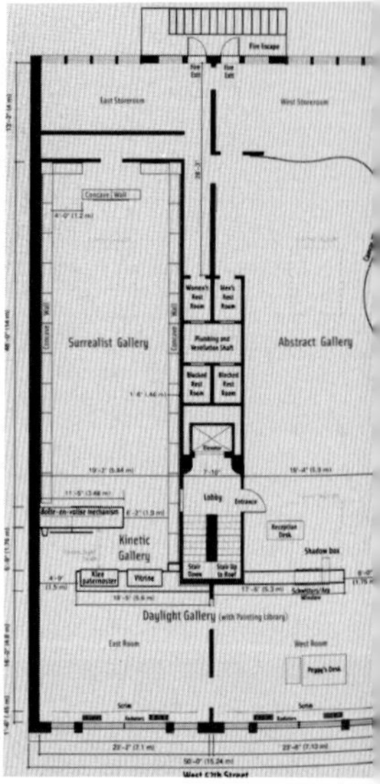

“这个世纪的艺术”画廊平面图。

吉斯勒从剧院、电影院、百货公司橱柜以及游乐园等场所获取灵感，创造出一个甚至使佩吉本人都感到惊奇的展示空间。因为在通常情况下，佩吉的那些匪夷所思的奇思妙想是很难得到满足的。两个展厅的藏品是佩吉刚改造的博物馆的固定陈列。第一个展厅专门陈列抽象艺术，它拥有波浪形状的墙体，天花板和地板皆用蓝色的亚麻布镶边。有趣的是，绘画和雕刻的展示方式颇为别具一格，从天花板到地板的呈三角形拉紧的两条绳子是主要的展示装置，观众可以欣赏这样的展示手段带来的“奇幻”效果。小型雕刻则被置于与其外轮廓相吻合的特制的小架子里，这些小架子被悬空地固定在展厅空间里，三根垂直地挂在空中的绳子尽力分开，为的是固定这些小架子；大型雕塑则被置于地板上或放在形状不规则的家具里展示。

相较于抽象主义艺术展厅，超现实主义展厅则是最吸引观者的地方。那些棒球击球的“胳膊”透过中空的墙体而投射到另一面墙上，它们由被压成薄片的木材做成，每一只“胳膊”拿着一幅无框的超现实主义绘画作品，这些画作被它们拿在“手中”忽上忽下，忽而又指向参观者。另外一个展厅则是用透明的白色屏幕将四周玻璃窗遮住，这样便可以减弱来自第57大街的强烈光线。附带一提的是，除了普通观众之外，佩吉还充分考虑到了年轻艺术家们的需要。这个展厅主要用于临时展览或者供来研习画作的人使用，允许被临摹的画作安置在由吉斯勒所设计的柜子里面。这座美术馆的开幕时间选在1942年10月30日的晚上，收取1美元的门票，所得将捐赠给美国红十字会。用佩吉本人的话说，“那真是一场盛大的庆典”。她为此专门订做了一套晚礼服，戴上一只唐吉制作的耳环，另一只则是雕塑家考尔德精心制作的，以此来表明：“抽象主义”和“超现实主义”在其心目中有同样的地位。在观看了“这个世纪的艺术”里面光怪陆离的展示方式之后，爱德华·奥尔登·朱厄尔（Edward Alden Jewell）在1942年10月25日《纽约时报》（*The New York Times*）刊载标题为《我们的半球海报》（*Our Hemisphere Posters*）的文章，其中对吉斯勒的展示方式表示认可。无独有偶，在展览正式开幕后第二天发表在《纽约客》上的文章标题直截了当地用《艺术展室——16英里的细绳》（*The Art Galleries: Sixteen Miles of String*），来彰显其可以与纽约现代艺术博物馆相比肩的先锋性和革命性。

“这个世纪的艺术”画廊开幕请柬，日期为1942年10月20日。

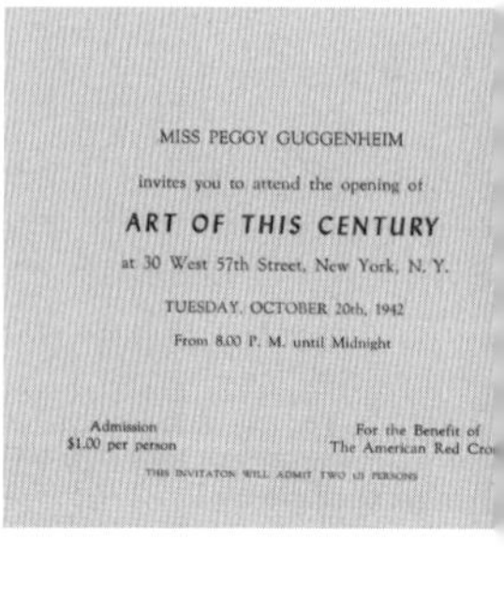
MISS PEGGY GUGGENHEIM

invites you to attend the opening of

ART OF THIS CENTURY

at 30 West 57th Street, New York, N. Y.

TUESDAY, OCTOBER 20th, 1942

From 8.00 P. M. until Midnight

Admission
$1.00 per person

For the Benefit of
The American Red Cro

THIS INVITATON WILL ADMIT TWO PERSONS

出于博物馆运营方面的考虑，佩吉也主张展示美国年轻艺术家的作品。于是她设法展示出自罗伯特·马瑟韦尔（Robert Motherwell）、莫里斯·格雷夫斯（Morris Graves）、莫里斯·希什菲尔德（Morris Hirshfield）、玛塔·埃莎瑞恩（Matta

Eschawren）、杰克逊·波洛克（Jackson Pollock）、吉米·恩斯特（Jimmy Ernst）、威廉·德库宁（Willem de Kooning）等艺术家之手的作品。女性艺术家们的作品则以群体展览的形式被纳入该馆的展览日程里。在她经营博物馆的最后阶段（1946—1947年），三位女性艺术家——弗吉尼亚·阿德米拉（Virginia Admiral）、马里奥尼·麦基（Marjone Mckee）以及海伦·舒恩格尔（Helen Schurnger）都有机会在这里举办个人展览。当然，佩吉所策划的展览中最为引人注目的是两次女艺术家联展：1943年的“三十一位女性”（31 Women）以及在1945年的“女人们”（The Women）。到这时，她相信自己的眼光，同时也会就选择艺术家的问题求教于阿尔弗雷德·巴尔（Alfred Barr）以及詹姆斯·约翰逊·斯威尼（James Johnson Sweeney）（纽约的古根海姆博物馆的第二任馆长）。毫无疑问，与此前相较，这个时期的佩吉已具有极高的艺术鉴赏力，她所搜罗的藏品均是西方现代艺术的经典之作。

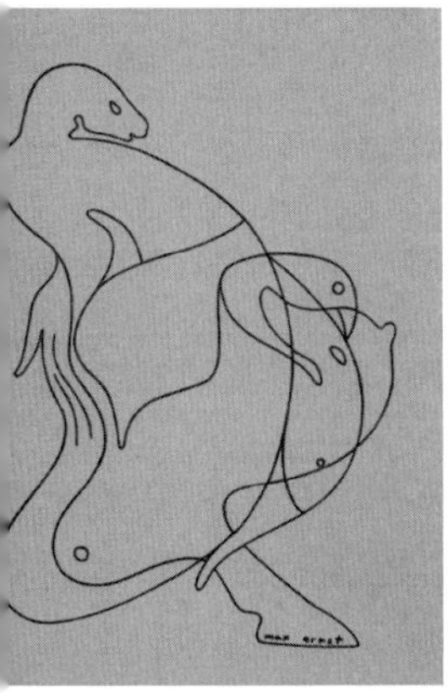

马克斯·恩斯特为“这个世纪的艺术”展览目录设计的公告牌图案。

三、威尼斯的“现代艺术之宫”

尽管佩吉钟爱她在纽约的小型博物馆，但在第二次世界大战结束之后，她还是回到了欧洲，之所以这样做，既是为自己的藏品，也是在为自己寻找最后的归宿。早在与作家劳伦斯·威尔（Laurence Vail）蜜月旅行期间，佩吉就得以结识伯爵夫人马尔凯萨·路易莎·卡萨蒂（Marchesa Luisa Casati），她是一位米兰工业家的女儿。长期租住在狮子宫，她本人以及在狮子宫内举行的音乐会一度成为威尼斯人津津乐道的话题。尽管这是一座以表演会、欢宴和化装舞会闻名的城市，但却难以满足女主人的欲望。卡萨蒂在狮子宫内的沙龙，有猴子、鹦鹉、孔雀、半驯化的猎豹，黑人乐队演奏着散拍乐曲和探戈。有意思的是，许多年之后，正是卡萨蒂将自己在威尼斯未完成的狮子宫（The Palazzo Venier dei Leoni）卖给了佩吉，成为其私人宅邸，并在那里展示自己的艺术藏品。若要细究起来，狮子宫涉及的人物和事件非常丰富多彩。这座宫殿原属于威尼斯名门望族韦涅家族（The Venier），该家族是威尼斯最早的居民，其历史可以追溯到罗马皇帝瓦莱里安（Valerian，253—

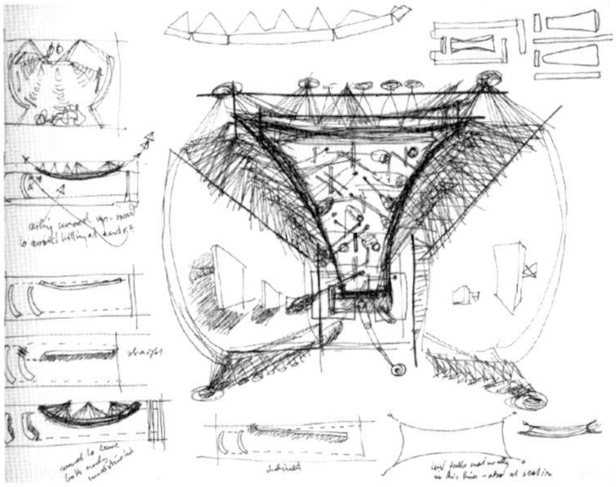

建筑师德里克·吉斯勒（Frederic Kiesler）为“这个世纪的艺术”画廊“超现实主义展厅”（Surrealism Gallery）画作支撑装置所绘制的设计草图。（左）

建筑师德里克·吉斯勒为“这个世纪的艺术”画廊天花板和光照系统绘制的设计草图。（右）

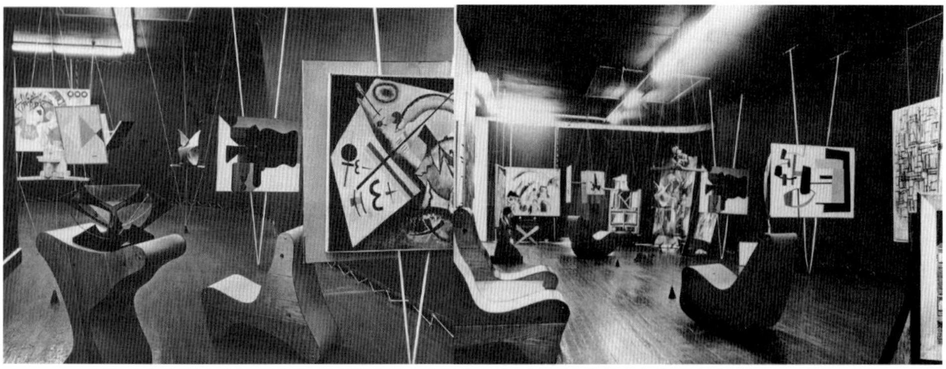

"这个世纪的艺术" 画廊展厅场景。

260年间在位）和加里努斯（Gallienus, 218—268）。该家族中人才辈出，其中不乏担任总督、市长、主教、海军上将、执政官等重要职务者。1571年，韦涅家族的声望达到巅峰，当时担任海军上将的塞巴斯蒂亚诺·韦涅（Sebastiano Venier）率领威尼斯舰队痛击土耳其军队，取得历史性的大捷。后来，这位海军上将还被推选为威尼斯总督。1749年，韦涅家族的尼科洛·韦涅（Nicoló Venier）雇佣著名建筑师洛伦佐·博斯凯蒂（Lorenzo Boschetti）负责设计狮子宫，后来设计任务被转到另外一名建筑师——多梅尼科·里齐（Domenico Rizzi）手上。由于种种原因，狮子宫的工程到1752年才动工。不幸的是，该工程遭到了科纳（Corner）家族的阻挠，雪上加霜的是，威尼斯市政委员会（The City Council）担心建成的狮子宫会使位于大运河对岸的市政厅（The Town Hall）黯淡无光，干脆就百般阻挠狮子宫的修建。1780年，尼科洛·韦涅辞世，建筑工程正式终止了。由此，这栋建筑物获得了一个诨号——"未完工的宅邸"（palazzo non compiuto）。托雷塞利家族出于对威尼斯保护圣人圣马可（St Mark）的景仰，在宫殿内豢养从异邦运来的狮子，并在面向大运河的正立面上雕刻了18只狮子。一个半世纪之后，狮子宫归卡萨蒂家族所有。尽管在将藏品永久性地转移到意大利这件事上遇到了重重困难（主要是高昂的运输费用和关税）与阻挠，但是，通过1948年"威尼斯双年展"（The International Art Biennale）这个良机，佩吉坚定了定居威尼斯的决心。需要指出的是，这是自1942年以来首次举办的双年展，佩吉在这个世界舞台上所提供的超现实主义及美国抽象表现主义画派的艺术品被安置在希腊展馆里。展览取得了极大的成功，它带给威尼斯一个"在现代及当代艺术当中的国际性角色"。卡罗列·魏尔（Karole Vail）如此评价佩吉的藏品及这个展览：

佩姬·古根海姆是这次双年展上的一个定义式的事件。佩吉的藏品是在意大利所见到的对抽象艺术和超现实主义艺术的最为全面的考察与探寻，像威廉·巴齐欧特（William Baziots）、杰克逊·波洛克（Jackson Pollock）、马克·罗斯科（Mark Rothko）以及克利夫特·斯蒂尔（Clyfford Still）这些美国艺术家是首次在美国本土以外登场亮相。佩吉的收藏给予欧洲人以这样的机会：跟上最近以来美国的先锋艺术；了解到将要在20世纪50年代主导艺术界的纽约画家群体。

这个世纪的艺术" 画廊出版的展览图录。

威尼斯双年展之后，佩吉将狮子宫买下。上文已提及，这是一座未完成的宫殿。自1749年以来，这座建筑物只有地下室以及底层的工程得以完工。1938年，子爵夫人卡斯勒罗丝（Viscountess Castlerosse）将其买下并斥资重新粉刷，安装了六间大理石浴室和一些漂亮的镶嵌地板。在此之后，德、英、美的军队也曾在狮子宫驻扎。1949年，佩吉成为狮子宫的新主人。针对这种情形，佩吉对它进行了一番煞费苦心的修缮及装饰，最终它成为她盛放收藏品的“宫殿”。佩吉的要求是干净、简洁和现代。艺术作品的悬挂和陈列是头等大事。在这个前提下，佩吉主张不改变卡斯勒罗丝对狮子宫地板的装饰风格，但从墙面上移除了许多不必要的装饰物。佩吉的卧室用她本人最为钟爱的绿松石蓝油漆粉刷。但问题在于，相对于纽约市区的这个世纪的画廊，狮子宫在功能上更接近于私人宅邸而不是美术馆。当时的陈列室内没有公共卫生间，观者经常误入私人领地，甚至有时候跟佩吉的友人擦肩而过。有鉴于此，佩吉曾聘请建筑师改造狮子宫，后来因为耗资巨大而不得不放弃，较为可行的方式就是将地下室的洗衣房改造成为展厅。1958年，附属建筑物的加建在一定程度上改善了狮子宫的“混乱”状态。

1985年，纽约的古根海姆基金会委托艺术史家安杰莉卡·赞德·鲁登斯廷（Angelica Zander Rudenstin）为佩吉的藏品进行编目。行走在其中，观者们很快就会发现里面的房间空间较小，但是宫殿的平面图却较为简洁明了，其光线是充足的，而且是自然光——而这正是当下许多美术馆以及当代艺术博物馆所缺乏的。当时，威尼斯古根海姆博物馆的馆长菲利普·赖兰兹（Philip Rylands）所做的工作，远远不止将这些现代主义艺术作品放到恰当的高度及合宜的位置。每一件作品通过反差，或者由其与临近作品的微妙的关联而得到了强调和提升。举例来说，他把恩斯特的画作《森林》（*The Forest*）置于贾克梅蒂的石膏质的雕塑作品旁边。恩斯特作品画面中的黑色、如同叶片般的植物就像那件白色的雕塑那样垂直并紧凑，这两件作品还有一个共同之处就是：二者都有被刮擦的表面肌理效果。由此可见，这些作品的陈列方式的确大有学问。

佩姬·古根海姆基金会入口。（左）

佩姬·古根海姆基金会后门。（右）

在这里，需要交代一下纽约的古根海姆博物馆与威尼斯分部在收藏趣味上的差异性。比较之后，我们会发现，合并后的纽约、威尼斯两地的古根海姆博物馆在藏品类别上相映成趣、互为补充。早在20世纪50年代早期，纽约的古根海姆博物馆就因为其单一化的艺术品收藏政策而招致广泛的批评。尽管首任馆长雷贝也有意提携初出茅庐的艺术家，但她对非客观性艺术的过分偏爱让理事会意识到：只要她掌管着这座博物馆，就不会有实质性的展览及收藏政策上的改变。有鉴于此，理事会要求她辞职，他们于1952年接到辞呈。几个月以后，斯威尼接替了她的职位。纽约现代艺术博物馆绘画与雕刻部主管的任职经历，使斯威尼拥有一种更为广阔的视野。他建议古根海姆博物馆关注非具象绘画以外的现代艺术作品。为了填补藏品中所存在的一些严重的空缺部分，他制定了一个庞大的收藏计划。截至1960年斯威尼离任的八年期，11件布朗库西、3件亚历山大·阿契本科（Alexander Archipenkos）、10件考尔德的作品，出自恩斯特、贾克梅蒂之手的青铜雕刻，以及保罗·塞尚（Paul Cézanne）的《抱手臂的人》（*Man with Crossed Arm*）和德库宁、弗朗兹·克莱因（Franz Klàne）、波洛克等人的作品均进入纽约的古根海姆博物馆。

托马斯·M.梅瑟（Thomas M. Messer）于1961年担任纽约古根海姆博物馆馆长。他继续坚持斯威尼的理念，就博物馆员工的专业化与现代化做出了大量的努力。在其主管古根海姆博物馆的21年里，梅瑟推出了一个颇富雄心的出版计划，该计划不仅涵盖临时展览而且着眼于永久收藏，它既要求对艺术品进行深入研究，也要求制定着眼于未来的学术研究计划。在他的组织之下，紧随着日益增多的展览以及众多的出版事宜，古根海姆博物馆馆员以及技术人员的人数也相应增加，全面的购藏举措也得以开展。例如，布朗库西、考尔德、贾克梅蒂、保罗·克利（Paul Klee）、莱热、琼斯·米罗（Joan Miró）以及埃贡·席勒（Egon Schiele）等名家的杰作亦进入该馆的馆藏。当然，这当中也出现了与上文中所提及的古根海姆博物馆首任馆长雷贝所类似的个人收藏趣味的问题。梅瑟大量购藏了几位他所最喜欢的艺术家（如让·杜布菲（Jean Dubuffet）、弗朗西斯·培根（Francis Bacon）、安瑟尔姆·基克（Anselm Kieker）、罗伯特·罗森伯格（Robert Rauschenberg）以及大卫·史密斯（David Smith））的作品。与此同时，作为一位国际先锋主义运动的积极支持者，梅瑟在其任职期间也收藏了一些拉丁美洲以及东欧艺术家的艺术品。

佩姬·古根海姆之墓(左)。

佩姬·古根海姆基金会院内(右)。

佩姬·古根海姆基金会展厅场景。

承接上文，值得强调的是，梅瑟在任期间的重要举措，便是同威尼斯的古根海姆进行一次次的磋商与洽谈展览事宜，当然最重要的是威尼斯古根海姆艺术藏品的未来归属问题。佩吉对于是否在她辞世之前将博物馆的领导权与管理权力移交给古根海姆基金会（The Guggenheim Foundation）的问题上犹豫不决，这也成为梅瑟的一篇文章——《求爱的历史》（*The History of Courtship*）的主题。他在1966年同佩吉首次会面，为的是商谈她的藏品在纽约的展览事宜，在经过一段关于展览时间及展品的紧张而反复的商讨之后，标题为“来自佩姬·古根海姆基金会的作品”（Works from the Peggy Guggenheim Foundation）的大型主题展于1969年1月15日在纽约开幕。这次借展对佩吉做出最后决定具有至关重要的意义。当然，接受威尼斯的古根海姆的藏品并非一帆风顺，梅瑟为了藏品的转交事宜细节的商定作了不下十多次的“威尼斯朝圣之旅”。1976年，梅瑟的努力终于开花结果，威尼斯的佩姬·古根海姆藏品成为古根海姆基金会的一部分。这样一来，纽约和威尼斯的古根海姆家族的艺术藏品合为一体。1988年，梅瑟的继任者、古根海姆基金会代理会长托马斯·科伦斯（Thomas Krens）按照私营企业采用的商业模式，他开始为古根海姆品牌签署授权协议，并在全球范围内租赁该博物馆的艺术品和展览。古根海姆博物馆是第一个成功地运用授权策略进行国际扩张的博物馆，这是后话了。

四、结语

梅瑟如此评价佩吉的人格：佩吉可能是——而且经常是既大方又吝啬、既快乐又悲伤、既外向而又内敛、既简单又复杂……她对艺术及艺术家怀有热情而又值得信赖。但就其收藏品位而言，既不具有条理性，又常常是不专一的。她既不是学者也不是知识分子，尽管她享受并且尊崇二者之间的协作，游刃有余地出入这个圈子。直率是她最大的优点，然而正是这种直截了当……掩饰了她或许注意过或没有注意过的复杂性。首先，关于古根海姆存在着某种难以描述的悲伤、甚至悲剧性……而她以某种奇怪的方式使得她的存在显得困难重重、危机四伏。除了这些不足之外，佩吉则完全具有巨大的勇气、风范以及显赫，而她将这些特质转化为一种令人艳羡的生活。无疑，这是一种恰当而公允的评判。纵观佩吉的一生，我们时时会感受到这种复杂的人性。

以研究意大利文艺复兴时期的文化与艺术而闻名的英国学者彼得·伯克（Peter Burke），曾就文艺复兴时期的艺术赞助以及艺术收藏给出了三个解释：虔诚、威望以及愉悦（piety, prestige, pleasure）。相对而言，虔诚容易为人所理解，这是一个广泛而又为社会公众所认同的动机。赞助人通过对绘画以及雕塑当中的宗教题材的支配及占有而体现对上帝的虔诚。威望作为一种艺术赞助的动机则是通过这样的方式而得到证明的：在纪念以及庆祝赞助人的荣耀及社会声望的作品之上镌刻铭文，或者是对赞助人在教皇或圣徒们的簇拥之下身着奢华礼服的细节的精心描绘。针对第三个动机——愉悦，伯克给出了这样的解释："这是一种对于绘画、雕刻以及诸如此类的艺术形式鉴赏力的或多或少的快乐，就其本身而言，是艺术品还是室内装饰均是无关紧要的。"对伯克来说，购求并收藏艺术品的欲望，就其本身而言是基于接受过一定的人文主义教育的基础之上的，这种观点通常容易为我们所接受。从佩姬·古根海姆的收藏经历来看，她的涉入这个领域带有很大的偶然性，很明显，她的收藏范围界定在当时不为主流品位所容许的"现代艺术"。简言之，她的收藏行为在很大程度上契合了伯克所做出的关于"愉悦"的解释。换句话说，除了牟利的动机之外，她的收藏活动在某种意义上是对当时传统的背叛，为了自己的兴趣而进行收藏，而且这种收藏特色一直贯穿其一生。譬如，在她生命最后的威尼斯时期，佩吉支持一些年轻的意大利先锋派艺术家并收藏他们的作品，这与她当年在"这个世纪的艺术"画廊里的做法如出一辙。

诚然，佩吉也应因其处理收藏品的自由放任态度而受到批评。上文已经提及，建筑师吉斯勒为她的纽约的"这个世纪的艺术"画廊所开创的极富戏剧性的展示方

佩姬·古根海姆基金会展厅场景。

式，无疑在某种程度上助长了她的这种随意地对待藏品的态度。她将纸上作品长时间置于强光照射之下，更有甚者，将一些雕塑藏品随意地放置在别墅的花园里，任凭其遭受日晒雨淋。自然而然地，很多雕塑已经失去了原有的光泽及色彩。譬如，1954年汉斯·阿尔普被迫重新制作他的《大装置》(*Grand Collage*, 1918)，这件作品于1940年被古根海姆购得，但是因为原作长期暴露在光照当中而腐朽了；还有一件同样出自阿尔普之手的、创作于1936年的《花蕾加冠一号》(*Couronne de bourgeons I*)在20世纪50年代被打破了。其他的一些例证则同样说明这个问题：恩斯特的《都市生活》(*la ville entiére*)(1936—1937)已经丧失了大部分肌理效果，尽管古根海姆应该很清楚这一点，即恩斯特对很多作品的表面品质是非常看重的。再如，贾克梅蒂的创作于1931—1932年间的《去往某地的计划》(*projet pour une place*)，在纽约的画廊里以一种不合适的方式被展示，更为糟糕的是，即便是后来到了威尼斯，它依然遭受到"不公正的待遇"。

自1976年以来，威尼斯的佩姬·古根海姆收藏馆已然成为古根海姆基金会的一个不可或缺的部分。佩姬·古根海姆于此年把她的博物馆及其藏品捐赠给纽约的古根海姆基金会。如今，在大运河上的狮子宫已成为威尼斯最受尊崇和观赏最多的人文景观之一。佩姬·古根海姆对于她的叔叔所忽视的超现实主义、美国抽象表现主义画派的支持，最终形成了威尼斯古根海姆博物馆艺术藏品的特色，这正是纽约总部所匮乏的。当二者合并成为一个整体之时，这两部分藏品则组成了一个复杂而具有多种价值的西方现代艺术史。

主要参考文献：

Karole P. B. Vail, Thomas M. Messer,Virginia Pitts Rembert, "Peggy Guggenheim: A Celebration", *Woman's Art Journal*, Vol. 21, No. 1.(Spring - Summer, 2000), pp. 51-53.

Angelica Zander Rudenstine Yve-Alain Bois, "Peggy Guggenheim Collection, Venice", *The Art Bulletin*, Vol. 69, No. 3.(Sep., 1987), pp. 481-485.

Peggy Guggenheim: The Life of An Art Addict, Anton Gill, Harper Collins, 2001.

Harper Collins, *Art Lover: A Biography of Peggy Guggenheim*, Anton Gill, 2002.

"Making Taste", *The New Republic*, February 4, 2002.

Before Peggy Guggenheim: American Women Art Collectors, Departments of Anglo-American and Latin-American Studies, University of Cn' Foscarl of Venice Marsllio, 2001.

Jason Cowley, "In Pursuit of Beautiful Moments", *New Statesman*, 5 November, 2001.

Angellica Zander Rudenstine, *Peggy Guggenheim Collection*, New York, Harry N. Abrams and the Solomon Guggenheim Foundation, 2001.

Nicholas Penny, "At the Palazzo Venier", *London Review of Books*, 9 May, 2002.

Peter Burke, *The Italian Renaissance: Culture and Society in Italy*, NJ: Princeton University Press, 1986.

Dearborn, Mary V.. *Peggy Guggenheim: mistress of modernism*, London : Virago, 2005.

Nocolas Calas, Elena Cala, *The Peggy Guggenheim : collection of modern art* , New York : Rizzoli, 2001.

Rendezvous: Masterpieces from the Centre Georges Pompidou and the Guggenheim Museums, Paris: Centre Georges Pompidou; New York, N.Y. : Guggenheim Museum Publications, H.N. Abrams, 1998.

Karole P.B. Vail, *Peggy Guggenheim: a celebration*, New York: Guggenheim Museum: Hardcover edition distributed by H.N. Abrams, c1998.

Bruce Altshuler（ed.）, *Salon to Biennial: Exhibitions That Made Art History*, Phaidon Press Ltd, 2008.

Carol Duncan, *Civilizing Rituals: Inside Public Art Museums*, London; New York: Routledge, 1995

Judith Mackrell, *The Unfinished Palazzo: Life, Love and Art in Venice*, Thames & Hudson, 2017.

Francine Prose, *Peggy Guggenheim: The Shock of the Modern*, Yale University Press, 2015.

佩姬·古根海姆著、徐小丹译，《一个艺术迷的自白——佩姬·古根海姆自传》，中国青年出版社，2014年。

伊莎贝拉·路易莎·波普（Izabela Luiza Pop）、安卡·博尔扎（Anca Borza），《运用国际战略提升博物馆的可持续性》，《艺术博物馆》（国际刊）总第10期。

“车站故事”：小议奥塞博物馆的陈列方式

引言

1900年，世界博览会在法国巴黎举办，曾在1889年世界博览会（举办地也是法国巴黎）上大出风头的埃菲尔铁塔依旧是来自世界各地游客们必到的观光胜地，但它至少不再占据“三千宠爱在一身”的地位。譬如，在夜间“大放异彩”的电气宫（Palace of Electricity）成为人们的“新宠”，5700只白炽灯泡所造成的幻觉无疑会吸引大批观者。超过40个国家及其殖民地的参与使得这次盛会分外热闹。值得注意的是，这次博览会的艺术展览则集中在新建成的小皇宫（Petit Palais）和大皇宫（Grand Palais）里。巧合的是，坐落在塞纳河畔的奥塞火车站（The Gare d'Orsay）此时刚完工（1898年动工）并投入使用，这座交通枢纽承担了连接巴黎与西南欧的运输重任。而当时在火车站大厅里穿行的熙熙攘攘的人们，肯定不会想到这座火车站会在日后成为一座世界著名的艺术博物馆。

2014年4月，主题为“名馆·名家·名作”的特别展览在中国国家博物馆举办，以庆祝中法两国建交50周年，作为著名艺术机构的奥塞博物馆（Musée d' Orsay）也在受邀之列。值得一提的是，该馆的“镇馆之宝”——雷诺阿的《煎饼磨坊的舞会》（*Dance at Le Moulin de la Galette*）也来到国博，使得国内观众能得以近距离观看大师之作。本文搜罗相关文献，结合对该馆馆长的访谈文字，以及该馆的建馆历史、收藏概观、名作分析等方面来探析这座名馆的成功之路。

皮埃尔-奥古斯特·雷诺阿（Pierre-Auguste Renoir），《煎饼磨坊的舞会》，布上油彩，131cmx175cm，1876年。

克劳德·莫奈（Claude Monet），《圣拉扎尔火车站》（*The Saint-Lazare Station*），布上油彩，75cmx104cm，1877年。

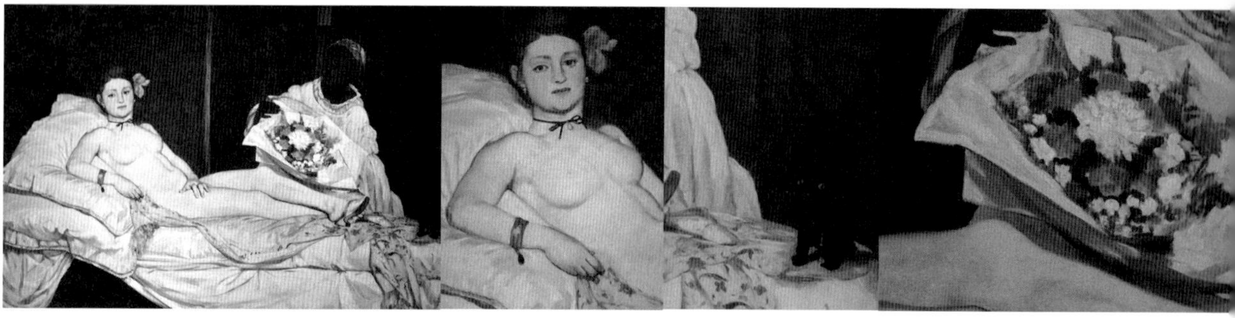

爱德华·马奈（Edouard Manet），《奥林匹亚》（*Olympia*），布上油彩，130.5cmx191cm，1863年。

一、从火车站到世界知名美术馆：奥塞博物馆的“改造之路”

1870—1914 年间的第二次工业革命带动了法国铁路等公共运输系统的建设。在此大背景下，巴黎奥尔良集团投标并成功买下原奥塞宫所在的废墟并执行改建计划。1898 年，三位建筑师——维克多·拉卢（Victor Laloux）、吕西安·马涅（Lucien Magne）、埃米尔·贝纳尔（Émile Bénard）参与车站的设计角逐，最终拉卢以其结合学院派风格及现代建筑材料的方案胜出。1900 年 5 月 28 日，新建成的奥塞火车站正式投入使用，成为同年 7 月 14 日开幕的世界博览会的亮点之一。它是当时全球第一个电气化轨道火车站，联通了巴黎和西南方的奥尔良市（Orléans），成为一个重要的交通枢纽。值得一提的是，为了接待来自全世界的游客并提供社交场所，车站内部规划了有 370 间客房的豪华旅馆与宴会厅。

若深究起来，奥塞博物馆所在地原为法国第四个王朝—瓦卢瓦王朝（Valois, 1328—1589）玛格丽特·德·瓦卢瓦王后（Marguerite de Valois, 1553—1615）的庭院旧址，1810 年，第一帝国皇帝拿破仑一世下令在塞纳河岸边的奥塞码头上兴建奥塞宫，1838 年竣工，后成为法国外交部所在地。后来，该建筑物的一楼部分相继于 1840 年、1842 年成为最高行政法院（Conseil d' État）与审计法院（Cour des Comptes）所在地。自负的建筑师曾夸下海口，称大楼的材料全部是由防火材料建成的。第二帝国结束后，反对拿破仑三世——夏尔·路易·拿破仑·波拿巴（Charles Louis Napoléon Bonaparte, 1808—1873）的巴黎公社于 1871 年 3 月暴动，迫使最高行政法院和审计法院的档案、藏书和艺术藏品迁移到凡尔赛宫。巴黎公社的士兵在同年 5 月 23 日放火焚烧这座建筑，两天后，奥塞宫化为一片废墟。发生过这样一桩子事，便给后来的建筑师造成了压力，这就不难解释新落成的奥塞火车站的外观具有恢弘的气势，它所具有的功能性和规模等等因素便无需赘言，总之一句话，就是为了强化其美观性和实用性。在上述设计竞赛中最终胜出并操刀设计奥塞火车站的建筑师拉卢决定将当时最典型的建筑材料——埃菲尔铁塔上用的铁和伦敦水晶宫（The Crystal Palace）使用的玻璃，用在奥塞火车站上，目的是创造一个建筑核心，足可以当得起“足够现代”和“坚不可摧”等提法。也许我们能够用具体数字来说明该火车站中庭的规模：长 138 米、宽 40 米、高 32 米。拉卢宣称：奥塞火车站可以让乘客来去自如，因为挑剔的公众已经对排队、狭窄的过道、黑魆魆的角落，以及对所有把一大群人从火车站大厅疏散而产生的困难忍无可忍。奥塞火车站可以将人们十分舒服地运送到开放的空间之中。

在此后的几十年里，因为火车站发挥不了其应具有的功能，形同虚设。1939年，随着铁路电气化时代的到来，该火车站逐步退出铁路营运行列。在第二次世界大战期间，此地先后成为野战医院、大会堂、讲演厅、戏院。有鉴于此，许多建筑师主张拆除火车站，考虑到其优越的地理位置—与卢浮宫博物馆隔塞纳河遥相呼应，许多人提议在原址新建一座现代化的酒店和国际会议中心，但后来因为种种原因，这些动议被悬置起来。直到20世纪60年代末期。

当时，不止一位像乔治·蓬皮杜（Georges Pompidou）那样的法国要人怀有这样的想法，那就是要重新确立法国在文化艺术方面的中心地位。无独有偶，1968年5月的抗议者们对此也有类似的看法，他们认为法国的艺术机构了无生机，与日常生活及政治事件毫不相干，早就过时了。尽管蓬皮杜总统与抗议者们未能在政治上达成一致协议，但双方均认为法国的博物馆、美术馆必须要走现代化的道路。在构建新文化中心的过程中，当局告诫规划者们不要以此前就已存在的博物馆、美术馆为原型，去粗制滥造更多、更大的建筑物。有鉴于此，建筑设计者致力于创建一座具有民主精神的、易于接近的、在意识形态上对公众诉求有所回应的艺术博物馆。在某种意义上可以这样说，奥塞博物馆的诞生与法国社会的这段特殊历史有着千丝万缕的联系。

在20世纪60年代末期和70年代中后期，许多法国人认为，既然卢浮宫博物馆的收藏以古典艺术为主，新创立的蓬皮杜艺术中心（The Centre Georges Pompidou，1977年1月开馆）以收藏、研究和展示现当代艺术为主，那么在以上两个时期之间的作品（1848—1914）总该有个去处，许多19世纪的油画、雕塑、装饰艺术品暂时找不到一个合适的所在。1977年，瓦莱里·吉斯卡尔·德斯坦（Valéry Marie René Georges Giscard d' Estaing）总统最后决议将奥塞火车站改造为博物馆。我们

爱德华·马奈,《草地上的午餐》(*Déjeuner sur l'herbe, Luncheon on the Grass*)，布上油彩，215.27cmx270.51cm，1863年。

奥塞博物馆的展示场景。

可以将其视为当局对民众吁请的认真回应。1977年，大批20世纪艺术品被运往蓬皮杜艺术中心，国立网球场现代艺术博物馆（The Musée du Jeu de Paume）里许多藏品因空间所限，只能被“冷落”到库房里。在法国公众看来，被卢浮宫博物“遗弃”的不少艺术品因为卢浮宫博物馆、蓬皮杜艺术中心的存在而未能进入艺术史的编年序列，这显然是不公正的。与此同时，巴黎人掀起了一场轰轰烈烈的抵制拆毁19世纪中心市场（les Halles）的运动。以此来看，位于市中心、有着辉煌过去的奥塞火车站也在这批人的关注之列，被保护、改造而不是被简单地拆毁自然成为情理之中的事情。1978年，这个改造提案终于在国会得以通过，被搁浅47年之久的废弃火车站的改造终于提上议程。与兴建蓬皮杜艺术中心的做法如出一辙，当局也采用竞赛的方式来招募建筑团队。1978年通过的第一个博物馆建设计划法（“loi de programme sur les musées”）是中央博物馆政策的具体表现。这项五年建设计划共编列了14.07亿法郎的博物馆兴建及整建工程预算。需要提到的是，这部分预算中有3.63亿法郎拨给奥塞博物馆，2.35亿法郎拨给各地方政府的博物馆和美术馆。不难看出，奥塞的款项占去四分之一强，由此可见该馆的重要地位。

1979年，法国政府经过反复的研究和讨论后，指定六位建筑师在半年的时间内提出各自的改造设计方案、模型及工程造价。此后，经过公开征求民众和社会各界的意见后，由专家进行技术、功能、结构、施工等各方面的分析、评估。最终由雷诺·巴尔东（Renaud Bardon）、皮埃尔·科尔博克（Pierre Colboc）和让-保罗·菲利普（Jean Paul Philippon）几位年轻建筑师组成的A. C. T设计事务所胜出，这个团队负责博物馆的改建设计，主要负责其外观；来自意大利的女设计师加埃·奥伦蒂（Gae Aulenti）则全面掌控博物馆的室内装饰设计。当然，所有这些工作都是有前提条件的，可大致归结为三点：第一，拉卢设计的建筑外形结构及内部主要空间特色造型要保留；第二，改建后的博物馆内部各种装饰要与馆藏艺术作品在品位上保持一致；第三，要符合设计规范。毋庸置疑的是，火车站与博物馆两者在功能上存在着很大的对立性，甚至可以这样说，两者在功能上呈现相反的状态：前者追求阔大而开放的空间，而后者要求为观者提供一种沉思默想的空间，正可谓是“开与合”的辩证关系。

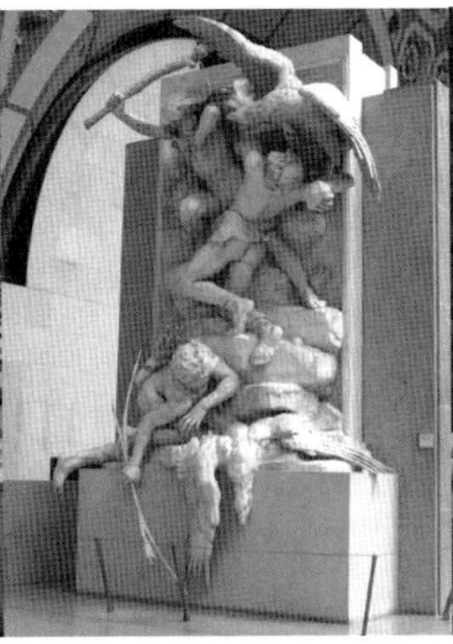

以上建筑设计团队并未被这些挑战所吓倒，他们克服重重困难，充分发挥丰富的想象力，使得这座建筑焕发出一种新的生命力并充满魅惑力。1986年12月1日，弗朗索瓦·密特朗（François Mitterrand）总统为新博物馆揭幕。1986年12月9日，新博物馆以建于1705年的奥塞码头之名将重新命名为“奥塞博物馆”并正式对公众开放。观者步入博物馆后便会有一种豁然开朗的感受：从入口的门厅可浏览整个大厅的空间格局，拾级而下，三层展示空间一目了然，当时展厅和小陈列室的数目多达80余个，展览面积为4.7万平方米。原先的旅馆、餐室被改造成为休息室、多媒体室和餐饮部。中庭内部的19世纪大型雕塑与设计简约的座椅营造出一种美术馆应有的休闲气息。在这方面室内设计师奥伦蒂的总体设计值得一提。她把奥塞火车站建筑外观里典雅的米黄、米灰色作为基本色调引入建筑物内部，与室内使用的大理石隔断、台阶、围栏、雕塑基座、休息座椅、木质画框所呈现的中性灰色做到了浑然一体，从而营造出了一个清新典雅的空间。关于博物馆的改造还有许多细节有待挖掘，在此不赘。

奥塞博物馆的展示场景。

二、名家名作一瞥

正如该馆在官方网站上所宣称的那样，其藏品可以称得上是国家的、跨学科的艺术典藏集合体。这些跨度在1848—1914年间的艺术杰作来自三个方面：第一，卢浮宫博物馆，主要指的是那些1820年之后出生的艺术家的作品，以及些活跃在法兰西第二共和国（the Second Republic, 1848—1852）艺术家的作杰作。第二，正如上述，一大批来自国立网球场现代艺术博物馆的藏品，1947年之后，该馆更名为印象派画家博物馆（The Museum of the Impressionists），可见这座博物馆对印象派的推重，由此可以解释为何今天的奥塞博物馆拥有如此众多重量级的印象派画作。第三，国立现代艺术博物馆（The National Museum of Modern Art），1976年，该馆的大量藏品归入蓬皮杜艺术中心，考虑到该机构藏品的时间范围（1905年以来的世界各国艺术），1870年之后出生的艺术家之作品成为奥塞博物馆的藏品自在情理之中。

奥塞博物馆馆藏总数超过8万件，其中包括绘画、雕塑、勋章、装饰艺术、建筑、摄影及水彩等，分属于7个部门。顺带提到该馆的管理结构。目前奥塞博物馆的馆员约700人，行政长官（administrateur général）为直接为馆长负责的首席核心幕僚，馆务运营由数个委员会执行：行政咨询委员会（Conseil d' administration）负责预算、制定票务及雇佣（人力资源）等事务；科学咨询委员会（Conseil scientifuque）负责制定文物收购计划、借展和寄存事宜；购藏委员会（Commission des adquisitions）与国立博物馆艺术咨询委员会（Conseil artistiques des musées nationaux）负责评估文物收购估价事宜。

2012年4月，像往年一样，伦敦《艺术新闻报》（*The Art Newspaper*）给全球博物馆及美术馆的参观人次进行了排名，奥塞博物馆名列第十位，当年的总参观人次超过了300万（3154000）。在"全球最受欢迎的艺术展览"板块中，该馆策划的"马奈：现代的缔造者"（"Manet: Inventor of the Modern"）主题展览，凭借470268的总参观人次、5327的日均参观人次位居第十八位。2013年4月，奥塞凭借360万的总参观人次继续位列全球最受欢迎的十大博物馆第十位。

2014年5月24日，为配合前文提到的中国国家博物馆正在举办的"名馆·名家·名作"特展，荷兰裔美国艺术史家曲培醇（Petra ten-Doesschate Chu）教授应

1900年的奥塞火车站。

文森特·凡·高（Vincent Van Gogh），《自画像》（*Self portrait*），布上油彩，65cm x54.2cm，1889年。（左）

爱德华·马奈，《讲演》（*La lecture*），布上油彩，73.2cmx61cm，约1848—1883期间创作完成。（右）

邀作了一场主题为“印象派艺术的法国特性”的讲座。在讲座的开头，曲教授以很大的篇幅分析了雷诺阿的名作——《煎饼磨坊的舞会》：“……我想从国博‘名馆·名家·名作’的一幅展品说起，《煎饼磨坊的舞会》是印象派画家雷诺阿1876年的作品，描绘的是年轻人在初夏周日午后一个咖啡馆的露台上跳舞调情。此咖啡馆名为煎饼磨坊，坐落在巴黎北边的蒙马特区。蒙马特地势高，风车众多，风车在17、18世纪是将谷物磨成面粉的工具，但19世纪时渐渐被弃用，很多人将磨坊改造成咖啡馆或饭店。一位名叫德布雷的人将一座老磨坊改造成了一家咖啡馆，以煎饼出名，又在屋外扩建了一个跳舞的平台。如雷诺阿的画所表明的那样，煎饼磨坊的周日舞会在巴黎极受欢迎。”

毫无疑问，这幅长175厘米、宽131厘米的大画算得上是雷诺阿19世纪70年代中期的代表作，它曾在1877年的印象派群展上露面（当时雷诺阿一个人共提交了21幅画作）。关于这幅画，除了上文中曲教授提到的史料之外，还有不少细节有待展开：画面上人物众多，有不少是画家本人的友人，也有少数专业的模特。在此意义上可以这样说，这幅画并非我们想当然认为的是对当时煎饼磨坊舞会的忠实再现，而是对一个经过精心组织的系列肖像的描绘。雷诺阿和他的朋友们经常在那里会面，构思绘画主题、享用美食并为绘画创作寻找一些模特。1874—1875年间，雷诺阿的经济状况时好时坏，经常是饥一顿饱一顿。他设法卖掉一批画作而搬迁到巴黎北郊的蒙马特（Montmartre）。1874年9月，雷诺阿租到了该地区中心一座废弃的18世纪建筑物的一部分房间。周遭被郁郁葱葱的植物所环绕，并在这里创作了几幅代表作。他选择这里的重要原因是可以步行去著名的煎饼磨坊并创作一幅大作品，这就是《煎饼磨坊的舞会》。他请求朋友们和几位雇来的模特分别在煎饼磨坊的舞会上及自己的寓所中摆出一些动态供他写生，由此产生了一些习作，创作小稿。

让-弗朗索瓦·米勒（Jean-François Millet, 1814—1875），《拾穗者》（*Des glaneuses*），布上油彩，83.5cmx110cm，1857年。（左）

让-弗朗索瓦·米勒，《晚祷》（*L'Angélus*），布上油彩，55.5cmx66cm，约1857—1859年期间创作完成。（右）

在创作的最后关头，朋友们帮助他把这幅大画抬到故事发生的原境，直接对景写生，以便使得画面拥有“现场感”。据雷诺阿的弟弟雷蒙德回忆，这幅作品从开始到构思完成共花了半年之久。位于画面中心位置、身穿条纹服饰的女子名叫埃斯特尔（Estelle），是雷诺阿的模特——让娜（Jeanne）的妹妹。画面左边与一位男子共舞的女子也是一位模特，名叫马戈（Margot），男子是雷诺阿的朋友、古巴画家卡德纳斯（Cardenas），聚拢在前景桌子周围的人物都是画家的朋友们，他们分别是弗兰克·拉米（Frank Lamy）、诺贝特·戈埃纽特（Norbert Goeneutte）和乔治·里维埃（Georges Rivière）。总之，这是一幅印象派的代表作之一，里面有待发掘的问题还有不少，笔者仅展开一些线索，以俟通人深入探讨。奥塞博物馆里大名头的画作实在太多，譬如马奈、库尔贝、德加、莫奈、凡·高诸公的作品，每件作品足堪长时间摸索与玩味。

三、新奥塞之路

1992年，法国政府立法将部分隶属于文化通讯部国立博物馆司（DMF）的国家级重量级博物馆转型为公共行政机构（établissement public administratif）。近年以来，国家级公共文化机构（établissement public national, EPN）成为奥塞博物馆新的属性。在法国博物馆司监督下的34座国立博物馆之中，有8座是国家级公共文化机构。如果按照其正式使用“国家级公共文化机构”身份的先后顺序排位，分别是：古斯塔夫·莫罗美术馆（The Musée Gustave Moreau，1902）、罗丹美术馆（Musée Rodin,1918）、国立让—雅克·亨纳博物馆（Musée National Jean-Jacques Henner，1923）、卢浮宫博物馆（1993）、凡尔赛宫（Chateau de Versailles, 1995）、凯布朗利博物馆（Musée du Quai Branly , 1998）、国立吉美亚洲艺术博物馆（Musée National des arts asiatiques Guimet , 2004）和奥塞博物馆（2004）。2003

年的统计数据显示，当时全法国有1173座博物馆拥有“法国博物馆”（Musée de France）的标识。“法国博物馆”标识是由文化通讯部长采纳“最高法国博物馆委员会”（Haut Conseil des Musées de France）评审意见之后颁发的，文化通讯部长同时兼任该委员会主席一职。2006年时，“法国博物馆”场馆的数量已经达到1203座。该年，造访“法国博物馆”的参观人次超过4800万，但实际上有三成观众集中在卢浮宫博物馆、奥塞博物馆和蓬皮杜艺术中心三座场馆。依据2013年12月26日的立法，奥塞博物馆与其他两座美术馆合并，更名为奥塞与橘园博物馆行政法人机构（Etablissement public du Musée d'Orsay et du Musée de l' Orangerie）。

奥塞博物馆馆长（president）由法国总统任命，第一任任期为五年，继任任期为三年；橘园美术馆馆长（Directeur）则由奥塞博物馆馆长任命。掐指算来，1986—2017年30余年间，共有七任馆长在该机构任职，依次是让·让热（Jean Jenger, 1978—1986）、弗朗索瓦·加香（Françoise Cachin, 1986—1994）、亨利·卢瓦莱特（Henry Loyrette, 1994—2001）、多米尼克·维耶维尔（Dominique Viéville, 2001）、谢赖热·勒穆瓦纳（Serge Lemoine, 2001—2008）、居伊·科热瓦尔（Guy Cogeval, 2008—2017）和现任馆长洛朗斯·德卡尔（Laurens des Cars，2017—）。德卡尔原为橘园美术馆馆长，2017年3月27日被任命为奥塞博物馆馆长。

老馆整修乃至新建筑的建造乃当今世界博物馆、美术馆的大趋势，拥有悠久历史的奥塞博物馆也必须面对这一课题。早在2009年10月，正值奥塞博物馆整修，当时担任该馆馆长的科热瓦尔接受了《艺术先驱论坛报》（*The Art Tribune*）的专访，经验老道的记者抛出的第一个问题就不好回答：“一年之前，您提交了对于博物馆未来的设想。其中包括一些重新陈列，这些陈列方式将会对加埃·奥伦蒂原先的观念产生冲击。很长一段时期内，传言说没有她的许可谁都不能做任何调整，您认为她会接受您的建议吗？”科热瓦尔的回复十分睿智，他在整修方案中提到一点，即奥伦蒂为奥塞博物馆中庭雕塑展厅所作的设计十分震撼，但有些绘画厅必须要做调

爱德华·马奈，《钢琴边的马奈夫人》（*Madame Manet au piano*），布上油彩，38.5cmx46.5cm，1868年。（左）

文森特·凡·高，《花园中的玛格丽特·加歇》（*Marguerite Gachet in the Garden*），布上油彩，46cmx55.5cm，1890年。（右）

整，这些设计计划甚至与奥伦蒂相去甚远，但他还是想办法说服了她，这位室内设计师表示赞同，并对奥塞博物馆先进的布光方式十分认同。以上一问一答涉及奥塞博物馆的未来走向问题，显而易见，由于时代的发展，1986年的设计已经难以适应新的发展趋势，采取调整是一种必然。

文森特·凡·高，《罗讷河上的星月夜》（*Starry Night Over The Rhone*），布上油彩，72.5cmx92cm，1888年。

2011年，整修一新的奥塞博物馆与世界各地的游客、艺术爱好者们重新见面了，与奥塞博物馆藏品——凡·高创作于1888年的欧仁·博赫（Eugène Boch）酷似的科热瓦尔馆长此时又多了另一个身份：兼任橘园美术馆馆长。历时两年、耗资1200万欧元的整修在很大程度上"颠覆"了奥伦蒂当初的室内设计。25年前，她的完美室内设计达到了"将旅行者变为参观者"的惊人效果。多年以后，她没想到自己当年的设计会在如此大的程度上被改变，甚至有些地方被全然替代，当然这些改变均获得了她的完全认可。要知道，早在2008年，科热瓦尔刚刚到任，当时的法国文化部长雅克·兰（Jack Lang）就告诉他，奥塞博物馆的陈列就像一整套《阿伊达》（*Aïda*）的道具，十分老套而且程式化。从心理学的层面考虑，很多主管对博物馆一成不变的局面颇有微词。

整修计划开始时，有250余件馆藏精华被卸下来，科热瓦尔想到了将这批东西借到国外巡展，一是宣传这批精彩画作，二则赚取可观的借展费"补贴家用"，没想到效果非常好。2010年全年，这批经典之作总共吸引了300多万观众，展览举办地分别在东京、旧金山和马德里等大都会。这里需要提到法国博物馆领域的"卫星馆计划"。早在2003年，密特朗总统和文化与通讯部部长让-雅克·阿拉贡（Jean-Jacques Aillagon）宣布实施法国大型文化机构的中央分权政策（Politique de décentralisation）。其中，蓬皮杜国家艺术中心成为第一家实施"卫星馆计划"的文化机构，其分馆—蓬皮杜梅兹中心（Centre Pompeidou-Metz）2010年在法国东北部的梅兹市（Metz）落成，而卢浮宫博物馆的兰斯分馆（Musée du Louvre-Lens）也顺利建成并投入使用。2015年，奥塞博物馆的年度参观人次为420多万。2016年，该馆的参观人次达到300万之多。2017年，人数在原先的基础上持续增长，达到3178000，比2016年增长了5.9个百分点，在该年度"最受欢迎的20座欧洲博物馆"榜单上位居第12位。

奥塞博物馆并未像以上两家机构那样推行卫星馆计划，在科热瓦尔看来，中央与地方博物馆的结盟应该更具有实质性的效应。2008年，科热瓦尔首先推行奥塞博物馆与法国大区（Région）美术馆的结盟计划：自2009年起每隔两年依次和四座典藏19世纪艺术的大区美术馆合作，它们分别是吉维尼印象派博物馆（Musée des impressionnismes Giverny）、博纳尔博物馆（Musée Bonnard）、古斯塔夫·库尔贝博物馆（Musée Gustav-Courbet）和阿旺桥美术博物馆（Musée des Beaux Arts de Pont-Aven）。此外，也是在同一年，科热瓦尔馆长和20位大区美术馆的馆长联合组成“十九俱乐部”（Club），每年召开三次会议，讨论馆际间在策展、借展、寄存、保存维护、收购和修复等多项领域的合作。自此项计划推行以来，奥塞博物馆的典藏每隔3～5年到各大区美术馆进行巡展；与此同时，奥塞博物馆也得以从这些大区美术馆借到1000余件展品。作为该项目的扩展版计划，自2015年起，奥塞博物馆策划特展到更多的美术馆展览。就国际间的合作来说，仅在2015年一年之内，共计有91个海外展览，出借展品总数超过600件，其中重量级的海外展览有7个。

就整修来说，威尔莫特事务所（The Wilmotte agency）的工程涉到五楼的印象派画家展厅（The Galerie des Impressionnistes）、素描摄影展示及临时展厅，位于该馆西北部的、面积为27000平方英尺的空间。除此而外，博物馆大钟后的咖啡馆（The Café de l' Horloge）也在整修之列，来自巴西的兄弟设计团队的工作使得这个休闲空间“上档次”了不少，颜色、装饰产品皆来自一家意大利家具公司。日本设计师专门为上述印象派画家展厅量身定做休息长椅，无非是为了让观者更舒适，当然，馆方营造的整体氛围是十分要紧的。

奥塞博物馆整修计划的实施至少出于三方面的考虑：首先，吸引更多的观众。科热瓦尔期望整修计划完成之后参观人次在原先的基础上增加20%。其次，便于疏散馆内的参观人群。再次，更为重要的是利用最先进的照明技术来营造最好的展示效果。譬如在印象派画家展厅里，自然光与人工光达到了一种“均衡”状态。中央两层的天光使得自然光照射进来，侧面高质量的卤化灯聚焦在画作上。技术人员已经在每一幅画的外面装上了不发生反射的外框装置，只有当观者非常近距离地观看画作时才会发现这个变化。此外，如果置身于整修一新的奥塞博物馆里，你会感觉到地板与墙壁的颜色也变了。原先的深色镶木地板被换成了石面地板，墙壁的颜色变成了深度的灰褐色。科热瓦尔在接受采访时不无打趣地说：“……为此我经常失眠，这个时刻困扰着我——如果选定一种不温不火的颜色，法国的公众会抱怨没有改变什么。”总之，正如他对新奥塞博物馆未来发展提出的希望一样，这座艺术机构的法宝就在于“变”：“新奥塞的目标就是给观众惊奇，使得他们与博物馆产生互动。我们要将艺术作品置于一个与其他学科（历史、文学、音乐甚至哲学、心理分析等）共存的语境之中。”

2017年3月，曾在巴黎第九大学和卢浮宫学院接受艺术史专业训练的德卡尔正式出任奥塞博物馆馆长一职，她跟前任馆长是认识多年的老友和同行，从华盛顿、伦敦到大皇宫再到蒙特利尔，多次相遇让他们结下了深厚的友谊。科热瓦尔对其评价为："纵横古今、包罗万象，很有想法，能够超越传统艺术史的思维。"她要管理多达700人的员工，继科热瓦尔之后，她还得承担起每年接待三四百万名游客的重任，负责近168000件藏品的保藏与利用，为其中4000件保存状况最佳的藏品设计展出。她需要结合常规展与特展的形式，将这些绘画、雕塑与工艺古玩珍品展示在这座由古老火车站改建成的艺术殿堂里。

2020年初，有一位匿名慈善家通过非营利组织"美国奥塞博物馆之友"捐赠了2000万欧元（合2260万美元），以此为契机，博物馆宣布了一项雄心勃勃的重新改造计划：将博物馆的历史建筑部分全部用于公共空间，位于四楼的行政办公室也将被改造成展厅和教育研究中心。具体来看，博物馆的决策者希望将现有博物馆空间的利用达到最大化。目前一楼原本被用作行政空间的13000平方英尺的1900年代火车站旧客房将被改建为新的美术馆翼，着重展示印象派和后印象派艺术品。博物馆四楼将变为占地7000平方英尺的教育中心，成为类似欧美其他博物馆专门为儿童、学校团体和家庭设计的社区空间，使用数字技术为其提供相关的艺术课程。这项名为"奥塞全开"（"Orsay Wide Open"）的扩建计划将使博物馆适应其日益增长的收藏和每年激增的参观人数。不过该扩建项目仅在博物馆目前的占地空间内进行，预计分两个阶段于2026年完成。馆长德卡尔表示，"希望凭借该项目实现博物馆的核心目标：通过宽敞的展厅和丰富的教育资源，加深观众对我们藏品和文化艺术史的理解，为其营造更为舒适的参观体验。"

主要参考文献及相关网站：

Filippo Melli, *The Musée D' Orsay*, SCALA, 2007.

Donald T. Phillips, *The Hidden Renoir*, DTP/Companion Books, 2010. pp.33-37.

Emma Barker, "The Museum in a Postmodern Era: the Musée d'Orsay", Emma Barker (ed.), *Contemporary Cultures of Display*, Yale University Press, 1999, pp.50-72.

Rebecca J. DeRoo, "Institutionalizing ' 68: the Pompidou Center", Rebecca J. DeRoo, *The Museum Establishment and Contemporary Art: The Politics of Artistic Display in France after 1968*, Cambridge University Press, 2006.

Patricia Mainardi, "Postmodern History at the Musée d'Orsay", *October*, Vol. 41 (Summer, 1987), pp. 30-52.

Daniel J. Sherman, "Art History and Art Politics: The Museum According to Orsay", *Oxford Art Journal*, Vol. 13, No. 2 (1990), pp. 55-67.

柯立业（Sébastien Cavalier）著、赖怡妆译，《博物馆治理迈向自助化的趋势——以法国为例》，《博物馆学季刊》22卷第2期。

陆仲雁，《法国奥塞博物馆三十而丽——礼赞十九世纪文化盛世》，《故宫文物月刊》2017年第411期。

卫东风、孙毓，《从奥塞车站到奥塞博物馆的启示：旧建筑改造的成功案例解析》，《南京艺术学院学报》（美术与设计版）2007年第4期。

曾浙一，《从废弃的火车站改造成为著名艺术殿堂的启示：记法国巴黎奥塞博物馆》，《上海城市规划》2001年第2期。

http://www.chnmuseum.cn/tabid/236/Default.aspx?ExhibitionLanguageID=387

http://www.francetoday.com/articles/2011/11/02/guy_cogeval.html

http://www.thearttribune.com/An-interview-with-Guy-Cogeval.html

http://www.musee-orsay.fr/en/home.html

http://www.artble.com/artists/pierre-auguste_renoir/paintings/dance_at_le_moulin_de_la_galette/more_information/critical_reception

http://www.chnmuseum.cn/Default.aspx?TabId=537&InfoID=99733&frtid=295&AspxAutoDetectCookieSupport=1

https://www.thepaper.cn/newsDetail_forward_1379145

https://www.thepaper.cn/newsDetail_forward_1630627

欧洲趣味的嬗变：华盛顿国家美术馆的陈列策略

引言

在“镀金时代”（The Gilded Age），较之于纽约、波士顿、芝加哥等地轰轰烈烈的博物馆建设运动，尽管这里也出现过以私人捐赠为基础的博物馆，但相较而言，作为首都的华盛顿特区在这场文化竞争中稍显沉寂。比方说，早在1836年，华盛顿特区的收藏家约翰·瓦尔登（John Varden）在其住所创立了一座艺术博物馆，名之曰“华盛顿博物馆”[它最初的名字是“约翰·瓦尔登华盛顿博物馆”（John Varden's Washington Museum）]。虽然瓦尔登将历史、自然和艺术集中展示，为首都的公众提供全新的观感，但与建立国家博物馆的设想相比较，如此薄弱的基础完全无法与欧洲的国立博物馆同日而语。由此，我们会有这样的疑问，为什么在美国其他城市出现大型艺术博物馆的时候，而在首都却没有一座国家美术馆？

美国学者艾伦·沃勒克（Alan Wallach）尝试对此给出合理解释。在他看来，在19世纪晚期，美国艺术博物馆的创立过程与都市精英群体的独特演变之间存在着错综复杂的关系。来自不同群体、阶层的人们面对起起落落的人生际遇，往往会在立足本地的基础上努力把握自身对文化的支配权。在华盛顿特区建一座国家美术馆竟会如此艰难，原因在哪里？用他的话说：“当时的强盗资本家和工业巨头们掌握了国家经济命脉，所以当面对诸如此类的提议时，他们通常只会保持沉默。”言下之意就是，他们很难在建立国家美术馆这个问题上达成一致，因为这毕竟涉及其个人利益及政治分歧等复杂因素。更进一步，在“镀金时代”，许多博物馆靠当地社会精英的支持得以创立，而华盛顿特区则未出现一座国家美术馆，这正是地方性与国家性冲突的结果。关于这方面，纽约就是一个十分典型的反例，我们可以看到，不少纽约著名收藏家的藏品源源不断地流向大都会艺术博物馆（The Metropolitan Museum of Art）。

安德鲁·怀斯（Wyeth, Andrew），《来自大海的风》（*Wind from the Sea*），硬纸板上丹培拉，47cmx70cm，1947年，查尔斯·H. 摩根赠与（Gift of Charles H. Morgan）。

华盛顿国家美术馆（National Gallery of Art）的创立在很大程度上得益于金融家、美国财政部长、艺术收藏家安德鲁·梅隆（Andrew Mellon, 1855—1937）的慷慨捐赠和制度、管理等方面所做出的精心准备和努力。看似偶然，实则尽在梅隆的预设之中。本文将探讨“国家美术馆”称号的获得、梅隆藏品的形成以及相关的艺术品陈列问题。

雅克-路易·大卫（David, Jacques-Louis），《在杜伊勒里宫书房中的拿破仑皇帝》（*The Emperor Napoleon in His Study at the Tuileries*），布面油画，203.9cmx125.1cm，1812年，塞缪尔·H.克雷斯藏品（Samuel H. Kress Collection）。

一、"国家美术馆"的称号之争

（一）威廉·科科伦（William Wilson Corcoran）与科科伦美术馆（The Corcoran Gallery）

客观而言，1846年在华盛顿特区正式成立的史密森尼学会（Smithsonian Institution）一直扮演着"国家美术馆"的角色，当时被称为"史密森尼学会美术馆"（Smithsonian Gallery of Art）。史密森尼学会从属于美国国会的特殊身份及其一直以来对于本国艺术的推重，使得该美术馆一度拥有为数众多的美国艺术品，但因为火灾以及史密森尼学会上层对于艺术收藏的轻视，导致了这个机构的艺术收藏数量骤减。史密森尼学会艺术收藏发展历史上经历了两次火灾，第一次发生在1836年12月12日，这场大火将约7000件模型、素描以及所有的存档资料付之一炬；近20年之后，具体说是在1865年1月24日下午3时，火灾再次发生了。查尔斯·伯德·金（Charles Bird King, 1785—1862）创作的145幅表现印第安人生活场面的绘画和肖像画和约翰·米克斯·斯坦利（John Mix Stanley, 1814—1872）绘制的152幅印第安题材绘画化为灰烬。另外一个极其严重的损失就是学会的捐赠者史密斯本人的文件以及一些与他有关的纪念物也被大火吞噬。雪上加霜的是，史密森尼学会的管理层对美术馆的发展十分漠视，这种不利局面直至1887年塞缪尔·皮尔蓬特·兰利（Samuel P. Langley, 1834—1906）就任史密森尼学会秘书长时才得以改变。自史密森美术馆大火直到兰利到任期间，科科伦美术馆（The Corcoran Gallery）一度担纲首都艺术文化领域的要角。

在19世纪80年代，科科伦美术馆成为以宣传和支持本土艺术闻名的艺术机构。甚至有学者认为，在某种意义上，该机构在当时充当了美国"国家美术馆"的角色。需要注意的是，它特别强调了本土艺术的中心地位。1880年，约瑟夫·摩尔（Joseph Moore）曾在《如画的华盛顿》（*Picturesque Washington*）一书中写道："它（科科伦美术馆）不仅能够为当地居民和旅行者们带来既高雅又纯粹的快乐，也能够对美国本土艺术天才产生积极的影响。"摩尔特别强调，科科伦美术馆对于本土艺术的支持行为在当时是一种较为独特的现象。原因在于，"镀金时代"的很多新富阶层人士在将自己的藏品或金钱用来支持其所在城市博物馆的创立时，往往首先考虑将欧洲而非本土艺术品纳入馆藏之列。

尽管当时华盛顿特区著名人士威廉·威尔逊·科科伦（William Wilson Corcoran, 1798—1888）自己出资创建美术馆，但他一贯坚持该馆藏品以美国艺术为中心。当然，这也经历了一个转变过程。科科伦既是政治家、金融家，又是艺术赞助人，自19世纪40年代开始收藏欧洲艺术家的作品，1850年逐渐对本土艺术产生浓厚兴趣。随着藏品逐渐增多，科科伦艺术赞助人和慈善家的知名度也随之越来越高。于是乎他开始加大对美国绘画的收藏力度。不仅收藏名家之作，也开始尝试将一些没有名气的本土艺术家的作品纳入自己的收藏之列，目的是为了激励本土艺术的发展壮大。除了收藏活动之外，科科伦还积极参与华盛顿特区艺术活动，譬如，他是华盛顿艺术协会（The Washington Association of Art）的创立者之一，协会成立后，他购买艺术家的作品，提供展览场地，并且无私地对艺术家提供赞助。华盛顿艺术协会的成立初衷是为了在首都建立一座国家美术馆，并且进一步激发公众对于本土艺术的支持与关注。但这个协会仅仅维持了4年（1856—1860），后来随着国内紧张的局势的加剧，筹建国家美术馆的计划也随之搁浅了。

科科伦的想法是，通过他的努力使华盛顿特区在文化艺术上领先于其他城市。这源自于他在欧洲游历期间的所闻所感，当时许多欧洲国家的首都既是政治中心，也是文化艺术中心。尽管科科伦美术馆在建筑风格上有着浓厚的法兰西第二帝国的特色，但它的藏品和展览主题均是以美国艺术为中心的。毫无疑问，这么做是为了提高本土艺术的地位。如果这个计划按照科科伦的意愿能够得以顺利实施的话，那么这座美术馆的发展前景肯定会令华盛顿公众刮目相看。但这个理想很快因南北战争的爆发而破灭了。由于科科伦同情南方并且在战争期间离开美国，招致多方指责。当他1865年回国时，非常震惊地发现战前开始修建的美术馆已经成为北方联军存放衣物的仓库。自1874年正式向公众开放以来，科科伦美术馆一直被视为非官方的“国家美术馆”，这当然与该馆的藏品特色有关。由于科科伦美术馆以收藏展示本土艺术为其当然使命，当时的美国艺术把自己的作品能够进入该馆的收藏视为极高的荣耀。

应该看到，在“镀金时代”，许多美国城市的艺术博物馆都有地方保护主义的想法，对本土的艺术没有太大的兴趣。科科伦美术馆坐落在首都华盛顿特区，这个特殊的地理位置不仅影响着科科伦本人的收藏偏好，而且他还因此处处强调美术馆的“国家性”，并朝着这个方向努力。在科科伦看来，这是美国画家的艺术才华的另一种表现，他收藏这批作品为的是表达他的爱国热忱。不难看出，科科伦是想通过这一系列的收藏行动表明这个艺术机构的立场，目的是为了获得联邦政府的支持与赞许。1874—1885年间，科科伦美术馆购买了自合众国创立以来历任总统的肖像。

爱德华·马奈（Manet, Edouard），《铁路》（*The Railway*），布面油画，93.3cmx111.5cm，1873年。

莱奥纳尔多·达·芬奇（Leonardo da Vinci），《吉内芙拉·德·本奇》（*Ginevra de'Benci*），木板油画，38.1cmx37cm，1474/1478年，艾尔莎·梅隆·布鲁斯基金（Ailsa Mellon Bruce Fund）购藏。

1879年，科科伦美术馆曾公开宣布，其宗旨是收藏“国家英雄的肖像”，“在伟人们辞世之后，把他们汇聚到科科伦美术馆这样恒久的展馆里来，任由公众瞻仰凭吊”。但遗憾的是，这一系列的举措并未得到联邦政府的支持。

科科伦本人79岁高龄时依然热心于公共事业。1877年，他担任华盛顿艺术俱乐部（The Washington Art Club）首任主席。该协会在科科伦美术馆组织的年度艺术展览成为1907年当代美国油画双年展（The Biennials of Contemporary American Oil Painting）的先声。该双年展高额的奖金和权威性吸引了当时的许多著名美国艺术家的参与。

由上述论述可以看出，南北战争结束后，科科伦美术馆成为华盛顿特区的文化艺术中心。对于社会精英和政府官员而言，这是一个重要的社交场所；对于来自世界各国的游客来说，这里是一个必游之地。比如，在当时出版的旅行手册中，科科伦美术馆是仅次于史密森尼学会的文化景观。

拉斐尔（Raphael, Marchigian），《阿尔巴圣母》（*The Alba Madonna*），布面油画，直径为94.5cm，1510年，安德鲁·梅隆藏品（Andrew W. Mellon Collection）。

（二）一份遗嘱的效应

毫无疑问，科科伦支持美国艺术的种种举措与他的“国家主义”关怀密切相关。需要指出的是，这种爱国热情在当时是一股潮流。19世纪80年代，时任史密森尼学会副秘书长的乔治·布朗·古德（George Brown Goode, 1851—1896）强化了史密森尼学会艺术藏品的教育功能，这在当时激了一股推行艺术公共教育的热潮，一些团体想以史密森

华盛顿国家美术馆内景。

尼学会为纽带，在美国艺术和联邦政府两者之间建立联结点。于是便出现了一些来自个人或组织的具体建议。

虽然这些针对史密森尼学会在艺术方面应该发挥何种作用的提议及一些组织的创立有利于推动本土艺术的发展，但这无法与国家美术馆所产生的号召力同日而语。如前所示，科科伦想通过自己的努力获得国家美术馆的称号，很显然，他早就认识到这个称号所具有的强大号召力，所以不断地用自己收藏与推动美国艺术的行为证明其爱国热情，但令人扼腕的是，他最终未能获得这个称号。

非常巧合的是，一份约翰斯顿夫人［哈利雅特·莱恩·约翰斯顿（Harriet Lane Johnston, 1830—1903）］的遗嘱促成了国家美术馆的创立，这是当时"国家主义"的最高升华，一座代表国家文化的美术馆在华盛顿特区得以创建，这无疑会吸引众多捐赠进入这个机构的收藏之列。史密森尼学会在十分偶然的状况下得到了这个称号，并获得了一批重要的藏品，进而推动了美国艺术发展。

需要提及的是，约翰斯顿夫人是美国总统詹姆斯·布坎南（James Buchanan，1857—1861 期间担任总统）的侄女。在布坎南总统任职期间，她曾入主白宫。我们不难推测，约翰斯顿夫人在当时的华盛顿特区是一位颇有影响力的人物。我们可以通过她写于 1895 年的遗嘱及五份附加条款来分析"国家美术馆"称号是如何得来的。史密森尼学会得到"国家美术馆"的称号源自约翰斯顿夫人的遗嘱宣布事件。在关键时刻，西奥多·罗斯福（Theodore Roosevelt, 1858—1919）总统干预了此事，他的态度是："修正案第 5586 款中所涉及的艺术收藏，应被授予国家美术馆藏品的称号，并在此基础上建立美术馆；史密森尼学会有权通过捐赠和遗赠接受新增藏品。"正如 1906 年 7 月 18 日的判决说辞一样，史密森尼学会美术馆已经从一个"潜在的"国家美术馆的视角将其艺术收藏转化为"名副其实"的国家美术馆，这个机构拥有丰富的艺术收藏。判决书的最后一条，即：约翰斯顿夫人在给她的遗嘱写附加条款的当时未了解到这样一个事实——史密森尼学会美术馆早已存在。最终约翰斯顿夫人的艺术藏品归史密森尼学会所有。

从这个事件的发展来看，总体而言，国家美术馆的创立对于美国艺术家的支持与推动是一件好事，毕竟史密森尼学会一开始就注重推动和支持本土艺术。显而易见，这个称号的获得对提高史密森尼学会在全美艺术方面影响力的提升，产生了不可估量的效应。在这个称号的感召之下，不少重要藏品进入该机构。比如，在

1905—1920年间，每年平均也有价值50万美元的艺术品进入国家美术馆。这当中除了美国艺术品，也有欧洲的“老大师”绘画。譬如，1919年，拉尔夫·克雷斯·约翰逊（Ralph K. Johnston）捐赠了24幅欧洲绘画精品，其中有17世纪荷兰和弗拉芒绘画、意大利文艺复兴时期绘画及18世纪英国风景画和肖像画，尽管有一些收藏存在着真伪问题，但大部分作品为品质上乘的欧洲绘画原作。但值得注意的是，在1920年之后，每年仅有价值约40000美元的艺术收藏进入该馆。这就是说，因为场馆、资金及管理体制的不够完善导致国家美术馆的收藏在经历过一段时期的“繁荣时期”之后，变得停滞不前了。改变这种“颓势”的真正推动者是安德鲁·梅隆，但他走得更远，这是后话了。

（三）安德鲁·梅隆“挪用”称号

梅隆身兼多重身份，既是金融家、工业家、政治家，同时也是一位艺术收藏家和大慈善家。其祖父从北爱尔兰迁居北美。梅隆的父亲—托马斯·梅隆（Thomas Mellon）早在1859年就成为一名法官，1870年在宾夕法尼亚匹兹堡创立一家私人银行，该银行随后成为梅隆国家银行（The Mellon National Bank）。梅隆早年进入西宾夕法尼亚大学［The Western Pennsylvania University，即今天的匹兹堡大学（University of Pittsburgh）］就读，后来中断学业进入其父的私人银行工作。27岁时，他成为该银行的主要代理人和专任经理人。梅隆与同时代的安德鲁·卡内基(Andrew Carnegie, 1835—1919)、约翰·D.洛克菲勒（John D. Rockefeller, 1839—1937）等专门经营钢铁、石油有所不同，他是一位专精的银行家。他的业务涉及多个工业行业，包括煤炭业、铁业、炼钢业、运输业和石油业等。梅隆还担任许多工业公司和金融公司的董事。按照历史学家斯图尔特·H.霍尔布鲁克（Stewart H. Holbrook, 1893—1964）的统计，到1929年时，梅隆所拥有的工业资本总额为19亿美元，其中银行和金融股权总额为5亿美元，仅银行一项在这一年就支付3.8亿美元的红利。工业方面的投资赚取的利润更为可观，达4.71亿美元。

就其政治生涯来说，1921年，梅隆出任总统沃伦·哈定（Warren Gamaliel Harding, 1865—1923）内阁的财政部长。接下来又在继任的两位总统卡尔文·柯立芝（John Calvin Coolidge, 1872—1933）及赫伯特·胡佛（Herbert Clark Hoover,

1874—1964）的内阁中继续供职于财政部。此外，1932—1933间，梅隆曾担任美国驻英国大使（U.S. Ambassador to Great Britain）。早在1931年，梅隆就当选为国家美术馆董事会成员。1927 年2 月，史密森尼学会历史上最具影响力的秘书长之一——查尔斯·D. 沃尔科特（Charles Doolittle Walcott, 1850—1927）去世，查尔斯·格里利·阿博特（Charles Greeley Abbot, 1872—1973）成为其继任者。阿博特是一位天文物理学家，也被视为该学会历史上最软弱、最委曲求全的领导者，这给做派强硬的梅隆以可乘之机，新的"国家美术馆"在他的运筹帷幄中悄然发展壮大。

华盛顿国家美术馆外景。

当梅隆是一位年仅 15 岁的在校学生时，他初步表达了对艺术博物馆所应承担的社会功能的观点："艺术博物馆是一些这样的机构，即为了满足和教育社区公众的目的而举办雕塑、绘画展览，有的时候是为了购藏所展示的艺术作品。通常来说它们会产生不少正面的影响力，这与它们有助于人们的心智升华并且远离自私和贪婪的享乐如出一辙。"1927 年，梅隆已经向儿子保罗·梅隆（Paul Mellon, 1907—1999）和女儿艾尔莎·梅隆·布鲁斯（Ailsa Mellon Bruce, 1901—1969）表明他创立国家美术馆和将自己的艺术藏品捐赠给国家的意向。

1920年，国家美术馆被确立为史密森尼学会下属的一个单独的管理机构，此称号一经获得，即加快了建筑方案设计的进度，规划地块位于自然历史博物馆大楼与第七大道之间。1925年，查尔斯·A. 普拉特（Charles A. Platt, 1861—1933）提交了方案。需要提到的是，梅隆支持普拉特的设计方案。应该看到，这个时期的国家美术馆面临多重困难。除了场馆和资金问题之外，还有馆长的人选，这一点至关重要。前任馆长威廉·亨利·霍姆斯（William Henry Holmes, 1846—1933）在1920年被委任为国家美术馆馆长。1930年初，梅隆获悉霍姆斯将在8月份退休。为了便于掌控国家美术馆并确保霍姆斯留任，梅隆单方面支付霍姆斯的4000美元年薪。后来，霍姆斯因健康原因于1932 年辞职，翌年辞世。在这种情势之下，按照常理，秘书长理应为国家美术馆物色一位新馆长。但阿博特不理会理事会委员们提出的提议，反而听从梅隆的建议，仅任命一位执行馆长，馆长的职位则一直空缺。

针对此举，国家美术馆理事委员会主席约瑟夫·H. 格斯特（Joseph H. Gest）提出了极为尖锐的质疑意见。首先，史密森尼学会还算得上是国家美术馆的"监管者"吗？其次，科学家是否能够胜任领导史密森尼学会的职位？显然，格斯特将矛头指向了阿博特，怀疑他的领导能力。阿博特也对此做出回应：馆长职位保持空缺是梅隆的想法，梅隆提议不要接受前任馆长霍姆斯的辞职请求，并向他承诺向国家美术馆提供捐赠，既包括艺术品，也包括金钱。但事实并非如此。

需要补充的一点是，20 世纪 30 年代初期，梅隆卷入了"税务审讯"案件之中，虽然最终获得胜诉，但这无疑使得他身心俱疲，甚至威胁到他的健康。1930 年，美国国税局审查梅隆的收入税退税。国税局对梅隆 1928 年购入拉斐尔画作并以 80 万

华盛顿国家美术馆外景。

美元转让给 A. W. 梅隆教育 - 慈善信托（Andrew W. Mellon Education-Charity Trust）、把这 80 万美元计入慈善减税之中这样的操作表示质疑。后来经手人杜维恩勋爵确认了画作的市场价值并签署了梅隆律师谢泼德起草的声明,才告一段落。1933年5月，梅隆反对派成员、宾夕法尼亚州共和党议员路易斯·麦克法登（Louis McFadden）提到大卫·奥尔森（David A. Olson）严重违反了联邦税法，两笔涉及 670 万美元的交易构成了对政府征收收入税的欺骗性退税。这个漫长的官司一直持续到 1937 年年初才告一段落。梅隆在接受税务调查的同时，与其助手大卫·芬利（David Finley, 1890—1977）、女婿大卫·布鲁斯（David K. E. Bruce, 1898—1977）、律师唐纳德·D. 谢泼德（Donald D. Shepard, 1896—1967）一道致力于国家美术馆的创立事宜。值得注意的是，1930 年 12 月，梅隆成立了前文提及的 A · W · 梅隆教育 - 慈善信托，其目的是用“相当的资金和财产专门资助宗教、慈善、科学、文学和教育等领域，通过受托人的判断，推进公共福利，促进人类获得良好的工作或福利”。因此，信托将支付美术馆的建设成本，持有梅隆的艺术藏品，随后捐赠给国家美术馆。它的设立是一项家族事务，第一受托人是安德鲁·梅隆、保罗·梅隆和律师唐纳德·谢泼德（此后大卫·布鲁斯被补充进来）。它不是一个永久性信托基金，一旦目标实现，剩余的钱将被甩掉，信托将被清盘。应该说，这个信托基金在创立国家美术馆的过程中发挥了重要作用。

1935 年 3 月 19 日,《华盛顿邮报》(*Washington Post*）记者詹姆斯·沃尔多·福西特（James Waldo Fawcett）通过广播报道了梅隆建造国家美术馆的意图，并强调这座新国家美术馆是一个单独的机构，与史密森尼学会的国家美术馆没有瓜葛。事实上，在福西特广播之前的一个多月,《华盛顿明星报》(*The Washington Star*）上已经刊登了一则通知，梅隆表明他的捐赠是独立的，这些主要由欧洲“老大师”画作构成的藏品会陈列在他所建造的美术馆里，他会不时地往美术馆中添加藏品。作者在字里行间表露出对国家美术馆的怜悯之情，“再也没有别的事比梅隆的这个许诺更能使国家美术馆的计划受到更深的伤害了”。

1936 年秋，梅隆设法与国家首都公园和规划委员会（The National Capital Park and Planning Commission）主席、富兰克林·罗斯福（Franklin D. Roosevelt, 1882—1945）总统的舅舅弗里德里克·A. 德拉诺（Frederic A. Delano, 1863—1953）取得联系，委托其在参加白宫举办的圣诞晚宴期间转交关于创建国家美术馆并捐赠自己艺术藏品的信件。他向总统坦言："经过多年经营，我获得了一些重要而珍贵的画作和雕刻作品。我的心愿是它们最终能够成为美国人民的财产。希望能够以此为基础在华盛顿特区建立国家美术馆，为的是鼓励和发展对艺术进行研究与学习。"显而易见，梅隆创建国家美术馆的意图已经昭然若揭。除了捐赠藏品之外，梅隆还许诺由他本人为国家美术馆的馆长支付薪金，为未来的艺术购藏设立专项资金。国家美术馆建筑的维护、日常运营以及员工薪水等费用由国会提供。需要提到的是，梅隆强调：要有一个独立的董事会管理该机构。圣诞节过后，梅隆收到了罗斯福总统肯定的回信并与其两度会面。新年之前的最后一次会面，两人敲定了捐赠事宜。

安德鲁·梅隆（Andrew Mellon）在华盛顿特区的公寓里，壁炉上方悬挂的是出自迈因德特·霍贝玛（Meindert Hobbema）之手的《路上风光》（*View on a High Road*），1930年。

1937 年的最终法案取消了史密森尼学会属下的"国家美术馆"称号。此称号为梅隆的美术馆所有，国家美术馆的馆址、建筑、藏品的所有权归史密森尼学会，而管理权归国家美术馆的董事会。1937 年 3 月 24 日，法案经由国会通过，之后又经罗斯福总统签署，梅隆的美术馆正式更名为国家美术馆。1937 年 1 月 3 日的报纸公布了梅隆的馈赠，消息在伦敦、纽约和华盛顿特区都引发了巨大反响。梅隆建议组成一个拥有 9 位理事的理事会（其中 5 位是普通市民）来对国家美术馆负责，它的总体运作独立于联邦政府。罗斯福的幕僚们提出修改方案：安排 4 个政府理事，4 个普通理事以及 1 名由总统指定的理事；对理事任期做出限定；成立一个全国性的顾问委员会。其结果则是：这些方案均被梅隆的代表否决。

二、欧洲"老大师"趣味的影响力

在美国获得独立后的第一个十年里，许多开国元勋都在踌躇满志地酝酿建立一个民主社会，艺术与美则不在他们的思考范围之列。对新大陆做过实地探访的亚力克西·德·托克维尔（Alexis de Tocqueville, 1805—1859）则干脆做出这样的断言：美国是一个没有艺术的国度。当然这种情形在19世纪90年代发生了很大的改变。在这一时期，意大利文艺复兴时期的艺术品在新大陆风靡一时，拉斐尔的画作被视为王冠上的珍珠。美国的百万富翁们为欧洲文艺复兴时期欧洲权贵和富商们的生活方式深深着迷，他们也乐于被公众视为那个时期的"商业王子"。这个群体想通过收藏艺术的方式使其巨额财富合法化。1876—1917年这段时间通常被史家们称为"美国文艺复兴"（The American Renaissance）。对欧洲的私人及公共美术

蔡尔德·哈萨姆（Childe Hassam），《国联日》（*Allies Day*, May 1917），布面油画，92.7cmx76.8cm，1917年。

埃德加·德加（Degas, Edgar），《四位舞者》（*Four Dancers*），151.1cmx180.2cm，1899年，安德鲁·梅隆藏品。

馆来说，“美国文艺复兴”的到来意味着艺术品的大规模输出。这种运动在1909—1910间达到了高潮。譬如，在1910年，从欧洲流到新大陆的艺术品的价值总量超过了100万英镑。按照可比价值估算，这些艺术品的价值相当于今天的500万～1亿美元，甚至更多。需要提及的是，这种赴欧洲大陆搜罗艺术品的风习至少延续到第二次世界大战之后，也是美国人从事艺术收藏的“黄金时代”。

应该提及的是，除了上面提及的政治家身份之外，梅隆是一位狂热的艺术收藏家。他的贸易伙伴亨利·克莱·弗里克（Henry Clay Frick, 1849—1919）也是一位重要的收藏家，正是在他的影响下梅隆才开始涉足艺术收藏。罗兰德·克内德勒（Roland Knoedler, 1856—1932）、查尔斯·卡斯泰尔斯（Charles Carstairs, 1865—1928）、查尔斯·亨舍尔（Charles Henschel）以及卡曼·梅斯莫尔（Carman Messmore, 1881—1975）均是梅隆的重要代理人。自19、20世纪之交以来，梅隆是著名画廊-克内德勒公司（M. Knoedler and Company）的重要主顾，在老板查尔斯· R·亨切尔（Charles R. Henschel）的指引下，获得了不少艺术珍品。事实上，最早在购藏艺术品方面给梅隆“引路”的人并不是亨切尔。1918年，他从另一位艺术品巨商约瑟夫·杜维恩（Joseph Duveen, 1869—1938）那里购藏了弗朗斯·哈尔斯（Frans Hals）的一幅画作，这也是他收藏绘画的开端。值得一提的是，尽管梅隆的大部分绘画并不是从杜维恩那里获得的，但后来的事实证明，杜维恩却是他建立国家美术馆的有力支持者和顾问。两人于1919年谋面，1921年在伦敦参观国家美术馆。此后。杜维恩经常光顾梅隆在华盛顿的公寓。到了后来，他的世界级珍藏——126幅绘画和26尊雕塑悉数捐给国家美术馆，这是何等的胸怀！在这里需要提到的是，美国收藏家们在欧洲“老大师”艺术和美国本土艺术之间的选择同样是新成立的国家美术馆所面临的问题。

需要在这里指出的是，梅隆藏品中有一部分精品来自艾尔米塔什博物馆（The State Hermitage Museum）。这场20世纪最著名的艺术交易的完成不过经历了短短数周，但所涉及的交易金额高达6654052.94美元［详见第二十一章——《“隐士居所”：国立艾尔米塔什博物馆（The State Hermitage Museum）所藏欧洲绘画典藏的形成与陈列》］。1930年左右，华盛顿特区的高层们正在讨论基于贸易保护主义的《斯穆特-霍利关税法案》（*The Smoot-Hawley Tariff*）。毋庸置疑的是，在这种情势之下，梅隆想尽快完成交易。具体过程是，与苏联渊源颇深的德国马蒂森画廊缺乏现金，于是联系到了英国伦敦的科尔纳吉公司（P. and D. Colnaghi and Co.）；

此时的科尔纳吉公司也同样面临资金短缺的困境，最后与纽约的同行克内德勒画廊，也就是梅隆长期的代理机构达成合作。这是一个“双赢”的局面：苏联方面得到了紧缺的现金，柏林、伦敦的代理商赚到了可观的佣金，身在美国的买家梅隆获得了心仪已久的杰作。价格谈妥之后，梅隆首先需要向克内德勒画廊支付英镑，该公司向伦敦的科尔纳吉公司转账，科尔纳吉公司将现金汇往柏林马蒂森画廊的银行户头，该机构则付钱给苏联当局，或者负责购买来自苏联的物资。需要提到的是，这些作品是从艾尔米塔什博物馆最好的50幅欧洲绘画珍品中挑选出来的。当然，这个交易存在着巨大的风险。正如克内德勒画廊雇员亨舍尔所说：“我们认为最为稳妥的交易应是在一个承认苏联的国家领土上完成，这样才能确保万无一失。”梅隆通过这场交易共获得了艾尔米塔什博物馆的21幅顶级藏品，其中最贵的一幅画当属出自拉斐尔之手的《阿尔巴圣母》（*Alba Madonna*），这幅画以1116000美元成交，创造了当时单幅艺术品售价的最高世界纪录。罗伯特·威廉姆斯（Robert Williams）在其《俄国艺术和美国金钱》（*Russian Art and American Money*, 1900—1940）中发出了这样的感叹：“俄国人永远不会再出售品质如此之高的艺术品，也永远不会再有美国人如此情愿地、并拥有充足的财力去购买它们……总的来说，回想起来，6654052.94美元可能是捡漏！”

埃尔·格列柯（El Greco, Domenikos Theotokopoulos），《圣伊尔德方索》（*Saint Ildefonso*），112cmx65.8cm，1603 / 1614年，安德鲁·梅隆藏品。

1936年7月，梅隆赴伦敦与杜维恩会面，决定购藏杜维恩所拥有的一批意大利名作。早在1929年，杜维恩已经以较低价格获得“德雷富斯藏品”（The Dreyfus Collection），可谓占尽先机。这批藏品正好补充梅隆藏品的弱项：意大利文艺复兴时期的绘画和欧洲雕塑名家之作。后来梅隆的助手芬利受委托赴伦敦挑选了30幅绘画和21件雕塑。这些作品原本放在科科伦美术馆的地下库房，为了便于梅隆挑选，改在梅隆寓所正下方、位于马萨诸塞大街1785号的一间套房中展示。最终，梅隆经过几个回合的磋商，在1936年12月购买了其中的24幅绘画和18件雕塑，总价为800万美元，由教育-慈善信托支付账单。这批藏品涵盖了从13世纪到文艺复兴盛期这个时段的大师杰作。

1941年6月，在一篇标题为《华盛顿的新国家美术馆》（*The New National Gallery of Washington*）的评论文章里，作者G. M. 里希特（G. M. Richter）如此评价国家美术馆：如果将华盛顿的国家美术馆与欧洲的博物馆相比是不公正的，因为那些博物馆毕竟存在了数个世纪。如果真要进行比较，拿伦敦的国家美术馆与其相比甚为妥帖；梅隆与塞缪尔·克雷斯（Samuel Kress, 1863—1955）为国家做出了巨大

约翰·康斯太勃尔（Constable, John），《威文荷公园》（*Wivenhoe Park, Essex*），布面油彩，56.1cmx101.2cm，1816年，威德纳藏品（Widener Collection）。

弗拉·安杰利科（Fra Angelico）、弗拉·菲利波·利皮（Fra Filippo Lippi），《三王来拜》（*The Adoration of the Magi*），木板丹培拉，188cmx171.5cmx12.7cm，塞缪尔·克罗斯藏品（Samuel H. Kress Collection）。

贡献，相信还会有更多欧洲艺术珍品进入该馆的收藏之列。尽管国家美术馆还存在着一些不足，但毫无无疑的是这座美术馆的成立会引起世界各地艺术爱好者的注意；在战争结束之后，会有很多欧洲人专程赴美国欣赏国家美术馆的欧洲艺术作品。里希特持上述观点不是没有根据的，要知道，梅隆捐赠给国家美术馆的艺术品品质虽然极高，但数量相对有限：126幅绘画和26件雕塑作品。国家美术馆日后在馆藏上逐步丰富起来，靠的是梅隆的强大感召力。

克雷斯是第一位响应梅隆号召的人，他将自己收藏的欧洲杰作捐赠给刚成立的国家美术馆。他手下的专家们和国家美术馆第一任馆长芬利及其继任者约翰·沃尔克（John Walker）等紧密合作，力图创建“现存世界上最全面的意大利艺术藏品”。早在1939年，克雷斯就向梅隆表示愿将375幅意大利绘画和18尊雕塑捐给国家美术馆。总之，克雷斯经过多年的搜罗，建立了一个跨越13—18世纪的意大利绘画与雕塑收藏，其中不乏出自乔托（Giotto）、杜乔（Duccio）等名家之手的画作。毫无疑问，弗拉·安杰列柯（Fra Angelico）、菲利波·里皮（Fra Filippo Lippi）的《三王来拜》、埃尔·格列柯（El Greco）的《拉奥孔》（*Laocoön*）是其中耀眼的“明星”。当然，来自欧洲其他国家的艺术也在关注之列——法国、德国、佛兰德斯和西班牙等地区的艺术。刊登在1944年8月1日《艺术文摘》上的一篇对克雷斯的报道——《克雷斯向国家捐赠重要的法国绘画》（*Kress Makes Important Donation of French Painting to the Nation*）让我们感受到欧洲艺术在国家美术馆馆藏中的地位。作者自豪地宣称：“塞缪尔·H. 克雷斯及克雷斯基金会向国家美术馆捐赠了9幅18世纪法国绘画，这使得国家美术馆成为美国国内罕有其匹的法国艺术展览机构。”克雷斯还捐赠了1300余件文艺复兴时期的青铜雕塑、古希腊大理石雕刻和法国雕刻作品。由此可见，欧洲“老大师”艺术作品是新国家美术馆搜罗的主要对象。后来，克雷斯的弟弟拉什·克雷斯（Rush Kress, 1876—1963）和塞缪尔·克雷斯基金会（The Samuel H. Kress Foundation）为国家美术馆捐赠了另外的重要作品和大量金钱。来自费城的威德纳藏品（the Widener Collection）中的重要组成部分，在约瑟夫·威德纳（Joseph Widener, 1871—1943）的推动下顺利进入该馆，我们所熟知的伦勃朗的《磨坊》（*The Mill*）、维米尔（Johannes Vermeer）的《量金子的女子》（*A Woman Weighing Gold*）及乔凡尼·贝利尼（Giovanni Bellini）的《诸神的宴飨》（*The Feast of the Gods*）均来自威德纳家族。同样来自费城的收藏家莱辛·J. 罗森沃尔德（Lessing J. Rosenwald, 1891—1979）将他收藏的 22000 余幅版画和素描捐赠给国家美术馆，其中有 350 多幅精品出自丢勒、伦勃朗、威廉·布莱克（William Blake）、奥诺雷·杜米埃（Honoré Daumier）、高更和毕加索等名家之手，被称为欧洲之外最重要的欧洲名家版画藏品。

文森特·凡·高（Vincent van Gogh），《罗林的婴孩》（*Roulin's Baby*），布面油彩，53.9cmx42.5cm，1888年，切斯特·戴尔藏品（Chester Dale Collection）。

当然，自此之后的 70 余年，美国艺术也在其中占据了越来越重要的位置。1936 年 2 月，经过漫长的讨价还价，由教育 - 慈善信托出资以 58 万美元从克内德勒公司购藏了托马斯·克拉克（Thomas Clark）收藏的 175 幅美国绘画，大多以美国历史人物的肖像画为主。在 19 世纪的最后的 25 年里，专门赞助与支持美国艺术的收藏家为数极少。最典型的 19 世纪晚期美国收藏家，往往会将主要精力放在搜罗当时欧洲各大流派的绘画上面，如此一来，本土艺术仅在其中占据较小的份额。不过，仍有一批以推动本土艺术为目标的收藏家，克拉克就是这个时期的代表人物，他专门收藏展示美国绘画，以推动和促进本土艺术的发展。也就是说，克拉克与早期的美国艺术赞助者不同，他没有像前辈那样致力于改造美国艺术，而是通过收藏、展示等实际行动支持本土艺术。从 19 世纪 70 年代晚期一直到 1931 年，克拉克身处当时有美国文化艺术中心之称的纽约，与纽约艺术圈中的所有重大事件均有联系。比如，他加入了世纪俱乐部（The Century Club）、联邦同盟俱乐部（The Union League）、箴言俱乐部（The Motto Club）、曼哈顿俱乐部（The Manhattan Club）、大都会俱乐部（The Metropolitan Club）、纽约体育俱乐部（The New York Athletic Club）等纽约著名的俱乐部，他还是一些艺术组织的会员，如纽约雕塑家协会（The Sculpture Society of New York）、纽约艺术促进会（The New York Society for the Promotion of Art）以及国家艺术协会（The National Society of Arts）。克拉克投身艺术收藏活动，在很大程度上是因为他加入了为数众多的与艺术关系密切的协会和俱乐部。他的社会身份、俱乐部的会员资格、友人以及交游圈更进一步深化了他的使命感——对“镀金时代”美国绘画的促进与推广。早在 1879 年，克拉克就开始将他的藏品借给各种公私机构进行展览。比如他曾将收藏借给大都会艺术博物馆（1880—1883），参加了国立设计学院的常规展览（1883）、纽约市哥伦比亚庆典（The New York City Columbian Celebration, 1892）、夏季借展（The Summer Loan Exhibition, 1893）、美国艺术家协会常规展及回顾展（The Society of American Artists regular exhibitions and Retrospective Exhibition, 1892）、芝加哥艺术学院博物馆年度展览（Annual Exhibitions at the Art Institute of Chicago, 1888—1894）、国家艺术展（The National Art Exhibition, 1889）、国家艺术协会展览（The National Art Association, 1892）等，由于这些展览都是由国家级的展示机构举办的，因此也使得这部分收藏广为人知。由此可见克拉克在美国艺术收藏家圈子中的重要地位。上述梅隆整体购

约翰内斯·维米尔（Johannes Vermeer），《持天平的女子》（*Woman Holding a Balance*），布面油彩，42.5cmx38cm，1664年，威德纳藏品（Widener Collection）。

藏克拉克收藏的美国历史人物肖像画也是经过深思熟虑的结果。毫无疑问，克拉克藏品的品质是非常高的。又如，早在1941年开馆时，纽约大藏家切斯特·戴尔（Chester Dale, 1883—1962）就将手中的7幅重要美国绘画借给美术馆展出。两年之后，他将23幅美国绘画和其他欧洲大师作品捐给该馆。1962年，戴尔将大量藏品捐出。除了一大批欧洲艺术品之外，不少美国艺术名家的作品也进入该馆珍藏之列。1992年，多萝西和赫伯特·沃吉尔藏品（The Dorothy and Herbert Vogel Collection）2000余件当代绘画、雕塑、素描的入藏，大大增加了美国本土艺术在国家美术馆中的比重。

非常巧合的是，国家美术馆最终获得了前述科科伦美术馆的大部分馆藏精华。2014年，科科伦美术馆关闭。该机构长期积累下来的世界级绘画、雕塑、摄影、版画、装饰艺术、素描作品被国家美术馆整体购藏。这个购藏活动从2015年一直持续到2016年，相关领域的学者及主管们从科科伦美术馆17000余件馆藏中遴选了7000余件精品。当初科科伦创建这座美术馆的宗旨是“激励美国天才”（encouraging American genius），主要聚焦于美国本土艺术。在今天看来，这批美国艺术藏品的进入，在很大程度上提升了美国艺术的地位。这也是国家美术馆在第二次世界大战之后不懈努力提升本土艺术的结果。

早在1937年，梅隆在与国会达成的协议中强调：国家美术馆中的其他展品必须与梅隆藏品一样具有高品质。梅隆希望建立一个与伦敦国家美术馆不同的治理方式来实现自己的目标。他本人是国家美术馆第一位“普通理事”，提名其他四位“普通理事”：大卫·布鲁斯、谢泼德、前财政部自己的下属帕克·吉尔贝特以及艺术收藏家邓肯·菲利普斯（Duncan Phillips）。1937年1—8月间，梅隆给教育 - 信托转让了价值950万美元的股票，将信托资产提升到2200万美元。截止到1937年6月，梅隆转让给教育 - 慈善信托的画作总价值达2070万美元。

不仅如此，梅隆的子女——保罗和艾尔莎也在国家美术馆的建设和艺术作品购藏等方面功不可没。前者终其一生为国家美术馆的发展尽心尽力，捐赠1000多件作品并提供配套的购藏基金，里面有350幅出自美国画家乔治·加特林（George Catlin）的印第安人题材绘画、塞尚的《穿红马甲的男孩》（*Boy in a Red Waistcoat*）、近60件德加雕塑作品。艾尔莎不仅向国家美术馆捐赠了不少精美的欧洲绘画，还为莱奥纳尔多·达·芬奇（Leonardo da Vinci）的《吉内芙拉·德·本奇》（*Ginevra de' Benci*）顺利入藏国家美术馆提供购藏经费。更进一步，姐弟二人在1967年为国家美术馆东馆提供经费之举可谓“大手笔”。

曾操刀设计美国国家档案馆和杰斐逊纪念堂、有着“最后的罗马人”之誉的约翰·鲁赛尔·波普（John Russell Pope,1874—1937）也为梅隆和克雷斯等人的欧洲艺术珍藏设计了一座古典装饰风格的建筑，我们可以在意大利文艺复兴时期的建筑中找到对应的参照物，此外，波普的设计主要考虑到梅隆的艺术收藏中意大利绘画与雕塑占有重要地位。应该提及的是，早在1929年，梅隆就盛情邀请波普加入他领导的建筑顾问委员会，负责“联邦三角区计划”（The Federal Triangle Project）。波普也是加州大收藏家亨廷顿夫妇陵墓的设计者以及梅隆好友弗里克的弗里克收藏馆（The Frick Collection）建筑改造的设计师。杜维恩勋爵向梅隆力荐波普，认为波普擅长的新古典主义、艺术化的宏伟建筑，是唯一能够与展示伟大的欧洲艺术品匹配的风格。就欧洲来说，波普曾参与伦敦泰特不列颠美术馆（Tate Britain）国外当代雕塑区和大英博物馆古希腊大理石雕塑展区的设计。

新的国家美术馆位于国家广场，周围是第七大街、宪法大街、第四大街和北商业大街，第四大街向东的那片区域留下来用于“未来的扩建”。梅隆教育-慈善信托负责出资建设美术馆。政府则“以国家之名宣誓”维护、保护、监督、管理美术馆并负责其日常运营。尽管国家美术馆是史密森尼学会下的一个机构，但它拥有自己的理事：4名“政府理事”（最高法院首席大法官、国务卿、财政部长、史密森尼学会秘书长）；5名政府之外的“一般理事”。首任理事由梅隆提名并经史密森尼学会批准，继任理事由前任推荐。理事会的决定不受除法院之外的任何联邦政府官员或机构的影响。

从波普的设计草稿及平面图规划可以知晓：华盛顿国家美术馆的以取材自古罗马万神殿的中央大厅为中心，向四个方向拓展开来。东西向的桶装拱顶雕塑长廊让参观者们信步走到了花木扶疏的花园天井。美术馆建筑长782英尺（238.35米），宽303英尺（92.35米），建筑总面积为179000平方英尺（16629.64平方米），展示区面积为126000平方英尺（11705.78平方米），其中涵盖125个展厅，内有庭院、喷泉和流水，可谓别有洞天。展览区域经过建筑师的合理设计，观者不需要走回头路以致迷失方向。国家美术馆的修建及装修耗资达1500万美元。该馆采用了当时最先进的施工技术，美术馆的地基和一层用钢架和混凝土浇筑，可谓不惜工本。建材的使用十分考究，主要楼层的墙板采用来自印第安纳州（Indiana）和阿拉巴马州（Alabama）的石灰石，经过工人的精细打磨和抛光。中央大厅柱子在佛蒙特州（Vermont）组装，所用的石材是来自意大利的大理石。梅隆受他经常光顾的纽约摩根图书馆和博物馆（The Morgan Library & Museum）的启发，建议国家美术馆使用田纳西大理石，条件是接近地面部分一定要使用颜色最深的，向上颜色逐渐变浅。梅隆坚持围绕中央圆形大厅的展室应该是一个类似于家一样的私密空间，让人宾至如归。反对建筑风格上过于浮华，力求朴素。按照梅隆的要求，国家美术馆馆藏作品按照艺术史分期和国别进行陈列。譬如，在意大利艺术展区，展厅墙壁上安装的是意大利石灰华护壁板，雕塑的陈列颇为考究。相较之下，17世纪的荷兰艺术展区，为了体现一种艺术作品

让·奥诺雷·弗拉戈纳尔（Jean Honoré Fragonard），《阅读中的年轻女孩》（*Young Girl Reading*），布面油彩，81cmx65cm，1769年。

原先的陈列环境，国家美术馆使用了木质的护壁板。

有意思的是，建筑师和梅隆同在1937年辞世，相隔不到24个小时。此外，美术馆的扩建工程于1968年启动，1974年由华裔建筑师贝聿铭主持，1978年落成，即我们熟悉的东馆。贝氏将这块梯形的地块巧妙地分为一个等腰三角形和一个直角三角形，前者被建成高塔状，其底部的大门面对西馆；后者则被设计成图书档案馆和行政区。两个三角形之间是一个25米高的天光庭院。地下通道和与街道平行的鹅卵石广场将两者连为一体，广场上7个玻璃四面体和一个陡峭的人工瀑布为地下空间带来了动感和通透之感。在人工瀑布下面的空间内建有一个面积达3000平方米的美术馆餐厅，可供700人同时用餐。值得在这里附带一笔的是，法国总统密特朗于1981年9月24日正式宣布启动卢浮宫博物馆的改造项目，这一年的5月之前，时任法国社会党总书记的密特朗在访美期间希望与里根总统会晤，在等待消息的时候顺便游览了华盛顿国家美术馆东馆，一下子喜欢上了贝聿铭设计的东馆，随后才有“卢浮宫金字塔”的一系列传奇故事，这是后话了。

三、普世化之路

正如上述，1941年3月17日开馆的国家美术馆以收藏、展示与陈列欧洲“老大师”艺术品为主。梅隆尤其强调了国家美术馆的教育功能：“对一座伟大的国家美术馆而言，对我们的人民进行艺术教育显得尤其重要；这样一所机构的声誉显然是建立在展品的艺术品质上的……伟大的美术馆为国家赢得的声望是不可估量的。”只要打开该馆的官方网站，就不难发现，其馆藏作品已经对欧洲艺术品和美国本土艺术品及现代艺术采取“并重”的态度：4000多幅绘画、3000多件雕塑、70000多件版画、31000多件素描、12000多张摄影作品，此外还有装饰艺术品和新媒体艺术作品。从《年度报告》（*Annual Report*）中所给出的特展参观人次可看到该馆在吸引公众方面所做的种种努力。1986年的“不列颠的珍宝屋”（The Treasure Houses of Britain）和“新绘画：印象主义”（The New Painting: Impressionism）共吸引了870万人，比1985年全年整整多出360万！1986年，与上述两个特展相关的艺术书籍、印刷品和海报的销售额高达1200万美元，1987年达880万，1989年又超过1000万，达到1230万美元！1989年，配合该年度特展——“日本：大名文化的形成”（Japan: The Shaping of Daimyo Culture）的同名展览目录售出了10万本之多！1990年，60万观众在美术馆内购买画册和展览图录，7000多人则通过邮购的方式获得这些印刷品。该年度受到“热捧”的展览图录是《提香》(Titian)和凡·戴克(Van Dyck),共售出20万册!1993年,最受欢迎的展览图录是“巴恩斯藏品”(Great French Paintings from the Barnes Foundation: Impressionist, Post-Impressionist and Early Modern),要知道这是巴恩斯基金会藏品的首次集中亮相,共售出了268880本!以上罗列的数据表明,这些活动真正体现了梅隆所强调的公共教育功能。

安德烈亚·德尔·韦罗基奥(Andrea del Verrocchio),《朱利亚诺·德·美第奇》(*Giuliano de' Medici*),赤陶,61cmx66cmx28.3cm 1475/1478年,安德鲁·梅隆藏品(Andrew W. Mellon Collection)。

早在1942年,该馆许多在周日夜间举行的免费音乐会及剧团演出为华盛顿公众带来了提升精神滋养的机会。除了展览和音乐会之外,为公众提供免费导览服务也是自开馆以来的“保留节目”,这个优秀传统一直延续到今天。高级别的学术讲座和电影放映也会在西馆的学术报告厅及东馆的礼堂内举办。就前者来说,针对视觉艺术的“安德鲁·梅隆讲座”(The Andrew W. Mellon Lectures)、针对接触艺术家的“戴蒙斯坦-施皮尔福格尔系列讲座”(The Diamonstein-Spielvogel Lecture Series)、针对其作品陈列在东馆的当代艺术家的“埃尔森系列讲座”(The Elson Lecture Series)、针对意大利艺术的“悉尼·J·弗里德伯格讲座”(The Sydney J. Freedberg Lecture)、针对美国艺术的“怀斯讲座”(The Wyeth Lectures)均成为该馆的常设讲座系列;就后者来说,在东馆放映的电影多与临时特展有直接的关系,当然也包含一些独立电影。

四、结语

青年时代的梅隆与友人弗里克多次光顾伦敦国家美术馆;在1932—1933年担任美国驻英国大使期间,光顾英国国家美术馆已经成为他生活中必不可少的一部分。1936年,梅隆通过杜维恩勋爵,就国家美术馆的法规章程、组织、运营等问题咨询时任英国国家美术馆馆长的肯尼斯·克拉克(Kenneth Clark),克拉克一一作了细致解答。毫无疑问,今天的华盛顿国立美术馆在某种意义上参考了英国国家美术馆的方方面面。就本文所述及的收藏及陈列等问题而言,亲身参观者会有某种似曾相识之感。若要细究起来,克拉克到任之初所面对的国家美术馆是旧式的美术馆,陈列方式墨守成规,墙面上密密麻麻,宛如19世纪晚期信封上贴的邮票,即便是到了20世纪20年代,绘画仍旧是紧贴着踢脚板,密密地排成一横排。

克拉克的绘画陈列方式靠的是直觉,根据的是艺术品之间的视觉关系和形式意义,而不是更趋缜密的逻辑或历史次序。他的乐趣近似于以半私有的方式管理藏品,至于对“纸上谈兵”布置美术馆者的评价,是在影射他的继任者菲利普·亨迪(Philip Hendy)的布展方式。众所周知,他采用按比例缩小的绘图纸,作为画作的替代品,以此来布置展览。20世纪30年代间留存下来的展厅的图像资料，摄于电气照明设备安装之后，从中可见，克拉克把画幅悬挂在带底纹的墙纸上，间距很大，间或还摆上了意大利雕花婚嫁箱，以缓和展厅内单调的气氛。

在克拉克于“二战”最后一年所作的一次讲演中，他对小型博物馆、美术馆而非大型的地方性博物馆大加赞赏，该文之后发表在《博物馆杂志》（*Museums Journal*）上，文中写道：“这几座美术馆［杜尔维奇（Dulwich）和布鲁日（Bruges）］适合喜好沉思冥想的人士，以及以艺术爱好者自居的人们。至于说，为了迁就这些人而牺牲受众面更广的教育使命，我后面还将有所涉及，不过，我认为这几座只收藏了为数不多的旷世杰作的小型美术馆，静谧闲适、完美无缺，对于国家的命运和理解艺术，都是至关重要的。它们是真实的存在，而以教育为目的，热热闹闹、雄心勃勃的美术馆，相形之下，仿佛是报章新闻，怎能与文学相提并论。”对照梅隆和建筑师波普之间的互动，我们不难看出他和克拉克一样，偏爱小展室和侧光，对于在自然光照条件下观赏艺术品情有独钟。

参考文献及相关网站：

Philip Kopper, *America's National Gallery of Art*, Princeton University Press, “the First Fifty Years”, 2016.

Alan Wallach, *Exhibiting Contradiction: Essays on the Art Museum in the United States*, Amherst: University of Massachusetts Press, 1998, Chapter 3.

Robert C. Williams, *Russian Art and American Money*, 1900—1940, Harvard University Press, 1982.

Ayres, William Smallwood, *The domestic museum in Manhattan: Major private art installations in New York City*, 1870—1920, Ph. D, dissertation, University of Delaware, 1993.

Holly Tank, “Dedicated to Art: William Corcoran and the Founding of His Gallery”, *Washington History*, Vol. 17, No. 1（Fall/Winter, 2005）, pp. 26-51, note, 1.

Homer T. Rosenberger, “Harriet Lane Johnston and the Formation of a National Gallery of Art”, *Records of the Columbia Historical Society*, Washington, D.C., Vol. 69/70, The 47th separately bound book（1969/1970）

Lois Marie Fink, *A History of the Smithsonian American Art Museum*, Boston: University of Massachusetts Press, 2007, Chapter3, note.11

Nancy Einreinhofer, *The American Art Museum: elitism and democracy*, London and Washington,

D.C.: Leicester University Press, 1997, p.56.

MaLcolm Goldstein, *With Figures: A History of Art dealing in the United States*, Oxford University, 2000, pp.160—161.

Nancy Einreinhofer, *The American art museum: elitism and democracy*, London and Washington, D.C.: Leicester University Press, 1997.

Sir Kenneth Clark, "Ideal Picture Galleries", *Museums Journal*, November 1945, 129

Holler, Manfred J, klose-Ullmann, Barbara, "Art Goes America", *Journal of Economic Issues*, Mar, 2010, Vol. 44, No. 1.

H. Barbara Weinberg, "Thomas B. Clarke: Foremost Patron of American", *American Art Journal*, Vol. 8, No. 1 (May, 1976).

G. M. Richter, "The New National Gallery of Washington", *The Burlington Magazine for Connoisseurs*, Vol. 78, No. 459 (Jun., 1941), p.183.

大卫·坎纳丁著、吴咏蓓等译,《梅隆：一个美国金融政治家的人》,上海远东出版社，2010年，第12章，第329页;第15章，第429页;第16章。

玛格丽特·莱斯利·戴维斯著、丁宁译,《一个感动美国的故事——肯尼迪夫人与〈蒙娜·丽莎〉的相遇》，北京大学出版社，2012年。

雅克·朗格著、董强译,《新卢浮宫之战：卢浮宫浴火重生记》，中央编译出版社，2014年。

刘昌汉,《古今西东——侧写美国国家美术馆》,《中外文化交流》2009年第6期。

http://www.nga.gov/content/ngaweb/about.html

http://www.nga.gov/content/ngaweb/Collection.html

http://www.hnmuseum.com/hnmuseum/museum/museumContent.jsp?infoid=0146cb8612c7402884834691862b0ae7&columnid=01380d5f4e5d4028848337deb0d20831&preid=null&pppid=null

http://www.hnmuseum.com/hnmuseum/museum/museumContent.jsp?infoid=014a5b02d96e402884834a35af0c109c&columnid=01380d5f4e5d4028848337deb0d20831&preid=null&pppid=null

http://www.aam-us.org/resources/center-for-the-future-of-museums

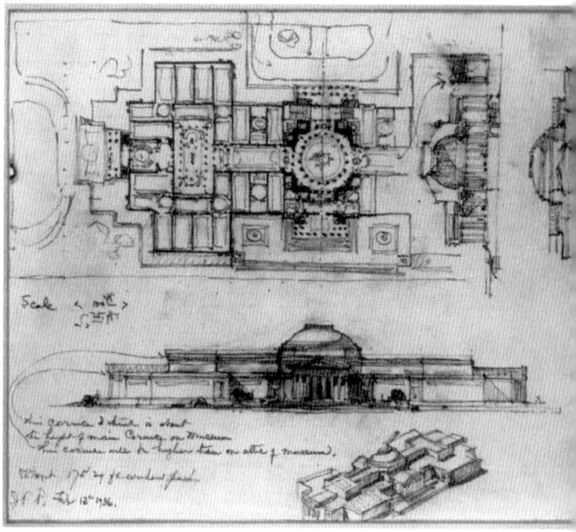

美国建筑师约翰·鲁赛尔·波普(John Russell Pope, 1874—1937)为华盛顿国家美术馆所绘制的建筑设计草图。

“典藏再造”：克利夫兰艺术博物馆的 Gallery One 评价

引言

2013 年 12 月，经过长时期整修的克利夫兰艺术博物馆重新向公众开放，这使得它作为美国中西部艺术重镇的地位更加巩固。新馆的展示空间大大增加，达到 88629 平方米，场馆占地面积为 592500 平方英尺（55045 平方米）。需要提及的是，修复室所占面积总和为 18000 平方英尺（1672.25 平方米），相当于四分之三个足球场那么大。将几座相对孤立的场馆连接为一个整体的中央玻璃顶棚面积达 39000 平方英尺（3623.2 平方米），用去了 782 块玻璃嵌板！博物馆商店面积达到 3200 平方英尺（297.2 平方米）。新馆开放以来单日最高参观纪录为 7130 人次，2013 年全年总参观人次为 577216 人次。

克利夫兰艺术博物馆的藏品总数为 44617 件，作品所属年代的跨度达 5000 余年。尽管与美国东海岸的大馆相较，其藏品数量并不占据优势，但该馆十分重视藏品的数字化和与观众之间的互动，让博物馆的“常客”和初来乍到的到访者可以自行设计参观路线。位于该馆一楼占地 14000 平方英尺（1300.6 平方米）的 Gallery One 吸引了不少观众驻足观看并参与互动活动。展厅中的“藏品墙”（Collection Wall）将 4000 余件馆藏精品的详细图文信息收入其中，每隔十分钟，大型显示屏幕上的藏品图像会发生变化，观众可根据自己的兴趣进行“探索”及相关研究，甚至可以在社交网站上发布自己精心设计的“参观攻略”。譬如说，目前至少有 1466 种参观该馆的路线选择。更进一步，该馆官网上的统计数据显示，有 6638 名观众参加过“雕塑透镜”（The Sculpture Lens）提供的匹配游戏，7342 人尝试了“姿势联想”（Pose Struck）游戏。此外，该馆开发的“艺术透镜”应用程序（The ArtLens App）受到不少人的青睐，里面装载了 886 个视频短片，被形象地描述为“口袋中的老师”（a teacher in your pocket）。2013 年上半年，只有 ipad 版；到了 12 月，iPhone 版上线；2014 年 6 月，Android 版上线。截止到 2014 年 3 月，71% 为 ipad 版，26% 为 iPhone 版，3% 为 ipodtouch。目前已拥有 25000 多个用户。

除此之外，克利夫兰艺术博物馆的会员超过 20000 人，虽然员工仅区区 400 多位（包括 18 位专职策展人），但在本馆服务的解说员有 7000 余名，2013 年，志愿者服务时间长达 30000 小时之多！参加远程学习的人数近 15000 人，学校组织集体参观的人数近 20000 人，脸书（Facebook）用户超过 60000 人，以上数据表明该馆

克利夫兰艺术博物馆新建的玻璃顶棚大厅，面积为39000平方英尺（3623平方米），将博物馆建筑连接为一个整体，也为博物馆的公共教育活动和相关项目开辟了巨大空间。

新馆建筑模型，南入口和喷泉广场。

在公共教育和相关项目推广方面的成功之处。本章尝试梳理该馆对观众互动重视的传统，并着重对 Gallery one 藏品共享方面进行分析，为国内美术馆虚拟藏品的陈列及相关研究、教育项目的策划提供某种借鉴。

一、为了公众欣赏最好的艺术品：克利夫兰艺术博物馆重视公共教育的传统

托马斯·亚当（Thomas Adam）曾提出这样一个观点：在 19 世纪，为数不少的富有的美国人，为了维持其社会地位或企图融入上流社会，慈善事业往往是他们所凭借的重要途径。较上层的社会等级并非仅仅将占有财富的多寡作为划分标准，而怎样运用财富往往也成为区分一个人是否属于该阶层的标志之一。在他看来，尽管这一类人可以通过婚姻跻身某个显赫家族，但是对于巩固向上的流动性而言，慈善事业仍然是最为重要的中产阶级的行为模式，向博物馆捐赠藏品、土地乃至金钱，一时之内成为许多南北战争之后获得巨额财富的工业家、商人们的惯常行为。譬如说，在 19 世纪的最后十年里，大量美国人奔赴巴黎游历，有一些人前来学习艺术，另外有不少人则是专门购藏艺术品。刊载于 1882 年《美国花名册》(*American Register*）上的一篇文章给出了一些具体数字：1878 年，美国人花费在艺术上的金钱约为 300 万美元，1881 年攀升到 1000 万美元，仅仅在一年之后，艺术品消费总数升至 1500 万美元。换言之，在不到五年的时间之内美国人在法国巴黎绘画市场上的购买力增长了五倍。我们在这里需要强调的是，不少艺术品最终通过捐赠之途流向了美国的博物馆。

南北战争之后，美国涌现出了像安德鲁·卡内基（Andrew Carnegie）、本杰明·杜克（Benjamin Duke）、詹姆斯·杜克（James Duke）、亨利·克莱·弗里克（Henry Clay Frick）、迈耶·古根海姆（Meyer Guggenheim）、约翰·皮尔庞特·摩根（John Pierpont Morgan）、约翰·D.洛克菲勒（John D. Rockefeller）及威廉·洛克菲勒（William Rockefeller）、查尔斯·泰森·耶吉斯（Charles Tyson Yerkes）这样一些新富阶层，发起了大规模的"城市文化运动"，遂使得许多著名

室内展示场景。

的艺术博物馆、公立图书馆得以建立。更重要的是，这些人在这些机构中占据了董事会的重要位置。该时期美国的文化中心是地处美国东部的费城、纽约、波士顿等城市，这些城市的博物馆、图书馆的兴起与上述“城市文化运动”有着直接关系。在这三个城市当中，纽约作为美国的文化与艺术中心。费城位于特拉华河和库尔基尔河交汇处，是美国的“历史名城”，之所以加引号，就在于美利坚的国家历史相对较短，距今不到300年。提及美国的历史，其中有三件与费城有关的大事值得一提：1774—1775年两次大陆会议在费城召开；1776年7月4日，《独立宣言》就是在这里通过的；1790—1800期间，费城曾经一度是这个新诞生的国家的首都。总体而言，三个城市的艺术博物馆的创立都是出于为本城市赢得名望之目的。

位于美国中西部的克利夫兰市，虽然在19世纪70年代也被这场文化运动所波及，但它并不是中心。虽说克利夫兰艺术博物馆的创建时间可追溯到19世纪80年代，但其最终建成并向公众正式开放一直拖到20世纪早期（1913年建成，1916年6月7日向公众开放），比波士顿艺术博物馆（Boston Museum of Fine Arts, MFA）和大都会艺术博物馆（The Metropolitan Museum of Art, MET）的开放日期晚了近半个世纪之久。要知道，克利夫兰在“一战”前夕就已经跻身全美六大都市之列，也是人均占有财产数最高的美国城市之一。毫无疑问，一些本地的“新富”阶层的捐赠在很大程度上加快了这座中西部名馆诞生的进程。例如，大工业家欣曼·赫尔伯特（Hinman B. Hurlbut）将当时价值120万美元的艺术藏品和地产捐出用于博物馆的创建，此后有霍勒斯·凯利（Horace Kelley）、约翰·亨廷顿（John Huntington）捐出专项资金专门用于博物馆建设。最终的馆址定在城东的韦德公园（Wade Park）附近。早在1882年，杰普撒·H. 韦德（Jeptha H. Wade）将面积达82英亩的地皮捐出来用于建馆，其孙子韦德二世（Jeptha H. Wade II）则进一步完成了其夙愿。1899年，克利夫兰艺术博物馆被确立为非营利性机构，次年，博物馆筹建委员会成立。1906年，本地建筑公司——哈贝尔和贝内斯（Hubbell & Benes）竞标成功，负责设计博物馆建筑。附带一提的是，博物馆筹建委员会在当时也将来自波士顿的头牌建筑师埃德蒙·M. 惠尔赖特（Edmund M. Wheelwright）聘为顾问，遗憾的是惠尔赖特因病退出。因为土地交易的原因，直到1910年建筑工程才正式启动，建筑外表以产自佐治亚州的大理石装点，呈现新古典主义风格，耗资125万美元。该馆旋即成为当时最受欢迎的博物馆之一。

在这里需顺带交代一下当时的文化背景，该馆的创建正好处在美国所鼓吹的"美国文艺复兴"（American Renaissance）时期。19世纪的历史学家将南北战争时期令人绝望的状况与欧洲中世纪做了一个比较。他们从战后文明的各方面（如工业、商业、民主和艺术）状况出发，宣称了对文艺复兴理念的正式继承。许多美国人，包括艺术家、学者、政治家和工厂主仿造意大利的"文艺复兴"（Renaissance）而用"美国文艺复兴"这个术语来描述美国历史上那个特定时期（约1876—1917年）。由此来看，当时克利夫兰艺术博物馆采用新古典主义风格也不足为奇了。

早在1913年，克利夫兰艺术博物馆的建馆宗旨里就强调了一点，即"力求帮助尽可能多的观众理解、欣赏世界上最优秀的艺术作品并与它们产生有效的互动"。在1913—1930年间担任该馆首任馆长的弗里德里克·艾伦·怀挺（Frederick Allen Whiting）是一位研究手工艺品的资深学者，他深信博物馆是重要的教育机构并一手创办了该馆的公共教育部门，还推出了大量针对儿童和成年人的活动项目。第二任馆长威廉·M.米利肯（William M. Milliken）在漫长的任期内（1930—1958年）获得了不少捐赠并迎来了"二战"后的首次繁荣局面："罗杰斯遗赠"（Rogers Bequest）、"塞弗伦斯基金"（The Severance Fund）及伦纳德·汉娜（Leonard Hanna Jr.）的整体捐赠使得该馆进一步获得世界声望，大量一流藏品进入该馆的馆藏之列。

就公共教育的发展方面，值得一提的是，早在20世纪80年代，第四任馆长埃文·霍普金斯·透纳博士（Dr. Evan Hopkins Turner）就提出这样的观点，即加强博物馆与社区之间的互动，以拓展观众群并满足他们的认知需求。他的继任者罗伯特·P.伯格曼（Dr. Robert P. Bergman，1993—1999年在任）则进一步创建了社区顾问委员会（community advisory committee），目的是推出更好的展览计划和活动项目。

既然谈及克利夫兰艺术博物馆

室内展示场景。

室内展示场景。

的公共教育，不得不提到的一个人物就是托马斯·门罗（Thomas Munro），他是一位哲学家，曾执掌该馆的公共教育部长达30余年（1931—1967）。在门罗看来，博物馆公共教育部的职责在于：完成贯穿全年的复杂的教育指导计划……其中包含普通初级的内容，着眼于向大众传输艺术欣赏的基本原理；另一部分相对较为高深的内容，包括学习、研究以及通过研究班课程及出版物来进行学术探讨等。当然，大众教育也并不意味着低水准。早在1952年，该馆公共教育部已具备相当规模，拥有23位全职员工、30位兼职员工和11位志愿者。

当时在该馆担任馆长的是著名的鉴赏家李雪曼（Dr. Sherman Emery Lee，1958—1983年在任）。针对博物馆的公共教育问题，李雪曼和门罗持有不同观点。前者认为，一次性的上课导览当时依然是博物馆在大众教育方面的基本作为，在提升大众的视觉读解能力方面是否能够产生效果是值得怀疑的，艺术博物馆是欣赏、评鉴艺术品的所在，在里面进行公共教育是维多利亚时代的英国人的一种不切实际的想法。门罗对此不以为然，在他看来，博物馆的教育部门承载着展示、阐释艺术品的职责。艺术教育意义重大，观者在学会察觉形形色色的复杂形式及线条、形状和色彩的微妙性时，便获得了一种可以融入日常生活的视觉性力量。与英国批评家罗杰·弗莱（Roger Fry）的观点一致，门罗认为，艺术会教人以视觉方面的辨别力。

早在2000年左右，克利夫兰艺术博物馆常年推出“家庭快车”（Family Express）培训班、“教师资源中心”、“学校之旅”等教育项目。“学校之旅”每年为6.5万余名学生服务。为此克利夫兰艺术博物馆特地从馆藏品中选择了1.8万件一般复制品专供对外教育使用，目前已设计了18个教育专题，可根据需要将有关藏品灵活搭配放置于专门制作的皮箱内带往学校开展活动。幼儿园和小学1—2年级的学生只能接触复制品，高年级学生可直接触摸艺术品。据了解，该项目开展至今只发生一次艺术品受损事件。其中克利夫兰艺术博物馆在2001年为俄亥俄州75个社区的7000名学生和教师提供了300课时的教学节目，同时还为纽约州、新泽西州、宾夕法尼亚州、密歇根州、威斯康星州、德克萨斯州、华盛顿特区、马里兰州和伊利诺伊州的39个社区提供过服务。该馆的“教师资源中心”向数千名注册会员提供24种不

室内展示场景。

室内展示场景。

同专题的幻灯教材，每年的9月至次年的6月每周二至周五都会有各种培训和研修活动，参加相关培训班可获得大学承认的硕士课程学分。当地政府还资助克利夫兰艺术博物馆通过电视广播向病人、残疾人、老人等不能来馆参观的人群介绍该馆的永久藏品和最新展览情况。

此外，该馆也十分看重电视传媒对博物馆的传播助推力，例如，美国PBS电视台在全国范围内挑选了包括克利夫兰艺术博物馆在内的六家博物馆参加“温迪嬷嬷的美国藏品”专栏节目，定期由修女温迪·贝克特导览介绍各馆藏品，每期节目为一小时，收视率达200万家庭。

早在门罗时代，该博物馆就采取一种保证高水准教育和普通教育两者并行不悖的方式，即实行普通教育（着眼于艺术欣赏）与学术教育（研究与出版计划相辅相成）并行的“双轨制体系”（The Two-Track System）。就后者而言，主要由博物馆的管理层人士负责。管理者和专业人士将他们的研究成果传达给公共教育部，再通过公共教育部向公众进行宣传，具体说来，主要包括二个层面：第一个层面，克利夫兰艺术博物馆与凯斯西储大学（Case Western Reserve University）保持着良好的合作关系。博物馆可以为大学生、研究生们提供展示其成果的机会，并提供教学课堂。该馆的专业人士也供职于这所大学，为学生讲授艺术史、博物馆学等方面的课程。值得强调的是，两个机构在艺术史出版方面进行合作，主要是以高水准的论文、专著、文集的形式介绍研究成果，进行学术交流。第二个层面，在专业期刊方面，克利夫兰艺术博物馆与美国美学协会（The American Society of Aesthetics）合作，共同出版、编辑《美学与艺术批评》（*Aesthetics and Art Criticism*）这份著名的专业杂志。值得一提的是，该杂志归美国美学协会所有，在法律和经济上与克利夫兰艺术博物馆没有任何关联，但该期刊的编辑者均是克利夫兰艺术博物馆的研究人员。因此，在某种意义上说，这个项目充分利用了两个机构的优势，这也是不同机构就艺术教育问题进行成功合作的一个范例。1914年创刊的《克利夫兰艺术博物馆公报》（*The Bulletin of The Cleveland Museum of Art*）、1995年创刊的《会员杂志》（*The Members Magazine*）和创刊于1996年并取代《克利夫兰艺术博物馆公报》的《克利夫兰艺术史研究》（*Cleveland Studies in the History of Art*）兼顾了专业性和

通俗性。藏书超过50万册的英戈尔斯图书馆和博物馆档案馆（The Ingalls Library & Museum Archives）无疑会为艺术爱好者和学者提供便利的研究机会。

复次，克利夫兰艺术博物馆拥有一批品质极高的艺术作品（尤其值得一提的是该馆的东方艺术藏品），譬如说，欧洲中世纪藏品可以与德国、法国、英国比肩；还有大量的涵盖文艺复兴、巴洛克、17世纪荷兰绘画、印象派及后印象派的绘画精品。所以很多著名学者慕名前来进行学术研究，他们的研究成果可以通过博物馆向公众展示，这无形中扩大了该机构的影响力。另一方面，研究成果与博物馆教育活动的有机结合使得该博物馆在社会文化生活中树立了一个生机勃勃、有益于大众心智的形象。公众会觉得：该馆结合固有的艺术收藏和巡回展览将公共教育活动推行得颇为成功，简言之，既易于理解又充满趣味；既考虑到了普通受众又兼顾到了学术性。

最后，博物馆通过设立定期美术馆讲座，以“巨型展览”“巡回展览”为中心的衍生出版物也是公共教育的重要传播途径，他们出版大量书籍、展览目录，制作幻灯片、复制品来传播艺术史知识，为专业人士和普通观众提供便利条件。

二、提倡“互动性”与“自主性”的 Gallery One

（一）项目综述

早在2000年，该馆理事会（The Board of Trustees）寻求合适的建筑师并最终确定享有盛誉的拉斐尔·维诺里（Rafael Vi oly）主持整个改造项目。理事会的目标有两个：第一，秉承1916年开馆以来的宗旨，为广大公众提供免费欣赏艺术杰作之机会；第二，为未来100年的发展奠定基础。维诺里本人的声明也契合了该馆理事会提出的要求：“我们的目标是为了使得该馆的建筑陈列达到馆藏作品一样的水准。”整修工程分为两个阶段进行，聚焦点就是1916年的老馆，维诺里将之比喻为镶嵌在指环上的“宝石”——完成于1971年、由建筑师马塞尔·布罗伊尔（Marcel Breuer）设计的附馆则是“指环”。一些无关宏旨、甚至显得杂乱无章的增建建筑则被拆除，改造成为上文中提及的宽敞的室内广场，上空的玻璃罩棚由钢骨支撑，为大型活动提供了极佳的场地。新建的东西侧翼则将广场合围，逐步向1916年的老建筑靠拢，兼顾了克利夫兰艺术博物馆的“历史性”与“现代性”。如下几个方面值得强调。

中央大厅顶棚及拱门。

首先，改造项目使得博物馆拥有比此前多33%的展览空间，大量馆藏精品得以在最先进的技术条件下展示，无疑观众是最大的受益者。

其次，强化了布罗伊尔附馆（The Breuer Building）的公共教育功能。教师资源中心（Teacher Resource Center）、艺术教室、演讲厅、研讨室、小剧场和远程学习工作室（distance Learning Studio）一应俱全，和英戈尔斯图书馆一道，发挥着巨大的作用。

再次，Gallery one互动空间超过1100平方米，里面丰富的互动性活动吸引了大批参观者。

最后，改造后的克利夫兰艺术博物馆共有三层，62个展室、9间教室、1个中庭、1个礼堂、2个学术报告厅，此外还有咖啡厅、私人俱乐部和旅店。Gallery one位于一层靠近主入口的位置，由两部分空间组成：其一是原先被辟为特展馆的马塞尔·布鲁尔展厅（The Marcel Breuer Gallery）；其二是维诺里设计的北翼的部分空间。两个展厅的风格迥然不同，前者十分阔大，观众可在其中自由畅游；后者的顶层较低，是一个面向中庭开放的敞亮空间。

据曾任克利夫兰艺术博物馆馆长的大卫·富兰克林（David Franklin）透露，大名鼎鼎的“谷歌艺术计划”（Google Art Project）团队曾两度与他们商谈将藏品共享的事宜，但均遭婉拒。因为他对多数艺术博物馆运用技术手段的传统做法不敢苟同。在他看来，只有在艺术博物馆里，观众才能够真正与艺术品产生互动。站立在一尊雕塑、一幅画作、一幅镶嵌画或者挂毯之前的体验，完全不可能被电脑屏幕上呈现的数码图像所取代。不管“谷歌艺术计划”目前所覆盖的范围是多么广阔，这种体验是缺乏深度的，但这并不意味着技术在艺术博物馆里面没有其应有的位置，换言之，技术手段在观众与艺术作品进行互动的过程中贡献不容忽视。事实上，克利夫兰艺术博物馆利用世界上最先进的技术手段来为观众提供非常好的互动体验。

自2013年1月21日开放以来，到访克利夫兰艺术博物馆的观众均被Gallery One的魅力所折服。要知道，Gallery One最终能够被研发出来并投入使用得益于马尔茨家族（The Maltz, the Milton and Tamar Maltz Family Foundation）的慷慨捐赠。该家族拿出1000万美元资助克利夫兰艺术博物馆构建一个阐释艺术品的独立空间，观众可在其中借助先进的技术手段近距离地体验艺术作品的魅力所在。除此而外，50万美元的国家人文基金（The National Endowment for the Humanities）和来自联邦博物馆和图书馆服务研究院（The Federal Institute of Museum and Library Services）的15万美元经费支持也一起发挥了应有的作用。要知道，此项目的研发时间长达五年，其招牌就是长达40英尺（12米）的“藏品墙”，将该馆馆藏之中的4000余

件珍品纳入其中。观众走近这座虚拟的藏品墙，按照自己的兴趣轻轻叩击他们所感兴趣的图片，便可细观高分辨率大图。相关艺术家、相似主题、相近时间段的作品图片也会产生连锁效应。

在“藏品墙”显示屏上，每隔数秒其主题会进行自动切换，观众可在诸如“爱与欲望”（Love and Lust）、“馆长最爱”（Director's Favorites）、“舞蹈与音乐”（Dance and Music）等主题之间任意选择，也可以按照媒介、地域、年代等进行浏览，这些均是克利夫兰艺术博物馆数码资产运营系统的优势所在。这个巨型的互动性工具使得观者将藏品看作有机体，它会按照观者观看它的角度之不同而发生相应的变化。观众可以按照自己的兴趣去探索作品与作品之间的多重关系。

Gallery One 的空间里面有一个“画室游戏间”（Studio Play），为家庭团体观众进行艺术体验提供了一个极佳的场域。做手工和用互动性装置进行“创作”是这里的常设项目。孩子们可以使用这里的画架作画，父母将作品装框并悬挂在墙壁上，任何人均可前来欣赏并评头论足。家庭成员也可用以克利夫兰艺术博物馆藏品为原型的皮影进行现场表演，亦可以在一个互动性的、多触点的显示屏上尝试简单的线条描绘和涂鸦。总之，“画室游戏间”是一个有益的尝试，为普通家庭在一个安静、舒适、安全并且具有高度互动性的环境里，探索、体验该馆的艺术作品提供了很好的机会，也为博物馆如何运用新技术为观众服务提供了一个范本。

除此之外，该活动空间内还设有六个互动性亭子，每个亭子里面均设有应用程序，它们共用一个显示屏。观者只要触屏幕上任何一件作品的图像，程序均会自动开启“近观”（Look Closer）模式，在大屏幕上展示高分辨率的大图，并可进行360度全角旋转，观者可根据自己的兴趣观看作品的局部。它们鼓励普通观者将互动式镜头视为透明化的工具，更好地欣赏艺术作品。这些互动式镜头允许观看者通过各式各样的社交媒体分享他们的独特发现，甚至可在克利夫兰艺术博物馆的官网上创建一个作品链接页面。需要提到的是，每个亭子里的镜头的艺术门类不同，还

“缪斯之屋”（“The muse room”）。

安装有围绕不同主题开发的游戏。六个镜头分别是:“雕塑透镜”(The Sculpture Lens)、“狮子透镜”(The Lions Lens)、“叙事故事透镜”(The Epic Story Lens)、“全球主义透镜”(The Globalism Lens)、“三十年代透镜”(The Thirties Lens)和“绘画透镜”(The Painting Lens)。“雕塑透镜”分为两个互动游戏,一个是“做鬼脸”(make a face),一个是“装腔作势”(Strike a Pose),通过脸部识别和身体姿势识别,将参观者与馆内展品联系在一起,通过亲身感受探索“我们的身体是如何激发艺术的”。“狮子透镜”的独特之处在于让体验者发现艺术品作为一门视觉语言的现代解释,比如对狮子造型的理解。参与者会看到不同形态的艺术中的狮子形象,然后机器会给出一系列词语让他们选择最匹配的描述,这些词语从现实到疯狂。当互动者输入答案后,就能够看到前面参观者的回答及累计统计结果。就“三十年代透镜”来说,“探索20世纪30年代:那时的世界是什么样的?”(Explore the 1930s: What was the World like then)这个叙事性的“蒙太奇”会为观看者讲述20世纪30年代的“大萧条”(The Great Depression)和该时期克利夫兰市的境况。屏幕上所展现的信息为观看者全面了解这一时期的艺术品提供了语境。“画一条线”(Draw a Line)互动游戏是当参观者在屏幕上画一条线后,系统会调集CMA中1930年代创造的422幅作品,并从中抽选出一幅包含了相似线条的作品,之后会在这幅作品的周围展示延伸。“绘画透镜”则涵盖了不少内容,诸如“选择一个原因”(Choose a reason)、“留下你的印象”(Make your own mark)、“重组毕加索”(Remix Picasso)、“变换视角”(Change Perspective)、“发现丹培拉”(Discover Tempera)等。譬如说,“重组毕加索”邀请参观者将博物馆展品中他们喜欢的抽象因素进行重新组合,然后通过多触点的触摸屏操作进行放大和旋转,创作出新的作品,这个游戏的目的就是让参观者理解绘画作品中平面和深度的相互影响。“发现丹培拉”这个游戏则通过放大功能让参观者看清绘制丹培拉的5个步骤,当全部展示完毕后,参观者能够看到整个制作过程的高清画面,每个步骤都伴有相关视频。

"罗丹展室"("The Rodin Room")。

借助幻灯片、文本、视频等方式,艺术作品展示了与作品特定局部、艺术家、时代等因素相关的被分类的“快捷点”(hotspots)。“画室游戏间”、亭子、“藏品墙”和“艺术透镜”程序,共同开创了一种沉浸式的、令人难忘的参观体验模式。

值得强调的是,“藏品墙”并不是将馆藏作品进行简单的“微缩化”。在某种程度上,它是一个通道,其目的是使得观看者在敲击“藏品墙”上的图片之后,有意识地设计自己所感兴趣的“参观攻略”,应该说,这是一个不折不扣的个性化体验。除此而外,他们也可从博物馆专业人士、自己的友朋、陌生人,甚至是该馆的馆长本人那里获得一些推荐的游览路线图。这个软件就是Artlens,它是CMA设计推出的 App，需要借助 iPad 设备的支持，它可以让参观者在家中和博物馆都可以欣赏馆内的展品。简言之，ArtLens 扩展了传统的展品解说，不再仅仅关注艺术品的历史，而是提供关于艺术技术、艺术家传记、作品的宗教意义、作品所有权历史等信息，这些是以前展品墙面标签上不能覆盖的内容。

在富兰克林看来，Gallery One 所使用的技术手段令人震惊，但无论如何，其终极目的还是让观者体验艺术品原作。作为与艺术产生互动的大本营的艺术博物馆，应该摒弃轻视艺术品并使其失去应有光泽的技术手段，支持并接受能够使得艺术更容易为人们所亲近并深化对它们的认识的技术。

（二）观众的回应

Gallery One 发端于该馆的"大克利夫兰"计划（Greater Cleveland）。借场馆改造之机，理事会决定按照新计划对馆藏作品进行调整，重新思考展品的陈列问题。2008—2010 年间，他们制定出了一个覆盖面广、着眼于博物馆未来发展的计划，兼顾到学术性、艺术品质和社区服务等综合因素。一个从属于该馆公共教育部的团队得以创建。2010 年，一个全新的、跨部门的团队创建起来，学术、技术、公共教育、设计等部门的人员得以充分发挥其应有的作用和影响力。具体说来，Gallery one 和"艺术透镜"均需要策展部（The Curatorial Department）、设计部（The Design Department）、教育与阐释部（Education and Interpretation Department）、信息管理和技术服务部（Information Management and Technology Services Department）等各部门真诚而平等的通力合作。克利夫兰艺术博物馆的首席策展人和副馆长对该项目进行全面监管，首席信息官员（The Chief Information Officer）则担纲互动技术的总监一职。该馆 30 有多位员工全部参与进来（包括 16 位专职策展人）。除此而外，这个项目还将一些馆外专业机构纳入其中：Local Projects 负责媒体设计与开发，Gllagher and Associates 负责展览设计，Zenith Systems 负责视频和音频整合（AV Integration），Piction Digital Image Systems 负责 CMS/DAM，Navizon 负责定位系统，来自旧金山的 Earprint Productions 则负责应用程序的研发与设计。为了使得该团队

整修后的研修室。

纪念品商店和书店。

展厅中的互动装置。

更为切实、有效地构建 Gallery One，该小组明确了这个空间应具有的几项基本功能：第一，观众可以获得许可浏览博物馆的藏品，探索和创造一些个性化的观看体验。第二，在特定空间内可享受一种有机的、以观众为中心的体验。第三，在技术方面可提供高度的互动性，目的是为了培养观者批判性的观察方法，与藏品和阐释性观念产生某种关联，从而使用调查研究的方法和相关辅助手段。第四，创造一个由他们的兴趣所驱动的个性化轮廓形象。

毫无疑问，以上几点均十分注重观众的体验，换言之，该团队的设计理念是建立在对博物馆观众研究的基础之上的。因为唯有如此，才会有针对性地推出个性化的数字博物馆和美术馆，乃至观众自己设计的参观路线和独特的学习体验。在实际操作方面，克利夫兰艺术博物馆在了解观众需求方面也具有前瞻性。早在2009年，该馆就迈出了重要的一步，即尝试通过评估观众对博物馆最早阶段陈列的态度之渠道，来进一步完善专业人员的工作，从而使他们成为博物馆永久藏品阐释者的主要服务对象。毫无疑问，Gallery One从这种试点中获益匪浅。该馆充分利用了博物馆公共教育和观众研究等方面的最新研究成果。值得一提的是，也是在2009年，约翰·福尔克（John Falk）出版了《身份与博物馆观众体验》（*Identity and the Museum Visitor Experience*）一书，该书的面世在很大程度上改变了研究者的思维方式，即从早先依赖数据统计来对博物馆观众进行归类的做法，转变到通过分析个体寻求体验的方式来区隔与他们参观动机相关的行为。

对Gallery One项目组来说，搜集博物馆参观者行为和参观动机等方面的相关数据，会有助于该小组对已有的工作进行完善和进一步调整。2009年，一个由玛丽安娜·亚当斯观众调查公司（Marianna Adams of Audience Focus, Inc）主持的观众调查研究项目在该馆开展，其研究成果会为Gallery One团队提供重要借鉴。说得直白一点，他们所关心的问题就是，观众如何在新建成的欧洲艺术馆、美国艺术馆内“生成意义”（make meanings）。上述项目小组的研究成果表明，不少到博物馆参观展览的人（尤其是那些参观固定陈列的人群）可被形象地描绘为“浏览者”（browsers）。这些人往往不会预先设定参观路线，而是根据自己的喜好随机地观看艺术作品，显而易见，这种参观行为基于其品位和已有的参观经验。客观而言，大多数观者对展厅内按主题布展的呈现方式浑然不觉，反而倾向于细细品位对他们产生强烈吸引力的作品。进而言之，这些人很少去阅读展厅里的说明文字，但当想更多地了解他们所关注的艺术作品时，则会主动去看展览标签上的文字。

在博物馆与图书馆服务研究院的资助下，克利夫兰艺术博物馆协助专业人员与分析机构针对100个观众群体展开长时间的跟踪调查，主要侧重于新技术的应用对观众参观体验带来的影响。这个调查小组采取访谈、观众视频、电话采访等形式展开工作，历时三个多月，接受调查的观众超过1000人。长达300个小时的采访视频和音频被保存下来，“谷歌定位分析”（Google Analytics Tracking）也作为辅助手段参与调查。调查结果显示，60%的被调查者曾经与Gallery one中的镜头进行过互动，38%的曾尝试过一种镜头，23%的曾尝试过二到三种镜头，仅有4%的被调查者尝试过所有的镜头。需要指出的是，“三十年代透镜”最受欢迎。

总之，自投入使用以来，Gallery One 受到好评。来自美术馆、博物馆的专业人士，经常光顾博物馆的艺术爱好者均可在其中享受艺术品所带来的智性之乐。《纽约时报》（*The New York Times*）、《华尔街杂志》（*The Wall Street Journal*）辟出专门版面进行报道。来自世界各地的博物馆、美术馆馆长，工程师、公共教育专业人士纷纷到克利夫兰艺术博物馆参观交流，其中不乏来自像大都会艺术博物馆、芝加哥美术学院美术馆（The Art Institute of Chicago）、旧金山现代艺术博物馆（The San Francisco Museum of Modern Art, SFMA）以及其他顶尖艺术机构的同行。这个项目量度获得“爱迪生奖”（Edison awards），四次获得“博物馆与网页奖”（Museums and the Web awards），四次摘得“媒体与技术缪斯奖项”（Media and Technology Muse awards）桂冠，此外还有多个设计类奖项。Gallery One 出现之后，克利夫兰艺术博物馆的参观人数增加了将近 39%，因在入口处未安装传感设备，因此不能精确地测算出实际增加的观众人数。显而易见的事实就是，自新馆开放以来，儿童观众增加了 25%，以家庭为单位进行参观的人数提高了 29%，2014 年全年的观众人次增加了 80%，由此推之，这个互动空间得到了青年人、尤其是儿童观众的喜爱。

但克利夫兰艺术博物馆组织的相关评估表明，尽管有不少观者经常光顾Gallery One并体验其中的设施，但很少能够与实体展厅中的艺术品原作进行深度的互动。

Gallery One空间中的“藏品墙”（“Collection Wall”）。

由此，研发团队想进一步解决这个问题。将Gallery One进行必要升级的理由在于，克利夫兰艺术博物馆的领导层认为Gallery One与其说是一个“终点”，毋宁说是一个“观念的验证”（proof of concept），不言自明，这个项目会一直更新换代，最大的受益者无疑是观众。2017年6月，Gallery One正式升级为“艺术透镜展厅”（ARTLENS Gallery），涵盖了整齐划一的四部分：“艺术透镜画室”（The Artlens Studio）、“艺术透镜App”（The Artlens App）、“艺术透镜墙”（The Artlens Wall）和“艺术透镜展览”（The Artlens Exhibition）。

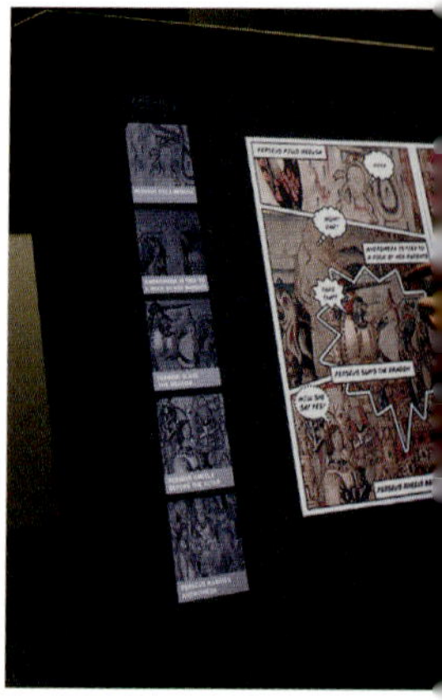

首先，以 2016 年 6 月 16 日对公众开放的“艺术透镜画室”为例，升级后的装置与观众的互动性大大增强了。凭借革新性的动态定位技术，展示和变焦显示墙使得观众自如地利用自己的身体作为探寻博物馆馆藏作品奥秘的手段、工具。“显示”（Reveal）发端于一整面墙上模糊的图像，当观看者的身体往前移动时，艺术作品的相关部分开始逐渐显现，变化的身体姿势会引发大屏幕的一部分产生微妙变化，更为精细的动作则会导致系统投射出相关作品的高清局部。最后，观者的位置移动会使得一件完整的作品出现在屏幕之上。“变焦”（Zoom）系统则使得观众的身体成为一个放大版的“玻璃体”，距离屏幕越近，“玻璃”越大。总的来说，“变焦”功能使得观众能够对艺术作品进行“深读”和近距离接触。艺术作品的一些细节被放大，观者可以获得独特的观看体验，并有进一步研读的兴趣。

其次，“艺术透镜App”于2016年9月正式上线。在广泛搜集使用者的反馈信息之后，“艺术透镜App 2.0”对已有的高清作品图像及相关文字信息进行进一步完善，使用者可以非常自如地设计自己的参观线路，程序中增加了不少实用的工具和软件。使用者在45秒内就可以下载这个程序，占用空间较小。蓝牙将该程序与“艺术透镜墙”相连接，与藏品相关的文字在原先的基础上有了更多的调整和完善。更值得一提的是，用户可以在全球各个角落使用该程序。

再次，“艺术透镜展览”成为Gallery One升级中的重点。换言之，升级改造后的“艺术透镜展览”成为“艺术透镜展厅”里的中心部分。“艺术透镜展览”基于“对话”（dialogue）、“内省”（introspection）和意识（awareness）的概念框架，出于提高观看者主动性、在更深层面理解艺术作品等方面的考虑，设计出具有

观者在展厅中使用ipad中的“艺术透镜”应用程序（“The ArtLens App”）来体验艺术品。

观者在"叙事故事透镜"（"the Epic Story Lens"）前体验。

全新体验的虚拟展示空间。

2017 年 8 月 24 日—10 月 31 日间的调查提供了一些具体数据。观众在"艺术透镜展厅"里与藏品之间的平均互动时间约为 76 秒，在全馆范围内的平均互动时长为 15 秒。观众在"艺术透镜展厅"逗留的时间约为 9.5 分钟，有少量观众的逗留时间长达 20 多分钟。这显示了升级后的效果十分明显。2019 年 5 月末，克利夫兰艺术博物馆发布了一项持续两年之久的调查研究结果，着眼于数字技术是否能提高观众参与度。项目负责人汉娜·里德纳尔（Hannah Ridenour）想调查参观 Gallery One 这项行为如何影响观众在整个博物馆之旅中的体验。该研究收集了 2017 年 11 月—2018 年 1 月的观众数据。研究人员随机挑选到博物馆参观的观众，邀请他们做参观前后的调查。做调查的工作人员尽量做到了不引导这些被调查者以任何特定的方式来参观体验这个博物馆。该项研究共收集了 438 项配对调查。

研究和评估团队了解到，大约36%的博物馆观众在参观博物馆的过程中体验过Gallery one。在这组观众中，76%的人认为这个空间提升了他们在博物馆的整体体验，而74%的人表示，数字展厅的存在鼓励他们更近距离地欣赏墙上的艺术品。73%的人则表示，这个展厅让他们对博物馆的永久藏品更感兴趣，78%的人表示，这个项目让博物馆感觉起来更平易近人。"千禧一代"（出生于1980、1990、2000年代初的群体）参观数字展厅的概率比老年观众群体高出15%（分别为44%和29%），其中88%的人表示，他们参观艺术博物馆的数字部分让他们更懂得艺术博物馆的价值所在。"千禧一代"参观数字展厅出于两个目的："愉悦"（37%）和"放松"（38%），更容易获得艺术史方面的相关知识。该项研究发现，那些参观了Gallery One数字展厅的参与者比那些没有参观的人对他们的博物馆知识更缺乏信心。在随后的调查中，两组人对他们对博物馆艺术的理解都表现出同样的信心——这表明，体验过Gallery One的观众更倾向于学习，而且的确学到了更多。

三、余论

1987年11月，来自23家博物馆公共教育部的专业人员与国家艺术教育协会（The National Art Education Association）、美国博物馆协会教育委员会（The Education Committee of the American Association of Museums）一道，聚集在丹佛市讨论艺术博物馆的公共教育问题。这次会议对艺术博物馆的公共教育功能进行的界定得到了与会者们的普遍认同。他们普遍认为，作为教育机构的艺术博物馆，主要通过展示艺术品原作、为公众提供原始资料两种方式发挥其教育功能。艺术博物馆公共教育的目的在于，提高参观者理解与欣赏艺术品原作的能力，将这些体验融入到参观者生活的其他方面之中。平心而论，这种观点在今天看来仍未过时。

1989 年，由加州盖蒂博物馆（J. P. Getty Museum）牵头，在 11 家艺术博物馆内所开展的调研发现了这样一个问题：观众中所存在的“畏惧”情绪，这种情绪在不选择参观艺术博物馆的人群当中尤为明显。这个调查项目顾问的米哈伊·奇克森特米哈伊（Mihaly Csikszentmihalyi）得出如下结论：“主要的障碍包括对博物馆内容缺乏向导，提供的信息不充分（例如，艺术家的生平、某件作品的图解、艺术史、文化背景和技术），混乱的展品布局，令人却步的物理环境，令人生畏的员工，以及未能传达此次博物馆参观的益处。”另一份同时期进行的调研也得出了类似结论，即艺术博物馆的观众通常认为自己缺乏足够的知识来享受参观之旅，因此希望专家能够就他们所观看的艺术品提供更好的阐释。需要强调的是，被采访者们纷纷表示，他们希望在参观作品之前获得相关艺术家、艺术风格、材料和时期的信息。波士顿艺术博物馆曾于2003年、2005年开展进一步的调研，其结果便是：当参观者希望艺术博物馆能够提供阐释性信息（更好的标识、可带走的小册子或者是特别事件信息）时，他们同时也想获得“自由”，希望在馆内合适的位置建构属于自己的理解和内涵。

在许多艺术博物馆内，展览标牌是向公众传递信息的最主要媒介。我们知道，博物馆往往只在每件艺术品旁边提供最为简略的信息，使用我们称之为“墓碑”式的展牌（艺术家姓名、头衔、作品介绍、创作时间和缩略的出处），其历史背景和美学体验方面的信息几乎没有涉及。

早在20世纪90年代，克利夫兰艺术博物馆的策展人和专业教育人士通力合作，通过观众直接参与，测试了16种不同标准的展览标识牌，最终在修葺一新的文艺复兴和巴洛克展厅建立了标准化的四阶段标识牌体系：物品标牌、主题标牌、墙面文字以及阐释性小册子。由此可见，这种革新精神在克利夫兰艺术博物馆自有其传统。Gallery one最重要的转变就在于将宗旨定位在为观众提供服务上，聚焦于创造体验，而不仅仅是传递信息。团队的目标有三：首先，让观众在参观中寻找到乐趣；其次，为了理解和体验艺术作品，可使用互动性游戏和阐释等手段来获得最佳效果；再次，寻找到艺术与现实生活两者之间的关联。上述调查均说明了一点，即艺术博物馆已成为独特、自由的学习场所。正如学者钱德勒·斯克雷温（Chandler Screven）所说：“在博物馆内的学习是根据自己的节奏开展的、自我为导向的、非线性的，并依靠视觉作为导引。”

毋庸置疑，Gallery One是一个庞大的“数码战略”（Digital Strategy），基于2010—2016年间逐步展开的“长期规划”（Long Range Plan）及现有的技术手段。该馆在未来会在艺术品质、学术性和社区互动等方面有更好的作为。Gallery one的设计团队未来应该在以下方面有所突破：第一，为了可能取代语音导览和与其他机构合作研发的后端（back-end），应该专门为特别展览设计“艺术透镜”应用程序。第二，要使用标示位置的媒体和声音辨识系统。理由在于这一点，为了检视单个观众在所有触点中被跟踪的方式，使得他们的参观方式和互动性陈列数组更为人性化，该团队会继续进行数字策略和完善所谓的“大数据”（big data）。第三，需要开发出更多切实有效的分析方法。

20世纪30、40年代以研究艺术博物馆而享有盛誉的美国学者西奥多·洛（Theodore Low）在1948年就曾预言艺术博物馆公共教育的美好前景。在今天，他的预言变成了现实。艺术博物馆公共教育发达的一个重要表征便是藏品资源的共享。有研究者指出，在理论方面，美国科学家、旧金山探索馆（The Exploratorium）的创始人弗兰克·奥本海姆（Frank Oppenheimer）最早研究并提出“观众体验”（Visitor Experience），比福尔克和林恩·D.迪肯（Lynn D. Dierking）在1992年合作出版的《博物馆体验》（*The Museum Experience*）里提到的“观众体验模式”（museum experience model）早了近30年。奥本海姆将其研究成果和博物馆观众调查相结合，从认知、探索、艺术、娱乐等角度提出了自己独有的理论体系，在今天仍有借鉴价值。就其“探索体验理论”来说，奥本海姆鼓励观众探索和发现新的空间，不限制参观路线，让观众自由探索体验，极大提高了观众多次参观的概率；就“娱乐体验理论”而言，奥本海姆坚持展览的“娱乐性”，应做一些“好玩”的展览，真正达到传播知识的目的。这两方面契合了今天博物馆的发展趋势。

具体说来，近年来，欧美一些国家的艺术博物馆对藏品的数字化及相关互动程序的开发在业界引人注目。大都会艺术博物馆新的应用程序和社交媒体使参观人数从450万上升到620万，在线观众超过4000万。“谷歌文化研究院”（Google Cultural Institute）宣布，他们将开发一款全新的手机App，使得用户利用手机足不出户，就能尽览世界各地的精彩博物馆。我们所熟知的“谷歌艺术计划”（The Google Art Project）也使得不少网上游客获益良多。更进一步，在全球博物馆资源数字公开化的趋势之下，美国华盛顿特区的史密森尼学会（Smithsonian Institution）在2020年初宣布，其旗下19座博物馆，9座研究中心、图书馆、档案馆及国家动

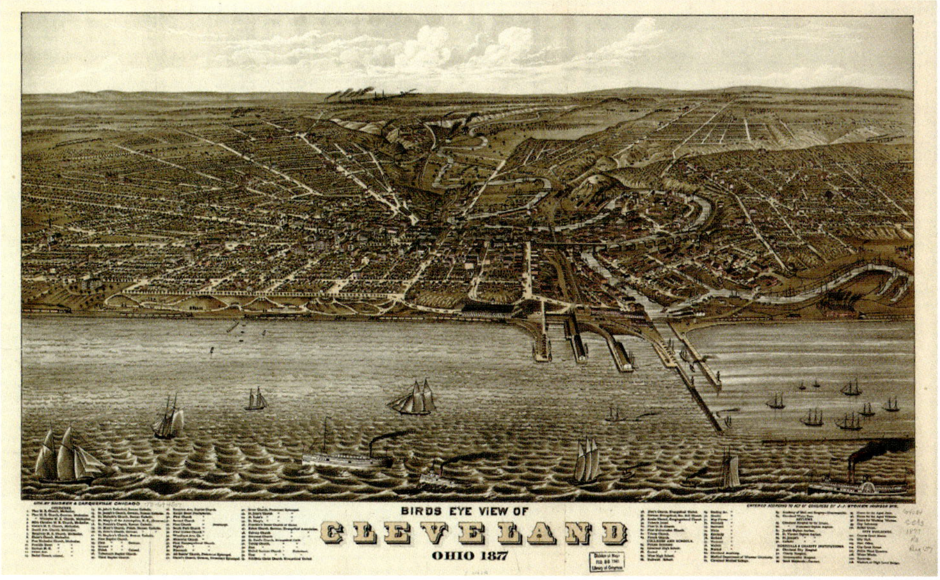

1877年的克利夫兰市鸟瞰图。

物园免费向公众开放超280万张高清晰图像、档案资料，包括2D与3D资源，全部按CC0标准开源释出。这一项目被命名为“史密森尼开放通道”（Smithsonian Open Access）；而CC0则意味着“不受限制地在全球范围内发布内容”——CC许可，全称Creative Commons license，意指“知识共享许可协议”。换句话说，史密森尼学会的数字资产面向公共领域，不受版权限制，你无须获得史密森尼的许可就可以以任何方式使用。

让我们回到克利夫兰艺术博物馆，早在2019年初，该馆宣布开放馆藏3万件公共领域艺术品的数字版权。此外，公开超过6.1万件作品的资料，其中既有公共领域的作品，也包括版权类作品。博物馆希望从世界各地吸引大量新的线上访客。即便无法从中获取半点好处，博物馆也会不断发布艺术作品的图片，随时随地满足任意访客的各种需求和目的。现任馆长威廉·格里斯沃尔德（William Griswold）在项目启动时说道：“如果我们致力于透明开放、培养创造力、促进全体社会发展，没有一项举动会产生更大的影响力。”博物馆与众多伙伴机构展开了合作，其中包括微软、Artsy网站、维基媒体（Wikimedia）、凯斯西储大学（Case Western Reserve University）和美国礼品公司（American Greetings）等。克利夫兰艺术博物馆艺术顾问、曾负责主管2017年首次亮相的纽约大都会艺术博物馆开放式访问项目的尼尔·斯蒂姆勒（Neal Stimler）表示：“这不仅仅是下一步，而是关键的一大步。”1892年捐助人杰普撒·韦德二世（Jeptha Wade II）将土地赠予克利夫兰艺术博物馆，韦德二世当时在地契上所写的一句话——“通过艺术创造变革性体验、永远秉承一切为了人民”成为该馆的使命。格里斯沃尔德曾于考陶尔德美术学院（The Courtauld Institute of Art）获得博士学位，研究专长是文艺复兴时期意大利艺术。早年分别在大都会艺术博物馆（The Metropolitan Museum of Art）、摩根图书馆与博物馆（The Morgan Library & Museum）、盖蒂博物馆（The J. Paul Getty Museum）、明尼阿波利斯艺术研究院（The Minneapolis Institute of Art）等机构任职并担任馆长，最值得一提的是在两度在摩根图书馆与博物馆工作的经历（1995—2001年，2007—2014年）。在执掌该机构以后，2008年完成由著名建筑师伦佐·皮亚诺（Renzo Piano）操刀的摩根图书馆与博物馆的改造工程。这项改造在很大程度上改变了这座私人宅邸的“个性”，将三栋老建筑连为一体，增加了75000平方英尺、有玻璃幕墙和电梯的展示空间。一方面，格里斯沃尔德将该机构的展览增加为每年20个左右，观众人次上升为接近20万（比之前增加了23%）；另一方面，大力推进该馆珍藏15000余件“老大师”杰作的数字化和在线展示。在接手克利夫兰艺术博物馆之后，筹备了该馆2016年的“百年庆典”系列展览和相关活动。发起了一项针对该馆永久性藏品的“让艺术相关：为我们下一个世纪的战略性体系”（Making Art Matter: A Strategic Framework for Our Second Century）计划。拓展观众群体，共享藏品。这个计划最终获得董事会的认可并在紧锣密鼓地实施过程中。

本文简要回顾了克利夫兰艺术博物馆创建的背景和对公共教育重视的悠久传统，对 Gallery One 的优势及需要进一步完善的方面做了一些述评。正如前文所述，在未来，如何针对馆藏作品进行阐释，如何鼓励观者为自己“量身订造”体验之旅已成为主流趋势。最好的博物馆就是能够令参观者们感到惊奇、敬畏、愉悦的所在。他们在这里观赏屏幕无法提供的真实存在的物件，获得博物馆空间中的体验，并深化和拓展自身的知识。这些元素融合在一起，使观众获得超凡、不可抗拒且意想不到的体验。前文已述，1916 年的老馆是“宝石”，新的场馆作为“指环”。这也在一定程度上暗喻了虚拟展厅与永久陈列展厅的关系。除了上文提到的史密森尼学会、盖蒂博物馆、大都会艺术博物馆等北美地区馆藏数字资源的开放之外，欧洲也呈现这种态势。例如，2007 年底以来，德国“法兰克福河畔博物馆群”所囊括的 34 座博物馆展出了里比希古代雕塑博物馆（Liebieghaus Skulpturensammlung）的欧洲古典雕塑和古埃及雕塑作品，电影、考古、建筑、传媒、全球文化等各主题博物馆的藏品与展品，施泰德艺术馆所藏的历代大师画作，以及现代艺术美术馆（MMK Museum für Moderne Kunst）的当代艺术作品，各馆内容互补，使河畔博物馆群成为一处发现、体验、学习之地。施泰德艺术馆（The Städel Museum）推出了一系列应用了文化内容数码化传播中创新可能性的网络课程。该馆多样且互补的数码项目，其目的并不在于在数码空间内“仿建”一座虚拟博物馆，而在于对不同内容的多重网络化发掘艺术研究、展示、叙述与传播的全新道路。“时光旅行——19 世纪的施泰德艺术馆”项目便向我们展示了该如何将最新科技应用于生成和处理艺术史的研究成果之中。除此而外，施泰德艺术馆仅有百分之一的藏品能在馆舍内常年陈列展出。数码藏品则提供了完全不同，甚至几乎没有限制的参观所有藏品的可能性。施泰德的数码展品平台拥有语义搜索功能，既能满足艺术学专业兴趣，又能开启穿越 700 年艺术史的个性化搜索途径。数码藏品项目基于该馆长期以来对藏品进行的数码化处理。藏品数据库中不仅有附带细节放大功能、多媒体内容（如音频、视频）的大尺寸复制图像，还有馆藏艺术品和艺术家的各种信息。数码藏品使作品与作品之间能够更广泛地产生联系，以清楚明了，有时甚至是令人惊讶的方式展示作品的历史背景。

正如剑桥大学人类学与考古学博物馆高级策展人马克·艾略特（Mark Elliot）所说：“我们可能只是去欣赏一件著名的艺术品，结果却遇上了自己的心上人。我们可能只是去躲雨，但是与某件艺术品的相遇改变了我们的思考方式，或者在不经意间让我们得到了提升。这里总有一些事物令我们踏上新的发现之旅。这就是我去博物馆的原因，因为在这里总会发生意想不到的事情。”更多的博物馆为帮助观众理解藏品的深层含义提供各种工具，以一种非说教、非居高临下的方式帮助他们认识藏品的关联信息和背景。毫无疑问，克利夫兰艺术博物馆的 Gallery One 就是这样一种互动性的阐释手段，最大的受益者就是观众。

参考文献及相关网站：

Nancy Einreinhofer, The American art museum: elitism and democracy, London and Washington, D.C.: Leicester University Press, 1997.

Lynn D. Dierking, Dierking L.D, *The Museum Experience*, Washington: Whalesback books, 1992.

Low, Theodore, *The Educational Philosophy and Practice of Art Museums in the United States*, New York: Teachers' College Press, Columbia University ,1948.

Sharon Macdonald (ed.), *A Companion to Museum Studies*, Blackwell Publishing, 2006.

Thomas Adam, "A Rich man's Guide to Social Climbing: Philanthropy as a Bourgeois Behavioral Pattern in Nineteenth-Century New York", *Journal of Arts Management, Law and Society*, (Spring 2002).

Illia, Tony, "Viñ to design Cleveland Museum of Art expansion". *Architectural Record*, Apr. 2005, Vol. 193, Issue 4.

E. Eisner and S. Dobbs, "Silent Pedagogy: How Museum help visitors experience exhibitions", *Art Education*, Vol. 41, No.1, pp.6—15.

"Art Notes," American Register, April 29, 1882, p. 6.

Jane Alexander, "Gallery One at the Cleveland Museum of Art", *Curator*, Volume 57m, No.3, July, 2014, pp.347-362.

Pittman-Gelles, B, "Defining Art Museum Education: Can We Agree?", *The Journal of Museum Education*, Vol.13, No.3, Fall, 1998.

Zeller, T, "The Historical and Philosophical Foundation of Art Museum Education", N. Berry & S. Mayer (eds), *Museum Education: History Theory and Practice*, Reston, VA: National Art Education Association, 1989, pp.10-89.

南希·艾因瑞恩胡弗著、金眉译,《美国艺术博物馆：精英主义与民主主义》，湖南美术出版社，2007年，第99页，文字略有改动。

马塔·莫里斯(Martha Morris)著、刘守柔编译,《美国博物馆管理简述》,《博物馆研究》2012年第1期。

Kym S. Rice 著、郑奕译,《现代美国艺术博物馆及其观众》,《东南文化》2011年第1期。

段勇,《美国博物馆的公共教育与公共服务》,《中国博物馆》2004年第2期。

阿克瑟尔·布劳恩(Axel Braun),《在线艺术史、时光旅行和数码藏品》,《艺术博物馆》(国际刊)总第3期。

法兰克福施泰德艺术馆媒体与公共关系部(Press and Public Relations Department of Städel Museum),《面向未来之路：施泰德艺术馆的数码扩建工程》,《艺术博物馆》(国际刊)总第3期。

李林,《弗兰克·奥本海姆的博物馆观众体验研究与实践》,《东南文化》2014年第5期。

张丽,《克利夫兰美术博物馆的创新互动空间：Gallery One》,《上海文化》2014年第10期。

刘汉娥,《欧美地区关于博物馆观众的研究述略》,《中国美术馆》2014年第4期。

方翔,《互联网巨头抢食数字博物馆》,《文汇报》2014年12月10日，第11版。

http://blog.sina.com.cn/s/blog_be7861b40101iioh.html.

http://www.clevelandart.org/join-and-give/support-the-transformation/renovation-and-expansion-project/overview.

http://www.clevelandart.org/join-and-give/support-the-transformation/renovation-and-expansion-project/architec

http://www.huffingtonpost.com/david-franklin/cleveland-museum-of-art_b_2870285.html

http://www.hnmuseum.com/hnmuseum/generalIntro/introContent.jsp?infoid=014b47ec3986402884834ae9e9bd319a

http://www.hnmuseum.com/hnmuseum/museum/museumContent.jsp?infoid=014b76476ec6402884834ae9e9bd439a&columnid=01380d5f4e5d4028848337deb0d20831&preid=null&pppid=null

https://www.cleveland.com/arts/2019/05/cma-survey-digital-technology-isnt-just-fun-it-sharpens-understanding-of-art.html

https://mw18.mwconf.org/glami/artlens-gallery/

https://mw17.mwconf.org/paper/removing-the-barriers-of-gallery-one-a-new-Approach-to-integrating-art-interpretation-and-technology/

"隐士居所"：国立艾尔米塔什博物馆所藏欧洲绘画典藏的形成与陈列

引言

2016年年初，由俄罗斯著名导演亚历山大·索科洛夫（Alexander Sokurov）执导的纪录片——《德军占领的卢浮宫》（*Francofonia*）带来了不同的回应，其中资深电影批评家托尼·皮皮罗（Tony Pipolo）的观点值得一提。在他看来，对索科洛夫本人来说，一座博物馆不仅仅是一座博物馆，它是人类审视自身并对自我进行反思的推动力，也是我们储存集体记忆的所在。事实上，早在十余年前，确切地说，2001年12月23日，索科洛夫就在涅瓦河畔的国立艾尔米塔什博物馆（The State Hermitage Museum）内进行了一次大胆的尝试，他用一个不被打断的长镜头，拍摄了时长将近90分钟的《俄罗斯方舟》（*Russian Ark*）。当时艾尔米塔什博物馆仅仅给了他们两天的拍摄时间，其中有不少花在布光上——40个电工在30多个展厅内忙活着。近2000名演员，使用了13000多套跨度超过400年的服饰，三个乐队的演奏营造出一种历史感。专门从美国赶来的瓦莱里·戈尔吉耶夫（Valery Gergiev）在一天的时间内在尼古拉厅指挥现场演出。一位未曾出现的电影人邂逅了来自19世纪的诗人、外交官德·古斯汀侯爵，二人在这座缪斯神殿中结伴而行，见证了彼得大帝用鞭子抽打他的将军、叶卡捷琳娜大帝（Catherine II）的个人生活场景、1913年最后一场辉煌盛大的宫廷舞会、1917年"十月革命"前夕沙皇一家最后的晚餐等。值得注意的是，导演索科洛夫选择的场景挂满了来自欧洲的绘画、雕塑珍品。他还获得馆长的书面许可，将叶卡捷琳娜大帝著名的卡梅奥（Cameo）餐具摆放在桌子上。要知道，这些餐具装饰着叶卡捷琳娜大帝的花卉徽纹，以及按照路易十五收藏的古

涅瓦河畔的艾尔米塔什博物馆。

尔米塔什博物馆内的"约旦楼梯"（the Jordan Staircase）。

拉斐尔长廊（Raphaelloggias）。

代原件制作的宝石浮雕像。餐具的总数多达60件，共由近800个构件组成，由塞夫勒瓷厂（The Sèvres Royal Manufacture）的工匠花费了两年才最终制成。

有意思的是，正如皮皮罗一针见血地指出的，索科洛夫进行了一个有意味的对比，即纳粹相对人道地对待巴黎，德军轰炸列宁格勒并致使其人口陷于饥荒时却对艺术和生命漠然视之。本文以国立艾尔米塔什博物馆的建馆历史及馆藏形成，尤其是欧洲绘画藏品的形成为切入点，结合其中一些历史细节，尝试探讨这些来自欧洲西部的大师杰作对这一机构趣味的"生成"所起到的历史作用。

一、从安德鲁·梅隆的购藏清单说起

1936年12月22日，曾三度出任美国财政部长的安德鲁·梅隆向罗斯福总统申明自己的意图："经过多年收藏，我获得了一些重要而珍贵的画作和雕刻作品。我的心愿是它们最终能够成为美国人民的财产。希望能够以此为基础在华盛顿特区建立国家美术馆，以鼓励和发展对艺术的研究与学习。"显而易见，梅隆十分明确地提出了建立国家美术馆的意图。结果1937年的最终法案取消了史密森尼学会国家美术馆的称号，此称号为梅隆的美术馆所有，国家美术馆的馆址、建筑、收藏的所有权归史密森尼学会，但管理权却由国家美术馆的董事会来支配。梅隆创立的国家美术馆得到了很多赞扬，上自罗斯福总统，下至记者和普通民众，他们对梅隆给予美国的慷慨礼物—欧洲艺术品表达了深深的感激之情。比如，艺术评论家阿尔弗雷德·M. 法兰克福特（Alfred M. Frankfurter）如此评价梅隆的捐赠："这是历史上最为慷慨的艺术品礼物。"无独有偶，在发表于1941年6月《柏林顿鉴赏家杂志》（*The Burlington Magazine for Connoisseurs*）的一篇题名为《华盛顿的国家美术馆》（*The New National Gallery of Washington*）文章里，作者G. M. 里希特（G. M. Richter）对国家美术馆更是赞赏有加。他指出，如果将华盛顿的国家美术馆与欧洲的博物馆相比是不公正的，因为这些博物馆毕竟存在了数个世纪。他深信还会有更

乔治·吉西（Ghisi, Giorgio），《拉斐尔之梦》（*Dream of Raphael*），铜版画，1561年，37.7cmx53.5cm。

阿尔布雷希特·丢勒（Albrecht Dürer），《圣母子》（*Madonna and the Child*），1514年，纸本色粉笔，42cmx24cm。

多欧洲艺术珍品进入该馆的收藏之列。尽管国家美术馆还存在着一些不足之处，无疑，这座美术馆的成立会引起世界各地艺术爱好者的注意，他相信，战争结束之后会有很多欧洲人赴美国欣赏国家美术馆的欧洲艺术作品。

应该提及的是，梅隆是一位狂热的艺术收藏家，自19、20世纪之交以来，他是著名画廊—克内德勒公司（M. Knoedler and Company）的重要主顾之一。在该画廊主人查尔斯·R.亨切尔（Charles. R. Henschel）的指引下，梅隆获得了不少稀世珍品，如扬·凡·埃克（Jan Van Eyck）的《受胎告知》（*Annunciation*）、波提切利的《三王来拜》（*Adoration of the Magi*）、佩鲁吉诺（Perugino）的《基督受难》（*Crucifiction*）、拉斐尔的《阿尔巴圣母》（*Alba Madonna*）和《圣乔治战龙》（*St George and Dragon*）、提香的《持镜维纳斯》（*Venus with Mirror*）、委拉斯开兹的《教皇英诺森十世》（*Portrait of Pope Innocent X*）习作等。

安东尼·凡·戴克（Anthony Van Dyck），《自画像》（*Self-Portrait*），1622—1623年，布面油彩，116.5cmx93.5cm。

需要在这里指出的是，梅隆藏品中有一部分精品来自国立艾尔米塔什博物馆。早在1919年冬天，当局组织了一个由作家马克西姆·高尔基（Maxim Gorky）挂帅的"专家委员会"（expert commission），从彼得格勒的艺术珍品中选取一部分进行拍卖，不少出自教堂和修道院，为的是应对当时的大饥荒，艾尔米塔什博物馆的艺术品也被出售。这种风气一直持续到20世纪30、40年代。一个重要的动因是当时苏联所面临的经济形势，1930—1931年间，苏联当局为了筹集资金，在世界市场上倾销原油、安全火柴、石棉、锰矿及白海木材资源，也难以挽救"五年计划"。在这里可以做一个有意思的对比，1930—1931年间，美国对苏联的出口总额是1.13亿美元，而苏联对美国的出口总额仅为2400万美元！在某种程度上可以这样说，艾尔米塔什博物馆内那些价值不菲的艺术珍品，尤其是欧洲绘画杰作成了"救命稻草"。1926

米开朗琪罗·卡拉瓦乔（Caravaggio, Michelangelo Merisi da），《鲁特琴演奏者》（*The Lute-Player*），1595年，布面油彩，94cmx119cm。

托马斯·庚斯博罗（Gainsborough, Thomas），《蓝衣女子》（*A Woman in Blue*），1810—1811年，布面油彩，71 cmx58cm。

德米特里·莱维斯基（Dmitry levisky），《作为正义女神庙里立法者的凯瑟琳二世肖像》（*Portrait of Catherine II the Legislatress in the Temple of the Goddess of Justice*），布面油彩，1782年，国立特列恰科夫美术馆（The State Tretyakov Gallery）。

年，出任外贸委员的阿纳斯塔斯·米高扬（Anastas Mikoyan）掀起售卖艺术品的风气。1928年，此公分别在柏林的鲁道夫·普莱克拍卖行（Rudolph Lepke）、维也纳的多禄泰拍卖行（Dorotheum）举办拍卖会。也正是在这一年的年末，米高扬发出信号，艾尔米塔什博物馆的藏画可能会出售。他任命两位住在莫斯科的美国“鉴赏家”——阿曼德·哈默（Armand Hammer）和维克多·哈默（Victor Hammer）做代理。兄弟两人从事进口医药、铅笔、福特汽车等业务，同时还拥有乌拉尔山的石棉矿开采权。

早在1921年，阿曼德就远赴苏联参与援助该国的瘟疫和饥荒，并在彼地滞留近十年。在出版于1932年的《罗曼诺夫宝藏探秘》（*The Quest of the Romanoff Treasure*）一书中，他如同阿加莎·克里斯蒂（Agatha Christie）笔下的侦探一样，高潮迭起般地描述了其藏品的形成过程。早先，哈默兄弟受委托去美国寻找买家，每笔交易可以获得10%的佣金。他们最早找到了大艺术交易商约瑟夫·杜维恩（Joseph Duveen），杜维恩经他的长期合作伙伴、艺术鉴赏家伯纳德·贝伦森（Bernard Berenson）掌眼，以500万美元购得40幅画作。对国立艾尔米塔什博物馆来说，最大的损失就是梅隆所开列的购藏清单。

1928年9月，国立国立艾尔米塔什博物馆收到了一份来自莫斯科的“清单”，这清单来自当时一个负责出售古董和艺术品的组织——“Antikvariat”。应该强调的是，其中涉及的画作大多为世界级藏品。当时该名单开列的名作达21幅，最终被调换了5幅，如迪尔克·鲍茨（Dirck Bouts）的《受胎告知》（*Annunciation*）、伦勃朗的《持花女子》（*Woman with a Flower*）、鲁本斯的《老年女子肖像》（*Portrait of Elderly Woman*）、华托的《令人尴尬的求婚》（*An Embarrassing Proposal*）等逃过一劫。当时的绘画部主管发出了极为痛心的感叹：“调换其中的任何1幅画作都会使得国立艾尔米塔什博物馆的主要藏品蒙受巨大损失！”最终，名单中早就定下来的13幅作品进入梅隆藏品。其他8幅分别是：4幅安东尼·凡·戴克（Anthony Van Dyck）肖像画、2幅出自弗朗斯·哈尔斯（Frans Hals）的肖像画、夏尔丹的《纸牌屋》（*House of Cards*）、委罗内塞（Veronese）的《被寻到的摩西》（*Moses Found*）等其他来自该馆的名作悉数成为梅隆囊中之物。最终，这笔交易还是梅隆跟上文提及的克内德勒画廊完成的，该画廊的主人亨切尔早在1929年就知晓这个销售传闻。时隔一年之后，他做出一个关键性的举措：首先，争取让梅隆作为主顾买下国立艾尔米塔什博物馆所出售的艺术品；其次，亲自去彼地进行实地考察。这桩堪称20世纪最著名的艺术交易的完成不过经历了短短数周。需要提到的是，这些作品是从国立艾尔米塔什博物馆最好的50幅欧洲绘画珍品中挑选出来的。

我们在这里可以算一笔账：到20世纪30年代中期，梅隆所聚集的欧洲“老大师”藏品在当时的价值约为3500万美元，而他为此仅仅支付了665万美元左右。其中最贵的一幅画当属上文提及的拉斐尔名作——《阿尔巴圣母》，当时他为得到此名作支付了110万美元有余。附带一提，这幅名作在近500年的时间内先后八次易主，辗转数个国家，最后栖身于华盛顿国家美术馆。有意味的是，2004年，筹备已久的特展——“来自世界博物馆的艾尔米塔什博物馆杰作”（Masterpieces from the World's Museums in the Hermitage）在圣彼得堡如期举办，当时俄罗斯媒体以“圣母子回来了”为主题进行了大量报道，影响可谓空前。在某种意义上，欧洲、尤其是西欧的绘画珍品是国立艾尔米塔什博物馆绘画珍藏的重中之重，由此引出馆藏核心形成过程的问题，或者说这座艺术圣殿缔造者们的趣味问题。

安东尼·卡诺瓦（Antonio Canova）的《美惠三女神》（*The Three Graces*）。

二、女皇的趣味和欧洲绘画藏品的形成

2014年12月，国立艾尔米塔什博物馆迎来了建馆250周年庆典。大型3D数字投影秀“历史之球”（The Ball of History）于12月7日晚在圣彼得堡皇宫广场举行，吸引无数观众前来。这也是本次庆典最大型的公共活动。时隔两日之后，250周年庆的最后一个大展——“女皇陛下的艾尔米塔什博物馆”（Her Imperial Majesty's Hermitage），全面呈现了女皇叶卡捷琳娜二世的收藏是如何建立起来的。

2014年9月，由该馆和BBC联合拍摄的纪录片《艾尔米塔什博物馆揭秘》（*Hermitage Revealed*）公映，也作为250周年馆庆系列活动的预热，观后令人印象深刻。一位帅气的小男孩在开场之初便大方地打开国立艾尔米塔什博物馆面对涅瓦河的大铁门，后来不时地在博物馆的楼梯、展

艾尔米塔什博物馆鸟瞰。
博物馆外立面。

厅、办公区等场所露面，与年逾古稀的馆长米哈伊尔·鲍里索维奇·彼得罗夫维奇（Mikhail Borisovich Piotrovsky）的形象交相辉映。在标准的59分钟纪录片时间之内，导演为我们呈现了这座艺术圣殿的辉煌，其中对馆藏的西南欧、中欧大师绘画杰作着墨甚多。需要强调的是，纪录片在开始不久时将镜头聚焦在一幅描绘叶卡捷琳娜二世的巨幅骑马肖像上，显然是为了凸显这位女皇在国立艾尔米塔什博物馆历史上所起到的举足轻重的作用。

1762年6月的政变使得索菲亚·弗里德里克·奥古斯特（Sophie Friederike Auguste, Catherine the Great, 1729—1796）顺利登上王位，即我们所熟知的叶卡捷琳娜大帝。“Hermitage”源自法语，意指“隐士居所”（hermit's dwelling）、“独居之处”（place of solitude）。时至今日，“Hermitage”指的是冬宫及附属建筑群成为约定成俗之观念。在18世纪的宫廷文化里，“Hermitage”专指统治阶层和上层人士休闲的私密空间。由华盛顿史密森研究院（Smithsonian Institution）推出的《博物馆的秘密》（*The Secret of Museums*）系列纪录片中专门就此问题进行了“复原”。在伊丽莎白女皇（The Empress Elizabeth, 1709—1762）当政时期（1741—1762），确切地说是在1752年，伊丽莎白女皇指定建筑师弗朗西斯科·巴托洛门奥·拉斯特雷利（Francesco Bartolomeo Rastrelli）主持修建冬宫。如今国立艾尔米塔什博物馆所涵盖的五座主体建筑中，有三座是在叶卡捷琳娜大帝当政期间（1762—1796）完成的。艾尔米塔什原本是叶卡捷琳娜大帝的娱乐消遣之所。“Hermitage”（俄语的“ermitazhi”）也用于专指在宫中举行的非正式招待会，叶卡捷琳娜大帝还专门创作了漫画集—《艾尔米塔什宾客行为守则》。相较于彼得大帝举行的狂野宴会，这套准则一方面提倡乐而忘忧；另一方面又要求克制。试举数则为证：第一条，“不要攀比，将所有帽子和佩剑留在宫门外”；第三条，“尽享欢乐，但不要损坏或打碎任何物品，也不要磨损任何物品”；第六条，“不得因为内心冲动或头脑发热而争论”；第九条，“尽享美食，但要保持适度饮酒，这样每个人走出宫门时头脑保持清醒”。

莱奥纳尔多·达·芬奇展室(The Leonardo da Vinci Hall)。

叶卡捷琳娜大帝在位期间，不惜耗费大量资财兴建宫殿、园林，推行法国的宫廷文化和艺术、鼓励兴办各类学校，拨巨款发展俄国科学院，大力支持文学、艺术家的创作，使俄罗斯迎来第一个文化创造的高峰。出于对“上流社会”的设想，叶卡捷琳娜大帝直接效仿法国贵族的生活方式，并力图创新，创建一个符合俄罗斯贵族标准的行为规范。在此大背景下，叶卡捷琳娜对宝石、欧洲名家画作的搜罗更显得势在必行了。应该说，女皇是一位狂热的“宝石迷”，在漫长的34年执政期间共收集了超过10000件宝石和3.4万件雕刻宝石的复制品，甚至专门开辟“宝石展室”来存放这些珍宝。上文提及的纪录片《艾尔米塔什博物馆揭秘》专门展示了女皇在这方面的癖好。镜头在馆长彼得罗夫维奇的指引下来到了专门存放宝石的库房，一层层小陈列柜逐步被打开，里面完好无损地存放着琳琅满目的宝石。据说，女王在万机之暇每天仍花几个钟点把玩这些藏品。

通常意义上，国立艾尔米塔什博物馆作为一座博物馆的标志是1764年叶卡捷琳娜大帝所购藏的225幅欧洲绘画。这批藏品本是普鲁士商人约翰·恩斯特·戈茨科夫斯基（Johann Ernst Gotzkowsky）为腓特烈大帝（Frederick the Great）准备的。腓特烈大帝在“七年战争”（Seven Years' War）中被俄国战败，付不起高昂的收藏费用，此时的戈茨科夫斯基也面临破产，经由当时的俄国驻普鲁士大使弗拉基米尔·多尔戈鲁柯夫（Vladimir Dolgoruky）将画作转手以偿还债务。虽说这批画作的品质参差不一，但有重要意义：其一，这个偶然的购藏事件为女皇“猎取”欧洲名家名作开了一个头；其二，藏品之中也不乏像弗朗斯·哈尔斯和扬·斯廷（Jan Steen）等名家之作。总体而论，此次购藏为此后的大规模收藏行为奠定了良好的基础。值得一提的有如下几桩大交易：

首先，1769年海因里希·冯·布鲁尔藏品（Count Heinrich von Bruhl's collection）入藏。曾经担任萨克森选帝侯奥古斯特三世（August III）首相的布鲁尔，可经常品鉴皇家藏品，加之当时著名艺术鉴赏家卡尔·海因里希·冯·海凯宁（Karl Heinrich von Heikenen）为之掌眼，搜集到不少杰作。不幸的是，布鲁尔陷入巨大的债务危机之中。在他殁后，这批藏品被没收。数年之后，时任俄国驻德累斯顿全权公使的安德烈·别洛谢尔斯基（Andrei Beloselsky）从布鲁尔后人手中以18万荷兰盾的低价购得这批藏画，其中包含超过600幅出自荷兰、弗兰芒、德国、意大利艺术家之手的画作、1500多幅版画和素描作品。伦勃朗的《红衣老者像》（*Portrait of an Old Man in Red*）、鲁本斯的《帕修斯和安德罗墨达》（*Perseus and Andromeda*）、5幅出自荷兰风景画名家雅各布·凡·鲁伊斯达尔（Jacob van Ruisdael）的画作，还有乔凡尼·巴蒂斯塔·提埃波罗（Giovanni Battista Tiepolo）所作的《米西纳斯向奥古斯都呈现七艺》（*Maecenas Presenting the Liberal Arts to Emperor August*）。在这当中出过一段插曲：这批藏品由汉堡驶往圣彼得堡的一艘轮船运送，由于运输费时太久，湿度较大，一些作品受到了严重损害，不得不延请修复师进行了长达半年的修复工作。

其次，1772年的皮埃尔·克罗扎男爵藏品（Baron Pierre Crozat’s collection）的购藏。身为银行家的皮埃尔·克罗扎（Pierre Crozat，1665—1740）拥有极好的鉴赏力并与巴黎的艺术圈子有着广泛的联系。这批藏品在他身后归他的侄子路易-弗朗索瓦·克罗扎（Louis-François Crozat）所有，此后留给其弟路易-安托万·克罗扎（Louis-Antoine Crozat）。叶卡捷琳娜大帝的艺术顾问、伏尔泰的友人弗朗索瓦·特龙金（François Tronchin）和狄德罗皆参与此事，结果促成了国立艾尔米塔什博物馆历史上最重要的一次艺术交易。拉斐尔的《圣家族》（*Holy Family*）、乔尔乔内的《犹滴》（*Judith*）、委罗内塞的《悲恸》（*Lamentation*）、伦勃朗的《圣家族》和《达那厄》（*Danae*）、鲁本斯的《巴库斯》（*Bacchus*）和《幼年的伊莎贝拉》（*Infant Isabella*）及其他16—18世纪法国名家作品，这批藏品共耗资460000里弗赫，虽堪称一笔巨资，但确乎物有所值！巴黎的法国国家图书馆（Bibliothèque nationale de France，BnF）保存着克罗扎藏品交易记录。

再次，1779年的罗伯特·沃波尔爵士藏品（Sir Robert Walpole's collection）购藏活动。曾在乔治一世和乔治二世时期担任英国首相的罗伯特·沃波尔爵士（Sir Robert Walpole，1676—1745）堪称18世纪上半期英国最重要的收藏家之一。自1721年起，沃波尔爵士已经担任实际上的首相之职。他在诺福克郡创立了著名的霍顿府

伦勃朗·凡·哈尔门松·凡·赖恩（Rembrandt Harmensz. van Rijn），《红衣老者像》（*Portrait of an Old Man in Red*），1652—1654年，108cmx86cm。

伦勃朗·凡·哈尔门松·凡·赖恩，《达那厄》（*Danaë*），1636年，布面油彩，185cmx202.5cm。

让·弗拉戈纳尔（Fragonard, Jean-Honore），《偷吻》（*The Stolen Kiss*），1787—1789年，布面油彩，45cmx55cm。

伦勃朗·凡·哈尔门松·凡·赖恩，《花神》(*Flora*)，1634年，布面油彩，125cmx101cm。

邸（Houghton Hall），其中陈列着他从欧洲各地苦苦罗致而来的艺术珍品。霍顿府邸和与之相邻的霍尔克汉姆府邸（Holkham Hall）一道，称得上是当时英国最知名的乡村宅邸之一。借由沃波尔爵士幼子霍拉斯·沃波尔（Horace Walpole，1717—1797）的描述，我们大致可以想见一座完美英国贵族乡村宅邸的样子："位置令人愉快，房子非常宽敞。它建成了一个'H'形，两个正面都一样漂亮。门厅、餐厅和两间客厅（其中一间紧邻书房，另一件挨着餐厅）都堂皇气派，陈设优雅，但品位并不奢华；其中一些厅的帘帷只是漂亮的纸。紧挨着书房有一个房间被称作音乐厅—托马斯爵士时代就这样称呼，里面摆放着一些精美的乐器——餐厅宏伟气派，比例得当……隔壁是最好的卧室，悬挂着精美的挂毯。床上铺着深红色的天鹅绒，衬里是白色的丝绸，椅子和窗帘也是一样。"霍顿府邸的建筑出自科伦·坎贝尔（Colen Campbell）之手笔。里面陈设的家具由威廉·肯特（William Kent）设计。交谊厅四壁装饰着来自乌特勒支的天鹅绒。毕其一生，沃波尔爵士搜罗的绘画名作超过400幅之多，虽在趣味上略显保守陈旧，但品质是最好的：20幅凡·戴克、19幅鲁本斯、8幅提香、5幅穆里罗（Murillos）、2幅委拉斯开兹，此外还有一幅画作出自拉斐尔之手。附带一提的是，自1718年开始，沃波尔爵士正式从事艺术收藏，专门委派两名鉴赏家安德鲁·海（Andrew Hay）、罗伯特·布拉格（Robert Bragge）充任其购藏艺术品的代理人，此外还有一位画框制造商约翰·霍华德（John Howard），也会在一些拍卖会上为沃波尔爵士留意一些名作。1778年，沃波尔的孙子乔治·沃波尔（George Walpole）经由俄国驻伦敦大使阿列克谢·穆辛—普希金（Alexei Musin-Pushkin）从中斡旋，向女皇整体出让这批藏品。尽管当时的英国民众对此行为感到不满，甚至组织募捐活动欲购藏这批画作使之留在英格兰，最终还是被叶卡捷琳娜大帝以40000英镑购得，并于1779年运抵圣彼得堡。198幅画作由17世纪意大利及弗兰德斯的艺术家们的作品构成。

除上述藏品外，叶卡捷琳娜大帝的“猎取”还包括1781年的鲍德温伯爵藏品（Count Baudouin's collection）所涵盖的119幅画作，以及1787年的奥尔良公爵宝石珍奇柜（Cabinet of carved stones of Duke of Orleans）。她还注重委托订制同时代艺术家的作品。由此，像德比的约瑟夫·赖特（Joseph Wright of Derby）创作的《从户外看到的锻铁炉》（*An Iron Forge Viewed from Without*）、乔舒亚·雷诺兹爵士绘制的《婴儿赫拉克勒斯勒死巨蛇》（*The Infant Hercules Strangling the Serpents*）、让-巴蒂斯塔·格勒兹（Jean-Baptiste Greuze）的《瘫痪病人》（*The Paralytic*）等均进入其藏品之列。为了仿效女皇，艺术收藏行为在俄国贵族中流行开来。

还有一部分藏品不得不提及，那就是来自彼得·伊万诺维奇·休金（Piotr Ivanovich Shchukin）和伊万·莫洛佐夫（Ivan Morozov）两个重要的莫斯科收藏家族的法国印象派、后印象派及其他先锋派艺术作品。首先看休金家族。早在1892年，彼得·伊万诺维奇·休金就在其私邸中开辟了一个馆藏超过24000件作品的博物馆，其中莫奈、马奈、毕沙罗、西斯莱、卡萨特等印象派名家的作品赫然在列。也有一些名声不显的艺术家的画作杂陈其中。鉴于当时的保守习俗，像被他戏称为“美丽安娜”（Beautiful Anna）的雷诺阿绘制的裸女（如今是普希金国立造型艺术博物馆藏品）、德加《梳头发的女子》（*Woman Combing Her Hair*）这样的作品只能悬挂于其私人公寓的墙壁上，以防止被公众批评为“有伤风化”。休金家族的其他成员均热衷于艺术收藏，但趣味各不相同：德米特里·休金（Dmitry Shchukin）

拉斐尔长廊（Raphael_loggias）。

意大利画派展室。

喜欢“老大师”绘画；伊万·伊万诺维奇·休金（Ivan Ivanovich Shchukin）独对埃尔·格列柯（El Greco）报以青眼；后来成为休金家族领导者的谢尔盖·伊万诺维奇·休金（Sergei Ivanovich Shchukin）则是将法国印象派、后印象派画家引入俄国的重要推手。1897年对他来说是一个重要的年份，因为他遇到了重要的法国艺术商人保罗·达朗-吕埃尔（Paul Durand-Ruel），通过吕埃尔他逐渐搜罗到了不少印象派、后印象派名家之作。马蒂斯的名作——《舞蹈与音乐》（*The Dance and Music*）也是应他的预定而来到俄国的，今天也已成为国立艾尔米塔什博物馆的闪亮明星。其次，莫洛佐夫家族，以经营纺织品获得巨额财富。哥哥米哈伊尔·阿布拉莫维奇·莫洛佐夫（Mikhail Abramovich Morozov）在32岁那年英年早逝。早年毕业于莫斯科大学并获得历史和语文学学位。在欧洲其他国家频繁光顾博物馆、古迹圣地的经历使得他成为一位颇令人尊敬的赞助人。今天普希金国立造型艺术博物馆的前身——亚历山大三世艺术博物馆（the Alexander III Museum of Fine Arts）的创立，与他的赞助不无关系。就他自己的艺术收藏行为来说，像凡·高、皮埃尔·博纳尔（Pierre Bernard）、高更等人均是首先经过他介绍给俄国公众的。曾属于其珍藏的德加的《浴后》（*After a Bath*）、莫奈的《罂粟地》（*Poppy Fields*）等重要作品如今成为国立艾尔米塔什博物馆的藏品。米哈伊尔的弟弟伊万·阿布拉莫维奇·莫洛佐夫（Ivan Abramovich Morozov）在瑞士接受教育，但在艺术收藏趣味方面受哥哥影响较深。他通过上文提及的法国画商吕埃尔购得不少名家之作。几年下来，超过50幅出自法国艺术家（包括在法国生活的艺术家）之手的画作成为其藏品，其中包括我们所熟知的凡·高的《阿尔的红葡萄园》（*Red Vineyards at Arles*）、马蒂斯的静物、雷诺阿的《让娜·萨马里肖像》（*Portrait of Jeanne Samary*）、毕加索的《江湖医生》（*Saltimbanques*）等。除此而外，曾用于装饰其宅邸的《普绪克故事》（*The Story of Psyche*）堪称莫里斯·德尼（Maurice Denis）的巨制。十月革命的爆发使得上述两个家族的艺术珍藏遭遇浩劫。彼得·伊万诺维

1944年新艾尔米塔什（The New Hermitage）十二柱大厅（the Twelve-Column Hall）被轰炸后的场景。

伊万·希什金（Ivan Shishkin, Konstantin Savitsky），《松林的早晨》（*Morning in a Pine Forest*），1889年，布面油彩，139cmX213cm。

康斯坦特·特鲁瓦永（Troyon, Constant），《向集市出发》（*On the Way to the Market*），布面油彩，1859年，261cmx211cm。

奇·休金的两万余件藏品被运送到历史博物馆（The History Museum），数年后这批藏品在藏品室内被盗，仅有印象派绘画作品保留下来。谢尔盖·伊万诺维奇·休金逃亡到巴黎并终老于彼地。他的私人美术馆被当局命名为“第一西方绘画博物馆”（the First Museum of Western Painting）。上述伊万·阿布拉莫维奇·莫洛佐夫的私人展室内的藏品则成为“第二西方绘画博物馆”（The Second Museum of Western Painting）里的核心部分。1923年两座博物馆合并，被定名为“国立西洋美术馆”（The State Museum of New Western Art）。1948年，该博物馆里的精华藏品归入国立艾尔米塔什博物馆和国立普希金造型艺术博物馆，其中前者获得316幅绘画，包括马蒂斯的《舞蹈》（*Dance*）和《红色房间》（*Red Room*）、毕加索的《三个女人》（*Three Women*）等。多年以来，“艾尔米塔什三楼”这个习语成为关注新艺术的代名词。20世纪50年代末到60年代初期这一段时间，一幅接一幅的精彩绘画逐步在那里出场。

2013年，执掌普希金国立造型艺术博物馆（The Pushkin State Museum of Fine Arts）长达半个多世纪、经历过七任国家领导人的伊琳娜·安东诺娃（Irina. A. Antonova）隐退，创造了迄今为止最长的世界博物馆馆长任期记录。值得一提的是，她坚持恢复“国立西洋美术馆”的做法一度引发争议，尤其是国立艾尔米塔什博物馆馆长彼得罗夫维奇对此举颇不以为然。在安东诺娃的继任者玛丽娜·洛沙克（Marina Loshak）看来，任何一个关心自己博物馆的馆长都不希望失去博物馆的完整性。但这一问题应由全面负责国家文化发展战略的人来解决，即文化部长、总统、总理……博物馆界在这一问题上只能起专家作用。还有归还博物馆珍贵物品的问题，众所周知，普希金国立造型艺术博物馆中有藏品属于战利品。这也是政府而不是博物馆的问题。她认为，在这一问题上最重要的是最大限度的开放性，尽可能多地办些展览会，不隐藏任何东西，全部予以展出、加以说明，让任何人都有机会看到这些画作。

瓦西里·康定斯基（Kandinsky, Wassily），《冬日风景一号》（*Winter Landscape I*），1909年，布面油彩，70cmx97cm。

2019年8月，经国立艾尔米塔什博物馆官方网站统计，博物馆馆藏总数达3150428件之多！就典藏艺术类作品来说，绘画有16903幅，造型作品有622452件，雕塑作品有12798尊，实用美术作品有357725件，古物有751045件，善

保罗·高更（Gauguin, Paul），《塔希提田园风景》（*Pastorales Tahitiennes*），1892年，布面油彩，87.5cmx113.7cm。

亨利·马蒂斯（Matisse, Henry），《红色房间》（*The Red Room*），1908年，布面油彩，180.5cmx221 cm。

本书有341卷，盔甲与兵器数目为13954件。著名荷兰建筑师雷姆·库哈斯（Rem Koolhaas）的OMA工作室和国立艾尔米塔什博物馆联合编写了一份名为《艾尔米塔什2014》的研究报告，概括介绍了博物馆在未来的发展方向。由冬宫（The Winter Palace）、小艾尔米塔什（The Small Hermitage）、旧艾尔米塔什［The Great（Old）Hermitage］、艾尔米塔什剧院（The Hermitage Theatre）、新艾尔米塔什（The New Hermitage）五座建筑构成的长方形庞然大物矗立于涅瓦河畔，如果再加上扎帕斯诺伊宫的话，建筑空间超过11万平方米，展览空间超过4万平方米。冬宫的总长度为280米，宽为140米，高为22米，一共分为三层，涵盖了1000多个房间、1886道门、117个楼梯和1945个窗户。在《艾尔米塔什博物馆揭秘》这部片子之中，镜头指引我们通向不同的展厅、楼梯和门，委实令人眼花缭乱。400多个展厅的布局构成了30000米的展现，实当“世界最长艺廊”之美誉。该馆2014年的年度参观总人次为3247956，2015年为3668031，位列“全球最受欢迎的博物馆”第九位。

三、结语

在国立艾尔米塔什博物馆250余年的发展历程中，一共有三次藏品疏散：第一次是1812年9月，艾尔米塔什的绘画、钻石珠宝和皇家肖像被装入50余只箱子，经水路向北运往维捷格拉（Вытегра）。这些

荷兰与弗拉芒艺术展室（Dutch and Flemish Art Room）。

展厅内景。

藏品在大高尔基百货大楼（Gostiny Dvor Building）度过冬天，1813年春天被运回。

第二次是1917年“十月革命”前，德军进攻圣彼得堡，艾尔米塔什藏品被疏散往莫斯科，装着藏品的两列列车安全离开，第三列因故滞留。所幸博物馆并未在北宫展期间受损。

第三次疏散是1941年，希特勒打算“将列宁格勒从地球表面抹去”。在随后长达900天的轰炸和封锁期间，共有逾40万人死亡，其中有些是国立艾尔米塔什博物馆的职员。 正如《艾尔米塔什博物馆揭秘》所再现的，德国人包围了这座城市之后，艺术家、知识分子和博物馆全体职员聚在一起，打算将博物馆的250多万件藏品转移走。冬宫博物馆的屋顶上安装了的火警系统，防空掩体建在深深的地窖里，约有2000人迁入这些掩体，包括“剩下的员工及其家人，学者、博物馆工人、文化界名人和其他人等及其家人们”。1941年6月23日中午，德军入侵的消息传到开馆一个多小时的国立艾尔米塔什博物馆。在24小时之内，20—60幅油画被卷成一个圆筒，外面裹上油布，装入长长的棺材状的板条箱里。伦勃朗的那幅巨大的《浪子回头》（*The Return of the Prodigal Son*）独占了一个箱子。第一列火车于7月1日离开，它有22节车厢，装载了约50件收藏品。第二趟火车载着70余万件艺术品，于7月20日离开。这两次大规模的运输活动所运送的藏品还不到馆藏总数的半数。到了8月份，包装材料几乎用罄，博物馆方面采购了50吨刨花、5吨棉絮和差不多10英里（16千米）长的油布。但不容乐观的是，有消息说德军再次前进了并切断了沟通东方的铁路线。9月4日，德军前线距离博物馆仅有8.5英里（14千米）了，博物馆所有能搬动的东西均被搬到了地下室。还有艺术家将当时的场景描绘下来，毫无疑问的是，这个事件成为永恒的文化灼伤。

如今的国立艾尔米塔什博物馆不但成为俄罗斯，甚至成为整个欧洲的文化地标，这是叶卡捷琳娜大帝所未曾料到的。该馆的“卫星扩展计划”将在符拉迪沃斯托克、鄂木斯克、叶卡捷琳堡、罗斯托夫等地启动，可能还会包括加里宁格勒和莫斯科。2005年，国立艾尔米塔什博物馆在俄罗斯喀山开办了分馆，作为喀山克里姆林宫的一部分，举办了多项大型展览，并定期举办讲座。2010年，国立艾尔米塔什博物馆维堡分馆开馆——其前身是一座艺术博物馆，提供导游、讲座和各种教育项目等。阿姆斯特丹的国立艾尔米塔什博物馆分馆始建于2004年，自2009年正式开放以来，已吸引了超过300万游客，成为荷兰参观人数最多的博物馆之一。喀山、维堡、阿姆斯特丹和威尼斯的艾尔米塔什卫星中心提供的展示中心达7000平方米。此外，美国纽约的国立艾尔米塔什博物馆基金会通过一系列活动来纪念建馆250周年。该基金会已经吸引了大量捐款，用以支持艾尔米塔什的现当代艺术收藏。“大艾尔米塔什计划”旨在将国立艾尔米塔什博物馆升级为一座全球性的博物馆，将其艺术珍品向更广大的观众们开放。计划的中心一环就是冬宫广场上的博物馆主建筑群。如今的冬宫广场已经成为国立艾尔米塔什博物馆的一部分，即它的主要入口。东翼的总参谋部大楼的修复工程已经完成，那里被改造成为19—21世纪视觉艺术与实用艺术分馆，其重要组成部分别为“艾尔米塔什20/21项目”（重点收藏现当代艺术品）和“艾尔米塔什2014项目”（博物馆发展的总体规划）。修复后的总参谋部大楼（包括庭院）占地面积为5.2万平方米，其中光展示面积就达1.4万平方米。老村艺术修复与存储设备中心开放的露天仓库面积为6.3万平方米。

莱奥纳尔多·达·芬奇（Leonardo da Vinci），《丽塔圣母》（*Madonna Litta*），1490年，布面丹培拉（从木板油彩摹绘），42cm×33cm。

主要参考文献及相关网站：

Oleg Yakovlevich Neverov, Dmitry Pavlovich Alexinsky, Dr. Mikhail Borisovich Piotrovsky , *The Hermitage Collections*（*Volume I: Treasures of World Art; Volume II: From the Age of Enlightenment to the Present Day*）, Rizzoli,2010.

Thierry Morel , Larissa Dukelskaya, *Houghton Revisited: The Walpole Masterpieces from Catherine the Great's Hermitage*, Royal Academy of Arts,2013.

Dr. Mikhail Borisovich Piotrovsky, *The Hermitage: 250 Masterworks*, Skira Rizzoli,2014.

Dr. Mikhail Borisovich Piotrovsky, *My Hermitage: How the Hermitage Survived Tsars, Wars, and Revolutions to Become the Greatest Museum in the World*, Skira Rizzoli, 2015.

（俄）米哈伊尔·彼奥特罗夫斯基著、鹿镭译,《我的艾尔米塔什：一座世界顶级博物馆的经典收藏与传奇历史》，华中科技大学出版社，2019 年。

（英）戈弗雷·巴克著、马维达译,《名利场——1850 年以来的艺术市场》，商务印书馆 2008 年，第五章。

（美）林恩·H. 尼古拉斯著、刘子信译,《劫掠欧罗巴——西方艺术珍品在二战中的命运》，民主与建设出版社，2018 年 7 月，第七章。

陈燮君,《北方之星——叶卡捷琳娜二世与她的艺术品》,《上海工艺美术》2010 年第 4 期。

任兰新,《传奇的《〈圣母子〉——拉斐尔〈圣母子〉赴俄罗斯艾尔米塔什博物馆展出侧记》,《美术》2005 年第 3 期。

王晓梅,《叶卡捷琳娜二世时期的宫廷文化教育》,《教育评论》2011 年第 6 期。

http://artforum.com.cn/inprint/201604/9327

http://mp.weixin.qq.com/s?__biz=MjM5MDc1MzQ3MQ==&mid=202468444&idx=6&sn=7ac501186dd2f20ad79cd83e930f2ab0&scene=23&srcid=0405xzFc4RmyJ97YZk2m7Vdy#rd

http://mp.weixin.qq.com/s?__biz=MzA4MjAyNjE5OQ==&mid=203984367&idx=4&sn=a5592ce93aed5b4ba93703273b604fee&scene=23&srcid=0407bYO2FtkkJO9ZwDuanK2o#rd4. 柯克·瓦恩多著、高高译，《不断前进的鱼雷——美国纽约现代艺术博物馆绘画与雕塑收藏的思路演变》，《大学与美术馆》总第5期，中国青年出版社，2014年7月。

http://www.moma.org/.

“重构历史”：普希金国立造型艺术博物馆陈列方式及教育功能述略

引言

2013年，执掌普希金国立造型艺术博物馆（The Pushkin State Museum of Fine Arts）长达半个多世纪、经历过七任国家领导人的伊琳娜·安东诺娃（Irina. A. Antonova）隐退，创造了迄今为止最长的世界博物馆馆长任期记录。值得一提的是，她一直以来坚持恢复“国立西洋美术馆”（The State Museum of New Western Art）名称的做法一度引发争议，尤其是国立艾尔米塔什博物馆（The State Hermitage Museum）方面对此提议颇有微词。新任馆长玛丽娜·洛沙克（Marina Loshak）从学术背景、从业经历等方面与安东诺娃有着巨大差别。由此，新馆建筑整修、博物馆数据化升级、全新的策展计划、相关服务设施的改造均被提上历史日程。本文拟从馆藏形成、莫斯科大学艺术史系与该馆渊源、重要馆藏及数位重要人物的贡献等方面分析这座世界著名艺术博物馆一以贯之的对艺术史学科的推重及对“公共性”的强化。

一、以馆藏呈现完整的艺术史

2012年正值普希金国立造型艺术博物馆建馆100周年，670000件馆藏作品（其中包括4500余件绘画精品）的数字使得该馆跻身世界名馆之列。毫不夸张地说，这些艺术品几乎反映了世界艺术史的全貌，涵盖了不同地域、不同时期的艺术发展风貌。从俄罗斯历史上看，该国博物馆的创建经历了四次大的浪潮：其一，萌芽期（从古俄罗斯时期到17世纪）。教会是这个时期艺术收藏活动的主要推动者，藏品以圣像、宗教仪式相关用品为主。其二，发展期（17世纪—18世纪中叶）。不得不提及的人物就是彼得大帝（Peter the Great, 1672—1725）。其三，繁荣期（18世纪中叶—19世纪后半期）。叶卡捷琳娜二世（Katharina II, 1729—1796）是推动艺术收藏的重要推手，今天的艾尔米塔什和博物馆之所以有如此高的地位，与女皇的努力有着密切的关系。在她的感召之下，商人、贵族和其他俄国社会上层的精英人士纷纷成为参与艺术收藏的重要力量。其四，变革期（19世纪后期—十月革命之后）。与此前不同，此时商人、知识分子成为推动艺术收藏的主导力量。在这个语境中，普希金国立造型艺术博物馆的创立正值繁荣期。在某种意义上适

保罗·高更（Paul Gauguin），《什么？你嫉妒吗？》（*What? Are You Jealous?*），66.2cmx89.3cm，布面油彩，1892年。

克劳德·莫奈（Claude Monet），《白睡莲》（*White Water Lilies*），89cmx93cm，布面油彩，1899年。

文森特·凡·高（Vincent Van Gogh），《雷医生肖像》（*Portrait of Doctor Rey*），64cmx53cm，布面油彩，1889年。

应了时代的发展潮流。需要在这里强调的是，这座艺术博物馆自创立伊始就旨在呈现一个完整的世界艺术史。毋庸讳言，这与创立者们的学养、广阔的世界性视野有着不可分割的关系。

熟悉普希金国立造型艺术博物馆历史的人一定知晓该馆与莫斯科大学（Moscow University）艺术史系的深厚渊源。如果追溯起来，莫斯科大学的索洛维耶夫（С. М. Соловьев）和列昂季耶夫（П. М. Леонтьев）首倡在当时的历史和语言学系开展艺术史教学活动。更进一步，在1857年10月，吉奥尔茨教授（К. К. Герц，1820—1883）做了标题为《论艺术史的意义》的讲座，正式确立了莫斯科大学艺术史和艺术理论（学科）的开端。吉奥尔茨特别在讲座中提到德意志多所大学的教学经验和一位重要的德国艺术史家——卡尔·施纳塞（Schnaase, Karl, 1798—1875）的原话："艺术的历史，即建筑、雕塑和绘画的历史，涵盖了人类精神的各种现象，在这些现象之中历史上的各民族用各种优雅的造型形式作为手段表达出自己的信念和观点……艺术的历史应当与许多科学产生联系：实际上它是世界史、文学史和哲学史中最为重要的部分之一。"客观而论，施纳塞的这段话在今天仍然适用。具体到美术史教学问题时，吉奥尔茨特别强调，除了对文本和艺术品进行研读之外，还应该对各种遗迹进行广泛考察和相关的比较研究。建立一座能够呈现世界艺术史整体面貌的艺术博物馆无疑是迫切之举。然而，令吉奥尔茨扼腕的是，当时的莫斯科不存在这样一座可与柏林博物馆、甚至是艾尔米塔什博物馆相颉颃的艺术机构。1858年，吉奥尔茨在《莫斯科消息报》上发表了题为《论在莫斯科建立美术博物馆》的文章，强烈呼吁按照西欧模式建立百科全书式博物馆。这个梦想一直到他的弟子伊万·弗拉基米尔·茨维塔耶夫（Ivan Vladimirovich Tsvetaev，1847—1913）才真正意义上变为现实。以这座博物馆的开馆时间（1912）算起的话，实现这个愿望的过程跨越了半个多世纪之久。

今天的普希金国立造型艺术博物馆主体建筑分为七个部分：主楼（Main Building）、19和20世纪欧美艺术部（19th and 20th Century European and American Art）、博物馆教育中心（Museion Educational Centre）、私人收藏馆（Private

Collections)、伊万·茨维塔耶夫教育艺术馆(Ivan Tsvetaev Educational Art Museum)、斯维亚托斯拉夫·里希特纪念公寓(Sviatoslav Richter Memorial Apartment)、戈利岑亲王家族庄园(Prince Golitsyn Family Estate)。如果按照艺术品门类来划分的话,普希金国立造型艺术博物馆由22个部门组成,诸如"老大师"、19和20世纪欧美艺术部、古代东方部(The Ancient Orient)、钱币和勋章部(Coins and Medals)、手稿部(Manuscripts)、音乐文化部(Musical Culture)、摄影艺术部(Department of Photographic Art)等,还涵盖公共关系、出版、购藏、修复、国际关系、展览等重要职能部门。仅以主楼的展厅分布来看,地下一层和一层的26个展厅涵盖了从古埃及、古代近东、古希腊罗马、拜占庭、15—16世纪德国与尼德兰、弗兰德斯、17世纪荷兰、古希腊、17世纪意大利与西班牙、17—19世纪法国、中世纪欧洲、爱琴海等地区的艺术。涵盖的地域及历史时期不可谓不广,时代划分不可谓不细。正如艺术史家菲利普·费舍尔(Phillip Fisher)在《制作和消除艺术》(*Making and Effacing Art: Modern American Art in a Culture of Museums, New York: Oxford University Press*)里提到的,观看系列艺术品与阅读艺术史两者之间存在着一种有趣的可比性:"我们在博物馆中行走,路过艺术,就在我们的行动中重现了艺术史本身,其中的不安、前行的动力和连接的力量……至于博物馆变成了纯粹的通道,它放弃了密集的、以往曾经是家的空间,或者那种当然是极度精益求精的大教堂的空间,因而变成了更为完美的历史图像。"深究参观博物馆与阅读艺术史著作两者之间的关系是另一篇文章的内容,我们在这里仅交代一下普希金国立造型艺术博物馆的收藏序列之全。正如上文所示,该馆能有这样的规模与茨维塔耶夫的不懈努力有着密不可分的关系。

二、从复制品到原作的嬗变

如上所述,吉奥尔茨提出在莫斯科建造一座艺术博物馆的构想在其弟子茨维塔耶夫的不懈努力下最终变为现实。事实上,在这个过程中也经历了一系列的困

文森特·凡·高,《雨后的奥威尔风景》(*Landscape at Auvers after Rain*),72cmx90cm,布面油彩,1890年。

波提切利，《受胎告知》（*Annunciation*），布面丹培拉，45cmx13cm，1495—1498年。

难。19世纪80年代晚期，茨维塔耶夫在罗马游历，有感于他所考察的古迹和博物馆，他当即决定扩充莫斯科大学的模铸模型藏品。因受到慕尼黑、伯恩、布拉格等地大学“石膏铸造珍奇室”（plaster cast cabinet）里面的陈列方式和丰富馆藏之影响，他也痛下决心在自己任职的莫斯科大学开辟类似的空间。在造访德累斯顿之后，茨维塔耶夫最终做出如此决定：在莫斯科建造一座大型的、公共性的艺术与考古博物馆。1894年，他在第一次全俄艺术家和艺术爱好者大会（The First Pan-Russian Congress of Russian Artists and Amateurs of the Arts）上披露了建造博物馆的构想和计划，所依据的典范就是德累斯顿的阿尔贝廷宫（The Albertinum）中的德累斯顿雕塑藏品馆（The Dresden Sculpture Collection）。需要提到的是，该馆创建于1887年。19世纪80年代可谓是一个博物馆热潮在欧洲迸发的时代，布鲁塞尔皇家艺术博物馆（Royal Museums of Fine Arts of Belgium）、布拉格国立博物馆（National Museum）、荷兰国家博物馆（The Rijkmuseum）和维也纳艺术史博物馆（Kunsthistorisches Museum Wien）及自然科学博物馆（Naturhistorisches Museum）等机构如雨后春笋般出现。

1896年末，茨维塔耶夫草拟了博物馆的名称、建筑设计竞标细则并在圣彼得堡、莫斯科两地的媒体上公布。两年之后，方案得以通过并进入实施阶段。博物馆的建造历时14年之久。让我们回到茨维塔耶夫对这座艺术博物馆的功能设定问题。应该说，他对博物馆建筑外观、功能的要求极高，尤其对其教育功能给予极大关注。罗曼·伊万诺维奇·克莱因（Roman Ivanovich Klein, 1858—1924）在经历过两轮竞争后最终入围，很大的原因就在于他的建筑方案将博物馆的外观呈现为古希腊神庙。正立面的柱廊一字排开，坐落于敦实的土墩座上。玻璃天窗确保了中庭和一楼的展厅有着充足的自然光。当时建筑界流行折中主义，即各种风格混杂在一起。茨维塔耶夫及其所在的评审委员会坚持博物馆建筑外观保持古典主义、文艺复

普希金国立造型艺术博物馆展示场景。

兴风格。更为重要的是，内部所陈列的藏品能够体现艺术史各个发展阶段的风格，甚至要求建筑装饰细节与所陈列的艺术作品能够保持统一性，力图营造出一种“时代精神”。1893年，茨维塔耶夫致信友人、时任上文述及的阿尔贝廷宫馆长的格奥尔格·特雷乌（Georg Treu, 1843—1921）：“就在莫斯科大学建造一座艺术与考古博物馆这件事，我已经着手唤起公众的热情。这件事使得许多人热情高涨并已经获得一些捐赠。”自此之后，两人的通信一直坚持下去，德累斯顿的这座博物馆为莫斯科的博物馆创建起到了重要的借鉴作用。譬如说，今天的普希金国立造型艺术博物馆建筑正立面上的饰带出自德累斯顿雕塑家利奥波德·安布里斯特（Leopold Armbruster, 1862—1936），在此之前他为阿尔贝廷宫建筑设计了饰带。1902年，安布里斯特受到特雷乌举荐，从德国专程赶往莫斯科。其任务就是复制大英博物馆（The British Museum）的帕特农（the Parthenon）饰带，如今，这件复制品成为第七展厅的重要馆藏之一。茨维塔耶夫也与维也纳、伦敦、柏林、布达佩斯、维也纳等城市的博物馆界保持广泛的联系并征求他们对新博物馆建设各方面的意见。此外，他还取法美国博物馆界对藏品目录的编纂方式。真正能做到博采众家之长。

首先就建筑来说。1898—1917年间存在的专门委员会发挥了重大作用。委员会的成员包括莫斯科大学历史与语文学系的教授、莫斯科市官员代表、作为捐赠人的市民代表。不得不提的人物就是该委员会的负责人谢尔盖·亚历山德罗维奇大公（Grand Duke Sergei Alexandrovich , 1857—1905）。他不但为博物馆（当时名为亚历山大三世艺术博物馆（the Alexander III Museum of Fine Arts））选址立下了汗马功劳，还向财政部（The State Treasury）募集到200万卢布的巨款用于博物馆的建造工程。另一位功勋卓著的人物是担任委员会执行主席的俄国工业家和廷臣尤里·斯特凡诺维奇·涅恰沿夫-马利佐夫（Yuri Stepanovich Nechaev-Maltsov, 1834—1913）。他在任期内为建造博物馆提供采自乌拉尔山的抗霜冻大理石材，全部用于装饰博物馆正立面外墙和柱廊石柱。不仅如此，通往博物馆入口处的台阶所用的花岗岩、用于装饰博物馆内主要楼梯台阶的彩色大理石也来自其慷慨捐赠。更为重要的是他为博物馆购藏了第一批艺术品原作和古埃及文物。我们今天在普希金国立造型艺术博

物馆内看到的模铸经典雕塑作品源出自他的慷慨捐赠。总的来说，马利佐夫为博物馆提供的捐赠总价值超过200万卢布，可称得上该馆建馆历史上屈指可数的几位重要的捐赠人之一。

1897年，建筑师克莱因被茨维塔耶夫派往德国、法国、英国、意大利等国家专门考察博物馆建筑设计和相关技术构造等问题，将着重点放在正立面的建筑设计和藏品展陈两个方面之上。克莱因将考察结果报告给茨维塔耶夫，最终的结果是倾向于取法希腊神庙的建筑元素。正立面上的浮雕和爱奥尼亚式柱子的排列组合，参照了雅典卫城入口处尼克神庙（Nike Apteros）建筑装饰。之所以选择爱奥尼亚式柱子，是因为柯林斯柱式（Corinthian Columns）在当时的俄国境内过于普遍，已成为陈词滥调。至于展厅的采光，则参考了大英博物馆和国家美术馆使用自然光的做法。关于博采众家之长这一点，我们不妨在这里拎出几个展厅做一个比对。第一，奥林匹克展室（The Olympic Gallery）。它所借鉴的对象是德累斯顿的阿尔贝廷宫。克莱因曾专门研究该馆奥林匹克展厅内三角墙上的人物雕像。第二，亚述展厅（The Assyrian Gallery）所依据的是卢浮宫博物馆1888年开放的亚述艺术厅的陈列方式。第三，埃及展厅（The Egyptian Gallery）中的柱子与奥地利维也纳艺术史博物馆中的埃及厅的柱子一模一样。悬空式的顶蓬则来自柏林新博物馆（Neues Museum）的装饰理念。其内部空间的划分则汲取了卢浮宫相关艺术展厅中的合理成分。第四，当开始设计早期基督教和中世纪艺术展厅（The Gallery of Early Christian and Medieval Art）时，茨维塔耶夫本人花费了整整五周的时间呆在新开放不久的卡塞尔·弗里德里希博物馆（Kaiser Friedrich Museum今天的博德博物馆（Bode Museum））的二楼展厅，专门揣摩基督教雕塑的陈列方式。

其次，对艺术品原作的购藏问题。我们在文中一再强调普希金造型艺术博物馆与莫斯科大学的渊源关系就是为了凸显学术力量对整座博物馆功能，尤其是艺术教育功能的整体把握。细说起来，普希金国立造型艺术博物馆的“家底”来自莫斯科大学的“珍奇室”（cabinet），里面为数寥寥的古希腊陶瓶、古钱币、模铸雕塑作品主要是用于教学。谈到艺术教育，模铸经典雕塑作品一方面可满足这种需要，

普希金国立造型艺术博物馆展示场景。

也可以节省巨额的购藏经费。当时的卢浮宫博物馆和南肯星顿博物馆（今天的维多利亚与阿尔伯特博物馆）是两种典型的模板。要么购藏艺术品原作，要么搜罗艺术复制品以满足教育功能。就位于纽约市区的大都会艺术博物馆（The Metropolitan Museum of Art）来说，一开始也遇到过这种情形，许多董事会成员和社会精英人士认为该馆无能力购藏艺术品原作。但自1904年约翰·皮尔庞特·摩根（John. P. Morgan）当选为董事会主席后，该馆的购藏观念发生了翻天覆地的变化。该馆1905年的年度报告明确提出，博物馆董事会未来的目标“不是搜集美物并和谐展示，更不是汇集毫不相关的古物，而是组建不同国家、不同时代的文物精品，按照其关系和顺序最为广泛地阐释艺术史，使得其教育简明易懂、富于启发并引领民族发展”。正如上述，普希金国立造型艺术博物馆在建馆早期的确购藏了一批模铸雕塑艺术作品用于教育。但自从茨维塔耶夫执掌莫斯科大学的“珍奇室”以来，非常注重有序列地购藏艺术品原作和图书。除此之外，国家购藏和捐赠人的捐赠加速了该机构购藏原作的进程。1909—1911年间，原属于俄国古埃及学者、艺术收藏家V. S. 戈列尼谢夫（V. S. Golenishchev）的超过6000件古代埃及文物由国家整体购藏。博物馆开馆前夕，大收藏家M. S. 谢金（M. S. Shchekin）捐赠了一批13—15世纪的意大利绘画和手工艺品。此后，不少艺术品原作通过捐赠人之手进入该馆。当然，在推动该馆的艺术品原作构成及捐赠方面，茨维塔耶夫的两位弟子——V. K. 马尔贝格（V. K. Malmberg）和N. I. 罗曼诺夫（N. I. Romanov）也起到了重要作用。

前者极大地提高了莫斯科大学在古代艺术方面的学术水平，把这个领域中的教学、研究与博物馆工作紧密地联系在一起。至于后者的贡献，则在于将莫斯科大学艺术理论和艺术史学部从历史语言学系古典学部独立出来，主持研讨班、讲座、著书立说，还有就是积极拓展博物馆的艺术品原作藏品。此后的几次历史机遇使得该馆获得使其成为世界著名博物馆的重要藏品：其一，1923年，人民教育委员会（The People's Commissar for Education）决议创建一座“国立新西洋艺术博物馆”，馆址就选在该馆，自此之后它不隶属于莫斯科大学。由此，大批来自大收藏家、国立艺术机构的艺术品源源不断地进入该馆馆藏之列。其二，1924—1930年间，该馆获得了“欧洲老大师绘画”藏品的核心部分。譬如说，普希金国立造型艺术博物馆的绘画藏品中，有不少来自谢尔盖·米哈伊尔洛维奇·特列恰科夫（Sergei Mikhailovich Tretyakov, 1834—1892）的捐赠，这批藏品大致反映出19世纪30—90年代法国几个主要绘画流派的面貌。应该提到的是，一直到1925年，这批画作仍属于特列恰科夫美术馆，成为该私人艺术机构外国艺术部分的核心部分。后来才被当局划拨到普希金国立造型艺术博物馆之中。从谢尔盖·米哈伊尔洛维奇·特列恰科夫从事艺术收藏的经历来看，他早年主要关注本土艺术家，到19世纪70年代才将关注点置于法国绘画之上。他早期在收藏方面的导师是俄国风景画家阿列克谢·博戈利博夫（Alexei Bogoliubov），博戈利博夫当时生活在巴黎。另外一位引路人则是大名鼎鼎的俄国批判现实主义作家伊万·屠格涅夫（Ivan Turgenev），他本人则是“巴比松画派”（The Barbizon School）的拥趸。无怪乎我们在今天的普希金国立造型艺术博物馆会看到一幅该画派的重要作品——出自泰奥多尔·卢梭（Théodore Rousseau）之手的《枫丹白露林中》（*In the Forest of Fontainebleau*）。这幅画原本由屠格涅夫于1875年在巴黎的一场拍卖会上所得，1882年转手给谢尔盖·米哈伊尔洛维奇·特列恰科夫。“巴比松画派”的力作和卡米耶·柯罗（Camile Corot）的画作构成了特列恰科夫藏品的核心部分。正是因为特列恰科夫的不懈努力，今天的普希金国立造型艺术博物馆才会拥有像上述柯罗、卢梭以及夏尔—弗朗索

普希金国立造型艺术博物馆展示场景。

文森特·凡·高，《红色葡萄园》（*Der rote Weinberg*），75cmx93cm，布面油彩，1888年。

瓦·杜比尼（Charles-François Daubigny）、康斯坦·特鲁瓦永（Constant Troyon）等名家之作。此外，特列恰科夫也是通过博戈利博夫的襄助，才得以搜罗到古斯塔夫·库尔贝（Gustav Courbet）的名作《大海》（*The Sea*），甚至将弗朗索瓦·米勒（François Millet）、朱尔斯·布雷东（Jules Breton）等人的画作也收入囊中。还有一幅名作出自朱尔斯·巴斯蒂安·勒帕热（Jules Bastien Lepage）之手的《乡村之爱》（*Rural Love*）。需要提及的一点便是，在当时的俄国，勒帕热是一位家喻户晓的法国艺术家。举个例子来说，瓦连京·谢洛夫（Valentin Serov）就是众多勒帕热崇拜分子中的一员，每个周日专程到特列恰科夫一睹此画的丰神，流连许久不愿归去。其三，1932年原先的亚历山大三世艺术博物馆更名为"国立造型艺术博物馆"（The State Museum of Fine Arts），两年之后，该馆正式更名为普希金国立造型艺术博物馆。其四，1948年，上文提到的国立新西洋艺术博物馆宣告关闭，征集到的艺术作品在普希金国立造型艺术博物馆、国立艾尔米塔什和博物馆之间进行"瓜分"。普希金造型艺术博物馆获得300多幅油画作品和60多件雕塑，这些作品出自活跃在19世纪末—20世纪上半叶这一时期的西欧和美国艺术家之手，此前属于著名收藏家伊万·莫洛佐夫（Ivan Morozov）和谢尔盖·伊万诺维奇·休金（Sergei Ivanovich Shchukin）旧藏，以法国"印象派""后印象派"作品为主。此后的馆方购藏和捐赠的数次涌入，更强化了该馆的名馆地位。

三、变革与拓展

艺术史家大卫·卡里尔（David Carrier）在《博物馆怀疑论：公共美术馆中的艺术展览史》（*Museum Skepticism: A History of the Display of Art in Public Galleries*）里提到了一个假设："若是借助时间旅行机器，瓦萨里就能造访我们的博物馆。在展示古老的欧洲艺术的展厅里，他会找到那些与乔托、曼泰尼亚、拉斐尔、莱奥纳尔多及其本人的作品相类似的展品。但是，展厅里的布置会使得他大吃一惊……

但是，瓦萨里几乎不曾预想过，他所描述的许多艺术品会从教堂或宫殿挪移到博物馆里展出。”普希金国立造型艺术博物馆里陈列的艺术珍品重构了一部相对完整的世界艺术史图景。我们不难假设，倘若这种场景出现在瓦萨里眼前会是何种情景。在维多利亚时代，大众开始对博物馆产生兴趣。1852年，南肯辛顿博物馆（South Kensington Museum）在伦敦落成，1899年易名为维多利亚与阿尔伯特博物馆（Victoria and Albert Museum）。这个博物馆专门研究装饰艺术以及设计工艺，现在仍然被视为英国首座公立艺术博物馆，以艺术教育作为其目标。即便是到了17世纪，“公众”这个概念的限定性仍然很大，一般指的是观看剧场表演的观众，通常情况下该词都蕴含着“具有良好教养”“文雅”“精英分子”等潜台词。

法国社会学家皮埃尔·布尔迪厄（Pierre Bourdieu, 1930—2002）曾经针对欧洲地区艺术博物馆的公众进行过长时期的调查，并将调查分析结果结集出版，便是我们所熟知的《艺术之爱：欧洲艺术博物馆及其公众》（*Pierre Bourdieu, 'amour de l' art. Les musées d' art européens et leur public, Paris: Les edition de minuit,* 1969）。根据其调查结果，“参观艺术博物馆”这项活动，几乎完全是较高程度的社会阶层所专属的。而如果从不同的社会经济背景来看的话，在参观法国艺术博物馆的观众当中，有1%来自农民，4%来自工人阶层，5%来自于工匠和小商人，23%来自受雇佣者和中产阶级（其中包含5%的教师），而约有半数的人来自社会上层（45%）。如果从教育程度来看，有55%的参观者具有高等教育资格［即通过大学入学资格会考（baccalauréat）］或更高的学历。需要强调的是，在当时具备此教育程度的人数仅占法国全国人口总数的15%而已。上述统计数据告诉我们，“参观艺术博物馆”这项文化活动，可以说是大多由具备较高教育程度及出身于较高社会经济地位者所享有。应该说，这项调查很好地印证了艺术博物馆公众的“精英化”倾向。

早在茨维塔耶夫所处的时代，国立普希金造型艺术博物馆就致力于尽可能地向所有公众开放。一组数字可以说明当时的参观盛况：周末日参观人次保持在700—800之间；公共节日的参观人次上升到2500之多。当时的观众主体是教师、体操学校的学生、参观高等教育课程的年轻女子、来自莫斯科考古研究院（The Moscow Archeological Institute）的学生和神职人员等等。随着时代的演进，“公众”的范围迅速蔓延，博物馆与“公众”两者之间的互动关系逐渐加强。譬如说，Smarthistory.org网站主管史蒂文·朱克（Steven Zucker）将这种转变形象地描述为从“神庙”（Acropolis）到“集市”（Agora）的过渡。在神庙当中，艺术品被置于高高的神龛之内，人们很难接近它；而在“集市”里，公众可以围绕艺术

普希金国立造型艺术博物馆正立面。

品展开热烈的讨论、交换看法，近距离地对它们评头论足。从这个意义来说，只有在后一个语境中，博物馆、美术馆才能够与公正产生真正的互动。自20世纪80年代以来，博物馆的本质及功能发生了很多改变。1980年版的《简明牛津词典》（*The Concise Oxford Dictionary*）将博物馆定位为："为储藏、展示能够说明与古代社会、自然史、艺术等相关物品而建造的建筑物"。2010年，国际博物馆协会（The International Council of Museums, ICOM）如此描述博物馆："它是为社会及其发展服务的非营利的、永久性机构。向公众开放，收藏、保存、研究、传播、展示有形及无形的人类遗产及其环境，这些活动出于教育、研究及娱乐的目的。"显而易见，三十年来，主要与保存、保护及展示物品等功能相关的预期已得到很大的扩展，如今的博物馆已经扮演着非正式教育机构的角色，通过互动性的作品陈列及观众参观体验，博物馆为社会提供公共服务。1989年，由加州盖蒂博物馆（J. P. Getty Museum）牵头，在11家艺术博物馆内所开展的调研发现了这样一个问题：观众中所存在的"畏惧"情绪，这种情绪在不选择参观艺术博物馆的人群当中尤为明显。学者米哈伊·奇克森特米哈伊（Mihaly Csikszentmihalyi）作为这个调查项目的顾问，得出如下结论："主要的障碍包括：对博物馆内容缺乏向导，提供的信息不充分（例如，艺术家的生平、某件作品的图解、艺术史、文化背景和技术），混乱的展品布局，令人却步的物理环境，令人生畏的员工，以及未能传达此次博物馆参观的益处。"波士顿艺术博物馆（Museum of Fine Arts, Boston, MFA）曾于2003、2005年开展进一步的调研，其结果便是：当参观者希望艺术博物馆能够提供阐释性信息（更好的标识、可带走的小册子或者是特别事件信息），他们同时也想获得"自由"，希望在馆内合适的位置建构属于自己的理解和内涵。究竟是什么样的机制造成上述下层阶级及教育程度较低者自我排除于文化活动之外的现象呢？

也许布尔迪厄的研究具有一定的参考价值，他发现，这是因为不同教育程度

保罗·塞尚（Paul Cézanne），《梨子和桃子》（*Peaches and Pears*），61cmx90cm，布面油彩，1890—1894年。

皮埃尔-奥古斯特·雷诺阿（Pierre-Auguste Renoir），《让娜·萨马里肖像》（*Portrait of Jeanne Samary*），56cmx47cm，布面油彩，1877年。

谢尔盖·伊万诺维奇·休金（Sergei Ivanovich Shchukin）特鲁别茨科伊宫（the Trubetskoy Palace）内的“音乐之屋”（“The music room”）一角，1914年。

谢尔盖·伊万诺维奇·休金特鲁别茨科伊宫内的“高更沙龙”（Salle Gauguin）复原图。

谢尔盖·伊万诺维奇·休金特鲁别茨科伊宫内的“莫奈沙龙”（Salle Monet）复原图。

及不同社会阶层之公众，对于“参观艺术博物馆”这项活动的需求程度不一样，用他的话说，这是一种“文化需求”的天生不平等（inégalité naturelle des besoins culturels）。文化需求是教化的结果，追求知识及品位均在此之列。因此，对文化与艺术的需求不平等，背后暗含的因素便是教育的不平等，正是教育造就了文化需求及不平等。由此，所谓的“公共性”实际上是一个悖论：艺术博物馆的公众指的是所有的人，它不分阶级、种族、性别。但在实际上，艺术博物馆所面对的公众几乎都是拥有较高社会经济地位及教育程度的人。这是一种自发的阶级性的展现：社会经济背景和教育程度较低者倾向于将自己排除于艺术博物馆之外；而社会经济背景及教育程度较高者则明显对艺术博物馆的需求十分殷切。客观而论，艺术博物馆所承担的“公共性”是有其局限性的：只有那些自认为需要艺术与文化的人群，才会主动走近艺术博物馆。艺术博物馆的公众正是那些具有较高文化需求的社会上层和具有较高教育程度的人群，在此意义上，其所代表的“公共性”在一定程度上缺乏普世性价值。

尽管如此，随着公众美育程度的普遍提高和高科技展示技术、藏品数字化在艺术博物馆界的开展，在一定程度上获得了越来越多的观众。就国立普希金造型艺术博物馆来说，2013年安东诺娃的离职和洛沙克的履新或许标志着一个时代的开始。正如后者在自己的Facebook上向公众发出“什么需要改变？”的问题那样，洛沙克坚持普希金国立造型艺术博物馆的“现代化”。至少从以下几方面来看待这个问题：首先，两人的专业背景不同。安东诺娃在莫斯科大学主修意大利文艺复兴艺术；洛沙克本来的专业是语文学，对现当代艺术有着浓厚的兴趣。其次，创建藏品电子目录和虚拟博物馆。留住精神上的东西，即安东诺娃所一再强调的“大学基因”。再次，对是否恢复上文提到的“新国立西洋艺术博物馆”的问题，与安东诺娃强烈要求将两批藏品整合为一体的做法相异，洛沙克持一种相对“折中主义”的立场，即是说，通过展览、在线数据库等形式最大限度地向公众开放这些藏品。最后，以往的任职经历和上述提及的专业背景让洛沙克对当代艺术给予较高的关注。鉴于像艾尔米塔什博物馆已经在馆内展厅内展示诸如大型装置的做法，将当代艺术引入普希金国立造型艺术博物馆也势在必行。

四、结语

早在2006年，正如美国博物馆学者乔治·海因（George E. Hein）所指出的，艺术博物馆的公共教育项目至少涵盖了七个类别：旅游项目、非正式美术馆学习项目、社区、成人及家庭项目、班级和其他公共项目、与其他组织的合作、学校项目、网上教育项目。如今的博物馆教育项目向多维度方向发展。2015年6月，由美国新媒体联盟（New Media Consortium）为主要参与机构推出的“地平线报告”聚焦于博物馆公共教育问题，报告指出，截止到2020年，会有六项技术进展对博物馆教育所产生较为重要影响。就近期趋势（1年之内）来说，“扩展参观者的边界”和“更加关注参与式体验”成为重中之重。2016年的“地平线报告”重新提到“参与式体验”，进而发展为“浸入式体验”。人们对参与博物馆活动的期待和对社交的需求正在深刻地改变着博物馆的运营和影响范围，波及到它们与所在社区的关系。博物馆的领导层和员工竭尽所能使得它们为观众提供“浸入式体验”：一方面可以促使观众将自身的知识背景融入博物馆的展览、藏品之中；另一方面，一些观众群体和个人可以为博物馆贡献其新观点，从而丰富藏品信息，提升展览的阐释价值。

从普希金造型艺术博物馆的发展历史来看，缔造这座缪斯神殿的精英人士，一开始一直关注博物馆的教育功能，并兼顾普通公众与专业研究者的不同需求。前文提到的博物馆教育中心、19和20世纪欧美艺术部均成立于2006年。前者原是私人居所，被改造成为专门为儿童和青少年提供欣赏美术作品、展示作品、举办各种活动的互动中心。对于19和20世纪欧美艺术部来说，这部分艺术精品的整体陈列会在更大程度上发挥该馆的教育功能。至于伊万·茨维塔耶夫教育艺术馆李所陈列的雕塑复制品，原属于莫斯科大学，则在更高的层面上彰显该馆对艺术教育功能的重视。2006年启动、2012年搁浅的博物馆大整修计划会使得著名英国建筑师诺曼·福斯特（Norman Foster）的规划成为现实，成为一个集文化中心和博物馆于一身的巨大建筑群。到那时，正如洛沙克所比拟的一样，普希金国家造型艺术博物馆将以现代语言在国际舞台上发出独特的声音。

参考文献及相关网站：

Bénédicte Savoy, Sabine Skott, “A European Museum-Cocktail around 1900: The Pushkin State Museum of Fine Arts in Moscow ”, Andrea Meyer and Savoy, Benedicte（eds.）, *The Museum Is Open: Towards a Transnational History of Museums 1750—1940*, Walter de Gruyter, 2013.

“Moscow as a Center for Collecting Contemporary French Paintings, from 1870—1920”, Albert Kostenovich, *From Russia: French and Russian Master Painting 1870—1925 From Moscow and St. Petersburg*, Royal Academy Publications,2008.

Macdonald, Sharon, *A companion to museum studies, Malden*, MA : Blackwell Pub., 2006, p.344.

Thomas Puttfarken, "Whose Public" , *The Burlington Magazine*, Vol.129, No.1011. (Jun., 1987) , pp.397-399.

Akinsha, Konstantin, "The Pushkin Museum Plans A Questionable Expansion" , *Wall Street Journal - Eastern Edition*, 5/21/2008, Vol. 251 Issue 119, pD9.

Roy Ballantyne, David Uzzell, "Looking Back and Looking Forward: The Rise of the Visitor-centered Museum" , *Curator*, Volume 54, Number 1, January, 2011.

林雪虹,《文博新潮：艺术博物馆教育》，香港大学美术博物馆，2007，第 30 页。

卡尔文·汤姆金斯著、张建新译,《商人与收藏——大都会艺术博物馆创建记》，译林出版社，2014 年，84-85 页。

大卫·卡里尔著、丁宁译,《博物馆怀疑论》，江苏美术出版社，2014 年 4 月第一版，第 113 页。

陈逸淳,《博物馆面对当代艺术的两难——从“公共性”谈起》,《博物馆学季刊》第 26 卷第 2 期，2012 年 4 月版，第 31—47 页。

Kym S. Rice 著、郑奕译,《现代美国艺术博物馆及其观众》,《东南文化》2011 年第 1 期。

奚静之,《莫斯科的普希金造型艺术博物馆》,《装饰》1996 年第 1 期。

格拉辛科夫著、于润生译,《纪念莫斯科大学艺术史教育 125 周年 (一)》,《世界美术》2015 年第 2 期。

孙慜,《莫斯科普希金造型艺术博物馆之旅》,《北方美术》2013 年第 4 期。

袁园,《俄罗斯的博物馆事业历史及建筑装饰艺术》,《中国美术馆》2012 年第 8 期。

http://www.arts-museum.ru/museum/history/index.php?lang=en

http://tsrus.cn/wenjiao/2013/07/21/26361.html

http://rbth.com/arts/2013/07/08/new_era_dawns_for_russias_pushkin_museum_27873.html

http://www.artnews.com/2013/11/25/bringing-the-pushkin-into-the-21st-century/

塑造“俄罗斯之魂”：以国立特列恰科夫美术馆肖像画陈列方式为例

引言

国立特列恰科夫美术馆正门。

国立特列恰科夫美术馆（The State Tretyakov Gallery）所拥有的馆藏数量达18万余件，时间跨度达1000多年。其中值得一提的是，该馆所藏的18—20世纪早期俄国造型艺术作品在数量、品质方面都在俄罗斯首屈一指：超过20000件的素描、色粉、水彩作品，3000余件版画作品，还有超过300件极为精美的微型肖像画作。回顾帕维尔·特列恰科夫（Pavel Tretyakov）的收藏生涯，我们不难发现，1862—1898年间，特列恰科夫分别向16位画家订制了54幅肖像画，最终顺利完成并成为其永久藏品的共有48件作品，其中包括2件雕塑、1幅素描作品和45幅油画作品。今天的国立特列恰科夫美术馆馆藏中，肖像画作品的数量超过300幅，其中油画作品219幅，占三分之二强，素描作品87幅。2016年，正值国立特列恰科夫美术馆建馆160周年，伦敦国家肖像美术馆（The National Portrait Gallery）和该馆联合策划了一个交流展览项目：国立特列恰科夫美术馆展出的展览非常英国，其主题为“从伊丽莎白到维多利亚：来自国立特列恰科夫美术馆的英国肖像”（Elizabeth to Victoria: British Portraits from the Collection of the National Portrait Gallery）；俄方展览的标题为“俄罗斯与艺术：托尔斯泰和柴可夫斯基的时代”（Russia and the Arts: The Age of Tolstoy and Tchaikovsky），26幅来自该馆馆藏的肖像画在伦敦国家肖像美术馆展出，其中22幅首次在英伦三岛亮相。要知道，这些画作的描绘对象均为活跃在1867—1914年间俄国艺术文化界的重要人物，也是国立特列恰科夫向当时的名家订制的。本章尝试以

国立特列恰科夫美术馆户外雕塑。

分析特列恰科夫肖像画收藏及早期陈列方式为切入点，力图还原作为展览策划者的收藏家的独特面向。

一、特列恰科夫收藏趣味的生成

正如“巡回展览画派”巨擘之一的伊利亚·列宾（Ilya Efimovich Repin）所言：“他（特列恰科夫）独自一人肩负起创立俄罗斯绘画流派的所有任务，这是一项无与伦比的伟大功绩。”平心而论，这个评价一点也不为过。特列恰科夫终其一生支持、赞助俄罗斯艺术，不少与他同时代的画家从中受惠。1877年，列宾在给特列恰科夫的信中写道：“我坦诚地向您承认，如果我打算卖画的话，只愿意卖给您，并绝不后悔。我认为自己的作品能进入您的画廊是十分光荣的，这样说算不上恭维您。”毋庸置疑，这从一个侧面折射出特列恰科夫对俄罗斯本土艺术全心全力支持的程度。上文提到，2016年时值国立特列恰科夫美术馆建馆160周年，由此可知，该馆的历史可上溯到1856年，其标志性的事件是该年特列恰科夫购藏了两幅出自俄国艺术家之手的画作——尼古拉·希尔德（Nikolay Shilder）的《诱惑》（*Temptation*）和瓦西里·胡佳科夫（Vasily Khudyakov）的《与芬兰走私者的冲突》（*Skirmish with Finnish smugglers*）。在此之前，特列恰科夫已经开始尝试收藏艺术品，只不过没有非常明确地将目标锁定为俄罗斯艺术。从俄罗斯历史上来看，该国博物馆的创建经历了四次大的浪潮，这种浪潮恰恰与收藏活动的活跃与否休戚相关：第一，萌芽期（从古俄罗斯时期到17世纪）。教会是这个时期艺术收藏馆活动的主要推动者，藏品以圣像、宗教仪式相关用品为主。第二，发展期（17世纪—18世纪中叶）。不得不提及的人物就是彼得大帝（Peter the Great, 1672—1725）。第三，繁荣期（18世纪中叶—19世纪后半期）。叶卡捷琳娜二世是推动艺术收藏的重要推手，在她的感召之下，商人、贵族和其他俄国社会上层的精英人士纷纷成为艺术收藏的重要力量。第四，变革期（19世纪后期—十月革命之后）。应该说，直到19世纪下半叶，收藏艺术品仍属于皇室和上层贵族的事，不论在欧洲，还是在俄国，这是不争的事实。但不可忽视的是，俄国出现了大量的工业资本家，这个群体发起、组织大规模的文化艺术活动和项目。尽管这个阶层的人士大都缺乏相对应的教育背景，但毋庸置疑的是，他们具有较高的艺术鉴赏能力，客观上使得大量

国立特列季亚科夫美术馆新馆内景。

国立特列季亚科夫美术馆新馆内景。

欧洲现当代艺术作品涌入俄国境内。正如当时的艺术评论家雅科夫·图根霍尔德（Yakov Tugendhold）后来所评论的那样："这些私人艺术收藏家在纠正政府和公众对当时新兴艺术有失偏颇的方面扮演着重要角色。"换句话说，在这个时期，商人、知识分子成为推动艺术收藏的主导力量。

不难看出，特列恰科夫从事收藏活动的时段（1856—1898年）正值第四个时期。至少可以这样说，自叶卡捷琳娜二世以来，对俄国之外的欧洲艺术品的搜罗一直在该国居于主导地位，可谓引领了主流趣味。1769年的"海因里希·冯·布鲁尔藏品"（Count Heinrich von Bruhl's collection）、1772年的"皮埃尔·克罗扎男爵藏品"（Baron Pierre Crozat's collection）、1779年的"罗伯特·沃波尔爵士藏品"（Sir Robert Walpole's collection）、1781年的鲍德温伯爵藏品（Count Baudouin's collection）所涵盖的119幅画作，1787年"奥尔良公爵宝石珍奇室"（Cabinet of carved stones of Duke of Orleans）等欧洲艺术珍品汹汹涌入俄国，皆为女皇叶卡捷琳娜二世之功。这种风习直至俄国十月革命时期仍然延续。应该说，当时的私人藏家在购买俄国之外的艺术家的画作、雕塑方面是十分谨慎小心的。在这之中，还是出现了一个钟爱法国艺术的俄国收藏家群体，他们热衷于搜罗当时法国出现的几个绘画流派的画作。经历过长时期被忽视之后，在法国国内艺术界被视为"低俗主题"的一些绘画题材重新焕发生机。具体说来，与习见的、正式的、来自古代神话故事等内容相区别，那些法国艺术家所创作的被称之为"精神风景"（landscape of mood）的系列主题大受俄罗斯藏家青睐。彼得·伊万诺维奇·休金（Piotr Ivanovich Shchukin）家族和伊万·莫洛佐夫（Ivan Morozov）家族的收藏行为可以作为一个重要注脚。早在1892年，彼得·伊万诺维奇·休金就在其私邸中开辟了一个馆藏超过24000件作品的博物馆，其中莫奈、马奈、毕沙罗、西斯莱、卡萨特等印象派名家的作品赫然在列。德米特里·休金（Dmitry Shchukin）喜欢"老大师"绘画；伊万·伊万诺维奇·休金（Ivan Ivanovich Shchukin）独对埃尔·格列柯（El Greco）报以青眼；后来成为休金家族领导者的谢尔盖·伊万诺维奇·休金（Sergei Ivanovich Shchukin）则是将法国印象派、后印象派画家引入俄国的重要推手。1897年对他来说是一个重要的年份，因为他遇到了重要的法国艺术商人——保罗·达朗-吕埃尔（Paul Durand-Ruel），通过吕埃尔他逐渐搜罗到了不少印象派、后印象派名家之作。当全法国上下正在热烈争论是否认同"印象派"画家的艺术成就、马

奈的《奥林匹亚》（*Olymbia*）和“卡耶博特藏品”（The Caillebotte Collection）有没有资格进入政府博物馆的典藏之列等问题的时候，莫斯科的工业资本家们早已经按捺不住，积极地在巴黎的画廊、拍卖行乃至画家的画室里寻寻觅觅，搜集这些“散落的珍珠”。毫无疑问，休金是最早的行动者之一，他所创立的私人美术馆也成为俄国和世界文化中的一个独特现象。13幅莫奈的画作大致涵盖了艺术家艺术生涯的各个阶段。16幅高更的画作分成几排悬挂在光线昏暗的餐厅里面，营造出一种主人所刻意追求的“神圣”氛围。无怪乎当时造访者们将这个特殊的展示空间比作是俄国东正教堂的“圣像间壁”（iconostasis）。前文提及的图根霍尔德以着迷的笔调描述了这个空间：“令俄国和白雪皑皑的莫斯科引以为傲的是，它们给被其官方的母亲、继母——法国无法接纳的永恒之夏的精华以一个充满慈爱的庇护所。”到1910年时，休金已经成长为一位严肃的艺术收藏家和20世纪欧洲现代艺术家（以毕加索、马蒂斯为主）的赞助者。1914年的第一次世界大战迫使休金不得不暂时将艺术收藏行为告一段落，将注意力放在将私人宅邸——莫斯科市中心的特鲁别茨科伊宫（The Trubetskoy Palace）改造成为美术馆的事务上。此外，一些接踵而至的家庭变故也使得休金专注于美术馆的事务，以寻求生活的意义所在，譬如1905年年仅17岁儿子的失踪、1906年妻子去世、1908年兄长自杀、1910年次子自杀等惨剧。休金的私人美术馆向普通公众开放，以展示西欧现代艺术（绘画为大宗）为主，休金本人还充当解说员的角色。可以这样说，休金的私人美术馆成为现代主义艺术爱好者们的“朝圣之地”。也拜这座美术馆之赐，莫斯科艺术圈子里的相关人士甚至会比巴黎人提前了解法国艺术的发展动向。休金的私人美术馆在塑造俄国先锋派艺术风格方面发挥着重要的作用，甚至在莫斯科艺术事件的推动方面有推波助澜之功。例如，在当时的莫斯科颇为活跃的艺术社团——“钻石杰克”（Jack of Diamond）得以成立与休金的努力有着莫大的关系。很久之前，休金就为这批藏品的未来命运担忧。1917年十月革命前夕，他终于做出决定，将这批画作捐赠给莫斯科市当局。

莫洛佐夫家族以经营纺织品获得巨额财富。哥哥米哈伊尔·阿布拉莫维奇·莫洛佐夫（Mikhail Abramovich Morozov）将凡·高、皮埃尔·博纳尔（Pierre Bernard）、高更等人介绍给俄国公众。米哈伊尔的弟弟伊万·阿布拉莫维奇·莫洛佐夫（Ivan Abramovich Morozov）在瑞士接受教育，但在艺术收藏趣味方面受哥哥影响较深。他通过法国画商吕埃尔购得不少名家之作。几年下来，超过50幅出自法国艺术家（包括在法国生活的艺术家）之手的画作进入其藏品之列。作为与休金实力相当的莫斯科艺术收藏家，莫洛佐夫则更倾向于将自己沉浸在艺术作品的迷醉之中，而不是向广大的民众开放自己的收藏。他从1903年开始收藏艺术品，逐步将自己位于莫斯科普雷奇斯滕卡大街（Prechistenka Street）的私宅打造成一座艺术博物馆。相对于休金来说，莫洛佐夫更留意那些具有装饰意味的欧洲现代艺术作品。1906年、1907年左右，莫洛佐夫已跻身顶级收藏家之列。他的艺术品陈列方式具有以下三个方面的特点。

谢尔盖·沃尔怒欣（Sergei Volnukhin），《特列季亚科夫雕像》（*The Portrait of Pavel Tretyakov*），青铜，1899年。

首先，收藏家本人平静的个性与"纳比派"（Les Nabis）画家的画风有着某种极为密切的契合。莫洛佐夫成为该画派的重要支持者，甚至是一些著名画作的"共同作者"（"co-author"），换言之，他参与了这些作品的创作过程并提供建议和设想。譬如，他最为重要的"艺术项目"当属莫里斯·德尼（Morris Denis）为他的居所所绘制的一整套完整的壁画作品。其中最精彩的部分是《心智的历史》（*L' Histoire Psyche Cycle*）这一段，这组壁画和阿里斯蒂德·马约尔（Aristide Maillol）的雕塑作品一道，在住宅的主厅中达到了一种完美和谐的视觉效果。除此之外，皮埃尔·博纳尔（Pierre Bonnard）也为莫洛佐夫宅邸的主楼梯绘制了多幅经典之作。

其次，莫洛佐夫以一种经过深思熟虑的、艺术史家的思路来收藏艺术品，通过代表性的作品阐明了1890—1910年间毕加索、马蒂斯两位重要现代艺术家的创作发展历程。

再次，莫洛佐夫将他所在时代的法国艺术家和俄国艺术家的作品进行对照。比方说瓦连京·亚历山大洛维奇·谢洛夫（Valentin Alexandrovich Serov）和马蒂斯作品的"并置"。他还经常就艺术收藏问题向谢洛夫咨询。1925年，当其中的俄国画家作品进入特列恰科夫美术馆之后，这种语境消散殆尽。

特列恰科夫美术馆附近的列宾全身像。

显而易见，正如上文所暗示的，特列恰科夫在当时下决心收藏俄罗斯艺术品无疑需要有足够的勇气和远见卓识。若要追溯起来，以较大规模收藏俄国本土艺术家作品的行为在17世纪就开始了，圣彼得堡美术学院（The St. Petersburg Academy of Arts）聚集了一批出自俄国重要艺术家的杰作，最初的目的是供学院的学生临摹、研习之用。除此之外，有意识地建立俄国艺术收藏的人物当属沙皇亚历山大一世（Александр I Павлович），他于1825年在艾尔米塔什博物馆内建立俄国展厅（Russian Gallery），其中不乏名作，如出自卡尔·布留洛夫（Karl Bryullov）之手的《庞贝城末日》（*The Last Day of Pompeii*）。但遗憾的是，即便是得到最高统治者的支持与赞助，这里也未能成为系统地收藏、展示俄罗斯艺术瑰宝的中心。19世纪20年代，在当时受过教育的贵族阶层中掀起了一股收藏俄国艺术品的热潮。帕维尔·斯文因（Pavel Svinyin）就是十分杰出的收藏家，他所收藏的俄国艺术家名作超过80幅。此外，他的藏品中还有俄国艺术家创作的雕塑、工艺美术品等。但颇为

伊利亚·列宾，《帕维尔·米哈洛维奇·特列季亚科夫肖像》(*Portrait of Pavel Mikhailovich Tretyakov*)，布面油彩，101cmx77cm，1883年。

弗拉基米尔·卢基奇·博罗维科夫斯基（Borovikovskiy, Vladimir Lukich），《M. L. 洛普欣娜肖像》(*Portrait of M. L. Lopukhina*)，布面油彩，72cmx53.5cm，1797年。

遗憾的是，1834年，斯文因迫于经济压力，不得不将这批藏品拍卖。其他活跃在19世纪上半叶的俄国收藏家的命运与之大略相似，唯一的例外是俄国显贵、艺术收藏家费奥多尔·普里亚尼什尼科夫（Fyodor Pryanishnikov, 1793—1867）将其私人美术馆向普通公众免费开放。应该说，它是19世纪中期圣彼得堡最为知名的私人美术馆，其俄国绘画藏品有173幅之多。这也无怪乎1852年，年轻的帕维尔·特列恰科夫专程参观该馆，之后才去造访艾尔米塔什博物馆。应该说，普里亚尼什尼科夫的私人美术馆激发了特列恰科夫创建一座俄国艺术主题美术馆的想法。1860年，年仅28岁的特列恰科夫就立下遗嘱："我父亲去世后给我留下价值108000银卢布的资产和不动产，我希望这部分财产将来能够在兄弟姐妹间平均分配；另有150000万银卢布资本，我愿在莫斯科修建艺术博物馆……我诚心而热烈地热爱绘画，最大愿望就是能够建造一座属于全社会的、向所有人开放的美术作品保存地，可以为许多人带来益处，让所有人感到满足。"除此而外，他还制定了美术馆未来的经营原则，特别强调一点，即"不依靠官僚机构"，提议由来自不同阶层的艺术爱好者组成的团体来管理美术馆。

就藏品范围来说，特列恰科夫将目标锁定为俄罗斯艺术。正如奚静之先生指出的，19 世纪中期前后，随着俄国民族资产阶级开始登上历史舞台和民族文化的振兴，受到良好教育的工商业人士和他们的子弟逐渐进入文化和艺术领域。如当时莫斯科有名的商人普良尼斯尼科夫、萨尔达津科夫、科科列夫等，不仅善于经商，同时作为个人的文化活动和兴趣，也涉猎艺术品的收藏。他们除了在国外购买一些作品外，对俄罗斯本民族的艺术，开始予以关注。在这群有识之士中，特列恰科夫是非常突出的一位。一位艺术评论家在《1886 年的俄罗斯艺术》一文中说："可继续生存并不断发展的只有莫斯科的特列恰科夫画廊，在这一年中，它吸引了 26650 位观众，新购入了 14 幅作品；此外，它为俄罗斯画家们的 266 幅黑白与水彩画作品新建了一个展厅……这一切应归功于它的所有者对画廊投入的巨大精力和不一般的自我牺牲精神。”应该提到，特列恰科夫的交际圈相当广泛，其朋友不仅仅局限于贸易伙伴。艺术家、文学家、音乐家均是他的座上客，如屠格涅夫、托尔斯泰、柴可夫斯基、鲁宾斯坦等人都是他的好友，还有被他视为“使徒和先知”的陀思妥耶夫斯基。早在 19 世纪 60 年代，特列恰科夫就入藏了彼罗夫和普里亚尼什科夫的风景画。旋即，他还收藏了克拉姆斯柯依的肖像画。在此之后，以列宾、瓦斯涅佐夫、苏里科夫、波列诺夫和列维坦为代表的 19 世纪八九十年代的年轻一代艺术家的作品也被他收入囊中。这些人均是 1870 年在圣彼得堡成立的“巡回艺术展览协会”的重要成员。该社团的历史可以追溯到 1863 年，当时圣彼得堡美术学院发生了一次史无前例的事件，14 位原本有望获得金质奖章、赢取奖学金赴西欧留学的年轻毕业生突然向学院董事会宣布，他们拒绝以“斯堪的纳维亚的萨迦”这一考试题目作画。在这次事件中，他们与严苛的学院规定相决裂，高举创作自由的大旗，宣示其在毕业考试上自主选择命题的权利。结果是他们的要求遭到拒绝。这 14 位毕业生放弃了唾手可得的名衔和特权，最终选择离开美术学院。

1871年11月29日，协会举办了以绘画和雕塑作品为主的首展，共展出了16名艺术家的47件作品，标志着协会的相关艺术活动拉开帷幕。这次展览成为当时圣彼得堡艺术界的头条新闻，各大报纸竞相报道，相关的艺术评论层出不穷。在此之后，直到1923年（当年举办了第48届巡回艺术展览），“巡回展览画派”的艺术展览每年在圣彼得堡启幕，之后再前往莫斯科、基辅、哈尔科夫、敖德萨、喀山、沃罗涅什、里加等俄国境内的主要城市展出，这也是“巡回展览画派”名称的由来。多年

弗拉基米尔·卢基奇·博罗维科夫斯基，《E. A. 纳雷什金娜肖像》(*Portrait of E.A. Naryshkina*)，布面油彩，72.8cmx59.6cm，1799年。

伊万·克拉姆斯科伊（Ivan Kramskoi），《无名女子》（*An Unknown Lady*），布面油彩，75.5cmx99cm，1883年。

以来，特列恰科夫一直是巡回艺术展览会上的主要买家，其眼光和购买实力无人企及。仅以1871年举行的首届巡回展览为例，帕维尔·特列恰科夫在展览会上直接购藏了8幅画作。对照现在的馆藏目录不难发现，上述首展上出现的47件作品中的21件最终成为特列恰科夫美术馆的藏品。到了19世纪90年代，特列恰科夫的藏品数量接近2000件，其中包括1500幅18—19世纪俄罗斯第一流的绘画作品和几百幅素描。正如俄国著名批评家和历史学家亚历山大·伯努瓦（Alexandre Benois）所评价的："就其本质和知识结构而言，特列恰科夫还是一位学者。"除了商人的身份之外，特列恰科夫是一位艺术收藏家和学者。他在书房里陈列的善本书涵盖了文学、艺术、历史、图像学等广泛的领域。总而言之，就绘画收藏而言，他所苦苦追寻的首先是最能够反映俄国绘画发展历程的、最好的作品。

二、作为展览策划者的特列恰科夫

根据安德里安·乔治（Adrian George）在其专书《策展人手册——博物馆、商业画廊和独立空间》（*The Curator's Handbook—Museums, Commercial Galleries, Independent Space, Thames &Hudson,* 2015）中的论述，"策展人"（curator）一词首先出现于14世纪中叶，当时的定义为监工、管理者以及守护人。这一词源于拉丁文中的动词"curare"，意为"照看"；它最初是用来形容那些负责看护未成年人或是疯子的人，与我们所熟知的展览策划者的功能没有任何瓜葛。延至17世纪，当时的富翁们会在宅邸中留出几间房间用于存放和展示藏品，这些房间被冠以"珍奇屋"（Cabinets of Curiosities）之名并为人所熟知 。事实上，德语"艺术室"（Kunstkammer）、"奇幻屋"（Wunderkammer）与"珍奇屋"具有类似的属性。收藏家们会去挑选自己的藏品并列出一份收藏清单，或者将这些任务委托给自己家佣中的某一位。负责看护那些艺术作品、物件或珍玩的人则被称为"看守者"（keepers）。总而言之，在19世纪的公共收藏及博物馆大量涌现之前，聚焦于艺

阿列克桑德尔·伊万诺夫（Aleksndr Ivanov），《弥赛亚的显现》（*The Appearance of the Messiah*），布面油彩，540cmx750cm，1837—1857年。

伊萨克·伊里奇·列维坦（Levitan, Isaak Ilyich），《金色秋天》（*Golden Autumn*），布面油彩，82cmx126cm，1895年。

术品、古物、钱币、纹章、动物骨架及其他珍藏的艺术收藏家们，总会雇佣一批鉴赏家或深具资质的“看守者”为其提供服务。当时只有皇室、贵族阶层、教堂及其他非常富有的阶层才会有条件聘请专职的策展人。值得指出的一点是，不论是“珍奇屋”“艺术室”还是“奇幻屋”均为私密空间，收藏家设定了有资格前来参观的人群。

让我们回到特列恰科夫，应该说，他自己充当了这座私人美术馆的策展人。但与上文提及的私密性不同的是，他在发愿创立这座美术馆之时，首倡其“公共性”，我们不妨再次引用其1860年所立遗嘱中所提及的这一点，“……我诚心而热烈地热爱绘画，最大愿望就是能够建造一座属于全社会的、向所有人开放的美术作品保存地，可以为许多人带来益处，让所有人感到满足”。但尽管如此，特列恰科夫美术馆发展的早期阶段仍带有非常浓重的个人印记。考察这一阶段的艺术品陈列方式，尤其是肖像画悬挂方式无疑会有助于我们理解其艺术观念和历史叙述方式的互文关系。

谈及特列恰科夫陈列艺术品的方式，很难绕开的一个话题就是美术馆的修建及历次整修问题。1874年，特列恰科夫的私人美术馆仅仅向故交亲朋开放。1881年，普通观众可以进来参观。1892年，也就是帕维尔的弟弟谢尔盖·米哈伊尔洛维奇·特列恰科夫（Sergei Mikhailovich Tretyakov, 1834—1892）去世的那一年，他将兄弟两人的艺术珍藏正式捐赠给莫斯科市政府，创立了俄国历史上慈善捐赠的先例。当时这座美术馆被命名为“帕维尔和谢尔盖·特列恰科夫兄弟市立美术馆”（Pavel and Sergei Tretyakov City Gallery of Art）。1893年8月15日，这座美术馆正式对公众开放。于润生在《特列恰科夫画廊中的历史图景》里详细梳理了1872—1892年间该馆的四次整修工程：第一阶段（1872年8月—1874年8月），连接特列恰科夫居住区的两层展示厅修建完成；第二阶段（1880年11月—1882年1月），增加了六个展室；第三阶段（1885年），美术馆从南、西、北三个方向包围了住宅西侧的小花园；第四阶段（1890年），第四次扩建。可行的渠道就在于，通过特列恰科夫美术馆早期的藏品目录、同时代人的可靠记叙以及特列恰科夫1898年辞世之后，管理者们在改变艺术品陈列方式前拍摄的照片，基本上可以还原19世纪90年代该馆的陈列方式，这也是主人如何呈现艺术史的具体体现。于润生的研究指出，1874—1882年间的陈列方式可凭借一封信作为重要佐证，博博雷金1881年在《欧洲通讯》杂志上连载了三篇《关于莫斯科的来信》，其中第三封信颇为关键，它用极大的篇幅，以近乎白描的手法说明当时陈列在画廊上下两层中的重要作品及其位置，这份文献为我们重建1874—1882年间的展览空间提供了重要依据。总体来说，美术馆的一层展厅强调了俄罗斯艺术发展的“历时性”，分别陈列着肖像画、风景画、宗教题材和历史题材的作品。二层则旨在强调收藏家所生活的时代出现的伟大俄罗斯画家的绘画成就，换言之，凸显其“共时性”（“当代性”）——他们在俄罗斯艺术史中的重要地位。具体来说，参观者从一楼东侧的入口进入展厅内部，按照年代顺序依次陈列着18—19世纪中期俄罗斯画家的作品。第二展厅东西宽，南北窄，层高较高，画作的悬挂没有按照年代顺序。博博雷金的记录告诉我们，按照画家可划分为几个组别，从题材来看可分为风俗画、肖像画和风景画等。西墙上悬挂着菲利波夫的战争题材巨画《克里米亚战争时期塞瓦斯托波尔和辛菲罗波尔之间的军用道路》（1858年），北墙上悬挂的则是历史题材、宗教题材、风景题材绘画和风俗画。东墙上陈列的作品主要以风俗画为主。需要强调的则是该展厅的南墙，这里悬挂着许多特列恰科夫搜罗来的肖像画名作。

瓦连京·谢洛夫（Serov, Valentin），《奥尔洛娃公主肖像》（*Portrait of Princess Orlova*），布面油彩，238cmx160cm，1911年。

瓦西里·普基寥夫（Vasili Poukirev），《不相称的婚姻》（*The Unequal Marriage*），布面油彩，173cmx136.5cm，1862年。

瓦西里·普基寥夫（Vasili Poukirev），《不相称的婚姻》（*The Unequal Marriage*），布面油彩，173cm×136.5cm，1862年。

三、肖像画的陈列方式

如若追溯起来，肖像画廊（портретная галерея）是一种特殊的绘画与建筑的综合体，在俄罗斯拥有悠久的历史。其范本当属亚历山大一世下令冬宫修建的军功画廊（Военная галерея），目的是纪念1812年的卫国战争。除了官方的肖像画廊之外，俄罗斯民间的私人宅邸中也存在修建肖像画廊的风气。起初兴起于朱门之家，后在普通商人家庭或中产之家也蔚然成风。到了19世纪60年代—19世纪70年代这段历史时期，俄罗斯兴起了一股肖像画的热潮，其中有两个展览对特列恰科夫产生了重要影响：1868年在莫斯科举办的“俄罗斯杰出活动家肖像画展”和1870年在圣彼得堡举办的“俄罗斯16世纪·17世纪著名人物画展”。在某种意义上说，这直接促成了特列恰科夫直接向画家订制作品的想法。前文述及他的“订制计划”和结果。这里顺带说到一段趣事：他用了4年多的时间才说服文学巨匠列夫·托尔斯泰同意为画家做模特儿，前提条件是收藏家和文学家各收藏一幅肖像。收藏家主要向伊万·克拉姆斯科伊（Ivan Kramskoi）、列宾、谢洛夫等与他同时代的享有盛名的画家群体订购肖像画；另一方面，他又不间断地收集19世纪之前各个时代的精品。最终，他成功地为奥斯特洛夫斯基、陀斯妥耶夫斯基、玛依科夫、屠格涅夫、涅克拉索夫等人留下了生动真实的形象。需要提及一个有意思的现象，于润生的研究表明，在这些订制的作品中，除了第一幅肖像画订制于1862年，最后三件（次）订制于1889年、1897年、1898年之外，剩下的绝大多数作品完成于1869—1883年之间，这正值特列恰科夫收藏生涯的黄金时段。

1890年，一位观众在留言簿中特意请求特列恰科夫出版并向公众出售展品目录。其实，在将自己和谢尔盖的艺术藏品捐赠给莫斯科市政府之前，帕维尔就已经有编纂和出版藏品目录的打算，其目的是较为系统地介绍这批藏品。在写给批评家瓦西里·斯塔索夫（Vasily Stasov）的信中，帕维尔特别强调一点，就是这本目录

是按照展厅中作品的陈列位置进行编纂的。目录后面还附有“展厅参观者规章”（Rules for Gallery Visitors）。换言之，这不仅仅是一本目录，更是一本参观指南。1893年之后，特列恰科夫开始出版这座私人美术馆的目录，这种习惯一直持续到1898年他的辞世。应该说，1898年出版的这本目录是最为详尽的，将帕维尔的1634件俄罗斯艺术品收入，还将谢尔盖的85幅非俄国籍画家创作的作品附在后面。需要强调的是，直到1917年，藏品的内容和陈列方式均未发生改变。1898年之后该机构的购藏清单是单独出版的，编号从1635开始。

1893年《帕维尔和谢尔盖·特列恰科夫兄弟市立美术馆艺术作品清单》使得我们得以获悉这样的信息：当时展陈藏品的空间涵盖22个展室，藏品总数为1841件。1896年，收藏家编著了《帕维尔和谢尔盖·特列恰科夫兄弟市立美术馆艺术作品目录》。这本目录语言精练，但在普通观众之中产生了良好的宣传效果，可谓反响热烈。帕维尔和谢尔盖·特列恰科夫兄弟市立美术馆作为一家收藏、展示俄国艺术的机构开始广为人知。斯塔索夫在给帕维尔的回信中难掩其激动之情：“……我向上帝祈祷，越来越多的人会赞扬您的历史功绩。”第一版目录的需求量较大，1893年8月份开馆的首日，200本被销售一空。在出版后短短一周的时间内，就有1238本被售出（首印5000册）。1898年在收藏家去世之后，最后一版目录才问世。该目录中收录了3300余件馆藏品。随着美术馆藏品、建筑规模的不断扩

特列恰科夫美术馆立面。

帕维尔·特列季亚科夫之女亚历山德拉·帕夫洛夫娜·博特金娜（Alexandra Pavlovna Botkina）与员工在特列恰科夫美术馆入口处，1910年9月。

谢尔盖·伊万诺维奇·休金（Sergei Ivanovich Shchukin）特鲁别茨科伊宫（the Trubetskoy Palace）展厅一角。

大，特列恰科夫不得不重新调整这些作品的陈列方式，但肖像画始终在展厅中占据重要位置。于润生根据对比展厅照片和早期目录发现，1893—1898年间，肖像画在某些展厅中仍然占有相当的比例。从数量上来看，肖像画约占全部藏品总数的13%。一层的1、16展室和二层的2、5、6、8、9展室中，肖像画数量所占的比例分别为19%、20%、34%、40%、13%、24%、18%。在特列恰科夫生前，二楼第二展室面积最大，悬挂的绘画作品多达370余幅，其中肖像画的数量达120幅，占三分之一强。再从肖像画的陈列方式上来看，到1882年为止，特列恰科夫所收藏的40幅俄罗斯名人肖像可能分成若干排，整齐地悬挂在展厅的墙上，组成了肖像画廊。尺幅相近的作品成排或成列悬挂，也有一些作品与大幅历史、宗教主题的画作悬挂在一起，形成了互文关系，构成一种语境。显而易见，这是作为策展人的特列恰科夫有意而为之的结果。正如于润生所指出的那样，广义上的人像成为整座美术馆的主题或创立的主要动机，将全部陈列串联成为一个首尾呼应、有机统一的整体，真正成为一座“画廊中的画廊”。

1899年6月，莫斯科城市委员会（The Moscow City Council）签署并通过《关于运营帕维尔和谢尔盖·特列恰科夫兄弟市立美术馆的章程》（*The Regulations on Managing the City Gallery of Pavel and Sergei Tretyakov*），董事会成员负责美术馆的管理及运营。在辞世前的6个月，帕维尔特意在其遗嘱中加入一个附加条款，建议美术馆不再进一步加入不合适的藏品。重要的一点是，他原先的藏品陈列方式须维持原状，不能随意调整。但到了1905年时情况发生了变化，该馆逐渐开始购藏俄国“老大师”创作的艺术作品和一些当代艺术作品。拿后一种类别来说，一些属于“艺术世界”（World of Art）、“俄国艺术家联盟”（Union of Russian Artists）、“蓝玫瑰”（The Blue Rose）等现代流派的艺术品进入该馆的馆藏之列。1910年，前文提及的莫斯科收藏家米哈伊尔·莫洛佐夫的不少印象派藏品进入该馆馆藏。

1913年，艺术家和修复师伊戈尔·格拉巴（Igor Grabar）当选为美术馆的理事。他改变了特列恰科夫的艺术品陈列方式，按照时代的主线重新展示馆藏作品。他主张将该馆由一个私人藏品馆改造成为具有欧洲水准的博物馆。由此也一度引发

谢尔盖·伊万诺维奇·休金特鲁别茨科伊宫内的“毕加索沙龙”（Salle Picasso）复原图。

谢尔盖·伊万诺维奇·休金特鲁别茨科伊宫内的“高更沙龙”（Salle Gauguin）复原图。

莫斯科艺术界的热烈讨论。此外，格拉巴在1917年出版的目录的附记中交代了一些调整与变化：“在过去的四年之中，来到美术馆的观者们仅仅能够翻阅一本过时的目录，它不再与作品的新的陈列方式及展览内容相一致。不仅如此，目录主体部分的内容也过时了。我们要求编辑成员按照作品新的悬挂方式而调整相应的作品信息，要完成一个新的主要任务——让这本图录能够体现出当代艺术理论的现状和新的发展趋势。”1918年，“帕维尔和谢尔盖·特列恰科夫兄弟市立美术馆”更名为“国立特列恰科夫美术馆”（The State Tretyakov Gallery），格拉巴担任馆长，致力于开展展览、教育、研究及艺术品修复等工作。1923年，“国立博物馆基金”（The State Museum Fund, SMF）宣告成立，大量艺术珍品被划拨到国立特列恰科夫美术馆之中，也在很大程度上改变了美术馆原有的陈列方式。1924—1925年间，“国立特列恰科夫美术馆”内的西欧艺术品珍藏被划拨给新成立的“新西方艺术博物馆”（Museum of New Western Art）和国立艺术博物馆（The State Museum of Fine Arts），这在很大程度上让该馆的馆藏格局恢复到俄罗斯艺术的主题之上。1924年，“现代俄国绘画部”正式在该馆成立，致力于收藏在世的俄罗斯艺术家作品。随后，大量重要艺术品进入该馆馆藏之列。

1947年，《特列恰科夫美术馆展出作品目录》（*Catalogue of Works on Show at the Tretyakov Gallery*）得以顺利出版。值得一提的是，这也是该机构最后一次按照此前的传统，即按照展厅结构和艺术作品的媒介进行编目，尽管与之前相比已经发生了很大的变化。1952—1956年间，由新成立的编目部（Cataloguing Department）主持编纂的8本图录得以出版，则呈现出一种颠覆性的改变，不再按照艺术作品的悬挂位置来进行阐释和描述，而是以首字母排序的方式进行撰文和编纂。应该说，这在很大程度上违背了创立者当时的意图。

谢尔盖·伊万诺维奇·休金特鲁别茨科伊宫内的"马蒂斯沙龙"（Salle Matisse）复原图。

四、结语

1901—1905年间，俄罗斯著名艺术家、俄罗斯新艺术风格民族浪漫画派的创始人之一建筑师维克多·瓦斯涅佐夫（Viktor Vasnetsov）负责设计完成了特列恰科夫美术馆的建筑群，采用了当时较为流行的"俄罗斯摩登风格"。建筑立面上装饰有具有俄罗斯传统意味的浅浮雕，采用传统的红、白相间的装饰色彩，这在很大程度上强化了这座美术馆的"俄罗斯"本土特征，不论是建筑外观，还是内部陈列的艺术品。1936年，特列恰科夫美术馆的展览空间改造工程完工，其建筑设计师是曾在1926—1929年间担任该馆馆长的阿列克谢·休谢夫（Alexei Shchusev）。到了20世纪70年代末、80年代早期，由时任该馆馆长的尤里·科罗寥夫（Yury Korolev）大力推动，当时的莫斯科文化、休闲、体育与医疗建筑设计研究院开始规划设计美术馆的改造工程。曾获得"苏联人民建筑师"称号的I. M. 维纳格拉德斯基（I. M. Voinogradsky）担纲该项目的总体规划设计。他设计了新的展览场所，增设了报告厅、儿童艺术创作工作室、艺术品修复清洗中心，并完成了老馆的整修工程，将美术馆前的街区改造为步行街。经过1982—1995年间的持续改造，国立特列恰科夫美术馆以新的面貌呈献在公众面前。

如今的美术馆不断扩大，呈现出一种更大的气象。位于拉夫鲁希斯基路（Lavrushinsky lane）的老馆展示和陈列11—17世纪，一直到19、20世纪之交的俄国艺术。坐落于克雷姆斯基大道（Krymsky Val）的新馆则以1910年以来一直到21世纪的俄罗斯现当代艺术为主。该馆2014年的年度参观总人次为137万多。2015年，该馆主持策划的瓦连京·亚历山大洛维奇·谢洛夫大型回顾展的总参观人次超过50万人次。到2016年时，该机构的参观总人次超过232万。2018年，为期四个月的阿尔希普·库因吉（Arkhip Kuindzhi）大型个展收获了38.6万的观众群，也导致了艺术家绘于1908年的一幅作品被窃，后来被追回。2019年的列宾回顾展也是该馆历史上的重大事件，鉴于2018年列宾为其幼子所画肖像（绘制于1885年）画框的意外损坏事件，该馆专门为所有在展厅里展示的列宾作品安装了防触碰的报警声，以免重蹈覆辙。在藏品数字化方面，国立特列恰科夫美术馆的举措更具前瞻性和"革命性"。在2018年11月召开的"第七届圣彼得堡国际文化论坛"（the seventh St Petersburg International Cultural Forum）上，该馆馆长泽尔菲娅·特列古洛娃（Zelfira Tregulova）专门提到这个数字化工程，由商业集团的RDI（RDI Digital）和奥地利的一家专营块状链解决方案的公司（Riddle & Code）参与，打破地域界限，以获得更多的年轻化的观众，力图使俄罗斯艺术文化成为全球社区生活的重要组成部分。

19世纪60、70年代，俄国兴起的"民粹运动"使得革命知识分子有机会试图通过启蒙的手段点燃革命的导火索，以便激发社会变革，特列恰科夫生逢其时，以特殊的方式积极回应这种时代思潮，在自己的美术馆中构成了俄罗斯艺术的"万神殿"。19世纪末、20世纪初，"巡回展览画派"已丧失以往的活力，遭受到像"艺术世界"等新兴团体的象征主义的冲击。此后蹒跹而入的新兴艺术流派的团体，逐步改写了俄罗斯艺术史。在新时代，特列恰科夫的对作为"总体艺术品"的特列恰科夫美术馆之构想，也在一定程度上失却了其原初的语境，呈现出一种破碎和失落的景象。

主要参考文献及相关网站：

Irina Lebedeva（ed.）, *The State Tretykov Gallery*, 2014.

"Moscow as a Center for Collecting Contemporary French Paintings, from 1870—1920", Albert Kostenovich, *From Russia: French and Russian Master Painting 1870—1925 From Moscow and St. Petersburg*, Royal Academy Publications,2008.

Zelfira Tregulova, Tatyana Yudenkova, "The Tretyakov Gallery. Yesterday, Today, Tomorrow", *The Tretyakov Gallery Magazine*, Vol.56, No.3, 2017.

Galina Churak, "Pavel Tretyakov and His Gallery", *The Tretyakov Gallery Magazine*, Vol.11, No.2, 2006.

Ksenia Antonova, "From an Inventory to A Multi-Volume Catalogue", *The Tretyakov Gallery Magazine*, Vol.10, No.2, 2006.

Adrian George, *The Curator's Handbook—Museums, Commercial Galleries*, Independent Space,

伊利亚·列宾，《扎波罗热哥萨克人复信给土耳其苏丹》（*Zaporozhian Cossacks Write a Letter to the Turkish Sultan*），布面油彩，69.8cmx89.6cm，1880—1890年。

Thames &Hudson, 2015.

全山石，《俄罗斯特列恰科夫国家画廊藏品巡展》，《世界美术》2015年第1期。

奚静之，《现实主义艺术的光辉——俄国巡回展览画派》，《伏尔加河回响——特列恰科夫画廊藏巡回画派精品》，时代华文书局，2014年。

加林娜·S. 丘拉克（Galina S. Churak），《"巡回展览画派"及其创作主题》，上海博物馆（编），《巡回展览画派——俄罗斯国立特列恰科夫美术馆珍品》，上海书画出版社，2017年。

加林娜·S. 丘拉克（Galina S. Churak），《帕维尔·米哈伊洛维奇·特列恰科夫及其美术馆——俄罗斯国立特列恰科夫美术馆简史》，上海博物馆（编），《巡回展览画派——俄罗斯国立特列恰科夫美术馆珍品》，上海书画出版社，2017年。

苏里科夫·瓦西里·伊万诺维奇（Surikov Vasily Ivanovich），《雪橇上的博亚雷亚·莫罗佐娃》（*Boyarynya Morozova in the Sleigh*），布面油彩，76.2cmx103cm，18

于润生，《特列恰科夫画廊中的历史图景》，《文艺研究》2013年第5期。

于润生，《俄罗斯学术史中的特列恰科夫画廊》，《美术研究》2015年第1期。

加林娜·丘拉克著，于润洋译，《巴维尔·米哈伊洛维奇·特列恰科夫及其画廊》，《伏尔加河回响——特列恰科夫画廊藏巡回画派晶品》，时代华文书局，2014年。

郭宏梅，《巴维尔·特列恰科夫和他的画廊》，《中国美术馆》2006年第3期。

袁园，《特列恰科夫画廊的建筑装饰艺术》，《装饰》2011年第4期，

http://artdaily.com/news/85835/Russia-s-most-famous-faces-come-to-the-UK-for-the-first-time-in-gallery-s-cultural-exchange-with-Moscow#.V7J2mvmEBIE

http://mp.weixin.qq.com/s?__biz=MzIwMDE1NTg1MA==&mid=2651521541&idx=1&sn=0d36bef002166df3f482a18520694dc6&scene=23&srcid=0620nlITGIbygixsksaXi50Q#rd

http://www.tretyakovgallery.ru/en/museum/history/gallery/1856_1892/

http://www.tretyakovgallery.ru/en/museum/branch/root55716141615/

https://www.ft.com/content/ed613230-953f—11e6-a1dc-bdf38d484582

https://www.theartnewspaper.com/analysis/russians-flock-to-see-homegrown-artists

后记

2021年1月20日，欧洲博物馆组织网络（Network of European Museum Organizations）公布的2020年11月对48个国家的600家博物馆的调查显示，半数受访博物馆参观人数下跌了25%~75%，两成博物馆参观人数跌幅甚至超过75%。调查还显示，超过80%的博物馆在重开后遭遇收入损失，36%的博物馆每周损失超过3万欧元。73%的受访博物馆称参观人数的减少主要是由于旅游人数的减少，但学校学年的中断和人们对聚集场所的恐惧也被认为是重要因素。45%的博物馆期待参观人数能在2021年9月前后恢复疫情前水平，但40%的博物馆认为2022年夏季后参观人数可能在一定程度上恢复。

美国博物馆联盟（American Alliance of America, AAM）主席劳拉·洛特（Laura Lott）在2021年年初的致辞中说："这一年见证了我们不可估量的损失。重建恢复必定是一个缓慢的过程，而且我们再也回不到过去，至少是不能完全回到过去了。"她送出两个词，第一个是"希望"（hope），其中提到，"希望存在于我们与过去的对抗并对其重新审视，并着眼于历史对今天所产生的持续影响。博物馆有机会成为重建的引领者，成为复兴的希望、重塑社区的催化剂"；另一个词则是"无畏"（bold），即勇敢地挑战现状，重新思考不合时宜的模式，支持全球博物馆界许多勇敢的个体，"这些人将带领我们进入新的领域"。

英国博物馆协会（Museums Association）主席沙伦·希尔（Sharon Heal）在2021年1月发布的致辞中也提到，"……2020年是糟糕的一年……对于我们所有人、所有社区、所有博物馆，乃至整个社会都是一大挑战……关闭、重新开放、再次关闭……如此循环，让人精疲力竭，却还没有结束。"到发言的最后，她以排比句式追问希望来自哪些方面，她提到博物馆在藏品共享、观众、社区等方面所发挥到的作用。

翁贝托·艾柯（Umberto Eco）有一本书的名字叫《无尽的清单》（*Vertigine Della Lista*），他在导论中提到了该书的写作缘起，即卢浮宫博物馆请他挑选一个主题来举办一系列会议、展览、公开朗读、音乐会和电影赏析，最后他本人敲定的主题就是"清单"，这来自他在年轻时所从事过的中世纪文本和詹姆斯·乔伊斯（James Joyce）的研究经历。归结到一点，《荷马史诗·伊利亚特》的船名表是艾柯灵感的源头所在。也许我的所谓那一点点"灵感"就是博士期间的研究艺术博物馆的经历吧，当然，这个是个深坑！

作为2016年出版的那本《缪斯之约：欧美艺术博物馆智识体验》的姊妹篇，本书尝试探究的是欧美非主流艺术类博物馆（尤其是那些由家庭博物馆发展而来的著名私人艺术博物馆）的陈列问题，写作难度远远超乎我的想象。本来计划将更多的博物馆纳入，但后来因为种种原因无法涵盖一些想写、但又不甘心浅尝辄止的艺术机构，况且当时已经完成的篇什也超出了一般著作的体量，只能在以后的日子里慢慢探究了。这未尝不是一件坏事，毕竟好的文章需要打磨和断断续续的"重启"。

这难免涉及到一个“清单”，大致可以概括以后的一些研究目标和兴趣点：弗里克藏品馆（The Frick Collection, New York）、达利剧院博物馆（Dalí Theatre-Museum, Figueres）、博尔盖塞美术馆（Galleria Borghese, Rome）、伦勃朗故居（Museum het Rembrandthuis, Amsterdam）、鲁本斯之家（The Rubens House, Antwerp）、弗朗斯·哈尔斯博物馆（Frans Hals Museum, Haarlem）、菲利普斯藏品馆（The Phillips Collection, Washington DC）、华莱士藏品馆（The Wallace Collection, London）、雅克马尔·安德烈博物馆（Musée Jacquemart-André, Paris）、穆夏博物馆（Mucha Museum, Prague）、草稿博物馆（Skissernas Museum, Lund）、冷巴赫市立美术馆（The Städtische Galerie im Lenbachhaus, Munich）、索罗利亚博物馆（Museo Sorolla, Madrid）、阿斯楚特·费恩利现代艺术博物馆（Astrut Fearnley Museet for Modern Kunst, Oslo）、卡诺瓦博物馆（The Gypsotheca – Museo Canova, Possagno）、古代雕塑博物馆（The Liebieghaus Skulpturensammlung, Frankfurt）、波尔迪·佩佐利博物馆（Museo Poldi Pezzoli, Milan）。这些小型的、充满个性的艺术机构对我来说，有一种莫名的吸引力。这种“魔力”盖过了我以往在一些传统意义上的大馆所耗费的精力。不过名单归名单，有没有相应的实力去探究则是另外一回事了。

1888年，时年七十岁、誉满学林的艺术史家海因里希·沃尔夫林（Heinrich Wölfflin,1864—1945）发出了这样的感叹：“在学术研究上，你要保持‘业余爱好者’的热情（“Bleiben sie dilettantisch”）。你大可放心相信，让人口齿留香的东西，一定是好东西。如果我们能对一件事物始终感到乐此不疲，内心充满愉悦，我们就有办法带领别人去感受这件事物的乐趣所在，这比我们做枯燥无味的所谓学术研究有意义多了。因为所谓的学术研究，只要求我们不知所终地蒐集资料（史料），压抑我们自己内心的感受。光从这种令人一点做学问快乐都没有的角度来看，保持自己业余爱好者的立场就十分值回票价。”

与我的博士论文相较，写作此书的过程显然充满着沃尔夫林所说的“业余爱好者的热情”，尽管在本科三年级的时候上过一个学期浙江大学严建强教授开设的“博物馆学概论”课程，但我毕竟不是博物馆学专业出身。在北大求学期间，因为选题的原因，更多的是兴趣使然，我经常骑自行车前往考古文博学院的资料室看书写作，在那里接触了很多博物馆学方面的西文著作、杂志。离开学校后我关注了学院的公众号，仍经常获得一些最近的研究动态方面的重要信息，可见这批老师的专业程度之高。资料室的老师非常热情，我在那里度过了很多愉快的下午时光。通常是午休后从畅春新园出发，从西门进来，然后左拐就到了考古文博学院古色古香的小院落。我的博士论文以个案研究的形式考察了史密森美国艺术博物馆（Smithsonian American Art Museum, SAAM）里所收藏的镀金时代美国绘画的收藏与陈列，“收藏”“陈列”似乎指涉了此后的研究方向，艺术类博物馆的收藏、展览历史乃至博物馆的历史成为我的关注对象。

《缪斯之约》涉及的几座博物馆在《原境之魅》里得到很大的扩展，有的甚至索性重写了，这是我的写作习惯使然。有很多相关重要论文，实际上在北大图书馆阳光大厅数据库阅览区寻找相关史料时已经保存在电脑硬盘里，我似乎还记得找到这些文献那一刻的兴奋感，但事实上很多都是在工作后重新“发掘”出来的。还有一些是在国家图书馆找到的，比方说关于加德纳博物馆的基本重要专著和展览目录。我把这些“宝藏”分到一些有意思的角落，偶尔过一过。甚至有些场馆涉及到的资料非常多，如博尔盖塞美术馆、弗里克藏品馆，相关的著作找到了数本、甚至十余本，还有许多研究论文，这些都是我长期积累的结果。正如伊塔洛·卡尔维诺（Italo Calvino）所说：“因为我不满意已经写出来的作品，我想要使它更好，天衣无缝，结局各不相同。”

尽管本书对有些机构的研究相对较为充分，但还不是特别满意。不过总体来说，正如我在导论里所交代的，本书将艺术类博物馆作为一件“总体艺术品”进行考察，聚焦点是“陈列”问题，这是十分明确的。鉴于国内美术馆仅有少数有基本陈列的现状，这也是本书具备借鉴意义的地方。本书专门开辟一章专门讨论克利夫兰艺术博物馆的虚拟藏品陈列，也是具有针对性的，毕竟这在未来有很大的发展空间。大都会艺术博物馆（Metropolitan Museum of Art）和威瑞森通信公司（Verizon）于2021年1月11日发布The Met Unframed，这是一种沉浸式虚拟艺术和游戏体验服务，借助Verizon 5G超宽带展现十几个无与伦比的数字渲染展厅和大都会博物馆收藏的近50件艺术品。这些定制的数字展厅是专为The Met Unframed设计的，几乎复制出了分布于该馆各处的展览空间。虚拟场景精选出一批展厅，以呈现数千年间世界各地的艺术，让访问者以全新方式体验大都会。对于未能亲临其地参观游览的人群乃至专业的学者而言，数字化共享在未来也有助于知识共享和丰富观看体验。

艾柯《无尽的清单》里特别提到“阿喀琉斯之盾”，意指完满与和谐。铸盾的工匠将这个盾分成五个区，地、海、天、日、月、星等都纳入其中，还有城市、良田、葡萄园、羊群等。显而易见，其两个重要特征是“无所不包”和“不及备载”。但在实际的写作研究过程中，正如上文所及，充满着不少困难和难以预知的棘手问题，史料、实地考察、藏品等，“完满与和谐”正如人世间的事，只存在幻想中而已。卡尔维诺对自己的要求太高，还是仿效沃尔夫林，保持业余的状态最妥当。

2020年故宫博物院的苏轼专题展览成为本年度的热点，我没能去看展，但想起他关于写文章的一些感想：“吾文如万斛泉源，不择地而出，在平地滔滔汩汩，虽一日千里无难。及其山石曲折，随物赋形而不可知也。所可知者，常行于所行，常止于不可不止，如是而已矣。其他虽吾亦不能知也。”（苏轼撰、郎晔选注，四部丛刊本《经进东坡文集事略》，第十册，卷57）对照自己在这本书里自己所撰写的文字，很难找到一种东坡居士所说的那种自如的感觉，流畅之处不多，生涩之处倒是不少，还是要笨鸟先飞，多写多练吧！

疫情严峻期间，除了关注每天的疫情最新动态之外，能使心灵获得平静的还是纸本阅读。记得当时我读了书架上中华书局版的《陶庵梦忆》《西湖梦寻》《唐语林》《东坡志林》等。《陶庵梦忆》《西湖梦寻》中记载的大多是晚年张岱对其一生所游、所感的直观性描述，如“钟山”“报恩塔”“焦山”“燕子矶”“湖心亭看雪”“牛首山打猎”“柳敬亭说书”“烟雨楼”“西湖香市”“虎丘中秋月”，我多次边喝茶边阅读“闵老子茶”“兰雪茶”“阳和泉”。当然还有《西湖梦寻》里的“虎跑泉”“龙井”“九溪十八涧”等，《西湖梦寻》简直就是一个晚明时代的西湖“旅行指南”无疑。

董其昌早说过：“读万卷书，行万里路，胸中脱去尘浊，自然丘壑内营，立成鄄鄂。”

无独有偶，在《随笔集》里，法国启蒙思想家蒙田表达了他对于旅行的看法：“旅行我觉得是一种有益的锻炼，见到陌生新奇的事物，心灵会处于不停的活跃状态。我常说培养一个人，要向他持之以恒地介绍其他五花八门的人生、观念和风俗，让他欣赏自然界各种形态生生不息的演变，我不知道除此以外还有什么更好的学校。”1580年6月—1581年11月间，蒙田从法国博蒙出发，途经瑞士、奥地利、德国、意大利，1581年11月返回法国的蒙田城堡，游历17个月之久，返回法国蒙田城堡。其间在意大利停留了整整一年有余（1580年10月28日—1581年10月31日）。

董其昌和蒙田笔下的旅行场景，一直到18世纪的欧洲“壮游”，无疑都是精致的、充满趣味的体验，但现代社会旅游业的勃兴无疑会在很大程度上是与这些体验相扞格的。譬如，约翰·富塞尔（John Fussell）在其《两次世界大战期间英国文人国外踪迹杂考》（*Abroad: British Literary Travelings Between the Wars, Oxford University Press,* 1982）里说道：“探险家们勘探未被发现的地方；旅行者们要看的是历代智者发掘出来的地方；游客们只顾找企业家们开发出来的地方，一切行踪都依照传播媒介伎俩安排。”本书涉及一批相对名气较小的艺术类博物馆，不在于访客量有多惊人，而在于慕名前来的探求者在其中获得了多少教益。而这种所谓的“沉浸式”体验，恰恰是那些拥挤不堪的大型博物馆所欠缺的。

艾柯在《无限的清单》第三章“视觉清单”里谈到了《蒙娜·丽莎》（*Mona Lisa*）作为人物背景的森林，旨在揭示这样一个道理：我们在画框中所见的并非是事物的全部，毋宁说仅是一个全体性的示例。为了清楚地证明其观点，他干脆拎出来同样收藏在卢浮宫博物馆的另一幅画—乔瓦尼·保罗·帕尼尼（Giovanni Paolo Panini, 1691—1765）的《有现代罗马风景的画廊》（*Picture Gallery with Views of Modern Rome*），画家旨在呈现一幅大的历史图景，画面上仅仅是其中的一部分而已。

毫无疑问，《缪斯之约》与《原境之魅》的出版得益于同济大学出版社那泽民教授的热心推介与支持，他对艺术博物馆的热情让我相形见绌。而且他不是简单表达一下对艺术博物馆的喜爱，而是在出版方面做了很多相关的选题策划；他曾长期担任《美术馆》杂志的责任编辑，可以说见证了国内美术馆出版物由筚路蓝缕到蔚为壮观。他案头的一整套《美术馆》杂志说明了这一点。《缪斯之约》出版后，我发现他经常在微信、微博上晒自己的上海老洋房的建筑速写，老到的笔法和素描功底显露无疑——原来他是80年代哈师大美术教育系科班出身，多次成功入选全国美展并获优秀奖，出版是他的“吃饭家伙”，画画反而是“业余的”。我遂跟他商量为《原境之魅》创作插画，效果竟然非常不错，便将其中的几幅预定了。

同济大学人文学院的王国伟教授也是著名出版人，他长期关注城市空间研究，且去过很多国家的小众艺术类博物馆。他对本书所作的序言，对于国内当下艺术博物馆，具有极强的针对性，强调建筑作为城市典型符号，成为承载当代人关注、评判城市及情绪表达的主要对象。本书所涉及的一系列博物馆的缔造者，从藏品的搜罗到设计建筑并布置陈列，一直亲力亲为。在这其中，可以说，唯一一个“另类”就是盖蒂博物馆的缔造者盖蒂，他没有到博物馆工地，但所有的工程一直在他的越洋“监控”之下，连工地守夜人区区数美元的签字条都要他的亲笔签字。另一个极端突出的狂热设计者则是伦敦索恩爵士博物馆的创立者约翰·索恩爵士，作为一名建筑大师他非常不安分，展陈的剧场化效果是他的强项，也是他寻求人生乐趣的“试验场”，这种变戏法式的布局变化、调试一直延续到他生命的尽头。德裔海伦妮·勒姆-穆勒则一直在变换建筑设计方案，为了实现在自己的意图，“逼走了”一个又一个建筑师，直到最后妥协。

牛津大学阿什莫林考古与艺术博物馆本不在本书写作计划之内，是何为民老师建议加入的，感谢他在英国疫情十分严峻的形势下给我发来相关研究资料，从2019年8月在上海晤谈，一直到最终写作完成这座馆，历时时间最长，也很有意义。非常感谢何老师的序言，他的研究、策展经历为我树立了一种典范。

业师丁宁教授在百忙之中关心此书的出版并赐序，也谢谢他的鼓励以及细致的修改意见。斯坦福大学的谢晓泽教授、中国艺术研究院的徐累研究员、北京大学的郑岩教授、上海戏剧学院的董峰教授分别从不同的视角对艺术博物馆给出了独特的观看视角并做了推荐，在此深表谢意。美术馆孙俊老师一直关心此书的写作并跟我探讨，我也从他的收藏行为中获得写作灵感，也非常感谢他推荐曾在美术馆任职的徐累老师推荐此书。

同济大学出版社的张翠老师主动承接下了书稿最为繁重的文字审核工作，她的专业、细致和耐心非常令人感动，我也是在她的帮助下重新审视了自己的文字并润色，逐渐进入状态。毕竟作为一件作品，书稿最后的打磨工作也不可小觑。

最后，感谢我的岳母、我的妻子对我一如既往的支持，以及吾儿嘉圻——他的成长使我看到了我提倡的教育的初步成效，尽管他已经开始怀疑我的外语能力以及在下厨方面是否真的有天赋，总之我愿意继续坚持下去。

国际博物馆协会公布了2021年国际博物馆日的主题——博物馆的未来：恢复与重塑（The Future of Museums: Recover and Reimagine）。愿本书的出版于我自身而言是一种恢复与重塑。